Código Civil de Chile

ACCESO GRATIS ***a la Lectura en la Nube***

Para visualizar el libro electrónico en la nube de lectura envíe junto a su nombre y apellidos una fotografía del código de barras situado en la contraportada del libro y otra del ticket de compra a la dirección:

ebooktirant@tirant.com

En un máximo de 72 horas laborales le enviaremos el código de acceso con sus instrucciones.

Código Civil de Chile

7ª Edición anotada, concordada y con fuentes

CARLOS AMUNÁTEGUI PERELLÓ
Pontificia Universidad Católica de Chile

tirant lo blanch
Valencia, 2025

EDITA: TIRANT LO BLANCH
C/ Artes Gráficas, 14 - 46010 - Valencia
TELFS.: 96/361 00 48 - 50
FAX: 96/369 41 51
Email: tlb@tirant.com
www.tirant.com
Librería virtual: https://editorial.tirant.com/cl
ISBN: 978-84-1095-378-9

Si tiene alguna queja o sugerencia, envíenos un mail a: *atencioncliente@tirant.com*. En caso de no ser atendida su sugerencia, por favor, lea en *www.tirant.net/index.php/empresa/politicas-de-empresa* nuestro procedimiento de quejas.

Responsabilidad Social Corporativa: http://www.tirant.net/Docs/RSCTirant.pdf

ÍNDICE

I. NOTA PRELIMINAR 17

II. MENSAJE DEL EJECUTIVO AL CONGRESO PROPONIENDO LA APROBACIÓN DEL CÓDIGO CIVIL DE 22 DE NOVIEMBRE DE 1855 19

III. CÓDIGO CIVIL DE CHILE

TÍTULO PRELIMINAR 37
§ 1. De la ley 37
§ 2. Promulgación de la ley 37
§ 3. Efectos de la ley 38
§ 4. Interpretación de la ley 41
§ 5. Definición de varias palabras de uso frecuente en las leyes 42
§ 6. Derogación de las leyes 48

LIBRO PRIMERO. DE LAS PERSONAS 49
Título I. DE LAS PERSONAS EN CUANTO A SU NOMBRE, NACIONALIDAD Y DOMICILIO 49
§ 1. División de las personas 49
§ 2. Nombre de las personas 50
§ 3. Del domicilio en cuanto depende de la residencia y del ánimo de permanecer en ella 51
§ 4. Del domicilio en cuanto depende de la condición o estado civil de la persona 53
Título II. DEL PRINCIPIO Y FIN DE LA EXISTENCIA DE LAS PERSONAS 54
§ 2. Del fin de la existencia de las personas 55
§ 3. De la presunción de muerte por desaparecimiento 55
§ 4. De la comprobación judicial de la muerte 61
Título III. DE LOS ESPONSALES 62
Título IV. DEL MATRIMONIO 62
Título V. DE LAS SEGUNDAS NUPCIAS 64
Título VI. OBLIGACIONES Y DERECHOS ENTRE LOS CÓNYUGES 65
§ 1. Reglas generales 65
§ 2. De los bienes familiares 68

§ 3. Excepciones relativas a la profesión u oficio de la mujer 72
§ 4. Excepciones relativas a la separación de bienes 73
§ 5. Excepciones relativas a la separación judicial 76
Título VII. DE LA FILIACIÓN 78
§ 1. Reglas generales 78
§ 2. De la determinación de la maternidad 79
§ 3. De la determinación de la filiación matrimonial 80
§ 4. De la determinación de la filiación no matrimonial 81
TÍTULO VIII. DE LAS ACCIONES DE FILIACIÓN 83
§ 1. Reglas generales 84
§ 2. De las acciones de reclamación 86
§ 3. De las acciones de impugnación 88
TÍTULO IX. DE LOS DERECHOS Y OBLIGACIONES ENTRE LOS PADRES Y LOS HIJOS 91
TÍTULO X. DE LA PATRIA POTESTAD 99
§ 1. Reglas generales 99
§ 2. Del derecho legal de goce sobre los bienes de los hijos y de su administración 101
§ 3. De la representación legal de los hijos 104
§ 4. De la suspensión de la patria potestad 106
§ 5. De la emancipación 107
Título XVI. DE LA HABILITACIÓN DE EDAD 109
Título XVII. DE LAS PRUEBAS DEL ESTADO CIVIL 110
Título XVIII. DE LOS ALIMENTOS QUE SE DEBEN POR LEY A CIERTAS PERSONAS 113
Título XIX. DE LAS TUTELAS Y CURADURÍAS EN GENERAL 117
§ 1. Definiciones y reglas generales 117
§ 2. De la tutela o curaduría testamentaria 120
§ 3. De la tutela o curaduría legítima 123
§ 4. De la tutela o curaduría dativa 124
Título XX. DE LAS DILIGENCIAS Y FORMALIDADES QUE DEBEN PRECEDER AL EJERCICIO DE LA TUTELA O CURADURÍA 125
Título XXI. DE LA ADMINISTRACIÓN DE LOS TUTORES Y CURADORES RELATIVAMENTE A LOS BIENES 128
Título XXII. REGLAS ESPECIALES RELATIVAS A LA TUTELA 136
Título XXIII. REGLAS ESPECIALES RELATIVAS A LA CURADURIA DEL MENOR 138

Título XXIV. REGLAS ESPECIALES RELATIVAS A LA CURADURÍA DEL DISIPADOR 139
Título XXV. REGLAS ESPECIALES RELATIVAS A LA CURADURÍA DEL DEMENTE 142
Título XXVI. REGLAS ESPECIALES RELATIVAS A LA CURADURÍA DEL SORDO O SORDOMUDO 145
Título XXVII. DE LAS CURADURÍAS DE BIENES 146
Título XXVIII. DE LOS CURADORES ADJUNTOS 150
Título XXIX. DE LOS CURADORES ESPECIALES 150
Título XXX. DE LAS INCAPACIDADES Y EXCUSAS PARA LA TUTELA O CURADURÍA 151
§ 1. De las incapacidades 151
I. Reglas relativas a defectos físicos y morales 151
II. Reglas relativas a las profesiones, empleos y cargos públicos 151
III. Reglas relativas al sexo 152
IV. Reglas relativas a la edad 152
V. Reglas relativas a las relaciones de familia 152
VI. Reglas relativas a la oposición de intereses o diferencia de religión entre el guardador y el pupilo 153
VII. Reglas relativas a la incapacidad sobreviniente 154
VIII. Reglas generales sobre las incapacidades 154
§ 2. De las excusas 155
§ 3. Reglas comunes a las incapacidades y a las excusas 158
Título XXXI. DE LA REMUNERACIÓN DE LOS TUTORES Y CURADORES 158
Título XXXII. DE LA REMOCIÓN DE LOS TUTORES Y CURADORES 161
Título XXXIII. DE LAS PERSONAS JURÍDICAS 162

LIBRO SEGUNDO. DE LOS BIENES, Y DE SU DOMINIO, POSESIÓN, USO Y GOCE 173
Título I. DE LAS VARIAS CLASES DE BIENES 173
§ 1. De las cosas corporales 173
§ 2. De las cosas incorporales 176
Título II. DEL DOMINIO 177
Título III. DE LOS BIENES NACIONALES 179
Título IV. DE LA OCUPACIÓN 183
Título V. DE LA ACCESIÓN 190
§ 1. De las accesiones de frutos 191

§ 2. De las accesiones del suelo 192
§ 3. De la accesión de una cosa mueble a otra 194
§ 4. De la accesión de las cosas muebles a inmuebles 197

Título VI. DE LA TRADICIÓN 198
§ 1. Disposiciones generales 198
§ 2. De la tradición de las cosas corporales muebles 201
§ 3. De las otras especies de tradición 202

Título VII. DE LA POSESIÓN 206
§ 1. De la posesión y sus diferentes calidades 206
§ 2. De los modos de adquirir y perder la posesión 210

Título VIII. DE LAS LIMITACIONES DEL DOMINIO Y PRIMERAMENTE DE LA PROPIEDAD FIDUCIARIA 213

Título IX. DEL DERECHO DE USUFRUCTO 219

Título X. DE LOS DERECHOS DE USO Y DE HABITACIÓN 230

Título XI. DE LAS SERVIDUMBRES 232
§ 1. De las servidumbres naturales 235
§ 2. De las servidumbres legales 235
§ 3. De las servidumbres voluntarias 242
§ 4. De la extinción de las servidumbres 243

Título XII. DE LA REIVINDICACIÓN 245
§ 1. Qué cosas pueden reivindicarse 245
§ 2. Quién puede reivindicar 245
§ 3. Contra quién se puede reivindicar 246
§ 4. Prestaciones mutuas 248

Título XIII. DE LAS ACCIONES POSESORIAS 251

Título XIV. DE ALGUNAS ACCIONES POSESORIAS ESPECIALES 254

LIBRO TERCERO. DE LA SUCESIÓN POR CAUSA DE MUERTE, Y DE LAS DONACIONES ENTRE VIVOS 259

Título I. DEFINICIONES Y REGLAS GENERALES 259

Título II. REGLAS RELATIVAS A LA SUCESIÓN INTESTADA 266

Título III. DE LA ORDENACIÓN DEL TESTAMENTO 270
§ 1. Del testamento en general 270
§ 2. Del testamento solemne y primeramente del otorgado en Chile 273
§ 3. Del testamento solemne otorgado en país extranjero 278
§ 4. De los testamentos privilegiados 279

Título IV. DE LAS ASIGNACIONES TESTAMENTARIAS 285

§ 1. Reglas generales 285
§ 2. De las asignaciones testamentarias condicionales 288
§ 3. De las asignaciones testamentarias a día 291
§ 4. De las asignaciones modales 293
§ 5. De las asignaciones a título universal 294
§ 6. De las asignaciones a título singular 296
§ 7. De las donaciones revocables 303
§ 8. Del derecho de acrecer 305
§ 9. De las sustituciones 307

Título V. DE LAS ASIGNACIONES FORZOSAS 309
§ 1. De las asignaciones alimenticias que se deben a ciertas personas 309
§ 2. De la porción conyugal 310
§ 3. De las legítimas y mejoras 310
§ 4. De los desheredamientos 317

Título VI. DE LA REVOCACIÓN Y REFORMA DEL TESTAMENTO 319
§ 1. De la revocación del testamento 319
§ 2. De la reforma del testamento 320

Título VII. DE LA APERTURA DE LA SUCESIÓN Y DE SU ACEPTACIÓN, REPUDIACIÓN E INVENTARIO 321
§ 1. Reglas generales 321
§ 2. Reglas particulares relativas a las herencias 325
§ 3. Del beneficio de inventario 327
§ 4. De la petición de herencia y de otras acciones del heredero 330

Título VIII. DE LOS EJECUTORES TESTAMENTARIOS 331

Título IX. DE LOS ALBACEAS FIDUCIARIOS 339

Título X. DE LA PARTICIÓN DE LOS BIENES 340

Título XI. DEL PAGO DE LAS DEUDAS HEREDITARIAS Y TESTAMENTARIAS 350

Título XII. DEL BENEFICIO DE SEPARACIÓN 356

Título XIII. DE LAS DONACIONES ENTRE VIVOS 358

LIBRO CUARTO. DE LAS OBLIGACIONES EN GENERAL Y DE LOS CONTRATOS 369

Título I. DEFINICIONES 369

Título II. DE LOS ACTOS Y DECLARACIONES DE VOLUNTAD 370

Título III. DE LAS OBLIGACIONES CIVILES Y DE LAS MERAMENTE NATURALES 377

Título IV. DE LAS OBLIGACIONES CONDICIONALES Y MODALES 378

Título V. DE LAS OBLIGACIONES A PLAZO 383
Título VI. DE LAS OBLIGACIONES ALTERNATIVAS 384
Título VII. DE LAS OBLIGACIONES FACULTATIVAS 385
Título VIII. DE LAS OBLIGACIONES DE GENERO 385
Título IX. DE LAS OBLIGACIONES SOLIDARIAS 386
Título X. DE LAS OBLIGACIONES DIVISIBLES E INDIVISIBLES 389
Título XI. DE LAS OBLIGACIONES CON CLÁUSULA PENAL 393
Título XII. DEL EFECTO DE LAS OBLIGACIONES 395
Título XIII. DE LA INTERPRETACIÓN DE LOS CONTRATOS 400
Título XIV. DE LOS MODOS DE EXTINGUIRSE LAS OBLIGACIONES, Y PRIMERAMENTE DE LA SOLUCIÓN O PAGO EFECTIVO 401
§ 1. Del pago efectivo en general 402
§ 2. Por quién puede hacerse el pago 402
§ 3. A quién debe hacerse el pago 403
§ 4. Dónde debe hacerse el pago 406
§ 5. Cómo debe hacerse el pago 406
§ 6. De la imputación del pago 408
§ 7. Del pago por consignación 408
§ 8. Del pago con subrogación 412
§ 9. Del pago por cesión de bienes o por acción ejecutiva del acreedor o acreedores 414
§ 10. Del pago con beneficio de competencia 417
Título XV. DE LA NOVACIÓN 418
Título XVI. DE LA REMISIÓN 423
Título XVII. DE LA COMPENSACIÓN 424
Título XVIII. DE LA CONFUSIÓN 426
Título XIX. DE LA PÉRDIDA DE LA COSA QUE SE DEBE 427
Título XX. DE LA NULIDAD Y LA RESCISIÓN 429
Título XXI. DE LA PRUEBA DE LAS OBLIGACIONES 433
Título XXII. DE LAS CONVENCIONES MATRIMONIALES Y DE LA SOCIEDAD CONYUGAL 438
§ 1. Reglas generales 438
§ 2. Del haber de la sociedad conyugal y de sus cargas 441
§ 3. De la administración ordinaria de los bienes de la sociedad conyugal 450
§ 4. De la administración extraordinaria de la sociedad conyugal 454

§ 5. De la disolución de la sociedad conyugal y participación de los gananciales 456
§ 6. De la renuncia de los gananciales hecha por parte de la mujer después de la disolución de la sociedad 460
§ 7. De la dote y de las donaciones por causa de matrimonio 460

Título XXII-A. RÉGIMEN DE LA PARTICIPACIÓN EN LOS GANANCIALES 462
§ 1. Reglas generales 462
§ 2. De la administración del patrimonio de los cónyuges 463
§ 3. De la determinación y cálculo de los gananciales 464
§ 4. Del crédito de participación en los gananciales 468
§ 5. Del término del régimen de participación en los gananciales 470

Título XXIII. DE LA COMPRAVENTA 470
§ 1. De la capacidad para el contrato de venta 471
§ 2. Forma y requisitos del contrato de venta 472
§ 3. Del precio 474
§ 4. De la cosa vendida 474
§ 5. De los efectos inmediatos del contrato de venta 476
§ 6. De las obligaciones del vendedor y primeramente la obligación de entregar 477
§ 7. De la obligación de saneamiento y primeramente del saneamiento por evicción 480
§ 8. Del saneamiento por vicios redhibitorios 485
§ 9. De las obligaciones del comprador 488
§ 10. Del pacto comisorio 489
§ 11. Del pacto de retroventa 490
§ 12. De otros pactos accesorios al contrato de venta 491
§ 13. De la rescisión de la venta por lesión enorme 492

Título XXIV. DE LA PERMUTACIÓN 493

Título XXV. DE LA CESIÓN DE DERECHOS 494
§ 1. De los créditos personales 494
§ 2. Del derecho de herencia 496
§ 3. De los derechos litigiosos 496

Título XXVI. DEL CONTRATO DE ARRENDAMIENTO 497
§ 1. Del arrendamiento de cosas 498
§ 2. De las obligaciones del arrendador en el arrendamiento de cosas 499
§ 3. De las obligaciones del arrendatario en el arrendamiento de cosas 503
§ 4. De la expiración del arrendamiento de cosas 506
§ 5. Reglas particulares relativas al arrendamiento de casas, almacenes u otros edificios 511

§ 6. Reglas particulares relativas al arrendamiento de predios rústicos.... 513
§ 7. Del arrendamiento de criados domésticos 515
§ 8. De los contratos para la confección de una obra material 516
§ 9. Del arrendamiento de servicios inmateriales 520
§ 10. Del arrendamiento de transporte 521

Título XXVII. DE LA CONSTITUCIÓN DE CENSO 523

Título XXVIII. DE LA SOCIEDAD 529
§ 1. Reglas generales 529
§ 2. De las diferentes especies de sociedad 531
§ 3. De las principales cláusulas del contrato de sociedad 532
§ 4. De la administración de la sociedad colectiva 534
§ 5. De las obligaciones de los socios entre sí 537
§ 6. De las obligaciones de los socios respecto de terceros 540
§ 7. De la disolución de la sociedad 541

Título XXIX. DEL MANDATO 546
§ 1. Definiciones y reglas generales 546
§ 2. De la administración del mandato 549
§ 3. De las obligaciones del mandante 555
§ 4. De la terminación del mandato 556

Título XXX. DEL COMODATO O PRÉSTAMO DE USO 559

Título XXXI. DEL MUTUO O PRÉSTAMO DE CONSUMO 564

Título XXXII. DEL DEPÓSITO Y DEL SECUESTRO 567
§ 1. Del depósito propiamente dicho 567
§ 2. Del depósito necesario 572
§ 3. Del secuestro 574

Título XXXIII. DE LOS CONTRATOS ALEATORIOS 576
§ 1. Del juego y de la apuesta 576
§ 2. De la constitución de renta vitalicia 577
§ 3. De la constitución del censo vitalicio 580

Título XXXIV. DE LOS CUASICONTRATOS 580
§ 1. De la agencia oficiosa o gestión de negocios ajenos 581
§ 2. Del pago de lo no debido 583
§ 3. Del cuasicontrato de comunidad 585

Título XXXV. DE LOS DELITOS Y CUASIDELITOS 587

Título XXXVI. DE LA FIANZA 591
§ 2. De los efectos de la fianza entre el acreedor y el fiador 596
§ 3. De los efectos de la fianza entre el fiador y el deudor 599
§ 4. De los efectos de la fianza entre los cofiadores 602

§ 5. De la extinción de la fianza 602
Título XXXVII. DEL CONTRATO DE PRENDA 603
Título XXXVIII. DE LA HIPOTECA 608
Título XXXIX. DE LA ANTICRESIS 614
Título XL. DE LA TRANSACCIÓN 616
Título XLI. DE LA PRELACIÓN DE CRÉDITOS 619
Título XLII. DE LA PRESCRIPCIÓN 628
§ 1. De la prescripción en general 628
§ 2. De la prescripción con que se adquieren las cosas 629
§ 3. De la prescripción como medio de extinguir las acciones judiciales .. 633
§ 4. De ciertas acciones que prescriben en corto tiempo 635

TÍTULO FINAL. DE LA OBSERVANCIA DE ESTE CÓDIGO 637

IV. ÍNDICE ANALÍTICO 639

V. ABREVIATURAS 677

I. NOTA PRELIMINAR

No bird soars too high, if he soars with his own wings
William Blake, Marriage of Heaven and Hell

Existe una tradición científica de más o menos dos mil años que intenta resolver buena parte de los problemas de la humanidad a través de reglas racionales extraídas del pensamiento de juristas. Es debatible si es que empieza efectivamente con Servio Sulpicio y su reducir el Derecho a un arte, o tal vez antes o después, poco importa. El punto es que hay veinte siglos de personas inteligentes que meditan en torno a unos mismos problemas, que llegan a ciertas conclusiones y cuyas ideas son analizadas una y otra vez por las mejores mentes de cada generación. El resultado de ese destilar conocimiento por milenios es lo que llamamos tradición, y de ella nace la dogmática que inspira al Código Civil.

Nuestro texto fue escrito por un hombre inteligente, que voló alto con las alas forjadas por esta tradición. Su mérito es haber combinado el conocimiento del pasado y proyectado su contenido hacia el futuro. No fue un creador, fue una suerte de tahúr que barajaba cartas marcadas y sacaba combinaciones nuevas de textos viejos, alimentado con madera antigua el fuego del naciente liberalismo.

Mi amigo Raúl Lecaros solía quejarse acerca que ya nadie conoce el Código tal y como está escrito, sino que se prefiere uno fantasma, creado por los civilistas de principios del siglo XX. Nuestra idea ha sido volver a las fuentes del Código, estudiar artículo por artículo el contenido del mismo y determinar de dónde viene cada una de sus disposiciones. Volver a trazar el camino inverso de la tradición y remontarnos en su curso hasta alcanzar las fuentes, sean romanas, medievales o modernas, de manera que las normas del Código adquieran profundidad. No pretendemos haber agotado el estudio de las fuentes del Código, es más, estamos plenamente conscientes de que faltan muchísimas. Lo que hemos dejado escrito es simplemente lo más evidente, pero creemos que constituye un buen punto de partida. Esperamos que muchas investigaciones comiencen desde estas bases.

En cuanto a la concordancia, la hemos hecho con esmero, intentando remontar nuestra dispersión legislativa y reagrupar nuestras instituciones alrededor de las disposiciones de nuestro Código.

Esperamos haber tejido una red de papel suficientemente apretada, como para capturar en ella a muchos tigres.

Carlos Amunátegui Perelló
Pontificia Universidad Católica de Chile

II. MENSAJE DEL EJECUTIVO AL CONGRESO PROPONIENDO LA APROBACIÓN DEL CÓDIGO CIVIL DE 22 DE NOVIEMBRE DE 1855

CONCIUDADANOS DEL SENADO Y DE LA CÁMARA DE DIPUTADOS:

Muchos de los pueblos modernos más civilizados han sentido la necesidad de codificar sus leyes. Se puede decir que ésta es una necesidad periódica de las sociedades. Por completo y perfecto que se suponga un cuerpo de legislación, la mudanza de costumbres, el progreso mismo de la civilización, las vicisitudes políticas, la inmigración de ideas nuevas, precursora de nuevas instituciones, los descubrimientos científicos y sus aplicaciones a las artes y a la vida práctica, los abusos que introduce la mala fe, fecunda en arbitrios para eludir las precauciones legales, provocan sin cesar providencias, que se acumulan a las anteriores, interpretándolas, adicionándolas, modificándolas, derogándolas, hasta que por fin se hace necesario refundir esta masa confusa de elementos diversos, incoherentes y contradictorios, dándoles consistencia y armonía y poniéndoles en relación con las formas vivientes del orden social.

Los ensayos de esta especie que se han hecho de un siglo a esta parte, y sus resultados generalmente felices nos animaban a emprender una obra semejante, con la ventaja de podernos aprovechar de los trabajos de otras naciones ilustradas por la ciencia y por una larga experiencia. Hace años que, como sabéis, se puso la mano a ella. Presentado por fin el proyecto, lo sometí al examen de una comisión de sabios magistrados y jurisconsultos que se ha dedicado al desempeño de este encargo con un celo y asiduidad de que no se había visto ejemplo entre nosotros en casos análogos.

Desde luego concebiréis que no nos hallábamos en el caso de copiar a la letra ninguno de los códigos modernos. Era menester servirse de ellos sin perder de vista las circunstancias peculiares de nuestro país. Pero en lo que éstas no presentaban obstáculos reales, no se ha trepidado en introducir provechosas innovaciones. Os haré una breve reseña de las más importantes y trascendentales.

Siguiendo el ejemplo de casi todos los códigos modernos, se ha quitado a la costumbre la fuerza de ley.

El tiempo es un elemento de tanta consecuencia en las relaciones jurídicas, y ha dado motivo a tantas divergencias en las decisiones de las judicaturas y en la doctrina de los jurisconsultos, que no se ha creído superfino fijar reglas uniformes, a primera vista minuciosas, para determinar el punto preciso en que nacen y expiran los derechos y las obligaciones en que este elemento figura.

Acerca del nacimiento y extinción de la personalidad, se han establecido, como en casi todos los códigos modernos, reglas absolutas, o, en otros términos, presunciones contra las cuales no se admite prueba. Sobre la presunción de muerte en el caso de larga ausencia, a la que en este proyecto se da entonces el nombre de desaparecimiento, distinguiendo así dos estados jurídicos de muy diversa naturaleza, se echan de menos disposiciones precisas y completas en nuestros cuerpos legales y se ha procurado llenar este vacío copiando la legislación de otros pueblos, pero con diferencias substanciales. En general, se ha disminuido el tiempo de la posesión provisoria en los bienes del desaparecido. Las posesiones provisorias embarazan la circulación y mejora de los bienes y no deben durar más que lo necesario para proteger racionalmente los derechos privados que puedan hallarse en conflicto con los intereses generales de la sociedad. Por otra parte, la facilidad y rapidez de las comunicaciones entre países distantes, se han aumentado inmensamente en nuestros días, y ha crecido en la misma proporción la probabilidad de que una persona de quien por mucho tiempo no se ha tenido noticia en el centro de sus relaciones de familia y de sus intereses, o ha dejado de existir, o ha querido cortar los vínculos que la ligaban a su domicilio anterior. Admitida la falibilidad de las presunciones legales en circunstancias extraordinarias, se ha procurado proveer de algún modo a estos rarísimos casos.

La promesa de matrimonio mutuamente aceptada, es en este proyecto un hecho que se somete enteramente al honor y conciencia de cada una de las partes, y no produce obligación alguna ante la ley civil.

Se conserva a la autoridad eclesiástica el derecho de decisión sobre la validez del matrimonio y se reconocen como impedimentos para contraerlo los que han sido declarados tales por la Iglesia Católica. El matrimonio que es válido a los ojos de la Iglesia, lo es también ante la ley civil; sin que por eso saliese de sus límites racionales el poder temporal cuando negase los efectos civiles a un matrimonio que le pareciese de perniciosas consecuencias sociales y domésticas, aunque la autoridad eclesiástica hubiese tenido a bien permitirlo, por consideraciones de otro orden, relajando a su pesar las reglas ordinarias en circunstancias excepcionales,

Conservando la potestad marital, se ha querido precaver sus abusos y se ha mejorado la suerte de la mujer bajo muchos respectos. Si se suprimen los privilegios de la dote y cesa de todo punto la antigua clasificación de bienes dotales y parafernales llevando adelante la tendencia de la jurisprudencia española, y si la hipoteca legal de la mujer casada corre la suerte de las otras hipotecas de su clase, pues que según el presente proyecto deja de existir y tocará de una vez el término a que las previsiones de la Legislatura han caminado desde el año 1845; en recompensa se ha organizado y ampliado en pro de la mujer el beneficio de la separación de bienes; se ha minorado la odiosa desigualdad de los efectos civiles del divorcio entre los dos consortes; se ha regularizado la sociedad de gananciales; se han dado garantías eficaces a la conservación de los bienes raíces de la mujer en manos del marido.

La filiación es legítima, natural o simplemente ilegítima. En cuanto a los hijos legítimos concebidos en matrimonio verdadero o putativo, el presente proyecto no difiere substancialmente de lo establecido en otras legislaciones, incluso la nuestra. En cuanto a los legitimados por matrimonio posterior a la concepción (única especie de legitimación que admite el proyecto), el sistema adoptado en éste combina las reglas del derecho romano, el canónico y el código civil francés. En el derecho romano, al que se casaba con la concubina, se exigía para la legitimación de los hijos habidos en ella el otorgamiento de escritura; no para que valiese el matrimonio, pues éste se contraía por el solo consentimiento; sino para que constase que la concubina pasaba a la categoría de mujer legítima, y si existían hijos, cuáles de ellos se legitimaban. Ésta es la doctrina de los más ilustres intérpretes de la ley romana. De que se colige que la legitimación era voluntaria por parte de los padres, y no se extendía a todos los hijos habidos en la concubina, sino a los que el padre quería. Era asimismo voluntario de parte de los hijos, pues sin su consentimiento no podían hacerse aliene juris, ni asociarse a la condición de un padre tal vez de mala fama y perversas costumbres. Estos dos principios, legitimación otorgada por instrumento público, y legitimación voluntariamente concebida y aceptada, se han adoptado en el proyecto; exceptuados solamente dos casos: el hijo concebido antes del matrimonio, y nacido en él, y el hijo natural, esto es, el ilegítimo que ha sido antes reconocido formal y voluntariamente por el padre o madre, quedan ipso jure legitimados por el matrimonio subsecuente.

La calidad de hijo legítimo es una de las más importantes que el derecho civil ha creado. ¿Cómo, pues, dejarla a la merced de pruebas testimoniales, tan fáciles de fraguar, si no en la vida de los padres, a lo menos después de sus días? ¿Penetrará la ley en las tinieblas de esas conexiones clandestinas, y les conferirá el derecho de constituir por sí solas la presunción de paternidad, que es el privilegio del matrimonio? Un comercio carnal, vago, incierto, en que nada garantiza la fidelidad de una mujer que se ha degradado, ¿será un principio de legitimidad, aunque no lo corrobore el juicio del padre? Y suponiendo que éste crea suya la prole ilegítima, ¿será obligado a legitimar un hijo o hija de malas costumbres, y se le pondrá en la alternativa de no casarse o de introducir en su familia un germen de inmoralidad y depravación? Y el hijo por su parte, ¿irá contra su voluntad a participar del envilecimiento ajeno, y a poner la administración de sus bienes en manos de un hombre perdido? El derecho canónico relajó en esta parte los principios del romano; pero a la potestad temporal es a la que toca prescribir las condiciones necesarias para el goce de los derechos civiles.

El código de las partidas confiere la legitimación ipso jure, pero sólo al hijo de barragana, al hijo natural. En esta parte está de acuerdo con ellas el presente proyecto.

Es una consecuencia forzosa de los principios antedichos que la legitimación se notifique y acepte formalmente. En cuanto al tiempo de su otorgamiento, se ha seguido al código francés y otros modernos, pero con menos rigor. No se ha encontrado gran fuerza a las objeciones que a primera vista se ofrecen contra la confección de un instrumento en que los esposos consignan su propia flaqueza. Éste es un sacrificio exigido por el orden social, la justa expiación de una culpa. Por otra parte, el otorgamiento no dice nada que no revele mucho más elocuentemente la presencia de los legitimados en la familia paterna. Sobre todo, ha parecido de suma necesidad un acto auténtico que ponga a cubierto de toda reclamación los derechos y obligaciones recíprocas de los legitimados y legitimantes. La existencia de documentos preconstituidos es un objeto que no se ha perdido de vista en otras partes de la legislación civil, como el mejor medio de precaver controversias y de discernirlas.

Se ha sujetado a formalidades análogas el reconocimiento voluntario de los hijos habidos fuera del matrimonio, que toman en este caso la denominación legal de hijos naturales, y adquieren importantes derechos.

En cuanto a los ilegítimos, que no obtienen este reconocimiento espontáneo de su padre o madre, no se les otorga otro derecho que el de pedir alimentos, sin que para obtenerlo se les admita otra prueba que la confesión del padre; condición dura a primera vista, pero justificada por la experiencia de todos los países sin exceptuar el nuestro. Más severos han sido todavía el código francés y otros modernos, pues han prohibido absolutamente la indagación de la paternidad. Ni se ha vedado sino en raros casos la investigación de la maternidad por los medios ordinarios, aunque para igualar en esta parte al padre y la madre no faltarían razones gravísimas que un ilustre jurisconsulto, el presidente de la comisión redactora del código civil español, ha hecho valer con mucha verdad, sensatez y filosofía.

La mayor edad, fijada a los veinticinco años, emancipa por el ministerio de la ley al hijo de familia. Esto sólo mejoraría ya entre nosotros su condición, pues, como sabéis, no hay por la sola edad límite alguno para ese estado de dependencia según las leyes romanas y patrias. Varios códigos modernos han abreviado mucho más la duración de la potestad paterna; pero si en este punto no ha parecido conveniente imitarlos, en recompensa se la ha hecho mucho menos restrictiva y onerosa, dando al mismo tiempo un feliz aliciente al estudio y a la industria en las primeras épocas de la vida. Se exime del usufructo que las leyes conceden al padre sobre los bienes del hijo todo lo que éste adquiera en el ejercicio de una profesión, de un oficio, de una industria cualquiera; y bajo este respecto se le reviste de una verdadera y casi independiente personalidad, que se extiende por supuesto a los menores emancipados mientras se hallan bajo curaduría.

Se han definido con precisión las diferentes especies de guardas; las causas que inhabilitan o excusan de ejercer estos cargos, sus facultades administrativas, sus deberes, sus emolumentos, sus responsabilidades.

En cuanto al dominio, uso y goce de los bienes, se han introducido novedades que tienden a importantes y benéficos resultados. Según el proyecto que os presento, la tradición del dominio de bienes raíces y de los demás derechos reales constituidos en ellos, menos los de servidumbre, deberá hacerse por inscripción en un registro semejante al que ahora existe de hipotecas y censos que se refundirá en él. Se trata, en efecto, de una nueva fusión del régimen hipotecario asociando dos objetos que tienen entre sí un enlace íntimo, o que, por mejor decir, se incluyen uno en otro; dar una completa publicidad a las hipotecas, y poner a vista de todos el estado de las fortunas que consisten en posesiones territoriales.

En cuanto a lo primero, puede decirse que no se ha hecho más que llevar a su complemento las disposiciones de las leyes de 31 de octubre de 1845, y 25 de octubre de 1854, y dar su verdadero nombre al orden de cosas creado por la segunda. En virtud del artículo 15 de ésta, las hipotecas especiales prefieren a las legales de cualquiera fecha, las cuales excluyéndose unas a otras según las fechas de sus causas, prefieren solamente a los créditos quirografarios, Desde que entre nosotros la hipoteca legal, ni impedía al deudor enajenar parte alguna de sus bienes, ni era dado perseguirla contra terceros poseedores, dejó verdaderamente de ser un peño y por consiguiente una hipoteca. Lo único que en cierto modo justificaba este título, era la circunstancia de concurrir con las hipotecas especiales. Abolida esta prerrogativa por el citado artículo 15, la denominación era del todo impropia. Ha parecido, pues, conveniente suprimirla. No se conoce en este proyecto otra especie de hipoteca que la antes llamada especial, y ahora simplemente hipoteca. Por lo demás, los que gozaban del beneficio de la hipoteca legal se hallan exactamente en la situación en que los colocó la ley de 25 de octubre.

En cuanto a poner a la vista de todos el estado de las fortunas territoriales, el arbitrio más sencillo era hacer obligatoria la inscripción de todas las enajenaciones de bienes raíces, inclusas las transmisiones hereditarias de ellos, las adjudicaciones y la constitución de todo derecho real en ellos. Exceptuáronse los de servidumbres prediales, por no haber parecido de bastante importancia.

La transferencia y transmisión de dominio, la constitución de todo derecho real, exceptuadas, como he dicho, las servidumbres, exige una tradición; y la única forma de tradición que para esos actos corresponde es la inscripción en el Registro Conservatorio. Mientras ésta no se verifica, un contrato puede ser perfecto, puede producir obligaciones y derechos entre las partes, pero no transfiere el dominio, no transfiere ningún derecho real, ni tiene respecto de terceros existencia alguna. La inscripción es la que da la posesión real efectiva; y mientras ella no se ha cancelado, el que no ha inscrito su título, no posee: es un mero tenedor. Como el Registro Conservatorio está abierto a todos, no puede haber posesión más pública, más solemne, más indisputable, que la inscripción. En algunas legislaciones la inscripción es una garantía, no sólo de la posesión, sino de la propiedad; mas para ir tan lejos hubiera sido necesario obligar a todo propietario, a todo usufructuario, a todo usuario de bienes raíces a inscribirse justificando previamente la realidad y valor de sus títulos; y claro está que no era posible obtener este resultado, sino por medio de providencias compulsivas, que producirían multiplicados y embarazosos procedimientos judiciales, y muchas veces juicios contradictorios, costosos y de larga duración. No dando a la inscripción conservatoria otro carácter que el de una simple tradición, la posesión conferida por ella deja subsistentes los derechos del verdadero propietario, que solamente podrían extinguirse por la prescripción competente. Pero como no sólo los actos entre vivos sino las transmisiones hereditarias están sujetas respecto a los bienes raíces a la solemnidad de esta inscripción, todos los referidos bienes, a no ser los pertenecientes a personas jurídicas, al cabo de cierto número de años se hallarán inscritos y al abrigo de todo ataque. La inscripción sería desde entonces un título incontrastable de propiedad, obteniéndose así el resultado a que otros querían llegar desde luego, sin que para ello sea necesario apelar a medidas odiosas, que producirían un grave sacudimiento en toda la propiedad territorial.

Son patentes los beneficios que se deberían a este orden de cosas; la posesión de los bienes raíces, manifiesta, indisputable, caminando aceleradamente a una época en que inscripción, posesión y propiedad serían términos idénticos; la propiedad territorial de toda la República a la vista de todos, en un cuadro que representaría, por decirlo así, instantáneamente sus mutaciones, cargas y divisiones sucesivas; la hipoteca cimentada sobre base sólida; el crédito territorial vigorizado y susceptible de movilizarse.

La institución de que acabo de hablaros se aproxima a lo que de tiempo atrás ha existido en varios estados de Alemania y que otras naciones civilizadas aspiran actualmente a imitar. Sus buenos efectos han sido ampliamente demostrados por la experiencia.

Acerca de la posesión, se ha creído conveniente adoptar una nomenclatura menos embarazosa y ambigua que la que al presente existe. Toda posesión es esencialmente caracterizada por la realidad o la apariencia del dominio; no es poseedor de una finca sino el que la tiene como suya, sea que se halle materialmente en su poder, o en poder de otro que le reconoce como dueño de ella. Pero como los derechos reales son varios, el que no es poseedor del dominio, puede serlo de un derecho de usufructo, de uso, de habitación, de un derecho de herencia, de un derecho de prenda o de hipoteca, de un derecho de servidumbre. El usufructuario no posee la cosa fructuaria, es decir, no inviste ni real ni ostensiblemente el dominio de ella; posee sólo el usufructo de ella, que es un derecho real y por consiguiente susceptible de posesión. Pero el arrendatario de una finca nada posee, no goza más que de una acción personal para la conservación de los derechos que le ha conferido el contrato. El que a nombre ajeno posee, no es más que un representante del verdadero poseedor, ni inviste más que la simple tenencia. Así los términos posesión civil, posesión natural, son desconocidos en el proyecto que os someto; las palabras posesión y tenencia contrastan siempre en él; la posesión es a nombre propio, la tenencia a nombre ajeno. Pero la posesión puede ser regular o irregular, aquélla adquirida sin violencia, ni clandestinidad, con justo título y buena fe; la segunda sin alguno de estos requisitos. Toda posesión es amparada por la ley; pero sólo la posesión regular pone al poseedor en el camino de la prescripción adquisitiva. Tal es el sistema del proyecto; sus definiciones señalan límites precisos a cada una de las dos especies de posesión, conservando siempre una y otra el carácter genérico que consiste en la investidura de un derecho real.

Entre las varias desmembraciones del dominio, se ha prestado una atención particular a la que lo limita por una condición que verificada, lo hace pasar a otra persona, la cual lo adquiere irresoluble y absoluto. El usufructo y la propiedad fiduciaria, la propiedad que por el cumplimiento de una condición expira en una persona para nacer en otra, son, pues, dos estados jurídicos que contrastan: en el uno, la terminación es necesaria; en el otro, eventual. Aquél supone dos derechos actuales coexistentes, el segundo, uno sólo, pues si por una parte supone el ejercicio de un derecho, no da por otra sino una simple expectativa, que puede desvanecerse sin dejar rastro alguno de su existencia, tal es la constitución del fideicomiso, en la que, si hay poco o nada de original en el proyecto, se ha pretendido a lo menos caracterizar los dos estados jurídicos de manera que no se confundan, dar reglas claras de interpretación para las disposiciones que los establecen, y enumerar sus varios y peculiares efectos.

Consérvase, pues, la sustitución fideicomisaria en este proyecto, aunque abolida en varios códigos modernos. Se ha reconocido en ella una emanación del derecho de propiedad, pues todo propietario parece tenerlo para imponer a sus liberalidades las limitaciones y condiciones que quiera. Pero admitido en toda su extensión este principio, pugnaría con el interés social, ya embarazando la circulación de los bienes, ya amortiguando aquella solicitud en conservarlos y mejorarlos, que tiene su más poderoso estímulo en la esperanza de un goce perpetuo, sin trabas, sin responsabilidades, y con la facultad de transferirlos libremente entre vivos y por causa de muerte; se admite, pues, el fideicomiso, pero se prohíben las substituciones graduales, aun cuando no sean perpetuas; excepto bajo la forma del censo, en el que se ha comprendido por consiguiente todo lo relativo al orden de sucesión en las vinculaciones. En el censo mismo se han atenuado las especialidades que lo hacen perjudicial y odioso.

Es una regla fundamental en este proyecto la que prohíbe dos o más usufructos o fideicomisos sucesivos; porque unos y otros embarazan la circulación y entibian el espíritu de conservación y mejora, que da vida y movimiento a la industria. Otra que tiende al mismo fin es la que limita la duración de las condiciones suspensivas y resolutorias, que en general se reputan fallidas si tardan más de treinta años en cumplirse.

En la interesante materia de las servidumbres se ha seguido, se puede decir, paso a paso el código civil francés. Para la servidumbre legal de acueducto, nos ha servido principalmente de modelo el código civil de Cerdeña, único, creo, de los conocidos que ha sancionado el mismo principio que nuestro memorable decreto de 18 de noviembre de 1819, que ha avasallado a la agricultura tantos terrenos que la naturaleza parecía haber condenado a una esterilidad perpetua. Pero en este punto, como en todo lo que concierne al uso y goce de las aguas, el proyecto, como el código que le ha servido de guía, se ha ceñido a poco más que sentar las bases; reservando los pormenores a ordenanzas especiales, que probablemente no podrán ser unas mismas para las diferentes localidades.

La sucesión intestada es en lo que más se aparta de lo existente este proyecto. El derecho de representación no tiene cabida sino en la descendencia legítima del representado, ni en otra descendencia que la de los hijos o hermanos legítimos o naturales del difunto; descendiendo la representación a todos los grados y no perjudicando a ella la circunstancia de no haber tenido el representado derecho alguno que transmitir, basta que por cualquiera causa no haya participado de la herencia.

Se ha mejorado notablemente la suerte del cónyuge sobreviviente y de los hijos naturales. Al cónyuge sobreviviente que carece de lo necesario para su congrua sustentación, se le asegura una no corta porción en el patrimonio del difunto, al modo que se hace en la legislación que hoy rige, pero igualando el viudo a la viuda; lo que si antes de ahora se ha observado alguna vez, ha sido sólo en fuerza de una interpretación injustificable de la ley romana y española. Además de esta asignación forzosa, que prevalece aún sobre las disposiciones testamentarias, y que se mide por la legítima rigurosa de los hijos legítimos cuando los hay, el cónyuge es llamado por la ley a una parte de la sucesión intestada, cuando no hay descendientes legítimos; al todo, cuando no hay ascendientes ni hermanos legítimos, ni hijos naturales del difunto. Los hijos naturales colectivamente, y el cónyuge, gozan de derechos iguales en la sucesión intestada.

La incapacidad de sucederse unos a otros los que se han manchado con un ayuntamiento dañado y punible, no desciende a la inocente prole de esta conexión criminal; y los derechos de los colaterales a la sucesión intestada llegan solamente al sexto grado.

En cuanto a legítimas y mejoras, la mitad de lo que habría cabido a cada uno de los legitimarios o herederos forzosos sucediendo abintestado, forma su legítima rigurosa, que se puede aumentar considerablemente, pero no disminuir ni gravar en ninguna manera. No teniendo descendientes legítimos, que personal o representativamente le sucedan, puede cualquiera persona disponer libremente de la mitad de su patrimonio; en el caso contrario, sólo la cuarta parte de los bienes le es lícito distribuir con absoluta libertad; la cuarta restante debe invertirse en mejoras, esto es, en favor de uno o más de sus descendientes legítimos., a su arbitrio. Por lo demás, cada persona tiene durante su vida, la facultad de hacer el uso de sus bienes que mejor le parezca; sólo en casos extremos interviene la ley imputando a la mitad o cuarta de libre disposición el exceso de lo que se ha donado entre vivos, y en caso necesario revocándolo.

Se ha creído conciliar así el derecho de propiedad con la obligación de proveer al bienestar de aquellos a quienes se ha dado el ser, o de quienes se ha recibido. Se han omitido aquellas otras restricciones que tuvieron por objeto asegurar las legítimas, y precaver en la distribución de los bienes la desigualdad a que podían ser inducidos los padres por predilecciones caprichosas; aun cuando en ello no defraudasen verdaderamente a ninguno de los legitimarios.

Se ha confiado más que en la ley, en el juicio de los padres y en los sentimientos naturales. Cuando éstos se extravían o faltan, la voz de aquélla es impotente, sus prescripciones facilísimas de eludir y la esfera a que les es dado extenderse, estrechísima. ¿Qué podrían las leyes en materia de testamentos y donaciones, contra la disipación habitual, contra el lujo de vana ostentación que compromete el porvenir de las familias, contra los azares del juego que devora clandestinamente los patrimonios? El proyecto se ha limitado a reprimir los excesos enormes de la liberalidad indiscreta, que si no es a la verdad, lo más de temer contra las justas esperanzas de los legitimarios, es lo único a que puede alcanzar la ley civil, sin salir de sus límites racionales, sin invadir el asilo de las afecciones domésticas, sin dictar providencias inquisitorias de difícil ejecución, y después de todo ineficaces.

En la determinación de las cuotas hereditarias, cuando las disposiciones del testamento envuelven dificultades numéricas, se han seguido substancialmente y creo que con una sola excepción, las reglas del derecho romano y del código de las partidas. Quizás se extrañe que las del proyecto estén concebidas en fórmulas aritméticas. El legislador de las partidas no da reglas explícitas; es preciso que el juez las deduzca de los ejemplos que le presenta; generalización más propia de la ley que del hombre. Admitida su necesidad, no había más que dos medios, el de una fraseología que indicase vagamente el proceder aritmético, o el de fórmulas rigurosas, que por el camino más corto posible condujesen a la resolución de cada problema. Esto último ha parecido menos expuesto a inexactitudes y errores; y siendo en el día la aritmética un ramo universal de instrucción primaria, sus términos peculiares deben suponerse entendidos de todo el que haya recibido una educación cualquiera, aun la más común y vulgar.

En materia de contratos y cuasicontratos, hallaréis muy poco que no tenga su fuente en la legislación actual, que es lo más, o en la autoridad de un código moderno, en especial el francés, o en la doctrina de alguno de los más eminentes jurisconsultos. Se ha tenido muy presente en algunos contratos como el de arrendamiento la práctica del país, cuyas especialidades ha parecido exigir disposiciones peculiares. La mutación de propiedad en los inmuebles no se perfecciona, sino por un instrumento público, ni se consuma sino por la inscripción en el Registro Conservatorio, que, como antes dije, es la forma única de tradición en esta clase de bienes. Sobre la nulidad y rescisión de los contratos y demás actos voluntarios que constituyen derechos, se ha seguido de cerca el código francés ilustrado por sus más hábiles expositores. La novedad de mayor bulto que en esta parte hallaréis, es la abolición del privilegio de los menores, y de otras personas naturales y jurídicas, asimiladas a ellos, para ser restituidos in integrum contra sus actos y contratos. Se ha mirado semejante privilegio no sólo como perniciosísimo al crédito sino como contrario al verdadero interés de los mismos privilegiados. Con él, como ha dicho un sabio jurisconsulto de nuestros días, se rompen todos los contratos, se invalidan todas las obligaciones, se desvanecen los más legítimos derechos. «Esta restitución, añade, es un semillero inagotable de pleitos injustos, y un pretexto fácil para burlar la buena fe en los contratos...» Todas las restricciones que se ha querido ponerles no bastan para salvar el más grave de sus inconvenientes, a saber: que inutiliza los contratos celebrados guardando todos los requisitos legales, deja inseguro el dominio, y dificulta las transacciones con los huérfanos, que no suelen tener menos necesidad que los otros hombres de celebrar contratos para la conservación y fomento de sus intereses. Lo dispuesto sobre esta materia en el código francés, en el de las Dos Sicilias, en el sardo y en otros es mucho más conforme con la justicia y aun más favorable a los mismos pupilos. Según estos códigos, el contrato celebrado por un menor sin el consentimiento de un guardador no es nulo ipso jure, aunque puede rescindirse; pero el celebrado con las solemnidades de la ley, se sujeta a las mismas condiciones que los celebrados por personas mayores de edad. Decía el jurisconsulto Jaubert, explicando los motivos de esta disposición: «Es indispensable asegurar completamente los derechos de los que tratan con los menores, observando las formalidades de la ley, y si esta precaución no fuese necesaria sería cuando menos útil, a causa de las prevenciones inveteradas que se tienen contra las pupilos, creyéndose, y con razón, que no hay seguridad en contratar con ellos».

En el título De la prueba de las obligaciones, se hace obligatoria la intervención de la escritura para todo contrato que versa sobre un objeto que excede de cierta cuantía, pero el ámbito demarcado para la admisión de otra clase de pruebas es mucho más amplio que en otras legislaciones: en especial la de Francia y la de Portugal, países en que esta limitación de la prueba de testigos es ya antigua, y ha producido saludables efectos. No hay para qué deciros la facilidad con que por medio de declaraciones juradas puedan impugnarse y echarse por tierra los más legítimos derechos. Conocida es en las poblaciones inferiores la existencia de una clase infame de hombres, que se labran un medio de subsistencia en la prostitución del juramento. Algo tímidas parecerán bajo este punto de vista las disposiciones del proyecto; pero se ha recelado poner trabas a la facilidad de las transacciones, y se ha creído más prudente aguardar otra época en que, generalizado por todas partes el uso de la escritura, se pueda sin inconveniente reducir a más estrechos límites la admisibilidad de la prueba verbal.

Las varias especies de censo (exceptuado el vitalicio) se han reducido a una sola, y se sujetan por consiguiente a reglas idénticas, entre las cuales sólo merecen notarse las que lo hacen divisible junto con el inmueble que afectan, y la que constituido sobre inmuebles cuyo valor excede considerablemente al de los capitales impuestos, permite reducirlo a una parte indeterminada, exonerando de toda responsabilidad lo restante. Pero al mismo tiempo, se ha tomado en cuenta el interés de los censualistas, poniendo un límite a la división que continuada indefinidamente haría demasiado difícil y dispendioso el cobro de los cánones, y a la vuelta de algunas generaciones convertiría los censos en un número infinito de fracciones imperceptibles. Si por este medio se consiguiese desalentar la imposición de capitales a censo, se habría logrado indirectamente un gran bien. El censo vitalicio, que por su naturaleza es de corta duración, no ofrece los inconvenientes de los otros, es lo único que en este proyecto no admite ni redención, ni reducción, ni división.

En el contrato de sociedad, se ha creído que debíamos seguir el ejemplo de naciones a quienes un extenso comercio ha hecho conocer las verdaderas exigencias del crédito. Los miembros de una sociedad colectiva, según el presente proyecto, responden por el valor total de las obligaciones que a nombre de ella se contraen. Se ha procurado al mismo tiempo sujetar la sociedad a reglas precisas en su administración, y en las obligaciones de los socios entre sí y respecto de terceros. Se ha solicitado la misma especificación y claridad en el mandato; en los contratos para las confecciones de obras y en la fianza.

Entre las convenciones lícitas se ha dado lugar a la anticresis. Inocente en sí misma, útil al crédito y paliada a veces, podrá ahora presentarse sin disfraz bajo la sanción de la ley. Por punto general, el código de las partidas y el código civil francés, han sido las dos lumbreras que se han tenido más constantemente a la vista. Donde ellos difieren, se ha elegido lo que más adaptable y conveniente parecía. Se ha simplificado notablemente el arreglo de la prelación de créditos, el fomento del crédito ha sido en él la consideración dominante. Se dividen en cinco clases los acreedores concurrentes: los que gozan de privilegio general; los que gozan de privilegio sobre especies muebles; los hipotécanos; los de menores, mujeres casadas, y otras personas cuyos bienes son administrados por representantes legales; y los quirografarios. Se han abolido varios de los privilegios generales y especiales y entre los últimos todos los que recaían sobre inmuebles. Apenas es necesario deciros que no reviven en este proyecto como créditos preferentes, ni los de hipoteca general convencional, ni los escriturarios. La obra principiada por las leyes de 1845 y 1854 se ha llevado a cabo.

Innovaciones no menos favorables a la seguridad de las posesiones y al crédito encontraréis en el título De la prescripción. La de treinta años continuos rechaza todos los créditos, todos los privilegios, todas las acciones reales. Toda obligación personal que ha dejado de exigirse en el mismo espacio de tiempo, perece. Pero esta excepción debe siempre alegarse por el que pretende gozar de su beneficio, los jueces no pueden suplirla.

Terminaré con algunas observaciones generales.

En este proyecto se hacen obligatorios los instrumentos públicos y privados (que un célebre publicista moderno ha llamado pruebas preconstituidas) para ciertos actos y contratos en que la ley no los exige hoy día. A este número pertenece la legitimación por matrimonio subsecuente, y el reconocimiento de los hijos naturales de que ya os he hablado; el discernimiento de la tutela y cúratela en todos casos; el de asumir la mujer o recobrar el marido la administración de la sociedad conyugal; la aceptación o repudiación de toda herencia. Se prescribe la confección de un inventario solemne al padre que administrando bienes del hijo pasa a segundas nupcias y se impone como previa condición el de los bienes hereditarios, cuando el heredero se propone no contraer la responsabilidad de tal, sino hasta concurrencia del valor de lo que hereda. Se exige escritura pública o privada para toda obligación convencional que exceda de cierta cuantía, Toda mutación de propiedad o toda constitución de derechos reales sobre inmuebles, se sujetan a la solemnidad de un instrumento público, sin la cual no deberán producir obligaciones civiles, ni aun entre los mismos contratantes; y el crédito que haya de gozar de una preferencia de cuarto grado en un concurso de acreedores, no puede obtenerlo sino cuando conste de la misma manera; exceptuándose sólo las acciones para resarcimiento de perjuicios por mala administración de los representantes legales.

Es patente la utilidad de este género de pruebas para precaver contestaciones y testigos, para proteger los intereses de los menores y otras personas privilegiadas sin detrimento del crédito en cuyo fomento están interesadas estas mismas personas como todas, y para desconcertar los fraudes que a la sombra de sus privilegios se fraguan.

Por lo que toca al mérito y plan que en este código se han seguido, observaré que hubiera podido hacerse menos voluminoso, omitiendo ya los ejemplos que suelen acompañar a las reglas abstractas, ya los corolarios que se derivan de ellas, y que para la razón ejercitada de los magistrados y jurisconsultos eran ciertamente innecesarios. Pero, a mi juicio, se ha preferido fundamentalmente la práctica contraria, imitando al sabio legislador de las partidas. Los ejemplos ponen a la vista el verdadero sentido y espíritu de una ley en sus aplicaciones; los corolarios demuestran lo que está encerrado en ella, y que a ojos menos perspicaces pudiera escaparse. La brevedad ha parecido en esta materia, una consideración secundaria.

El proyecto tal cual es, se presenta a vosotros, examinado prolijamente, discutido, modificado por una comisión escogida, celosa del acierto, merecedora de vuestra confianza. La discusión de una obra de esta especie en las Cámaras Legislativas retardaría por siglos su promulgación, que es ya una necesidad imperiosa, y no podría después de todo dar a ella la unidad, el concierto, la armonía que son sus indispensables caracteres. Yo no presumo ofreceros bajo estos respectos una obra perfecta; ninguna tal ha salido hasta ahora de las manos del hombre. Pero no temo aventurar mi juicio anunciando que por la adopción del presente proyecto se desvanecerá mucha parte de las dificultades que ahora embarazan la administración de justicia en materia civil; se cortarán en su raíz gran número de pleitos, y se granjeará tanto mayor confianza y veneración la judicatura, cuanto más patente se halle la conformidad de sus decisiones a los preceptos legales. La práctica descubrirá sin duda defectos en la ejecución de tan ardua empresa; pero la legislatura podrá fácilmente corregirlos con conocimiento de causa, como se ha hecho en otros países y en la misma Francia, a quien se debe el más célebre de los códigos, y el que ha servido de modelo a tantos otros.

Creo haber dicho lo bastante para recomendar a vuestra sabiduría y patriotismo la adopción del presente Proyecto de Código Civil, que os propongo de acuerdo con el Consejo de Estado.

Santiago, noviembre 22 de 1855
MANUEL MONTT.- Francisco Javier Ovalle

III. CÓDIGO CIVIL DE CHILE

De conformidad a lo dispuesto en el DFL Nº 1 de 2000 del MMJJ
Actualizado al 19 de Noviembre de 2024

TÍTULO PRELIMINAR

§ 1. De la ley

Artículo 1o. La ley es una declaración de la voluntad soberana que, manifestada en la forma prescrita por la Constitución, manda, prohíbe o permite.

Conc.: CPR Art. 5 (i), 6 (i), 19 Nº 26, 63-75
Fuentes: D.1.3.7; C.L. 2; Delv. t. 1, p. 9.

Art. 2o. La costumbre no constituye derecho sino en los casos en que la ley se remite a ella.

Conc.: CC. 1198, 1546, 1563, 1823, 1938, 1940, 1944, 1951, 1954, 1997, 2117, 2139; C.Com. 4-6

Art. 3o. Sólo toca al legislador explicar o interpretar la ley de un modo generalmente obligatorio.

Las sentencias judiciales no tienen fuerza obligatoria sino respecto de las causas en que actualmente se pronunciaren.

Conc.: CC. 9, 19-24, 315; CPR 66
Fuentes: P.1.T.7.L.14; C.N. Art. 5; ABGB 8

Art. 4o. Las disposiciones contenidas en los Códigos de Comercio, de Minería, del Ejército y Armada, y demás especiales, se aplicarán con preferencia a las de este Código.

Conc.: CC. 13
Fuente: D.50.17.80

Art. 5o. La Corte Suprema de Justicia y las Cortes de Alzada, en el mes de marzo de cada año, darán cuenta al Presidente de la República de las dudas y dificultades que les hayan ocurrido en la inteligencia y aplicación de las leyes, y de los vacíos que noten en ellas.

Conc.: CC. 3, 9; COT 102

§ 2. Promulgación de la ley

Art. 6o. La ley no obliga sino una vez promulgada en conformidad a la Constitución Política del Estado y publicada de acuerdo con los preceptos que siguen.

El decreto supremo promulgatorio de una ley iniciada en una moción deberá contener, a continuación del nombre de aquella, el de los diputados o senadores autores de la referida iniciativa

Modif. L. 9400, L. 21136
Conc.: CC. 7, 52-53; CPR 72, 75; C. Trib. 3
Fuentes: CN 1; CL 4

Art. 7o. La publicación de la ley se hará mediante su inserción en el Diario Oficial, y desde la fecha de éste se entenderá conocida de todos y será obligatoria.

Para todos los efectos legales, la fecha de la ley será la de su publicación en el Diario Oficial.

Sin embargo, en cualquiera ley podrán establecerse reglas diferentes sobre su publicación y sobre la fecha o fechas en que haya de entrar en vigencia.

Modif. L. 9400
Conc.: CC. 6, 7, 8; C. Trib. 3
Fuentes: C.N. 1

Art. 8o. Nadie podrá alegar ignorancia de la ley después que ésta haya entrado en vigencia.

Conc.: CC. 7, 706, 1452, 2299; CJM 207; CP 1
Fuentes: D.22.6.9; C.1.14.9

§ 3. Efectos de la ley

Art. 9o. La ley puede sólo disponer para lo futuro, y no tendrá jamás efecto retroactivo.

Sin embargo, las leyes que se limiten a declarar el sentido de otras leyes, se entenderán incorporadas en éstas; pero no afectarán en manera alguna los efectos de las sentencias judiciales ejecutoriadas en el tiempo intermedio.

Conc.: CC. 3, 5; CPR 19 Nº 3, 19 Nº 24, 63, 66, 82 Nº 1; Ley de Efecto Retroactivo de la Ley; CP 18; L. Matrimonio Civil 83
Fuentes: D. 1.3.26-28; C.1.14.7; CN 2

Art. 10. Los actos que prohíbe la ley son nulos y de ningún valor; salvo en cuanto designe expresamente otro efecto que el de nulidad para el caso de contravención.

Conc.: CC. 11, 127, 149, 202, 204, 377, 400, 465, 489, 510, 704-705, 966, 1003, 1006, 1073, 1107, 1138, 1204, 1301, 1348, 1351-1353, 1392, 1401, 1407, 1445, 1447, 1451-1469, 1478, 1536, 1567, 1578, 1681-1697, 1721-1722, 1749, 1754-1755, 1757, 1759, 1764, 1790, 1792-4, 1792-27, 1796, 1811, 1842, 1876, 1964, 1998, 2028, 2057-2058, 2067, 2127, 2270, 2273, 2412, 2433, 2441, 2453-2460
Efectos especiales de algunas nulidades CC. 127-128, 143, 145, 149, 202, 204, 1468, 1536, 1687-1688, 1736, 1764, 1790, 1792-8, 1792-27, 2057-2058, 2122, 2412
CPR 7; C. Bustamente 175
Fuentes: CL 12

Art. 11. Cuando la ley declara nulo algún acto, con el fin expreso o tácito de precaver un fraude, o de proveer a algún objeto de conveniencia pública o privada, no se dejará de aplicar la ley, aunque se pruebe que el acto que ella anula no ha sido fraudulento o contrario al fin de la ley.

Conc.: CC. 10, 127, 149, 202, 204, 377, 400, 465, 489, 510, 704-705, 966, 1003, 1006, 1073, 1107, 1138, 1204, 1301, 1348, 1351-1353, 1392, 1401, 1407, 1445, 1447, 1451-1469; 1478, 1536, 1567, 1578, 1681-1697, 1721-1722, 1749, 1754-1755, 1757, 1759, 1764, 1790, 1792-4, 1792-27, 1796, 1811, 1842, 1876, 1964, 1998, 2028, 2057-2058, 2067, 2127, 2270, 2273, 2412, 2433, 2441, 2453-2460
Fuentes: D. 1.3.25, 29-30; C. 1.14.5; CL 19

Art. 12. Podrán renunciarse los derechos conferidos por las leyes, con tal que sólo miren al interés individual del renunciante, y que no esté prohibida su renuncia.

Conc.: CC. 150, 153, 195, 334, 336, 628, 763, 803, 806, 885, 1346, 1469, 1487, 1497, 1516-1517, 1719, 1721, 1753, 1767, 1780-1785, 1792-20, 1934, 2065, 2072-2074, 2108-2112, 2167, 2358, 2360, 2446, 2462, 2464, 2494-2496, 2519
Fuentes: D. 2.14.38; C.1.14.5; P.5ª, Tit. 11, l.28; C.N. art. 6; CL. 11

Art. 13. Las disposiciones de una ley, relativas a cosas o negocios particulares, prevalecerán sobre las disposiciones generales de la misma ley, cuando entre las unas y las otras hubiere oposición.

Conc.: CC. 4, 22, 70
Fuentes: D.1.3.8, 13, 15, 16; D.50.17.80; C.1.14.3.1

Art. 14. La ley es obligatoria para todos los habitantes de la República, inclusos los extranjeros.

Conc.: CC. 15, 16; L. Matrimonio Civil 81; CPR 3, 10, 11; C. Bustamente 1, 3; CP 6
Fuentes: P.1, T.1., L. 15; C.L.9; CN 3

Art. 15. A las leyes patrias que reglan las obligaciones y derechos civiles, permanecerán sujetos los chilenos, no obstante su residencia o domicilio en país extranjero.

1o. En lo relativo al estado de las personas y a su capacidad para ejecutar ciertos actos, que hayan de tener efecto en Chile;

2o. En las obligaciones y derechos que nacen de las relaciones de familia; pero sólo respecto de sus cónyuges y parientes chilenos.

Conc.: CC. 14, 59, 102, 206, 214, 304, 955, 998; CP 10, 11; L. Matrimonio Civil 81-84; C. Bustamente 7, 27, 36, 92, 101, 176, 181, 182
Fuentes: CN 3, ABGB 4

Art. 16. Los bienes situados en Chile están sujetos a las leyes chilenas, aunque sus dueños sean extranjeros y no residan en Chile.

Esta disposición se entenderá sin perjuicio de las estipulaciones contenidas en los contratos otorgados válidamente en país extraño.

Pero los efectos de los contratos otorgados en país extraño para cumplirse en Chile, se arreglarán a las leyes chilenas.

Modif. L. 9400
Conc.: CC. 14, 15; L. Matrimonio Civil 81; C. Bustamente arts. 105, 106, 137, 180, 182, 224, 227; C.Com. 113
Fuentes: CN 3; CL 9-10

Art. 17. La forma de los instrumentos públicos se determina por la ley del país en que hayan sido otorgados. Su autenticidad se probará según las reglas establecidas en el Código de Enjuiciamiento.

La forma se refiere a las solemnidades externas, y la autenticidad al hecho de haber sido realmente otorgados y autorizados por las personas y de la manera que en los tales instrumentos se exprese.

Conc.: CC. 1027, 1699; C. Bustamente arts. 180, 399, 402, 403; C.Com. 113; CPC 345
Fuentes: C.L. 10

Art. 18. En los casos en que las leyes chilenas exigieren instrumentos públicos para pruebas que han de rendirse y producir efecto en Chile, no valdrán las escrituras privadas, cualquiera que sea la fuerza de éstas en el país en que hubieren sido otorgadas.

§ 4. Interpretación de la ley

Art. 19. Cuando el sentido de la ley es claro, no se desatenderá su tenor literal, a pretexto de consultar su espíritu.

Pero bien se puede, para interpretar una expresión obscura de la ley, recurrir a su intención o espíritu, claramente manifestados en ella misma, o en la historia fidedigna de su establecimiento.

Conc.: CC. 3, 5, 9, 13, 20, 21, 22, 23, 24
Fuentes: C.L. 10, 18

Art. 20. Las palabras de la ley se entenderán en su sentido natural y obvio, según el uso general de las mismas palabras; pero cuando el legislador las haya definido expresamente para ciertas materias, se les dará en éstas su significado legal.

Conc.: CC. 3, 5, 9, 13, 19, 21, 22, 23, 24, 51
Fuentes: CL 14, 15

Art. 21. Las palabras técnicas de toda ciencia o arte se tomarán en el sentido que les den los que profesan la misma ciencia o arte; a menos que aparezca claramente que se han tomado en sentido diverso.

Conc.: CC. 3, 5, 9, 13, 19, 20, 22, 23, 24

Art. 22. El contexto de la ley servirá para ilustrar el sentido de cada una de sus partes, de manera que haya entre todas ellas la debida correspondencia y armonía.

Los pasajes obscuros de una ley pueden ser ilustrados por medio de otras leyes, particularmente si versan sobre el mismo asunto.

Conc.: CC. 3, 5, 9, 19, 20, 21, 23, 24
Fuentes: D.1.3.24; CL 16, 17

Art. 23. Lo favorable u odioso de una disposición no se tomará en cuenta para ampliar o restringir su interpretación. La extensión que deba darse a toda ley, se determinará por su genuino sentido y según las reglas de interpretación precedentes.

Conc.: CC. 3, 5, 9, 19, 20, 21, 22, 23, 24, 388, 1566
Fuentes: D. 1.3.25; CL 20

Art. 24. En los casos a que no pudieren aplicarse las reglas de interpretación precedentes, se interpretarán los pasajes obscuros o contradictorios del modo que más conforme parezca al espíritu general de la legislación y a la equidad natural.

Conc.: CC. 3, 5, 9, 19, 20, 21, 22, 23, 1734
Fuentes: C.L. 21

§ 5. Definición de varias palabras de uso frecuente en las leyes

Art. 25. Las palabras hombre, persona, niño, adulto y otras semejantes que en su sentido general se aplican a individuos de la especie humana, sin distinción de sexo, se entenderán comprender ambos sexos en las disposiciones de las leyes, a menos que por la naturaleza de la disposición o el contexto se limiten manifiestamente a uno solo.

Por el contrario, las palabras mujer, niña, viuda y otras semejantes, que designan el sexo femenino, no se aplicarán al otro sexo, a menos que expresamente las extienda la ley a él.

Conc.: CC. 55; CPR 19 Nº 2
Fuentes: D.50.16.152 y 50.16.172; P.7.T.33.L.6, P.5.T.33.L.6

Art. 26. Llámase infante o niño todo el que no ha cumplido siete años; impúber, el varón que no ha cumplido catorce años y la mujer que no ha cumplido doce; adulto, el que ha dejado de ser impúber; mayor de edad, o simplemente mayor, el que ha cumplido dieciocho años; y menor de edad, o simplemente menor, el que no ha llegado a cumplirlos.

Modif. L. 19221
Conc.: CC. 111, 191, 193, 207, 249, 251, 270, 341, 342, 355, 435, 437, 500, 723, 970, 1005, 1012, 1272, 1447, 1692, 2128, 2319; Convención D. Niño 1; CP 10, 346-352

Art. 27. Los grados de consanguinidad entre dos personas se cuentan por el número de generaciones. Así el nieto está en segundo grado de consanguinidad con el abuelo, y dos primos hermanos en cuarto grado de consanguinidad entre sí.

Cuando una de las dos personas es ascendiente de la otra, la consanguinidad es en línea recta; y cuando las dos personas proceden de un ascendiente común, y una de ellas no es ascendiente de la otra, la consanguinidad es en línea colateral o transversal.

Conc.: CC. 107, 226, 232, 326, 367, 448, 462, 508, 542, 965, 969, 983, 989, 992, 1061, 1064, 1182; CP 13, 370 bis, 375, 489
Fuentes: IJ 3.6; D. 50.16.220; P.4.T.6.L.3

Art. 28. Parentesco por consanguinidad es aquel que existe entre dos personas que descienden una de la otra o de un mismo progenitor, en cualquiera de sus grados.

Modif. L. 19585.
Conc.: CC. 107, 226, 232, 326, 367, 448, 462, 508, 542, 965, 969, 983, 989, 992, 1061, 1064, 1182
Fuentes: D. 50.16.195.2, D. 50.16.220; P.4.T.6.L.3

Art. 29. Derogado. Art. 1 Nº 2 L. 19585.

Art. 30. Derogado. Art. 1 Nº 3 L. 19585.

Art. 31. Parentesco por afinidad es el que existe entre una persona que está o ha estado casada y los consanguíneos de su cónyuge.

La línea y el grado de afinidad de una persona con un consanguíneo de su cónyuge, se califican por la línea y grado de consanguinidad de dicho cónyuge con el referido consanguíneo. Así, uno de los cónyuges está en primer grado de afinidad, en la línea recta, con los hijos habidos por su cónyuge en anterior matrimonio, y en segundo grado de afinidad, en la línea transversal, con los hermanos de su cónyuge.

Las leyes u otras disposiciones que hagan referencia a las expresiones marido y mujer, marido o mujer, se entenderán aplicables a todos los cónyuges, sin distinción de sexo, orientación sexual o identidad de género.

Modif. L. 19585 y 21400
Conc.: CC. 965, 969; CPR 19 Nº 2
Fuentes: IJ 1.10.6-7

Art. 32. Derogado. L. 19585

Art. 33. Tienen el estado civil de hijos respecto de una persona aquellos cuya filiación se encuentra determinada, de conformidad a las reglas previstas por el Título VII del Libro I de este Código. La ley considera iguales a todos los hijos.

Modif. L. 19585
Conc.: CC. 37, 110, 111, 124-127, 130, 147, 179-273, 305, 309, 315, 317, 320-321, 324, 348, 354, 356-358, 368, 439-440, 449, 451, 485-486, 504, 514-516, 578, 810, 815, 982-985, 988, 1016, 1075, 1182, 1424, 1437, 1579, 1618, 1740, 1792, 1796, 1969, 2049, 2051, 2320-2321, 2467, 2481-2483; CPR 19 Nº 2

Art. 34. Los padres y las madres de una persona son sus progenitores, respecto de los cuales se ha determinado una relación de filiación. Se entenderán como tales a su madre y/o padre, sus dos madres, o sus dos padres. Las leyes u otras disposiciones que hagan referencia a las expresiones padre y madre, o bien, padre o madre, u otras semejantes, se entenderán aplicables a todos los progenitores, sin distinción de sexo, identidad de género u orientación sexual, salvo que por el contexto o por disposición expresa se deba entender lo contrario.

Texto original Derogado. L. Matrimonio Civil, 1884
Texto actual Introducido por L. 21400
Conc.: CPR 19 Nº 2

Art. 35. Derogado. L. 19585

Art. 36. Derogado. L. 19585

Art. 37. La filiación de los hijos puede no encontrarse determinada respecto de uno de sus progenitores, o de ambos.

Modif. L. 19585 y L. 21400
Conc.: CC. 33, 111, 180-181, 220

Art. 38. Derogado. L. 5750

Art. 39. Derogado. L. 5750

Art. 40. Derogado. L. 19585

Art. 41. Los hermanos pueden serlo de simple o doble conjunción. Los que sean por parte de ambos progenitores se llaman entonces hermanos de doble conjunción, y los que lo sean sólo por parte de uno de ellos, se llaman entonces hermanos de simple conjunción.

Modif. L. 21400
Conc.: CC. 321, 323, 332, 367, 412, 448, 462, 986, 990-992, 1061, 1067, 1626
Fuente: I.J.3.5.1-5

Art. 42. En los casos en que la ley dispone que se oiga a los parientes de una persona, se entenderán comprendidos en esa denominación el cónyuge de ésta y sus consanguíneos de uno y otro sexo, mayores de edad. A falta de consanguíneos en suficiente número serán oídos los afines.

Serán preferidos los descendientes y ascendientes a los colaterales, y entre éstos los de más cercano parentesco.

Los parientes serán citados, y comparecerán a ser oídos, verbalmente, en la forma prescrita por el Código de Enjuiciamiento.

Conc.: CC. 15 Nº 2, 227, 229, 268, 351-353, 363, 367, 372, 380, 437, 446, 503, 542-543,

Art. 43. Son representantes legales de una persona uno o ambos progenitores, el adoptante y su tutor o curador.

Modif. L. 21400
Conc.: CC. 83, 191, 205, 214, 260-266, 671, 674, 678, 704, 720-721, 1225, 1411, 1448, 1713, 2105, 2181, 2239, 2432

Art. 44. La ley distingue tres especies de culpa o descuido.

Culpa grave, negligencia grave, culpa lata, es la que consiste en no manejar los negocios ajenos con aquel cuidado que aun las personas negligentes y de poca prudencia suelen emplear en sus negocios propios. Esta culpa en materias civiles equivale al dolo.

Culpa leve, descuido leve, descuido ligero, es la falta de aquella diligencia y cuidado que los hombres emplean ordinariamente en sus negocios propios. Culpa o descuido, sin otra calificación, significa culpa o descuido leve. Esta especie de culpa se opone a la diligencia o cuidado ordinario o mediano.

El que debe administrar un negocio como un buen padre de familia es responsable de esta especie de culpa.

Culpa o descuido levísimo es la falta de aquella esmerada diligencia que un hombre juicioso emplea en la administración de sus negocios importantes. Esta especie de culpa se opone a la suma diligencia o cuidado.

El dolo consiste en la intención positiva de inferir injuria a la persona o propiedad de otro.

Conc.: CC. 155, 175, 256, 257, 391, 423, 497, 531, 539, 541, 758, 774, 787, 788, 900, 906, 994, 1093, 1182, 1258, 1260, 1299-1300, 1329, 1346, 1486, 1496, 1502, 1504, 1506, 1521, 1526, 1533, 1547, 1590, 1626, 1671-1672, 1677-1679, 1680, 1748, 1771, 1790, 1826-1827, 1846, 1855, 1862, 1875, 1883, 1925-1926, 1932, 1935, 1940-1941, 1945, 1947, 1961, 1975, 2000, 2018, 2035, 2083-2084, 2093, 2101, 2129, 2157-2158, 2178-2179, 2219, 2222, 2224, 2235, 2239, 2242, 2284, 2288, 2308, 2326, 2328, 2351, 2381, 2394, 2483
CC. 257, 328, 423, 787, 968, 1117, 1208, 1234, 1237, 1300-1301, 1351, 1451, 1458-1459, 1465, 1558, 1680, 1685, 1691, 1748, 1768, 1771, 1827, 2035, 2218, 2242, 2260-2261, 2288, 2302, 2316-2317, 2332, 2354, 2453, 2459, 2483
Fuentes: D.4.3.1, D.9.2.31, D.9.2.44, D.11.6.1.1, D.19.2.25.7, D.50.16.213.2, D.50.16.223, D.5016.226

Art. 45. Se llama fuerza mayor o caso fortuito el imprevisto a que no es posible resistir, como un naufragio, un terremoto, el apresamiento de enemigos, los actos de autoridad ejercidos por un funcionario público, etc.

Conc.: CC. 652, 788, 799, 934, 1547, 1558, 1590, 1672-1674, 1676, 1687, 1925-1927, 1970, 1983, 2015-2016, 2020, 2150, 2152-2153, 2178, 2230, 2242
Fuentes: D. 44.7.1.4, Escriche, T.2, «caso fortuito», p. 228.

Art. 46. Caución significa generalmente cualquiera obligación que se contrae para la seguridad de otra obligación propia o ajena. Son especies de caución la fianza, la hipoteca y la prenda.

Conc.: CC. 89, 90, 156, 252, 375, 436, 755, 775-777, 803, 813, 932, 956, 1091, 1140, 1240, 1254, 1292, 1296, 1315, 1374, 1447, 1496, 1603, 1634, 1658, 1749, 1759, 1792-3, 2193, 2369, 2391
Fianza CC. 2335-2383
Prenda CC. 2384-2406
Hipoteca CC. 2407-2434
Fuentes: P.7.T.33.L.10; Escriche, T.2, «Caución», p. 236

Art. 47. Se dice presumirse el hecho que se deduce de ciertos antecedentes o circunstancias conocidas.

Si estos antecedentes o circunstancias que dan motivo a la presunción son determinados por la ley, la presunción se llama legal.

Se permitirá probar la no existencia del hecho que legalmente se presume, aunque sean ciertos los antecedentes o circunstancias de que lo infiere la ley; a menos que la ley misma rechace expresamente esta prueba, supuestos los antecedentes o circunstancias.

Si una cosa, según la expresión de la ley, se presume de derecho, se entiende que es inadmisible la prueba contraria, supuestos los antecedentes o circunstancias.

Conc.: CC. 59, 63, 198, 1166, 1222, 1393, 1459, 1654, 1698, 1712, 1938, 2220, 2299, 2347
De hecho CC. 64, 80, 184, 199, 210, 212, 241, 306, 440, 486, 540, 624, 666, 702, 707, 719, 853, 968, 1072, 1110, 1150, 1361, 1483, 1563, 1570, 1595, 1671, 1739, 1745, 1790, 1792-12, 1997, 2048, 2191, 2209, 2221, 2224, 2298, 2299, 2456, 2474, 2510
De derecho CC. 76, 706, 1235, 1805, 2510
Fuentes: Decretal. 2.23 de praesumt.; P.3.T.14.L.8; P.7.T.33.L.12; Escriche, t. 4, «Presunciones», p. 662

Art. 48. Todos los plazos de días, meses o años de que se haga mención en las leyes o en los decretos del Presidente de la República, de los tribunales o juzgados, se entenderá que han de ser completos; y correrán además hasta la medianoche del último día del plazo.

El primero y último día de un plazo de meses o años deberán tener un mismo número en los respectivos meses. El plazo de un mes podrá ser, por consiguiente, de 28, 29, 30 ó 31 días, y el plazo de un año de 365 ó 366 días, según los casos.

Si el mes en que ha de principiar un plazo de meses o años constare de más días que el mes en que ha de terminar el plazo, y si el plazo corriere desde alguno de los días en que el primero de dichos meses excede al segundo, el último día del plazo será el último día de este segundo mes.

Se aplicarán estas reglas a las prescripciones, a las calificaciones de edad, y en general a cualesquiera plazos o términos prescritos en las leyes o en los actos de las autoridades chilenas; salvo que en las mismas leyes o actos se disponga expresamente otra cosa.

Conc.: CC. 48, 50, 51, 206, 520, 739, 741, 768, 804, 977, 1080-1088, 1134, 1416, 1498, 1605, 1691, 1808, 1944, 1951, 1985, 2065, 2099, 2200, 2270; C.Com. 110, 112; CPC 64-65, 78
Fuentes: D. 9.2.51.2 y D.50.16.134; P.3.T.15.L.1; Escriche, t. 4, «Plazo» (2), p. 604; García Goyena 15; Savigny, t. 3, Nº 177-195

Art. 49. Cuando se dice que un acto debe ejecutarse en o dentro de cierto plazo, se entenderá que vale si se ejecuta antes de la medianoche en que termina el último día del plazo; y cuando se exige que haya transcurrido un espacio de tiempo para que nazcan o expiren ciertos derechos, se entenderá que estos derechos no nacen o expiran sino después de la medianoche en que termine el último día de dicho espacio de tiempo.

Conc.: CC. 128, 681, 768, 1080-1088, 1377, 1494-1497, 1512, 1554, 1593, 1600, 1605, 1649-1650, 1656, 1816, 1826, 1914, 2177, 2200, 2373, 2391, 2427, 2494, 2523; C.Com. 110, 112

Art. 50. En los plazos que se señalaren en las leyes, o en los decretos del Presidente de la República, o de los tribunales o juzgados, se comprenderán aun los días feriados; a menos que el plazo señalado sea de días útiles, expresándose así, pues en tal caso no se contarán los feriados.

Conc.: CC. 48

Art. 51. Las medidas de extensión, peso, duración y cualesquiera otras de que se haga mención en las leyes, o en los decretos del Presidente de la República, o de los tribunales o juzgados, se entenderán siempre según las definiciones legales; y a falta de éstas, en el sentido general y popular, a menos de expresarse otra cosa.

Conc.: CC. 20

§ 6. Derogación de las leyes

Art. 52. La derogación de las leyes podrá ser expresa o tácita.

Es expresa, cuando la nueva ley dice expresamente que deroga la antigua.

Es tácita, cuando la nueva ley contiene disposiciones que no pueden conciliarse con las de la ley anterior.

La derogación de una ley puede ser total o parcial.

Conc.: CC. 1, 6-8
Fuente: D.1.4.4.; C.L. 22-23

Art. 53. La derogación tácita deja vigente en las leyes anteriores, aunque versen sobre la misma materia, todo aquello que no pugna con las disposiciones de la nueva ley.

Fuente: C.L. 22-23

LIBRO PRIMERO
DE LAS PERSONAS

TÍTULO I. DE LAS PERSONAS EN CUANTO A SU NOMBRE, NACIONALIDAD Y DOMICILIO

Modif. L. 21400

§ 1. División de las personas

Art. 54. Las personas son naturales o jurídicas.

De la personalidad jurídica y de las reglas especiales relativas a ella se trata en el título final de este Libro.

Conc.: Persona natural CC. 54, 74-544
Persona Jurídica CC. 545-565
Fuentes: Escriche, T.4 «Persona», p. 576

Art. 55. Son personas todos los individuos de la especie humana, cualquiera que sea su edad, sexo, estirpe o condición. Divídense en chilenos y extranjeros.

Conc.: Extranjeros CC. 14-16, 55-57, 444, 482, 997-998, 1012, 1028; CPR 1, 5, 19 Nº 2
Fuentes: Escriche, t. 4, Persona, p. 576

Art. 56. Son chilenos los que la Constitución del Estado declara tales. Los demás son extranjeros.

Conc.: Extranjeros CC. 14-16, 55-57, 444, 482, 997-998, 1012, 1028; CPR 10, 11, 14, 19 Nº 2; DL 1094 de 1975; DS 597 de 1984; DS 5142 de 1960; L. 20430; L. 20507
Fuente: CN 17

Art. 57. La ley no reconoce diferencias entre el chileno y el extranjero en cuanto a la adquisición y goce de los derechos civiles que regla este Código.

Conc.: CPR 19 Nº 2; DL 1094 de 1975; DS 597 de 1984
Fuentes: CN 8, 11; García Goyena 26

Art. 58. Las personas se dividen, además, en domiciliadas y transeúntes.

Conc.: CC. 59; DL 1094 de 1975; DS 597 de 1984; C. Bustamente 22

§ 2. Nombre de las personas

Agregado L. 21334

Art. 58 bis. Nombre es el conjunto de palabras que sirve legalmente para identificar a una persona. Está formado por el o los nombres propios, y por el o los apellidos con que se encuentre individualizada en su respectiva inscripción de nacimiento.

Agregado L. 21334

Art. 58 ter. El primer apellido del o los progenitores se transmitirá a sus hijos, conforme el orden que, según los casos, se determine en aplicación de las reglas siguientes:

1. En la inscripción de nacimiento del primero de los hijos comunes, los progenitores determinarán, de común acuerdo, el orden de transmisión de sus respectivos primeros apellidos, que valdrá para todos sus hijos comunes. En caso de no manifestarse acuerdo al momento de inscribir al primero de los hijos comunes, se entenderá su voluntad de que el orden de los apellidos sea determinado mediante sorteo ante el Oficial del Registro Civil.

2. En toda inscripción de nacimiento en que al tiempo de la inscripción quede determinada la filiación del nacido respecto de ambos progenitores, el oficial del Registro Civil procederá según el orden de los apellidos fijado en la inscripción de nacimiento del primero de los hijos comunes de dichas personas; y si no tuvieren más hijos comunes, según el orden que se determine al practicarse la inscripción, de conformidad a lo dispuesto en la regla.

3. En la inscripción de nacimiento de un hijo cuya filiación al tiempo de la inscripción quede determinada sólo respecto de uno de los progenitores, se inscribirá al nacido con el respectivo primer apellido de dicho progenitor. En este caso, cuando con posterioridad obrare determinación de la filiación no determinada al tiempo de la inscripción de nacimiento, si hubiere otro u otros hijos comunes de dichos progenitores, se estará al orden de los apellidos fijado en la inscripción de nacimiento del primero de sus hijos comunes. Si, por el contrario, no hubiere más hijos comunes de dichos progenitores, el primer apellido del progenitor que quedó determinado al momento de la inscripción de nacimiento antecederá al otro apellido, a menos que, no habiendo el hijo alcanzado la mayoría de edad, los progenitores manifiesten, de común acuerdo, su voluntad de que se proceda con el orden inverso.

Con todo, para aplicar las reglas señaladas en el inciso anterior, previamente el oficial del Registro Civil deberá verificar si existieren en los registros hijos inscritos a nombre de cada uno de los progenitores.

Fijado en la inscripción de nacimiento el orden de los apellidos del primero de los hijos comunes, los demás hijos que dos progenitores tengan en común deberán inscribirse siempre con el mismo orden de apellidos, conforme a las disposiciones del presente artículo.

Las inscripciones de nacimiento y las manifestaciones del acuerdo de los progenitores, respecto del orden de los apellidos, se practicarán de conformidad con lo dispuesto en el presente artículo, y en la forma que determine el reglamento.

Agregado L. 21334
Modif. L. 21400

§ 3. Del domicilio en cuanto depende de la residencia y del ánimo de permanecer en ella

Modif. L. 21334

Art. 59. El domicilio consiste en la residencia, acompañada, real o presuntivamente, del ánimo de permanecer en ella.

Divídese en político y civil.

Conc.: CC. 58-73, 81, 95, 103, 200, 225, 310, 447, 455, 497, 514, 548, 548-2, 690-691, 955, 1009, 1012, 1016, 1023-1024, 1028-1029, 1037, 1039, 1046, 1588-1589, 1602, 2350, 2432; C. Bustamente 10-11, 22
Fuente: D.50.1.5, D.50.1.27; C.10.40.7.1; CN 102; Escriche, t. 2, «Domicilio», p. 716

Art. 60. El domicilio político es relativo al territorio del Estado en general. El que lo tiene o adquiere es o se hace miembro de la sociedad chilena, aunque conserve la calidad de extranjero.

La constitución y efectos del domicilio político pertenecen al Derecho Internacional.

Conc.: CC. 59; CPR 13-14; DL 1094 de 1975; DS 597 de 1984; C. Bustamente 22
Fuentes: D. 50.4.3; Kent's Comment. I, IV.

Art. 61. El domicilio civil es relativo a una parte determinada del territorio del Estado.

Art. 62. El lugar donde un individuo está de asiento, o donde ejerce habitualmente su profesión u oficio, determina su domicilio civil o vecindad.

Conc.: CC. 58-73, 81, 95, 103, 200, 225, 310, 447, 455, 497, 514, 548, 548-2, 690-691, 955, 1009, 1012, 1016, 1023-1024, 1028-1029, 1037, 1039, 1046, 1588-1589, 1602, 2350, 2432; C. Bustamente 22

Fuente: D.50.1.27; C.10.40.7.1; Escriche, T.2, «Domicilio», p. 716; CN 102; García Coyena 38-39

Art. 63. No se presume el ánimo de permanecer, ni se adquiere, consiguientemente, domicilio civil en un lugar, por el solo hecho de habitar un individuo por algún tiempo casa propia o ajena en él, si tiene en otra parte su hogar doméstico o por otras circunstancias aparece que la residencia es accidental, como la del viajero, o la del que ejerce una comisión temporal, o la del que se ocupa en algún tráfico ambulante.

Fuentes: D. 50.1.17.13, D.50.1.20; Vinnius, Jurisp. 3.8, p. 451; CN 103

Art. 64. Al contrario, se presume desde luego el ánimo de permanecer y avecindarse en un lugar, por el hecho de abrir en él tienda, botica, fábrica, taller, posada, escuela u otro establecimiento durable, para administrarlo en persona; por el hecho de aceptar en dicho lugar un cargo concejil, o un empleo fijo de los que regularmente se confieren por largo tiempo; y por otras circunstancias análogas.

Fuentes: D. 50.1.17.13; D.50.1.20; Vinnius, Jurisp. 3.8, p. 451; CN 105, 107

Art. 65. El domicilio civil no se muda por el hecho de residir el individuo largo tiempo en otra parte, voluntaria o forzadamente, conservando su familia y el asiento principal de sus negocios en el domicilio anterior.

Así, confinado por decreto judicial a un paraje determinado, o desterrado de la misma manera fuera de la República, retendrá el domicilio anterior, mientras conserve en él su familia y el principal asiento de sus negocios.

Fuentes: D. 50.1.17.13, D. 50.1.22, D.50.1.27.3

Art. 66. Los obispos, curas y otros eclesiásticos obligados a una residencia determinada, tienen su domicilio en ella.

Fuentes: D.50.1.23; C.10.40.8

Art. 67. Cuando concurran en varias secciones territoriales, con respecto a un mismo individuo, circunstancias constitutivas de domicilio civil, se entenderá que en todas ellas lo tiene; pero si se trata de cosas que dicen relación especial a una de dichas secciones exclusivamente, ella sola será para tales casos el domicilio civil del individuo.

Fuentes: D.50.1.5; D.50.1.6.2; D.50.1.27.2

Art. 68. La mera residencia hará las veces de domicilio civil respecto de las personas que no tuvieren domicilio civil en otra parte.

Fuente: D.50.1.27.2

Art. 69. Se podrá en un contrato establecer de común acuerdo un domicilio civil especial para los actos judiciales o extrajudiciales a que diere lugar el mismo contrato.

Fuentes: D.44.7.21; CN 111

Art. 70. El domicilio parroquial, municipal, provincial o relativo a cualquier otra sección del territorio, se determina principalmente por las leyes y ordenanzas que constituyen derechos y obligaciones especiales para objetos particulares de gobierno, policía y administración en las respectivas parroquias, comunidades, provincias, etc., y se adquiere o pierde conforme a dichas leyes u ordenanzas. A falta de disposiciones especiales en dichas leyes u ordenanzas, se adquiere o pierde según las reglas de este título.

Conc.: CC. 13

§ 4. Del domicilio en cuanto depende de la condición o estado civil de la persona

Modif. L. 21334

Art. 71. Derogado. L. 18.802

Art. 72. El que vive bajo patria potestad sigue el domicilio de quien la ejerza, y el que se halla bajo tutela o curaduría, el de su tutor o curador.

Modif. L. 5521 y L. 21400
Conc.: CC. 243-273, 304, 338-539; C. Bustamente 24

Fuente: D. 50.1.3-4; D. 50.1.6.1; D.50.1.17.11

Art. 73. El domicilio de una persona será también el de sus criados y dependientes que residan en la misma casa que ella; sin perjuicio de lo dispuesto en los dos artículos precedentes.

Conc.: CC. 304, 815, 1992-1994, 2322
Fuente: CN 109

TÍTULO II. DEL PRINCIPIO Y FIN DE LA EXISTENCIA DE LAS PERSONAS

Art. 74. La existencia legal de toda persona principia al nacer, esto es, al separarse completamente de su madre.

La criatura que muere en el vientre materno, o que perece antes de estar completamente separada de su madre, o que no haya sobrevivido a la separación un momento siquiera, se reputará no haber existido jamás.

Conc.: CPR 1, 19 Nº 1; L. Registro Civil 1, 3, 8, 28-33
Fuentes: D.28.2.12, D.50.16.129; C.6.29.2; CN 725

Art. 75. La ley protege la vida del que está por nacer. El juez, en consecuencia, tomará, a petición de cualquiera persona o de oficio, todas las providencias que le parezcan convenientes para proteger la existencia del no nacido, siempre que crea que de algún modo peligra.

Todo castigo de la madre, por el cual pudiera peligrar la vida o la salud de la criatura que tiene en su seno, deberá diferirse hasta después del nacimiento.

Conc.: CC. 55, 77, 343, 356, 485-486, 491, 538, 962; CPR 1, 5, 19 Nº 1; CP 344; C. Sanitario 16, 119-119 quáter; C. Bustamente 28; C. Aeronáutico 92; L. 20.120 1
Fuentes: P.4.T.23.L.3, P.7.T.31.L.11

Art. 76. De la época del nacimiento se colige la de la concepción, según la regla siguiente:

Se presume de derecho que la concepción ha precedido al nacimiento no menos que ciento ochenta días cabales, y no más que trescientos, contados hacia atrás, desde la medianoche en que principie el día del nacimiento.

Conc.: CC. 180-181, 184, 210, 1764, 1792-27
Fuentes: D.1.5.12, D.38.16.3.12, D.28.2.29.pr; P.7.T.23.L.4; CN 312

Art. 77. Los derechos que se deferirían a la criatura que está en el vientre materno, si hubiese nacido y viviese, estarán suspensos hasta que el nacimiento se efectúe. Y si el nacimiento constituye un principio de existencia, entrará el recién nacido en el goce de dichos derechos, como si hubiese existido al tiempo en que se defirieron. En el caso del artículo 74, inciso 2o, pasarán estos derechos a otras personas, como si la criatura no hubiese jamás existido.

Conc.: CC. 343, 356, 485-486, 538
Fuentes: D.1.5.26, D.34.5.7

§ 2. Del fin de la existencia de las personas

Art. 78. La persona termina en la muerte natural.

Conc.: L. Registro Civil 1, 5, 8, 26, 41 ter, 44-50, 54; C. Bustamente 30; L. 19451, 7-11; C. Sanitario 135-144

Art. 79. Si por haber perecido dos o más personas en un mismo acontecimiento, como en un naufragio, incendio, ruina o batalla, o por otra causa cualquiera, no pudiere saberse el orden en que han ocurrido sus fallecimientos, se procederá en todos casos como si dichas personas hubiesen perecido en un mismo momento, y ninguna de ellas hubiese sobrevivido a las otras.

Fuentes: D.34.5.16-18

§ 3. De la presunción de muerte por desaparecimiento

Art. 80. Se presume muerto el individuo que ha desaparecido, ignorándose si vive, y verificándose las condiciones que van a expresarse.

Conc.: CC. 47, 80-97, 272, 1010, 1764, 1792-27; C. Bustamente 30, 82-83
Fuentes: CN 112-143

Art. 81. 1o. La presunción de muerte debe declararse por el juez del último domicilio que el desaparecido haya tenido en Chile, justificándose previamente que se ignora el paradero del desaparecido, que se han hecho las posibles diligencias para averiguarlo, y que desde la fecha de las últimas noticias que se tuvieron de su existencia, han transcurrido a lo menos cinco años.

Modif. L. 6.162

2o. Entre estas pruebas será de rigor la citación del desaparecido; que deberá haberse repetido hasta por tres veces en el periódico oficial, corriendo más de dos meses entre cada dos citaciones.

Modif. L. 6.162

3o. La declaración podrá ser provocada por cualquiera persona que tenga interés en ella, con tal que hayan transcurrido tres meses al menos desde la última citación.

Modif. L. 6.162

4o. Será oído, para proceder a la declaración, y en todos los trámites judiciales posteriores, el defensor de ausentes; y el juez, a petición del defensor, o de cualquiera persona que tenga interés en ello, o de oficio, podrá exigir, además de las pruebas que se le presentaren del desaparecimiento, si no las estimare satisfactorias, las otras que según las circunstancias convengan.

5o. Todas las sentencias, tanto definitivas como interlocutorias, se insertarán en el periódico oficial.

6o. El juez fijará como día presuntivo de la muerte el último del primer bienio contado desde la fecha de las últimas noticias; y transcurridos cinco años desde la misma fecha, concederá la posesión provisoria de los bienes del desaparecido.

Modif. L. 6.162

7o. Con todo, si después que una persona recibió una herida grave en la guerra, o le sobrevino otro peligro semejante, no se ha sabido más de ella, y han transcurrido desde entonces cinco años y practicándose la justificación y citaciones prevenidas en los números precedentes, fijará el juez como día presuntivo de la muerte el de la acción de guerra o peligro, o, no siendo enteramente determinado ese día, adoptará un término medio entre el principio y el fin de la época en que pudo ocurrir el suceso, y concederá inmediatamente la posesión definitiva de los bienes del desaparecido.

Modif. L. 6.162

8o. Se reputará perdida toda nave o aeronave que no apareciere a los tres meses de la fecha de las últimas noticias que de ella se tuvieron. Expirado este plazo, cualquiera que tenga interés en ello podrá provocar la declaración de presunción de muerte de los que se encontraban en la nave o aeronave.

El juez fijará el día presuntivo de la muerte en conformidad al número que precede, y concederá inmediatamente la posesión definitiva de los bienes de los desaparecidos.

Si se encontrare la nave o aeronave náufraga o perdida, o sus restos, se aplicarán las mismas normas del inciso anterior, siempre que no pudieren ubicarse los cuerpos de todos o algunos de sus ocupantes, o identificarse los restos de los que fueren hallados.

Si durante la navegación o aeronavegación cayere al mar o a tierra un tripulante o viajero y desapareciere sin encontrarse sus restos, el juez procederá en la forma señalada en los incisos anteriores; pero deberá haber constancia en autos de que en el sumario instruido por las autoridades marítimas o aéreas ha quedado fehacientemente demostrada la desaparición de esas personas y la imposibilidad de que estén vivas.

En estos casos no regirán lo dispuesto en el número 2o, ni el plazo establecido en el número 3o; pero será de rigor oír a la Dirección General de la Armada o a la Dirección General de Aeronáutica, según se trate de nave o de aeronave.

Agregado L. 6162
Modif. L. 20577

9o. Después de seis meses de ocurrido un sismo o catástrofe que provoque o haya podido provocar la muerte de numerosas personas en determinadas poblaciones o regiones, cualquiera que tenga interés en ello podrá pedir la declaración de muerte presunta de los desaparecidos que habitaban en esas poblaciones o regiones.

Modif. L. 18776 y L. 20577

En este caso, la citación de los desaparecidos se hará mediante un aviso publicado por una vez en el Diario Oficial correspondiente a los días primero o quince, o al día siguiente hábil, si no se ha publicado en las fechas indicadas, y por dos veces en un diario de la comuna o de la capital de la provincia o de la capital de la región, si en aquélla no lo hubiere, corriendo no menos de quince días entre estas dos publicaciones. El juez podrá ordenar que por un mismo aviso se cite a dos o más desaparecidos.

El juez fijará, como día presuntivo de la muerte el del sismo, catástrofe o fenómeno natural y concederá inmediatamente la posesión definitiva de los bienes de los desaparecidos, pero será de rigor oír al Defensor de Ausentes.

Agregado L. 16282
Conc.: CC. 343, 473-480, 538; L. Registro Civil 5, 8
Fuentes: CN 112-143

Art. 82. El juez concederá la posesión definitiva, en lugar de la provisoria, si, cumplidos los dichos cinco años, se probare que han transcurrido setenta desde el nacimiento del desaparecido. Podrá asimismo concederla, transcurridos que sean diez años desde la fecha de las últimas noticias; cualquiera que fuese, a la expiración de dichos diez años, la edad del desaparecido si viviese.

Modif. L. 17775
Fuentes: CN 129; Nov. 22.7

Art. 83. Durante los cinco años o seis meses prescritos en los números 6o, 7o y 8o del artículo 81, se mirará el desaparecimiento como mera ausencia, y cuidarán de los intereses del desaparecido sus apoderados o representantes legales.

Modif. L. 6162
Conc.: CC. 343, 473-480, 538

Art. 84. En virtud del decreto de posesión provisoria, quedará disuelta la sociedad conyugal o terminará la participación en los gananciales, según cual hubiera habido con el desaparecido; se procederá a la apertura y publicación del testamento, si el desaparecido hubiere dejado alguno, y se dará posesión provisoria a los herederos presuntivos.

No presentándose herederos, se procederá en conformidad a lo prevenido para igual caso en el Libro III, título De la apertura de la sucesión.

Modif. L. 19335
Conc.: CC. 138, 477, 491, 955, 1764, 1792-27
Fuentes: Nov. 22.7; ABGB 24

Art. 85. Se entienden por herederos presuntivos del desaparecido los testamentarios o legítimos que lo eran a la fecha de la muerte presunta.

El patrimonio en que se presume que suceden, comprenderá los bienes, derechos y acciones del desaparecido, cuales eran a la fecha de la muerte presunta.

Conc.: CC. 955
Fuentes: ABGB 24

Art. 86. Los poseedores provisorios formarán ante todo un inventario solemne de los bienes, o revisarán y rectificarán con la misma solemnidad el inventario que exista.

Conc.: CPC 858-865

Art. 87. Los poseedores provisorios representarán a la sucesión en las acciones y defensas contra terceros.

Conc.: CC. 1448

Art. 88. Los poseedores provisorios podrán desde luego vender una parte de los muebles o todos ellos, si el juez lo creyere conveniente, oído el defensor de ausentes.

Los bienes raíces del desaparecido no podrán enajenarse ni hipotecarse antes de la posesión definitiva, sino por causa necesaria o de utilidad evidente, declarada por el juez con conocimiento de causa, y con audiencia del defensor.

La venta de cualquiera parte de los bienes del desaparecido se hará en pública subasta.

Conc.: CC. 487-488

Art. 89. Cada uno de los poseedores provisorios prestará caución de conservación y restitución, y hará suyos los respectivos frutos e intereses.

Conc.: CC. 46, 375, 755, 775-777

Art. 90. Si durante la posesión provisoria no reapareciere el desaparecido, o no se tuvieren noticias que motivaren la distribución de sus bienes según las reglas generales, se decretará la posesión definitiva y se cancelarán las cauciones.

En virtud de la posesión definitiva cesan las restricciones impuestas por el artículo 88.

Si no hubiere precedido posesión provisoria, por el decreto de posesión definitiva se abrirá la sucesión del desaparecido según las reglas generales.

Conc.: CC. 955, 1000, 1010
Fuente: CN 136

Art. 91. Decretada la posesión definitiva, los propietarios y los fideicomisarios de bienes usufructuados o poseídos fiduciariamente por el desaparecido, los legatarios, y en general todos aquellos que tengan derechos subordinados a la condición de muerte del desaparecido, podrán hacerlos valer como en el caso de verdadera muerte.

Conc.: CC. 739, 751, 771, 806, 962, 1000, 1082, 1084, 1087, 1108, 1112, 1118, 1122-1123, 1137, 1142, 1205, 1254, 1338

Art. 92. El que reclama un derecho para cuya existencia se suponga que el desaparecido ha muerto en la fecha de la muerte presunta, no estará obligado a probar que el desaparecido ha muerto verdaderamente en esa fecha; y mientras no se presente prueba en contrario, podrá usar de su derecho en los términos de los artículos precedentes.

Y por el contrario, todo el que reclama un derecho para cuya existencia se requiera que el desaparecido haya muerto antes o después de esa fecha, estará obligado a probarlo; y sin esa prueba no podrá impedir que el derecho reclamado pase a otros, ni exigirles responsabilidad alguna.

Conc.: CC. 739, 751, 771, 806, 962, 1000, 1082, 1084, 1087, 1108, 1112, 1118, 1122-1123, 1137, 1142, 1205, 1254, 1338

Art. 93. El decreto de posesión definitiva podrá rescindirse a favor del desaparecido si reapareciere, o de sus legitimarios habidos durante el desaparecimiento, o de su cónyuge por matrimonio contraído en la misma época.

Fuentes: IJ 1.12.5; D.49.15.1; CN 132

Art. 94. En la rescisión del decreto de posesión definitiva se observarán las reglas que siguen:

1a. El desaparecido podrá pedir la rescisión en cualquier tiempo que se presente, o que haga constar su existencia.

2a. Las demás personas no podrán pedirla sino dentro de los respectivos plazos de prescripción contados desde la fecha de la verdadera muerte.

3a. Este beneficio aprovechará solamente a las personas que por sentencia judicial lo obtuvieren.

4a. En virtud de este beneficio se recobrarán los bienes en el estado en que se hallaren, subsistiendo las enajenaciones, las hipotecas y demás derechos reales constituidos legalmente en ellos.

5a. Para toda restitución serán considerados los demandados como poseedores de buena fe, a menos de prueba contraria.

6a. El haber sabido y ocultado la verdadera muerte del desaparecido, o su existencia, constituye mala fe.

Conc.: CC. 2524

§ 4. De la comprobación judicial de la muerte

Título introducido por la L. 20.577 en reemplazo del título De la muerte civil, derogado por la L. 7612

Art. 95. Toda vez que la desaparición de una persona se hubiere producido en circunstancias tales que la muerte pueda ser tenida como cierta, aun cuando su cadáver no fuere hallado, el juez del último domicilio que el difunto haya tenido en Chile, a solicitud de cualquiera que tenga interés en ello, podrá tener por comprobada su muerte para efectos civiles y disponer la inscripción de la resolución correspondiente en el Servicio de Registro Civil e Identificación. Igual regla se aplicará en los casos en que no fuere posible la identificación del cadáver.

Modif. L. 20.577

Art. 96. Un extracto de la resolución que tenga por comprobada la muerte del desaparecido deberá publicarse en el Diario Oficial dentro del plazo de sesenta días, contado desde que ésta estuviere firme y ejecutoriada.

Dicho extracto deberá contener, al menos, los antecedentes indispensables para su identificación y la fecha de muerte que el juez haya fijado.

Modif. L. 20577

Art. 97. La resolución a que se refiere el artículo 95 podrá dejarse sin efecto conforme a lo dispuesto en el párrafo precedente.

Modif. L. 20577

TÍTULO III. DE LOS ESPONSALES

Art. 98. Los esponsales o desposorio, o sea la promesa de matrimonio mutuamente aceptada, es un hecho privado, que las leyes someten enteramente al honor y conciencia del individuo, y que no produce obligación alguna ante la ley civil.

No se podrá alegar esta promesa ni para pedir que se lleve a efecto el matrimonio, ni para demandar indemnización de perjuicios.

Conc.: CC. 98-101, 113, 1406, 1715, 1786-1788, 1790, 1792-1, 1792-11
Fuentes: D.23.1.1, D. 45.1.134.pr; P.4.T.1; Nov. Rec. 10.2.18; García Goyena 47; C. Sardo 106-107; ABGB 45-46

Art. 99. Tampoco podrá pedirse la multa que por parte de uno de los esposos se hubiere estipulado a favor del otro para el caso de no cumplirse lo prometido.

Pero si se hubiere pagado la multa, no podrá pedirse su devolución.

Conc.: CC. 1470
Fuentes: D.45.1.134; P.4.T.1; C. Sardo 107; ABGB 46

Art. 100. Lo dicho no se opone a que se demande la restitución de las cosas donadas y entregadas bajo la condición de un matrimonio que no se ha efectuado.

Conc.: CC. 1404, 1406, 1425, 1432, 1786-1792; L. Matrimonio Civil 51
Fuente: D.39.5.1.1; CN 1088

Art. 101. Tampoco se opone lo dicho a que se admita la prueba del contrato de esponsales como circunstancia agravante del crimen de seducción.

TÍTULO IV. DEL MATRIMONIO

Art. 102. El matrimonio es un contrato solemne por el cual dos personas se unen actual e indisolublemente, y por toda la vida, con el fin de vivir juntos, de procrear, y de auxiliarse mutuamente.

Modif. L. 21400
Conc.: CC. 98, 100, 102-178; CPR 1, 19 Nº 2; L. Matrimonio Civil; L. Registro Civil 4, 8, 37-41 ter, 51, 54
Fuentes: IJ 1.9.1; P.4ª, tit. 2, l.1; CN 143

Art. 103. El matrimonio podrá celebrarse por mandatario especialmente facultado para este efecto. El mandato deberá otorgarse por escritura pública, e indicar el nombre, apellido, profesión y domicilio de los contrayentes y del mandatario.

Modif. L. 10271
Conc.: CC. 2123

Art. 104. Derogado. L. Matrimonio Civil de 1884

Art. 105. Derogado. L. 21515

Art. 106. Derogado. L. 21515

Art. 107. Derogado. L. 21515

Art. 108. Derogado. L. 19585

Art. 109. Derogado. L. 21515

Art. 110. Derogado. L. 21515

Art. 111. Derogado. L. 21515

Art. 112. Derogado. L. 21515

Art. 113. Derogado. L. 21515

Art. 114. Derogado. L. 21515

Art. 115. Derogado. L. 21515

Art. 116. Derogado. L. 21515

Art. 117. Derogado. L. Matrimonio Civil 1884

Art. 118. Derogado. L. Matrimonio Civil 1884

Art. 119. Derogado. L. Matrimonio Civil 1884

Art. 120. Derogado. L. 19947

Art. 121. Derogado. L. 19947

Art. 122. Derogado. L. 19947

Art. 123. Derogado. L. 19947

TÍTULO V. DE LAS SEGUNDAS NUPCIAS

Art. 124. El que teniendo hijos de precedente matrimonio bajo su patria potestad, o bajo su tutela o curaduría, quisiere volver a casarse, deberá proceder al inventario solemne de los bienes que esté administrando y les pertenezcan como herederos de su cónyuge difunto o con cualquiera otro título.

Para la confección de este inventario se dará a dichos hijos un curador especial.

Modif. L. 18802 y L. 19947
Conc.: CC. 113, 124-130, 345, 494-495

Art. 125. Habrá lugar al nombramiento de curador aunque los hijos no tengan bienes propios de ninguna clase en poder del cónyuge que quisiere volver a casarse. Cuando así fuere, deberá el curador especial testificarlo.

Modif. L. 18802 y L. 21400
Conc.: CC. 345, 494-495

Art. 126. El Oficial del Registro Civil correspondiente no permitirá el matrimonio del que trata de volver a casarse, sin que se le presente certificado auténtico del nombramiento de curador especial para los objetos antedichos, o sin que preceda información sumaria de que no tiene hijos de precedente matrimonio, que estén bajo su patria potestad o bajo su tutela o curaduría.

Modif. L. 19947

Art. 127. El viudo o divorciado o quien hubiere anulado su matrimonio por cuya negligencia hubiere dejado de hacerse en tiempo oportuno el inventario prevenido en el artículo 124, perderá el derecho de suceder como legitimario o como heredero abintestato al hijo cuyos bienes ha administrado.

Modif. L. 19947

Art. 128. Derogado. L. 21264

Art. 129. Derogado. L. 21264

Art. 130. Cuando por haber pasado la madre a otras nupcias se dudare a cuál de los dos matrimonios pertenece un hijo, y se invocare una decisión judicial de conformidad a las reglas del Título VIII, el juez decidirá, tomando en consideración las circunstancias. Las pruebas periciales de carácter biológico y el dictamen de facultativos serán decretados si así se solicita.

Modif. L. 19585 y L. 21264
Conc.: CC. 180-221, 248, 248-249, 2317

TÍTULO VI. OBLIGACIONES Y DERECHOS ENTRE LOS CÓNYUGES

§ 1. Reglas generales

Art. 131. Los cónyuges están obligados a guardarse fe, a socorrerse y ayudarse mutuamente en todas las circunstancias de la vida. Asimismo, deben respeto y protección recíprocos.

Modif. L. 18802 y L. 21400
Conc.: CC. 132-140, 155, 172, 174-178; L. Matrimonio Civil 26, 33, 54, 60
Fuentes: D. 23.2.1; P.4.T.2.LL. 1 y 7; CN 212, 214

Art. 132. El adulterio constituye una grave infracción al deber de fidelidad que impone el matrimonio y da origen a las sanciones que la ley prevé.

Comete adulterio la persona casada que yace con otra que no sea su cónyuge.

Modif. L. 18802, 19335, 19422 y L. 21400
Conc.: CC. 33, 132, 172, 210
Fuentes: Nov. 117.8.2

Art. 133. Ambos cónyuges tienen el derecho y el deber de vivir en el hogar común, salvo que a alguno de ellos le asista razones graves para no hacerlo.

Modif. L. 18802
Conc.: CC. 63; L. Matrimonio Civil 21-41, 55, 67-70
Fuentes: P.4.T.2.L.7; CN 214

Art. 134. Ambos cónyuges deben proveer a las necesidades de la familia común, atendiendo a sus facultades económicas y al régimen de bienes que entre ellos medie.

El juez, si fuere necesario, reglará la contribución.

Modif. L. 19335 y L. 21400
Conc.: CC. 160, 230-233, 321, 1740; L. Matrimonio Civil 21, 35; Convención D. Niño 27

Art. 135. Por el hecho del matrimonio se contrae sociedad de bienes entre los cónyuges, y toma el marido la administración de los de la mujer, según las reglas que se expondrán en el título De la sociedad conyugal.

Lo dispuesto en el inciso anterior no será aplicable a los matrimonios celebrados entre personas del mismo sexo, las que, por el hecho del matrimonio, se entenderán separadas totalmente de bienes, sin perjuicio de la facultad de optar por el régimen de participación en los gananciales en las capitulaciones matrimoniales, o de sustituirlo por éste durante la vigencia del matrimonio, en conformidad a lo dispuesto en el artículo 1723.

Los que se hayan casado en país extranjero se mirarán en Chile como separados de bienes, a menos que inscriban su matrimonio en el Registro de la Primera Sección de la Comuna de Santiago, y pacten en ese acto sociedad conyugal o régimen de participación en los gananciales, dejándose constancia de ello en dicha inscripción. Tratándose de matrimonios entre personas del mismo sexo casadas en país extranjero, sólo podrán pactar el régimen de participación en los gananciales.

Modif. L. 18802y L. 21400
Conc.: Sociedad Conyugal: CC. 84, 135-140, 150-151, 152-158, 230, 261, 449-450, 477, 503, 1287, 1715, 1719-1723; L. Matrimonio Civil 30, 34, 40, 51
Matrimonios en el extranjero: CC. 15, L. Matrimonio Civil 80-84
Fuentes: C.5.14.8; Nov. Rec. 10.4.1

Art. 136. Los cónyuges serán obligados a suministrarse los auxilios que necesiten para sus acciones o defensas judiciales. El marido deberá, además, si está casado en sociedad conyugal, proveer a la mujer de las expensas para la litis que ésta siga en su contra, si no tiene los bienes a que se refieren los artículos 150, 166 y 167, o ellos fueren insuficientes.

Modif. L. 18802
Conc.: CC. 150, 166, 167

Fuentes: CN 213

Art. 137. Los actos y contratos de la mujer casada en sociedad conyugal, sólo la obligan en los bienes que administre en conformidad a los artículos 150, 166 y 167.

Con todo, las compras que haga al fiado de objetos muebles naturalmente destinados al consumo ordinario de la familia, obligan al marido en sus bienes y en los de la sociedad conyugal; y obligan además los bienes propios de la mujer, hasta concurrencia del beneficio particular que ella reportare del acto, comprendiendo en este beneficio el de la familia común en la parte en que de derecho haya ella debido proveer a las necesidades de ésta.

Modif. L. 18802
Conc.: CC. 136-138, 138 bis, 150, 166, 252, 1749, 1759

Art. 138 (145). Si por impedimento de larga o indefinida duración, como el de interdicción, el de prolongada ausencia, o desaparecimiento, se suspende la administración del marido, se observará lo dispuesto en el párrafo 4o del título De la sociedad conyugal.

Si el impedimento no fuere de larga o indefinida duración, la mujer podrá actuar respecto de los bienes del marido, de los de la sociedad conyugal y de los suyos que administre el marido, con autorización del juez, con conocimiento de causa, cuando de la demora se siguiere perjuicio.

La mujer, en el caso a que se refiere el inciso anterior, obliga al marido en sus bienes y en los sociales de la misma manera que si el acto fuera del marido; y obliga además sus bienes propios, hasta concurrencia del beneficio particular que reportare del acto.

Modif. L. 18802 y L. 19335
Conc.: Demencia CC. 456, 462-463, 1749
Prodigalidad CC. 442-443, 449, 450
Ausencia CC. 473, 475, 477-478
Fuentes: CN 218-219

Art. 138 bis. Si el marido se negare injustificadamente a ejecutar un acto o celebrar un contrato respecto de un bien propio de la mujer, el juez podrá autorizarla para actuar por sí misma, previa audiencia a la que será citado el marido.

En tal caso, la mujer sólo obligará sus bienes propios y los activos de sus patrimonios reservados o especiales de los artículos 150, 166 y 167, mas no obligará al haber social ni a los bienes propios del marido, sino hasta la concurrencia del beneficio que la sociedad o el marido hubieren reportado del acto.

Lo mismo se aplicará para nombrar partidor, provocar la partición y para concurrir en ella en los casos en que la mujer tenga parte en la herencia.

Modif. L. 19968
Conc.: CC. 150, 166, 167
Fuente: Nov. Rec. 10.1.13-15; CN 218-219

Art. 139 (148). Derogado. L. 21515

Art. 140 (149). Las reglas de los artículos precedentes sufren excepciones o modificaciones por las causas siguientes:

1a. La existencia de bienes familiares.
2a. El ejercitar la mujer una profesión, industria, empleo u oficio.
3a. La separación de bienes.
4a. La separación judicial de los cónyuges.
5a. El régimen de participación en los gananciales.

De las cuatro primeras tratan los párrafos siguientes; de la última el Título XXII-A, del Libro Cuarto.

Modif. L. 5521, L. 19947
Conc.: Bienes familiares CC. 141-148, 1792-23
Patrimonio reservado CC. 136-138, 138 bis, 150, 166, 252, 1749, 1759
Separación de bienes CC. 135, 152-178, 261, 450, 463, 503, 1287, 1715, 1719-1720, 1722-1723, 1753, 1762, 1764, 1792-1, 1792-27, 2509; L. Matrimonio Civil 34, 40
Separación judicial de los cónyuges L. Matrimonio Civil 26-37, 55, 67-70
Participación en los gananciales CC. 135, 140, 158, 165, 261, 503, 1715, 1719, 1722-1723, 1792-1 hasta 1792-27; L. Matrimonio Civil 34, 40, 51

§ 2. De los bienes familiares

Art. 141. El inmueble de propiedad de cualquiera de los cónyuges que sirva de residencia principal de la familia, y los muebles que la guarnecen, podrán ser declarados bienes familiares y se regirán por las normas de este párrafo, cualquiera sea el régimen de bienes del matrimonio.

El juez citará a los interesados a la audiencia preparatoria. Si no se dedujese oposición, el juez resolverá en la misma audiencia. En caso contrario, o si el juez considerase que faltan antecedentes para resolver, citará a la audiencia de juicio.

Con todo, la sola interposición de la demanda transformará provisoriamente en familiar el bien de que se trate. En su primera resolución el juez dispondrá que se anote al margen de la inscripción respectiva la precedente circunstancia. El Conservador practicará la subscripción con el solo mérito del decreto que, de oficio, le notificará el tribunal.

Para los efectos previstos en este artículo, los cónyuges gozarán de privilegio de pobreza.

El cónyuge que actuare fraudulentamente para obtener la declaración a que refiere este artículo, deberá indemnizar los perjuicios causados, sin perjuicio de la sanción penal que pudiere corresponder.

Modif. L. 19335, L. 19968
Conc.: CC. 140-148, 1792-23, L. Matrimonio Civil 23; L. 14908 9
Fuentes: BGB 1365, 1369 (reformado en 1957); CN 215 (reformado en 1965); C. Español 1320 (reformado por L. 11 de 13 de Mayo de 1981)

Art. 142. No se podrán enajenar o gravar voluntariamente, ni prometer gravar o enajenar, los bienes familiares, sino con la autorización del cónyuge no propietario. La misma limitación regirá para la celebración de contratos de arrendamiento, comodato o cualesquiera otros que concedan derechos personales de uso o de goce sobre algún bien familiar.

La autorización a que se refiere este artículo deberá ser específica y otorgada por escrito, o por escritura pública si el acto exigiere esta solemnidad, o interviniendo expresa y directamente de cualquier modo en el mismo. Podrá prestarse en todo caso por medio de mandato especial que conste por escrito o por escritura pública según el caso.

Modif. L. 19335
Conc.: CC. 10-11, 1464, 1554, 1682

Art. 143. El cónyuge no propietario, cuya voluntad no se haya expresado en conformidad con lo previsto en el artículo anterior, podrá pedir la rescisión del acto.

Los adquirentes de derechos sobre un inmueble que es bien familiar, estarán de mala fe a los efectos de las obligaciones restitutorias que la declaración de nulidad origine.

Modif. L. 19335
Conc.: CC. 904-914

Art. 144. En los casos del artículo 142, la voluntad del cónyuge no propietario de un bien familiar podrá ser suplida por el juez en caso de imposibilidad o negativa que no se funde en el interés de la familia. El juez resolverá previa audiencia a la que será citado el cónyuge, en caso de negativa de éste.

Modif. L. 19335, L. 19968
Conc.: CC. 138 bis

Art. 145. Los cónyuges, de común acuerdo, podrán desafectar un bien familiar. Si la declaración se refiere a un inmueble, deberá constar en escritura pública anotada al margen de la inscripción respectiva.

El cónyuge propietario podrá pedir al juez la desafectación de un bien familiar, fundado en que no está actualmente destinado a los fines que indica el artículo 141, lo que deberá probar. En este caso, el juez procederá en la forma establecida en el inciso segundo del artículo 141.

Igual regla se aplicará si el matrimonio se ha declarado nulo, o ha terminado por muerte de uno de los cónyuges o por divorcio. En tales casos, el propietario del bien familiar o cualquiera de sus causahabientes deberá formular al juez la petición correspondiente.

Modif. L. 19335, L. 19947
Conc.: Nulidad matrimonial: CC. 127, 128, 143, 1456-1457; L. Matrimonio Civil 8, 42, 44-52, 61-66
Muerte real CC. 127, L. Matrimonio Civil 42
Muerte presunta CC. 127, L. Matrimonio Civil 42-43
Divorcio CC. 127-128; L. Matrimonio Civil 53-70

Art. 146. Lo previsto en este párrafo se aplica a los derechos o acciones que los cónyuges tengan en sociedades propietarias de un inmueble que sea residencia principal de la familia.

Producida la afectación de derechos o acciones, se requerirá asimismo la voluntad de ambos cónyuges para realizar cualquier acto como socio o accionista de la sociedad respectiva, que tenga relación con el bien familiar.

La afectación de derechos se hará por declaración de cualquiera de los cónyuges contenida en escritura pública. En el caso de una sociedad de personas, deberá anotarse al margen de la inscripción social respectiva, si la hubiere. Tratándose de sociedades anónimas, se inscribirá en el registro de accionistas.

Modif. L. 19335

Art. 147. Durante el matrimonio el juez podrá constituir, prudencialmente, a favor del cónyuge no propietario, derechos de usufructo, uso o habitación sobre los bienes familiares. En la constitución de esos derechos y en la fijación del plazo que les pone término, el juez tomará especialmente en cuenta el interés de los hijos, cuando los haya, y las fuerzas patrimoniales de los cónyuges.

El tribunal podrá, en estos casos, fijar otras obligaciones o modalidades si así pareciere equitativo.

La declaración judicial a que se refiere el inciso anterior servirá como título para todos los efectos legales.

La constitución de los mencionados derechos sobre bienes familiares no perjudicará a los acreedores que el cónyuge propietario tenía a la fecha de su constitución, ni aprovechará a los acreedores que el cónyuge no propietario tuviere en cualquier momento.

Modif. L. 19335
Conc.: CC. 764, 766, 811-812

Art. 148. Los cónyuges reconvenidos gozan del beneficio de excusión. En consecuencia, cualquiera de ellos podrá exigir que antes de proceder contra los bienes familiares se persiga el crédito en otros bienes del deudor. Las disposiciones del Título XXXVI del Libro Cuarto sobre la fianza se aplicarán al ejercicio de la excusión a que se refiere este artículo, en cuanto corresponda.

Cada vez que en virtud de una acción ejecutiva deducida por un tercero acreedor, se disponga el embargo de algún bien familiar de propiedad del cónyuge deudor, el juez dispondrá se notifique personalmente el mandamiento correspondiente al cónyuge no propietario. Esta notificación no afectará los derechos y acciones del cónyuge no propietario sobre dichos bienes.

Modif. L. 19335
Conc.: CC. 2357-2366

Art. 149. Es nula cualquiera estipulación que contravenga las disposiciones de este párrafo.

Modif. L. 19335
Conc.: CC. 10-11, 1681-1682

§ 3. Excepciones relativas a la profesión u oficio de la mujer

Art. 150. La mujer casada de cualquiera edad podrá dedicarse libremente al ejercicio de un empleo, oficio, profesión o industria.

La mujer casada, que desempeñe algún empleo o que ejerza una profesión, oficio o industria, separados de los de su marido, se considerará separada de bienes respecto del ejercicio de ese empleo, oficio, profesión o industria y de lo que en ellos obtenga, no obstante cualquiera estipulación en contrario.

Incumbe a la mujer acreditar, tanto respecto del marido como de terceros, el origen y dominio de los bienes adquiridos en conformidad a este artículo. Para este efecto podrá servirse de todos los medios de prueba establecidos por la ley.

Los terceros que contraten con la mujer quedarán a cubierto de toda reclamación que pudieren interponer ella o el marido, sus herederos o cesionarios, fundada en la circunstancia de haber obrado la mujer fuera de los términos del presente artículo, siempre que, no tratándose de bienes comprendidos en los artículos 1754 y 1755, se haya acreditado por la mujer, mediante instrumentos públicos o privados, a los que se hará referencia en el instrumento que se otorgue al efecto, que ejerce o ha ejercido un empleo, oficio, profesión o industria separados de los de su marido.

Los actos o contratos celebrados por la mujer en esta administración separada, obligarán los bienes comprendidos en ella y los que administre con arreglo a las disposiciones de los artículos 166 y 167, y no obligarán los del marido sino con arreglo al artículo 161.

Los acreedores del marido no tendrán acción sobre los bienes que la mujer administre en virtud de este artículo, a menos que probaren que el contrato celebrado por él cedió en utilidad de la mujer o de la familia común.

Disuelta la sociedad conyugal, los bienes a que este artículo se refiere entrarán en la partición de los gananciales; a menos que la mujer o sus herederos renunciaren a estos últimos, en cuyo caso el marido no responderá por las obligaciones contraídas por la mujer en su administración separada.

Si la mujer o sus herederos aceptaren los gananciales, el marido responderá a esas obligaciones hasta concurrencia del valor de la mitad de esos bienes que existan al disolverse la sociedad. Mas, para gozar de este beneficio, deberá probar el exceso de la contribución que se le exige con arreglo al artículo 1777.

Modif. L. 18802, 19.221, 19335, 21515

Conc.: CC. 136-138, 138 bis, 150, 166, 252, 1749, 1759; C. Bustamente 44; C. Comercio 11; C. Trabajo 13; C. Minería 25

Art. 151. Derogado. L. 18802

§ 4. Excepciones relativas a la separación de bienes

Art. 152. Separación de bienes es la que se efectúa sin separación judicial, en virtud de decreto del tribunal competente, por disposición de la ley o por convención de las partes.

Modif. L. 19947
Conc.: CC. 135, 140, 152-178, 261, 450, 463, 503, 1287, 1715, 1719-1720, 1722-1723, 1753, 1762, 1764, 1792-1, 1792-27, 2509; L. Matrimonio Civil 34, 40

Art. 153. La mujer no podrá renunciar en las capitulaciones matrimoniales la facultad de pedir la separación de bienes a que le dan derecho las leyes.

Conc.: CC. 12, 1715

Art. 154. Derogado. L. 21515

Art. 155. El juez decretará la separación de bienes en el caso de insolvencia o administración fraudulenta del marido.

También la decretará si el marido, por su culpa, no cumple con las obligaciones que imponen los artículos 131 y 134, o incurre en alguna causal de separación judicial, según los términos de la Ley de Matrimonio Civil.

En caso de ausencia injustificada del marido por más de un año, la mujer podrá pedir la separación de bienes. Lo mismo ocurrirá si, sin mediar ausencia, existe separación de hecho de los cónyuges.

Si los negocios del marido se hallan en mal estado, por consecuencia de especulaciones aventuradas, o de una administración errónea o descuidada, o hay riesgo inminente de ello, podrá oponerse a la separación, prestando fianza o hipotecas que aseguren suficientemente los intereses de la mujer.

Modif. L. 18802, 19335, L. 19947
Conc.: CC. 1762, 1764
Fuentes: Poth. Communauté, 510-513; CN 1443

Art. 156. Demandada la separación de bienes, podrá el juez a petición de la mujer, tomar las providencias que estime conducentes a la seguridad de los intereses de ésta, mientras dure el juicio.

En el caso del inciso 3o del artículo anterior, podrá el juez, en cualquier tiempo, a petición de la mujer, procediendo con conocimiento de causa, tomar iguales providencias antes de que se demande la separación de bienes, exigiendo caución de resultas a la mujer si lo estimare conveniente.

Modif. L. 18802
Conc.: CC. L. Matrimonio Civil 34, 40
Fuentes: Poth. Communauté 516

Art. 157. En el juicio de separación de bienes por el mal estado de los negocios del marido, la confesión de éste no hace prueba.

Fuentes: Poth. Communauté 516

Art. 158. Lo que en los artículos anteriores de este párrafo se dice del marido o de la mujer, se aplica indistintamente a los cónyuges en el régimen de participación en los gananciales.

Una vez decretada la separación, se procederá a la división de los gananciales y al pago de recompensas o al cálculo del crédito de participación en los gananciales, según cual fuere el régimen al que se pone término.

Modif. L. 19335
Conc.: CC. 1764-1780, 1792-1 hasta 1792-27
Fuente: Poth. Communauté 519

Art. 159. Los cónyuges separados de bienes administran, con plena independencia el uno del otro, los bienes que tenían antes del matrimonio y los que adquieren durante éste, a cualquier título.

Si los cónyuges se separaren de bienes durante el matrimonio, la administración separada comprende los bienes obtenidos como producto de la liquidación de la sociedad conyugal o del régimen de participación en los gananciales que hubiere existido entre ellos.

Lo anterior es sin perjuicio de lo dispuesto en el párrafo 2 del Título VI del Libro Primero de este Código.

Modif. L. 19947
Fuente: CN 1449

Art. 160. En el estado de separación, ambos cónyuges deben proveer a las necesidades de la familia común a proporción de sus facultades.

El juez en caso necesario reglará la contribución.

Conc.: CC. 134, 230-233, 321, 323, 332; L. Matrimonio Civil 21, 23, 31; Convención D. Niño 27
Fuente: CN 1448

Art. 161. Los acreedores de la mujer separada de bienes, por actos o contratos que legítimamente han podido celebrarse por ella, tendrán acción sobre los bienes de la mujer.

El marido no será responsable con sus bienes, sino cuando hubiere accedido como fiador, o de otro modo, a las obligaciones contraídas por la mujer.

Será asimismo responsable, a prorrata del beneficio que hubiere reportado de las obligaciones contraídas por la mujer; comprendiendo en este beneficio el de la familia común, en la parte en que de derecho haya él debido proveer a las necesidades de ésta.

Rigen iguales disposiciones para la mujer separada de bienes respecto de las obligaciones que contraiga el marido.

Modif. L. 18802
Fuente: CN 1494

Art. 162. Si la mujer separada de bienes confiere al marido la administración de alguna parte de los suyos, será obligado el marido a la mujer como simple mandatario.

Conc.: CC. 2116

Art. 163. A los cónyuges separados de bienes se dará curador para la administración de los suyos en todos los casos en que siendo solteros necesitarían de curador para administrarlos.

Modif. L. 18802 y L. 21400

Art. 164. Derogado. L. 18802

Art. 165. La separación efectuada en virtud de decreto judicial o por disposición de la ley es irrevocable y no podrá quedar sin efecto por acuerdo de los cónyuges ni por resolución judicial.

Tratándose de separación convencional, y además en el caso del artículo 40 de la Ley de Matrimonio Civil, los cónyuges podrán pactar por una sola vez el régimen de participación en los gananciales, en conformidad a lo dispuesto en el artículo 1723.

Modif. L. 18802, L. 19947

Art. 166. Si a la mujer casada se hiciere una donación, o se dejare una herencia o legado, con la condición precisa de que en las cosas donadas, heredadas o legadas no tenga la administración el marido, y si dicha donación, herencia o legado fuere aceptado por la mujer, se observarán las reglas siguientes:

1o. Con respecto a las cosas donadas, heredadas o legadas, se aplicarán las disposiciones de los artículos 159, 160, 161, 162 y 163, pero disuelta la sociedad conyugal las obligaciones contraídas por la mujer en su administración separada podrán perseguirse sobre todos sus bienes.

2o. Los acreedores del marido no tendrán acción sobre los bienes que la mujer administre en virtud de este artículo, a menos que probaren que el contrato celebrado por él cedió en utilidad de la mujer o de la familia común.

3o. Pertenecerán a la mujer los frutos de las cosas que administra y todo lo que con ellos adquiera, pero disuelta la sociedad conyugal se aplicarán a dichos frutos y adquisiciones las reglas del artículo 150.

Conc.: CC. 150, 167, 252, 1225

Art. 167. Si en las capitulaciones matrimoniales se hubiere estipulado que la mujer administre separadamente alguna parte de sus bienes, se aplicarán a esta separación parcial las reglas del artículo precedente.

§ 5. Excepciones relativas a la separación judicial

Art. 168. Derogado. L. Matrimonio Civil 1884

Art. 169. Derogado. L. Matrimonio Civil 1884

Art. 170. Derogado. L. 19947

Art. 171. Derogado. L. 18802

Art. 172. El cónyuge inocente podrá revocar las donaciones que hubiere hecho al culpable, siempre que éste haya dado causa al divorcio o a la separación judicial por adulterio, sevicia atroz, atentado contra la vida del otro cónyuge u otro crimen de igual gravedad.

Conc.: CC. 1428-1429; L. Matrimonio Civil 54, 62
Fuentes: Nov. 117.8.2; CN 299

Art. 173. Los cónyuges separados judicialmente administran sus bienes con plena independencia uno del otro, en los términos del artículo 159.

Lo anterior se entiende sin perjuicio de lo dispuesto en el Párrafo 2 del Título VI del Libro Primero de este Código.

Modif. L. 18802, L. 19947
Conc.: CC. 140, 155, 159; L. Matrimonio Civil 26-37, 55, 67-70

Art. 174. El cónyuge que no haya dado causa a la separación judicial tendrá derecho a que el otro cónyuge lo provea de alimentos según las reglas generales.

Modif. L. 19585
Conc.: CC. 134, 321; L. Matrimonio Civil 21, 35, 54, 62
Fuentes: CN 300; García Goyena 87, 1355

Art. 175. El cónyuge que haya dado causa a la separación judicial por su culpa, tendrá derecho para que el otro cónyuge lo provea de lo que necesite para su modesta sustentación; pero en este caso, el juez reglará la contribución teniendo en especial consideración la conducta que haya observado el alimentario antes del juicio respectivo, durante su desarrollo o con posterioridad a él.

Modif. L. 19947
Conc.: CC. 134, 321; L. Matrimonio Civil 21, 35, 54, 62
Fuentes: CN 300; García Goyena 87, 1355

Art. 176. Derogado. L. 18802

Art. 177. Si la culpabilidad del cónyuge contra quien se ha obtenido la separación judicial fuere atenuada por circunstancias graves en la conducta del cónyuge que la solicitó, podrá el juez moderar el rigor de las disposiciones precedentes.

Modif. L. 18802, L. 19585, L. 20145
Conc.: L. Matrimonio Civil 54, 62

Art. 178. A la separación judicial, se aplicará lo dispuesto en los artículos 160 y 165.

Modif. L. 19947

TÍTULO VII. DE LA FILIACIÓN

Título introducido por la L. 19585 en reemplazo del título *De los hijos legítimos concebidos en el matrimonio*

§ 1. Reglas generales

Art. 179. La filiación por naturaleza puede ser matrimonial o no matrimonial.

La adopción, los derechos entre adoptante y adoptado y la filiación que pueda establecerse entre ellos, se rigen por la ley respectiva.

Modif. L. 19585
Conc.: CC. 33, 37, 77, 179-242, 305, 309, 315-320, 324, 357, 368

Art. 180. La filiación es matrimonial cuando existe matrimonio entre los progenitores al tiempo de la concepción o del nacimiento del hijo.

Es también filiación matrimonial la del hijo cuyos progenitores contraen matrimonio con posterioridad a su nacimiento, siempre que la filiación haya estado previamente determinada por los medios que este Código establece respecto de quienes contraen matrimonio, o bien se determine por reconocimiento realizado por ambos progenitores en el acto del matrimonio o durante su vigencia, en la forma prescrita por el artículo 187. Esta filiación matrimonial aprovechará, en su caso, a la posteridad del hijo fallecido.

En los demás casos, la filiación es no matrimonial.

Modif. L. 19585 y L. 21400
Conc.: CC. 33, 37, 76-77, 102

Fuentes: D.2.4.5, D.1.6.6, D.1.3.12, D.38.16.3.12; P.4ª, tit. 13, l.1; CN 312, 333; Voet 25.7.6

Art. 181. La filiación produce efectos civiles cuando queda legalmente determinada, pero éstos se retrotraen a la época de la concepción del hijo.

No obstante, subsistirán los derechos adquiridos y las obligaciones contraídas antes de su determinación, pero el hijo concurrirá en las sucesiones abiertas con anterioridad a la determinación de su filiación, cuando sea llamado en su calidad de tal.

Todo lo anterior se entiende sin perjuicio de la prescripción de los derechos y de las acciones, que tendrá lugar conforme a las reglas generales.

La acreditación de la filiación determinada se realizará conforme con las normas establecidas en el Título XVII.

Modif. L. 19585
Conc.: CC. 74-77

Art. 182. La filiación del hijo que nazca por la aplicación de técnicas de reproducción humana asistida, quedará determinada respecto de las dos personas que se hayan sometido a ellas.

No podrá impugnarse la filiación determinada de acuerdo a la regla precedente, ni reclamarse una distinta.

Modif. L. 19585 y L. 21400
Conc.: CC. 74-77

§ 2. De la determinación de la maternidad

Art. 183. La maternidad queda determinada legalmente por el parto, cuando el nacimiento y las identidades del hijo y de la mujer que lo ha dado a luz constan en las partidas del Registro Civil.

En los demás casos la maternidad se determina por reconocimiento o sentencia firme en juicio de filiación, según lo disponen los artículos siguientes.

Modif. L. 19585
Conc.: CC. 217, 248-249

§ 3. De la determinación de la filiación matrimonial

Art. 184. Tratándose de cónyuges de distinto sexo, se presumen hijos del marido los nacidos después de la celebración del matrimonio y dentro de los trescientos días siguientes a su disolución o a la separación judicial de los cónyuges.

No se aplicará esta presunción respecto del que nace antes de expirar los ciento ochenta días subsiguientes al matrimonio, si el marido no tuvo conocimiento de la preñez al tiempo de casarse y desconoce judicialmente su paternidad. La acción se ejercerá en el plazo y forma que se expresa en los artículos 212 y siguientes. Con todo, el marido no podrá ejercerla si por actos positivos ha reconocido al hijo después de nacido.

Regirá, en cambio, la presunción de paternidad respecto del nacido trescientos días después de decretada la separación judicial, por el hecho de consignarse como padre el nombre del marido, a petición de ambos cónyuges, en la inscripción de nacimiento del hijo.

Si la mujer contrae sucesivamente dos matrimonios y da a luz un niño después de celebrado el segundo, se presumirá hijo del actual marido, cualquiera sea el plazo que haya transcurrido desde la disolución del primer matrimonio, sin perjuicio del derecho del actual marido para desconocer esta paternidad si se dan los supuestos previstos en el inciso segundo. Desconocida así la paternidad, se presumirá padre al marido del antecedente matrimonio, siempre que el niño haya nacido dentro de los trescientos cías siguientes a su disolución.

La paternidad así determinada o desconocida podrá ser impugnada o reclamada, respectivamente, de acuerdo con las reglas establecidas en el Título VIII.

Modif. L. 19585, L. 19947. L. 21284 y L. 21400
Conc.: CC. 210, L. Matrimonio Civil 37
Fuentes: D.2.4.5, D.1.6.6., D.1.3.12, D.38.16.3.12; P.4ª, tit. 13, l.1; C. Holandés 309, CL 207

Art. 185. La filiación matrimonial queda determinada por el nacimiento del hijo durante el matrimonio de sus progenitores, con tal que la maternidad o la paternidad de ambos estén establecidas legalmente en conformidad con los artículos 183 y 184, respectivamente.

Tratándose del hijo nacido antes de casarse sus progenitores, la filiación matrimonial queda determinada por la celebración de ese matrimonio, siempre que la maternidad o la paternidad de ambos estén ya determinadas con arreglo al artículo 186 o, en caso contrario, por el último reconocimiento conforme a lo establecido en el párrafo siguiente.

La filiación matrimonial podrá también determinarse por sentencia dictada en juicio de filiación, que se subinscribirá al margen de la inscripción de nacimiento del hijo.

Modif. L. 19585, L. 21284, L. 21400
Conc.: CC. 77, 183-184, 186, 194, 204, 212-215; L. Matrimonio Civil 51

§ 4. De la determinación de la filiación no matrimonial

Art. 186. La filiación no matrimonial queda determinada legalmente por el reconocimiento de uno de los progenitores, o de ambos, o por sentencia firme en juicio de filiación.

Modif. L. 19585 y L. 21400
Conc.: CC. 109, 179-180, 186-193, 205, 216, 248-249, 324, 357, 368, 448; L. Registro Civil 6

Art. 187. El reconocimiento del hijo tendrá lugar mediante una declaración formulada con ese determinado objeto por alguno de sus progenitores o ambos, según los casos:

1o. Ante el Oficial del Registro Civil, al momento de inscribirse el nacimiento del hijo o en el acto del matrimonio de los progenitores;

2o. En acta extendida en cualquier tiempo, ante cualquier oficial del Registro Civil;

3o. En escritura pública, o

4o. En acto testamentario.

Si es uno solo de los progenitores el que reconoce, no será obligado a expresar la persona en quien o de quien tuvo al hijo.

El reconocimiento que no conste en la inscripción de nacimiento del hijo, será subinscrito a su margen.

Modif. L. 19585 y L. 21400
Conc.: CC. 999, 1699; L. Registro Civil 6
Fuente: CN 334

Art. 188. El hecho de consignarse el nombre de alguno de los progenitores, a petición de cualquiera de ellos, al momento de practicarse la inscripción del nacimiento, es suficiente reconocimiento de filiación.

Modif. L. 19585, L. 20030 y L. 21400

Art. 189. No surtirá efectos el reconocimiento de un hijo que tenga legalmente determinada una filiación distinta, sin perjuicio del derecho a ejercer las acciones a que se refiere el artículo 208.

El reconocimiento es irrevocable, aunque se contenga en un testamento revocado por otro acto testamentario posterior, y no susceptible de modalidades.

El reconocimiento no perjudicará los derechos de terceros de buena fe que hayan sido adquiridos con anterioridad a la subinscripción de éste al margen de la inscripción de nacimiento del hijo.

Modif. L. 19585
Conc.: CC. 1212-1215

Art. 190. El reconocimiento por acto entre vivos señalado en el artículo 187, podrá realizarse por medio de mandatario constituido por escritura pública y especialmente facultado con este objeto.

Modif. L. 19585
Conc.: CC. 2116, 2123

Art. 191. El hijo que, al tiempo del reconocimiento, fuere mayor de edad, podrá repudiarlo dentro del término de un año, contado desde que lo conoció. Si fuere menor, nadie podrá repudiarlo sino él y dentro de un año, a contar desde que, llegado a la mayor edad, supo del reconocimiento.

El curador del mayor de edad que se encuentre en interdicción por demencia o sordomudez, necesitará autorización judicial para poder repudiar.

El disipador bajo interdicción no necesitará autorización de su representante legal ni de la justicia para repudiar.

El repudio deberá hacerse por escritura pública, dentro del plazo señalado en el presente artículo. Esta escritura deberá subinscribirse al margen de la inscripción de nacimiento del hijo.

La repudiación privará retroactivamente al reconocimiento de todos los efectos que beneficien exclusivamente al hijo o sus descendientes, pero no alterará los derechos ya adquiridos por los padres o terceros, ni afectará a los actos o contratos válidamente ejecutados o celebrados con anterioridad a la subinscripción correspondiente.

Toda repudiación es irrevocable.

Modif. L. 19585
Conc.: CC. 191-194; L. Registro Civil 6

Art. 192. No podrá repudiar el hijo que, durante su mayor edad, hubiere aceptado el reconocimiento en forma expresa o tácita.

La aceptación es expresa cuando se toma el título de hijo en instrumento público o privado, o en acto de tramitación judicial.

Es tácita cuando se realiza un acto que supone necesariamente la calidad de hijo y que no se hubiere podido ejecutar sino en ese carácter.

Modif. L. 19585
Conc.: CC. 1700; C.Com. 103

Art. 193. Si es muerto el hijo que se reconoce o si el reconocido menor falleciere antes de llegar a la mayor edad, sus herederos podrán efectuar la repudiación dentro del año siguiente al reconocimiento, en el primer caso, o de la muerte, en el segundo, sujetándose a las disposiciones de los artículos anteriores.

Si el reconocido mayor de edad falleciere antes de expirar el término que tiene para repudiar, sus herederos podrán efectuar la repudiación durante el tiempo que a aquél hubiese faltado para completar dicho plazo.

Modif. L. 19585

Art. 194. La repudiación de cualquiera de los reconocimientos que dan lugar a la filiación matrimonial de los nacidos antes del matrimonio de los padres, que fuere otorgada en conformidad con las normas anteriores, impedirá que se determine legalmente dicha filiación.

Modif. L. 19585
Conc.: CC. 179-180, 184-185

TÍTULO VIII. DE LAS ACCIONES DE FILIACIÓN

Título introducido por la L. 19585 en reemplazo del título De los *Hijos Legitimados por el matrimonio posterior a la concepción*

§ 1. Reglas generales

Art. 195. La ley posibilita la investigación de la paternidad o maternidad, en la forma y con los medios previstos en los artículos que siguen.

El derecho de reclamar la filiación es imprescriptible e irrenunciable. Sin embargo, sus efectos patrimoniales quedan sometidos a las reglas generales de prescripción y renuncia.

Introducido L. 19585
Conc.: CC. 12, 196-210

Art. 196. Derogado. L. 20030

Art. 197. El proceso tendrá carácter de secreto hasta que se dicte sentencia de término, y sólo tendrán acceso a él las partes y sus apoderados judiciales.

La persona que ejerza una acción de filiación de mala fe o con el propósito de lesionar la honra de la persona demandada es obligada a indemnizar los perjuicios que cause al afectado.

Introducido L. 19585
Conc.: CC. 2314, 2331; CPR 19 Nº 4

Art. 198. En los juicios sobre determinación de la filiación, la maternidad y la paternidad podrán establecerse mediante toda clase de pruebas, decretadas de oficio o a petición de parte.

No obstante, para estos efectos será insuficiente por sí sola la prueba testimonial, y se aplicarán a la de presunciones los requisitos del artículo 1712.

Introducido L. 19585
Conc.: CC. 47, 1699-1714; CPC 341-429

Art. 199. Las pruebas periciales de carácter biológico se practicarán por el Servicio Médico Legal o por laboratorios idóneos para ello, designados por el juez. Las partes siempre, y por una sola vez, tendrán derecho a solicitar un nuevo informe pericial biológico.

El juez podrá dar a estas pruebas periciales, por sí solas, valor suficiente para establecer la paternidad o la maternidad, o para excluirla.

En todo caso, el juez recabará por la vía más expedita posible, antes de dictar sentencia, los resultados de las pericias practicadas que no hubieren sido informados al tribunal.

La negativa injustificada de una de las partes a practicarse el examen hará presumir legalmente la paternidad o la maternidad, o la ausencia de ella, según corresponda.

Se entenderá que hay negativa injustificada si, citada la parte dos veces, no concurre a la realización del examen. Para este efecto, las citaciones deberán efectuarse bajo apercibimiento de aplicarse la presunción señalada en el inciso anterior.

Introducido L. 19585, modif. L. 20030
Conc.: CC. 47, 1712; CPC 409-425

Art. 199 bis. Entablada la acción de reclamación de filiación, si la persona demandada no comparece a la audiencia preparatoria o si negare o manifestare dudas sobre su paternidad o maternidad, el juez ordenará, de inmediato, la práctica de la prueba pericial biológica, lo que se notificará personalmente o por cualquier medio que garantice la debida información del demandado.

El reconocimiento judicial de la paternidad o maternidad se reducirá a acta que se subinscribirá al margen de la inscripción de nacimiento del hijo o hija, para lo cual el tribunal remitirá al Registro Civil copia auténtica.

Introducido L. 19585, modif. L. 20030
Conc.: L. Registro Civil 6

Art. 200. La posesión notoria de la calidad de hijo respecto de determinada persona servirá también para que el juez tenga por suficientemente acreditada la filiación, siempre que haya durado a lo menos cinco años continuos y se pruebe por un conjunto de testimonios y antecedentes o circunstancias fidedignos que la establezcan de un modo irrefragable.

La posesión notoria consiste en que su padre, madre o ambos le hayan tratado como hijo, proveyendo a su educación y establecimiento de un modo competente, y presentándolo en ese carácter a sus deudos y amigos; y que éstos y el vecindario de su domicilio, en general, le hayan reputado y reconocido como tal.

Introducido L. 19585
Conc.: CC. 201

Art. 201. La posesión notoria del estado civil de hijo, debidamente acreditada, preferirá a las pruebas periciales de carácter biológico en caso de que haya contradicción entre una y otras.

Si embargo, si hubiese graves razones que demuestren la inconveniencia para el hijo de aplicar la regla anterior, prevalecerán las pruebas de carácter biológico.

Introducido L. 19585
Conc.: CC. 200

Art. 202. La acción para impetrar la nulidad del acto de reconocimiento por vicios de la voluntad prescribirá en el plazo de un año, contado desde la fecha de su otorgamiento o, en el caso de fuerza, desde el día en que ésta hubiere cesado.

Introducido L. 19585
Conc.: CC. 1445, 1451, 1682

Art. 203. Cuando la filiación haya sido determinada judicialmente contra la oposición del padre o madre, aquél o ésta quedará privado de la patria potestad y, en general, de todos los derechos que por el ministerio de la ley se le confieren respecto de la persona y bienes del hijo o de sus descendientes. El juez así lo declarará en la sentencia y de ello se dejará constancia en la subinscripción correspondiente.

El padre o madre conservará, en cambio, todas sus obligaciones legales cuyo cumplimiento vaya en beneficio del hijo o sus descendientes.

Sin embargo, se restituirán al padre o madre todos los derechos de los que está privado, si el hijo, alcanzada su plena capacidad, manifiesta por escritura pública o por testamento su voluntad de restablecerle en ellos. El restablecimiento por escritura pública producirá efectos desde su subinscripción al margen de la inscripción de nacimiento del hijo y será irrevocable. El restablecimiento por acto testamentario producirá efectos desde la muerte del causante.

Introducido L. 19585
Conc.: CC. 203, 324, 357, 368, 448, L. Registro Civil 6

§ 2. De las acciones de reclamación

Art. 204. La acción de reclamación de la filiación matrimonial corresponde exclusivamente al hijo, o a cualquiera de sus progenitores.

En el caso de los hijos, la acción deberá entablarse conjuntamente contra ambos progenitores.

Si la acción es ejercida por uno de sus progenitores, el otro deberá intervenir forzosamente en el juicio, so pena de nulidad.

Introducido L. 19585
Modif. L. 21400
Conc.: CC. 179-180, 184-185, 194, 204, 212-215; L. Matrimonio Civil 51

Art. 205. La acción de reclamación de la filiación no matrimonial corresponde sólo al hijo contra alguno de sus progenitores, o a cualquiera de éstos cuando el hijo tenga determinada una filiación diferente, para lo cual se sujetarán a lo dispuesto en el artículo 208.

Podrá, asimismo, reclamar la filiación el representante legal del hijo incapaz, en interés de éste.

Introducido L. 19585
Modif. L. 21400
Conc.: CC. 109, 179-180, 186-193, 205, 216, 248-249, 324, 357, 368, 448; L. Registro Civil 6

Art. 206. Si el hijo es póstumo, o si alguno de los progenitores fallece dentro de los ciento ochenta días siguientes al parto, la acción podrá dirigirse en contra de los herederos del progenitor fallecido, dentro del plazo de tres años, contados desde su muerte o, si el hijo es incapaz, desde que éste haya alcanzado la plena capacidad.

Introducido L. 19585
Modif. L. 21400
Conc.: CC. 485, 538

Art. 207. Si hubiere fallecido el hijo siendo incapaz, la acción podrá ser ejercida por sus herederos, dentro del plazo de tres años contado desde la muerte.

Si el hijo falleciere antes de transcurrir tres años desde que alcanzare la plena capacidad, la acción corresponderá a sus herederos por todo el tiempo que faltare para completar dicho plazo.

El plazo o su residuo empezará a correr para los herederos incapaces desde que alcancen la plena capacidad.

Introducido L. 19585

Conc.: CC. 2524

Art. 208. Si estuviese determinada la filiación de una persona y quisiere reclamarse otra distinta, deberán ejercerse simultáneamente las acciones de impugnación de la filiación existente y de reclamación de la nueva filiación.

En este caso, no regirán para la acción de impugnación los plazos señalados en el párrafo 3o de este Título.

Introducido L. 19585
Conc.: CC. 211-221

Art. 209. Reclamada judicialmente la filiación, el juez podrá decretar alimentos provisionales en los términos del artículo 327.

Introducido L. 19585
Conc.: CC. 230-233, 321, 323-324, 326-327, 332; L. Matrimonio Civil 21, 23, 31

Art. 210. El concubinato de la madre con el supuesto padre, durante la época en que ha podido producirse legalmente la concepción, servirá de base para una presunción judicial de paternidad.

Si el supuesto padre probare que la madre cohabitó con otro durante el período legal de la concepción, esta sola circunstancia no bastará para desechar la demanda, pero no podrá dictarse sentencia en el juicio sin emplazamiento de aquél.

Introducido L. 19585
Conc.: CC. 184, 210, 1712; L. Matrimonio Civil 37

§ 3. De las acciones de impugnación

Art. 211. La filiación queda sin efecto por impugnación de la paternidad o de la maternidad conforme con los preceptos que siguen.

Introducido L. 19585
Conc.: CC. 212-221

Art. 212. La paternidad del hijo concebido o nacido durante el matrimonio podrá ser impugnada por el marido dentro de los ciento ochenta días siguientes al día en que tuvo conocimiento del parto, o dentro del plazo de un año, contado desde esa misma fecha, si prueba que a la época del parto se encontraba separado de hecho de la mujer.

La residencia del marido en el lugar del nacimiento del hijo hará presumir que lo supo inmediatamente; a menos de probarse que por parte de la mujer ha habido ocultación del parto.

Si al tiempo del nacimiento se hallaba el marido ausente, se presumirá que lo supo inmediatamente después de su vuelta a la residencia de la mujer; salvo el caso de ocultación mencionado en el inciso precedente.

Modif. L. 19585
Conc.: CC. 74-77, 184, 2524, L. Matrimonio Civil 37
Fuentes: D. 1.6.6; P.3ª, tit. 14, l.9; CN 313

Art. 213. Si el marido muere sin conocer el parto, o antes de vencido el término para impugnar señalado en el artículo anterior, la acción corresponderá a sus herederos, y en general, a toda persona a quien la pretendida paternidad irrogare perjuicio actual, por ese mismo plazo, o el tiempo que faltare para completarlo.

Cesará este derecho, si el padre hubiere reconocido al hijo como suyo en su testamento o en otro instrumento público.

Modif. L. 19585
Conc.: CC. 187, 2524
Fuente: 316 CN

Art. 214. La paternidad a que se refiere el artículo 212 también podrá ser impugnada por el representante legal del hijo incapaz, en interés de éste, durante el año siguiente al nacimiento.

El hijo, por sí, podrá interponer la acción de impugnación dentro de un año, contado desde que alcance la plena capacidad.

Modif. L. 19585
Conc.: CC. 2524
Fuente: 317 CN

Art. 215. En el juicio de impugnación de la paternidad del hijo de filiación matrimonial, la madre será citada, pero no obligada a parecer.

Introducido L. 19585

Art. 216. La paternidad determinada por reconocimiento podrá ser impugnada por el propio hijo, dentro del plazo de dos años contado desde que supo de ese reconocimiento.

Si el hijo fuese incapaz, esta acción se ejercerá conforme a las reglas previstas en el artículo 214.

Si el hijo muere desconociendo aquel acto, o antes de vencido el plazo para impugnar la paternidad, la acción corresponderá a sus herederos por el mismo plazo o el tiempo que faltare para completarlo, contado desde la muerte del hijo.

Todo lo anterior se aplicará también para impugnar la paternidad de los hijos nacidos antes del matrimonio de sus padres, pero el plazo de dos años se contará desde que el hijo supo del matrimonio o del reconocimiento que la producen.

También podrá impugnar la paternidad determinada por reconocimiento toda persona que pruebe un interés actual en ello, en el plazo de un año desde que tuvo ese interés y pudo hacer valer su derecho.

Introducido L. 19585
Conc.: CC. 186-190, 2524

Art. 217. La maternidad podrá ser impugnada, probándose falso parto, o suplantación del pretendido hijo al verdadero.

Tienen derecho a impugnarla, dentro del año siguiente al nacimiento, el marido de la supuesta madre y la misma madre supuesta.

Podrán también impugnarla, en cualquier tiempo, los verdaderos padre o madre del hijo, el verdadero hijo o el que pasa por tal si se reclama conjuntamente la determinación de la auténtica filiación del hijo verdadero o supuesto. Si la acción de impugnación de la maternidad del pretendido hijo no se entablare conjuntamente con la de reclamación, deberá ejercerse dentro del año contado desde que éste alcance su plena capacidad.

No obstante haber expirado los plazos establecidos en este artículo, en el caso de salir inopinadamente a la luz algún hecho incompatible con la maternidad putativa, podrá subsistir o revivir la acción respectiva por un año contado desde la revelación justificada del hecho.

Introducido L. 19585
Conc.: CC. 183, 248-249, 2524

Art. 218. Se concederá también la acción de impugnación a toda otra persona a quien la maternidad aparente perjudique actualmente en sus derechos sobre la sucesión testamentaria, o abintestato, de los supuestos padre o madre, siempre que no exista posesión notoria del estado civil.

Esta acción expirará dentro de un año, contado desde el fallecimiento de dichos padre o madre.

Introducido L. 19585
Conc.: CC. 2524

Art. 219. A ninguno de los que hayan tenido parte en el fraude de falso parto o de suplantación, aprovechará en manera alguna el descubrimiento del fraude, ni aun para ejercer sobre el hijo los derechos de patria potestad, o para exigirle alimentos, o para suceder en sus bienes por causa de muerte.

La sentencia que sancione el fraude o la suplantación deberá declarar expresamente esta privación de derechos y se subinscribirá al margen de la inscripción de nacimiento del hijo.

Introducido L. 19585
Conc.: CC. 243-273, 321-337

Art. 220. No procederá la impugnación de una filiación determinada por sentencia firme, sin perjuicio de lo que se dispone en el artículo 320.

Introducido L. 19585
Conc.: CC. 320; CPC 175-177

Art. 221. La sentencia que dé lugar a la acción de reclamación o de impugnación deberá subinscribirse al margen de la inscripción de nacimiento del hijo, y no perjudicará los derechos de terceros de buena fe que hayan sido adquiridos con anterioridad a la subinscripción.

Introducido L. 19585
Conc.: CC. 189, L. Registro Civil 6

TÍTULO IX. DE LOS DERECHOS Y OBLIGACIONES ENTRE LOS PADRES Y LOS HIJOS

(Nombre modif. L. 19585)

Art. 222. La preocupación fundamental de los padres es el interés superior del hijo, para lo cual procurarán su mayor realización espiritual y material posible, y lo guiarán en el ejercicio de los derechos esenciales que emanan de la naturaleza humana de modo conforme a la evolución de sus facultades.

Los hijos deben respeto y obediencia a sus padres.

Modif. L. 19585, L. 20680
Conc.: CC. 225-226, 242; L. Matrimonio Civil 3; Convención D. Niño 3, 20
Fuente: D. 27.10.4; CN 371

Art. 223. Aunque la emancipación confiera al hijo el derecho de obrar independientemente, queda siempre obligado a cuidar de los padres en su ancianidad, en el estado de demencia, y en todas las circunstancias de la vida en que necesitaren sus auxilios.

Tienen derecho al mismo socorro todos los demás ascendientes, en caso de inexistencia o de insuficiencia de los inmediatos descendientes.

Modif. L. 19585
Conc.: CC. 203, 219, 321, 324, 357, 368, 448

Art. 224. Toca de consuno a los padres, o al padre o madre sobreviviente, el cuidado personal de sus hijos. Éste se basará en el principio de corresponsabilidad, en virtud del cual ambos padres, vivan juntos o separados, participarán en forma activa, equitativa y permanente en la crianza y educación de sus hijos.

El cuidado personal del hijo no concebido ni nacido durante el matrimonio, reconocido por uno de los padres, corresponde al padre o madre que lo haya reconocido. Si no ha sido reconocido por ninguno de sus padres, la persona que tendrá su cuidado será determinada por el juez.

Modif. L. 19585, L. 20680
Conc.: CC. 203, 219, 235, 237, 239, 241, 245, 428-430, 438, L. Registro Civil 6; L. Matrimonio Civil 21, 23, 31; Convención D. Niño 9, 18

Art. 225. Si los padres viven separados podrán determinar de común acuerdo que el cuidado personal de los hijos corresponda al padre, a la madre o a ambos en forma compartida. El acuerdo se otorgará por escritura pública o acta extendida ante cualquier oficial del Registro Civil y deberá ser subinscrito al margen de la inscripción de nacimiento del hijo dentro de los treinta días subsiguientes a su otorgamiento. Este acuerdo establecerá la frecuencia y libertad con que el padre o madre que no tiene el cuidado personal mantendrá una relación directa y regular con los hijos y podrá revocarse o modificarse cumpliendo las mismas solemnidades.

El cuidado personal compartido es un régimen de vida que procura estimular la corresponsabilidad de ambos padres que viven separados, en la crianza y educación de los hijos comunes, mediante un sistema de residencia que asegure su adecuada estabilidad y continuidad.

A falta del acuerdo del inciso primero, los hijos continuarán bajo el cuidado personal del padre o madre con quien estén conviviendo.

En cualesquier de los casos establecidos en este artículo, cuando las circunstancias lo requieran y el interés superior del hijo lo haga conveniente, el juez podrá atribuir el cuidado personal del hijo al otro de los padres, o radicarlo en uno solo de ellos, si por acuerdo existiere alguna forma de ejercicio compartido. Lo anterior debe entenderse sin perjuicio de lo dispuesto en el artículo 226.

En ningún caso el juez podrá fundar exclusivamente su decisión en la capacidad económica de los padres.

Siempre que el juez atribuya el cuidado personal del hijo a uno de los padres, deberá establecer, de oficio o a petición de parte, en la misma resolución, la frecuencia y libertad con que el otro padre o madre que no tiene el cuidado personal mantendrá una relación directa y regular con los hijos, considerando su interés superior, siempre que se cumplan los criterios dispuestos en el artículo 229.

Mientras una nueva subinscripción relativa al cuidado personal no sea cancelada por otra posterior, todo nuevo acuerdo o resolución será inoponible a terceros.

Modif. L. 19585, L. 20680
Conc.: CC. 229 hasta 229-2; L. Matrimonio Civil 21, 23, 31; Convención D. Niño 9, 18

Art. 225-2. En el establecimiento del régimen y ejercicio del cuidado personal, se considerarán y ponderarán conjuntamente los siguientes criterios y circunstancias:

a) La vinculación afectiva entre el hijo y sus progenitores, y demás personas de su entorno familiar.

b) La aptitud de los progenitores para garantizar el bienestar del hijo y la posibilidad de procurarle un entorno adecuado, según su edad.

c) La contribución a la mantención del hijo mientras estuvo bajo el cuidado personal del otro progenitor, pudiendo hacerlo.

d) La actitud de cada uno de los progenitores para cooperar con el otro, a fin de asegurar la máxima estabilidad al hijo y garantizar la relación directa y regular, para lo cual considerará especialmente lo dispuesto en el inciso quinto del artículo 229.

e) La dedicación efectiva que cada uno de los progenitores procuraba al hijo antes de la separación y, especialmente, la que pueda seguir desarrollando de acuerdo con sus posibilidades.

f) La opinión expresada por el hijo.

g) El resultado de los informes periciales que se haya ordenado practicar.

h) Los acuerdos de los progenitores antes y durante el respectivo juicio.

i) El domicilio de los progenitores.

j) Cualquier otro antecedente que sea relevante atendido el interés superior del hijo.

En ningún caso el establecimiento del régimen del cuidado personal podrá fundarse en razón de la raza o etnia, la nacionalidad, la orientación sexual, la identidad o expresión de género, la apariencia personal o cualquier otra categoría que resulte discriminatoria.

Introducido L. 20680
Modif. L. 21400
Conc.: CC. 222, 225, 226, 242; L. Registro Civil 6; L. Matrimonio Civil 21, 23, 31; Convención D. Niño 3, 9, 18, 20

Art. 226. Podrá el juez, en el caso de inhabilidad física o moral de ambos padres, confiar el cuidado personal de los hijos a otra persona o personas competentes, velando primordialmente por el interés superior del niño conforme a los criterios establecidos en el artículo 225-2.

En la elección de estas personas se preferirá a los consanguíneos más próximos y, en especial, a los ascendientes, al cónyuge o al conviviente civil del padre o madre, según corresponda.

Modif. L. 19585, L. 20680, L. 20830
Conc.: CC. 222, 225-225-2; Convención D. Niño 3, 9, 20

Art. 227. En las materias a que se refieren los artículos precedentes, el juez oirá a los hijos y a los parientes.

Las resoluciones que se dicten, una vez ejecutoriadas, se subinscribirán en la forma y plazo que establece el artículo 225.

El juez podrá apremiar en la forma establecida en el artículo 543 del Código de Procedimiento Civil, a quien fuere condenado por resolución judicial que cause ejecutoria, a hacer entrega del hijo y no lo hiciere o se negare a hacerlo en el plazo que se hubiere determinado para estos efectos. En igual apremio incurrirá el que retuviere especies del hijo y se negare a hacer entrega de ellas a requerimiento del juez.

Modif. L. 19585, L. 19968, L. 20680
Conc.: Convención D. Niño 12

Art. 228. Derogado. L. 20680

Art. 229. El padre o madre que no tenga el cuidado personal del hijo tendrá el derecho y el deber de mantener con él una relación directa y regular, la que se ejercerá con la frecuencia y libertad acordada directamente con quien lo tiene a su cuidado según las convenciones a que se refiere el inciso primero del artículo 225 o, en su defecto, con las que el juez estimare conveniente para el hijo.

Se entiende por relación directa y regular aquella que propende a que el vínculo familiar entre el padre o madre que no ejerce el cuidado personal y su hijo se mantenga a través de un contacto periódico y estable.

Para la determinación de este régimen, los padres, o el juez en su caso, fomentarán una relación sana y cercana entre el padre o madre que no ejerce el cuidado personal y su hijo, velando por el interés superior de este último, su derecho a ser oído y la evolución de sus facultades, y considerando especialmente:

a) La edad del hijo.

b) La vinculación afectiva entre el hijo y su padre o madre, según corresponda, y la relación con sus parientes cercanos.

c) El régimen de cuidado personal del hijo que se haya acordado o determinado.

d) Cualquier otro elemento de relevancia en consideración al interés superior del hijo.

Sea que se decrete judicialmente el régimen de relación directa y regular o en la aprobación de acuerdos de los padres en estas materias, el juez deberá asegurar la mayor participación y corresponsabilidad de éstos en la vida del hijo, estableciendo las condiciones que fomenten una relación sana y cercana.

El padre o madre que ejerza el cuidado personal del hijo no obstaculizará el régimen de relación directa y regular que se establezca a favor del otro padre, conforme a lo preceptuado en este artículo.

Se suspenderá o restringirá el ejercicio de este derecho cuando manifiestamente perjudique el bienestar del hijo, lo que declarará el tribunal fundadamente.

Modif. L. 19585, 20680
Conc.: CC. 225, 229-2; L. Matrimonio Civil 21, 23, 31; Convención D. Niño 9

Art. 229-2. El hijo tiene derecho a mantener una relación directa y regular con sus abuelos. A falta de acuerdo, el juez fijará la modalidad de esta relación atendido el interés del hijo, en conformidad a los criterios del artículo 229.

Modif. L. 19585, 20680
Conc.: CC. 225, 229 hasta 229-2; L. Matrimonio Civil 21, 23, 31; Convención D. Niño 9

Art. 230. Los gastos de educación, crianza y establecimiento de los hijos son de cargo de la sociedad conyugal, según las reglas que tratando de ella se dirán. Si no la hubiere, los padres contribuirán en proporción a sus respectivas facultades económicas.

En caso de fallecimiento del padre o madre, dichos gastos corresponden al sobreviviente.

Modif. L. 19585
Conc.: CC. 134, 160, 230-233, 321, 323-324, 326, 332, 1740; L. Matrimonio Civil 21, 23, 31; Convención D. Niño 27

Art. 231. Si el hijo tuviere bienes propios, los gastos de su establecimiento, y en caso necesario, los de su crianza y educación, podrán sacarse de ellos, conservándose íntegros los capitales en cuanto sea posible.

Modif. L. 19585

Art. 232. La obligación de alimentar al hijo que carece de bienes pasa, por la falta o insuficiencia de ambos padres, a sus abuelos, por una y otra línea conjuntamente.

En caso de insuficiencia de uno de los padres, la obligación indicada precedentemente pasará en primer lugar a los abuelos de la línea del padre o madre que no provee; y en subsidio de éstos a los abuelos de la otra línea.

Modif. L. 19585, L. 19741
Conc.: CC. 321, 323-324, 326, 332; Convención D. Niño 27

Art. 233. En caso de desacuerdo entre los obligados a la contribución de los gastos de crianza, educación y establecimiento del hijo, ésta será determinada de acuerdo a sus facultades económicas por el juez, el que podrá de tiempo en tiempo modificarla, según las circunstancias que sobrevengan.

Modif. L. 19585
Conc.: CC. 134, 160, 321, 323-324, 326, 332; Convención D. Niño 27

Art. 234. Los padres tendrán la facultad de corregir a los hijos, cuidando que ello no menoscabe su salud ni su desarrollo personal. Esta facultad excluye toda forma de maltrato físico y sicológico y deberá, en todo caso, ejercerse en conformidad a la ley y a la Convención sobre los Derechos del Niño.

Si se produjese tal menoscabo o se temiese fundadamente que ocurra, el juez, a petición de cualquiera persona o de oficio, podrá decretar una o más de las medidas cautelares especiales del artículo 71 de la ley N° 19.968, con sujeción al procedimiento previsto en el Párrafo primero del Título IV de la misma ley, sin perjuicio de las sanciones que correspondiere aplicar por la infracción.

Cuando sea necesario para el bienestar del hijo, los padres podrán solicitar al tribunal que determine sobre la vida futura de aquel por el tiempo que estime más conveniente, el cual no podrá exceder del plazo que le falte para cumplir dieciocho años de edad.

Las resoluciones del juez no podrán ser modificadas por la sola voluntad de los padres.

Modif. L. 19585, L. 20286
Conc.: Convención D. Niño 2, 3, 5, 12-16, 19
Fuentes: CN 375-377

Art. 235. Las disposiciones contenidas en el artículo precedente se extienden, en ausencia, inhabilidad o muerte de ambos padres, a cualquiera otra persona a quien corresponda el cuidado personal del hijo.

Modif. L. 19585

Conc.: CC. 248-249, 253, 258, 267, 273, 341, 355, 366, 428-441, 458-459; Convención D. Niño 23

Art. 236. Los padres tendrán el derecho y el deber de educar a sus hijos, orientándolos hacia su pleno desarrollo en las distintas etapas de su vida.

Modif. L. 19585
Conc.: CC. 237, 428-430, 438 Convención D. Niño28-29

Art. 237. El derecho que por el artículo anterior se concede a los padres, cesará respecto de los hijos cuyo cuidado haya sido confiado a otra persona, la cual lo ejercerá con anuencia del tutor o curador, si ella misma no lo fuere.

Modif. L. 19585
Conc.: CC. 235

Art. 238. Los derechos concedidos a los padres en los artículos anteriores no podrán reclamarse sobre el hijo que hayan abandonado.

Modif. L. 19585
Conc.: CC. 240, 271, 324

Art. 239. En la misma privación de derechos incurrirán los padres que por su inhabilidad moral hayan dado motivo a la providencia de separar a los hijos de su lado; a menos que ésta haya sido después revocada.

Modif. L. 19585

Art. 240. Si el hijo abandonado por sus padres hubiere sido alimentado y criado por otra persona, y quisieren sus padres sacarle del poder de ella, deberán ser autorizados por el juez para hacerlo, y previamente deberán pagarle los costos de su crianza y educación, tasados por el juez.

El juez sólo concederá la autorización si estima, por razones graves, que es de conveniencia para el hijo.

Modif. L. 19585
Fuentes: P.4ª, tit. 20, l.14

Art. 241. Si el hijo de menor edad ausente de su casa se halla en urgente necesidad, en que no puede ser asistido por el padre o madre que tiene su cuidado personal, se presumirá la autorización de éste o ésta para las suministraciones que se le hagan, por cualquier persona, en razón de alimentos, habida consideración de su posición social.

El que haga las suministraciones deberá dar noticia de ellas al padre o madre lo más pronto que fuere posible. Toda omisión voluntaria en este punto hará cesar la responsabilidad.

Lo dicho del padre o madre en los incisos precedentes se extiende en su caso a la persona a quien, por muerte o inhabilidad de los padres, toque la sustentación del hijo.

Modif. L. 19585

Art. 242. Las resoluciones del juez bajo los respectos indicados en las reglas anteriores se revocarán por la cesación de la causa que haya dado motivo a ellas, y podrán también modificarse o revocarse, en todo caso y tiempo, si sobreviene motivo justo, y se cumple con los requisitos legales.

En todo caso, para adoptar sus resoluciones el juez atenderá, como consideración primordial, al interés superior del hijo, y tendrá debidamente en cuenta sus opiniones, en función de su edad y madurez.

Modif. L. 19585
Conc.: CC. 222, 225, 226, 242; L. Matrimonio Civil 3; Convención D. Niño3, 20

TÍTULO X. DE LA PATRIA POTESTAD

§ 1. Reglas generales

Art. 243. La patria potestad es el conjunto de derechos y deberes que corresponden al padre o a la madre sobre los bienes de sus hijos no emancipados.

La patria potestad se ejercerá también sobre los derechos eventuales del hijo que está por nacer.

Modif. L. 19585
Conc.: Patria potestad: CC. 72, 110, 124, 126, 203, 219, 243-273, 348, 357, 359, 366, 439-440, 449, 486, 497, 511, 514, 810, 1437, 1579, 1796, 2342, 2466, 2481, 2483, 2485; L. Registro Civil 6
Derechos del que está por nacer: CC. 74-77, 343, 356, 485-486
Fuentes: García Goyena tit. VII

Art. 244. La patria potestad será ejercida por el padre o la madre o ambos conjuntamente, según convengan en acuerdo suscrito por escritura pública o acta extendida ante cualquier oficial del Registro Civil, que se subinscribirá al margen de la inscripción de nacimiento del hijo dentro de los treinta días siguientes a su otorgamiento.

A falta de acuerdo, toca al padre y a la madre en conjunto el ejercicio de la patria potestad.

Con todo, los padres podrán actuar indistintamente en los actos de mera conservación. Respecto del resto de los actos, se requerirá actuación conjunta. En caso de desacuerdo de los padres, o cuando uno de ellos esté ausente o impedido o se negare injustificadamente, se requerirá autorización judicial.

En todo caso, cuando el interés del hijo lo haga indispensable, a petición de uno de los padres, el juez podrá confiar el ejercicio de la patria potestad al padre o madre que carecía de él, o radicarlo en uno solo de los padres, si la ejercieren conjuntamente. Ejecutoriada la resolución, se subinscribirá dentro del mismo plazo señalado en el inciso primero.

En defecto del padre o madre que tuviere la patria potestad, los derechos y deberes corresponderán al otro de los padres.

Modif. L. 19585, L. 20680
Conc.: CC. 222, 225, 226, 242; L. Matrimonio Civil 3; Convención D. Niño3, 20

Art. 245. Si los padres viven separados, la patria potestad será ejercida por aquel que tenga a su cargo el cuidado personal del hijo, o por ambos, de conformidad al artículo 225.

Sin embargo, por acuerdo de los padres o resolución judicial fundada en el interés del hijo, podrá atribuirse la patria potestad al otro padre o radicarla en uno de ellos si la ejercieren conjuntamente. Además, basándose en igual interés, los padres podrán ejercerla en forma conjunta. Se aplicarán al acuerdo o a la resolución judicial las normas sobre subinscripción previstas en el artículo precedente.

En el ejercicio de la patria potestad conjunta, se aplicará lo establecido en el inciso tercero del artículo anterior.

Modif. L. 19585, L. 20680
Conc.: CC. 203, 224-229, 247, 324, 357, 368, 448, L. Registro Civil 6

Art. 246. Mientras una subinscripción relativa al ejercicio de la patria potestad no sea cancelada por otra posterior, todo nuevo acuerdo o resolución será inoponible a terceros.

Modif. L. 19585
Conc.: CC. 189, 221

Art. 247. No obstará a las reglas previstas en los artículos 244 y 245 el régimen de bienes que pudiese existir entre los padres.

Modif. L. 19585

Art. 248. Se nombrará tutor o curador al hijo siempre que la paternidad y la maternidad hayan sido determinadas judicialmente contra la oposición del padre y de la madre. Lo mismo sucederá respecto del hijo cuyos padres no tengan derecho a ejercer la patria potestad o cuya filiación no esté determinada legalmente ni respecto del padre ni respecto de la madre.

Modif. L. 19585
Conc.: CC. 203, 225-227, 324, 357, 368, 428-441, 448, L. Registro Civil 6

Art. 249. La determinación legal de la paternidad o maternidad pone fin a la guarda en que se hallare el hijo menor de edad y da al padre o la madre, según corresponda, la patria potestad sobre sus bienes.

Modif. L. 19585
Conc.: CC. 179-242, 428-441

§ 2. Del derecho legal de goce sobre los bienes de los hijos y de su administración

Art. 250. La patria potestad confiere el derecho legal de goce sobre todos los bienes del hijo, exceptuados los siguientes:

1o. Los bienes adquiridos por el hijo en el ejercicio de todo empleo, oficio, profesión o industria. Los bienes comprendidos en este número forman su peculio profesional o industrial;

2o. Los bienes adquiridos por el hijo a título de donación, herencia o legado, cuando el donante o testador ha estipulado que no tenga el goce o la administración quien ejerza la patria potestad; ha impuesto la condición de obtener la emancipación, o ha dispuesto expresamente que tenga el goce de estos bienes el hijo, y

3o. Las herencias o legados que hayan pasado al hijo por incapacidad, indignidad o desheredamiento del padre o madre que tiene la patria potestad. En estos casos, el goce corresponderá al hijo o al otro padre, en conformidad con los artículos 251 y 253.

El goce sobre las minas del hijo se limitará a la mitad de los productos y el padre que ejerza la patria potestad responderá al hijo de la otra mitad.

Modif. L. 19585
Conc.: CC. 250, 252-259, 439, 449, 810, 2466
Fuentes: D.49.17.1-3; D.49.17.11; I.J. 2.9.1; C. 2.7.4; C.2.7.14; C.3.28.37, 6.61.6, 12.37.1; Nov. 117.1; P.4ª, tit. 17, l.5; P.6ª, tit. 17, l.6; CN 384-387

Art. 251. El hijo se mirará como mayor de edad para la administración y goce de su peculio profesional o industrial, sin perjuicio de lo dispuesto en el artículo 254.

Modif. L. 19585
Conc.: CC. 435-441, 1447
Fuente: García Goyena 155

Art. 252. El derecho legal de goce es un derecho personalísimo que consiste en la facultad de usar los bienes del hijo y percibir sus frutos, con cargo de conservar la forma y sustancia de dichos bienes y de restituirlos, si no son fungibles; o con cargo de volver igual cantidad y calidad del mismo género, o de pagar su valor, si son fungibles.

El padre o madre no es obligado, en razón de su derecho legal de goce, a rendir fianza o caución de conservación o restitución, ni tampoco a hacer inventario solemne, sin perjuicio de lo dispuesto en el artículo 124. Pero si no hace inventario solemne, deberá llevar una descripción circunstanciada de los bienes desde que entre a gozar de ellos.

Cuando este derecho corresponda a la madre casada en sociedad conyugal, ésta se considerará separada parcialmente de bienes respecto de su ejercicio y de lo que en él obtenga. Esta separación se regirá por las normas del artículo 150.

Si la patria potestad se ejerce conjuntamente por ambos padres y no se ha acordado otra distribución, el derecho legal de goce se dividirá entre ellos por iguales partes.

El derecho legal de goce recibe también la denominación de usufructo legal del padre o madre sobre los bienes del hijo. En cuanto convenga a su naturaleza, se regirá supletoriamente por las normas del Título IX del Libro II.

Modif. L. 19585
Conc.: CC. 150, 166-167, 250, 253-259, 439, 449, 810, 2466
Fuente: I.J. 2.9.1; P.4ª, tit. 17, l.5; CN 385

Art. 253. El que ejerza el derecho legal de goce sobre los bienes del hijo tendrá su administración, y el que se encuentre privado de ésta quedará también privado de aquél.

Si el padre o la madre que tiene la patria potestad no puede ejercer sobre uno o más bienes del hijo el derecho legal de goce, éste pasará al otro; y si ambos estuviesen impedidos, la propiedad plena pertenecerá al hijo y se le dará un curador para la administración.

Modif. L. 19585
Conc.: CC. 810
Fuente: CN 389

Art. 254. No se podrán enajenar ni gravar en caso alguno los bienes raíces del hijo, aun pertenecientes a su peculio profesional o industrial, ni sus derechos hereditarios, sin autorización del juez con conocimiento de causa.

Modif. L. 19585
Conc.: CC. 1464, 1682
Fuente: C. Napolitano 292

Art. 255. No se podrá hacer donación de ninguna parte de los bienes del hijo, ni darlos en arriendo por largo tiempo, ni aceptar o repudiar una herencia deferida al hijo, sino en la forma y con las limitaciones impuestas a los tutores y curadores.

Modif. L. 19585
Conc.: CC. 487-490, 538, 956-957, 1225, 1236, 1386, 1388, 1394

Art. 256. El padre o madre es responsable, en la administración de los bienes del hijo, hasta de la culpa leve.

La responsabilidad para con el hijo se extiende a la propiedad y a los frutos, en aquellos bienes del hijo en que tiene la administración, pero no el goce, y se limita a la propiedad cuando ejerce ambas facultades sobre los bienes.

Modif. L. 19585
Conc.: CC. 44
Fuente: P.5.T.13.L.24

Art. 257. Habrá derecho para quitar al padre o madre, o a ambos, la administración de los bienes del hijo, cuando se haya hecho culpable de dolo, o de grave negligencia habitual, y así se establezca por sentencia judicial, la que deberá subinscribirse al margen de la inscripción de nacimiento del hijo.

Perderá también la administración siempre que se suspenda la patria potestad, en conformidad con el artículo 267.

Modif. L. 19585
Conc.: CC. 44, 267

Art. 258. Privado uno de los padres de la administración de los bienes, la tendrá el otro; si ninguno de ellos la tuviese, la propiedad plena pertenecerá al hijo, y se le dará un curador para la administración.

Modif. 19585
Conc.: CC. 428-441; Convención D. Niño 23
Fuente: Fuero Juzgo 3.1.8; CN 384, 390

Art. 259. Al término de la patria potestad, los padres pondrán a sus hijos en conocimiento de la administración que hayan ejercido sobre sus bienes.

Modif. L. 19585

§ 3. De la representación legal de los hijos

Art. 260. Los actos y contratos del hijo no autorizados por el padre o la madre que lo tenga bajo su patria potestad, o por el curador adjunto, en su caso, le obligarán exclusivamente en su peculio profesional o industrial.

Pero no podrá tomar dinero a interés, ni comprar al fiado (excepto en el giro ordinario de dicho peculio) sin autorización escrita de las personas mencionadas. Y si lo hiciere, no será obligado por estos contratos, sino hasta concurrencia del beneficio que haya reportado de ellos.

Modif. L. 19585
Conc.: CC. 137, 150, 166-167

Fuente: D.49.17.7

Art. 261. Si entre los padres hubiere sociedad conyugal, los actos y contratos que el hijo celebre fuera de su peculio profesional o industrial y que el padre o madre que ejerce la patria potestad autorice o ratifique por escrito, o los que éstos efectúen en representación del hijo, obligan directamente al padre o madre en conformidad a las disposiciones de ese régimen de bienes y, subsidiariamente, al hijo, hasta concurrencia del beneficio que éste hubiere reportado de dichos actos o contratos.

Si no hubiere sociedad conyugal, esos actos y contratos sólo obligan, en la forma señalada en el inciso anterior, al padre o madre que haya intervenido. Lo anterior no obsta a que pueda repetir contra el otro padre, en la parte en que de derecho haya debido proveer a las necesidades del hijo.

Modif. L. 19585
Conc.: CC. 134, 161
Fuentes: D.14.5.1; D.15.1.1; IJ 2.9.1

Art. 262. El menor adulto no necesita de la autorización de sus padres para disponer de sus bienes por acto testamentario que haya de tener efecto después de su muerte, ni para reconocer hijos.

Modif. L. 19585
Conc.: CC. 183, 186-190, 999, 1005
Fuente: D.49.17.19

Art. 263. Siempre que el hijo tenga que litigar como actor contra el padre o la madre que ejerce la patria potestad, le será necesario obtener la venia del juez y éste, al otorgarla, le dará un curador para la litis.

El padre o madre que, teniendo la patria potestad, litigue con el hijo, sea como demandante o como demandado, le proveerá de expensas para el juicio, que regulará incidentalmente el tribunal, tomando en consideración la cuantía e importancia de lo debatido y la capacidad económica de las partes.

Modif. L. 19585
Conc.: CC. 124-125, 264-265, 494-495

Art. 264. El hijo no puede parecer en juicio, como actor, contra un tercero, sino autorizado o representado por el padre o la madre que ejerce la patria potestad, o por ambos, si la ejercen de manera conjunta.

Si el padre, la madre o ambos niegan su consentimiento al hijo para la acción civil que quiera intentar contra un tercero, o si están inhabilitados para prestarlo, podrá el juez suplirlo, y al hacerlo así dará al hijo un curador para la litis.

Modif. L. 19585
Conc.: CC. 43, 494-495, 1448

Art. 265. En las acciones civiles contra el hijo deberá el actor dirigirse al padre o madre que tenga la patria potestad, para que autorice o represente al hijo en la litis. Si ambos ejercen en conjunto la patria potestad, bastará que se dirija en contra de uno de ellos.

Si el padre o madre no pudiere o no quisiere prestar su autorización o representación, podrá el juez suplirla, y dará al hijo un curador para la litis.

Modif. L. 19585
Conc.: CC. 43, 494-495, 1448
Fuente: P.4.T.17.L.11

Art. 266. No será necesaria la intervención paterna o materna para proceder criminalmente contra el hijo; pero el padre o madre que tiene la patria potestad será obligado a suministrarle los auxilios que necesite para su defensa.

Modif. L. 19585
Conc.: CC. 2319-2321

§ 4. De la suspensión de la patria potestad

Art. 267. La patria potestad se suspende por la demencia del padre o madre que la ejerce, por su menor edad, por estar en entredicho de administrar sus propios bienes, y por su larga ausencia u otro impedimento físico, de los cuales se siga perjuicio grave en los intereses del hijo, a que el padre o madre ausente o impedido no provee.

En estos casos la patria potestad la ejercerá el otro padre, respecto de quien se suspenderá por las mismas causales. Si se suspende respecto de ambos, el hijo quedará sujeto a guarda.

Modif. L. 19585
Conc.: CC. 243-244, 268, 428-441

Art. 268. La suspensión de la patria potestad deberá ser decretada por el juez con conocimiento de causa, y después de oídos sobre ello los parientes del hijo y el defensor de menores; salvo que se trate de la menor edad del padre o de la madre, caso en el cual la suspensión se producirá de pleno derecho.

El juez, en interés del hijo, podrá decretar que el padre o madre recupere la patria potestad cuando hubiere cesado la causa que motivó la suspensión.

La resolución que decrete o deje sin efecto la suspensión deberá subinscribirse al margen de la inscripción de nacimiento del hijo.

Modif. L. 19585

§ 5. De la emancipación

Art. 269. La emancipación es un hecho que pone fin a la patria potestad del padre, de la madre, o de ambos, según sea el caso. Puede ser legal o judicial.

Modif. L. 19585
Conc.: CC. 110, 223, 243, 269-273, 366, 435
Fuente: IJ 1.12.1-6

Art. 270. La emancipación legal se efectúa:

1o. Por la muerte del padre o madre, salvo que corresponda ejercitar la patria potestad al otro;

2o. Por el decreto que da la posesión provisoria, o la posesión definitiva en su caso, de los bienes del padre o madre desaparecido, salvo que corresponda al otro ejercitar la patria potestad;

4o. Por haber cumplido el hijo la edad de dieciocho años.

Modif. L. 19585, 21515
Conc.: CC. 78-82, 90, 248, 253, 258, 267, 342, 366, 435
Fuente: IJ 1.12.1-6; CN 476

Art. 271. La emancipación judicial se efectúa por decreto del juez:

1o. Cuando el padre o la madre maltrata habitualmente al hijo, salvo que corresponda ejercer la patria potestad al otro;

2o. Cuando el padre o la madre ha abandonado al hijo, salvo el caso de excepción del número precedente;

3o. Cuando por sentencia ejecutoriada el padre o la madre ha sido condenado por delito que merezca pena aflictiva, aunque recaiga indulto sobre la pena, a menos que, atendida la naturaleza del delito, el juez estime que no existe riesgo para el interés del hijo, o de asumir el otro padre la patria potestad, y

4o. En caso de inhabilidad física o moral del padre o madre, si no le corresponde al otro ejercer la patria potestad.

La resolución judicial que decrete la emancipación deberá subinscribirse al margen de la inscripción de nacimiento del hijo.

Conc.: CC. 222, 226, 238, 240, 324
Fuentes: IJ 1.12.1-3; P.4ª, tit. 20, L. 4

Art. 272. Toda emancipación, una vez efectuada, es irrevocable.

Se exceptúa de esta regla la emancipación por muerte presunta o por sentencia judicial fundada en la inhabilidad moral del padre o madre, las que podrán ser dejadas sin efecto por el juez, a petición del respectivo padre o madre, cuando se acredite fehacientemente su existencia o que ha cesado la inhabilidad, según el caso, y además conste que la recuperación de la patria potestad conviene a los intereses del hijo. La resolución judicial que dé lugar a la revocación sólo producirá efectos desde que se subinscriba al margen de la inscripción de nacimiento del hijo.

La revocación de la emancipación procederá por una sola vez.

Conc.: CC. 80, 93-94, 222, 226
Modif. L. 19585

Art. 273. El hijo menor que se emancipa queda sujeto a guarda.

Modif. L. 19585
Conc.: CC. 110, 223, 243, 366, 435

Art. 274. Derogado. L. 19585

Art. 275. Derogado. L. 19585

Art. 276. Derogado. L. 19585

Art. 277. Derogado. L. 19585

Art. 278. Derogado. L. 19585

Art. 279. Derogado. L. 19585

Art. 280. Derogado. L. 19585

Art. 281. Derogado. L. 19585

Art. 282. Derogado. L. 5750

Art. 283. Derogado. L. 5750

Art. 284. Derogado. L. 19585

Art. 285. Derogado. L. 19585

Art. 286. Derogado. L. 19585

Art. 287. Derogado. L. 5750

Art. 288. Derogado. L. 19585

Art. 289. Derogado. L. 19585

Art. 290. Derogado. L. 19585

Art. 291. Derogado. L. 19585

Art. 292. Derogado. L. 5750

Art. 293. Derogado. L. 19585

Art. 294. Derogado. L. 19585

Art. 295. Derogado. L. 19585

Art. 296. Derogado. L. 19585

TÍTULO XVI. DE LA HABILITACIÓN DE EDAD

Art. 297. Derogado. L. 7612

Art. 298. Derogado. L. 7612

Art. 299. Derogado. L. 7612

Art. 300. Derogado. L. 7612

Art. 301. Derogado. L. 7612

Art. 302. Derogado. L. 7612

Art. 303. Derogado. L. 7612

TÍTULO XVII. DE LAS PRUEBAS DEL ESTADO CIVIL

Art. 304. El estado civil es la calidad de un individuo, en cuanto le habilita para ejercer ciertos derechos o contraer ciertas obligaciones civiles.

Conc.: CC. 15, 33, 72-73, 201, 218, 304-320, 2450

Art. 305. El estado civil de casado, separado judicialmente, divorciado, o viudo, y de padre, madre o hijo, se acreditará frente a terceros y se probará por las respectivas partidas de matrimonio, de muerte, y de nacimiento o bautismo.

El estado civil de padre, madre o hijo se acreditará o probará también por la correspondiente inscripción o subinscripción del acto de reconocimiento o del fallo judicial que determina la filiación.

La edad y la muerte podrán acreditarse o probarse por las respectivas partidas de nacimiento o bautismo, y de muerte.

Modif. L. 19947
Conc.: CC. 1701, L. Registro Civil 2-6, 20, 24
Fuentes: D.27.1.2.1; Consil. Trento Ses.25, cap. 1; CN 34

Art. 306. Se presumirán la autenticidad y pureza de los documentos antedichos, estando en la forma debida.

Conc.: CC. 47, 1699-1700, 1712

Art. 307. Podrán rechazarse los antedichos documentos, aun cuando conste su autenticidad y pureza, probando la no identidad personal, esto es, el hecho de no ser una misma la persona a que el documento se refiere y la persona a quien se pretenda aplicar.

Conc.: L. Registro Civil 17

Fuente: CN 52, 54

Art. 308. Los antedichos documentos atestiguan la declaración hecha por los contrayentes de matrimonio, por los progenitores, padrinos u otras personas en los respectivos casos, pero no garantizan la veracidad de esta declaración en ninguna de sus partes.

Podrán, pues, impugnarse, haciendo constar que fue falsa la declaración en el punto de que se trata.

Modif. L. 21400
Conc.: CC. 1700, L. Registro Civil 14
Fuente: CN 35

Art. 309. La falta de partida de matrimonio podrá suplirse por otros documentos auténticos, por declaraciones de testigos que hayan presenciado la celebración del matrimonio y, en defecto de estas pruebas, por la notoria posesión de ese estado civil.

La filiación, a falta de partida o subinscripción, sólo podrá acreditarse o probarse por los instrumentos auténticos mediante los cuales se haya determinado legalmente. A falta de éstos, el estado de padre, madre o hijo deberá probarse en el correspondiente juicio de filiación en la forma y con los medios previstos en el Título VIII.

Modif. L. 19585
Conc.: CC. 102, 195, 201-202, 310, 1699

Art. 310. La posesión notoria del estado de matrimonio consiste principalmente en haberse tratado los supuestos cónyuges como tales en sus relaciones domésticas y sociales; y en haber sido uno de los cónyuges recibido en ese carácter por los deudos y amigos del otro, y por el vecindario de su domicilio en general.

Modif. L. 21400
Conc.: CC. 102, 179-180, 184-185, 210, 312

Art. 311. Derogado. L. 19585

Art. 312. Para que la posesión notoria del estado de matrimonio se reciba como prueba del estado civil, deberá haber durado diez años continuos, por lo menos.

Modif. L. 19585
Conc.: CC. 102, 179-180, 184-185, 210, 310

Art. 313. La posesión notoria del estado de matrimonio se probará por un conjunto de testimonios fidedignos, que lo establezcan de un modo irrefragable; particularmente en el caso de no explicarse y probarse satisfactoriamente la falta de la respectiva partida, o la pérdida o extravío del libro o registro, en que debiera encontrarse.

Modif. L. 19585

Art. 314. Cuando fuere necesario calificar la edad de un individuo, para la ejecución de actos o ejercicio de cargos que requieran cierta edad, y no fuere posible hacerlo por documentos o declaraciones que fijen la época de su nacimiento, se le atribuirá una edad media entre la mayor y la menor que parecieren compatibles con el desarrollo y aspecto físico del individuo.

El juez para establecer la edad oirá el dictamen de facultativos, o de otras personas idóneas.

Conc.: CC. 501

Art. 315. El fallo judicial pronunciado en conformidad con lo dispuesto en el Título VIII que declara verdadera o falsa la paternidad o maternidad del hijo, no sólo vale respecto de las personas que han intervenido en el juicio, sino respecto de todos, relativamente a los efectos que dicha paternidad o maternidad acarrea.

Modif. L. 19585
Conc.: CC. 3, 195-210
Fuente: P.3.T.22.L.20

Art. 316. Para que los fallos de que se trata en el artículo precedente produzcan los efectos que en él se designan, es necesario:

1o. Que hayan pasado en autoridad de cosa juzgada;

2o. Que se hayan pronunciado contra legítimo contradictor;

3o. Que no haya habido colusión en el juicio.

Modif. L. 19585
Conc.: CC. 3, 195-210

Art. 317. Legítimo contradictor en la cuestión de paternidad es el padre contra el hijo, o el hijo contra el padre, y en la cuestión de maternidad el hijo contra la madre, o la madre contra el hijo.

Son también legítimos contradictores los herederos del padre o madre fallecidos en contra de quienes el hijo podrá dirigir o continuar la acción y, también, los herederos del hijo fallecido cuando éstos se hagan cargo de la acción iniciada por aquel o decidan entablarla.

Modif. L. 19585
Conc.: CC. 195-210

Art. 318. El fallo pronunciado a favor o en contra de cualquiera de los herederos aprovecha o perjudica a los coherederos que citados no comparecieron.

Modif. L. 19585
Conc.: CC. 3, 195-210, 316-317

Art. 319. La prueba de colusión en el juicio no es admisible sino dentro de los cinco años subsiguientes a la sentencia.

Conc.: CC. 195-210; 810-816 CPC

Art. 320. Ni prescripción ni fallo alguno, entre cualesquiera otras personas que se haya pronunciado, podrá oponerse a quien se presente como verdadero padre o madre del que pasa por hijo de otros, o como verdadero hijo del padre o madre que le desconoce.

Las acciones que correspondan se ejercerán en conformidad con las reglas establecidas en el Título VIII y, en su caso, se notificarán a las personas que hayan sido partes en el proceso anterior de determinación de la filiación.

Modif. L. 19585
Conc.: CC. 195-210

TÍTULO XVIII. DE LOS ALIMENTOS QUE SE DEBEN POR LEY A CIERTAS PERSONAS

Art. 321. Se deben alimentos:

1o. Al cónyuge;

2o. A los descendientes;

3o. A los ascendientes;

4o. A los hermanos, y

5o. Al que hizo una donación cuantiosa, si no hubiere sido rescindida o revocada.

La acción del donante se dirigirá contra el donatario.

No se deben alimentos a las personas aquí designadas, en los casos en que una ley expresa se los niegue.

Modif. L. 19585
Conc.: CC. 15, 219, 321-337, 433, 578, 815, 959, 968, 979, 998, 1134, 1167-1171, 1210, 1361, 1363, 1618, 1627, 1662, 1740, 2451
Al conyuge CC. 134, 174; L. Matrimonio Civil 21, 35
A los descendientes CC. 230-233, 321, 323, 332; L. Matrimonio Civil 21, 23, 31; Convención D. Niño 6, 27; L. 14908

Art. 322. Las reglas generales, a que está sujeta la prestación de alimentos, son las siguientes; sin perjuicio de las disposiciones especiales que contiene este Código respecto de ciertas personas.

Art. 323. Los alimentos deben habilitar al alimentado para subsistir adecuadamente, resguardando el interés superior, la autonomía progresiva y el desarrollo integral del niño, niña y adolescente.

Comprenden la obligación de proporcionar al alimentario menor de veintiún años la enseñanza básica y media, y la de alguna profesión u oficio. Los alimentos que se concedan según el artículo 332 al descendiente o hermano mayor de veintiún años comprenderán también la obligación de proporcionar la enseñanza de alguna profesión u oficio.

Modif. L. 19585, 21484
Conc.: CC. 230-233, 321, 323, 332; L. Matrimonio Civil 21, 23, 31; Convención D. Niño 6, 27; L. 14908, 3, 7
Fuentes: D. 25.3.5; P.4.T.19.L.2; CN 208

Art. 324. En el caso de injuria atroz cesará la obligación de prestar alimentos. Pero si la conducta del alimentario fuere atenuada por circunstancias graves en la conducta del alimentante, podrá el juez moderar el rigor de esta disposición.

Sólo constituyen injuria atroz las conductas descritas en el artículo 968.

Quedarán privados del derecho a pedir alimentos al hijo el padre o la madre que no haya pagado pensión de alimentos judicialmente decretada, o que le haya abandonado en su infancia, cuando la filiación haya debido ser establecida por medio de sentencia judicial contra su oposición.

Modif. L. 19585, 21484

Conc.: CC. 203, 238, 240, 247, 271, 332, 357, 368, 448, 968, 1210; L. Registro Civil 6
Fuentes: D. 25.3.5.11; C. Sardo 743; García Goyena 72

Art. 325. Derogado. L. 7612

Art. 326. El que para pedir alimentos reúna varios títulos de los enumerados en el artículo 321, sólo podrá hacer uso de uno de ellos, en el siguiente orden:

1o. El que tenga según el número 5o.
2o. El que tenga según el número 1o.
3o. El que tenga según el número 2o.
4o. El que tenga según el número 3o.
5o. El del número 4o no tendrá lugar sino a falta de todos los otros.

Entre varios ascendientes o descendientes debe recurrirse a los de próximo grado. Entre los de un mismo grado, como también entre varios obligados por un mismo título, el juez distribuirá la obligación en proporción a sus facultades. Habiendo varios alimentarios respecto de un mismo deudor, el juez distribuirá los alimentos en proporción a las necesidades de aquéllos.

Sólo en el caso de insuficiencia de todos los obligados por el título preferente, podrá recurrirse a otro.

Modif. L. 19585
Conc.: CC. 321

Art. 327. Mientras se ventila la obligación de prestar alimentos, deberá el juez ordenar que se den provisoriamente, con el solo mérito de los documentos y antecedentes presentados; sin perjuicio de la restitución, si la persona a quien se demandan obtiene sentencia absolutoria.

Cesa este derecho a la restitución, contra el que, de buena fe y con algún fundamento plausible, haya intentado la demanda.

Modif. L. 20152
Conc.: L. 14908 4, 8, 9

Art. 328. En el caso de dolo para obtener alimentos, serán obligados solidariamente a la restitución y a la indemnización de perjuicios todos los que han participado en el dolo.

Conc.: CC. 2317

Art. 329. En la tasación de los alimentos se deberán tomar siempre en consideración las facultades del deudor y sus circunstancias domésticas.

Conc.: L. 14908 3, 7
Fuentes: D. 25.3.5.7, D. 25.3.5.10, D. 25.3.5.19; P.4.T.19.L.2; CN 208

Art. 330. Los alimentos no se deben sino en la parte en que los medios de subsistencia del alimentario no le alcancen para subsistir de un modo correspondiente a su posición social.

Modif. L. 19585

Art. 331. Los alimentos se deben desde la primera demanda, y se pagarán por mesadas anticipadas.

No se podrá pedir la restitución de aquella parte de las anticipaciones que el alimentario no hubiere devengado por haber fallecido.

Conc.: CC. 1361, L. 14908 8-11

Art. 332. Los alimentos que se deben por ley se entienden concedidos para toda la vida del alimentario, continuando las circunstancias que legitimaron la demanda.

Con todo, los alimentos concedidos a los descendientes y a los hermanos se devengarán hasta que cumplan veintiún años, salvo que estén estudiando una profesión u oficio, caso en el cual cesarán a los veintiocho años; que les afecte una incapacidad física o mental que les impida subsistir por sí mismos, o que, por circunstancias calificadas, el juez los considere indispensables para su subsistencia.

Modif. L. 19585

Art. 333. El juez reglará la forma y cuantía en que hayan de prestarse los alimentos, y podrá disponer que se conviertan en los intereses de un capital que se consigne a este efecto en una caja de ahorros o en otro establecimiento análogo, y se restituya al alimentante o sus herederos luego que cese la obligación.

Conc.: CC. 331, L. 14908 8-11

Art. 334. El derecho de pedir alimentos no puede transmitirse por causa de muerte, ni venderse o cederse de modo alguno, ni renunciarse.

Conc.: CC. 12, 1662, 2451; COT 229
Fuentes: C. Holandés 384

Art. 335. El que debe alimentos no puede oponer al demandante en compensación lo que el demandante le deba a él.

Conc.: CC. 1655-1664

Art. 336. No obstante lo dispuesto en los dos artículos precedentes, las pensiones alimenticias atrasadas podrán renunciarse o compensarse; y el derecho de demandarlas transmitirse por causa de muerte, venderse y cederse; sin perjuicio de la prescripción que competa al deudor.

Conc.: CC. 334-335

Art. 337. Las disposiciones de este título no rigen respecto de las asignaciones alimenticias hechas voluntariamente en testamento o por donación entre vivos; acerca de las cuales deberá estarse a la voluntad del testador o donante, en cuanto haya podido disponer libremente de lo suyo.

Conc.: CC. 1134, 1361, 1363

TÍTULO XIX. DE LAS TUTELAS Y CURADURÍAS EN GENERAL

§ 1. Definiciones y reglas generales

Art. 338. Las tutelas y las curadurías o curatelas son cargos impuestos a ciertas personas a favor de aquellos que no pueden dirigirse a sí mismos o administrar competentemente sus negocios, y que no se hallan bajo potestad de padre o madre, que pueda darles la protección debida.

Las personas que ejercen estos cargos se llaman tutores o curadores y generalmente guardadores.

Modif. L. 5521, L. 18802
Conc.: CC. 248-249, 253, 258, 260, 338-539
Fuentes: IJ 1.13.3, IJ 1.23; P.6.T.16.LL.1 y 13; CL 263

Art. 339. Las disposiciones de este título y de los dos siguientes están sujetas a las modificaciones y excepciones que se expresarán en los títulos especiales de la tutela y de cada especie de curaduría.

Art. 340. La tutela y las curadurías generales se extienden no sólo a los bienes sino a la persona de los individuos sometidos a ellas.

Conc.: L. Registro Civil 6; L. Matrimonio Civil 21, 23, 31; Convención D. Niño 9, 18

Art. 341. Están sujetos a tutela los impúberes.

Fuentes: IJ 1.13.3; P.6.T.16.L.1

Art. 342. Están sujetos a curaduría general los menores adultos; los que por prodigalidad o demencia han sido puestos en entredicho de administrar sus bienes; y los sordos o sordomudos que no pueden darse a entender claramente.

Modif. L. 7612, L. 19904
Conc.: Menores CC. 235, 248-249, 253, 258, 260, 267, 273, 342, 355, 366, 369, 435-441, 458-459; Convención D. Niño 23
Prodigalidad CC. 342, 355, 442-455
Demencia CC. 191, 342, 355, 456-468
Sordomudo CC. 191, 342, 355, 449, 457, 458, 462, 463, 464, 469-472
Fuentes: D. 26.5.8.3; IJ 1.23; P.6.T.16.L.13; CN 489; ABGB 269-270; C. Holandés 487; García Goyena 279

Art. 343. Se llaman curadores de bienes los que se dan a los bienes del ausente, a la herencia yacente, y a los derechos eventuales del que está por nacer.

Conc.: CC. 74-77, 109, 356, 473-491, 538
Fuentes: Vinnius, Jurisp. 1.13; Gutiérrez, De tutelis 1.13

Art. 344. Se llaman curadores adjuntos los que se dan en ciertos casos a las personas que están bajo potestad de padre o madre, o bajo tutela o curaduría general, para que ejerzan una administración separada.

Modif. L. 18802
Conc.: CC. 348, 350, 352, 360, 492-493
Fuentes: Gutiérrez De tutelis 1.19

Art. 345. Curador especial es el que se nombra para un negocio particular.

Conc.: CC. 124-125, 155, 345, 494-495
Fuentes: Gutiérrez, De tutelis 1.19.10

Art. 346. Los individuos sujetos a tutela o curaduría se llaman pupilos.

Art. 347. Podrán colocarse bajo una misma tutela o curaduría dos o más individuos, con tal que haya entre ellos indivisión de patrimonios.

Divididos los patrimonios, se considerarán tantas tutelas o curadurías como patrimonios distintos, aunque las ejerza una misma persona.

Una misma tutela o curaduría puede ser ejercida conjuntamente por dos o más tutores o curadores.

Fuente: CN 397; Goy., Feb. T. I, p. 113

Art. 348. No se puede dar tutor ni curador general al que está bajo la patria potestad, salvo que ésta se suspenda en alguno de los casos enumerados en el artículo 267.

Se dará curador adjunto al hijo cuando el padre o la madre son privados de la administración de los bienes del hijo o de una parte de ellos, según el artículo 251.

Modif. L. 5521, L. 19585
Conc.: CC. 235, 248-249, 251, 253, 258, 260, 267, 273; Convención D. Niño 23
Fuentes: IJ 1.13, IJ 1.23

Art. 349. Se dará curador a los cónyuges en los mismos casos en que, si fueren solteros, necesitarían de curador para la administración de sus bienes.

Modif. L. 18802

Art. 350. Generalmente, no se puede dar tutor ni curador al que ya lo tiene: sólo podrá dársele curador adjunto, en los casos que la ley designa.

Conc.: CC. 344, 350, 352, 360, 492-493

Art. 351. Si el tutor o curador, alegando la excesiva complicación de los negocios del pupilo y su insuficiencia para administrarlos cumplidamente, pidiere que se le agregue un curador, podrá el juez acceder, habiendo oído sobre ello a los parientes del pupilo y al respectivo defensor.

El juez dividirá entonces la administración del modo que más conveniente le parezca.

Conc.: L. G. Bancos 86 N° 4
Fuentes: D.26.7.3.8-9; IJ 1.24.1

Art. 352. Si al que se halla bajo tutela o curaduría se hiciere una donación, herencia o legado, con la precisa condición de que los bienes comprendidos en la donación, herencia o legado, se administren por una persona que el donante o testador designa, se accederá a los deseos de éstos; a menos que, oídos los parientes y el respectivo defensor, apareciere que conviene más al pupilo repudiar la donación, herencia o legado, que aceptarlo en esos términos.

Si se acepta la donación, herencia o legado, y el donante o testador no hubiere designado la persona, o la que ha sido designada no fuere idónea, hará el magistrado la designación.

Conc.: CC. 166, 250, 260, 1225, 1236; L. G. Bancos 86 Nº 4

Art. 353. Las tutelas o curadurías pueden ser testamentarias, legítimas o dativas.

Son testamentarias las que se constituyen por acto testamentario.

Legítimas, las que se confieren por la ley a los parientes o cónyuge del pupilo.

Dativas, las que confiere el magistrado.

Sigue las reglas de la guarda testamentaria la que se confiere por acto entre vivos, según el artículo 360.

Modif. L. 7612
Conc.: Testamentaria CC. 354-366, 452, 469
Legítima CC. 366-369, 442, 448, 469
Dativa CC. 370-372, 437, 442, 448, 469, 48, 494

§ 2. De la tutela o curaduría testamentaria

Art. 354. El padre o madre puede nombrar tutor, por testamento, no sólo a los hijos nacidos, sino al que se halla todavía en el vientre materno, para en caso que nazca vivo.

Modif. L. 19585
Conc.: CC. 74-77, 243, 485-486, 538, 999
Fuentes: D.1.5.7, D.26.2.1 y 5; P.4.T.23.L.3; CN 397; García Goyena 177

Art. 355. Puede asimismo nombrar curador, por testamento, a los menores adultos; y a los adultos de cualquiera edad que se hallan en estado de demencia, o son sordos o sordomudos que no entienden ni se dan a entender claramente.

Modif. L. 7612, L. 19904
Conc.: Menores CC. 235, 248-249, 253, 258, 260, 267, 273, 342, 355, 366, 369, 435-441, 458-459; Convención D. Niño 23
Prodigalidad CC. 342, 355, 442-455
Demencia CC. 191, 342, 355, 456-468
Sordomudo CC. 191, 342, 355, 449, 457, 458, 462, 463, 464, 469-472
Fuentes: D. 23.3.2, D. 23.3.6; IJ 1.23.1; P.6.T.16.L.13

Art. 356. Puede asimismo nombrar curador, por testamento, para la defensa de los derechos eventuales del hijo que está por nacer.

Conc.: CC. 74-77, 243, 485-486, 538, 999
Fuentes: D.1.5.7; P.4.T.23.L.3; CN 397; García Goyena 177

Art. 357. Carecerá de los derechos que se le confieren por los artículos precedentes, el padre o madre que ha sido privado de la patria potestad por decreto de juez, según el artículo 271, o que por mala administración haya sido removido judicialmente de la guarda del hijo.

También carecerá de estos derechos el padre o madre cuando la filiación ha sido determinada judicialmente contra su oposición.

Modif. L. 19585
Conc.: CC. 203, 247, 271, 324, 368, 448, 539

Art. 358. Si tanto el padre como la madre han nombrado guardador por testamento, se atenderá en primer lugar al nombramiento realizado por aquel de los padres que ejercía la patria potestad del hijo.

Modif. L. 19585
Conc.: CC. 243-247

Art. 359. Si no fuere posible aplicar la regla del artículo anterior, se aplicará a los guardadores nombrados por el testamento del padre y de la madre, las reglas de los artículos 361 y 363.

Modif. L. 19585
Conc.: CC. 361-363

Art. 360. No obstante lo dispuesto en el artículo 357, el padre, la madre y cualquier otra persona, podrán nombrar un curador, por testamento o por acto entre vivos, cuando donen o dejen al pupilo alguna parte de sus bienes, que no se les deba a título de legítima.

Esta curaduría se limitará a los bienes que se donan o dejan al pupilo.

Modif. L. 19585
Conc.: CC. 166, 250, 260, 352, 357; L. G. Bancos 86 Nº 4

Art. 361. Podrán nombrarse por testamento dos o más tutores o curadores que ejerzan simultáneamente la guarda; y el testador tendrá la facultad de dividir entre ellos la administración.

Conc.: CC. 351, 362, 363; L. G. Bancos 86 Nº 4
Fuentes: D.26.7.3.8-9, D.26.7.36; IJ 1.24.1

Art. 362. Si hubiere varios pupilos, y los dividiere el testador entre los tutores o curadores nombrados, todos éstos ejercerán de consuno la tutela o curaduría, mientras el patrimonio permanezca indiviso; y dividido el patrimonio, se dividirá entre ellos por el mismo hecho la guarda, y serán independientes entre sí.

Pero el cuidado de la persona de cada pupilo tocará exclusivamente a su respectivo tutor o curador, aun durante la indivisión del patrimonio.

Conc.: CC. 351, 361, 363
Fuente: D.26.7.36

Art. 363. Si el testador nombra varios tutores o curadores que ejerzan de consuno la tutela o curaduría, y no dividiere entre ellos las funciones, podrá el juez, oídos los parientes del pupilo, confiarlas a uno de los nombrados o al número de ellos que estimare suficiente, y en este segundo caso, dividirla como mejor convenga para la seguridad de los intereses del pupilo.

Conc.: CC. 351, 361-362
Fuente: D.26.7.36

Art. 364. Podrán asimismo nombrarse por testamento varios tutores o curadores que se substituyan o sucedan uno a otro; y establecida la substitución o sucesión para un caso particular, se aplicará a los demás en que falte el tutor o curador; a menos que manifiestamente aparezca que el testador ha querido limitar la substitución o sucesión al caso o casos designados.

Conc.: CC. 1156-1163
Fuente: García Goyena 180

Art. 365. Las tutelas y curadurías testamentarias admiten condición suspensiva y resolutoria, y señalamiento de día cierto en que principien o expiren.

Conc.: CC. 1080-1088
Fuente: D.26.2.8.2

§ 3. De la tutela o curaduría legítima

Art. 366. Tiene lugar la guarda legítima cuando falta o expira la testamentaria.

Tiene lugar especialmente cuando es emancipado el menor, y cuando se suspende la patria potestad por decreto del juez.

Modif. L. 5521
Conc.: CC. 353, 366-369, 442, 448, 469
Fuentes: D. 26.2.11, D.26.4.6; IJ 1.15.2; P.6.T.16.L.9; CN 402; García Goyena 181

Art. 367. Los llamados a la tutela o curaduría legítima son, en general:

Primeramente, el padre del pupilo;

En segundo lugar, la madre;

En tercer lugar, los demás ascendientes de uno y otro sexo;

En cuarto lugar, los hermanos de uno y otro sexo del pupilo, y los hermanos de uno y otro sexo de los ascendientes del pupilo.

Si no hubiere lugar a la tutela o curaduría del padre o madre, el juez, oídos los parientes del pupilo, elegirá entre los demás ascendientes, y a falta de ascendientes, entre los colaterales aquí designados, la persona que le pareciere más apta, y que mejores seguridades presentare; y podrá también, si lo estimare conveniente, elegir más de una, y dividir entre ellas las funciones.

Modif. L. 19585
Conc.: CC. 351
Fuentes: D.26.4.1; C.5.35; P.6.T.16.L.9; CN 402

Art. 368. Es llamado a la guarda legítima del hijo no concebido ni nacido durante el matrimonio el padre o madre que primero le haya reconocido, y si ambos le han reconocido a un tiempo, el padre.

Este llamamiento pondrá fin a la guarda en que se hallare el hijo que es reconocido, salvo el caso de inhabilidad o legítima excusa del que, según el inciso anterior, es llamado a ejercerla.

Si la filiación no ha sido determinada o si la filiación ha sido establecida judicialmente contra la oposición del padre o madre, la guarda del hijo será dativa.

Modif. L. 19585
Conc.: CC. 203, 235, 248-249, 253, 273, 367

Art. 369. Si continuando el pupilaje cesare en su cargo el guardador legítimo, será reemplazado por otro de la misma especie.
Fuente: García Goyena 182

§ 4. De la tutela o curaduría dativa

Art. 370. A falta de otra tutela o curaduría, tiene lugar la dativa.

Conc.: CC. 353, 370-372, 437, 442, 448, 469, 48, 494
Fuente: IJ 1.20; P.6.T.16.L.12; CN 405; Gacría Goyena 183

Art. 371. Cuando se retarda por cualquiera causa el discernimiento de una tutela o de una curaduría, o durante ella sobreviene un embarazo que por algún tiempo impida al tutor o curador seguir ejerciéndola, se dará, por el magistrado, tutor o curador interino, para mientras dure el retardo o el impedimento.

Pero si hubiere otro tutor o curador que pueda suplir la falta, o si se tratare de nombrar un tutor o curador que suceda al que actualmente desempeña la tutela o curaduría, y puede éste continuar en ella algún tiempo, no tendrá lugar el nombramiento del interino.

Conc.: CC. 373-377, 436, 543; CPC 842

Art. 372. El magistrado, para la elección del tutor o curador dativo, deberá oír a los parientes del pupilo, y podrá en caso necesario nombrar dos o más, y dividir entre ellos las funciones, como en el caso del artículo 363.

Si hubiere curador adjunto, podrá el juez preferirle para la tutela o curaduría dativa.

Conc.: CC. 344, 348, 350, 352, 360, 492-493
Fuente: D.26.7.36

TÍTULO XX. DE LAS DILIGENCIAS Y FORMALIDADES QUE DEBEN PRECEDER AL EJERCICIO DE LA TUTELA O CURADURÍA

Art. 373. Toda tutela o curaduría debe ser discernida.

Se llama discernimiento el decreto judicial que autoriza al tutor o curador para ejercer su cargo.

Conc.: CC. 372-377, 436
Fuentes: C. 5.37.4; Febrero Lib. 1, Tit. 4, Cap. 1, Nº 5; Goy. Feb. I, 9.

Art. 374. Para discernir la tutela o curaduría será necesario que preceda el otorgamiento de la fianza o caución a que el tutor o curador esté obligado.

Ni se le dará la administración de los bienes, sin que preceda inventario solemne.

Conc.: CC. 46, 2335; CPC 858-865
Fuentes: C.5.37.24; P.6.T.16.L.15; CN 451; García Goyena 225-226

Art. 375. Son obligados a prestar fianza todos los tutores o curadores, exceptuados solamente:

1o. El cónyuge y los ascendientes y descendientes;

2o. Los interinos, llamados por poco tiempo a servir el cargo;

3o. Los que se dan para un negocio particular, sin administración de bienes.

Podrá también ser relevado de la fianza, cuando el pupilo tuviere pocos bienes, el tutor o curador que fuere persona de conocida probidad y de bastantes facultades para responder de ellos.

Modif. L. 19585
Conc.: CC. 46, 2335
Fuente: Gutiérrez, De tutelis 1.12.24

Art. 376. En lugar de la fianza prevenida en el artículo anterior, podrá prestarse prenda o hipoteca suficiente.

Modif. L. 7612
Conc.: CC. 2384, 2407
Fuente: Gutiérrez, De tutelis 1.12.31; García Goyena 225

Art. 377. Los actos del tutor o curador anteriores al discernimiento, son nulos; pero el discernimiento, una vez otorgado, validará los actos anteriores, de cuyo retardo hubiera podido resultar perjuicio al pupilo.

Modif. L. 7612
Conc.: CC. 1681-1682

Art. 378. El tutor o curador es obligado a inventariar los bienes del pupilo en los noventa días subsiguientes al discernimiento, y antes de tomar parte alguna en la administración, sino en cuanto fuere absolutamente necesario.

El juez, según las circunstancias, podrá restringir o ampliar este plazo.

Por la negligencia del guardador en proceder al inventario y por toda falta grave que se le pueda imputar en él, podrá ser removido de la tutela o curaduría como sospechoso, y será condenado al resarcimiento de toda pérdida o daño que de ello hubiere resultado al pupilo, de la manera que se dispone en el artículo 423.

Conc.: CC. 48-50, 374, 379-389, 423; CPC 858-865

Art. 379. El testador no puede eximir al tutor o curador de la obligación de hacer inventario.

Fuente: C. Sardo 322; García Goyena 224

Art. 380. Si el tutor o curador probare que los bienes son demasiado exiguos para soportar el gasto de la confección de inventario, podrá el juez, oídos los parientes del pupilo y el defensor de menores, remitir la obligación de inventariar solemnemente dichos bienes, y exigir sólo un apunte privado, bajo las firmas del tutor o curador, y de tres de los más cercanos parientes, mayores de edad, o de otras personas respetables a falta de éstos.

Art. 381. El inventario deberá ser hecho ante escribano y testigos en la forma que en el Código de Enjuiciamiento se prescribe.

Conc.: CPC 858-865

Art. 382. El inventario hará relación de todos los bienes raíces y muebles de la persona cuya hacienda se inventaría, particularizándolos uno a uno, o señalando colectivamente los que consisten en número, peso o medida, con expresión de la cantidad y calidad; sin perjuicio de hacer las explicaciones necesarias para poner a cubierto la responsabilidad del guardador.

Comprenderá asimismo los títulos de propiedad, las escrituras públicas y privadas, los créditos y deudas del pupilo de que hubiere comprobante o sólo noticia, los libros de comercio o de cuentas, y en general todos los objetos presentes, exceptuados los que fueren conocidamente de ningún valor o utilidad, o que sea necesario destruir con algún fin moral.

Fuente: P.3.T.18.L.99

Art. 383. Si después de hecho el inventario se encontraren bienes de que al hacerlo no se tuvo noticia, o por cualquier título acrecieren nuevos bienes a la hacienda inventariada, se hará un inventario solemne de ellos, y se agregará al anterior.

Fuente: Gutiérrez, de tutelis, parte 2, cap. 1

Art. 384. Debe comprender el inventario aun las cosas que no fueren propias de la persona cuya hacienda se inventaría, si se encontraren entre las que lo son; y la responsabilidad del tutor o curador se extenderá a las unas como a las otras.

Fuente: Gutiérrez, de tutelis, parte 2, cap. 1

Art. 385. La mera aserción que se haga en el inventario de pertenecer a determinadas personas los objetos que se enumeran, no hace prueba en cuanto al verdadero dominio de ellos.

Fuente: Gutiérrez, de tutelis, parte 2, cap. 1

Art. 386. Si el tutor o curador alegare que por error se han relacionado en el inventario cosas que no existían, o se ha exagerado el número, peso, o medida de las existentes, o se les ha atribuido una materia o calidad de que carecían, no le valdrá esta excepción; salvo que pruebe no haberse podido evitar el error con el debido cuidado de su parte, o sin conocimientos o experimentos científicos.

Fuente: Gutiérrez, de tutelis, parte 2, cap. 1

Art. 387. El tutor o curador que alegare haber puesto a sabiendas en el inventario cosas que no le fueron entregadas realmente, no será oído, aunque ofrezca probar que tuvo en ello algún fin provechoso al pupilo.

Conc.: CC. 1458-1459, 1684
Fuente: Gutiérrez, de tutelis, parte 2, cap. 1

Art. 388. Los pasajes obscuros o dudosos del inventario se interpretarán a favor del pupilo, a menos de prueba contraria.

Conc.: CC. 19-21, 1566
Fuente: Gutiérrez, de tutelis, parte 2, cap. 1

Art. 389. El tutor o curador que sucede a otro, recibirá los bienes por el inventario anterior y anotará en él las diferencias. Esta operación se hará con las mismas solemnidades que el anterior inventario, el cual pasará a ser así el inventario del sucesor.

Fuente: Gutiérrez, de tutelis, parte 2, cap. 1

TÍTULO XXI. DE LA ADMINISTRACIÓN DE LOS TUTORES Y CURADORES RELATIVAMENTE A LOS BIENES

Art. 390. Toca al tutor o curador representar o autorizar al pupilo en todos los actos judiciales o extrajudiciales que le conciernan, y puedan menoscabar sus derechos o imponerle obligaciones.

Conc.: CC. 43, 1448
Fuentes: C. 5.37.28; D.26.7.10; P.6.T.16.LL.15-16; CN 450

Art. 391. El tutor o curador administra los bienes del pupilo, y es obligado a la conservación de estos bienes y a su reparación y cultivo. Su responsabilidad se extiende hasta la culpa leve inclusive.

Conc.: CC. 44
Fuente: D.26.7.33

Art. 392. Si en el testamento se nombrare una persona a quien el guardador haya de consultar en el ejercicio de su cargo, no por eso será éste obligado a someterse al dictamen del consultor; ni haciéndolo, cesará su responsabilidad.

Si en el testamento se ordenare expresamente que el guardador proceda de acuerdo con el consultor, tampoco cesará la responsabilidad del primero por acceder a la opinión del segundo; pero habiendo discordia entre ellos no procederá el guardador sino con autorización del juez, que deberá concederla con conocimiento de causa.

Art. 393. No será lícito al tutor o curador, sin previo decreto judicial, enajenar los bienes raíces del pupilo, ni gravarlos con hipoteca, censo o servidumbre, ni enajenar o empeñar los muebles preciosos o que tengan valor de afección; ni podrá el juez autorizar esos actos, sino por causa de utilidad o necesidad manifiesta.

Conc.: CC. 1464, 1682
Fuentes: C.5.37.22; D. 27.9.5.14; P.5.T.5.L.4, P6.T.16.L.18; CN 457-458

Art. 394. La venta de cualquiera parte de los bienes del pupilo enumerados en los artículos anteriores, se hará en pública subasta.

Fuentes: P.3.T.18.L.60; CN 459

Art. 395. No obstante la disposición del artículo 393, si hubiere precedido decreto de ejecución y embargo sobre los bienes raíces del pupilo, no será necesario nuevo decreto para su enajenación.

Tampoco será necesario decreto judicial para la constitución de una hipoteca, censo o servidumbre, sobre bienes raíces que se han transferido al pupilo con la carga de constituir dicha hipoteca, censo o servidumbre.

Conc.: CC. 1464; CPC 434-529
Fuente: CN 460; García Goyena 233

Art. 396. Sin previo decreto judicial no podrá el tutor o curador proceder a la división de bienes raíces o hereditarios que el pupilo posea con otros proindiviso.

Si el juez, a petición de un comunero o coheredero, hubiere decretado la división, no será necesario nuevo decreto.

Conc.: CC. 1317, 1322
Fuentes: D.27.9.1.2; C.5.71.17; CN 463

Art. 397. El tutor o curador no podrá repudiar ninguna herencia deferida al pupilo, sin decreto de juez con conocimiento de causa, ni aceptarla sin beneficio de inventario.

Conc.: CC. 956, 1225, 1236, 1247, 1250
Fuentes: P.6.T.16.L.13; CN 461; C. Vaud 238

Art. 398. Las donaciones o legados no podrán tampoco repudiarse sino con arreglo a lo dispuesto en el artículo 1236; y si impusieren obligaciones o gravámenes al pupilo, no podrán aceptarse sin previa tasación de las cosas donadas o legadas

Modif. L. 10271
Conc.: CC. 1225, 1236

Art. 399. Hecha la división de una herencia o de bienes raíces que el pupilo posea con otros proindiviso, será necesario, para que tenga efecto, nuevo decreto de juez, que con audiencia del respectivo defensor la apruebe y confirme.

Conc.: CC. 396, 1317, 1322
Fuentes: D.27.9.1.2; C.5.71.17; CN 463

Art. 400. Se necesita asimismo previo decreto para proceder a transacciones o compromisos sobre derechos del pupilo que se valúen en más de un centavo, y sobre sus bienes raíces; y en cada caso la transacción o el fallo del compromisario se someterán a la aprobación judicial, so pena de nulidad.

Modif. L. 7612
Conc.: CC. 2446, 2447; COT 223-224
Fuentes: C. 5.71.4; CN 467; C. Vaud 262

Art. 401. El dinero que se ha dejado o donado al pupilo para la adquisición de bienes raíces, no podrá destinarse a ningún otro objeto que la impida o embarace; salvo que intervenga autorización judicial con conocimiento de causa.

Art. 402. Es prohibida la donación de bienes raíces del pupilo, aun con previo decreto de juez.

Sólo con previo decreto de juez podrán hacerse donaciones en dinero u otros bienes muebles del pupilo; y no las autorizará el juez, sino por causa grave, como la de socorrer a un consanguíneo necesitado, contribuir a un objeto de beneficencia pública, u otro semejante, y con tal que sean proporcionadas a las facultades del pupilo, y que por ellas no sufran un menoscabo notable los capitales productivos.

Los gastos de poco valor para objetos de caridad, o de lícita recreación, no están sujetos a la precedente prohibición.

Conc.: CC. 1386-1388
Fuentes: D. 26.7.22, D.26.7.26.7; CL 349; García Goyena 245

Art. 403. La remisión gratuita de un derecho se sujeta a las reglas de la donación.

Conc.: CC. 402, 1397, 1653

Art. 404. El pupilo es incapaz de ser obligado como fiador sin previo decreto judicial, que sólo autorizará esta fianza a favor de un cónyuge, de un ascendiente o descendiente, y por causa urgente y grave.

Modif. L. 19585
Conc.: CC. 2335, 2342

Art. 405. Los deudores del pupilo que pagan al tutor o curador, quedan libres de todo nuevo pago.

Conc.: CC. 1576, 1578-1579
Fuentes: IJ 2.8.2; P.5.T.14.L.4; Gutiérrez, De tutelis, p. 2, cap. 2

Art. 406. El tutor o curador deberá prestar el dinero ocioso del pupilo con las mejores seguridades, al interés corriente que se obtenga con ellas en la plaza.

Podrá, si lo estimare preferible, emplearlo en la adquisición de bienes raíces.

Por la omisión en esta materia, será responsable de lucro cesante, en cuanto aparezca que el dinero ocioso del pupilo pudo emplearse con utilidad manifiesta y sin peligro.

Fuentes: D.26.7.7.2-3; C.5.37.24.1

Art. 407. No podrá el tutor o curador dar en arriendo ninguna parte de los predios rústicos del pupilo por más de ocho años, ni de los urbanos por más de cinco, ni por más número de años que los que falten al pupilo para llegar a los dieciocho.

Si lo hiciere no será obligatorio el arrendamiento para el pupilo o para el que le suceda en el dominio del predio, por el tiempo que excediere de los límites aquí señalados.

Modif. L. 19221
Conc.: CC. 255, 1749, 1756
Fuentes: C. Sardo 1726; García Goyena 237

Art. 408. Cuidará el tutor o curador de hacer pagar lo que se deba al pupilo, inmediatamente que sea exigible el pago, y de perseguir a los deudores por los medios legales.

Fuentes: D. 26.7.2; C.5.37

Art. 409. El tutor o curador tendrá especial cuidado de interrumpir las prescripciones que puedan correr contra el pupilo.

Art. 410. El tutor o curador podrá cubrir con los dineros del pupilo las anticipaciones que haya hecho a beneficio de éste, llevando los intereses corrientes de plaza, mas para ello deberá ser autorizado por los otros tutores o curadores generales del mismo pupilo, si los hubiere, o por el juez en subsidio.

Si el pupilo le fuere deudor de alguna especie, raíz o mueble, a título de legado, fideicomiso, o cualquier otro, será preciso que la posesión de ella se dé al tutor o curador por los otros tutores o curadores generales, o por el juez en subsidio.

Fuentes: D. 26.7.9.5-7

Art. 411. En todos los actos y contratos que ejecute o celebre el tutor o curador en representación del pupilo, deberá expresar esta circunstancia en la escritura del mismo acto o contrato; so pena de que omitida esta expresión, se repute ejecutado el acto o celebrado el contrato en representación del pupilo, si fuere útil a éste, y no de otro modo.

Conc.: CC. 48, 440, 1448

Art. 412. Por regla general, ningún acto o contrato en que directa o indirectamente tenga interés el tutor o curador, o su cónyuge, o cualquiera de sus ascendientes o descendientes, o de sus hermanos, o de sus consanguíneos o afines hasta el cuarto grado inclusive, o alguno de sus socios de comercio, podrá ejecutarse o celebrarse sino con autorización de los otros tutores o curadores generales, que no estén implicados de la misma manera, o por el juez en subsidio.

Pero ni aun de este modo podrá el tutor o curador comprar bienes raíces del pupilo, o tomarlos en arriendo; y se extiende esta prohibición a su cónyuge, y a sus ascendientes o descendientes.

Modif. L. 19585
Conc.: CC. 1799
Fuentes: D. 26.8.5.2; P.5.T.5.L.4; CN 450; Gutiérrez, De tutelis, P.2, cap. 15, Nº 11-12

Art. 413. Habiendo muchos tutores o curadores generales, todos ellos autorizarán de consuno los actos y contratos del pupilo; pero en materias que, por haberse dividido la administración, se hallen especialmente a cargo de uno de dichos tutores o curadores, bastará la intervención o autorización de éste solo.

Se entenderá que los tutores o curadores obran de consuno, cuando uno de ellos lo hiciere a nombre de los otros, en virtud de un mandato en forma; pero subsistirá en este caso la responsabilidad solidaria de los mandantes.

En caso de discordia entre ellos, decidirá el juez.

Conc.: CC. 526-528, 2116, 2158

Art. 414. El tutor o curador tiene derecho a que se le abonen los gastos que haya hecho en el ejercicio de su cargo: en caso de legítima reclamación, los hará tasar el juez.

Conc.: CC. 410, 528

Art. 415. El tutor o curador es obligado a llevar cuenta fiel, exacta y en cuanto fuere dable, documentada, de todos sus actos administrativos, día por día; a exhibirla luego que termine su administración; a restituir los bienes a quien por derecho corresponda; y a pagar el saldo que resulte en su contra.

Comprende esta obligación a todo tutor o curador, incluso el testamentario, sin embargo de que el testador le haya exonerado de rendir cuenta alguna, o le haya condonado anticipadamente el saldo; y aunque el pupilo no tenga otros bienes que los de la sucesión del testador, y aunque se le dejen bajo la condición precisa de no exigir la cuenta o el saldo. Semejante condición se mirará como no escrita.

Conc.: CC. 379, 415, 2155; CPC 680, 696; COT 227
Fuentes: D. 27.3.1; P.6.T.16.L.21; CN 469

Art. 416. Podrá el juez mandar de oficio, cuando lo crea conveniente, que el tutor o curador, aun durante su cargo, exhiba las cuentas de su administración o manifieste las existencias a otro de los tutores o curadores del mismo pupilo, o a un curador especial, que el juez designará al intento.

Podrá provocar esta providencia, con causa grave, calificada por el juez verbalmente, cualquier otro tutor o curador del mismo pupilo, o cualquiera de los consanguíneos más próximos de éste, o su cónyuge, o el respectivo defensor.

Fuente: lo contrario de D.27.3.9.4

Art. 417. Expirado su cargo, procederá el guardador a la entrega de los bienes tan pronto como fuere posible; sin perjuicio de ejecutar en el tiempo intermedio aquellos actos que de otro modo se retardarían con perjuicio del pupilo.

Art. 418. Habiendo muchos guardadores que administren de consuno, todos ellos a la expiración de su cargo presentarán una sola cuenta; pero si se ha dividido entre ellos la administración, se presentará una cuenta por cada administración separada.

Conc.: CC. 379, 2155; CPC 680, 696; COT 227

Art. 419. La responsabilidad de los tutores y curadores que administran conjuntamente es solidaria; pero dividida entre ellos la administración, sea por el testador, sea por disposición o con aprobación del juez, no será responsable cada uno, sino directamente de sus propios actos, y subsidiariamente de los actos de los otros tutores o curadores, en cuanto ejerciendo el derecho que les concede el artículo 416, inciso 2o, hubiera podido atajar la torcida administración de los otros tutores o curadores.

Esta responsabilidad subsidiaria se extiende aun a los tutores o curadores generales que no administran.

Los tutores o curadores generales están sujetos a la misma responsabilidad subsidiaria por la torcida administración de los curadores adjuntos.

Conc.: CC. 2317

Art. 420. La responsabilidad subsidiaria que se prescribe en el artículo precedente, no se extiende a los tutores o curadores que, dividida la administración por disposición del testador, o con autoridad del juez, administren en diversas comunas.

Modif. L. 18776

Art. 421. Es solidaria la responsabilidad de los tutores o curadores cuando sólo por acuerdo privado dividieren la administración entre sí.

Art. 422. Presentada la cuenta por el tutor o curador, será discutida por la persona a quien pase la administración de los bienes.

Si la administración se transfiere a otro tutor o curador, no quedará cerrada la cuenta sino con aprobación judicial, oído el respectivo defensor.

Modif. L. 7612
Conc.: CC. 379, 2155; CPC 680, 696; COT 227
Fuentes: D.27.3.9.2

Art. 423. Contra el tutor o curador que no dé verdadera cuenta de su administración, exhibiendo a la vez el inventario y las existencias, o que en su administración fuere convencido de dolo o culpa grave, habrá por parte del pupilo el derecho de apreciar y jurar la cuantía del perjuicio recibido, comprendiendo el lucro cesante; y se condenará al tutor o curador en la cuantía apreciada y jurada; salvo que el juez haya tenido a bien moderarla.

Conc.: CC. 379; CPC 680, 696; COT 227
Fuente: P.3.T. 11.L.3

Art. 424. El tutor o curador pagará los intereses corrientes del saldo que resulte en su contra, desde el día en que su cuenta quedare cerrada o haya habido mora en exhibirla; y cobrará a su vez los del saldo que resulte a su favor, desde el día en que cerrada su cuenta los pida.

Conc.: CC. 1551, 1553

Art. 425. Toda acción del pupilo contra el tutor o curador en razón de la tutela o curaduría, prescribirá en cuatro años, contados desde el día en que el pupilo haya salido del pupilaje.

Si el pupilo fallece antes de cumplirse el cuadrienio, prescribirá dicha acción en el tiempo que falte para cumplirlo.

Conc.: CC. 2524, CPC 680
Fuente: CN 475

Art. 426. El que ejerce el cargo de tutor o curador, no lo siendo verdaderamente, pero creyendo serlo, tiene todas las obligaciones y responsabilidades del tutor o curador verdadero, y sus actos no obligarán al pupilo, sino en cuanto le hubieren reportado positiva ventaja.

Si se le hubiere discernido la tutela o curaduría, y hubiere administrado rectamente, tendrá derecho a la retribución ordinaria, y podrá conferírsele el cargo, no presentándose persona de mejor derecho a ejercerlo.

Pero si hubiere procedido de mala fe, fingiéndose tutor o curador, será precisamente removido de la administración, y privado de todos los emolumentos de la tutela o curaduría, sin perjuicio de la pena a que haya lugar por la impostura.

Conc.: CC. 2286, 2292

Art. 427. El que en caso de necesidad, y por amparar al pupilo, toma la administración de los bienes de éste, ocurrirá al juez inmediatamente para que provea a la tutela o curaduría, y mientras tanto procederá como agente oficioso y tendrá solamente las obligaciones y derechos de tal. Todo retardo voluntario en ocurrir al juez, le hará responsable hasta de la culpa levísima.

TÍTULO XXII. REGLAS ESPECIALES RELATIVAS A LA TUTELA

Art. 428. En lo tocante a la crianza y educación del pupilo es obligado el tutor a conformarse con la voluntad de la persona o personas encargadas de ellas, según lo ordenado en el Título IX, sin perjuicio de ocurrir al juez, cuando lo crea conveniente.

Pero el padre o madre que ejercen la tutela no serán obligados a consultar sobre esta materia a persona alguna.

Modif. L. 19585
Conc.: CC. 224-229, 236-237; Convención D. Niño9, 18, 28-29
Fuentes: D.26.7.12.3, D. 27.2.1, D.27.2.3.5; C. Prusiano 301; C. Bávaro, lib. 1, art. 11; García Goyena 222

Art. 429. El tutor, en caso de negligencia de la persona o personas encargadas de la crianza y educación del pupilo, se esforzará por todos los medios prudentes en hacerles cumplir su deber, y si fuere necesario ocurrirá al juez.

Conc.: CC. 225-226

Art. 430. El pupilo no residirá en la habitación o bajo el cuidado personal de ninguno de los que, si muriese, habrían de suceder en sus bienes.

No están sujetos a esta exclusión los ascendientes.

Modif. L. 19585
Conc.: CC. 72
Fuente: D.27.2.5

Art. 431. Cuando los padres no hubieren provisto por testamento a la crianza y educación del pupilo, suministrará el tutor lo necesario para estos objetos, según competa al rango social de la familia; sacándolo de los bienes del pupilo, y en cuanto fuere posible, de los frutos.

El tutor será responsable de todo gasto inmoderado en la crianza y educación del pupilo, aunque se saque de los frutos.

Para cubrir su responsabilidad, podrá pedir al juez que, en vista de las facultades del pupilo, fije el máximum de la suma que haya de invertirse en su crianza y educación.

Fuente: D.27.2.2.3, D.27.2.3; P.6.T.16.L.20; CN 454

Art. 432. Si los frutos de los bienes del pupilo no alcanzaren para su moderada sustentación y la necesaria educación, podrá el tutor enajenar o gravar alguna parte de los bienes, no contrayendo empréstitos ni tocando los bienes raíces o los capitales productivos, sino por extrema necesidad y con la autorización debida.

Fuente: P.6.T.16.L.20; García Goyena 222

Art. 433. En caso de indigencia del pupilo, recurrirá el tutor a las personas que por sus relaciones con el pupilo estén obligadas a prestarle alimentos, reconviniéndolas judicialmente, si necesario fuere, para que así lo hagan.

Conc.: CC. 321-337

Art. 434. La continuada negligencia del tutor en proveer a la sustentación y educación del pupilo, es motivo suficiente para removerle de la tutela.

Modif. L. 19585
Conc.: CC. 539-544

TÍTULO XXIII. REGLAS ESPECIALES RELATIVAS A LA CURADURIA DEL MENOR

Art. 435. La curaduría del menor de que se trata en este título, es aquella a que sólo por razón de su edad está sujeto el adulto emancipado.

Conc.: CC. 235, 248-249, 253, 258, 260, 267, 273, 342, 355, 366, 369, 435-441, 458-459; Convención D. Niño 23
Fuentes: IJ 1.23.pr; P.6ª, tit. 16, l.1; CL 263

Art. 436. Llegado el menor a la pubertad, su tutor entrará a desempeñar la curatela por el solo ministerio de la ley.

En consecuencia, no será necesario que se le discierna el cargo, ni que rinda nuevas cauciones, ni que practique inventario. Las cuentas de la tutela y de la curatela se rendirán conjuntamente.

Modif. L. 7612
Conc.: Discernimiento CC. 372-377
Inventario CC. 378-389
Expiración del cargo y cuenta CC. 417-418, 422-424

Art. 437. El menor adulto que careciere de curador debe pedirlo al juez, designando la persona que lo sea.

Si no lo pidiere el menor, podrán hacerlo los parientes; pero la designación de la persona corresponderá siempre al menor, o al juez en subsidio.

El juez, oyendo al defensor de menores, aceptará la persona designada por el menor, si fuere idónea.

Conc.: CC. 28, 31, 226-227
Fuente: IJ 1.23.1-2

Art. 438. Podrá el curador ejercer, en cuanto a la crianza y educación del menor, las facultades que en el título precedente se confieren al tutor respecto del impúber.

Conc.: CC. 225-229, 236-237, 428-430; Convención D. Niño 28-29

Art. 439. El menor que está bajo curaduría tendrá las mismas facultades administrativas que el hijo sujeto a patria potestad, respecto de los bienes adquiridos por él en el ejercicio de un empleo, oficio, profesión o industria.

Lo dispuesto en el artículo 260 se aplica al menor y al curador.

Conc.: CC. 250-251, 254, 260

Art. 440. El curador representa al menor, de la misma manera que el tutor al impúber.

Podrá el curador, no obstante, si lo juzgare conveniente, confiar al pupilo la administración de alguna parte de los bienes pupilares; pero deberá autorizar bajo su responsabilidad los actos del pupilo en esta administración.

Se presumirá la autorización para todos los acto ordinarios anexos a ella.

El curador ejercerá también, de pleno derecho, la tutela o curatela de los hijos bajo patria potestad del pupilo.

Modif. L. 7612
Conc.: CC. 48, 411, 1448

Art. 441. El pupilo tendrá derecho para solicitar la intervención del defensor de menores, cuando de alguno de los actos del curador le resulte manifiesto perjuicio; y el defensor, encontrando fundado el reclamo, ocurrirá al juez.

TÍTULO XXIV. REGLAS ESPECIALES RELATIVAS A LA CURADURÍA DEL DISIPADOR

Art. 442. A los que por pródigos o disipadores han sido puestos en entredicho de administrar sus bienes, se dará curador legítimo, y a falta de éste, curador dativo.

Esta curaduría podrá ser testamentaria en el caso del artículo 451.

Conc.: CC. 191, 342, 442-455, 459, 497, 504, 1447, 1484, L. Matrimonio Civil 46, 58
Fuentes: D.26.5.12.2; IJ 1.23.3; P.6.T.16.L.13; C. Sardo 369; C. Holandés 500; C. Vaud 288; ABGB 270

Art. 443. El juicio de interdicción podrá ser provocado por el cónyuge no separado judicialmente del supuesto disipador, por cualquiera de sus consanguíneos hasta en el cuarto grado, y por el defensor público.

El defensor público será oído aun en los casos en que el juicio de interdicción no haya sido provocado por él.

Modif. L. 10271; L. 19947
Conc.: CPC 843; COT 366
Fuentes: CN 490, 514; C. Holandés 488; C. Sicilia 413; C. Sardo 370; C. Vaud 289; García Goyena 280, 300

Art. 444. Si el supuesto disipador fuere extranjero, podrá también ser provocado el juicio por el competente funcionario diplomático o consular.

Art. 445. La disipación deberá probarse por hechos repetidos de dilapidación que manifiesten una falta total de prudencia.

El juego habitual en que se arriesguen porciones considerables del patrimonio, donaciones cuantiosas sin causa adecuada, gastos ruinosos, autorizan la interdicción.

Conc.: CC. 1447, 1484
Fuentes: D. 26.5.12.2; Sent. Paul. 3.4a.7

Art. 446. Mientras se decide la causa, podrá el juez, a virtud de los informes verbales de los parientes o de otras personas, y oídas las explicaciones del supuesto disipador, decretar la interdicción provisoria.

Conc.: CPC 843
Fuente: CN 497

Art. 447. Los decretos de interdicción provisoria o definitiva deberán inscribirse en el Registro del Conservador y notificarse al público por medio de tres avisos publicados en un diario de la comuna, o de la capital de la provincia o de la capital de la región, si en aquélla no lo hubiere.

La inscripción y notificación deberán reducirse a expresar que tal individuo, designado por su nombre, apellido y domicilio, no tiene la libre administración de sus bienes.

Modif. L. 18776
Conc.: CPC 843

Art. 448. Se deferirá la curaduría:

1o. A los ascendientes, pero el padre o madre cuya paternidad o maternidad haya sido determinada judicialmente contra su oposición o que esté casado con un tercero no podrá ejercer este cargo;

2o. A los hermanos, y

3o. A otros colaterales hasta en el cuarto grado.

El juez tendrá libertad para elegir en cada clase de las designadas en los números anteriores la persona o personas que más a propósito le parecieren.

A falta de las personas antedichas tendrá lugar la curaduría dativa.

Modif. L. 19585
Conc.: CC. 203, 247, 324, 357, 368, 448, 504 L. Registro Civil 6
Fuente: García Goyena 302

Art. 449. El curador del marido disipador administrará la sociedad conyugal en cuanto ésta subsista y ejercerá de pleno derecho la guarda de los hijos en caso de que la madre, por cualquier razón, no ejerza la patria potestad.

El curador de la mujer disipadora ejercerá también, y de la misma manera, la tutela o curatela de los hijos que se encuentren bajo la patria potestad de ella, cuando ésta no le correspondiera al padre.

Modif. L. 19585
Fuente: García Goyena 304-305

Art. 450. Ningún cónyuge podrá ser curador del otro declarado disipador. La mujer casada en sociedad conyugal cuyo marido disipador sea sujeto a curaduría, si es mayor de dieciocho años o después de la interdicción los cumpliere, tendrá derecho para pedir separación de bienes.

Modif. L. 19335; L. 19585
Conc.: CC. 152, 155, 157, 504
Fuentes: C. 5.34.2; García Goyena 303

Art. 451. El padre o madre que ejerza la curaduría del hijo disipador podrá nombrar por testamento la persona que, a su fallecimiento, haya de sucederle en la guarda.

Modif. L. 19585
Conc.: CC. 353-366, 469

Art. 452. El disipador tendrá derecho para solicitar la intervención del ministerio público, cuando los actos del curador le fueren vejatorios o perjudiciales; y el curador se conformará entonces a lo acordado por el ministerio público.

Art. 453. El disipador conservará siempre su libertad, y tendrá para sus gastos personales la libre disposición de una suma de dinero, proporcionada a sus facultades, y señalada por el juez.

Sólo en casos extremos podrá ser autorizado el curador para proveer por sí mismo a la subsistencia del disipador, procurándole los objetos necesarios.

Fuente: D. 23.2.20

Art. 454. El disipador será rehabilitado para la administración de lo suyo, si se juzgare que puede ejercerla sin inconveniente; y rehabilitado, podrá renovarse la interdicción, si ocurriere motivo.

Fuentes: D. 27.10.1; CN 512

Art. 455. Las disposiciones indicadas en el artículo precedente serán decretadas por el juez con las mismas formalidades que para la interdicción primitiva; y serán seguidas de la inscripción y notificación prevenidas en el artículo 447; que en el caso de rehabilitación se limitarán a expresar que tal individuo (designado por su nombre, apellido y domicilio) tiene la libre administración de sus bienes.

Conc.: CC. 447; CPC 843

TÍTULO XXV. REGLAS ESPECIALES RELATIVAS A LA CURADURÍA DEL DEMENTE

Art. 456. El adulto que se halla en un estado habitual de demencia, deberá ser privado de la administración de sus bienes, aunque tenga intervalos lúcidos.

La curaduría del demente puede ser testamentaria, legítima o dativa.

Conc.: CC. 109, 191, 223, 267, 342, 355, 456-468, 475, 497, 510, 723, 968, 970, 1005, 1012, 1208, 1447, 1586, 1749, 1766, 2319, 2509; CPC 843; L. 20.422

Fuentes: IJ 1.23.3; al contrario de C.70.6; P.6.T.16.L.13; CN 489

Art. 457. Cuando el niño demente haya llegado a la pubertad, podrá el padre de familia seguir cuidando de su persona y bienes hasta la mayor edad; llegada la cual deberá precisamente provocar el juicio de interdicción.

Conc.: CC. 203, 219, 224-229, 235, 237, 239, 241, 245, 428-430, 438, L. Registro Civil 6; L. Matrimonio Civil 21, 23, 31; Convención D. Niño 9, 18; L. 18600

Art. 458. El tutor del pupilo demente no podrá después ejercer la curaduría sin que preceda interdicción judicial, excepto por el tiempo que fuere necesario para provocar la interdicción.

Lo mismo será necesario cuando sobreviene la demencia al menor que está bajo curaduría.

Art. 459. Podrán provocar la interdicción del demente las mismas personas que pueden provocar la del disipador.

Deberá provocarla el curador del menor a quien sobreviene la demencia durante la curaduría.

Pero si la locura fuere furiosa, o si el loco causare notable incomodidad a los habitantes, podrá también el procurador de ciudad o cualquiera del pueblo provocar la interdicción.

Conc.: CC. 443; CPC 843; COT 366
Fuentes: CN 490; García Goyena 280

Art. 460. El juez se informará de la vida anterior y conducta habitual del supuesto demente, y oirá el dictamen de facultativos de su confianza sobre la existencia y naturaleza de la demencia.

Fuentes: CN 493-494, 496; CL 386; García Goyena 282

Art. 461. Las disposiciones de los artículos 446, 447 y 449 se extienden al caso de demencia.

Modif. L. 7612
Conc.: CC. 446-449

Art. 462. Se deferirá la curaduría del demente:

1o. A su cónyuge no separado judicialmente, sin perjuicio de lo dispuesto en el artículo 503;

2o. A sus descendientes;

3o. A sus ascendientes, pero el padre o madre cuya paternidad o maternidad haya sido determinada judicialmente contra su oposición o que esté casado con un tercero no podrá ejercer el cargo;

4o. A sus hermanos, y

5o. A otros colaterales hasta en el cuarto grado.

El juez elegirá en cada clase de las designadas en los números 2o, 3o, 4o y 5o, la persona o personas que más idóneas le parecieren.

A falta de todas las personas antedichas tendrá lugar la curaduría dativa.

Modif. L. 18947
Conc.: CC. 203, 247, 324, 357, 368, 448, L. Registro Civil 6
Fuentes: D. 27.10.1.1, D.27.10.4; IJ 1.23.3; CN 506-508

Art. 463. La mujer curadora de su marido demente, tendrá la administración de la sociedad conyugal.

Si por un impedimento no se le defiriere la curaduría de su marido demente, podrá a su arbitrio, luego que cese el impedimento, pedir esta curaduría o la separación de bienes.

Modif. L. 19585, 21515
Conc.: CC. 152, 154, 1758-1763

Art. 464. Si se nombraren dos o más curadores al demente, podrá confiarse el cuidado inmediato de la persona a uno de ellos, dejando a los otros la administración de los bienes.

El cuidado inmediato de la persona del demente no se encomendará a persona alguna que sea llamada a heredarle, a no ser su padre o madre, o su cónyuge.

Conc.: L. 18600; L. 20422; L. G. Bancos 86 Nº 4

Art. 465. Los actos y contratos del demente, posteriores al decreto de interdicción, serán nulos; aunque se alegue haberse ejecutado o celebrado en un intervalo lúcido.

Y por el contrario, los actos y contratos ejecutados o celebrados sin previa interdicción, serán válidos; a menos de probarse que el que los ejecutó o celebró estaba entonces demente.

Conc.: CC. 1447, 1682
Fuentes: D.27.10.10; CN 502

Art. 466. El demente no será privado de su libertad personal, sino en los casos en que sea de temer que usando de ella se dañe a sí mismo, o cause peligro o notable incomodidad a otros.

Ni podrá ser trasladado a una casa de locos, ni encerrado, ni atado, sino momentáneamente, mientras a solicitud del curador, o de cualquiera persona del pueblo, se obtiene autorización judicial para cualquiera de estas medidas.

Conc.: C. Sanitario 130-134; CP 455

Art. 467. Los frutos de sus bienes, y en caso necesario, y con autorización judicial, los capitales, se emplearán principalmente en aliviar su condición y en procurar su restablecimiento.

Conc.: CC. 391, 393, 431-432
Fuentes: D. 24.3.22.8; CN 510

Art. 468. El demente podrá ser rehabilitado para la administración de sus bienes si apareciere que ha recobrado permanentemente la razón; y podrá también ser Inhabilitado de nuevo con justa causa.

Se observará en estos casos lo prevenido en los artículos 454 y 455.

Conc.: CC. 454, 455
Fuentes: D. 27.10.1.pr; CN 512

TÍTULO XXVI. REGLAS ESPECIALES RELATIVAS A LA CURADURÍA DEL SORDO O SORDOMUDO

Modif. L. 19904

Art. 469. La curaduría del sordo o sordomudo, que no puede darse a entender claramente y ha llegado a la pubertad, puede ser testamentaria, legítima o dativa.

Modif. L. 19904
Conc.: CC. 191, 353, 355, 469-472, 1447, 1682
Fuentes: D.26.5.8.3; IJ 1.23.4; ABGB 270, García Goyena 279

Art. 470. Los artículos 449, 457, 458 inciso 1o, 462, 463 y 464 se extienden al sordo o sordomudo que no pueda darse a entender claramente.

Modif. L. 19904
Conc.: CC. 449, 457-458, 462-464; L. G. Bancos 86 N° 4

Art. 471. Los frutos de los bienes del sordo o sordomudo que no pueda darse a entender claramente, y en caso necesario, y con autorización judicial, los capitales, se emplearán especialmente en aliviar su condición y en procurarle la educación conveniente.

Modif. L. 19904
Conc.: CC. 391, 393, 431-432, 467
Fuente: D. 24.3.22.8; CN 510

Art. 472. Cesará la curaduría cuando el sordo o sordomudo se haya hecho capaz de entender y de ser entendido claramente, si él mismo lo solicitare, y tuviere suficiente inteligencia para la administración de sus bienes; sobre lo cual tomará el juez los informes competentes.

Modif. L. 19904
Conc.: CC. 468
Fuentes: D. 27.10.1.pr; CN 512

TÍTULO XXVII. DE LAS CURADURÍAS DE BIENES

Art. 473. En general, habrá lugar al nombramiento de curador de los bienes de una persona ausente cuando se reúnan las circunstancias siguientes:

1a. Que no se sepa de su paradero, o que a lo menos haya dejado de estar en comunicación con los suyos, y de la falta de comunicación se originen perjuicios graves al mismo ausente o a terceros;

2a. Que no haya constituido procurador, o sólo le haya constituido para cosas o negocios especiales.

Conc.: CC. 109, 343, 473-480, 538; CPC 285, 844-848
Fuentes: P.3.T.2.L.12; CN 112; García Goyena 310

Art. 474. Podrán provocar este nombramiento las mismas personas que son admitidas a provocar la interdicción del demente.

Además, los acreedores del ausente tendrán derecho para pedir que se nombre curador a los bienes para responder a sus demandas.

Se comprende entre los ausentes al deudor que se oculta.

Conc.: CC. 443, 459; CPC 285, 847

Art. 475. Pueden ser nombradas para la curaduría de bienes del ausente las mismas personas que para la curaduría del demente en conformidad al artículo 462, y se observará el mismo orden de preferencia entre ellas.

Podrá el juez, con todo, separarse de este orden, a petición de los herederos legítimos o de los acreedores, si lo estimare conveniente.

Podrá asimismo nombrar más de un curador y dividir entre ellos la administración, en el caso de bienes cuantiosos, situados en diferentes comunas.

Modif. L. 18776
Conc.: CC. 420, 462

Art. 476. Intervendrá en el nombramiento el defensor de ausentes.

Conc.: COT 367, 369

Art. 477. Si el ausente ha dejado mujer no separada judicialmente, se observará lo prevenido para este caso en el título De la sociedad conyugal.

Modif. L. 19947
Conc.: CC. 1758
Fuente: CN 124

Art. 478. Si la persona ausente es mujer casada, no podrá ser curador el marido sino en los términos del artículo 503.

Modif. L. 10271
Conc.: CC. 503

Art. 479. El procurador constituido para ciertos actos o negocios del ausente, estará subordinado al curador; el cual, sin embargo, no podrá separarse de las instrucciones dadas por el ausente al procurador, sino con autorización de juez.

Conc.: CC. 2116, 2131, 2148, 2150, 2154; CPC 846

Art. 480. Si no se supiere el paradero del ausente, será el primer deber del curador averiguarlo.

Sabido el paradero del ausente, hará el curador cuanto esté de su parte para ponerse en comunicación con él.

Art. 481. Se dará curador a la herencia yacente, esto es, a los bienes de un difunto, cuya herencia no ha sido aceptada.

La curaduría de la herencia yacente será dativa.

Conc.: CC. 1240; CPC 849
Fuentes: D.36.4.5.pr, D. 38.9.1.12; P.6.T.6.L.11

Art. 482. Si el difunto a cuya herencia es necesario nombrar curador tuviere herederos extranjeros, el cónsul de la nación de éstos tendrá derecho para proponer el curador o curadores que hayan de custodiar y administrar los bienes.

Conc.: CPC 849

Art. 483. El magistrado discernirá la curaduría al curador o curadores propuestos por el cónsul, si fueren personas idóneas; y a petición de los acreedores, o de otros interesados en la sucesión, podrá agregar a dicho curador o curadores otro u otros, según la cuantía y situación de los bienes que compongan la herencia.

Conc.: CPC 849

Art. 484. Después de transcurridos cuatro años desde el fallecimiento de la persona cuya herencia está en curaduría, el juez, a petición del curador y con conocimiento de causa, podrá ordenar que se vendan todos los bienes hereditarios existentes, y se ponga el producido a interés con las debidas seguridades, o si no las hubiere, se deposite en las arcas del Estado.

Art. 485. Los bienes que han de corresponder al hijo póstumo, si nace vivo, y en el tiempo debido, estarán a cargo del curador que haya sido designado a este efecto por el testamento del padre, o de un curador nombrado por el juez, a petición de la madre, o a petición de cualquiera de las personas que han de suceder en dichos bienes, si no sucede en ellos el póstumo.

Podrán nombrarse dos o más curadores, si así conviniere.

Conc.: CC. 74-77; CPR 19 Nº 1; CPC 850

Art. 486. La persona designada por el testamento del padre para la tutela del hijo, se presumirá designada asimismo para la curaduría de los derechos eventuales de este hijo, si antes de su nacimiento, fallece el padre.

Lo dispuesto en este artículo y en el precedente no tendrá lugar cuando corresponda a la madre la patria potestad.

Modif. L. 10.271, L. 19585
Conc.: CC. 354, 356

Art. 487. El curador de los bienes de una persona ausente, el curador de una herencia yacente, el curador de los derechos eventuales del que está por nacer, están sujetos en su administración a todas las trabas de los tutores o curadores, y además se les prohíbe ejecutar otros actos administrativos que los de mera custodia y conservación, y los necesarios para el cobro de los créditos y pago de las deudas de sus respectivos representados.

Conc.: CC. 391-409

Art. 488. Se les prohíbe especialmente alterar la forma de los bienes, contraer empréstitos, y enajenar aun los bienes muebles que no sean corruptibles, a no ser que esta enajenación pertenezca al giro ordinario de los negocios del ausente, o que el pago de las deudas la requiera.

Conc.: CC. 391-409

Art. 489. Sin embargo de lo dispuesto en los artículos precedentes, los actos prohibidos en ellos a los curadores de bienes serán válidos, si justificada su necesidad o utilidad, los autorizare el juez previamente.

El dueño de los bienes tendrá derecho para que se declare la nulidad de cualquiera de tales actos, no autorizado por el juez; y declarada la nulidad, será responsable el curador de todo perjuicio que de ello se hubiere originado a dicha persona o a terceros.

Conc.: CC. 391-409, 1682

Art. 490. Toca a los curadores de bienes el ejercicio de las acciones y defensas judiciales de sus respectivos representados; y las personas que tengan créditos contra los bienes podrán hacerlos valer contra los respectivos curadores.

Conc.: CC. 400, 403, 409

Art. 491. La curaduría de los derechos del ausente expira a su regreso; o por el hecho de hacerse cargo de sus negocios un procurador general debidamente constituido; o a consecuencia de su fallecimiento; o por el decreto que en el caso de desaparecimiento conceda la posesión provisoria.

La curaduría de la herencia yacente cesa por la aceptación de la herencia, o en el caso del artículo 484, por el depósito del producto de la venta en las arcas del Estado.

La curaduría de los derechos eventuales del que está por nacer, cesa a consecuencia del parto.

Toda curaduría de bienes cesa por la extinción o inversión completa de los mismos bienes.

TÍTULO XXVIII. DE LOS CURADORES ADJUNTOS

Art. 492. Los curadores adjuntos tienen sobre los bienes que se pongan a su cargo las mismas facultades administrativas que los tutores, a menos que se agreguen a los curadores de bienes.

En este caso no tendrán más facultades que las de curadores de bienes.

Conc.: CC. 344, 348, 350, 352, 360, 372, 492-493; CPC 851

Art. 493. Los curadores adjuntos son independientes de los respectivos padres, maridos, o guardadores.

La responsabilidad subsidiaria que por el artículo 419 se impone a los tutores o curadores que no administran, se extiende a los respectivos padres, maridos, o guardadores respecto de los curadores adjuntos.

TÍTULO XXIX. DE LOS CURADORES ESPECIALES

Art. 494. Las curadurías especiales son dativas.

Los curadores para pleito o ad litem son dados por la judicatura que conoce en el pleito, y si fueren procuradores de número no necesitarán que se les discierna el cargo.

Conc.: CC. 124-125, 155, 345, 416, 494-495; CPC 852

Art. 495. El curador especial no es obligado a la confección de inventario, sino sólo a otorgar recibo de los documentos, cantidades o efectos que se pongan a su disposición para el desempeño de su cargo, y de que dará cuenta fiel y exacta.

TÍTULO XXX. DE LAS INCAPACIDADES Y EXCUSAS PARA LA TUTELA O CURADURÍA

Art. 496. Hay personas a quienes la ley prohíbe ser tutores o curadores, y personas a quienes permite excusarse de servir la tutela o curaduría.

Conc.: Incapacidad CC. 496-513; 524-525, 531, 539
Excusas CC. 496, 514-523, 524-525, 530

§ 1. De las incapacidades

I. Reglas relativas a defectos físicos y morales

Art. 497. Son incapaces de toda tutela o curaduría:

1o. Los ciegos;

2o. Los mudos;

3o. Los dementes, aunque no estén bajo interdicción;

4o. Los fallidos mientras no hayan satisfecho a sus acreedores;

5o. Los que están privados de administrar sus propios bienes por disipación;

6o. Los que carecen de domicilio en la República;

7o. Los que no saben leer ni escribir;

8o. Los de mala conducta notoria;

9o Los condenados por delito que merezca pena aflictiva, aunque se les haya indultado de ella;

10. Suprimido;

11. El que ha sido privado de ejercer la patria potestad según el artículo 271;

12. Los que por torcida o descuidada administración han sido removidos de una guarda anterior, o en el juicio subsiguiente a ésta han sido condenados, por fraude o culpa grave, a indemnizar al pupilo.

Modif.L. 19585, L. 19947
Fuentes: D. 27.1; IJ 1.25; P.6.T.16.LL.4 y 14, P.6.T.17.L.2; CN 442-444
Los fallidos: C. Holandés 437

II. Reglas relativas a las profesiones, empleos y cargos públicos

Art. 498. Son asimismo incapaces de toda tutela o curaduría:

1o. Derogado.

2o. Derogado.

3o. Los que tienen que ejercer por largo tiempo, o por tiempo indefinido, un cargo o comisión pública fuera del territorio chileno.

Modif. L. 7612
Fuentes: IJ 1.25.2

III. Reglas relativas al sexo

Art. 499. Derogado L. 5521

IV. Reglas relativas a la edad

Art. 500. No pueden ser tutores o curadores los que no hayan cumplido veintiún años.

Sin embargo, si es deferida una tutela o curaduría al ascendiente o descendiente, que no ha cumplido veintiún años, se aguardará que los cumpla para conferirle el cargo, y se nombrará un interino para el tiempo intermedio.

Se aguardará de la misma manera al tutor o curador testamentario que no ha cumplido veintiún años. Pero será inválido el nombramiento del tutor o curador menor, cuando llegando a los veintiuno sólo tendría que ejercer la tutela o curaduría por menos de dos años.

Modif. L. 7612, L. 19585
Conc.: CC. 26
Fuentes: P.6.T.16.L.4

Art. 501. Cuando no hubiere certidumbre acerca de la edad, se juzgará de ella según el artículo 314, y si en consecuencia se discierne el cargo al tutor o curador nombrado, será válido y subsistirá, cualquiera que sea realmente la edad.

Conc.: CC. 314

V. Reglas relativas a las relaciones de familia

Art. 502. El padrastro no puede ser tutor o curador de su entenado.

Fuente: Gutiérrez, De tutelis, p. 1, cap. 8, Nº 77

Art. 503. El marido y la mujer no podrán ser curadores del otro cónyuge si están totalmente separados de bienes.

Con todo, esta inhabilidad no regirá en el caso del artículo 135, en el de separación convencional ni en el evento de haber entre los cónyuges régimen de participación en los gananciales, en todos los cuales podrá el juez, oyendo a los parientes, deferir la guarda al marido o a la mujer.

Modif. L. 18802, L. 19335
Conc.: CC. 135, 155-158
Fuente: C.5.34.2

Art. 504. El hijo no puede ser curador de su padre disipador.
Fuente: García Goyena 302

VI. Reglas relativas a la oposición de intereses o diferencia de religión entre el guardador y el pupilo

Art. 505. No podrá ser tutor o curador de una persona el que le dispute o haya disputado su estado civil.

Modif. L. 10271
Conc.: CC. 199, 199 bis, 203-204, 206, 212, 214, 218

Art. 506. No pueden ser solos tutores o curadores de una persona los acreedores o deudores de la misma, ni los que litiguen con ella, por intereses propios o ajenos.

El juez, según le pareciere más conveniente, les agregará otros tutores o curadores que administren conjuntamente, o los declarará incapaces del cargo.

Al cónyuge y a los ascendientes y descendientes del pupilo no se aplicará la disposición de este artículo.

Fuentes: D.27.1.21.pr; P.6.T.16.L.14

Art. 507. Las disposiciones del precedente artículo no comprenden al tutor o curador testamentario, si se prueba que el testador tenía conocimiento del crédito, deuda o litis, al tiempo de nombrar a dicho tutor o curador.

Ni se extienden a los créditos, deudas o litis que fueren de poca importancia en concepto del juez.

Conc.: CC. 506
Fuente: Gutiérrez, De tutelis, p. 1, cap. 20, Nº 1-3

Art. 508. Los que profesan diversa religión de aquella en que debe ser o ha sido educado el pupilo, no pueden ser tutores o curadores de éste, excepto en el caso de ser aceptados por los ascendientes, y a falta de éstos por los consanguíneos más próximos.

Conc.: CPR 19 Nº 2
Fuente: C. Prusiano 137

VII. Reglas relativas a la incapacidad sobreviniente

Art. 509. Las causas antedichas de incapacidad, que sobrevengan durante el ejercicio de la tutela o curaduría, pondrán fin a ella.

Fuente: García Goyena 203 Nº 4

Art. 510. La demencia del tutor o curador viciará de nulidad todos los actos que durante ella hubiere ejecutado, aunque no haya sido puesto en interdicción.

Conc.: CC. 1447, 1682

Art. 511. Si la mujer que ejerce la tutela o curaduría contrajere matrimonio, continuará desempeñándola, siempre que por el hecho del matrimonio no haya de quedar sujeto el pupilo a la patria potestad del marido o de la mujer. En este caso cesará dicha guarda.

Modif. L. 18802
Conc.: CC. 124-127, 243-244
Fuente: P.6.T.16.L.5; CN 395

VIII. Reglas generales sobre las incapacidades

Art. 512. Los tutores o curadores que hayan ocultado las causas de incapacidad que existían al tiempo de deferírseles el cargo o que después hubieren sobrevenido, además de estar sujetos a todas las responsabilidades de su administración, perderán los emolumentos correspondientes al tiempo en que, conociendo la incapacidad, ejercieron el cargo.

Las causas ignoradas de incapacidad no vician los actos del tutor o curador; pero, sabidas por él, pondrán fin a la tutela o curaduría.

Conc.: CC. 1447, 1682, 2314

Art. 513. El guardador que se creyere incapaz de ejercer la tutela o curatela que se le defiere, tendrá para provocar el juicio sobre su incapacidad los mismos plazos que para el juicio sobre sus excusas se prescriben en el artículo 520.

Sobreviniendo la incapacidad durante el ejercicio de la tutela o curaduría, deberá denunciarla al juez dentro de los tres días subsiguientes a aquel en que dicha incapacidad haya empezado a existir o hubiere llegado a su conocimiento; y se ampliará este plazo de la misma manera que el de treinta días que en el artículo 520 se prescribe.

La incapacidad del tutor o curador podrá también ser denunciada al juez por cualquiera de los consanguíneos del pupilo, por su cónyuge, y aun por cualquiera persona del pueblo.

§ 2. De las excusas

Art. 514. Pueden excusarse de la tutela o curaduría:

1o. El Presidente de la República, los Ministros de Estado, los Ministros de la Corte Suprema y de las Cortes de Apelaciones, los fiscales y demás personas que ejercen el ministerio público, los jueces letrados, el defensor de menores, el de obras pías y demás defensores públicos;

2o. Los administradores y recaudadores de rentas fiscales;

3o. Los que están obligados a servir por largo tiempo un empleo público a considerable distancia de la comuna en que se ha de ejercer la guarda;

4o. Los que tienen su domicilio a considerable distancia de dicha comuna;

5o. El padre o la madre que tenga a su cargo el cuidado cotidiano del hogar;

6o. Los que adolecen de alguna grave enfermedad habitual o han cumplido sesenta y cinco años;

7o. Los pobres que están precisados a vivir de su trabajo personal diario;

8o. Los que ejercen ya dos guardas; y los que, estando casados, o teniendo hijos, ejercen ya una guarda; pero no se tomarán en cuenta las curadurías especiales.

Podrá el juez contar como dos la tutela o curaduría que fuere demasiado complicada y gravosa;

9o. Los que tienen bajo su patria potestad cinco o más hijos vivos; contándoseles también los que han muerto en acción de guerra bajo las banderas de la República;

10. Los sacerdotes o ministros de cualquiera religión;

11. Los individuos de las Fuerzas de la Defensa Nacional y del Cuerpo de Carabineros, que se hallen en actual servicio; inclusos los comisarios, médicos, cirujanos y demás personas adictas a los cuerpos de línea o a las naves del Estado.

Modif. L. 7612, L. 18776, L. 19335, L. 19585
Conc.: CC. 496, 514-523, 524-525, 530
Fuentes: C. 5.62-69; IJ 1.25; P.6.T.16.L.14, P.6.T.17.LL.2; CN 427-436; García Goyena 210

Art. 515. En el caso del artículo precedente, número 8o, el que ejerciere dos o más guardas de personas que no son hijos suyos, tendrá derecho para pedir que se le exonere de una de ellas a fin de encargarse de la guarda de un hijo suyo; pero no podrá excusarse de ésta.

Modif. L. 19585
Conc.: CC. 243, 249, 457, 469, 448, 514
Fuente: CN 435

Art. 516. La excusa del número 9o, artículo 514, no podrá alegarse para no servir la tutela o curaduría del hijo.

Modif. L. 19585
Conc.: CC. 243, 249, 457, 469, 448, 514

Art. 517. No se admitirá como excusa el no hallar fiadores, si el que la alega tiene bienes bastantes; en este caso será obligado a constituir hipoteca o prenda sobre ellos hasta la cantidad que se estime suficiente para responder de su administración.

Modif. L. 7612
Conc.: CC. 372-377, 436; CPC 853-857

Art. 518. El que por diez o más años continuos haya servido la guarda de un mismo pupilo, como tutor o curador, o como tutor y curador sucesivamente, podrá excusarse de continuar en el ejercicio de su cargo; pero no podrá alegar esta excusa el cónyuge, ni un ascendiente o descendiente.

Art. 519. Las excusas consignadas en los artículos precedentes deberán alegarse, por el que quiera aprovecharse de ellas, al tiempo de deferirse la guarda; y serán admisibles, si durante ella sobrevienen.

Art. 520. Las excusas para no aceptar la guarda que se defiere, deben alegarse dentro de los plazos siguientes:

Si el tutor o curador nombrado se halla en el territorio jurisdiccional en que reside el juez que ha de conocer de ellas, las alegará dentro de los treinta días subsiguientes a aquel en que se le ha hecho saber su nombramiento; y si no se halla en dicho territorio jurisdiccional, pero sí en el territorio de la República, se ampliará este plazo cuatro días por cada cincuenta kilómetros de distancia entre la ciudad cabecera de dicho territorio jurisdiccional y la residencia actual del tutor o curador nombrado.

Fuente: P.6.T.17.L.4

Art. 521. Toda dilación que exceda del plazo legal y que con mediana diligencia hubiera podido evitarse, impondrá al tutor o curador la responsabilidad de los perjuicios que se siguieren de su retardo en encargarse de la tutela o curaduría; y hará además inadmisibles sus excusas voluntarias, a no ser que por el interés del pupilo convenga aceptarlas.

Conc.: CC. 1551
Fuente: C.5.62.11

Art. 522. Los motivos de excusa, que durante la guarda sobrevengan, no prescriben por ninguna demora en alegarlos.

Fuente: En contra de CN 431

Art. 523. Si el tutor o curador nombrado está en país extranjero, y se ignora cuándo ha de volver, o si no se sabe su paradero, podrá el juez, según las circunstancias, señalar un plazo dentro del cual se presente el tutor o curador a encargarse de la tutela o curaduría o a excusarse; y expirado el plazo, podrá, según las circunstancias, ampliarlo, o declarar inválido el nombramiento; el cual no convalecerá, aunque después se presente el tutor o curador.

§ 3. Reglas comunes a las incapacidades y a las excusas

Art. 524. El juicio sobre las incapacidades o excusas alegadas por el guardador deberá seguirse con el respectivo defensor.

Art. 525. Si el juez en la primera instancia no reconociere las causas de incapacidad alegadas por el guardador, o no aceptare sus excusas, y si el guardador no apelare, o por el tribunal de apelación se confirmare el fallo del juez a quo, será el guardador responsable de cualesquiera perjuicios que de su retardo en encargarse de la guarda hayan resultado al pupilo.

No tendrá lugar esta responsabilidad, si el tutor o curador, para exonerarse de ella, ofreciere encargarse interinamente de la tutela o curaduría.

Fuente: P.3.T.23.L.8

TÍTULO XXXI. DE LA REMUNERACIÓN DE LOS TUTORES Y CURADORES

Art. 526. El tutor o curador tendrá, en general, en recompensa de su trabajo la décima parte de los frutos de aquellos bienes de su pupilo que administra.

Si hubiere varios tutores o curadores que administren conjuntamente, se dividirá entre ellos la décima por partes iguales.

Pero si uno de los guardadores ejerce funciones a que no está anexa la percepción de frutos, deducirá el juez de la décima de los otros la remuneración que crea justo asignarle.

Podrá también aumentar la décima de un guardador, deduciendo este aumento de la décima de los otros, cuando hubiere una manifiesta desproporción entre los trabajos y los emolumentos respectivos.

Se dictarán estas dos providencias por el juez, en caso necesario, a petición del respectivo guardador, y con audiencia de los otros.

Conc.: CC. 413, 527-538, 644-648
Fuente: F.J. 4.3.3; F.R. 3.7.2; Gutiérrez, De tutelis, p. 3, cap. 2, Nº 17-18 y cap. 3, Nº 6, 8-9, 12; CL 342

Art. 527. La distribución de la décima se hará según las reglas generales del artículo precedente, incisos 1o y 2o, mientras en conformidad a los incisos 3o y 4o no se altere por acuerdo de las partes o por decreto del juez; ni regirá la nueva distribución sino desde la fecha del acuerdo o del decreto.

Conc.: CC. 413

Art. 528. Los gastos necesarios ocurridos a los tutores o curadores en el desempeño de su cargo se les abonarán separadamente, y no se imputarán a la décima.

Conc.: CC. 413, 414

Art. 529. Toda asignación que expresamente se haga al tutor o curador testamentario en recompensa de su trabajo, se imputará a lo que de la décima de los frutos hubiere de caber a dicho tutor o curador; y si valiere menos, tendrá derecho a que se le complete su remuneración; pero si valiere más, no será obligado a pagar el exceso mientras éste quepa en la cuota de bienes de que el testador pudo disponer a su arbitrio.

Conc.: CC. 353, 644-648
Fuente: Gutiérrez, De tutelis, p. 3, cap. 5, Nº 21 y ss.

Art. 530. Las excusas aceptadas privan al tutor o curador testamentario de la asignación que se le haya hecho en remuneración de su trabajo.

Pero las excusas sobrevinientes le privarán solamente de una parte proporcional.

Conc.: CC. 514, 519

Art. 531. Las incapacidades preexistentes quitan al guardador todo derecho a la asignación antedicha.

Si la incapacidad sobreviene sin hecho o culpa del guardador, o si éste fallece durante la guarda, no habrá lugar a la restitución de la cosa asignada, en todo o parte.

Conc.: CC. 496-498, 500, 502-503, 505-512

Art. 532. Si un tutor o curador interino releva de todas sus funciones al propietario, corresponderá su décima íntegra al primero por todo el tiempo que durare su cargo; pero si el propietario retiene alguna parte de sus funciones, retendrá también una parte proporcionada de su décima.

Si la remuneración consistiere en una cuota hereditaria o legado, y el propietario hubiere hecho necesario el nombramiento del interino por una causa justificable, como la de un encargo público, o la de evitar algún grave perjuicio en sus intereses, conservará su herencia o legado íntegramente, y el interino recibirá la décima de los frutos de lo que administre.

Fuente: Gutiérrez, De tutelis, p. 3, cap. 10

Art. 533. El tutor o curador que administra fraudulentamente o que contraviene a la disposición del artículo 116, pierde su derecho a la décima, y estará obligado a la restitución de todo lo que hubiere percibido en remuneración de su cargo.

Si administra descuidadamente, no cobrará la décima de los frutos en aquella parte de los bienes que por su negligencia hubiere sufrido detrimento o experimentado una considerable disminución de productos.

En uno y otro caso queda además salva al pupilo la indemnización de perjuicios.

Conc.: CC. 44, 116, 1547, 1549, 1556, 1558, 2314
Fuente: Gutiérrez, De tutelis, p. 3, cap. 14

Art. 534. Si los frutos del patrimonio del pupilo fueren tan escasos que apenas basten para su precisa subsistencia, el tutor o curador será obligado a servir su cargo gratuitamente; y si el pupilo llegare a adquirir más bienes, sea durante la guarda o después, nada podrá exigirle el guardador en razón de la décima correspondiente al tiempo anterior.

Conc.: CC. 526, 644-648
Fuentes: Gaspar Baeza, cap. 10; Gutiérrez, De tutelis, p. 3, cap. 12

Art. 535. El guardador cobrará su décima a medida que se realicen los frutos.

Para determinar el valor de la décima, se tomarán en cuenta, no sólo las expensas invertidas en la producción de los frutos, sino todas las pensiones y cargas usufructuarias a que esté sujeto el patrimonio.

Fuente: Gutiérrez, De tutelis, p. 3, cap. 34

Art. 536. Respecto de los frutos pendientes al tiempo de principiar o expirar la guarda, se sujetará la décima del tutor o curador a las mismas reglas a que está sujeto el usufructo.

Modif. L. 7612
Conc.: CC. 644-648; 781, 783-790, 792, 794
Fuente: Gutiérrez, p. 3, cap. 10

Art. 537. En general, no se contarán entre los frutos de que debe deducirse la décima, las materias que separadas no renacen, ni aquellas cuya separación deteriora el fundo o disminuye su valor.

Por consiguiente, no se contará entre los frutos la leña o madera que se vende, cuando el corte no se hace con la regularidad necesaria para que se conserven en un ser los bosques y arbolados.

La décima se extenderá, sin embargo, al producto de las canteras y minas.

Conc.: CC. 644-648; 781, 783-790, 792, 794
Fuente: Gutiérrez, De tutelis, p. 3, cap. 14, 24 y 25

Art. 538. Los curadores de bienes de ausentes, los curadores de los derechos eventuales de un póstumo, los curadores de una herencia yacente, y los curadores especiales, no tienen derecho a la décima. Se les asignará por el juez una remuneración equitativa sobre los frutos de los bienes que administran, o una cantidad determinada, en recompensa de su trabajo.

Conc.: CC. 343, 356, 473-491

TÍTULO XXXII. DE LA REMOCIÓN DE LOS TUTORES Y CURADORES

Art. 539. Los tutores o curadores serán removidos:

1o. Por incapacidad;

2o. Por fraude o culpa grave en el ejercicio de su cargo, y en especial por las señaladas en los artículos 378 y 434;

3o. Por ineptitud manifiesta;

4o. Por actos repetidos de administración descuidada;

5o. Por conducta inmoral, de que pueda resultar daño a las costumbres del pupilo.

Por la cuarta de las causas anteriores no podrá ser removido el tutor o curador que fuere ascendiente, o descendiente, o cónyuge del pupilo, pero se le asociará otro tutor o curador en la administración.

Conc.: CC. 378, 434
Fuentes: D. 26.10.8; C.5.51.13.3; IJ 1.26.5 y 12; P.6.T.16.L.15, P.6.T.18.L.1; CN 443-444

Art. 540. Se presumirá descuido habitual en la administración por el hecho de deteriorarse los bienes, o disminuirse considerablemente los frutos; y el tutor o curador que no desvanezca esta presunción dando explicación satisfactoria del deterioro o disminución, será removido.

Conc.: CC. 539 n4

Art. 541. El que ejerce varias tutelas o curadurías y es removido de una de ellas por fraude o culpa grave, será por el mismo hecho removido de las otras, a petición del respectivo defensor, o de cualquiera persona del pueblo, o de oficio.

Conc.: CC. 513

Art. 542. La remoción podrá ser provocada por cualquiera de los consanguíneos del pupilo, y por su cónyuge, y aun por cualquiera persona del pueblo.

Podrá provocarla el pupilo mismo, que haya llegado a la pubertad, recurriendo al respectivo defensor.

El juez podrá también promoverla de oficio.

Serán siempre oídos los parientes, y el ministerio público.

Conc.: CC. 513
Fuente: CN 449, ampliado

Art. 543. Se nombrará tutor o curador interino para mientras penda el juicio de remoción, siempre que el tribunal, oyendo a los parientes, estimare que conviene dicho nombramiento. El interino excluirá al propietario que no fuere ascendiente, descendiente o cónyuge; y será agregado al que lo fuere.

Conc.: CC. 371, 375, 500, 525, 532, 543

Art. 544. El tutor o curador removido deberá indemnizar cumplidamente al pupilo.

Será asimismo perseguido criminalmente por los delitos que haya cometido en el ejercicio de su cargo.

Conc.: CC. 1547, 1549-1550, 1553, 1555-1559, 2314

TÍTULO XXXIII. DE LAS PERSONAS JURÍDICAS

Art. 545. Se llama persona jurídica una persona ficticia, capaz de ejercer derechos y contraer obligaciones civiles, y de ser representada judicial y extrajudicialmente.

Las personas jurídicas son de dos especies: corporaciones y fundaciones de beneficencia pública. Las corporaciones de derecho privado se llaman también asociaciones.

Una asociación se forma por una reunión de personas en torno a objetivos de interés común a los asociados. Una fundación, mediante la afectación de bienes a un fin determinado de interés general.

Hay personas jurídicas que participan de uno y otro carácter.

Modif. L. 20500
Conc.: CC. 54, 545-564, 963, 1056, 1087, 1250, 2043, 2053, 2346, 2432; C. Aguas 258; C. Bustamente 32; CPP 58; C. Minería, 173; L. 19712 32; L. 20500; DS 110 MMJJ de 1979
Fuentes: Escriche, Persona Jurídica; Savigny, Traité, v.2, 85-100; Pothier, Traité des personnes et des choses, 210-213

Art. 546. No son personas jurídicas las fundaciones o corporaciones que no se hayan establecido en virtud de una ley, o que no se hayan constituido conforme a las reglas de este Título.

Modif. 20500
Conc.: C. Bustamente 32
Fuentes: Escriche, Persona Jurídica; Savigny, t. 2, 86

Art. 547. Las sociedades industriales no están comprendidas en las disposiciones de este título; sus derechos y obligaciones son reglados, según su naturaleza, por otros títulos de este Código y por el Código de Comercio.

Tampoco se extienden las disposiciones de este título a las corporaciones o fundaciones de derecho público, como la nación, el fisco, las municipalidades, las iglesias, las comunidades religiosas, y los establecimientos que se costean con fondos del erario: estas corporaciones y fundaciones se rigen por leyes y reglamentos especiales.

Conc.: CC. 2053; C. Comercio 348; L. 18046; L. 3918; L. 19587; L. 19638
Fuentes: Escriche, Persona Jurídica; Savigny, Traité, v.2, 89

Art. 548. El acto por el cual se constituyan las asociaciones o fundaciones constará en escritura publica o privada suscrita ante notario, oficial del Registro Civil o funcionario municipal autorizado por el alcalde.

Copia del acto constitutivo, autorizada por el ministro de fe o funcionario ante el cual fue otorgado, deberá depositarse en la secretaría municipal del domicilio de la persona jurídica en formación, dentro del plazo de treinta días contado desde su otorgamiento. Este plazo no regirá para las fundaciones que se constituyan conforme a disposiciones testamentarias.

Dentro de los treinta días siguientes a la fecha del depósito, el secretario municipal podrá objetar fundadamente la constitución de la asociación o fundación, si no se hubiere cumplido los requisitos que la ley o el reglamento señalen. No se podrán objetar las cláusulas de los estatutos que reproduzcan los modelos aprobados por el Ministerio de Justicia. La objeción se notificará al solicitante por carta certificada. Si al vencimiento de este plazo el secretario municipal no hubiere notificado observación alguna, se entenderá por el solo ministerio de la ley que no objeta la constitución de la organización, y se procederá de conformidad al inciso quinto.

Sin perjuicio de las reclamaciones administrativas y judiciales procedentes, la persona jurídica en formación deberá subsanar las observaciones formuladas, dentro del plazo de treinta días, contado desde su notificación. Los nuevos antecedentes se depositarán en la secretaría municipal, procediéndose conforme al inciso anterior. El órgano directivo de la persona jurídica en formación se entenderá facultado para introducir en los estatutos las modificaciones que se requieran para estos efectos.

Si el secretario municipal no tuviere objeciones a la constitución, o vencido el plazo para formularlas, de oficio y dentro de quinto día, el secretario municipal archivará copia de los antecedentes de la persona jurídica y los remitirá al Servicio de Registro Civil e Identificación para su inscripción en el Registro Nacional de Personas Jurídicas sin Fines de Lucro, a menos que el interesado solicitare formalmente hacer la inscripción de manera directa. La asociación o fundación gozará de personalidad jurídica a partir de esta inscripción.

Modif. L. 20500

Art. 548-1. En el acto constitutivo, además de individualizarse a quienes comparezcan otorgándolo, se expresará la voluntad de constituir una persona jurídica, se aprobarán sus estatutos y se designarán las autoridades inicialmente encargadas de dirigirla.

Modif. L. 20500

Art. 548-2. Los estatutos de las personas jurídicas a que se refiere este Título deberán contener:

a) El nombre y domicilio de la persona jurídica;

b) La duración, cuando no se la constituya por tiempo indefinido;

c) La indicación de los fines a que está destinada;

d) Los bienes que forman su patrimonio inicial, si los hubiere, y la forma en que se aporten;

e) Las disposiciones que establezcan sus órganos de administración, cómo serán integrados y las atribuciones que les correspondan, y

f) Las disposiciones relativas a la reforma de estatutos y a la extinción de la persona jurídica, indicándose la institución sin fines de lucro a la cual pasarán sus bienes en este último evento.

Los estatutos de toda asociación deberán determinar los derechos y obligaciones de los asociados, las condiciones de incorporación y la forma y motivos de exclusión.

Los estatutos de toda fundación deberán precisar, además, los bienes o derechos que aporte el fundador a su patrimonio, así como las reglas básicas para la aplicación de los recursos al cumplimiento de los fines fundacionales y para la determinación de los beneficiarios.

Modif. L. 20500

Art. 548-3. El nombre de las personas jurídicas a que se refiere este Título deberá hacer referencia a su naturaleza, objeto o finalidad.

El nombre no podrá coincidir o tener similitud susceptible de provocar confusión con ninguna otra persona jurídica u organización vigente, sea pública o privada, ni con personas naturales, salvo con el consentimiento expreso del interesado o sus sucesores, o hubieren transcurrido veinte años desde su muerte.

Modif. L. 20500

Art. 548-4. Todos aquellos a quienes los estatutos de la corporación irrogaren perjuicio podrán recurrir a la justicia, en procedimiento breve y sumario, para que éstos se corrijan o se repare toda lesión o perjuicio que de la aplicación de dichos estatutos les haya resultado o pueda resultarles.

Modif. L. 20500
Conc.: CC. 2314

Art. 549. Lo que pertenece a una corporación, no pertenece ni en todo ni en parte a ninguno de los individuos que la componen; y recíprocamente, las deudas de una corporación, no dan a nadie derecho para demandarlas, en todo o parte, a ninguno de los individuos que componen la corporación, ni dan acción sobre los bienes propios de ellos, sino sobre los bienes de la corporación.

Sin embargo, los miembros pueden, expresándolo, obligarse en particular, al mismo tiempo que la corporación se obliga colectivamente; y la responsabilidad de los miembros será entonces solidaria, si se estipula expresamente la solidaridad.

Pero la responsabilidad no se extiende a los herederos, sino cuando los miembros de la corporación los hayan obligado expresamente.

Si una corporación no tiene existencia legal según el artículo 546, sus actos colectivos obligan a todos y cada uno de sus miembros solidariamente.

Fuentes: Savigny, v.2, 85, 90-92

Art. 550. La mayoría de los miembros de una corporación, que tengan según sus estatutos voto deliberativo, será considerada como una asamblea o reunión legal de la corporación entera.

La asamblea se reunirá ordinariamente una vez al año, y extraordinariamente cuando lo exijan las necesidades de la asociación.

La voluntad de la mayoría de la asamblea es la voluntad de la corporación.

Todo lo cual se entiende sin perjuicio de las modificaciones que los estatutos de la corporación prescribieren a este respecto.

Modif. L. 20500
Fuentes: Savigny, v.2, 90, 96; L. 18046 55

Art. 551. La dirección y administración de una asociación recaerá en un directorio de al menos tres miembros, cuyo mandato podrá extenderse hasta por cinco años.

No podrán integrar el directorio personas que hayan sido condenadas a pena aflictiva.

El director que durante el desempeño del cargo fuere condenado por crimen o simple delito, o incurriere en cualquier otro impedimento o causa de inhabilidad o incompatibilidad establecida por la ley o los estatutos, cesará en sus funciones, debiendo el directorio nombrar a un reemplazante que durará en sus funciones el tiempo que reste para completar el período del director reemplazado.

El presidente del directorio lo será también de la asociación, la representará judicial y extrajudicialmente y tendrá las demás atribuciones que los estatutos señalen.

El directorio sesionará con la mayoría absoluta de sus miembros y sus acuerdos se adoptarán por la mayoría absoluta de los asistentes, decidiendo en caso de empate el voto del que presida.

El directorio rendirá cuenta ante la asamblea de la inversión de los fondos y de la marcha de la asociación durante el período en que ejerza sus funciones. Cualquiera de los asociados podrá pedir información acerca de las cuentas de la asociación, así como de sus actividades y programas.

Modif. L. 20500
Fuente: L. 18046 31

Art. 551-1. Los directores ejercerán su cargo gratuitamente, pero tendrán derecho a ser reembolsados de los gastos, autorizados por el directorio, que justificaren haber efectuado en el ejercicio de su función.

Sin embargo, y salvo que los estatutos dispusieren lo contrario, el directorio podrá fijar una retribución adecuada a aquellos directores que presten a la organización servicios distintos de sus funciones como directores. De toda remuneración o retribución que reciban los directores, o las personas naturales o jurídicas que les son relacionadas por parentesco o convivencia, o por interés o propiedad, deberá darse cuenta detallada a la asamblea o, tratándose de fundaciones, al directorio.

La regla anterior se aplicará respecto de todo asociado a quien la asociación encomiende alguna función remunerada.

Modif. L. 20500

Art. 551-2. En el ejercicio de sus funciones los directores responderán solidariamente hasta de la culpa leve por los perjuicios que causaren a la asociación.

El director que quiera salvar su responsabilidad por algún acto o acuerdo del directorio, deberá hacer constar su oposición, debiendo darse cuenta de ello en la próxima asamblea.

Modif. L. 20500

Fuente: L. 18046 41

Art. 552. Los actos del representante de la corporación, en cuanto no excedan de los límites del ministerio que se le ha confiado, son actos de la corporación; en cuanto excedan de estos límites, sólo obligan personalmente al representante.

Fuente: Savigny, v.2, 97

Art. 553. Los estatutos de una corporación tienen fuerza obligatoria sobre toda ella, y sus miembros están obligados a obedecerlos bajo las sanciones que los mismos estatutos impongan.

La potestad disciplinaria que le corresponde a una asociación sobre sus asociados se ejercerá a través de una comisión de ética, tribunal de honor u otro organismo de similar naturaleza, que tendrá facultades disciplinarias respecto de los integrantes de la respectiva asociación, las que ejercerá mediante un procedimiento racional y justo, con respeto de los derechos que la Constitución, las leyes y los estatutos confieran a sus asociados. En todo caso, el cargo en el órgano de administración es incompatible con el cargo en el órgano disciplinario.

Modif. L. 20500

Art. 554. Derogado. L. 20500

Art. 555. Los delitos de fraude, dilapidación, y malversación de los fondos de la corporación, se castigarán con arreglo a sus estatutos, sin perjuicio de lo que dispongan sobre los mismos delitos las leyes comunes.

Art. 556. Las asociaciones y fundaciones podrán adquirir, conservar y enajenar toda clase de bienes, a título gratuito u oneroso, por actos entre vivos o por causa de muerte.

El patrimonio de una asociación se integrará, además, por los aportes ordinarios o extraordinarios que la asamblea imponga a sus asociados, con arreglo a los estatutos.

Las rentas, utilidades, beneficios o excedentes de la asociación no podrán distribuirse entre los asociados ni aún en caso de disolución.

Modif. L. 20500

Art. 557. Corresponderá al Ministerio de Justicia la fiscalización de las asociaciones y fundaciones.

En ejercicio de esta potestad podrá requerir a sus representantes que presenten para su examen las actas de las asambleas y de las sesiones de directorio, las cuentas y memorias aprobadas, libros de contabilidad, de inventarios y de remuneraciones, así como cualquier otra información respecto del desarrollo de sus actividades.

El Ministerio de Justicia podrá ordenar a las corporaciones y fundaciones que subsanen las irregularidades que comprobare o que se persigan las responsabilidades pertinentes, sin perjuicio de requerir del juez las medidas que fueren necesarias para proteger de manera urgente y provisional los intereses de la persona jurídica o de terceros.

El incumplimiento de las instrucciones impartidas por el Ministerio de Justicia se mirará como infracción grave a los estatutos.

Modif. L. 20500

Art. 557-1. Las personas jurídicas regidas por este Título estarán obligadas a llevar contabilidad de conformidad con los principios de contabilidad de aceptación general. Deberán además confeccionar anualmente una memoria explicativa de sus actividades y un balance aprobado por la asamblea o, en las fundaciones, por el directorio.

Las personas jurídicas cuyo patrimonio o cuyos ingresos totales anuales superen los límites definidos por resolución del Ministro de Justicia, deberán someter su contabilidad, balance general y estados financieros al examen de auditores externos independientes designados por la asamblea de asociados o por el directorio de la fundación de entre aquellos inscritos en el Registro de Auditores Externos de la Superintendencia de Valores y Seguros.

Modif. L. 20500

Art. 557-2. Las asociaciones y fundaciones podrán realizar actividades económicas que se relacionen con sus fines. Asimismo, podrán invertir sus recursos de la manera que decidan sus órganos de administración.

Las rentas que se perciban de esas actividades sólo deberán destinarse a los fines de la asociación o fundación o a incrementar su patrimonio.

Modif. L. 20500

Art. 557-3. De las deliberaciones y acuerdos del directorio y, en su caso, de las asambleas se dejará constancia en un libro o registro que asegure la fidelidad de las actas.

Las asociaciones y fundaciones deberán mantener permanentemente actualizados registros de sus asociados, directores y demás autoridades que prevean sus estatutos.

Modif. L. 20500

Art. 558. La modificación de los estatutos de una asociación deberá ser acordada por la asamblea citada especialmente con ese propósito. La disolución o fusión con otra asociación deberán ser aprobadas por dos tercios de los asociados que asistan a la respectiva asamblea.

Los estatutos de una fundación sólo podrán modificarse por acuerdo del directorio, previo informe favorable del Ministerio, siempre que la modificación resulte conveniente al interés fundacional. No cabrá modificación si el fundador lo hubiera prohibido.

El Ministerio de Justicia emitirá un informe respecto del objeto de la fundación, como asimismo, del órgano de administración y de dirección, en cuanto a su generación, integración y atribuciones.

En todo caso deberá cumplirse con las formalidades establecidas en el artículo 548.

Modif. L. 20500

Art. 559. Las asociaciones se disolverán:

a) Por el vencimiento del plazo de su duración, si lo hubiera;

b) Por acuerdo de la asamblea general extraordinaria, cumpliendo los requisitos formales establecidos en el artículo 558;

c) Por sentencia judicial ejecutoriada, en caso de:

1) estar prohibida por la Constitución o la ley o infringir gravemente sus estatutos, o

2) haberse realizado íntegramente su fin o hacerse imposible su realización, y

d) Por las demás causas previstas en los estatutos y en las leyes.

La sentencia a que se refiere la letra c) precedente sólo podrá dictarse en juicio incoado a requerimiento del Consejo de Defensa del Estado, en procedimiento breve y sumario, el que ejercerá la acción previa petición fundada del

Ministerio de Justicia. En el caso a que se refiere el número 2 de la letra c) precedente, podrá también dictarse en juicio promovido por la institución llamada a recibir los bienes de la asociación o fundación en caso de extinguirse.

Modif. L. 20500

Art. 560. Derogado. L. 20500

Art. 561. Disuelta una corporación, se dispondrá de sus propiedades en la forma que para este caso hubieren prescrito sus estatutos; y si en ellos no se hubiere previsto este caso, pertenecerán dichas propiedades al Estado, con la obligación de emplearlas en objetos análogos a los de la institución. Tocará al Presidente de la República señalarlos.

Modif. L. 7612

Art. 562. Las fundaciones de beneficencia que hayan de administrarse por una colección de individuos, se regirán por los estatutos que el fundador les hubiere dictado; y si el fundador no hubiere manifestado su voluntad a este respecto, o sólo la hubiere manifestado incompletamente, se procederá en la forma indicada en el inciso segundo del artículo 558.

Modif. L. 20500
Conc.: CC. 558

Art. 563. Lo que en los artículos 549 hasta 561 se dispone acerca de las corporaciones y de los miembros que las componen, se aplicará a las fundaciones de beneficencia y a los individuos que las administran.

Conc.: CC. 549-561

Art. 564. Las fundaciones perecen por la destrucción de los bienes destinados a su manutención.

LIBRO SEGUNDO
DE LOS BIENES, Y DE SU DOMINIO, POSESIÓN, USO Y GOCE

TÍTULO I. DE LAS VARIAS CLASES DE BIENES

Art. 565. Los bienes consisten en cosas corporales o incorporales.

Corporales son las que tienen un ser real y pueden ser percibidas por los sentidos, como una casa, un libro.

Incorporales las que consisten en meros derechos, como los créditos, y las servidumbres activas.

Conc.: CC. 565-583, 684-685, 715, 890, 901, 1127, 1264, 1810, 1916, 2211, 2215, 2498

Fuentes: IJ 2.2; Delv. I., pp. 139, 143

§ 1. De las cosas corporales

Art. 566. Las cosas corporales se dividen en muebles e inmuebles.

Conc.: CC. 88, 137, 141, 143, 145-146, 382, 393, 402, 410, 488 566-575, 572-573, 580-581, 629, 657-669, 684-688, 693, 723, 727, 729, 735, 747, 767, 777, 781, 787, 890, 902, 905, 915, 1121, 1222, 1236, 1284, 1290, 1293, 1337, 1365, 1490-1491, 1541, 1610, 1725-1727, 1732, 1733, 1736, 1738-1739, 1761, 1773, 1792-12, 1792-24, 1830, 1857, 1866, 1869, 1885, 1891, 1913, 1944, 1951, 1974, 2081, 2096, 2104, 2174, 2215, 2251, 2255, 2267, 2350, 2384, 2407, 2419-2420, 2430, 2437, 2439, 2441, 2465, 2498, 2508

Fuentes: D.48.17.5.1, D.50.16.93; P.7.T.35.L.10; CN 516

Art. 567. Muebles son las que pueden transportarse de un lugar a otro, sea moviéndose ellas a sí mismas, como los animales (que por eso se llaman semovientes), sea que sólo se muevan por una fuerza externa, como las cosas inanimadas.

Exceptúanse las que siendo muebles por naturaleza se reputan inmuebles por su destino, según el artículo 570.

Conc.: CC. 88, 137, 141, 382, 393, 402, 410, 488, 566, 567, 571-575, 580-581, 629, 657 667, 668-669, 684-685, 723, 727, 777, 787, 890, 901-902, 915, 1121, 1135, 1222, 1236, 1284, 1290, 1293, 1490, 1725-1726, 1732, 1736, 1738, 1739, 1773, 1792-12, 1792-24, 1857, 1866, 1869, 1885, 1891, 1944, 1974, 2174, 2215, 2251, 2267, 2384, 2420, 2465, 2498, 2508

Fuentes: D.48.17.5.1, D.50.16.93; CN 528

Art. 568. Inmuebles o fincas o bienes raíces son las cosas que no pueden transportarse de un lugar a otro; como las tierras y minas, y las que adhieren permanentemente a ellas, como los edificios, los árboles.

Las casas y heredades se llaman predios o fundos.

Conc.: CC. 141, 143, 145-146, 382, 393, 402, 410, 488 566, 568-570, 572-573, 580, 668-669, 687-688, 693, 729, 735, 747, 767, 781, 890, 902, 905, 915, 1121, 1236, 1290, 1293, 1337, 1365, 1491, 1541, 1610, 1727, 1732, 1733, 1761, 1773, 1792-24, 1830, 1857, 1866, 1869, 1885, 1913, 1951, 2081, 2096, 2104, 2174, 2251, 2255, 2267, 2350, 2407, 2419-2420, 2430, 2437, 2439, 2441, 2465, 2498, 2508
Fuentes: D. 19.1.17.pr y por negación D.50.16.93; CN 518, 520

Art. 569. Las plantas son inmuebles, mientras adhieren al suelo por sus raíces, a menos que estén en macetas o cajones, que puedan transportarse de un lugar a otro.

Conc.: CC. 905, 1121, 1830, 2420
Fuentes: IJ 2.1.32; CN 519, 520

Art. 570. Se reputan inmuebles, aunque por su naturaleza no lo sean, las cosas que están permanentemente destinadas al uso, cultivo y beneficio de un inmueble, sin embargo de que puedan separarse sin detrimento. Tales son, por ejemplo:

Las losas de un pavimento;

Los tubos de las cañerías;

Los utensilios de labranza o minería, y los animales actualmente destinados al cultivo o beneficio de una finca, con tal que hayan sido puestos en ella por el dueño de la finca;

Los abonos existentes en ella, y destinados por el dueño de la finca a mejorarla;

Las prensas, calderas, cubas, alambiques, toneles y máquinas que forman parte de un establecimiento industrial adherente al suelo, y pertenecen al dueño de éste;

Los animales que se guardan en conejeras, pajareras, estanques, colmenas, y cualesquiera otros vivares, con tal que éstos adhieran al suelo, o sean parte del suelo mismo, o de un edificio.

Conc.: CC. 905, 1121, 1830, 2420
Fuentes: D.19.1.13.31-19.1.18; CN 524; Delv. T.1, p. 241

Art. 571. Los productos de los inmuebles, y las cosas accesorias a ellos, como las yerbas de un campo, la madera y fruto de los árboles, los animales de un vivar, se reputan muebles, aun antes de su separación, para el efecto de constituir un derecho sobre dichos productos o cosas a otra persona que el dueño.

Lo mismo se aplica a la tierra o arena de un suelo, a los metales de una mina, y a las piedras de una cantera.

Conc.: CC. 521, 644-648, 781, 1830, 2420
Fuentes: D.6.1.44, D. 19.1.17.6; D.42.8.25.6; CN 520

Art. 572. Las cosas de comodidad u ornato que se clavan o fijan en las paredes de las casas y pueden removerse fácilmente sin detrimento de las mismas paredes, como estufas, espejos, cuadros, tapicerías, se reputan muebles. Si los cuadros o espejos están embutidos en las paredes, de manera que formen un mismo cuerpo con ellas, se considerarán parte de ellas, aunque puedan separarse sin detrimento.

Conc.: CC. 1121, 1830, 2420
Fuentes: D.19.1.17.10-11; Delv. T.1, p. 241

Art. 573. Las cosas que por ser accesorias a bienes raíces se reputan inmuebles, no dejan de serlo por su separación momentánea; por ejemplo, los bulbos o cebollas que se arrancan para volverlas a plantar, y las losas o piedras que se desencajan de su lugar, para hacer alguna construcción o reparación y con ánimo de volverlas a él. Pero desde que se separan con el objeto de darles diferente destino, dejan de ser inmuebles.

Fuentes: D.19.1.17.10; Delv. T.1, p. 241-242

Art. 574. Cuando por la ley o el hombre se usa de la expresión bienes muebles sin otra calificación, se comprenderá en ella todo lo que se entiende por cosas muebles, según el artículo 567.

En los muebles de una casa no se comprenderá el dinero, los documentos y papeles, las colecciones científicas o artísticas, los libros o sus estantes, las medallas, las armas, los instrumentos de artes y oficios, las joyas, la ropa de vestir y de cama, los carruajes o caballerías o sus arreos, los granos, caldos, mercancías, ni en general otras cosas que las que forman el ajuar de una casa.

Conc.: CC. 1121

Fuentes: CN 533-535; C. Prusiano tit. 2, 75-79; C. Holandés 571-574

Art. 575. Las cosas muebles se dividen en fungibles y no fungibles.

A las primeras pertenecen aquellas de que no puede hacerse el uso conveniente a su naturaleza sin que se destruyan.

Las especies monetarias en cuanto perecen para el que las emplea como tales, son cosas fungibles.

Conc.: CC. 252, 575, 764, 775, 777, 789, 1112, 1575, 1656, 1725, 1739, 1808, 2084, 2196, 2198, 2205, 2228, 2300
Fuente: D.12.1.2.1; CN 1892; C. Holandés 561; Delv. T.1, p. 242; García Goyena 383

§ 2. De las cosas incorporales

Art. 576. Las cosas incorporales son derechos reales o personales.

Fuente: D.1.8.1.1; IJ 2.2.2; Delv. T.1, p. 143

Art. 577. Derecho real es el que tenemos sobre una cosa sin respecto a determinada persona.

Son derechos reales el de dominio, el de herencia, los de usufructo, uso o habitación, los de servidumbres activas, el de prenda y el de hipoteca. De estos derechos nacen las acciones reales.

Conc.: CC. 94, 576-577, 579, 580, 582, 670, 687, 693, 697, 718, 764, 811, 891, 902, 916, 1125, 1895, 2438, 2466, 2483, 2498, 2505, 2512-2513
Fuente: D.50.17.15; IJ 4.6.1-2; Voet. Comm. ad Pandectas, v.1, p. 68; Delv. T.1, p. 143

Art. 578. Derechos personales o créditos son los que sólo pueden reclamarse de ciertas personas, que, por un hecho suyo o la sola disposición de la ley, han contraído las obligaciones correlativas; como el que tiene el prestamista contra su deudor por el dinero prestado, o el hijo contra el padre por alimentos. De estos derechos nacen las acciones personales.

Conc.: CC. 142, 576, 578-579, 580, 699, 1437, 1618, 1901-1908, 2027, 2042, 2284, 2414, 2425, 2430, 2465
Fuente: IJ 4.6.1; Voet. Comm. ad Pandectas, v.1, p. 68

Art. 579. El derecho de censo es personal en cuanto puede dirigirse contra el censuario, aunque no esté en posesión de la finca acensuada, y real en cuanto se persiga ésta.

Conc.: CC. 2022-2052
Fuente: Nov. Rec. 10.16.3.4

Art. 580. Los derechos y acciones se reputan bienes muebles o inmuebles, según lo sea la cosa en que han de ejercerse, o que se debe. Así el derecho de usufructo sobre un inmueble, es inmueble. Así la acción del comprador para que se le entregue la finca comprada, es inmueble; y la acción del que ha prestado dinero, para que se le pague, es mueble.

Fuente: Voet. Comm. ad Pandectas, v.1, p. 68; Delv. T.1, p. 143-144

Art. 581. Los hechos que se deben se reputan muebles. La acción para que un artífice ejecute la obra convenida, o resarza los perjuicios causados por la inejecución del convenio, entra por consiguiente en la clase de los bienes muebles.

Conc.: CC. 1548-1549, 1553-1555
Fuente: Delv., T.1, pp. 143-144

TÍTULO II. DEL DOMINIO

Art. 582. El dominio (que se llama también propiedad) es el derecho real en una cosa corporal, para gozar y disponer de ella arbitrariamente; no siendo contra la ley o contra derecho ajeno.

La propiedad separada del goce de la cosa, se llama mera o nuda propiedad.

Conc.: CC. 582-588; CPR19 N° 21, 23, 24; C. Bustamente 117
Fuentes: C.4.35.21; D.1.5.4.1, D.41.2.17.1; Bart. In primam dig. novi par. Comm. p. 185 (D.41.2.17.1); P.3.T.28.L.1, P.3.T.32.L.13, P.7.T.33.L.10; Poth. Domaine, c.1.4, p. 103, c.2.13, p. 106; CN 544; Escriche, t. 2, p. 719 («Dominio»)

Art. 583. Sobre las cosas incorporales hay también una especie de propiedad. Así, el usufructuario tiene la propiedad de su derecho de usufructo.

Conc.: CC. 565, 576-581, 686, 698-699, 715, 891, 1127, 1810
Fuentes: Bart. In sec. Dig. vet. Comm., p. 150 (D.21.2.39); Escriche, t. 2, p. 719

Art. 584. Las producciones del talento o del ingenio son una propiedad de sus autores.

Esta especie de propiedad se regirá por leyes especiales.

Conc.: L. 20243; L. 19039; L. 17336; DS 213 de 2013; C. Paris; TRIO Audiovisuales; C. Berna de Obras Literarias; C. Universal sobre Derechos de Autor; CI sobre Artistas e Intérpretes; C.I. D. Autor; C. Organización Mundial Propiedad Intelectual; TLC USA art. 9.16, 10.5, 10.9, 10.27, 15.5, 16.9, 17, 22.1; TLC Unión Europea 32
Fuentes: C. Sardo 440; García Goyena 393

Art. 585. Las cosas que la naturaleza ha hecho comunes a todos los hombres, como la alta mar, no son susceptibles de dominio, y ninguna nación, corporación o individuo tiene derecho de apropiárselas.

Su uso y goce son determinados entre individuos de una nación por las leyes de ésta, y entre distintas naciones por el derecho internacional.

Conc.: CC. 1105, 1461, 1464, 2498; CPR 19 Nº 23
Fuentes: D.1.8.2; IJ 2.1.1; P.3.T.28.L.3; Escriche, T.2, p. 78 (bienes comunes); CN 714

Art. 586. Las cosas que han sido consagradas para el culto divino, se regirán por el derecho canónico.

Conc.: CC. 1105; L. 19638
Fuentes: C.1.2; IJ 2.1.7-10; P.3.T.9.L.6, P.3.T.28.L.13; Nov. Rec. 1.1-5; Escriche, t. 2, pp. 81-82 (Bienes Eclesiásticos)

Art. 587. El uso y goce de las capillas y cementerios, situados en posesiones de particulares y accesorios a ellas, pasarán junto con ellas y junto con los ornamentos, vasos y demás objetos pertenecientes a dichas capillas o cementerios, a las personas que sucesivamente adquieran las posesiones en que están situados, a menos de disponerse otra cosa por testamento o por acto entre vivos.

Conc.: CC. C. Sanitario 135; DS 357 de 1970, Reglamento General de Cementerios

Art. 588. Los modos de adquirir el dominio son la ocupación, la accesión, la tradición, la sucesión por causa de muerte, y la prescripción.

De la adquisición de dominio por estos dos últimos medios se tratará en el Libro De la sucesión por causa de muerte, y al fin de este Código.

Conc.: Ocupación CC. 606-642
Accesión CC. 643-669
Tradición CC. 670-699
Sucesión por causa de muerte CC. 951-1385
Usucapión CC. 2492-2513
C. Bustamente 117, 140

TÍTULO III. DE LOS BIENES NACIONALES

Art. 589. Se llaman bienes nacionales aquellos cuyo dominio pertenece a la nación toda.

Si además su uso pertenece a todos los habitantes de la nación, como el de calles, plazas, puentes y caminos, el mar adyacente y sus playas, se llaman bienes nacionales de uso público o bienes públicos.

Los bienes nacionales cuyo uso no pertenece generalmente a los habitantes, se llaman bienes del Estado o bienes fiscales.

Conc.: CC. 589-605, 948-949, 1105, 1923; CPR 19 Nº 23; CP 443; C. Aguas 5
Fuentes: D.1.8.1.pr; IJ 2.1.1-6; P.3.T.28.LL.6-8; Escriche, t. 2, p. 79 (Bienes comunes) y p. 98 (Bienes públicos); CN 714

Art. 590. Son bienes del Estado todas las tierras que, estando situadas dentro de los límites territoriales, carecen de otro dueño.

Conc.: CC. 606
Fuentes: C.10.10.5; Nov. Rec. 10.22; CN 713

Art. 591. El Estado es dueño de todas las minas de oro, plata, cobre, azogue, estaño, piedras preciosas, y demás substancias fósiles, no obstante el dominio de las corporaciones o de los particulares sobre la superficie de la tierra en cuyas entrañas estuvieren situadas.

Pero se concede a los particulares la facultad de catar y cavar en tierras de cualquier dominio para buscar las minas a que se refiere el precedente inciso, la de labrar y beneficiar dichas minas, y la de disponer de ellas como dueños, con los requisitos y bajo las reglas que prescribe el Código de Minería.

Conc.: CC. 250, 537, 568, 571, 591, 686, 784, 1792-9, 2104, 2132, 2423, 2475; CPR 19 Nº 24; C. Minería 1, 14-17, 19; L. 18097
Fuentes: Nov. Rec. 9.18.1-2; Escriche, t. 4, p. 124 (Mina)

Art. 592. Los puentes y caminos construidos a expensas de personas particulares en tierras que les pertenecen, no son bienes nacionales, aunque los dueños permitan su uso y goce a todos.

Lo mismo se extiende a cualesquiera otras construcciones hechas a expensas de particulares y en sus tierras, aun cuando su uso sea público, por permiso del dueño.

Conc.: CC. 589, 756
Fuentes: CN 598

Art. 593. El mar adyacente, hasta la distancia de doce millas marinas medidas desde las respectivas líneas de base, es mar territorial y de dominio nacional. Pero, para objetos concernientes a la prevención y sanción de las infracciones de sus leyes y reglamentos aduaneros, fiscales, de inmigración o sanitarios, el Estado ejerce jurisdicción sobre un espacio marítimo denominado zona contigua, que se extiende hasta la distancia de veinticuatro millas marinas, medidas de la misma manera.

Las aguas situadas en el interior de las líneas de base del mar territorial, forman parte de las aguas interiores del Estado.

Modif. 18565
Conc.: CC. 593, 596-597, 604; C. del Mar 2-4, 33, 48, 55-57; C. Aguas 1; DFL 340 de 1960 1
Fuentes: Kent's Comment. (1832), 1, p. 31; Dodson's Reports, 11, p. 245; Vicent, Legislation Comerc., 2, 516-517; Granch's Reports, 11, p. 171; Favard de Langlade, Répertoire, V. Mer.

Art. 594. Se entiende por playa del mar la extensión de tierra que las olas bañan y desocupan alternativamente hasta donde llegan en las más altas mareas.

Conc.: CC. 604; DFL 340 de 1960 2; DL 1939 de 1977 13
Fuentes: P.3.T.28.L.4

Art. 595. Todas las aguas son bienes nacionales de uso público.

Modif. 16640
Conc.: CC. 589, C. Aguas 5
Fuente: D.1.8.2.1, D.1.8.4.1; Escriche, t. 1, p. 362 (Agua)

Art. 596. El mar adyacente que se extiende hasta las doscientas millas marinas contadas desde las líneas de base a partir de las cuales se mide la anchura del mar territorial, y más allá de este último, se denomina zona económica exclusiva. En ella el Estado ejerce derechos de soberanía para explorar, explotar, conservar y administrar los recursos naturales vivos y no vivos de las aguas suprayacentes al lecho, del lecho y el subsuelo del mar, y para desarrollar cualesquiera otras actividades con miras a la exploración y explotación económica de esa zona.

El Estado ejerce derechos de soberanía exclusivos sobre la plataforma continental para los fines de la conservación, exploración y explotación de sus recursos naturales.

Además, al Estado le corresponde toda otra jurisdicción y derechos previstos en el Derecho Internacional respecto de la zona económica exclusiva y de la plataforma continental.

Modif. L. 18565
Conc.: CC. 593, 596-597, 604; C. del Mar 2-4, 33, 48, 55-57; C. Aguas 1; DFL 340 de 1960 1

Art. 597. Las nuevas islas que se formen en el mar territorial o en ríos y lagos que puedan navegarse por buques de más de cien toneladas, pertenecerán al Estado.

Conc.: CC. 593, 596-597, 604; C. del Mar 2-4, 33, 48, 55-57; C. Aguas 1; DFL 340 de 1960 1
Fuente: D.41.1.65.2-4

Art. 598. El uso y goce que para el tránsito, riego, navegación y cualesquiera otros objetos lícitos, corresponden a los particulares en las calles, plazas, puentes y caminos públicos, en el mar y sus playas, en ríos y lagos y generalmente en todos los bienes nacionales de uso público, estarán sujetos a las disposiciones de este Código, y a las ordenanzas generales o locales que sobre la materia se promulguen.

Conc.: CC. 856, 948; DFL 164 de MOP de 1991; DS 956 del MOP de 1997

Art. 599. Nadie podrá construir, sino por permiso especial de autoridad competente, obra alguna sobre las calles, plazas, puentes, playas, terrenos fiscales y demás lugares de propiedad nacional.

Conc.: CC. 930-931, 946, 948, 950; CPC 565-570, 577; DFL 164 de MOP de 1991; DS 956 del MOP de 1997
Fuentes: D.43.8.1-2

Art. 600. Las columnas, pilastras, gradas, umbrales, y cualesquiera otras construcciones que sirvan para la comodidad u ornato de los edificios, o hagan parte de ellos, no podrán ocupar ningún espacio, por pequeño que sea, de la superficie de las calles, plazas, puentes, caminos y demás lugares de propiedad nacional.

Los edificios en que se ha tolerado la práctica contraria, estarán sujetos a la disposición del precedente inciso, si se reconstruyeren.

Conc.: CC. 882, 930-931, 946, 948, 950; CPC 565-570, 577
Fuente: D.43.8.2.13, D.43.8.2.20, D.43.8.2.30, D.43.10.1

Art. 601. En los edificios que se construyan a los costados de calles o plazas, no podrá haber, hasta la altura de tres metros, ventanas, balcones, miradores u otras obras que salgan más de medio decímetro fuera del plano vertical del lindero, ni podrá haberlos más arriba, que salgan de dicho plano vertical, sino hasta la distancia horizontal de tres decímetros.

Las disposiciones del artículo precedente, inciso 2o, se aplicarán a las reconstrucciones de dichos edificios.

Art. 602. Sobre las obras que con permiso de la autoridad competente se construyan en sitios de propiedad nacional, no tienen los particulares que han obtenido este permiso, sino el uso y goce de ellas, y no la propiedad del suelo.

Abandonadas las obras, o terminado el tiempo por el cual se concedió el permiso, se restituyen ellas y el suelo por el ministerio de la ley al uso y goce privativo del Estado, o al uso y goce general de los habitantes, según prescriba la autoridad soberana.

Pero no se entiende lo dicho si la propiedad del suelo ha sido concedida expresamente por el Estado.

Conc.: CC. DFL 164 de MOP de 1991; DS 956 del MOP de 1997

Art. 603. No se podrán sacar canales de los ríos para ningún objeto industrial o doméstico, sino con arreglo a las leyes u ordenanzas respectivas.

Conc.: CC. CP 459, 461; C. Aguas 5-19

Art. 604. Las naves nacionales o extranjeras no podrán tocar ni acercarse a ningún paraje de la playa, excepto a los puertos que para este objeto haya designado la ley; a menos que un peligro inminente de naufragio, o de apresamiento, u otra necesidad semejante las fuerce a ello; y los capitanes o patrones de las naves que de otro modo lo hicieren, estarán sujetos a las penas que las leyes y ordenanzas respectivas les impongan.

Los náufragos tendrán libre acceso a la playa y serán socorridos por las autoridades locales.

Conc.: CC. 594

Art. 605. No obstante lo prevenido en este título y en el De la accesión relativamente al dominio de la nación sobre ríos, lagos, e islas, subsistirán en ellos los derechos adquiridos por particulares antes de la promulgación de este Código.

TÍTULO IV. DE LA OCUPACIÓN

Art. 606. Por la ocupación se adquiere el dominio de las cosas que no pertenecen a nadie, y cuya adquisición no es prohibida por las leyes chilenas, o por el Derecho Internacional.

Conc.: CC. 588, 606-642, 703
Fuentes: D.41.1.3; P.3.T.28.L.5; Poth. Domaine, c.2.20, p. 109; Escriche, t. 4, p. 337 (ocupación)

Art. 607. La caza y pesca son especies de ocupación por las cuales se adquiere el dominio de los animales bravíos.

Conc.: CC. Caza CC. 607-610, 617-618-620, 622; L. 4601
Pesca CC. 607, 611-616, 618-619, 622; L. 20657
Fuentes: D.41.1.1.1; IJ 2.1.12; CN 715

Art. 608. Se llaman animales bravíos o salvajes los que viven naturalmente libres e independientes del hombre, como las fieras y los peces; domésticos los que pertenecen a especies que viven ordinariamente bajo la dependencia del hombre, como las gallinas, las ovejas; y domesticados los que sin embargo de ser bravíos por su naturaleza se han acostumbrado a la domesticidad y reconocen en cierto modo el imperio del hombre.

Estos últimos, mientras conservan la costumbre de volver al amparo o dependencia del hombre, siguen la regla de los animales domésticos, y perdiendo esta costumbre vuelven a la clase de los animales bravíos.

Fuentes: D.41.1.3-6; IJ 2.1.12; P.3ª, tit. 28, l.17; Escriche t. 1, p. 526

Art. 609. El ejercicio de la caza estará sujeto al cumplimiento de la legislación especial que la regule. No se podrá cazar sino en tierras propias, o en las ajenas con permiso del dueño.

Modif. L. 19473
Conc.: CC. 607-610, 617-618-620, 622; L. 4601
Fuente: CN 715

Art. 610. Si alguno cazare en tierras ajenas sin permiso del dueño, cuando por ley estaba obligado a obtenerlo, lo que cace será para el dueño, a quien además indemnizará de todo perjuicio.

Conc.: CC. 2314-2315, 2327, 2329

Art. 611. La caza marítima y la pesca se regularán por las disposiciones de este Código y, preferentemente, por la legislación especial que rija al efecto.

Modif. L. 18575
Conc.: CC. 607, 611-616, 618-619, 622; L. 20657
Fuente: P.3.T.28.L.17

Art. 612. Los pescadores podrán hacer de las playas del mar el uso necesario para la pesca, construyendo cabañas, sacando a tierra sus barcas y utensilios y el producto de la pesca, secando sus redes, etc.; guardándose empero de hacer uso alguno de los edificios o construcciones que allí hubiere, sin permiso de sus dueños, o de embarazar el uso legítimo de los demás pescadores.

Conc.: CC. 594, 598, 599, 602, 604, 613-614, 948-949; DL 1939 de 1977
Fuente: D.1.8.4; P.3ª, tit. 28, l.9

Art. 613. Podrán también para los expresados menesteres hacer uso de las tierras contiguas hasta la distancia de ocho metros de la playa; pero no tocarán a los edificios o construcciones que dentro de esa distancia hubiere, ni atravesarán las cercas, ni se introducirán en las arboledas, plantíos o siembras.

Conc.: CC. 594, 598, 599, 602, 604, 612-614, 948-949; DL 1939 de 1977
Fuente: D.1.8.5

Art. 614. Los dueños de las tierras contiguas a la playa no podrán poner cercas, ni hacer edificios, construcciones o cultivos dentro de los dichos ocho metros, sino dejando de trecho en trecho suficientes y cómodos espacios para los menesteres de la pesca.

En caso contrario ocurrirán los pescadores a las autoridades locales para que pongan el conveniente remedio.

Conc.: CC. 594, 598, 599, 602, 604, 612-614, 948-949; DL 1939 de 1977
Fuente: D.1.8.4, D.41.1.14

Art. 615. A los que pesquen en ríos y lagos no será lícito hacer uso alguno de los edificios y terrenos cultivados en las riberas ni atravesar las cercas.

Fuentes: D.1.8.5

Art. 616. La disposición del artículo 610 se extiende al que pesca en aguas ajenas.

Conc.: CC. 2314-2315, 2327, 2329

Art. 617. Se entiende que el cazador o pescador se apodera del animal bravío y lo hace suyo, desde el momento que lo ha herido gravemente, de manera que ya no le sea fácil escapar, y mientras persiste en perseguirlo; o desde el momento que el animal ha caído en sus trampas o redes, con tal que las haya armado o tendido en paraje donde le sea lícito cazar o pescar.

Si el animal herido entra en tierras ajenas donde no es lícito cazar sin permiso del dueño, podrá éste hacerlo suyo.

Fuente: D.41.1.5; IJ 2.1.12-13; P.3ª, tit. 28, l.21; F. Real 3.4.16

Art. 618. No es lícito a un cazador o pescador perseguir al animal bravío que es ya perseguido por otro cazador o pescador; si lo hiciere sin su consentimiento, y se apoderare del animal, podrá el otro reclamarlo como suyo.

Fuente: D.41.1.5; IJ 2.1.12-13; P.3ª, tit. 28, l.21; F. Real 3.4.16

Art. 619. Los animales bravíos pertenecen al dueño de las jaulas, pajareras, conejeras, colmenas, estanques o corrales en que estuvieren encerrados; pero luego que recobran su libertad natural, puede cualquier persona apoderarse de ellos y hacerlos suyos, con tal que actualmente no vaya el dueño en seguimiento de ellos, teniéndolos a la vista, y que por lo demás no se contravenga al artículo 609.

Conc.: CC. 609
Fuentes: D. 41.1.5; IJ 2.1.12, 2.1.14-16

Art. 620. Las abejas que huyen de la colmena y posan en árbol que no sea del dueño de ésta, vuelven a su libertad natural, y cualquiera puede apoderarse de ellas, y de los panales fabricados por ellas, con tal que no lo hagan sin permiso del dueño en tierras ajenas, cercadas o cultivadas, o contra la prohibición del mismo en las otras; pero al dueño de la colmena no podrá prohibirse que persiga a las abejas fugitivas en tierras que no estén cercadas ni cultivadas.

Conc.: CC. 619
Fuentes: D. 41.1.5.2; IJ 2.1.14; P.3.T.28.L.22; F. Real 3.4.17

Art. 621. Las palomas que abandonan un palomar y se fijan en otro, se entenderán ocupadas legítimamente por el dueño del segundo, siempre que éste no se haya valido de alguna industria para atraerlas y aquerenciarlas.

En tal caso estará obligado a la indemnización de todo perjuicio, inclusa la restitución de las especies, si el dueño la exigiere, y si no la exigiere, a pagarle su precio.

Conc.: CC. 619
Fuentes: D.41.1.5.5; IJ 2.1.15

Art. 622. En lo demás, el ejercicio de la caza y de la pesca estará sujeto a las ordenanzas especiales que sobre estas materias se dicten.

No se podrá, pues, cazar o pescar sino en lugares, en temporadas, y con armas y procederes, que no estén prohibidos.

Conc.: L. 4601; L. 20657

Art. 623. Los animales domésticos están sujetos a dominio.

Conserva el dueño este dominio sobre los animales domésticos fugitivos, aun cuando hayan entrado en tierras ajenas; salvo en cuanto las ordenanzas de policía rural o urbana establecieren lo contrario.

Conc.: CC. 2327-2338
Fuente: IJ 2.1.16

Art. 624. La invención o hallazgo es una especie de ocupación por la cual el que encuentra una cosa inanimada que no pertenece a nadie, adquiere su dominio, apoderándose de ella.

De este modo se adquiere el dominio de las piedras, conchas y otras substancias que arroja el mar y que no presentan señales de dominio anterior. Se adquieren del mismo modo las cosas cuya propiedad abandona su dueño, como las monedas que se arrojan para que las haga suyas el primer ocupante.

No se presumen abandonadas por sus dueños las cosas que los navegantes arrojan al mar para alijar la nave.

Conc.: CC. 624-630
Fuentes: D. 41.2.1, D.41.7.7; IJ 2.1.17; P.3.T.28.LL.5, 49-50; Escriche, T.3, p. 7 (Hallazgo)

Art. 625. El descubrimiento de un tesoro es una especie de invención o hallazgo.

Se llama tesoro la moneda o joyas, u otros efectos preciosos, que elaborados por el hombre han estado largo tiempo sepultados o escondidos sin que haya memoria ni indicio de su dueño.

Conc.: CC. 625-628; L. 17288
Fuente: D.41.1.31.1; IJ 2.1.39; CN 716; ABGB 398-399

Art. 626. El tesoro encontrado en terreno ajeno se dividirá por partes iguales entre el dueño del terreno y la persona que haya hecho el descubrimiento.

Pero esta última no tendrá derecho a su porción, sino cuando el descubrimiento sea fortuito o cuando se haya buscado el tesoro con permiso del dueño del terreno.

En los demás casos, o cuando sean una misma persona el dueño del terreno y el descubridor, pertenecerá todo el tesoro al dueño del terreno.

Fuentes: D.41.2.3.3, D.41.2.44; IJ 2.1.39; P.3.T.28.L.45; Escriche, T.3, p. 7 (Hallazgo)

Art. 627. Al dueño de una heredad o de un edificio podrá pedir cualquiera persona el permiso de cavar en el suelo para sacar dinero o alhajas que asegurare pertenecerle y estar escondidos en él; y si señalare el paraje en que están escondidos y diere competente seguridad de que probará su derecho sobre ellos, y de que abonará todo perjuicio al dueño de la heredad o edificio, no podrá éste negar el permiso ni oponerse a la extracción de dichos dineros o alhajas.

Conc.: CC. 591

Art. 628. No probándose el derecho sobre dichos dineros o alhajas, serán considerados o como bienes perdidos, o como tesoro encontrado en suelo ajeno, según los antecedentes y señales.

En este segundo caso, deducidos los costos, se dividirá el tesoro por partes iguales entre el denunciador y el dueño del suelo; pero no podrá éste pedir indemnización de perjuicios, a menos de renunciar su porción.

Art. 629. Si se encuentra alguna especie mueble al parecer perdida, deberá ponerse a disposición de su dueño; y no presentándose nadie que pruebe ser suya, se entregará a la autoridad competente, la cual deberá dar aviso del hallazgo en un diario de la comuna o de la capital de la provincia o de la capital de la región, si en aquélla no lo hubiere.

El aviso designará el género y calidad de la especie, el día y lugar del hallazgo.

Si no apareciere el dueño, se dará este aviso por tercera vez, mediando treinta días de un aviso a otro.

Conc.: CC. 629-634; CP 448
Fuentes: D.6.1.67, D.47.2.43.4; CN 717; C. Vaud 507; ABGB 389; C. Sardo 686; Escriche, T.3, p. 7 (Hallazgo)

Art. 630. Si en el curso del mes subsiguiente al último aviso no se presentare persona que justifique su dominio, se venderá la especie en pública subasta; se deducirán del producto las expensas de aprensión, conservación y demás que incidieren; y el remanente se dividirá por partes iguales entre la persona que encontró la especie y la municipalidad respectiva.

Fuente: Nov. Rec. 10.22.4

Art. 631. La persona que haya omitido las diligencias aquí ordenadas, perderá su porción en favor de la municipalidad, y aun quedará sujeta a la acción de perjuicios, y según las circunstancias, a la pena de hurto.

Conc.: CP 448
Fuente: D.47.2.43.4

Art. 632. Si aparece el dueño antes de subastada la especie, le será restituida, pagando las expensas, y lo que a título de salvamento adjudicare la autoridad competente al que encontró y denunció la especie.

Si el dueño hubiere ofrecido recompensa por el hallazgo, el denunciador elegirá entre el premio de salvamento y la recompensa ofrecida.

Art. 633. Subastada la especie, se mirará como irrevocablemente perdida para el dueño.

Art. 634. Si la especie fuere corruptible o su custodia y conservación dispendiosas, podrá anticiparse la subasta, y el dueño, presentándose antes de expirar el mes subsiguiente al último aviso, tendrá derecho al precio, deducidas, como queda dicho, las expensas y el premio de salvamento.

Art. 635. Si naufragare algún buque en las costas de la República, o si el mar arrojare a ellas los fragmentos de un buque, o efectos pertenecientes, según las apariencias, al aparejo o carga de un buque, las personas que lo vean o sepan, denunciarán el hecho a la autoridad competente, asegurando entre tanto los efectos que sea posible salvar para restituirlos a quien de derecho corresponda.

Los que se los apropiaren, quedarán sujetos a la acción de perjuicios, y a la pena de hurto.

Conc.: CC. 635-639; CP 12 Nº 10, 448, 496 Nº 2; C. Aeronáutico 182
Fuente: D.47.9.3

Art. 636. Las especies náufragas que se salvaren, serán restituidas por la autoridad a los interesados, mediante el pago de las expensas y la gratificación de salvamento.

Conc.: C. Aeronáutico 178-179

Art. 637. Si no aparecieren interesados, se procederá a la publicación de tres avisos por diarios, mediando quince días de un aviso a otro; y en lo demás se procederá como en el caso de los artículos 629 y siguientes.

Art. 638. La autoridad competente fijará, según las circunstancias, la gratificación de salvamento, que nunca pasará de la mitad del valor de las especies.

Pero si el salvamento de las especies se hiciere bajo las órdenes y dirección de la autoridad pública, se restituirán a los interesados, mediante el abono de las expensas, sin gratificación de salvamento.

Conc.: C. Aeronáutico 178-179

Art. 639. Todo lo dicho en los artículos 635 y siguientes se entiende sin perjuicio de lo que sobre esta materia se estipulare con las potencias extranjeras, y de los reglamentos fiscales para el almacenaje y la internación de las especies.

Art. 640. El Estado se hace dueño de todas las propiedades que se toman en guerra de nación a nación, no sólo a los enemigos sino a los neutrales, y aun a los aliados y los nacionales según los casos, y dispone de ellas en conformidad a las Ordenanzas de Marina y de Corso.

Fuente: IJ 2.1.17; Poth. Domaine, c.2.87-88; Escriche T.4, p. 637 (presa); Reglamento Provisional para el Corso de 1817

Art. 641. Las presas hechas por bandidos, piratas o insurgentes, no transfieren dominio, y represadas deberán restituirse a los dueños, pagando éstos el premio de salvamento a los represadores.

Este premio se regulará por el que en casos análogos se conceda a los apresadores en guerra de nación a nación.

Conc.: CP 434; C. del Mar 101

Art. 642. Si no aparecieren los dueños, se procederá como en el caso de las cosas perdidas; pero los represadores tendrán sobre las propiedades que no fueren reclamadas por sus dueños en el espacio de un mes, contado desde la fecha del último aviso, los mismos derechos que si las hubieran apresado en guerra de nación a nación.

TÍTULO V. DE LA ACCESIÓN

Art. 643. La accesión es un modo de adquirir por el cual el dueño de una cosa pasa a serlo de lo que ella produce, o de lo que se junta a ella. Los productos de las cosas son frutos naturales o civiles.

Conc.: CC. 571, 573, 587-588, 605, 643-669, 703, 785, 956, 974, 1338, 1883, 2229, 2420
Fuentes: Poth. Domaine, c.2.150, p. 150; CN 546

§ 1. De las accesiones de frutos

Art. 644. Se llaman frutos naturales los que da la naturaleza ayudada o no de la industria humana.

Conc.: CC. 643-646, 648, 781, 783, 907, 1423, 1816, 1917
Fuentes: D.7.1.9, D.22.1.45; P.3ª, tit. 31, l.20; CN 547

Art. 645. Los frutos naturales se llaman pendientes mientras que adhieren todavía a la cosa que los produce, como las plantas que están arraigadas al suelo, o los productos de las plantas mientras no han sido separados de ellas.

Frutos naturales percibidos son los que han sido separados de la cosa productiva, como las maderas cortadas, las frutas y granos cosechados, etc.; y se dicen consumidos cuando se han consumido verdaderamente o se han enajenado.

Conc.: Pendientes CC. 536, 645, 647, 685, 781, 1339, 1772, 1801, 1816, 1956, 1960
Percibidos CC. 252, 645, 647, 781, 907, 1078, 1338, 1488, 1737, 1753, 1772, 1845, 1910, 1983, 2423,
Consumidos CC. 645
Fuentes: D.6.1.44, D.22.1.25; Poth. Domaine c.2.151, p. 151

Art. 646. Los frutos naturales de una cosa pertenecen al dueño de ella; sin perjuicio de los derechos constituidos por las leyes, o por un hecho del hombre, al poseedor de buena fe, al usufructuario, al arrendatario.

Así los vegetales que la tierra produce espontáneamente o por el cultivo, y las frutas, semillas y demás productos de los vegetales, pertenecen al dueño de la tierra.

Así también las pieles, lana, astas, leche, cría, y demás productos de los animales, pertenecen al dueño de éstos.

Conc.: CC. 781, 783, 907, 1816
Fuentes: D.6.1.44, D.7.1.9; Poth. Domaine, c.2.151-155, pp. 151-153; CN 547, 550

Art. 647. Se llaman frutos civiles los precios, pensiones o cánones de arrendamiento o censo, y los intereses de capitales exigibles, o impuestos a fondo perdido.

Los frutos civiles se llaman pendientes mientras se deben; y percibidos, desde que se cobran.

Conc.: CC. 643, 647-648, 907, 1423, 1816, 1917
Fuentes: D.7.1.36; Poth. Du Douaire Nº 204, p. 400; CN 584; C. Sardo 451

Art. 648. Los frutos civiles pertenecen también al dueño de la cosa de que provienen, de la misma manera y con la misma limitación que los naturales.

Conc.: CC. 646, 907, 1423, 1816, 1917
Fuentes: Poth. Du Douaire Nº 204, p. 400; CN 585-586

§ 2. De las accesiones del suelo

Art. 649. Se llama aluvión el aumento que recibe la ribera de la mar o de un río o lago por el lento e imperceptible retiro de las aguas.

Conc.: CC. 649-651, 654, 656, 785, 1727; C. Aguas 34
Fuentes: D.41.1.7.1; IJ 2.1.20; P.3.T.28.L.26; Poth. Domaine, 157, p. 153; CN 556; Ley de 8 de Agosto de 1849

Art. 650. El terreno de aluvión accede a las heredades riberanas dentro de sus respectivas líneas de demarcación, prolongadas directamente hasta el agua; pero en puertos habilitados pertenecerá al Estado.

El suelo que el agua ocupa y desocupa alternativamente en sus creces y bajas periódicas, forma parte de la ribera o del cauce, y no accede mientras tanto a las heredades contiguas.

Fuentes: D.41.1.7.1; IJ 2.1.20; P.3ª, tit. 28, l.26; Poth. Domaine, 157, p. 153; CN 556; Favard de L'Anglade p. 150 (Alluvion); Ley de 8 de Agosto de 1849

Art. 651. Siempre que prolongadas las antedichas líneas de demarcación, se corten una a otra, antes de llegar al agua, el triángulo formado por ellas y por el borde del agua, accederá a las dos heredades laterales; una línea recta que lo divida en dos partes iguales, tirada desde el punto de intersección hasta el agua, será la línea divisoria entre las dos heredades.

Art. 652. Sobre la parte del suelo que por una avenida o por otra fuerza natural violenta es transportada de un sitio a otro, conserva el dueño su dominio, para el solo efecto de llevársela; pero si no la reclama dentro del subsiguiente año, la hará suya el dueño del sitio a que fue transportada.

Conc.: C. Aguas 34
Fuentes: D.41.1.7.2; IJ 2.1.21; CN 559

Art. 653. Si una heredad ha sido inundada, el terreno restituido por las aguas dentro de los cinco años subsiguientes, volverá a sus antiguos dueños.

Modif. L. 6162
Conc.: CC. 653, 808, 2502
Fuente: D.41.1.7.6, D.41.1.7.30.3

Art. 654. Si un río varía de curso, podrán los propietarios riberanos, con permiso de autoridad competente, hacer las obras necesarias para restituir las aguas a su acostumbrado cauce; y la parte de éste que permanentemente quedare en seco, accederá a las heredades contiguas, como el terreno de aluvión en el caso del artículo 650.

Concurriendo los riberanos de un lado con los del otro, una línea longitudinal dividirá el nuevo terreno en dos partes iguales; y cada una de éstas accederá a las heredades contiguas, como en el caso del mismo artículo.

Conc.: C. Aguas 30, 34
Fuentes: D.41.1.5; IJ 2.1.21; CN 563

Art. 655. Si un río se divide en dos brazos, que no vuelven después a juntarse, las partes del anterior cauce que el agua dejare descubiertas accederán a las heredades contiguas, como en el caso del artículo precedente.

Fuentes: D.41.1.4-5; IJ 2.1.23-24; CN 562

Art. 656. Acerca de las nuevas islas que no hayan de pertenecer al Estado según el artículo 597, se observarán las reglas siguientes:

1a. La nueva isla se mirará como parte del cauce o lecho, mientras fuere ocupada y desocupada alternativamente por las aguas en sus creces y bajas periódicas, y no accederá entre tanto a las heredades riberanas.

2a. La nueva isla formada por un río que se abre en dos brazos que vuelven después a juntarse, no altera el anterior dominio de los terrenos comprendidos en ella; pero el nuevo terreno descubierto por el río accederá a las heredades contiguas, como en el caso del artículo 654.

3a. La nueva isla que se forme en el cauce de un río, accederá a las heredades de aquella de las dos riberas a que estuviere más cercana toda la isla; correspondiendo a cada heredad la parte comprendida entre sus respectivas líneas de demarcación, prolongadas directamente hasta la isla y sobre la superficie de ella.

Si toda la isla no estuviere más cercana a una de las dos riberas que a la otra, accederá a las heredades de ambas riberas; correspondiendo a cada heredad la parte comprendida entre sus respectivas líneas de demarcación prolongadas directamente hasta la isla y sobre la superficie de ella.

Las partes de la isla que en virtud de estas disposiciones correspondieren a dos o más heredades, se dividirán en partes iguales entre las heredades comuneras.

4a. Para la distribución de una nueva isla, se prescindirá enteramente de la isla o islas que hayan preexistido a ella; y la nueva isla accederá a las heredades riberanas como si ella sola existiese.

5a. Los dueños de una isla formada por el río adquieren el dominio de todo lo que por aluvión acceda a ella, cualquiera que sea la ribera de que diste menos el nuevo terreno abandonado por las aguas.

6a. A la nueva isla que se forme en un lago se aplicará el inciso 2o de la regla 3a precedente; pero no tendrán parte en la división del terreno formado por las aguas las heredades cuya menor distancia de la isla exceda a la mitad del diámetro de ésta, medido en la dirección de esa misma distancia.

Conc.: CC. 597
Fuentes: D.41.1.7.3, D. 41.1.29; IJ 2.1.22; CN 560-561; en contra de D.43.12.1.5-6

§ 3. De la accesión de una cosa mueble a otra

Art. 657. La adjunción es una especie de accesión, y se verifica cuando dos cosas muebles pertenecientes a diferentes dueños se juntan una a otra, pero de modo que puedan separarse y subsistir cada una después de separada; como cuando el diamante de una persona se engasta en el oro de otra, o en un marco ajeno se pone un espejo propio.

Conc.: CC. 657-661, 664-667
Fuentes: D. 6.1.23.3; D.41.1.7.7; IJ 2.1.25; Poth. Domaine, Nº 170 y 174, p. 157 y 159; CN 566

Art. 658. En los casos de adjunción, no habiendo conocimiento del hecho por una parte, ni mala fe por otra, el dominio de lo accesorio accederá al dominio de lo principal, con el gravamen de pagar al dueño de la parte accesoria su valor.

Art. 659. Si de las dos cosas unidas, la una es de mucho más estimación que la otra, la primera se mirará como lo principal y la segunda como lo accesorio.

Se mirará como de más estimación la cosa que tuviere para su dueño un gran valor de afección.

Fuentes: IJ 2.1.26; CN 569

Art. 660. Si no hubiere tanta diferencia en la estimación, aquella de las dos cosas que sirva para el uso, ornato o complemento de la otra, se tendrá por accesoria.

Fuentes: CN 567

Art. 661. En los casos a que no pudiere aplicarse ninguna de las reglas precedentes, se mirará como principal lo de más volumen.

Fuentes: CN 569

Art. 662. Otra especie de accesión es la especificación, que se verifica cuando de la materia perteneciente a una persona, hace otra persona una obra o artefacto cualquiera, como si de uvas ajenas se hace vino, o de plata ajena una copa, o de madera ajena una nave.

No habiendo conocimiento del hecho por una parte, ni mala fe por otra, el dueño de la materia tendrá derecho a reclamar la nueva especie, pagando la hechura.

A menos que en la obra o artefacto el precio de la nueva especie valga mucho más que el de la materia, como cuando se pinta en lienzo ajeno, o de mármol ajeno se hace una estatua; pues en este caso la nueva especie pertenecerá al especificante, y el dueño de la materia tendrá solamente derecho a la indemnización de perjuicios.

Si la materia del artefacto es, en parte, ajena, y, en parte, propia del que la hizo o mandó hacer, y las dos partes no pueden separarse sin inconveniente, la especie pertenecerá en común a los dos propietarios; al uno a prorrata del valor de su materia, y al otro a prorrata del valor de la suya y de la hechura.

Fuentes: D. 41.1.7.7; IJ 2.1.27; P.3.T.28.L.33; Poth. Domaine Nº 181, p. 162; CN 570-572

Art. 663. Si se forma una cosa por mezcla de materias áridas o líquidas, pertenecientes a diferentes dueños, no habiendo conocimiento del hecho por una parte, ni mala fe por otra, el dominio de la cosa pertenecerá a dichos dueños proindiviso, a prorrata del valor de la materia que a cada uno pertenezca.

A menos que el valor de la materia perteneciente a uno de ellos fuere considerablemente superior, pues en tal caso el dueño de ella tendrá derecho para reclamar la cosa producida por la mezcla, pagando el precio de la materia restante.

Conc.: CC. 664-667
Fuentes: D.41.1.7.8-9, D.41.1.12; IJ 2.1.28; Poth. Domaine Nº 190, p. 166; CN 573-574

Art. 664. En todos los casos en que al dueño de una de las dos materias unidas no sea fácil reemplazarla por otra de la misma calidad, valor y aptitud, y pueda la primera separarse sin deterioro de lo demás, el dueño de ella, sin cuyo conocimiento se haya hecho la unión, podrá pedir su separación y entrega, a costa del que hizo uso de ella.

Art. 665. En todos los casos en que el dueño de una materia de que se ha hecho uso sin su conocimiento, tenga derecho a la propiedad de la cosa en que ha sido empleada, lo tendrá igualmente para pedir que en lugar de dicha materia se le restituya otro tanto de la misma naturaleza, calidad y aptitud, o su valor en dinero.

Fuente: CN 576

Art. 666. El que haya tenido conocimiento del uso que de una materia suya se hacía por otra persona, se presumirá haberlo consentido y sólo tendrá derecho a su valor.

Art. 667. El que haya hecho uso de una materia ajena sin conocimiento del dueño, y sin justa causa de error, estará sujeto en todos los casos a perder lo suyo, y a pagar lo que más de esto valieren los perjuicios irrogados al dueño; fuera de la acción criminal a que haya lugar, cuando ha procedido a sabiendas.

Si el valor de la obra excediere notablemente al de la materia, no tendrá lugar lo prevenido en el recedente inciso; salvo que se haya procedido a sabiendas.

Conc.: CC. 2314
Fuente: CN 577

§ 4. De la accesión de las cosas muebles a inmuebles

Art. 668. Si se edifica con materiales ajenos en suelo propio, el dueño del suelo se hará dueño de los materiales por el hecho de incorporarlos en la construcción; pero estará obligado a pagar al dueño de los materiales su justo precio, u otro tanto de la misma naturaleza, calidad y aptitud.

Si por su parte no hubo justa causa de error, será obligado al resarcimiento de perjuicios, y si ha procedido a sabiendas, quedará también sujeto a la acción criminal competente; pero si el dueño de los materiales tuvo conocimiento del uso que se hacía de ellos, sólo habrá lugar a la disposición del inciso anterior.

La misma regla se aplica al que planta o siembra en suelo propio vegetales o semillas ajenas.

Mientras los materiales no están incorporados en la construcción o los vegetales arraigados en el suelo, podrá reclamarlos el dueño.

Fuentes: D.41.1.7.10-13; IJ 2.1.29-32; P.3.T.28.LL.ll.42-43; CN 554

Art. 669. El dueño del terreno en que otra persona, sin su conocimiento, hubiere edificado, plantado o sembrado, tendrá el derecho de hacer suyo el edificio, plantación o sementera, mediante las indemnizaciones prescritas a favor de los poseedores de buena o mala fe en el título De la reivindicación, o de obligar al que edificó o plantó a pagarle el justo precio del terreno con los intereses legales por todo el tiempo que lo haya tenido en su poder, y al que sembró a pagarle la renta y a indemnizarle los perjuicios.

Si se ha edificado, plantado o sembrado a ciencia y paciencia del dueño del terreno, será éste obligado, para recobrarlo, a pagar el valor del edificio, plantación o sementera.

Conc.: CC. 908-914
Fuentes: D.41.1.7.10-13; IJ 2.1.29-32; P.3ª, tit. 28, ll.42-43; CN 555

TÍTULO VI. DE LA TRADICIÓN

§ 1. Disposiciones generales

Art. 670. La tradición es un modo de adquirir el dominio de las cosas y consiste en la entrega que el dueño hace de ellas a otro, habiendo por una parte la facultad e intención de transferir el dominio, y por otra la capacidad e intención de adquirirlo.

Lo que se dice del dominio se extiende a todos los otros derechos reales.

Conc.: CC. 588, 670-699, 702, 724, 1140, 1443, 1554, 1739, 1819, 1824, 1920, 2174, 2197, 2437
Fuentes: D.41.1.10.3; IJ 2.1.40; P.3.T. 28.L.46; Poth. Domaine Nº 194, p. 168

Art. 671. Se llama tradente la persona que por la tradición transfiere el dominio de la cosa entregada por él o a su nombre, y adquirente la persona que por la tradición adquiere el dominio de la cosa recibida por él o a su nombre.

Pueden entregar y recibir a nombre del dueño sus mandatarios, o sus representantes legales.

En las ventas forzadas que se hacen por decreto judicial a petición de un acreedor, en pública subasta, la persona cuyo dominio se transfiere es el tradente, y el juez su representante legal.

La tradición hecha por o a un mandatario debidamente autorizado, se entiende hecha por o a el respectivo mandante.

Conc.: CC. 43, 243-244, 260-266, 390, 439, 440, 449, 670-674, 678, 720, 1411, 1448, 2116, 2132, 2142-2143, 2151
Fuentes: D.41.1.9.4, 41.1.10, 41.1.17, 41.1.20, 41.1.25, 41.1.46; D.50.17.54; IJ 2.1.42-43, 2.8; P.3.T.30.LL.4 y 11; Poth. Domaine Nº 219-224, p. 176-178

Art. 672. Para que la tradición sea válida debe ser hecha voluntariamente por el tradente o por su representante.

Una tradición que al principio fue inválida por haberse hecho sin voluntad del tradente o de su representante, se valida retroactivamente por la ratificación del que tiene facultad de enajenar la cosa como dueño o como representante del dueño.

Conc.: CC. 12, 43, 671-674, 678, 705, 720, 898, 900, 1448, 1693-1697
Fuentes: D.41.1.9.4, 41.1.10, 41.1.17, 41.1.20, 41.1.25, 41.1.46; D.50.17.54; IJ 2.1.42-43, 2.8; Poth. Domaine Nº 231-237, pp. 180-182

Art. 673. La tradición, para que sea válida, requiere también el consentimiento del adquirente o de su representante.

Pero la tradición que en su principio fue inválida por haber faltado este consentimiento, se valida retroactivamente por la ratificación.

Conc.: CC. 12, 43, 671-674, 678, 720, 1448, 1693-1697
Fuente: D.41.1.36; D.44.7.55; P.3.T.30.L.9; Poth. Domaine Nº 238, p. 182

Art. 674. Para que sea válida la tradición en que intervienen mandatarios o representantes legales, se requiere además que éstos obren dentro de los límites de su mandato o de su representación legal.

Conc.: CC. 43, 243-244, 260-266, 390, 439, 440, 449, 670-674, 678, 720, 1411, 1448, 2116, 2132, 2142-2143, 2151
Fuentes: IJ 2.1.42; P.3.T.30.L.9; Poth. Domaine Nº 222, p. 177, Nº 225, p. 178

Art. 675. Para que valga la tradición se requiere un título translaticio de dominio, como el de venta, permuta, donación, etc.

Se requiere además que el título sea válido respecto de la persona a quien se confiere. Así el título de donación irrevocable no transfiere el dominio entre cónyuges.

Conc.: CC. 556, 675-677, 684, 686-687, 689-690, 696, 699, 701-706, 717, 725, 728-729, 794, 814, 819, 881-884, 905, 923, 1726, 1728-1729, 1732, 1736, 1739, 1792-7-1792-8, 1792-10, 1817, 1901, 1907, 1909, 1912, 1962, 2406, 2428, 2505, 2510; Reglamento del CBR 52
Fuentes: D. 41.1.10.1, D.41.1.31; IJ 2.1.41; Poth. Domaine Nº 228, p. 180

Art. 676. Se requiere también para la validez de la tradición que no se padezca error en cuanto a la identidad de la especie que debe entregarse, o de la persona a quien se le hace la entrega, ni en cuanto al título.

Si se yerra en el nombre sólo, es válida la tradición.

Conc.: CC. 1057, 1453-1455, 1801, 2216, 2456
Fuentes: D.12.1.18.pr, D.18.1.15; D.41.1.36, D.41.1.37.6; D.41.4.11; Poth. Domaine, Nº 232-233, p. 181-182

Art. 677. El error en el título invalida la tradición, sea cuando una sola de las partes supone un título translaticio de dominio, como cuando por una parte se tiene el ánimo de entregar a título de comodato, y por otra se tiene el ánimo de recibir a título de donación, o sea cuando por las dos partes se suponen títulos translaticios de dominio, pero diferentes, como si por una parte se supone mutuo, y por otra donación.

Conc.: CC. 1453
Fuentes: D.12.1.18.pr, D.41.1.36, D.41.1.37.6, D.44.7.55; Poth. Domaine Nº 238, pp. 182-183

Art. 678. Si la tradición se hace por medio de mandatarios o representantes legales, el error de éstos invalida la tradición.

Conc.: CC. 43, 243-244, 260-266, 390, 439, 440, 449, 670-674, 678, 720, 1411, 1448, 2116, 2132, 2142-2143, 2151
Fuentes: D.41.2.34., D.41.1.35; P.3.T.30.L.9

Art. 679. Si la ley exige solemnidades especiales para la enajenación, no se transfiere el dominio sin ellas.

Conc.: Tradición bienes raíces CC. 686-687, 690, 692-697; Reglamento del CBR 52, 61
Tradición de servidumbre CC. 698; Reglamento del CBR 53
Tradición de derechos personales CC. 699, 1901-1908

Art. 680. La tradición puede transferir el dominio bajo condición suspensiva o resolutoria, con tal que se exprese.

Verificada la entrega por el vendedor, se transfiere el dominio de la cosa vendida, aunque no se haya pagado el precio, a menos que el vendedor se haya reservado el dominio hasta el pago, o hasta el cumplimiento de una condición.

Conc.: CC. 1403, 1873-1874; Reglamento del CBR 53
Fuentes: D.18.1.3, D.18.1.19, D.18.1.53; IJ 2.1.41; P.3.T.8.L.46; Poth. Domaine Nº 239-242, pp. 183-184

Art. 681. Se puede pedir la tradición de todo aquello que se deba, desde que no haya plazo pendiente para su pago; salvo que intervenga decreto judicial en contrario.

Conc.: CC. 1494-1498, 1806, 1826

Art. 682. Si el tradente no es el verdadero dueño de la cosa que se entrega por él o a su nombre, no se adquieren por medio de la tradición otros derechos que los transmisibles del mismo tradente sobre la cosa entregada.

Pero si el tradente adquiere después el dominio, se entenderá haberse éste transferido desde el momento de la tradición.

Conc.: CC. 732, 779, 1108, 1110, 1819
Fuentes: D.18.1.67, D.41.1.20; IJ 2.1.35; Poth. Domaine Nº 243, p. 185

Art. 683. La tradición da al adquirente, en los casos y del modo que las leyes señalan, el derecho de ganar por la prescripción el dominio de que el tradente carecía, aunque el tradente no haya tenido ese derecho.

Conc.: CC. 700-731, 2492, 2498-2513
Fuentes: IJ 2.1.35

§ 2. De la tradición de las cosas corporales muebles

Art. 684. La tradición de una cosa corporal mueble deberá hacerse significando una de las partes a la otra que le transfiere el dominio, y figurando esta transferencia por uno de los medios siguientes:

1o. Permitiéndole la aprensión material de una cosa presente;

2o. Mostrándosela;

3o. Entregándole las llaves del granero, almacén, cofre o lugar cualquiera en que esté guardada la cosa;

4o. Encargándose el uno de poner la cosa a disposición del otro en el lugar convenido; y

5o. Por la venta, donación u otro título de enajenación conferido al que tiene la cosa mueble como usufructuario, arrendatario, comodatario, depositario, o a cualquier otro título no translaticio de dominio; y recíprocamente por el mero contrato en que el dueño se constituye usufructuario, comodatario, arrendatario, etc.

Conc.: CC. 685; C. Comercio 149, 176
Fuentes: D.12.1.9.9, D.18.1.74, D.21.62.2.2, D.23.3.9.3, D.41.1.9.4-6, D.41.2.3.1, D.41.2.18.2; IJ 2.1.44-45; P.3.T.30.LL.7-8; Poth. Domaine Nº 195, 199-211, p. 168-173

Art. 685. Cuando con permiso del dueño de un predio se toman en él piedras, frutos pendientes u otras cosas que forman parte del predio, la tradición se verifica en el momento de la separación de estos objetos.

Aquél a quien se debieren los frutos de una sementera, viña o plantío, podrá entrar a cogerlos, fijándose el día y hora de común acuerdo con el dueño.

Conc.: CC. 684
Fuentes: D.39.5.6; Poth. Domaine Nº 197, p. 169

§ 3. De las otras especies de tradición

Art. 686. Se efectuará la tradición del dominio de los bienes raíces por la inscripción del título en el Registro del Conservador.

De la misma manera se efectuará la tradición de los derechos de usufructo o de uso constituidos en bienes raíces, de los derechos de habitación o de censo y del derecho de hipoteca.

Acerca de la tradición de las minas se estará a lo prevenido en el Código de Minería.

Conc.: CC. 686-687, 690, 692-697, 724, 728, 730; Reglamento del CBR 52, 61; C. Minería 92; C. Aguas 112
Fuente: Generaliza P.3.T.30.L.8, Poth. Domaine Nº 198, p. 169, L. Prelación Créditos 1845 15; sigue Vinnius Institutionum Comentarius, 2.1, p. 219; ABGB 431; García Goyena 1826, 1858

Art. 687. La inscripción del título de dominio y de cualquier otro de los derechos reales mencionados en el artículo precedente, se hará en el Registro Conservatorio del territorio en que esté situado el inmueble y si éste por situación pertenece a varios territorios, deberá hacerse la inscripción en el Registro de cada uno de ellos.

Si el título es relativo a dos o más inmuebles, deberá inscribirse en los Registros Conservatorios de todos los territorios a que por su situación pertenecen los inmuebles.

Si por un acto de partición se adjudican a varias personas los inmuebles o parte de los inmuebles que antes se poseían proindiviso, el acto de partición relativo a cada inmueble o cada parte adjudicada se inscribirá en el Registro Conservatorio en cuyo territorio esté ubicado el inmueble.

Modif. L. 18776
Conc.: Reglamento CBR 54; CPC 659

Art. 688. En el momento de deferirse la herencia, la posesión efectiva de ella se confiere por el ministerio de la ley al heredero; pero esta posesión legal no habilita al heredero para disponer en manera alguna de un inmueble, mientras no preceda:

1o. La inscripción del decreto judicial o la resolución administrativa que otorgue la posesión efectiva: el primero ante el conservador de bienes raíces de la comuna o agrupación de comunas en que haya sido pronunciado, junto con el correspondiente testamento, y la segunda en el Registro Nacional de Posesiones Efectivas;

2o. Las inscripciones especiales prevenidas en los incisos primero y segundo del artículo precedente: en virtud de ellas podrán los herederos disponer de consuno de los inmuebles hereditarios, y

3o. La inscripción prevenida en el inciso tercero: sin ésta no podrá el heredero disponer por sí solo de los inmuebles hereditarios que en la partición le hayan cabido.

Modif.L. 19903
Conc.: CC. 688, 696, 697, 704; L. 16271 4, 25-30 bis, 32, 60; Reglamento del CBR 55; CPC 877-883

Art. 689. Siempre que por una sentencia ejecutoriada se reconociere, como adquirido por prescripción, el dominio o cualquiera otro de los derechos mencionados en los artículos 686 y siguientes, servirá de título esta sentencia, y se inscribirá en el respectivo Registro o Registros.

Conc.: CC. 2492, 2513
Fuentes: ABGB 436; García Goyena 1827

Art. 690. Para llevar a efecto la inscripción, se exhibirá al Conservador copia auténtica del título respectivo, y del decreto judicial en su caso.

La inscripción principiará por la fecha de este acto; expresará la naturaleza y fecha del título, los nombres, apellidos y domicilios de las partes y la designación de la cosa, según todo ello aparezca en el título; expresará además la oficina o archivo en que se guarde el título original; y terminará por la firma del Conservador.

Conc.: CC. Reglamento del CBR 57, 62, 70-87
Fuentes: ABGB 433, 436; García Goyena 1823

Art. 691. La inscripción de un testamento comprenderá la fecha de su otorgamiento; el nombre, apellido y domicilio del testador; los nombres, apellidos y domicilios de los herederos o legatarios que solicitaren la inscripción, expresando sus cuotas, o los respectivos legados.

La inscripción de una sentencia o decreto comprenderá su fecha, la designación del tribunal o juzgado respectivo, y una copia literal de la parte dispositiva.

La inscripción de un acto legal de partición comprenderá la fecha de este acto, el nombre y apellido del juez partidor, y la designación de las partes o hijuelas pertenecientes a los que soliciten la inscripción.

Las inscripciones antedichas se conformarán en lo demás a lo prevenido en el artículo precedente.

Conc.: CC. 999, Reglamento del CBR 52, 57, 79
Fuente: García Goyena 1827-1828

Art. 692. Siempre que se transfiera un derecho que ha sido antes inscrito, se mencionará la precedente inscripción en la nueva.

Fuente: ABGB 433

Art. 693. Para la transferencia, por donación o contrato entre vivos, del dominio de una finca que no ha sido antes inscrita, exigirá el Conservador, constancia de haberse dado aviso de dicha transferencia al público por medio de tres avisos publicados en un diario de la comuna o de la capital de provincia o de la capital de la región, si en aquélla no lo hubiere, y por un cartel fijado, durante quince días por lo menos, en la oficina del Conservador de Bienes Raíces respectivo.

Se sujetarán a la misma regla la constitución o transferencia por acto entre vivos de los otros derechos reales mencionados en los artículos precedentes, y que se refieren a inmuebles no inscritos.

Modif. L. 18776
Fuente: ABGB 434

Art. 694. Si la inscripción se refiere a minutas o documentos que no se guardan en el registro o protocolo de una oficina pública, se guardarán dichas minutas o documentos en el archivo del Conservador, bajo su custodia y responsabilidad.

Art. 695. Un reglamento especial determinará en lo demás los deberes y funciones del Conservador, y la forma y solemnidad de las inscripciones.

Conc.: Reglamento del CBR

Art. 696. Los títulos cuya inscripción se prescribe en los artículos anteriores, no darán o transferirán la posesión efectiva del respectivo derecho, mientras la inscripción no se efectúe de la manera que en dichos artículos se ordena; pero esta disposición no regirá sino respecto de los títulos que se confieran después del término señalado en el reglamento antedicho.

Conc.: CC. 724, 728, 730
Fuente: ABGB 441

Art. 697. En el tiempo intermedio entre la fecha en que principie a regir este Código y aquella en que la inscripción empiece a ser obligatoria, se hará la inscripción de los derechos reales mencionados en los artículos anteriores, del modo siguiente:

1o. La de un derecho de dominio, usufructo, uso o habitación, por medio de una escritura pública en que el tradente exprese entregarlo, y el adquirente recibirlo: esta escritura podrá ser la misma del acto o contrato en que se transfiere o constituye el derecho;

2o. La de un derecho de hipoteca o censo, por la anotación en la competente oficina de hipotecas;

3o. La de un derecho de herencia, por el decreto judicial que confiere la posesión efectiva;

4o. La de un legado, por medio de una escritura pública como la prevenida en el número 1o; y

5o. La del objeto adjudicado en acto de partición, por escritura pública en que conste la adjudicación y haberla aceptado el adjudicatario.

Art. 698. La tradición de un derecho de servidumbre se efectuará por escritura pública en que el tradente exprese constituirlo, y el adquirente aceptarlo: esta escritura podrá ser la misma del acto o contrato.

Conc.: CC. 882-884, 925, 1801; CPC 877-883

Art. 699. La tradición de los derechos personales que un individuo cede a otro se verifica por la entrega del título hecha por el cedente al cesionario.

Conc.: CC. 715, 1576, 1901-1908, 2389
Fuentes: Poth. Domaine Nº 215-217, pp. 174-175; CN 1607; García Goyena 1387

TÍTULO VII. DE LA POSESIÓN

§ 1. De la posesión y sus diferentes calidades

Art. 700. La posesión es la tenencia de una cosa determinada con ánimo de señor o dueño, sea que el dueño o el que se da por tal tenga la cosa por sí mismo, o por otra persona que la tenga en lugar y a nombre de él.

El poseedor es reputado dueño, mientras otra persona no justifica serlo.

Conc.: CC. 700-731, 884, 889, 894, 916-929, 1576, 2499-2513
Fuentes: D. 41.2.1; P.3.T.30.L.1; Poth. Possess. Nº 3, p. 268; CN 2228; CL 530

Art. 701. Se puede poseer una cosa por varios títulos.

Conc.: CC. 675-677, 684, 686-687, 689-690, 696, 699, 701-706, 725, 2505, 2510; Reglamento del CBR 52
Fuentes: D.41.2.3.4; Poth. Possess. Nº 5, p. 269

Art. 702. La posesión puede ser regular o irregular.

Se llama posesión regular la que procede de justo título y ha sido adquirida de buena fe; aunque la buena fe no subsista después de adquirida la posesión. Se puede ser por consiguiente poseedor regular y poseedor de mala fe, como viceversa el poseedor de buena fe puede ser poseedor irregular.

Si el título es translaticio de dominio, es también necesaria la tradición.

La posesión de una cosa a ciencia y paciencia del que se obligó a entregarla, hará presumir la tradición; a menos que ésta haya debido efectuarse por la inscripción del título.

Conc.: CC. 702-707, 894, 2507
Fuentes: D.41.1.48.1, D.41.2.5, D.50.16.109; Poth. Possess. Nº 6, 7 y 9, pp. 269-270; Poth. Prescrip. Nº 34, 35, pp. 329-330; C. Sicilia 2175

Art. 703. El justo título es constitutivo o translaticio de dominio.

Son constitutivos de dominio la ocupación, la accesión y la prescripción.

Son translaticios de dominio los que por su naturaleza sirven para transferirlo, como la venta, la permuta, la donación entre vivos.

Pertenecen a esta clase las sentencias de adjudicación en juicios divisorios, y los actos legales de partición.

Las sentencias judiciales sobre derechos litigiosos no forman nuevo título para legitimar la posesión.

Las transacciones en cuanto se limitan a reconocer o declarar derechos preexistentes, no forman nuevo título; pero en cuanto transfieren la propiedad de un objeto no disputado, constituyen un título nuevo.

Conc.: CC. 675-677, 684, 686-687, 689-690, 696, 699, 701-706, 717, 725, 728-729, 794, 814, 819, 881-884, 923, 1726, 1728-1729, 1732, 1736, 1739, 1792-7-1792-8, 1792-10, 1817, 1901, 1907, 1909, 1912, 1962, 2406, 2428, 2505, 2510; Reglamento del CBR 52
Fuentes: D.41.2.3.9, D.41.3.21; D.41.2.5; Poth. Possess. Nº 6, p. 269-270; CN 550

Art. 704. No es justo título:

1o. El falsificado, esto es, no otorgado realmente por la persona que se pretende;

2o. El conferido por una persona en calidad de mandatario o representante legal de otra sin serlo;

3o. El que adolece de un vicio de nulidad, como la enajenación que debiendo ser autorizada por un representante legal o por decreto judicial, no lo ha sido; y

4o. El meramente putativo, como el del heredero aparente que no es en realidad heredero; el del legatario cuyo legado ha sido revocado por un acto testamentario posterior, etc.

Sin embargo, al heredero putativo a quien por decreto judicial o resolución administrativa se haya otorgado la posesión efectiva, servirá de justo título el decreto o resolución; como al legatario putativo el correspondiente acto testamentario que haya sido legalmente ejecutado.

Modif. L. 19903
Fuentes: D.41.2.16; Poth. Possess. Nº 11, 12, 14, p. 271-272

Art. 705. La validación del título que en su principio fue nulo, efectuada por la ratificación, o por otro medio legal, se retrotrae a la fecha en que fue conferido el título.

Conc.: CC. 261, 672-673, 1684, 1693-1697, 1736, 1792-8, 2375, 2412

Art. 706. La buena fe es la conciencia de haberse adquirido el dominio de la cosa por medios legítimos, exentos de fraude y de todo otro vicio.

Así en los títulos translaticios de dominio la buena fe supone la persuasión de haberse recibido la cosa de quien tenía la facultad de enajenarla, y de no haber habido fraude ni otro vicio en el acto o contrato.

Un justo error en materia de hecho no se opone a la buena fe.

Pero el error en materia de derecho constituye una presunción de mala fe, que no admite prueba en contrario.

Conc.: CC. 7, 8, 702, 1452, 2297, 2299
Fuentes: D.41.1.48.1, D.41.2.3.22, D.41.3.31.pr; D.50.16.109; IJ 2.1.35, 2.6.pr; Poth. Prescrip. Nº 28-29, 34, pp. 327-329; CN 550

Art. 707. La buena fe se presume, excepto en los casos en que la ley establece la presunción contraria.

En todos los otros la mala fe deberá probarse.

Conc.: CC. 7, 8, 702, 1452, 2297, 2299

Art. 708. Posesión irregular es la que carece de uno o más de los requisitos señalados en el artículo 702.

Conc.: CC. 702-707, 2510
Fuente: Poth. Possess. Nº 10-13, pp. 270-271

Art. 709. Son posesiones viciosas la violenta y la clandestina.

Conc.: CC. 709-713, 729, 920, 928
Fuentes: D.43.17.1.9; IJ 4.15.4a; Poth. Possess. Nº 19, 27, pp. 273-274

Art. 710. Posesión violenta es la que se adquiere por la fuerza.

La fuerza puede ser actual o inminente.

Conc.: CC. 709-712, 729, 920, 928, 1456
Fuente: Poth. Possess. Nº 19, p. 273

Art. 711. El que en ausencia del dueño se apodera de la cosa, y volviendo el dueño le repele, es también poseedor violento.

Fuentes: D.41.6.1; Poth. Possess. Nº 20, p. 273

Art. 712. Existe el vicio de violencia, sea que se haya empleado contra el verdadero dueño de la cosa, o contra el que la poseía sin serlo, o contra el que la tenía en lugar o a nombre de otro.

Lo mismo es que la violencia se ejecute por una persona o por sus agentes, y que se ejecute con su consentimiento o que después de ejecutada se ratifique expresa o tácitamente.

Conc.: CC. 1007, 1457
Fuentes: D. 43.16.1.12, D.43.16.1.22; Poth. Possess. Nº 21-23, p. 274

Art. 713. Posesión clandestina es la que se ejerce ocultándola a los que tienen derecho para oponerse a ella.

Conc.: CC. 713, 729, 920, 928
Fuentes: D.41.2.6; Poth. Possess. Nº 27-29, pp. 274-275

Art. 714. Se llama mera tenencia la que se ejerce sobre una cosa, no como dueño, sino en lugar o a nombre del dueño. El acreedor prendario, el secuestre, el usufructuario, el usuario, el que tiene el derecho de habitación, son meros tenedores de la cosa empeñada, secuestrada, o cuyo usufructo, uso o habitación les pertenece.

Lo dicho se aplica generalmente a todo el que tiene una cosa reconociendo dominio ajeno.

Conc.: CC. 714, 716, 719, 730, 896, 928, 1264, 2510
Fuente: Cambia natural por mera tenencia de Poth. Possess. Nº 13, p. 271

Art. 715. La posesión de las cosas incorporales es susceptible de las mismas calidades y vicios que la posesión de una cosa corporal.

Conc.: CC. 699, 1576
Fuentes: En contra de D.41.2.3; Poth. Possess. Nº 38, p. 278

Art. 716. El simple lapso de tiempo no muda la mera tenencia en posesión; salvo el caso del artículo 2510, regla 3a.

Conc.: CC. 714, 719, 730, 896, 2510
Fuentes: D.41.2.3.19; Poth. Possess. Nº 13, p. 271

Art. 717. Sea que se suceda a título universal o singular, la posesión del sucesor, principia en él; a menos que quiera añadir la de su antecesor a la suya; pero en tal caso se la apropia con sus calidades y vicios.

Podrá agregarse en los mismos términos a la posesión propia la de una serie no interrumpida de antecesores.

Conc.: CC. 2500

Fuentes: D.41.2.13, D.41.2.3.19-20; en contra de Poth. Possess. Nº 31, p. 275 y CN 2237; Poth. Possess. Nº 34, pp. 216-217

Art. 718. Cada uno de los partícipes de una cosa que se poseía proindiviso, se entenderá haber poseído exclusivamente la parte que por la división le cupiere, durante todo el tiempo que duró la indivisión.

Podrá pues añadir este tiempo al de su posesión exclusiva, y las enajenaciones que haya hecho por sí solo de la cosa común y los derechos reales con que la haya gravado, subsistirán sobre dicha parte si hubiere sido comprendida en la enajenación o gravamen. Pero si lo enajenado o gravado se extendiere a más, no subsistirá la enajenación o gravamen contra la voluntad de los respectivos adjudicatarios.

Conc.: CC. 717, 2304, 2500
Fuente: D.41.2.1.17

Art. 719. Si se ha empezado a poseer a nombre propio, se presume que esta posesión ha continuado hasta el momento en que se alega.

Si se ha empezado a poseer a nombre ajeno, se presume igualmente la continuación del mismo orden de cosas.

Si alguien prueba haber poseído anteriormente, y posee actualmente, se presume la posesión en el tiempo intermedio.

Conc.: CC. 730, 2510
Fuentes: D.41.2.3.19-20, D.41.5.2.1; Poth. Possess. Nº 31-32, p. 275

Art. 720. La posesión puede tomarse no sólo por el que trata de adquirirla para sí, sino por su mandatario, o por sus representantes legales.

Conc.: CC. 43, 243, 390, 671, 674, 721, 1225, 1411, 1448, 2116
Fuentes: D.41.2.1.20; Poth. Possess. Nº 47 y 49, pp. 281-282

§ 2. De los modos de adquirir y perder la posesión

Art. 721. Si una persona toma la posesión de una cosa en lugar o a nombre de otra de quien es mandatario o representante legal, la posesión del mandante o representado principia en el mismo acto, aun sin su conocimiento.

Si el que toma la posesión a nombre de otra persona, no es su mandatario ni representante, no poseerá ésta sino en virtud de su conocimiento y aceptación; pero se retrotraerá su posesión al momento en que fue tomada a su nombre.

Conc.: CC. 43, 243, 390, 671, 674, 721, 1225, 1411, 1448, 2116
Fuentes: D.41.2.1.20; Poth. Possess. Nº 47 y 49, pp. 281-282

Art. 722. La posesión de la herencia se adquiere desde el momento en que es deferida, aunque el heredero lo ignore.

El que válidamente repudia una herencia se entiende no haberla poseído jamás.

Conc.: CC. 955-956, 1226, 1239
Fuentes: D.41.2.23; Poth. Possess. Nº 57, p. 283; CN 724; C. Sardo 667

Art. 723. Los que no pueden administrar libremente lo suyo, no necesitan de autorización alguna para adquirir la posesión de una cosa mueble, con tal que concurran en ello la voluntad y la aprensión material o legal; pero no pueden ejercer los derechos de poseedores, sino con la autorización que competa.

Los dementes y los infantes son incapaces de adquirir por su voluntad la posesión, sea para sí mismos o para otros.

Conc.: CC. 25-26, 43, 243, 342, 390, 1447, 1682
Fuentes: D.41.2.1.3, D.41.2.1.11; Poth. Possess. Nº 44-50, pp. 280-282

Art. 724. Si la cosa es de aquellas cuya tradición deba hacerse por inscripción en el Registro del Conservador, nadie podrá adquirir la posesión de ella sino por este medio.

Conc.: CC. 686-687, 690, 692-697, 724, 728, 730, 924; Reglamento del CBR 52, 61; C. Minería 92; C. Aguas 112
Fuente: Vinnius Institutionum Comentarius, 2.1 in fine, p. 219; ABGB 431, 444; García Goyena 1826

Art. 725. El poseedor conserva la posesión, aunque transfiera la tenencia de la cosa, dándola en arriendo, comodato, prenda, depósito, usufructo o a cualquiera otro título no translaticio de dominio.

Conc.: CC. 714, 716, 719, 730, 896, 928, 1264, 2499, 2510
Fuentes: D.41.2.25.1; P.3ª, tit. 30, l.12; Poth. Nº 54, p. 282

Art. 726. Se deja de poseer una cosa desde que otro se apodera de ella con ánimo de hacerla suya; menos en los casos que las leyes expresamente exceptúan.

Conc.: CC. 724, 728-729, 696, 924, 2502
Fuentes: D.41.2.3.9 in fine; Poth. Possess. Nº 73-75, pp. 288-289

Art. 727. La posesión de la cosa mueble no se entiende perdida mientras se halla bajo el poder del poseedor, aunque éste ignore accidentalmente su paradero.

Conc.: CC. 2502
Fuentes: D.41.2.3.13, D.41.2.15,; Poth. Possess. Nº 79, pp. 289-290

Art. 728. Para que cese la posesión inscrita, es necesario que la inscripción se cancele, sea por voluntad de las partes, o por una nueva inscripción en que el poseedor inscrito transfiere su derecho a otro, o por decreto judicial.

Mientras subsista la inscripción, el que se apodera de la cosa a que se refiere el título inscrito, no adquiere posesión de ella ni pone fin a la posesión existente.

Conc.: CC. 686-687, 690, 692-697, 724, 728, 730, 924; Reglamento del CBR 52, 61; C. Minería 92; C. Aguas 112
Fuente: ABGB 441, 444

Art. 729. Si alguien, pretendiéndose dueño, se apodera violenta o clandestinamente de un inmueble cuyo título no está inscrito, el que tenía la posesión la pierde.

Conc.: CC. 925, 2499
Fuentes: D.41.2.3.9 in fine; Poth. Possess. Nº 73-74, pp. 288-289

Art. 730. Si el que tiene la cosa en lugar y a nombre de otro, la usurpa dándose por dueño de ella, no se pierde por una parte la posesión ni se adquiere por otra; a menos que el usurpador enajene a su propio nombre la cosa. En este caso la persona a quien se enajena adquiere la posesión de la cosa, y pone fin a la posesión anterior.

Con todo, si el que tiene la cosa en lugar y a nombre de un poseedor inscrito, se da por dueño de ella y la enajena, no se pierde por una parte la posesión ni se adquiere por otra, sin la competente inscripción.

Conc.: CC. 719, 2510

Fuentes: D.41.2.3.19-20, D.41.5.2.1; P.3.T.30.L.13; Poth. Possess. N° 31-32, p. 275

Art. 731. El que recupera legalmente la posesión perdida, se entenderá haberla tenido durante todo el tiempo intermedio.

Conc.: CC. 2502

TÍTULO VIII. DE LAS LIMITACIONES DEL DOMINIO Y PRIMERAMENTE DE LA PROPIEDAD FIDUCIARIA

Art. 732. El dominio puede ser limitado de varios modos:

1o. Por haber de pasar a otra persona en virtud de una condición;

2o. Por el gravamen de un usufructo, uso o habitación, a que una persona tenga derecho en las cosas que pertenecen a otra; y

3o. Por las servidumbres.

Conc.: CC. 582, 733, 764, 811, 820
Fuente: Delvincout, T.1, pp. 150 y 346

Art. 733. Se llama propiedad fiduciaria la que está sujeta al gravamen de pasar a otra persona, por el hecho de verificarse una condición.

La constitución de la propiedad fiduciaria se llama fideicomiso.

Este nombre se da también a la cosa constituida en propiedad fiduciaria.

La translación de la propiedad a la persona en cuyo favor se ha constituido el fideicomiso, se llama restitución.

Conc.: CC. 91, 410, 732-763, 806, 893, 1078-1079, 1086, 1156, 1164, 1229, 1251, 1255, 1297, 1308, 1317, 1319, 1356, 1372, 1410, 1413-1414, 1618, 1958-1959
Fuentes: Pothier, Domaine, N° 8-10, pp. 104-105; Escriche, T.2, p. 1037 (Fideicomiso); Delvincourt T.2, p. 103 y p. 388

Art. 734. No puede constituirse fideicomiso sino sobre la totalidad de una herencia o sobre una cuota determinada de ella, o sobre uno o más cuerpos ciertos.

Conc.: CC. 1066, 1086
Fuentes: IJ 2.23.pr, IJ 2.23.10, IJ 2.24.pr; Molina, De justit. D.182.12, p. 180; Poth. Substit. N° 6, p. 456; Delvincourt T2, p. 103 y p. 393

Art. 735. Los fideicomisos no pueden constituirse sino por acto entre vivos otorgado en instrumento público, o por acto testamentario.

La constitución de todo fideicomiso que comprenda o afecte un inmueble, deberá inscribirse en el competente Registro.

Conc.: CC. 680, 682, 686, 1410, 1491; Reglamento del CBR 52-59; L. G. Bancos 86 Nº 8

Fuentes: Poth. Substit. Nº 7 y 15-16, pp. 457, 460; L. 17 de mayo de 1826, art. único, Francia; Delvincourt T.2, p. 108

Art. 736. Una misma propiedad puede constituirse a la vez en usufructo a favor de una persona y en fideicomiso a favor de otra.

Conc.: CC. 806

Fuentes: Poth. Sustit. Nº 64, p. 476; Delvincourt T2, pp. 105 y 394

Art. 737. El fideicomisario puede ser persona que al tiempo de deferirse la propiedad fiduciaria no existe, pero se espera que exista.

Conc.: CC. 74-77, 1084-1085, 1065

Fuente: D.30.17; Poth. Substit. Nº 44, p. 468; Delvincourt T2, p. 394

Art. 738. El fideicomiso supone siempre la condición expresa o tácita de existir el fideicomisario, o su substituto, a la época de la restitución.

A esta condición de existencia pueden agregarse otras copulativa o disyuntivamente.

Conc.: CC. 74-77, 1065, 1084-1085, 1390

Fuente: D.30.17; Poth. Substit. Nº 44, p. 468; Delvincourt T2, p. 394

Art. 739. Toda condición de que penda la restitución de un fideicomiso, y que tarde más de cinco años en cumplirse, se tendrá por fallida, a menos que la muerte del fiduciario sea el evento de que penda la restitución.

Estos cinco años se contarán desde la delación de la propiedad fiduciaria.

Modif. L. 16952

Conc.: CC. 1473, 1482

Art. 740. Derogado. L. 7612

Art. 741. Las disposiciones a día, que no equivalgan a condición según las reglas del título De las asignaciones testamentarias, § 3., no constituyen fideicomiso.

Conc.: CC. 1080-1088
Fuente: Molina, De justit. T.1, disp. 189, Nº 6, p. 800

Art. 742. El que constituye un fideicomiso, puede nombrar no sólo uno, sino dos o más fiduciarios, y dos o más fideicomisarios.

Art. 743. El constituyente puede dar al fideicomisario los substitutos que quiera para en caso que deje de existir antes de la restitución, por fallecimiento u otra causa.

Estas substituciones pueden ser de diferentes grados, substituyéndose una persona al fideicomisario nombrado en primer lugar, otra al primer substituto, otra al segundo, etc.

Conc.: CC. 1156-1164

Art. 744. No se reconocerán otros substitutos que los designados expresamente en el respectivo acto entre vivos o testamento.

Conc.: CC. 1156-1164
Fuentes: En contra de Poth. Substit. Nº 45, p. 468-469

Art. 745. Se prohíbe constituir dos o más fideicomisos sucesivos, de manera que restituido el fideicomiso a una persona, lo adquiera ésta con el gravamen de restituirlo eventualmente a otra.

Si de hecho se constituyeren, adquirido el fideicomiso por uno de los fideicomisarios nombrados, se extinguirá para siempre la expectativa de los otros.

Conc.: CC. 1165
Fuentes: CN 896 reformado en 1806; C. Sardo 879

Art. 746. Si se nombran uno o más fideicomisarios de primer grado, y cuya existencia haya de aguardarse en conformidad al artículo 737, se restituirá la totalidad del fideicomiso en el debido tiempo a los fideicomisarios que existan, y los otros entrarán al goce de él a medida que se cumpla respecto de cada uno la condición impuesta. Pero expirado el plazo prefijado en el artículo 739, no se dará lugar a ningún otro fideicomisario.

Art. 747. Los inmuebles actualmente sujetos al gravamen de fideicomisos perpetuos, mayorazgos o vinculaciones, se convertirán en capitales acensuados, según la ley o leyes especiales que se hayan dictado o se dicten al efecto.

Conc.: CC. 1290, 2044-2046

Art. 748. Cuando en la constitución del fideicomiso no se designe expresamente el fiduciario, o cuando falte por cualquiera causa el fiduciario designado, estando todavía pendiente la condición, gozará fiduciariamente de la propiedad el mismo constituyente, si viviere, o sus herederos.

Art. 749. Si se dispusiere que mientras pende la condición se reserven los frutos para la persona que en virtud de cumplirse o de faltar la condición, adquiera la propiedad absoluta, el que haya de administrar los bienes será un tenedor fiduciario, que sólo tendrá las facultades de los curadores de bienes.

Art. 750. Siendo dos o más los propietarios fiduciarios, habrá entre ellos derecho de acrecer, según lo dispuesto para el usufructo en el artículo 780, inciso 1o.

Conc.: CC. 780, 1147, 1163

Art. 751. La propiedad fiduciaria puede enajenarse entre vivos y transmitirse por causa de muerte, pero en uno y otro caso con el cargo de mantenerla indivisa, y sujeta al gravamen de restitución bajo las mismas condiciones que antes.

No será, sin embargo, enajenable entre vivos, cuando el constituyente haya prohibido la enajenación; ni transmisible por testamento o abintestato, cuando el día prefijado para la restitución es el de la muerte del fiduciario; y en este segundo caso si el fiduciario la enajena en vida, será siempre su muerte la que determine el día de la restitución.

Conc.: CC. 757, 1317

Fuente: En contra de Poth. Substit. Nº 160, p. 508

Art. 752. Cuando el constituyente haya dado la propiedad fiduciaria a dos o más personas, según el artículo 742, o cuando los derechos del fiduciario se transfieran a dos o más personas, según el artículo precedente, podrá el juez, a petición de cualquiera de ellas, confiar la administración a aquella que diere mejores seguridades de conservación.

Art. 753. Si una persona reuniere en sí el carácter de fiduciario de una cuota, y dueño absoluto de otra, ejercerá sobre ambas los derechos de fiduciario, mientras la propiedad permanezca indivisa; pero podrá pedir la división.

Intervendrán en ellas las personas designadas en el artículo 761.

Conc.: CC. 751, 761, 1317

Art. 754. El propietario fiduciario tiene sobre las especies que puede ser obligado a restituir, los derechos y cargas del usufructuario, con las modificaciones que en los siguientes artículos se expresan.

Conc.: CC. 774-803, 1078
Fuente: D.7.4.4

Art. 755. No es obligado a prestar caución de conservación y restitución, sino en virtud de sentencia de juez, que así lo ordene como providencia conservatoria, impetrada en conformidad al artículo 761.

Conc.: CC. 775-777
Fuente: Se separa de D.36.3.1

Art. 756. Es obligado a todas las expensas extraordinarias para la conservación de la cosa, incluso el pago de las deudas y de las hipotecas a que estuviere afecta; pero llegado el caso de la restitución, tendrá derecho a que previamente se le reembolsen por el fideicomisario dichas expensas, reducidas a lo que con mediana inteligencia y cuidado debieron costar, y con las rebajas que van a expresarse:

1o. Si se han invertido en obras materiales, como diques, puentes, paredes, no se le reembolsará en razón de estas obras, sino lo que valgan al tiempo de la restitución;

2o. Si se han invertido en objetos inmateriales, como el pago de una hipoteca, o las costas de un pleito que no hubiera podido dejar de sostenerse sin comprometer los derechos del fideicomisario, se rebajará de lo que hayan costado estos objetos una vigésima parte por cada año de los que desde entonces hubieren transcurrido hasta el día de la restitución; y si hubieren transcurrido más de veinte, nada se deberá por esta causa.

Conc.: CC. 759, 797-799, 801, 906, 908, 1486

Art. 757. En cuanto a la imposición de hipotecas, censos, servidumbres, y cualquiera otro gravamen, los bienes que fiduciariamente se posean se asimilarán a los bienes de la persona que vive bajo tutela o curaduría, y las facultades del fiduciario a las del tutor o curador. Impuestos dichos gravámenes sin previa autorización judicial con conocimiento de causa, y con audiencia de los que según el artículo 761 tengan derecho para impetrar providencias conservatorias, no será obligado el fideicomisario a reconocerlos.

Conc.: CC. 393-395, 1491

Art. 758. Por lo demás, el fiduciario tiene la libre administración de las especies comprendidas en el fideicomiso, y podrá mudar su forma; pero conservando su integridad y valor.

Será responsable de los menoscabos y deterioros que provengan de su hecho o culpa.

Conc.: CC. 802, 906, 1486, 2316
Fuente: Amplía responsabilidad de D.36.1.23.3

Art. 759. El fiduciario no tendrá derecho a reclamar cosa alguna en razón de mejoras no necesarias, salvo en cuanto lo haya pactado con el fideicomisario a quien se haga la restitución; pero podrá oponer en compensación el aumento de valor que las mejoras hayan producido en las especies, hasta concurrencia de la indemnización que debiere.

Conc.: CC. 756, 797-799, 801, 906, 908, 1486

Art. 760. Si por la constitución del fideicomiso se concede expresamente al fiduciario el derecho de gozar de la propiedad a su arbitrio, no será responsable de ningún deterioro.

Si se le concede, además, la libre disposición de la propiedad, el fideicomisario tendrá sólo el derecho a reclamar lo que exista al tiempo de la restitución.

Conc.: CC. 758, 802, 906, 1486, 2316

Art. 761. El fideicomisario, mientras pende la condición, no tiene derecho ninguno sobre el fideicomiso, sino la simple expectativa de adquirirlo.

Podrá, sin embargo, impetrar las providencias conservatorias que le convengan, si la propiedad pareciere peligrar o deteriorarse en manos del fiduciario.

Tendrán el mismo derecho los ascendientes del fideicomisario que todavía no existe y cuya existencia se espera; los personeros de las corporaciones y fundaciones interesadas; y el defensor de obras pías, si el fideicomiso fuere a favor de un establecimiento de beneficencia.

Conc.: CC. 1078
Fuente: Poth. Substit. Nº 174, p. 513

Art. 762. El fideicomisario que fallece antes de la restitución, no transmite por testamento o abintestato derecho alguno sobre el fideicomiso, ni aun la simple expectativa, que pasa ipso jure al substituto o substitutos designados por el constituyente, si los hubiere.

Conc.: CC. 1078, 1492
Fuente: D.36.3.1.14

Art. 763. El fideicomiso se extingue:

1o. Por la restitución;

2o. Por la resolución del derecho de su autor, como cuando se ha constituido el fideicomiso sobre una cosa que se ha comprado con pacto de retrovendendo, y se verifica la retroventa;

3o. Por la destrucción de la cosa en que está constituido, conforme a lo prevenido respecto al usufructo en el artículo 807;

4o. Por la renuncia del fideicomisario antes del día de la restitución; sin perjuicio de los derechos de los substitutos;

5o. Por faltar la condición o no haberse cumplido en tiempo hábil;

6o. Por confundirse la calidad de único fideicomisario con la de único fiduciario.

Fuentes: Poth. Substit. Nº 212, 217-219, pp. 528, 530-531

TÍTULO IX. DEL DERECHO DE USUFRUCTO

Art. 764. El derecho de usufructo es un derecho real que consiste en la facultad de gozar de una cosa con cargo de conservar su forma y substancia, y de restituirla a su dueño, si la cosa no es fungible; o con cargo de volver igual cantidad y calidad del mismo género, o de pagar su valor, si la cosa es fungible.

Conc.: CC. 91, 147, 252, 535-536, 577, 580, 583, 646, 684, 686-687, 714, 725, 732, 736, 764-810, 812, 922, 1076, 1087-1088, 1140, 1142, 1154, 1205, 1338, 1356, 1368-1371, 1408, 1419, 1736, 1740, 1765, 1792-8, 1913, 1958-1959, 1961, 2082, 2084-2085, 2102, 2315, 2369, 2418, 2423, 2466; L. G. Bancos 86 Nº 9

Fuentes: D.7.1.1; IJ 2.4.pr; CN 578

Art. 765. El usufructo supone necesariamente dos derechos coexistentes, el del nudo propietario y el del usufructuario.

Tiene por consiguiente una duración limitada, al cabo de la cual pasa al nudo propietario, y se consolida con la propiedad.

Conc.: CC. 768-771, 780, 804-806

Art. 766. El derecho de usufructo se puede constituir de varios modos:

1o. Por la ley;

2o. Por testamento;

3o. Por donación, venta u otro acto entre vivos;

4o. Se puede también adquirir un usufructo por prescripción.

Modif. L. 19585
Conc.: Por ley: CC. 147, 252, 810
Por testamento: CC. 1076, 1087-1088, 1142, 1368-1371
Por acto entre vivos: CC. 686-687, 1140
Por prescripción: CC. 2498
Fuentes: D.7.1.3.pr; IJ 2.4.1; P.3ª, tit. 31, ll.20 y 24; CN 579; García Goyena 436

Art. 767. El usufructo que haya de recaer sobre inmuebles por acto entre vivos, no valdrá si no se otorgare por instrumento público inscrito.

Conc.: CC. 686-687
Fuente: García Goyena 1831

Art. 768. Se prohíbe constituir usufructo alguno bajo una condición o a un plazo cualquiera que suspenda su ejercicio. Si de hecho se constituyere, no tendrá valor alguno.

Con todo, si el usufructo se constituyere por testamento, y la condición se hubiere cumplido, o el plazo hubiere expirado antes del fallecimiento del testador, valdrá el usufructo.

Conc.: CC. 768-771, 780, 804-806, 1473, 1479, 1494
Fuentes: En contra de D.7.1.4, D.7.6.4 y CN 580

Art. 769. Se prohíbe constituir dos o más usufructos sucesivos o alternativos.

Si de hecho se constituyeren, los usufructuarios posteriores se considerarán como substitutos, para el caso de faltar los anteriores antes de deferirse el primer usufructo.

El primer usufructo que tenga efecto hará caducar los otros; pero no durará sino por el tiempo que le estuviere designado.

Conc.: CC. 1156-1166

Art. 770. El usufructo podrá constituirse por tiempo determinado o por toda la vida del usufructuario.

Cuando en la constitución del usufructo no se fija tiempo alguno para su duración, se entenderá constituido por toda la vida del usufructuario.

El usufructo constituido a favor de una corporación o fundación cualquiera, no podrá pasar de treinta años.

Fuentes: D.7.1.56 (cien años), D.7.4.3.3, D.7.4.14; C.3.33.12; P.3.T.31.L.20; CN 619

Art. 771. Al usufructo constituido por tiempo determinado o por toda la vida del usufructuario, según los artículos precedentes, podrá agregarse una condición, verificada la cual se consolide con la propiedad.

Si la condición no es cumplida antes de la expiración de dicho tiempo, o antes de la muerte del usufructuario, según los casos, se mirará como no escrita.

Conc.: CC. 768, 770
Fuentes: C.3.33.12; CN 620

Art. 772. Se puede constituir un usufructo a favor de dos o más personas, que lo tengan simultáneamente, por igual, o según las cuotas determinadas por el constituyente; y podrán en este caso los usufructuarios dividir entre sí el usufructo, de cualquier modo que de común acuerdo les pareciere.

Fuentes: D.7.1.5, D.7.2.1.pr; C. Holandés 803; García Goyena 437

Art. 773. La nuda propiedad puede transferirse por acto entre vivos, y transmitirse por causa de muerte.

El usufructo es intransmisible por testamento o abintestato.

Fuentes: D.7.4.3.3

Art. 774. El usufructuario es obligado a recibir la cosa fructuaria en el estado en que al tiempo de la delación se encuentre, y tendrá derecho para ser indemnizado de todo menoscabo o deterioro que la cosa haya sufrido desde entonces en poder y por culpa del propietario.

Conc.: CC. 1118-1125, 1548

Art. 775. El usufructuario no podrá tener la cosa fructuaria sin haber prestado caución suficiente de conservación y restitución, y sin previo inventario solemne a su costa, como el de los curadores de bienes.

Pero tanto el que constituye el usufructo como el propietario podrán exonerar de la caución al usufructuario.

Ni es obligado a ella el donante que se reserva el usufructo de la cosa donada.

La caución del usufructuario de cosas fungibles se reducirá a la obligación de restituir otras tantas del mismo género y calidad, o el valor que tuvieren al tiempo de la restitución.

Conc.: CC. 378-389, 776-778; CPC 853-865
Fuentes: D.7.1.13.pr, D.7.9.1.pr y 4; P.3ª, tit. 31, l.20; Del Castillo, lib. I, c.5; CN 600-601; C. Sicilia 525-526; García Goyena 449

Art. 776. Mientras el usufructuario no rinda la caución a que es obligado, y se termine el inventario, tendrá el propietario la administración con cargo de dar el valor líquido de los frutos al usufructuario.

Conc.: L. G. Bancos 86 Nº 9
Fuentes: En contra de D.7.1.13; según CN 602; C. Holanda 833

Art. 777. Si el usufructuario no rinde la caución a que es obligado, dentro de un plazo equitativo, señalado por el juez a instancia del propietario, se adjudicará la administración a éste, con cargo de pagar al usufructuario el valor líquido de los frutos, deducida la suma que el juez prefijare por el trabajo y cuidados de la administración.

Podrá en el mismo caso tomar en arriendo la cosa fructuaria, o tomar prestados a interés los dineros fructuarios, de acuerdo con el usufructuario.

Podrá también, de acuerdo con el usufructuario, arrendar la cosa fructuaria, y dar los dineros a interés.

Podrá también, de acuerdo con el usufructuario, comprar o vender las cosas fungibles y tomar o dar prestados a interés los dineros que de ello provengan.

Los muebles comprendidos en el usufructo, que fueren necesarios para el uso personal del usufructuario y de su familia, le serán entregados bajo juramento de restituir las especies o sus respectivos valores, tomándose en cuenta el deterioro proveniente del tiempo y del uso legítimo.

El usufructuario podrá en todo tiempo reclamar la administración prestando la caución a que es obligado.

Fuentes: En contra de D.7.1.13; según CN 602; C. Holanda 833; García Goyena 450

Art. 778. El propietario cuidará de que se haga el inventario con la debida especificación, y no podrá después tacharlo de inexacto o de incompleto.

Conc.: CPC 853-865

Art. 779. No es lícito al propietario hacer cosa alguna que perjudique al usufructuario en el ejercicio de sus derechos; a no ser con el consentimiento formal del usufructuario.

Si quiere hacer reparaciones necesarias, podrá el usufructuario exigir que se hagan en un tiempo razonable y con el menor perjuicio posible del usufructo.

Si transfiere o transmite la propiedad, será con la carga del usufructo constituido en ella, aunque no lo exprese.

Conc.: CC. 682, 686
Fuentes: D.7.1.15.6-7, D.7.1.16, D.41.1.20; CN 599; García Goyena 448

Art. 780. Siendo dos o más los usufructuarios, habrá entre ellos derecho de acrecer, y durará la totalidad del usufructo hasta la expiración del derecho del último de los usufructuarios.

Lo cual se entiende, si el constituyente no hubiere dispuesto que terminado un usufructo parcial se consolide con la propiedad.

Conc.: CC. 772, 1147-1155
Fuentes: D.7.2.1.pr

Art. 781. El usufructuario de una cosa inmueble tiene el derecho de percibir todos los frutos naturales, inclusos los pendientes al tiempo de deferirse el usufructo.

Recíprocamente, los frutos que aún estén pendientes a la terminación del usufructo, pertenecerán al propietario.

Conc.: CC. 644-648
Fuentes: D.7.1.7.2, D.7.1.9, D.7.1.59.1; P.3.T. 31.L.20; CN 582, 585

Art. 782. El usufructuario de una heredad goza de todas las servidumbres activas constituidas a favor de ella, y está sujeto a todas las servidumbres pasivas constituidas en ella.

Conc.: CC. 820-821
Fuentes: D.7.1.15.7, D.7.1.27.4, D.7.6.1; CN 597; CL 565

Art. 783. El goce del usufructuario de una heredad se extiende a los bosques y arbolados, pero con el cargo de conservarlos en un ser, reponiendo los árboles que derribe, y respondiendo de su menoscabo, en cuanto no dependa de causas naturales o accidentes fortuitos.

Conc.: CC. 795, 802
Fuentes: D.7.1.9.7, D.7.1.10-12.pr, D.7.8.22; CN 590

Art. 784. Si la cosa fructuaria comprende minas y canteras en actual laboreo, podrá el usufructuario aprovecharse de ellas, y no será responsable de la disminución de productos que a consecuencia sobrevenga, con tal que haya observado las disposiciones de la ordenanza respectiva.

Conc.: C. Minería 171
Fuentes: En contra de P.3.T.28.L.11; según D.7.1.9.2-3, CN 598 y García Goyena 441

Art. 785. El usufructo de una heredad se extiende a los aumentos que ella reciba por aluvión o por otras accesiones naturales.

Conc.: CC. 649-656
Fuentes: D.7.1.9.4; CN 596

Art. 786. El usufructuario no tiene sobre los tesoros que se descubran en el suelo que usufructúa, el derecho que la ley concede al propietario del suelo.

Conc.: CC. 625-626
Fuente: CL 564

Art. 787. El usufructuario de cosa mueble tiene el derecho de servirse de ella según su naturaleza y destino; y al fin del usufructo no es obligado a restituirla sino en el estado en que se halle, respondiendo solamente de aquellas pérdidas o deterioros que provengan de su dolo o culpa.

Conc.: CC. 1547-1549, 2314
Fuentes: D.7.1.15.3-6

Art. 788. El usufructuario de ganados o rebaños es obligado a reponer los animales que mueren o se pierden, pero sólo con el incremento natural de los mismos ganados o rebaños; salvo que la muerte o pérdida fueren imputables a su hecho o culpa, pues en este caso deberá indemnizar al propietario.

Si el ganado o rebaño perece del todo o en gran parte por efecto de una epidemia u otro caso fortuito, el usufructuario no estará obligado a reponer los animales perdidos, y cumplirá con entregar los despojos que hayan podido salvarse.

Conc.: CC. 1547-1549, 2314
Fuente: D.7.1.2.68; IJ 2.1.38; P.3.T.31.L.22; CN 616; García Goyena 454

Art. 789. Si el usufructo se constituye sobre cosas fungibles, el usufructuario se hace dueño de ellas, y el propietario se hace meramente acreedor a la entrega de otras especies de igual cantidad y calidad, o del valor que éstas tengan al tiempo de terminarse el usufructo.

Conc.: CC. 575, 775, 777
Fuentes: IJ 2.4.2; CN 589

Art. 790. Los frutos civiles pertenecen al usufructuario día por día.

Conc.: CC. 643, 647-648
Fuentes: D.7.1.26; CN 586

Art. 791. Lo dicho en los artículos precedentes se entenderá sin perjuicio de las convenciones que sobre la materia intervengan entre el nudo propietario y el usufructuario, o de las ventajas que en la constitución del usufructo se hayan concedido expresamente al nudo propietario o al usufructuario.

Conc.: CC. 1545

Art. 792. El usufructuario es obligado a respetar los arriendos de la cosa fructuaria, contratados por el propietario antes de constituirse el usufructo por acto entre vivos, o de fallecer la persona que lo ha constituido por testamento.

Pero sucede en la percepción de la renta o pensión desde que principia el usufructo.

Conc.: CC. 1962

Art. 793. El usufructuario puede dar en arriendo el usufructo y cederlo a quien quiera a título oneroso o gratuito.

Cedido el usufructo a un tercero, el cedente permanece siempre directamente responsable al propietario.

Pero no podrá el usufructuario arrendar ni ceder su usufructo, si se lo hubiese prohibido el constituyente; a menos que el propietario le releve de la prohibición.

El usufructuario que contraviniere a esta disposición, perderá el derecho de usufructo.

Conc.: CC. 686-687; Reglamento del CBR 52, 61
Fuentes: D.7.1.12.2, 7.1.35.1, D.19.2.9.1; CN 595

Art. 794. Aun cuando el usufructuario tenga la facultad de dar el usufructo en arriendo o cederlo a cualquier título, todos los contratos que al efecto haya celebrado se resolverán al fin del usufructo.

El propietario, sin embargo, concederá al arrendatario o cesionario el tiempo que necesite para la próxima percepción de frutos; y por ese tiempo quedará substituido al usufructuario en el contrato.

Conc.: CC. 680, 1950, 1958
Fuentes: D.7.1.12.2, 7.1.35.1; CL 548, 2701; García Goyena 443

Art. 795. Corresponden al usufructuario todas las expensas ordinarias de conservación y cultivo.

Conc.: CC. 908
Fuentes: D.7.1.7.2, D.7.1.65; CN 605

Art. 796. Serán de cargo del usufructuario las pensiones, cánones y en general las cargas periódicas con que de antemano haya sido gravada la cosa fructuaria y que durante el usufructo se devenguen. No es lícito al nudo propietario imponer nuevas cargas sobre ella en perjuicio del usufructo.

Corresponde asimismo al usufructuario el pago de los impuestos periódicos fiscales y municipales, que la graven durante el usufructo, en cualquier tiempo que se haya establecido.

Si por no hacer el usufructuario estos pagos los hiciere el propietario, o se enajenare o embargare la cosa fructuaria, deberá el primero indemnizar de todo perjuicio al segundo.

Fuentes: D.7.1.7.2, D.7.1.27.3, D.7.1.52; P.3.T.31.L.22; CN 608-609

Art. 797. Las obras o refacciones mayores necesarias para la conservación de la cosa fructuaria, serán de cargo del propietario, pagándole el usufructuario, mientras dure el usufructo, el interés legal de los dineros invertidos en ellas.

El usufructuario hará saber al propietario las obras y refacciones mayores que exija la conservación dela cosa fructuaria.

Si el propietario rehúsa o retarda el desempeño de estas cargas, podrá el usufructuario para libertar la cosa fructuaria y conservar su usufructo, hacerlas a su costa, y el propietario se las reembolsará sin interés.

Conc.: CC. 908-909
Fuentes: D.7.1.7.5, D.25.1.3.1; CN 605-606

Art. 798. Se entienden por obras o refacciones mayores las que ocurran por una vez o a largos intervalos de tiempo, y que conciernen a la conservación y permanente utilidad de la cosa fructuaria.

Conc.: CC. 908-909
Fuentes: D.25.1.3.1; CN 605

Art. 799. Si un edificio viene todo a tierra por vetustez o por caso fortuito, ni el propietario ni el usufructuario son obligados a reponerlo.

Conc.: CC. 2323
Fuentes: D.7.1.34.2 D.7.4.8-9; CN 624

Art. 800. El usufructuario podrá retener la cosa fructuaria hasta el pago de los reembolsos e indemnizaciones a que, según los artículos precedentes, es obligado el propietario.

Conc.: CC. 914
Fuente: IJ 2.1.30

Art. 801. El usufructuario no tiene derecho a pedir cosa alguna por las mejoras que voluntariamente haya hecho en la cosa fructuaria; pero le será lícito alegarlas en compensación por el valor de los deterioros que se le puedan imputar, o llevarse los materiales, si puede separarlos sin detrimento de la cosa fructuaria, y el propietario no le abona lo que después de separados valdrían.

Lo cual se entiende sin perjuicio de las convenciones que hayan intervenido entre el usufructuario y el propietario relativamente a mejoras, o de lo que sobre esta materia se haya previsto en la constitución del usufructo.

Conc.: CC. 910-912
Fuente: IJ 2.1.30

Art. 802. El usufructuario es responsable no sólo de sus propios hechos u omisiones, sino de los hechos ajenos a que su negligencia haya dado lugar.

Por consiguiente, es responsable de las servidumbres que por su tolerancia haya dejado adquirir sobre el predio fructuario, y del perjuicio que las usurpaciones cometidas en la cosa fructuaria hayan inferido al dueño, si no las ha denunciado al propietario oportunamente pudiendo.

Conc.: CC. 2320, 2322
Fuente: D.7.1.12.2; CN 614; García Goyena 455

Art. 803. Los acreedores del usufructuario pueden pedir que se le embargue el usufructo, y se les pague con él hasta concurrencia de sus créditos, prestando la competente caución de conservación y restitución a quien corresponda.

Podrán por consiguiente oponerse a toda cesión o renuncia del usufructo hecha en fraude de sus derechos.

Conc.: CC. 2465-2466
Fuente: CN 622

Art. 804. El usufructo se extingue generalmente por la llegada del día o el evento de la condición prefijados para su terminación.

Si el usufructo se ha constituido hasta que una persona distinta del usufructuario llegue a cierta edad, y esa persona fallece antes, durará sin embargo el usufructo hasta el día en que esa persona hubiera cumplido esa edad, si hubiese vivido.

Conc.: CC. 768-771, 1070-1094, 1473, 1479, 1494-1497
Fuentes: D.7.4.1.3, D.7.4.16; CN 617

Art. 805. En la duración legal del usufructo se cuenta aun el tiempo en que el usufructuario no ha gozado de él, por ignorancia o despojo o cualquiera otra causa.

Art. 806. El usufructo se extingue también:

Por la muerte del usufructuario, aunque ocurra antes del día o condición prefijada para su terminación;

Por la resolución del derecho del constituyente, como cuando se ha constituido sobre una propiedad fiduciaria, y llega el caso de la restitución;

Por consolidación del usufructo con la propiedad;

Por prescripción;

Por la renuncia del usufructuario.

Modif. L. 7612
Conc.: Muerte: CC. 78-80, 91
Resolución: CC. 733, 739, 741, 763, 1473, 1479-1482, 1485, 1487
Prescripción: CC. 2492, 2498, 2512, 2517
Renuncia: CC. 12
Fuentes: En general: CN 617; Muerte: D.7.4.3.3; IJ 2.4.3; P.3ª, tit. 31, l.24; Resolución: D.7.4.16; Consolidación IJ 2.4.3; Prescripción IJ 2.4.3

Art. 807. El usufructo se extingue por la destrucción completa de la cosa fructuaria: si sólo se destruye una parte, subsiste el usufructo en lo restante.

Si todo el usufructo está reducido a un edificio, cesará para siempre por la destrucción completa de éste, y el usufructuario no conservará derecho alguno sobre el suelo.

Pero si el edificio destruido pertenece a una heredad, el usufructuario de ésta conservará su derecho sobre toda ella.

Fuentes: D.7.1.34.2, D.7.4.8-9; CN 624

Art. 808. Si una heredad fructuaria es inundada, y se retiran después las aguas, revivirá el usufructo por el tiempo que falta para su terminación.

Conc.: CC. 653, 2502

Art. 809. El usufructo termina, en fin, por sentencia de juez que a instancia del propietario lo declara extinguido, por haber faltado el usufructuario a sus obligaciones en materia grave, o por haber causado daños o deterioros considerables a la cosa fructuaria.

El juez, según la gravedad del caso, podrá ordenar, o que cese absolutamente el usufructo, o que vuelva al propietario la cosa fructuaria, con cargo de pagar al fructuario una pensión anual determinada, hasta la terminación del usufructo.

Fuente: CN 618

Art. 810. El usufructo legal del padre o madre de familia sobre ciertos bienes del hijo, y el del marido, como administrador de la sociedad conyugal, en los bienes de la mujer, están sujetos a las reglas especiales del título De la patria potestad y del título De la sociedad conyugal.

Modif. L. 5521
Conc.: CC. 250, 252-259, 439, 449, 810, 1725, 2466

TÍTULO X. DE LOS DERECHOS DE USO Y DE HABITACIÓN

Art. 811. El derecho de uso es un derecho real que consiste, generalmente, en la facultad de gozar de una parte limitada de las utilidades y productos de una cosa.

Si se refiere a una casa, y a la utilidad de morar en ella, se llama derecho de habitación.

Conc.: CC. 142, 147, 577, 687, 697, 714, 732, 811-819, 1076, 1154, 1337, 1618, 1916, 2315, 2466
Fuente: D.7.8.1.1; Heineccius, Recitationes, tit. V., 425-426, p. 363; Escriche, T.4 p. 1185 («Uso»).

Art. 812. Los derechos de uso y habitación se constituyen y pierden de la misma manera que el usufructo.

Conc.: CC. 766-772, 804-809
Fuente: IJ 2.5.pr; CN 625

Art. 813. Ni el usuario ni el habitador estarán obligados a prestar caución.

Pero el habitador es obligado a inventario; y la misma obligación se extenderá al usuario, si el uso se constituye sobre cosas que deban restituirse en especie.

Conc.: CC. 775-778; CPC 858-865
Fuente: Modif. CN 626

Art. 814. La extensión en que se concede el derecho de uso o de habitación se determina por el título que lo constituye, y a falta de esta determinación en el título, se regla por los artículos siguientes.

Conc.: CC. 1545
Fuentes: CN 628-629

Art. 815. El uso y la habitación se limitan a las necesidades personales del usuario o del habitador.

En las necesidades personales del usuario o del habitador se comprenden las de su familia.

La familia comprende al cónyuge y los hijos; tanto los que existen al momento de la constitución, como los que sobrevienen después, y esto aun cuando el usuario o el habitador no esté casado, ni haya reconocido hijo alguno a la fecha de la constitución.

Comprende asimismo el número de sirvientes necesarios para la familia.

Comprende, además, las personas que a la misma fecha vivían con el habitador o usuario y a costa de éstos; y las personas a quienes éstos deben alimentos.

Modif. L. 19585
Fuentes: D.7.8.2.1, D.7.8.6; IJ 2.5.2; P.3ª, tit. 31, ll.20-21, 27; CN 630, 632-633

Art. 816. En las necesidades personales del usuario o del habitador no se comprenden las de las industria o tráfico en que se ocupa.

Así el usuario de animales no podrá emplearlos en el acarreo de los objetos en que trafica, ni el habitador servirse de la casa para tiendas o almacenes.

A menos que la cosa en que se concede el derecho, por su naturaleza y uso ordinario y por su relación con la profesión o industria del que ha de ejercerlo, aparezca destinada a servirle en ellas.

Fuentes: D.7.8.12.4-5

Art. 817. El usuario de una heredad tiene solamente derecho a los objetos comunes de alimentación y combustible, no a los de una calidad superior; y está obligado a recibirlos del dueño o a tomarlos con su permiso.

Art. 818. El usuario y el habitador deben usar de los objetos comprendidos en sus respectivos derechos con la moderación y cuidado propios de un buen padre de familia; y están obligados a contribuir a las expensas ordinarias de conservación y cultivo, a prorrata del beneficio que reporten.

Esta última obligación no se extiende al uso o a la habitación que se dan caritativamente a personas necesitadas.

Conc.: CC. 795-796
Fuente: IJ 2.5.2; P.3ª, tit. 31, l.21; CN 635

Art. 819. Los derechos de uso y habitación son intransmisibles a los herederos, y no pueden cederse a ningún título, prestarse ni arrendarse.

Ni el usuario ni el habitador pueden arrendar, prestar o enajenar objeto alguno de aquellos a que se extiende el ejercicio de su derecho.

Pero bien pueden dar los frutos que les es lícito consumir en sus necesidades personales.

Conc.: CC. 252, 1618
Fuente: IJ 2.5.5; CN 634

TÍTULO XI. DE LAS SERVIDUMBRES

Art. 820. Servidumbre predial, o simplemente servidumbre, es un gravamen impuesto sobre un predio en utilidad de otro predio de distinto dueño.

Conc.: CC. 393, 395, 565, 577, 698, 732, 757, 782, 802, 820-888, 917, 931, 947, 950, 1120, 1125, 1317, 1337, 1432, 1491, 1524, 1721, 1801, 2499, 2512
Fuentes: P.3.T.31.L.1; IDªR p. 61; CN 637

Art. 821. Se llama predio sirviente el que sufre el gravamen, y predio dominante el que reporta la utilidad.

Con respecto al predio dominante la servidumbre se llama activa, y con respecto al predio sirviente, pasiva.

Conc.: CC. 565, 577, 782, 821, 825,
Fuente: Escriche, t. 4, p. 1017 («servidumbre»); García Goyena 476

Art. 822. Servidumbre continua es la que se ejerce o se puede ejercer continuamente, sin necesidad de un hecho actual del hombre, como la servidumbre de acueducto por un canal artificial que pertenece al predio dominante; y servidumbre discontinua la que se ejerce a intervalos más o menos largos de tiempo, y supone un hecho actual del hombre, como la servidumbre de tránsito.

Conc.: CC. 822, 882, 885, 917

Fuentes: D.8.6.7; P.3.T.31.LL.15-16; CN 688

Art. 823. Servidumbre positiva es, en general, la que sólo impone al dueño del predio sirviente la obligación de dejar hacer, como cualquiera de las dos anteriores; y negativa, la que impone al dueño del predio sirviente la prohibición de hacer algo, que sin la servidumbre le sería lícito, como la de no poder elevar sus paredes sino a cierta altura.

Las servidumbres positivas imponen a veces al dueño del predio sirviente la obligación de hacer algo, como la del artículo 842.

Fuente: D.8.1.15.1; Escriche, t4, p. 1019 («servidumbres afirmativas y negativas»)

Art. 824. Servidumbre aparente es la que está continuamente a la vista, como la de tránsito, cuando se hace por una senda o por una puerta especialmente destinada a él; e inaparente, la que no se conoce por una señal exterior, como la misma de tránsito, cuando carece de estas dos circunstancias y de otras análogas.

Conc.: CC. 881-882, 917
Fuentes: CN 689

Art. 825. Las servidumbres son inseparables del predio a que activa o pasivamente pertenecen.

Fuentes: D.8.4.12, D.8.6.12; IJ 2.3.3; P.3ª, tit. 31, l.12; García Goyena 480

Art. 826. Dividido el predio sirviente, no varía la servidumbre que estaba constituida en él, y deben sufrirla aquel o aquellos a quienes toque la parte en que se ejercía.

Conc.: CC. 1317
Fuente: D.8.1.8.1, D.8.1.11, D.8.1.17, D.45.1.72; P.3.T.31.L.9; García Goyena 481

Art. 827. Dividido el predio dominante, cada uno de los nuevos dueños gozará de la servidumbre, pero sin aumentar el gravamen del predio sirviente.

Así los nuevos dueños del predio que goza de una servidumbre de tránsito no pueden exigir que se altere la dirección, forma, calidad o anchura de la senda o camino destinado a ella.

Conc.: CC. 1317, 1337

Fuente: D.8.1.8.1, D.8.1.11, D.8.1.17, D.45.1.72; P.3.T.31.L.9; García Goyena 481

Art. 828. El que tiene derecho a una servidumbre, lo tiene igualmente a los medios necesarios para ejercerla. Así, el que tiene derecho de sacar agua de una fuente situada en la heredad vecina, tiene el derecho de tránsito para ir a ella, aunque no se haya establecido expresamente en el título.

Fuente: D.8.3.3.3; CN 696

Art. 829. El que goza de una servidumbre puede hacer las obras indispensables para ejercerla; pero serán a su costa, si no se ha establecido lo contrario; y aun cuando el dueño del predio sirviente se haya obligado a hacerlas o repararlas, le será lícito exonerarse de la obligación abandonando la parte del predio en que deban hacerse o conservarse las obras.

Fuente: D.8.4.11.1; CN 697

Art. 830. El dueño del predio sirviente no puede alterar, disminuir, ni hacer más incómoda para el predio dominante la servidumbre con que está gravado el suyo.

Con todo, si por el transcurso del tiempo llegare a serle más oneroso el modo primitivo de la servidumbre, podrá proponer que se varíe a su costa; y si las variaciones no perjudican al predio dominante, deberán ser aceptadas.

Fuentes: D.8.2.20.1; CN 698-699

Art. 831. Las servidumbres o son naturales, que provienen de la natural situación de los lugares, o legales, que son impuestas por la ley, o voluntarias, que son constituidas por un hecho del hombre.

Conc.: Servidumbre naturales CC. 831, 833; C. Aguas 73-75
Servidumbres legales CC. 831, 839-879; C. Aguas 70, 76-107; C. Minería 19, 109, 120-138
Servidumbres voluntarias CC. 831, 880-884; C. Aguas 108
Servidumbres judiciales CC. 880, 1337; C. Aguas 71
Fuente: Amplía D. 39.3.2.pr; P.5.T.32.L.14; CN 639

Art. 832. Las disposiciones de este título se entenderán sin perjuicio de las ordenanzas generales o locales sobre las servidumbres.

Conc.: C. Aguas 69, 72; C. Minería 19, 92, 103, 109, 120-138

§ 1. De las servidumbres naturales

Art. 833. El predio inferior está sujeto a recibir las aguas que descienden del predio superior naturalmente, es decir, sin que la mano del hombre contribuya a ello.

No se puede por consiguiente dirigir un albañal o acequia sobre el predio vecino, si no se ha constituido esta servidumbre especial.

En el predio servil no se puede hacer cosa alguna que estorbe la servidumbre natural, ni en el predio dominante, que la grave.

Las servidumbres establecidas en este artículo se regirán por el Código de Aguas.

Modif. L. 9909
Conc.: C. Aguas 73-75
Fuentes: D.39.3.1.13, D.39.3.1.23, D.39.3.2.pr; P.5.T.32.L.13-14; CN 640; en contra de C. Vaud 426

Art. 834. Derogado. L. 9909

Art. 835. Derogado. L. 9909

Art. 836. Derogado. L. 9909

Art. 837. Derogado. L. 9909

Art. 838. Derogado. L. 9909

§ 2. De las servidumbres legales

Art. 839. Las servidumbres legales son relativas al uso público, o a la utilidad de los particulares.

Las servidumbres legales relativas al uso público son:

El uso de las riberas en cuanto necesario para la navegación o flote, que se regirá por el Código de Aguas;

Y las demás determinadas por los reglamentos u ordenanzas respectivas.

Modif. L. 9909
Conc.: C. Aguas 103-106
Fuentes: IJ 2.1.4; CN 649-650

Art. 840. Derogado. L. 9909

Art. 841. Las servidumbres legales de la segunda especie son asimismo determinadas por las ordenanzas de policía rural. Aquí se trata especialmente de las de demarcación, cerramiento, tránsito, medianería, acueducto, luz y vista.

Conc.: CC. 839
Fuente: CN 652

Art. 842. Todo dueño de un predio tiene derecho a que se fijen los límites que lo separan de los predios colindantes, y podrá exigir a los respectivos dueños que concurran a ello, haciéndose la demarcación a expensas comunes.

Conc.: CC. 841-843
Fuentes: D.10.1.2.1; P.6.T.15.L.10; CN 646

Art. 843. Si se ha quitado de su lugar alguno de los mojones que deslindan predios vecinos, el dueño del predio perjudicado tiene derecho para pedir que el que lo ha quitado lo reponga a su costa, y le indemnice de los daños que de la remoción se le hubieren originado, sin perjuicio de las penas con que las leyes castiguen el delito.

Fuente: D.10.1.4.4

Art. 844. El dueño de un predio tiene derecho para cerrarlo o cercarlo por todas partes, sin perjuicio de las servidumbres constituidas a favor de otros predios.

El cerramiento podrá consistir en paredes, fosos, cercas vivas o muertas.

Conc.: CC. 841, 845-846, 858
Fuentes: En contra de Nov. Rec. 7.25.2-3; Según CN 647, García Goyena 509

Art. 845. Si el dueño hace el cerramiento del predio a su costa y en su propio terreno, podrá hacerlo de la calidad y dimensiones que quiera, y el propietario colindante no podrá servirse de la pared, foso o cerca para ningún objeto, a no ser que haya adquirido este derecho por título o por prescripción de cinco años contados como para la adquisición del dominio.

Modif. L. 7612

Art. 846. El dueño de un predio podrá obligar a los dueños de los predios colindantes a que concurran a la construcción y reparación de cercas divisorias comunes.

El juez, en caso necesario, reglará el modo y forma de la concurrencia; de manera que no se imponga a ningún propietario un gravamen ruinoso.

La cerca divisoria construida a expensas comunes estará sujeta a la servidumbre de medianería.

Conc.: CC. 841, 851-859, 874, 877; CPC 580
Fuentes: Ampliación de CN 646

Art. 847. Si un predio se halla destituido de toda comunicación con el camino público por la interposición de otros predios, el dueño del primero tendrá derecho para imponer a los otros la servidumbre de tránsito, en cuanto fuere indispensable para el uso y beneficio de su predio, pagando el valor del terreno necesario para la servidumbre y resarciendo todo otro perjuicio.

Conc.: CC. 841, 848-850
Fuente: Amplía D.8.2.41, D.11.7.12.pr; CN 682

Art. 848. Si las partes no se convienen, se reglará por peritos, tanto el importe de la indemnización, como el ejercicio de la servidumbre.

Fuente: D.11.7.12.pr; CN 684

Art. 849. Si concedida la servidumbre de tránsito en conformidad a los artículos precedentes, llega a no ser indispensable para el predio dominante, por la adquisición de terrenos que le dan un acceso cómodo al camino, o por otro medio, el dueño del predio sirviente tendrá derecho para pedir que se le exonere de la servidumbre, restituyendo lo que, al establecerse ésta, se le hubiere pagado por el valor del terreno.

Art. 850. Si se vende o permuta alguna parte de un predio, o si es adjudicada a cualquiera de los que lo poseían proindiviso, y en consecuencia esta parte viene a quedar separada del camino, se entenderá concedida a favor de ella una servidumbre de tránsito, sin indemnización alguna.

Art. 851. La medianería es una servidumbre legal en virtud de la cual los dueños de dos predios vecinos que tienen paredes, fosos o cercas divisorias comunes, están sujetos a las obligaciones recíprocas que van a expresarse.

Conc.: CC. 841, 846, 852-859, 874, 877; CPC 580
Fuente: Delvincourt, T.1, p. 166.

Art. 852. Existe el derecho de medianería para cada uno de los dos dueños colindantes, cuando consta o por alguna señal aparece que han hecho el cerramiento de acuerdo y a expensas comunes.

Conc.: CC. 846; CPC 580
Fuente: Delvincourt, T.1, p. 166.

Art. 853. Toda pared de separación entre dos edificios se presume medianera, pero sólo en la parte en que fuere común a los edificios mismos.

Se presume medianero todo cerramiento entre corrales, jardines y campos, cuando cada una de las superficies contiguas esté cerrada por todos lados: si una sola está cerrada de este modo, se presume que el cerramiento le pertenece exclusivamente.

Fuente: CN 653-654

Art. 854. En todos los casos, y aun cuando conste que una cerca o pared divisoria pertenece exclusivamente a uno de los predios contiguos, el dueño del otro predio tendrá el derecho de hacerla medianera en todo o parte, aun sin el consentimiento de su vecino, pagándole la mitad del valor del terreno en que está hecho el cerramiento, y la mitad del valor actual de la porción de cerramiento cuya medianería pretende.

Conc.: CPR 19 Nº 24
Fuente: CN 661; en contra de D.50.17.11

Art. 855. Cualquiera de los dos condueños que quiera servirse de la pared medianera para edificar sobre ella, o hacerla sostener el peso de una construcción nueva, debe primero solicitar el consentimiento de su vecino, y si éste lo rehúsa, provocará un juicio práctico en que se dicten las medidas necesarias para que la nueva construcción no dañe al vecino.

En circunstancias ordinarias se entenderá que cualquiera de los condueños de una pared medianera puede edificar sobre ella, introduciendo maderos hasta la distancia de un decímetro de la superficie opuesta; y que si el vecino quisiere por su parte introducir maderos en el mismo paraje o hacer una chimenea, tendrá el derecho de recortar los maderos de su vecino hasta el medio de la pared, sin dislocarlos.

Fuentes: D.10.3.28; CN 657, 662; García Goyena 520

Art. 856. Si se trata de pozos, letrinas, caballerizas, chimeneas, hogares, fraguas, hornos u otras obras de que pueda resultar daño a los edificios o heredades vecinas, deberán observarse las reglas prescritas por las ordenanzas generales o locales, ora sea medianera o no la pared divisoria. Lo mismo se aplica a los depósitos de pólvora, de materias húmedas o infectas, y de todo lo que pueda dañar a la solidez, seguridad y salubridad de los edificios.

Conc.: CC. 582, 921, 941
Fuentes: D.8.5.8.5, D.8.5.17.2; P.3.T.32.L.13; CN 674

Art. 857. Cualquiera de los condueños tiene el derecho de elevar la pared medianera, en cuanto lo permitan las ordenanzas generales o locales; sujetándose a las reglas siguientes:

1a. La nueva obra será enteramente a su costa.

2a. Pagará al vecino, a título de indemnización por el aumento de peso que va a cargar sobre la pared medianera, la sexta parte de lo que valga la obra nueva.

3a. Pagará la misma indemnización todas las veces que se trate de reconstruir la pared medianera.

4a. Será obligado a elevar a su costa las chimeneas del vecino situadas en la pared medianera.

5a. Si la pared medianera no es bastante sólida para soportar el aumento de peso, la reconstruirá a su costa, indemnizando al vecino por la remoción y reposición de todo lo que por el lado de éste cargaba sobre la pared o estaba pegado a ella.

6a. Si reconstruyendo la pared medianera, fuere necesario aumentar su espesor, se tomará este aumento sobre el terreno del que construya la obra nueva.

7a. El vecino podrá en todo tiempo adquirir la medianería de la parte nuevamente levantada, pagando la mitad del costo total de ésta, y el valor de la mitad del terreno sobre que se haya extendido la pared medianera, según el inciso anterior.

Fuentes: CN 658-660

Art. 858. Las expensas de construcción, conservación y reparación del cerramiento serán a cargo de todos los que tengan derecho de propiedad en él, a prorrata de los respectivos derechos.

Sin embargo, podrá cualquiera de ellos exonerarse de este cargo, abandonando su derecho de medianería, pero sólo cuando el cerramiento no consista en una pared que sostenga un edificio de su pertenencia.

Conc.: CC. 2309, 2312
Fuentes: CN 655-656; García Goyena 515

Art. 859. Los árboles que se encuentran en la cerca medianera, son igualmente medianeros; y lo mismo se extiende a los árboles cuyo tronco está en la línea divisoria de dos heredades, aunque no haya cerramiento intermedio.

Cualquiera de los dos condueños puede exigir que se derriben dichos árboles, probando que de algún modo le dañan; y si por algún accidente se destruyen, no se repondrán sin su consentimiento.

Fuente: CN 672-673

Art. 860. Derogado. L. 16640

Art. 861. Toda heredad está sujeta a la servidumbre de acueducto en favor de otra heredad que carezca de las aguas necesarias para el cultivo de sementeras, plantaciones o pastos, o en favor de un pueblo que las haya menester para el servicio doméstico de los habitantes, o en favor de un establecimiento industrial que las necesite para el movimiento de sus máquinas.

Esta servidumbre consiste en que puedan conducirse las aguas por la heredad sirviente a expensas del interesado; y está sujeta a las reglas que prescribe el Código de Aguas.

Conc.: CC. 841, 870; C. Aguas 76-93
Fuentes: C. Sardo 622; García Goyena 496

Art. 862. Derogado. L. 9909

Art. 863. Derogado. L. 9909

Art. 864. Derogado. L. 9909

Art. 865. Derogado. L. 9909

Art. 866. Derogado. L. 9909

Art. 867. Derogado. L. 9909

Art. 868. Derogado. L. 9909

Art. 869. Derogado. L. 9909

Art. 870. Las reglas establecidas en el Código de Aguas para la servidumbre de acueducto se extienden a los que se construyan para dar salida y dirección a las aguas sobrantes, y para desecar pantanos y filtraciones naturales por medio de zanjas y canales de desagüe.

Modif. L. 9909
Fuente: C. Sardo 633; García Goyena 503

Art. 871. Derogado. L. 9909

Art. 872. Derogado. L. 9909

Art. 873. La servidumbre legal de luz tiene por objeto dar luz a un espacio cualquiera cerrado y techado; pero no se dirige a darle vista sobre el predio vecino, esté cerrado o no.

Modif. L. 9909
Conc.: CC. 841, 873-877; CPC 580
Fuente: D.8.2.4, D.8.2.16

Art. 874. No se puede abrir ventana o tronera de ninguna clase en una pared medianera, sin consentimiento del condueño.

El dueño de una pared no medianera puede abrirlas en ella, en el número y de las dimensiones que quiera.

Si la pared no es medianera sino en una parte de su altura, el dueño de la parte no medianera goza de igual derecho en ésta.

No se opone al ejercicio de la servidumbre de luz la contigüidad de la pared al predio vecino.

Fuentes: D.8.2.40; CN 675

Art. 875. La servidumbre legal de luz está sujeta a las condiciones que van a expresarse.

1a. La ventana estará guarnecida de rejas de hierro, y de una red de alambre, cuyas mallas tengan tres centímetros de abertura o menos.

2a. La parte inferior de la ventana distará del suelo de la vivienda a que da luz, tres metros a lo menos.

Fuente: CN 676-677

Art. 876. El que goza de la servidumbre de luz no tendrá derecho para impedir que en el suelo vecino se levante una pared que le quite la luz.

Fuente: En contra de D.8.2.17

Art. 877. Si la pared divisoria llega a ser medianera, cesa la servidumbre legal de luz, y sólo tiene cabida la voluntaria, determinada por mutuo consentimiento de ambos dueños.

Fuente: D.8.2.40

Art. 878. No se pueden tener ventanas, balcones, miradores o azoteas, que den vista a las habitaciones, patios o corrales de un predio vecino, cerrado o no; a menos que intervenga una distancia de tres metros.

La distancia se medirá entre el plano vertical de la línea más sobresaliente de la ventana, balcón, etc., y el plano vertical de la línea divisoria de los dos predios, siendo ambos planos paralelos.

No siendo paralelos los dos planos, se aplicará la misma medida a la menor distancia entre ellos.

Fuente: CN 678

Art. 879. No hay servidumbre legal de aguas lluvias. Los techos de todo edificio deben verter sus aguas lluvias sobre el predio a que pertenecen, o sobre la calle o camino público o vecinal, y no sobre otro predio, sino con voluntad de su dueño.

Fuentes: IJ 2.3.1; CN 681

§ 3. De las servidumbres voluntarias

Art. 880. Cada cual podrá sujetar su predio a las servidumbres que quiera, y adquirirlas sobre los predios vecinos con la voluntad de sus dueños, con tal que no se dañe con ellas al orden público, ni se contravenga a las leyes.

Las servidumbres de esta especie pueden también adquirirse por sentencia de juez en los casos previstos por las leyes.

Conc.: CC. 831, 880-884, 1337; C. Aguas 108
Fuente: CN 686

Art. 881. Si el dueño de un predio establece un servicio continuo y aparente a favor de otro predio que también le pertenece, y enajena después uno de ellos, o pasan a ser de diversos dueños por partición, subsistirá el mismo servicio con el carácter de servidumbre entre los dos predios, a menos que en el título constitutivo de la enajenación o de la partición se haya establecido expresamente otra cosa.

Conc.: CC. 822, 824
Fuente: D.8.2.30, D.8.2.36-37, D.8.2.39; P.3.T.31.L.17; CN 694

Art. 882. Las servidumbres discontinuas de todas clases y las servidumbres continuas inaparentes sólo pueden adquirirse por medio de un título; ni aun el goce inmemorial bastará para constituirlas.

Las servidumbres continuas y aparentes pueden adquirirse por título, o por prescripción de cinco años.

Modif. L. 16952
Conc.: CC. 822, 824
Fuentes: Se amplía D.8.5.10.pr y C.3.34.1; P.3.T.31.L.15-16; CN 690-691

Art. 883. El título constitutivo de servidumbre puede suplirse por el reconocimiento expreso del dueño del predio sirviente.

La destinación anterior, según el artículo 881, puede también servir de título.

Fuente: CN 695, García Goyena 539

Art. 884. El título, o la posesión de la servidumbre por el tiempo señalado en el artículo 882, determina los derechos del predio dominante y las obligaciones del predio sirviente.

Fuente: CN 686

§ 4. De la extinción de las servidumbres

Art. 885. Las servidumbres se extinguen:

1o. Por la resolución del derecho del que las ha constituido;

2o. Por la llegada del día o de la condición, si se ha establecido de uno de estos modos;

3o. Por la confusión, o sea la reunión perfecta e irrevocable de ambos predios en manos de un mismo dueño.

Así, cuando el dueño de uno de ellos compra el otro, perece la servidumbre, y si por una nueva venta se separan, no revive; salvo el caso del artículo 881: por el contrario, si la sociedad conyugal adquiere una heredad que debe servidumbre a otra heredad de uno de los dos cónyuges, no habrá confusión sino cuando, disuelta la sociedad, se adjudiquen ambas heredades a una misma persona;

4o. Por la renuncia del dueño del predio dominante;

5o. Por haberse dejado de gozar durante tres años.

En las servidumbres discontinuas corre el tiempo desde que han dejado de gozarse; en las continuas, desde que se haya ejecutado un acto contrario a la servidumbre.

Conc.: CC. 12, 751, 757
Fuentes: C. 3.34.13; D.8.2.26, D.8.4.10, D.8.6.1; CN 705-706

Art. 886. Si el predio dominante pertenece a muchos proindiviso, el goce de uno de ellos interrumpe la prescripción respecto de todos; y si contra uno de ellos no puede correr la prescripción, no puede correr contra ninguno.

Conc.: CC. 2504
Fuentes: D.8.6.16; CN 709-710

Art. 887. Si cesa la servidumbre por hallarse las cosas en tal estado que no sea posible usar de ellas, revivirá desde que deje de existir la imposibilidad con tal que esto suceda antes de haber transcurrido tres años.

Modif. L. 16952
Fuente: Generaliza D.8.3.34-35; CN 703

Art. 888. Se puede adquirir y perder por la prescripción un modo particular de ejercer la servidumbre, de la misma manera que podría adquirirse o perderse la servidumbre misma.

Fuente: CN 708

TÍTULO XII. DE LA REIVINDICACIÓN

Art. 889. La reivindicación o acción de dominio es la que tiene el dueño de una cosa singular, de que no está en posesión, para que el poseedor de ella sea condenado a restituírsela.

Conc.: CC. 669, 889-915, 1266, 1268, 1490, 1689, 2187, 2202, 2231, 2303
Fuente: D.6.1.6; P.3.T.3.L.2; Poth. Domaine, 281, p. 199.

§ 1. Qué cosas pueden reivindicarse

Art. 890. Pueden reivindicarse las cosas corporales, raíces y muebles.

Exceptúanse las cosas muebles cuyo poseedor las haya comprado en una feria, tienda, almacén, u otro establecimiento industrial en que se vendan cosas muebles de la misma clase.

Justificada esta circunstancia, no estará el poseedor obligado a restituir la cosa, si no se le reembolsa lo que haya dado por ella y lo que haya gastado en repararla y mejorarla.

Conc.: CC. 706, 890-892, 900, 909, 914
Fuente: D.6.1.1; Poth. Domaine 282-285, pp. 200-201; CN 2279

Art. 891. Los otros derechos reales pueden reivindicarse como el dominio; excepto el derecho de herencia.

Este derecho produce la acción de petición de herencia, de que se trata en el Libro III.

Conc.: CC. 583, 2512
Fuentes: Poth. Domaine 282, p. 200 y 289-290, p. 202

Art. 892. Se puede reivindicar una cuota determinada proindiviso, de una cosa singular.

Fuentes: D.6.1.6, D.6.1.35.3, D.50.16.25.1; Poth. 291, p. 202

§ 2. Quién puede reivindicar

Art. 893. La acción reivindicatoria o de dominio corresponde al que tiene la propiedad plena o nuda, absoluta o fiduciaria de la cosa.

Conc.: CC. 732, 765
Fuente: D.50.16.25.pr; Poth. Domaine 288-289, p. 202

Art. 894. Se concede la misma acción, aunque no se pruebe dominio, al que ha perdido la posesión regular de la cosa, y se hallaba en el caso de poderla ganar por prescripción.

Pero no valdrá ni contra el verdadero dueño, ni contra el que posea con igual o mejor derecho.

Conc.: CC. 702, 708, 2498, 2507
Fuentes: D.6.2.1.pr, D.6.2.3, D.6.2.12.1, D.6.2.16-17; Poth. Domaine 293, 295-297 pp. 203-204

§ 3. Contra quién se puede reivindicar

Art. 895. La acción de dominio se dirige contra el actual poseedor.

Conc.: CC. 700
Fuentes: D.6.1.9, D.6.2.9.4; Poth. Domaine 298, 204-205

Art. 896. El mero tenedor de la cosa que se reivindica es obligado a declarar el nombre y residencia de la persona a cuyo nombre la tiene.

Conc.: CC. 714
Fuentes: D.6.1.9; Poth. Domaine 298, 300, pp. 204-206

Art. 897. Si alguien, de mala fe, se da por poseedor de la cosa que se reivindica sin serlo, será condenado a la indemnización de todo perjuicio que de este engaño haya resultado al actor.

Conc.: CC. 2314
Fuentes: D.6.1.27.3, D.50.17.131, D.50.17.150; P.5.T.5.L.54; Poth. Domaine 306, p. 207

Art. 898. La acción de dominio tendrá también lugar contra el que enajenó la cosa, para la restitución de lo que haya recibido por ella, siempre que por haberla enajenado se haya hecho imposible o difícil su persecución; y si la enajenó a sabiendas de que era ajena, para la indemnización de todo perjuicio.

El reivindicador que recibe del enajenador lo que se ha dado a éste por la cosa, confirma por el mismo hecho la enajenación.

Conc.: CC. 672, 1818, 2187, 2314
Fuentes: D.6.1.15.1, D.6.1.27.3, D.50.17.131, D.50.17.150; modifica P.5.T.5.L.54; Poth. Domaine 306, p. 207

Art. 899. La acción de dominio no se dirige contra un heredero sino por la parte que posea en la cosa; pero las prestaciones a que estaba obligado el poseedor por razón de los frutos o de los deterioros que le eran imputables, pasan a los herederos de éste a prorrata de sus cuotas hereditarias.

Conc.: CC. 951, 1097-1098
Fuentes: D.6.1.8, D.6.1.42; Poth. Domaine 302-305, pp. 206-207

Art. 900. Contra el que poseía de mala fe y por hecho o culpa suya ha dejado de poseer, podrá intentarse la acción de dominio, como si actualmente poseyese.

De cualquier modo que haya dejado de poseer y aunque el reivindicador prefiera dirigirse contra el actual poseedor, respecto del tiempo que ha estado la cosa en su poder tendrá las obligaciones y derechos que según este título corresponden a los poseedores de mala fe en razón de frutos, deterioros y expensas.

Si paga el valor de la cosa y el reivindicador lo acepta, sucederá en los derechos del reivindicador sobre ella.

Lo mismo se aplica aun al poseedor de buena fe que durante el juicio se ha puesto en la imposibilidad de restituir la cosa por su culpa.

El reivindicador en los casos de los dos incisos precedentes no será obligado al saneamiento.

Conc.: CC. 2314
Fuentes: D.6.1.27.3, D.50.16.131, D.50.16.150; Poth. Domaine 306, pp. 207-208

Art. 901. Si reivindicándose una cosa corporal mueble, hubiere motivo de temer que se pierda o deteriore en manos del poseedor, podrá el actor pedir su secuestro; y el poseedor, será obligado a consentir en él, o a dar seguridad suficiente de restitución, para el caso de ser condenado a restituir.

Conc.: CPC 290-292
Fuente: Poth. Domaine, 309, p. 208; parcialmente CN 1691 y CN 196

Art. 902. Si se demanda el dominio u otro derecho real constituido sobre un inmueble, el poseedor seguirá gozando de él, hasta la sentencia definitiva pasada en autoridad de cosa juzgada.

Pero el actor tendrá derecho de provocar las providencias necesarias para evitar todo deterioro de la cosa, y de los muebles y semovientes anexos a ella y comprendidos en la reivindicación, si hubiere justo motivo de temerlo, o las facultades del demandado no ofrecieren suficiente garantía.

Conc.: CPC 293-295
Fuentes: IJ 4.15.4 in fine; Poth. Domaine 321, p. 211

Art. 903. La acción reivindicatoria se extiende al embargo, en manos de tercero, de lo que por éste se deba como precio o permuta al poseedor que enajenó la cosa.

Conc.: CC. 1608-1613
Fuente: D.6.1.15.1

§ 4. Prestaciones mutuas

Art. 904. Si es vencido el poseedor, restituirá la cosa en el plazo que el juez señalare; y si la cosa fue secuestrada, pagará el actor al secuestre los gastos de custodia y conservación, y tendrá derecho para que el poseedor de mala fe se los reembolse.

Conc.: CC. 48-50, 1494; CPC 290-292
Fuentes: D.6.1.11-12; Poth. Domaine 328-330, pp. 214-215

Art. 905. En la restitución de una heredad se comprenden las cosas que forman parte de ella, o que se reputan como inmuebles por su conexión con ella, según lo dicho en el título De las varias clases de bienes. Las otras no serán comprendidas en la restitución, si no lo hubieren sido en la demanda y sentencia; pero podrán reivindicarse separadamente.

En la restitución de un edificio se comprende la de sus llaves.

En la restitución de toda cosa, se comprende la de los títulos que conciernen a ella, si se hallan en manos del poseedor.

Conc.: CC. 571-574, 587, 643-669
Fuentes: D.6.1.23.2-3, D.6.1.23.7, D.6.1.44; Poth. Domaine 330, p. 215 y Poth. Condict. Indeb. 173, p. 115

Art. 906. El poseedor de mala fe es responsable de los deterioros que por su hecho o culpa ha sufrido la cosa.

El poseedor de buena fe, mientras permanece en ella, no es responsable de estos deterioros, sino en cuanto se hubiere aprovechado de ellos; por ejemplo, destruyendo un bosque o arbolado, y vendiendo la madera o la leña, o empleándola en beneficio suyo.

Fuentes: D.5.3.31.3, D.6.1.13, D.6.1.15.3, D.6.1.16.pr, D6.1.45; Poth. Domaine 332-333, pp. 215-216

Art. 907. El poseedor de mala fe es obligado a restituir los frutos naturales y civiles de la cosa, y no solamente los percibidos sino los que el dueño hubiera podido percibir con mediana inteligencia y actividad, teniendo la cosa en su poder.

Si no existen los frutos, deberá el valor que tenían o hubieran tenido al tiempo de la percepción: se considerarán como no existentes los que se hayan deteriorado en su poder.

El poseedor de buena fe no es obligado a la restitución de los frutos percibidos antes de la contestación de la demanda: en cuanto a los percibidos después, estará sujeto a las reglas de los dos incisos anteriores.

En toda restitución de frutos se abonarán al que la hace los gastos ordinarios que ha invertido en producirlos.

Conc.: CC. 702, 706-707
Fuentes: D.5.3.36.3, D.5.3.38, D.6.1.62, D.22.1.25.1, D.24.3.7.pr, D.50.17.136; C.3.32.22; IJ 2.1.35, IJ 4.17.2; P.3.T.28.LL.39-40; Poth. Domaine 334-338, pp. 216-219; CN 529, 548-549

Art. 908. El poseedor vencido tiene derecho a que se le abonen las expensas necesarias invertidas en la conservación de la cosa, según las reglas siguientes:

Si estas expensas se invirtieron en obras permanentes, como una cerca para impedir las depredaciones, o un dique para atajar las avenidas, o las reparaciones de un edificio arruinado por un terremoto, se abonarán al poseedor dichas expensas, en cuanto hubieren sido realmente necesarias; pero reducidas a lo que valgan las obras al tiempo de la restitución.

Y si las expensas se invirtieron en cosas que por su naturaleza no dejan un resultado material permanente, como la defensa judicial de la finca, serán abonadas al poseedor en cuanto aprovecharen al reivindicador, y se hubieren ejecutado con mediana inteligencia y economía.

Conc.: CC. 756, 795-798, 1935
Fuentes: D.6.1.65.pr, D.25.1.1, D.25.1.3.1, D.50.16.79.pr; C.3.32.5.1; P.7.T.33.L.10; Poth. Domaine 343-344, pp. 222-224

Art. 909. El poseedor de buena fe, vencido, tiene asimismo derecho a que se le abonen las mejoras útiles, hechas antes de contestarse la demanda.

Sólo se entenderán por mejoras útiles las que hayan aumentado el valor venal de la cosa.

El reivindicador elegirá entre el pago de lo que valgan al tiempo de la restitución las obras en que consisten las mejoras, o el pago de lo que en virtud de dichas mejoras valiere más la cosa en dicho tiempo.

En cuanto a las obras hechas después de contestada la demanda, el poseedor de buena fe tendrá solamente los derechos que por el artículo siguiente se conceden al poseedor de mala fe.

Conc.: CC. 756, 795-798, 1936
Fuentes: D.6.1.38, D.50.16.79.1; P.3ª, tit. 28, l.41, P.7.T.33.L.10; Poth. Domaine 347-348, p. 225-226; C. Sardo 456

Art. 910. El poseedor de mala fe no tendrá derecho a que se le abonen las mejoras útiles de que habla el artículo precedente.

Pero podrá llevarse los materiales de dichas mejoras, siempre que pueda separarlos sin detrimento de la cosa reivindicada, y que el propietario rehúse pagarle el precio que tendrían dichos materiales después de separados.

Conc.: CC. 759, 801, 1936
Fuentes: D.6.1.37-38; C.3.32.5.1; IJ 2.1.30; P.3.T.28.LL.41 y 44; Poth. Domaine 350-352, p. 227-229; C. Holandés 656

Art. 911. En cuanto a las mejoras voluptuarias, el propietario no será obligado a pagarlas al poseedor de mala ni de buena fe, que sólo tendrán con respecto a ellas el derecho que por el artículo precedente se concede al poseedor de mala fe respecto de las mejoras útiles.

Se entienden por mejoras voluptuarias las que sólo consisten en objetos de lujo y recreo, como jardines, miradores, fuentes, cascadas artificiales, y generalmente aquellas que no aumentan el valor venal de la cosa, en el mercado general, o sólo lo aumentan en una proporción insignificante.

Conc.: CC. 759, 801, 1936
Fuentes: D.6.1.38, D.50.16.79.2; P.3.T.28.L.44, P.7.T.33.L.10

Art. 912. Se entenderá que la separación de los materiales, permitida por los artículos precedentes, es en detrimento de la cosa reivindicada, cuando hubiere de dejarla en peor estado que antes de ejecutarse las mejoras; salvo en cuanto el poseedor vencido pudiere reponerla inmediatamente en su estado anterior, y se allanare a ello.

Conc.: CC. 759, 801, 1936
Fuentes: D.6.1.38, D.50.16.79.2; P.3.T.28.L.44, P.7.T.33.L.10

Art. 913. La buena o mala fe del poseedor se refiere, relativamente a los frutos, al tiempo de la percepción, y relativamente a las expensas y mejoras, al tiempo en que fueron hechas.

Conc.: CC. 702, 706-707

Art. 914. Cuando el poseedor vencido tuviere un saldo que reclamar en razón de expensas y mejoras, podrá retener la cosa hasta que se verifique el pago, o se le asegure a su satisfacción.

Fuentes: P.5.T.28.L.44

Art. 915. Las reglas de este título se aplicarán contra el que poseyendo a nombre ajeno retenga indebidamente una cosa raíz o mueble, aunque lo haga sin ánimo de señor.

Conc.: CC. 714, 716, 719, 728-730, 2195, 2510

TÍTULO XIII. DE LAS ACCIONES POSESORIAS

Art. 916. Las acciones posesorias tienen por objeto conservar o recuperar la posesión de bienes raíces o de derechos reales constituidos en ellos.

Conc.: CC. 917-950, 2132, 2502; CPC 518, 549-583
Fuentes: Salas, t. 2, cap. 11, Nº 11, p. 254-255; Gómez, Tauri c.45, Nº 194, p. 520 (aparece en Bello 1853, pero se refiere a inapelabilidad)

Art. 917. Sobre las cosas que no pueden ganarse por prescripción, como las servidumbres inaparentes o discontinuas, no puede haber acción posesoria.

Conc.: CC. 822, 824, 881-882, 885
Fuente: Poth. Possess. 90-91, pp. 293-294

Art. 918. No podrá instaurar una acción posesoria sino el que ha estado en posesión tranquila y no interrumpida un año completo.

Conc.: CC. 709-713, 729, 920, 928, 1736, 1792-8, 1837, 2501-2504

Fuentes: D.43.17.1; Poth. Possess. 95-96, 100, p. 295-296 y 145, p. 309; Salas, t. 2, cap. 11, Nº 14-15, pp. 256-257

Art. 919. El heredero tiene y está sujeto a las mismas acciones posesorias que tendría y a que estaría sujeto su autor, si viviese.

Conc.: CC. 951, 954

Art. 920. Las acciones que tienen por objeto conservar la posesión, prescriben al cabo de un año completo, contado desde el acto de molestia o embarazo inferido a ella.

Las que tienen por objeto recuperarla, expiran al cabo de un año completo contado desde que el poseedor anterior la ha perdido.

Si la nueva posesión ha sido violenta o clandestina, se contará este año desde el último acto de violencia, o desde que haya cesado la clandestinidad.

Las reglas que sobre la continuación de la posesión se dan en los artículos 717, 718 y 719, se aplican a las acciones posesorias.

Conc.: CC. 709-713, 717-719, 729, 918, 928
Fuentes: D.43.17.1; Poth. Possess. 95-96, 100, p. 295-296; Salas, t. 2, cap. 11, Nº 14-15, pp. 256-257

Art. 921. El poseedor tiene derecho para pedir que no se le turbe o embarace su posesión o se le despoje de ella, que se le indemnice del daño que ha recibido, y que se le dé seguridad contra el que fundadamente teme.

Conc.: CC. 582, 856
Fuentes: IJ 4.15.4; Gómez, Tauri c.45, Nº 170, p. 497-498; Poth. Possess. 101-103, p. 297; Salas, t. 2, cap. 11, Nº 17, p. 258

Art. 922. El usufructuario, el usuario, y el que tiene derecho de habitación, son hábiles para ejercer por sí las acciones y excepciones posesorias, dirigidas a conservar o recuperar el goce de sus respectivos derechos, aun contra el propietario mismo. El propietario es obligado a auxiliarlos contra todo turbador o usurpador extraño, siendo requerido al efecto.

Las sentencias obtenidas contra el usufructuario, el usuario o el que tiene derecho de habitación, obligan al propietario; menos si se tratare de la posesión del dominio de la finca o de derechos anexos a él: en este caso no valdrá la sentencia contra el propietario que no haya intervenido en el juicio.

Conc.: CC. 891

Fuentes: Poth. Possess. 100, pp. 296-297; Salas, t. 2, cap. 11, Nº 14-15, pp. 256-257

Art. 923. En los juicios posesorios no se tomará en cuenta el dominio que por uno o por otra parte se alegue.

Podrán, con todo, exhibirse títulos de dominio para comprobar la posesión, pero sólo aquellos cuya existencia pueda probarse sumariamente, ni valdrá objetar contra ellos otros vicios o defectos que los que puedan probarse de la misma manera.

Conc.: CC. 582, 700, 701, 703-705, 719-722, 724-731
Fuente: IJ 4.15.4; Poth. Possess. 104, p. 298, CPC Francés 24

Art. 924. La posesión de los derechos inscritos se prueba por la inscripción y mientras ésta subsista, y con tal que haya durado un año completo, no es admisible ninguna prueba de posesión con que se pretenda impugnarla.

Conc.: CC. 724, 728

Art. 925. Se deberá probar la posesión del suelo por hechos positivos, de aquellos a que sólo da derecho el dominio, como el corte de maderas, la construcción de edificios, la de cerramientos, las plantaciones o sementeras, y otros de igual significación, ejecutados sin el consentimiento del que disputa la posesión.

Conc.: CC. 724, 728, 729, 842-845, 847, 881-882, 930

Art. 926. El que injustamente ha sido privado de la posesión, tendrá derecho para pedir que se le restituya, con indemnización de perjuicios.

Conc.: CC. 683, 724-726, 728-730, 842-845, 847, 881-882
Fuentes: IJ 4.15.6; P.7ª, tit. 10, l.10; Poth. Possess. 106, p. 299; Gómez, cap. 45, Nº 180, p. 507; Salas, t. 2, cap. 11, Nº 18, p. 258-259

Art. 927. La acción para la restitución puede dirigirse no sólo contra el usurpador, sino contra toda persona, cuya posesión se derive de la del usurpador por cualquier título.

Pero no serán obligados a la indemnización de perjuicios sino el usurpador mismo, o el tercero de mala fe; y habiendo varias personas obligadas, todas lo serán insólidum.

Conc.: CC. 2314

Fuentes: Gómez, c.45, Nº 181, p. 507-508

Art. 928. Todo el que violentamente ha sido despojado, sea de la posesión, sea de la mera tenencia, y que por poseer a nombre de otro, o por no haber poseído bastante tiempo, o por otra causa cualquiera, no pudiere instaurar acción posesoria, tendrá sin embargo derecho para que se restablezcan las cosas en el estado que antes se hallaban, sin que para esto necesite probar más que el despojo violento, ni se le pueda objetar clandestinidad o despojo anterior. Este derecho prescribe en seis meses.

Restablecidas las cosas, y asegurado el resarcimiento de daños, podrán intentarse por una u otra parte las acciones posesorias que correspondan.

Conc.: CC. 683, 724-726, 728-730, 842-845, 847, 881-882
Fuentes: D.43.16.1; Poth. Possess. 107, p. 299

Art. 929. Los actos de violencia cometidos con armas o sin ellas, serán además castigados con las penas que por el Código Criminal correspondan.

Conc.: CP 457-458

TÍTULO XIV. DE ALGUNAS ACCIONES POSESORIAS ESPECIALES

Art. 930. El poseedor tiene derecho para pedir que se prohíba toda obra nueva que se trate de construir sobre el suelo de que está en posesión

Pero no tendrá el derecho de denunciar con este fin las obras necesarias para precaver la ruina de un edificio, acueducto, canal, puente, acequia, etc., con tal que en lo que puedan incomodarle se reduzcan a lo estrictamente necesario, y que, terminadas, se restituyan las cosas al estado anterior, a costa del dueño de las obras.

Tampoco tendrá derecho para embarazar los trabajos conducentes a mantener la debida limpieza en los caminos, acequias, cañerías, etc.

Conc.: CC. 924-925, 930-931, 946, 950; CPC 565-570, 577
Fuentes: D.39.1.1.1, D.39.1.20.2; P.3ª, tit. 32, ll.1 y 5; Salas, t. 2, cap. 12, Nº 2, p. 262-263

Art. 931. Son obras nuevas denunciables las que construidas en el predio sirviente embarazan el goce de una servidumbre constituida en él.

Son igualmente denunciables las construcciones que se trata de sustentar en edificio ajeno, que no esté sujeto a tal servidumbre.

Se declara especialmente denunciable toda obra voladiza que atraviesa el plan vertical de la línea divisoria de dos predios, aunque no se apoye sobre el predio ajeno, ni dé vista, ni vierta aguas lluvias sobre él.

Conc.: CC. 821
Fuente: D.8.5.9, D.39.1.14; C.3.34.1 y 5; Aclara a Salas, t. 2, cap. 12, N° 4, p. 264; CN 701

Art. 932. El que tema que la ruina de un edificio vecino le pare perjuicio, tiene derecho de querellarse al juez para que se mande al dueño de tal edificio derribarlo, si estuviere tan deteriorado que no admita reparación; o para que, si la admite, se le ordene hacerla inmediatamente; y si el querellado no procediere a cumplir el fallo judicial, se derribará el edificio o se hará la reparación a su costa.

Si el daño que se teme del edificio no fuere grave, bastará que el querellado rinda caución de resarcir todo perjuicio que por el mal estado del edificio sobrevenga.

Conc.: CC. 933-935, 946, 950, 2323; CPC 571-576
Fuentes: D.39.2.1-3 y 7; P.3.T.32.LL.10-11; Salas, t2, N° 10, p. 267-268; CL 667; García Goyena 555

Art. 933. En el caso de hacerse por otro que el querellado la reparación de que habla el artículo precedente, el que se encargue de hacerla conservará la forma y dimensiones del antiguo edificio en todas sus partes, salvo si fuere necesario alterarlas para precaver el peligro.

Las alteraciones se ajustarán a la voluntad del dueño del edificio, en cuanto sea compatible con el objeto de la querella.

Art. 934. Si notificada la querella, cayere el edificio por efecto de su mala condición, se indemnizará de todo perjuicio a los vecinos; pero si cayere por caso fortuito, como avenida, rayo o terremoto, no habrá lugar a indemnización; a menos de probarse que el caso fortuito, sin el mal estado del edificio, no lo hubiera derribado.

No habrá lugar a indemnización, si no hubiere precedido notificación de la querella.

Conc.: CC. 2323
Fuentes: P.3.T.32.LL.10-11, 14; Salas, t. 2, cap. 12, N° 16, p. 272

Art. 935. Las disposiciones precedentes se extenderán al peligro que se tema de cualesquiera construcciones; o de árboles mal arraigados, o expuestos a ser derribados por casos de ordinaria ocurrencia.

Fuentes: D.39.2.24.9, D.43.27.1-2; P.3.T.32.L.12, P.7.T.15.L.28; Salas, t2, cap. 12, Nº 12, p. 268

Art. 936. Derogado. L. 16640

Art. 937. Ninguna prescripción se admitirá contra las obras que corrompan el aire y lo hagan conocidamente dañoso.

Modif. L. 9909
Fuente: P.3ª, tit. 32, l.13, con modificaciones, indica en 1853

Art. 938. Derogado. L. 9909

Art. 939. Derogado. L. 9909

Art. 940. Derogado. L. 9909

Art. 941. El dueño de una casa tiene derecho para impedir que cerca de sus paredes haya depósitos o corrientes de agua, o materias húmedas que puedan dañarla.

Tiene asimismo derecho para impedir que se planten árboles a menos distancia que la de quince decímetros, ni hortalizas o flores a menos distancia que la de cinco decímetros.

Si los árboles fueren de aquellos que extienden a gran distancia sus raíces, podrá el juez ordenar que se planten a la que convenga para que no dañen a los edificios vecinos: el máximum de la distancia señalada por el juez será de cinco metros.

Los derechos concedidos en este artículo subsistirán contra los árboles, flores u hortalizas plantadas, a menos que la plantación haya precedido a la construcción de las paredes.

Conc.: CC. 856, 942, 950; CPC 579
Fuentes: D.8.5.17.2, D.10.1.13; P.3.T.32.L.13; CN 671; C. Vaud 458

Art. 942. Si un árbol extiende sus ramas sobre suelo ajeno, o penetra en él con sus raíces, podrá el dueño del suelo exigir que se corte la parte excedente de las ramas, y cortar él mismo las raíces.

Lo cual se entiende aun cuando el árbol esté plantado a la distancia debida.

Conc.: CC. 941, 950, CPC 579
Fuentes: D.43.27.1.2, D.47.7.6.2; P.7.T.15.L.28; CN 672, C. Holandés 714

Art. 943. Los frutos que dan las ramas tendidas sobre terreno ajeno, pertenecen al dueño del árbol; el cual, sin embargo, no podrá entrar a cogerlos sino con permiso del dueño del suelo, estando cerrado el terreno.

El dueño del terreno será obligado a conceder este permiso; pero sólo en días y horas oportunas, de que no le resulte daño.

Conc.: CC. 847
Fuente: D.43.28.1

Art. 944. Derogado. L. 9909

Art. 945. Derogado. L. 9909

Art. 946. Siempre que haya de prohibirse, destruirse o enmendarse una obra perteneciente a muchos, puede intentarse la denuncia o querella contra todos juntos o contra cualquiera de ellos; pero la indemnización a que por los daños recibidos hubiere lugar, se repartirá entre todos por igual, sin perjuicio de que los gravados con esta indemnización la dividan entre sí a prorrata de la parte que tenga cada uno en la obra.

Y si el daño sufrido o temido perteneciere a muchos, cada uno tendrá derecho para intentar la denuncia o querella por sí solo, en cuanto se dirija a la prohibición, destrucción o enmienda de la obra; pero ninguno podrá pedir indemnización, sino por el daño que él mismo haya sufrido, a menos que legitime su personería relativamente a los otros.

Fuente: P.3 T.32.LL.2 y 17

Art. 947. Las acciones concedidas en este título no tendrán lugar contra el ejercicio de servidumbre legítimamente constituida.

Conc.: CC. 820

Art. 948. La municipalidad y cualquiera persona del pueblo tendrá, en favor de los caminos, plazas u otros lugares de uso público, y para la seguridad de los que transitan por ellos, los derechos concedidos a los dueños de heredades o edificios privados.

Y siempre que a consecuencia de una acción popular haya de demolerse o enmendarse una construcción, o de resarcirse un daño sufrido, se recompensará al actor, a costa del querellado, con una suma que no baje de la décima, ni exceda a la tercera parte de lo que cueste la demolición o enmienda, o el resarcimiento del daño; sin perjuicio de que si se castiga el delito o negligencia con una pena pecuniaria, se adjudique al actor la mitad.

Conc.: CC. 589, 916, 921, 926, 930, 932, 941-942, 949-950
Fuentes: D.18.1.6.pr, D.43.7.1; P.3.T.32.LL.23-24; Salas, c.12, Nº 3, p. 263 y Nº 14, pp. 270-271

Art. 949. Las acciones municipales o populares se entenderán sin perjuicio de las que competan a los inmediatos interesados.

Art. 950. Las acciones concedidas en este título para la indemnización de un daño sufrido, prescriben para siempre al cabo de un año completo.

Las dirigidas a precaver un daño no prescriben mientras haya justo motivo de temerlo.

Si las dirigidas contra una obra nueva no se instauraren dentro del año, los denunciados o querellados serán amparados en el juicio posesorio, y el denunciante o querellante podrá solamente perseguir su derecho por la vía ordinaria.

Pero ni aun esta acción tendrá lugar, cuando, según las reglas dadas para las servidumbres, haya prescrito el derecho.

Conc.: CC. 930, 932, 937, 941-942, 948

LIBRO TERCERO
DE LA SUCESIÓN POR CAUSA DE MUERTE, Y
DE LAS DONACIONES ENTRE VIVOS

TÍTULO I. DEFINICIONES Y REGLAS GENERALES

Art. 951. Se sucede a una persona difunta a título universal o a título singular.

El título es universal cuando se sucede al difunto en todos sus bienes, derechos y obligaciones transmisibles, o en una cuota de ellos, como la mitad, tercio o quinto.

El título es singular cuando se sucede en una o más especies o cuerpos ciertos, como tal caballo, tal casa; o en una o más especies indeterminadas de cierto género, como un caballo, tres vacas, seiscientos pesos fuertes, cuarenta fanegas de trigo.

Conc.: CC. 952-1385; L. 16271
Fuentes: D. 50.16.24, D.50.17.62; P.7.T.33.L.8; De Molina, De iust. d.155, Nº 1 y 4, d.182, Nº 12 y 14; ABGB 532; CL 871-872

Art. 952. Si se sucede en virtud de un testamento, la sucesión se llama testamentaria, y si en virtud de la ley, intestada o abintestato.

La sucesión en los bienes de una persona difunta puede ser parte testamentaria, y parte intestada.

Conc.: Intestada CC. 127, 218, 751, 762, 773, 952, 965, 970, 980-998, 1064, 1100, 1183-1184, 1255, 1330, 2043, 2045-2046
Testada CC. 992, 999-1221, 1270-1310
Parte testada, parte intestada CC. 996
Fuentes: D.29.2.39, en contra de D.50.17.7; ABGB 533-534

Art. 953. Se llaman asignaciones por causa de muerte las que hace la ley, o el testamento de una persona difunta, para suceder en sus bienes.

Con la palabra asignaciones se significan en este Libro las asignaciones por causa de muerte, ya las haga el hombre o la ley.

Asignatario es la persona a quien se hace la asignación.

Modif. L. 7612
Conc.: CC. 337, 529, 530-531, 741, 953-954, 956, 959, 962-963, 1056, 1058, 1065-1068, 1070, 1075, 1078, 1080, 1084-1088, 1090, 1093, 1099-1100,

1138, 1146, 1156, 1160, 1167, 1171, 1188, 1202, 1210, 1225-1226, 1228-1229, 1234, 1236, 1278, 1321, 1337-1338, 1362-1363, 1416, 1463, 1481, 1492-1493, 1498, 1775, 1791
Fuente: D.29.2.39; ABGB 533

Art. 954. Las asignaciones a título universal se llaman herencias, y las asignaciones a título singular, legados. El asignatario de herencia se llama heredero, y el asignatario de legado, legatario.

Conc.: Herencia CC. 951, 954, 956-957, 1066, 1097-1103, 1142, 1145, 1354
Legado CC. 951, 954, 956-957, 1066, 1104-1135
Fuentes: D.30.116.pr, D. 50.16.24, D.50.17.62; P.7.T.33.L.8; De Molina, De iust. d.155, Nº 1 y 4; ABGB 532, 535

Art. 955. La sucesión en los bienes de una persona se abre al momento de su muerte en su último domicilio; salvos los casos expresamente exceptuados.

La sucesión se regla por la ley del domicilio en que se abre; salvas las excepciones legales.

Fuentes: D.29.2.54; CN 718; Merlin, t. 4, Étranger; Savigny, t. 8, Nº 375, p. 291 y Nº 376, p. 298

Art. 956. La delación de una asignación es el actual llamamiento de la ley a aceptarla o repudiarla.

La herencia o legado se defiere al heredero o legatario en el momento de fallecer la persona de cuya sucesión se trata, si el heredero o legatario no es llamado condicionalmente; o en el momento de cumplirse la condición, si el llamamiento es condicional.

Salvo si la condición es de no hacer algo que dependa de la sola voluntad del asignatario, pues en este caso la asignación se defiere en el momento de la muerte del testador, dándose por el asignatario caución suficiente de restituir la cosa asignada con sus accesiones y frutos, en caso de contravenirse a la condición.

Lo cual, sin embargo, no tendrá lugar cuando el testador hubiere dispuesto que mientras penda la condición de no hacer algo, pertenezca a otro asignatario la cosa asignada.

Conc.: CC. 722, 957-958, 1153
Fuentes: D.29.2.21.2-3; IJ 3.9.10; P.6, tit. 9, l.21; ABGB 536

Art. 957. Si el heredero o legatario cuyos derechos a la sucesión no han prescrito, fallece antes de haber aceptado o repudiado la herencia o legado que se le ha deferido, transmite a sus herederos el derecho de aceptar o repudiar dicha herencia o legado, aun cuando fallezca sin saber que se le ha deferido.

No se puede ejercer este derecho sin aceptar la herencia de la persona que lo transmite.

Conc.: CC. 1153
Fuentes: P.6.T.6.L.2; Gómez, Varia, c.1, Nº 9, p. 7; ABGB 537

Art. 958. Si dos o más personas llamadas a suceder una a otra se hallan en el caso del artículo 79, ninguna de ellas sucederá en los bienes de las otras.

Conc.: CC. 79
Fuentes: En contra de D. 34.5.9-10, P.7.T.33.L.12 y CN 721-722; según C. Holandés 878 y ABGB 536

Art. 959. En toda sucesión por causa de muerte, para llevar a efecto las disposiciones del difunto o de la ley, se deducirán del acervo o masa de bienes que el difunto ha dejado, inclusos los créditos hereditarios:

1o. Las costas de la publicación del testamento, si lo hubiere, y las demás anexas a la apertura de la sucesión;

2o. Las deudas hereditarias;

3o. Los impuestos fiscales que gravaren toda la masa hereditaria;

4o. Las asignaciones alimenticias forzosas.

El resto es el acervo líquido de que dispone el testador o la ley.

Modif. L. 19585
Conc.: CC. 960, 1185-1189, 1205
Fuentes: D.5.2.8.9; C.3.28.6; P.7.T.33.L.8; CN 922

Art. 960. Los impuestos fiscales que gravan toda la masa, se extienden a las donaciones revocables que se confirman por la muerte.

Los impuestos fiscales sobre ciertas cuotas o legados se cargarán a los respectivos asignatarios.

Conc.: CC. 1185-1189, 1205

Art. 961. Será capaz y digna de suceder toda persona a quien la ley no haya declarado incapaz o indigna.

Conc.: CC. 961-979, 1144, 1190, 1200-1201, 1277, 1300, 1314, 1329-1330, 1391, 1428
Fuentes: P.6.T.3.L.2; CN 902; ABGB 538

Art. 962. Para ser capaz de suceder es necesario existir al tiempo de abrirse la sucesión; salvo que se suceda por derecho de transmisión, según el artículo 957, pues entonces bastará existir al abrirse la sucesión de la persona por quien se transmite la herencia o legado.

Si la herencia o legado se deja bajo condición suspensiva, será también preciso existir en el momento de cumplirse la condición.

Con todo, las asignaciones a personas que al tiempo de abrirse la sucesión no existen, pero se espera que existan, no se invalidarán por esta causa si existieren dichas personas antes de expirar los diez años subsiguientes a la apertura de la sucesión.

Valdrán con la misma limitación las asignaciones ofrecidas en premio a los que presten un servicio importante, aunque el que lo presta no haya existido al momento de la muerte del testador.

Modif. L. 7612 y L. 16.952
Conc.: CC. 74-77, 343, 354, 356, 485-486, 538, 1070, 1078, 1084-1085, 1087, 1390
Fuentes: CN 906

Art. 963. Son incapaces de toda herencia o legado las cofradías, gremios, o establecimientos cualesquiera que no sean personas jurídicas.

Pero si la asignación tuviere por objeto la fundación de una nueva corporación o establecimiento, podrá solicitarse la aprobación legal, y obtenida ésta, valdrá la asignación.

Conc.: CC. 545-548-3
Fuentes: C.6.24.8, C.6.24.12; P.6.T.3.L.4; Nov. Rec. Lib. 2, tit. 12; CN 910

Art. 964. Es incapaz de suceder a otra persona como heredero o legatario, el que antes de deferírsele la herencia o legado hubiere sido condenado judicialmente por el crimen de dañado ayuntamiento con dicha persona y no hubiere contraído con ella un matrimonio que produzca efectos civiles.

Lo mismo se extiende a la persona que antes de deferírsele la herencia o legado hubiere sido acusada de dicho crimen, si se siguiere condenación judicial.

Conc.: CP 357, 361-363, 365-366 ter
Fuentes: P.6.T.7.L.15; ABGB 543

Art. 965. Por testamento otorgado durante la última enfermedad, no puede recibir herencia o legado alguno, ni aun como albacea fiduciario, el eclesiástico que hubiere confesado al difunto durante la misma enfermedad, o habitualmente en los dos últimos años anteriores al testamento; ni la orden, convento, o cofradía de que sea miembro el eclesiástico; ni sus deudos por consanguinidad o afinidad hasta el tercer grado inclusive.

Pero esta incapacidad no comprenderá a la iglesia parroquial del testador, ni recaerá sobre la porción de bienes que el dicho eclesiástico o sus deudos habrían heredado abintestato, si no hubiese habido testamento.

Fuentes: Nov. Rec. Lib. 10, tit. 20, l.15; CN 909

Art. 966. Será nula la disposición a favor de un incapaz, aunque se disfrace bajo la forma de un contrato oneroso o por interposición de persona.

Conc.: CC. 10-11
Fuente: D.34.9.10.pr; P.6.T.7.L.13; CN 911

Art. 967. El incapaz no adquiere la herencia o legado, mientras no prescriban las acciones que contra él puedan intentarse por los que tengan interés en ello.

Conc.: CC. 891, 1216-1221, 1264-1269

Art. 968. Son indignos de suceder al difunto como herederos o legatarios:

1o. El que ha cometido el crimen de homicidio, femicidio, parricidio o infanticidio en la persona del difunto, o ha intervenido en este crimen por obra o consejo, o la dejó perecer pudiendo salvarla;

2o. El que cometió atentado grave contra la vida, el honor o los bienes de la persona de cuya sucesión se trata, o de su cónyuge, o de cualquiera de sus ascendientes o descendientes, con tal que dicho atentado se pruebe por sentencia ejecutoriada;

3o. El consanguíneo dentro del sexto grado inclusive, que en el estado de demencia o destitución de la persona de cuya sucesión se trata, no la socorrió pudiendo;

4o. El que por fuerza o dolo obtuvo alguna disposición testamentaria del difunto, o le impidió testar;

5o. El que dolosamente ha detenido u ocultado un testamento del difunto, presumiéndose dolo por el mero hecho de la detención u ocultación.

Modif. L. 19585; L. 21675
Conc.: CC. 961, 968-979, 987, 1144, 1190, 1200-1201, 1277, 1300, 1329-1330, 1428
Fuentes: D.34.9.3; P.6.T.7.LL.3 y 17, P.6.T. 13.L.7; CN 727; ABGB 540-542; C. Sicilia 648; C. Sardo 702; García Goyena 617.

Art. 969. 6o Es indigno de suceder el que siendo mayor de edad, no hubiere acusado a la justicia el homicidio, femicidio, parricidio, infanticidio o cualquier otro delito que atente en contra de la vida de la persona del difunto, tan presto como le hubiere sido posible.

Cesará esta indignidad, si la justicia hubiere empezado a proceder sobre el caso.

Pero esta causa de indignidad no podrá alegarse, sino cuando constare que el heredero o legatario no es cónyuge de la persona por cuya obra o consejo se ejecutó el femicidio, parricidio, infanticidio, ni es del número de sus ascendientes y descendientes, ni hay entre ellos deudo de consanguinidad o afinidad hasta el tercer grado inclusive.

Modif. L. 18802; L. 21675
Fuentes: D.34.9.17 y 21; C.6.35.6; P.6.T.7.L.13; Nov. Rec. Lib. 10, tit. 20, l.11; CN 727-728

Art. 970. 7o Es indigno de suceder al impúber, demente, sordo o sordomudo que no pueda darse a entender claramente, el ascendiente o descendiente que, siendo llamado a sucederle abintestato, no pidió que se le nombrara un tutor o curador, y permaneció en esta omisión un año entero: a menos que aparezca haberle sido imposible hacerlo por sí o por procurador.

Si fueren muchos los llamados a la sucesión, la diligencia de uno de ellos aprovechará a los demás.

Transcurrido el año recaerá la obligación antedicha en los llamados en segundo grado a la sucesión intestada.

La obligación no se extiende a los menores, ni en general a los que viven bajo tutela o curaduría. Esta causa de indignidad desaparece desde que el impúber llega a la pubertad, o el demente sordo o sordomudo toman la administración de sus bienes.

Modif. L. 18802 y L. 19904

Fuente: P.6.T.16.L.12

Art. 971. 8o Son indignos de suceder el tutor o curador que nombrados por el testador se excusaren sin causa legítima.

El albacea que nombrado por el testador se excusare sin probar inconveniente grave, se hace igualmente indigno de sucederle.

No se extenderá esta causa de indignidad a los asignatarios forzosos en la cuantía que lo son, ni a los que, desechada por el juez la excusa, entren a servir el cargo.

Conc.: CC. 354-356, 496, 514, 1270, 1277
Fuentes: D.34.9.5.2; García Goyena 618

Art. 972. 9o Finalmente, es indigno de suceder el que, a sabiendas de la incapacidad, haya prometido al difunto hacer pasar sus bienes o parte de ellos, bajo cualquier forma, a una persona incapaz.

Esta causa de indignidad no podrá alegarse contra ninguna persona de las que por temor reverencial hubieren podido ser inducidas a hacer la promesa al difunto; a menos que hayan procedido a la ejecución de la promesa.

Conc.: CC. 962-966
Fuente: D.34.9.10.pr; P.6.T.7.L.13

Art. 973. Las causas de indignidad mencionadas en los artículos precedentes no podrán alegarse contra disposiciones testamentarias posteriores a los hechos que la producen, aun cuando se ofreciere probar que el difunto no tuvo conocimiento de esos hechos al tiempo de testar ni después.

Fuentes: C. Sicilia 650-651; C. Sardo 709; CL 969; ABGB 540; García Goyena 619

Art. 974. La indignidad no produce efecto alguno, si no es declarada en juicio, a instancia de cualquiera de los interesados en la exclusión del heredero o legatario indigno.

Declarada judicialmente, es obligado el indigno a la restitución de la herencia o legado con sus accesiones y frutos.

Conc.: CC. 644-669
Fuentes: D.34.9.17; C.6.35.1 y 18; CN 729

Art. 975. La indignidad se purga en cinco años de posesión de la herencia o legado.

Modif. L. 6162

Art. 976. La acción de indignidad no pasa contra terceros de buena fe.

Conc.: CC. 189, 221, 707, 976
Fuente: CL 694-695

Art. 977. A los herederos se transmite la herencia o legado de que su autor se hizo indigno, pero con el mismo vicio de indignidad de su autor, por todo el tiempo que falte para completar los cinco años.

Modif. L. 6162
Fuente: En contra de D.34.9.10-11

Art. 978. Los deudores hereditarios o testamentarios no podrán oponer al demandante la excepción de incapacidad o indignidad.

Art. 979. La incapacidad o indignidad no priva al heredero o legatario excluido, de los alimentos que la ley le señale; pero en los casos del artículo 968 no tendrán ningún derecho a alimentos.

Conc.: CC. 968, 1168-1171

TÍTULO II. REGLAS RELATIVAS A LA SUCESIÓN INTESTADA

Art. 980. Las leyes reglan la sucesión en los bienes de que el difunto no ha dispuesto, o si dispuso, no lo hizo conforme a derecho, o no han tenido efecto sus disposiciones.

Conc.: CC. 127, 218, 751, 762, 773, 952, 965, 970, 980-998, 1064, 1100, 1183-1184, 1255, 1330, 2043, 2045-2046
Fuentes: IJ 3.1.1; P.6.T.13.L.1; CN 723; C. Sardo 914; Escriche, T.3, «Heredero legítimo», p. 26.

Art. 981. La ley no atiende al origen de los bienes para reglar la sucesión intestada o gravarla con restituciones o reservas.

Fuentes: CN 732; en contra de L. Toro 15 y Fuero Real 3.2.1

Art. 982. En la sucesión intestada no se atiende al sexo ni a la primogenitura.

Conc.: CPR 19 Nº 2
Fuente: CN 745

Art. 983. Son llamados a la sucesión intestada los descendientes del difunto, sus ascendientes, el cónyuge sobreviviente, sus colaterales, el adoptado, en su caso, y el Fisco.

Los derechos hereditarios del adoptado se rigen por la ley respectiva.

Modif. L. 10271 y L. 19585
Fuentes: CN 723; Escriche, T.3, «Heredero legítimo», p. 26.

Art. 984. Se sucede abintestato, ya por derecho personal, ya por derecho de representación.

La representación es una ficción legal en que se supone que una persona tiene el lugar y por consiguiente el grado de parentesco y los derechos hereditarios que tendría su padre o madre, si éste o ésta no quisiese o no pudiese suceder.

Se puede representar a un padre o madre que, si hubiese querido o podido suceder, habría sucedido por derecho de representación.

Conc.: CC. 985-987
Fuentes: Nov. 118.1; P.6.T.13.L.3; CN 739; C. Prusiano 351-355

Art. 985. Los que suceden por representación heredan en todos casos por estirpes, es decir, que cualquiera que sea el número de los hijos que representan al padre o madre, toman entre todos y por iguales partes la porción que hubiera cabido al padre o madre representado.

Los que no suceden por representación suceden por cabezas, esto es, toman entre todos y por iguales partes la porción a que la ley los llama; a menos que la misma ley establezca otra división diferente.

Fuentes: Nov. 118.1; CN 743

Art. 986. Hay siempre lugar a la representación en la descendencia del difunto y en la descendencia de sus hermanos.

Fuera de estas descendencias no hay lugar a la representación.

Modif. L. 19585
Fuentes: Nov. 118.2; P.6ª, tit. 13, l.5; CN 740-742

Art. 987. Se puede representar al ascendiente cuya herencia se ha repudiado.

Se puede asimismo representar al incapaz, al indigno, al desheredado, y al que repudió la herencia del difunto.

Fuentes: D.38.9.1.11; C.6.16.1, C.6.14.3; C. Prusiano 352-355; CN 744; Merlin, Réprésentation; Chabot, Réprésentation, p. 250 y ss.; García Goyena 737

Art. 988. Los hijos excluyen a todos los otro herederos, a menos que hubiere también cónyuge sobreviviente, caso en el cual éste concurrirá con aquéllos.

El cónyuge sobreviviente recibirá una porción que, por regla general, será equivalente al doble de lo que por legítima rigorosa o efectiva corresponda a cada hijo. Si hubiere sólo un hijo, la cuota del cónyuge será igual a la legítima rigorosa o efectiva de ese hijo. Pero en ningún caso la porción que corresponda al cónyuge bajará de la cuarta parte de la herencia, o de la cuarta parte de la mitad legitimaria en su caso.

Correspondiendo al cónyuge sobreviviente la cuarta parte de la herencia o de la mitad legitimaria, el resto se dividirá entre los hijos por partes iguales.

La aludida cuarta parte se calculará teniendo en cuenta lo dispuesto en el artículo 996.

Modif. L. 19585
Fuentes: Nov. 118.1; Fuero Juzgo 4.5, 1; P.6.T.13.L.3; CN 745

Art. 989. Si el difunto no ha dejado posteridad, le sucederán el cónyuge sobreviviente y sus ascendientes de grado más próximo.

En este caso, la herencia se dividirá en tres partes, dos para el cónyuge y una para los ascendientes. A falta de éstos, llevará todos los bienes el cónyuge, y, a falta de cónyuge, los ascendientes.

Habiendo un solo ascendiente en el grado más próximo, sucederá éste en todos los bienes, o en toda la porción hereditaria de los ascendientes.

Modif. L. 19585
Fuentes: Nov. 118.2; P.6.T.13.L.4; C. Pruss. 480; CN 746-749

Art. 990. Si el difunto no hubiere dejado descendientes, ni ascendientes, ni cónyuge, le sucederán sus hermanos.

Entre los hermanos de que habla este artículo se comprenderán los de simple y doble conjunción, pero la porción de los primeros será la mitad que la que corresponda a los segundos.

Modif. L. 19585 y L. 21400
Fuentes: Nov. 118.3; P.6.T.13.L.5; CN 750

Art. 991. Derogado. L. 19585

Art. 992. A falta de descendientes, ascendientes, cónyuge y hermanos, sucederán al difunto los otros colaterales de grado más próximo, sean de simple o doble conjunción, hasta el sexto grado inclusive.

Los colaterales de simple conjunción, esto es, los que sólo son parientes del difunto por parte de uno de los progenitores, tendrán derecho a la mitad de la porción de los colaterales de doble conjunción, esto es, los que a la vez son parientes del difunto por parte de ambos progenitores. El colateral o los colaterales del grado más próximo excluirán siempre a los otros.

Modif. L. 19585 y L. 21400
Fuentes: Nov. 118.3; P.6.T.13.L.6; CN 753

Art. 993. Derogado. L. 19585

Art. 994. El cónyuge separado judicialmente, que hubiere dado motivo a la separación por su culpa, no tendrá parte alguna en la herencia abintestato de cónyuge.

Tampoco sucederán abintestato los progenitores del causante si la paternidad o maternidad ha sido determinada judicialmente contra su oposición, salvo que mediare el restablecimiento a que se refiere el artículo 203.

Modif. L. 19947 y L. 21400
Conc.: CC. 140, 155, 173, 203; L. Matrimonio Civil 26-37, 55, 67-70
Fuente: D.38.11.1.1; CN 767

Art. 995. A falta de todos los herederos abintestato designados en los artículos precedentes, sucederá el Fisco.

Fuentes: C.10.10.1; P.6.T.13.L.6; CN 768

Art. 996. Cuando en un mismo patrimonio se ha de suceder por testamento y abintestato, se cumplirán las disposiciones testamentarias, y el remanente se adjudicará a los herederos abintestato según las reglas generales.

Pero los que suceden a la vez por testamento y abintestato, imputarán a la porción que les corresponda abintestato lo que recibieren por testamento, sin perjuicio de retener toda la porción testamentaria, si excediere a la otra.

Prevalecerá sobre todo ello la voluntad expresa del testador, en lo que de derecho corresponda.

En todo caso la regla del inciso primero se aplicará una vez enteradas totalmente, a quienes tienen derecho a ellas, las legítimas y mejoras de la herencia.

Modif. L. 19585
Conc.: CC. 952
Fuentes: en contra de D.50.17.7; ABGB 533-534

Art. 997. Los extranjeros son llamados a las sucesiones abintestato abiertas en Chile de la misma manera y según las mismas reglas que los chilenos.

Conc.: CC. 16, 84, 955, 959, 962; CPR 19 Nº 2

Art. 998. En la sucesión abintestato de un extranjero que fallezca dentro o fuera del territorio de la República, tendrán los chilenos a título de herencia o de alimentos, los mismos derechos que según las leyes chilenas les corresponderían sobre la sucesión intestada de un chileno.

Los chilenos interesados podrán pedir que se les adjudique en los bienes del extranjero existentes en Chile todo lo que les corresponda en la sucesión del extranjero.

Esto mismo se aplicará en caso necesario a la sucesión de un chileno que deja bienes en país extranjero.

Modif. L. 19585
Conc.: CC. 14-16; CPR 19 Nº 2

TÍTULO III. DE LA ORDENACIÓN DEL TESTAMENTO

§ 1. Del testamento en general

Art. 999. El testamento es un acto más o menos solemne, en que una persona dispone del todo o de una parte de sus bienes para que tenga pleno efecto después de sus días, conservando la facultad de revocar las disposiciones contenidas en él, mientras viva.

Conc.: CC. 84, 114, 189, 203, 213, 337, 354-356, 358-361, 364, 392, 431, 451, 485-486, 587, 688, 691, 744, 752, 762, 766, 768, 773, 792, 952-953, 959, 965, 968, 996, 999-1221, 1295, 1312, 1318, 1324, 1327, 1330, 1369, 1373, 1470, 1511, 1526, 2023, 2027, 2043, 2045, 2483
Fuentes: D.28.1.1; P.6.T.1.L.2; CN 896; ABGB 552; Escriche, t4, «Testamento», p. 1092; García Goyena 555

Art. 1000. Toda donación o promesa que no se haga perfecta e irrevocable sino por la muerte del donante o promisor, es un testamento, y debe sujetarse a las mismas solemnidades que el testamento. Exceptúanse las donaciones o promesas entre cónyuges, las cuales, aunque revocables, podrán hacerse bajo la forma de los contratos entre vivos.

Modif. L. 21400
Conc.: CC. 960, 1136-1146, 1185, 1200-1201, 1218
Fuente: Escriche, t2, «Donación por causa de muerte», p. 722

Art. 1001. Todas las disposiciones testamentarias son esencialmente revocables, sin embargo de que el testador exprese en el testamento la determinación de no revocarlas. Las cláusulas derogatorias de sus disposiciones futuras se tendrán por no escritas, aunque se confirmen con juramento.

Si en un testamento anterior se hubiere ordenado que no valga su revocación si no se hiciere con ciertas palabras o señales, se mirará esta disposición como no escrita.

Fuentes: D.32.22.pr, D.34.4.4; CN 896; CL 1683

Art. 1002. Las cédulas o papeles a que se refiera el testador en el testamento, no se mirarán como partes de éste, aunque el testador lo ordene; ni valdrán más de lo que sin esta circunstancia valdrían.

Fuentes: En contra de Febrero t. 1 Nº 59, pp. 28-29 y Nº 235, p. 137; según García Goyena 560

Art. 1003. El testamento es un acto de una sola persona.

Serán nulas todas las disposiciones contenidas en el testamento otorgado por dos o más personas a un tiempo, ya sean en beneficio recíproco de los otorgantes, o de una tercera persona.

Conc.: CC. 1059, 1204, 1463
Fuentes: D.28.5.71, D.30.64; P.6.T.9.L.29; CN 968; C. Sardo 864

Art. 1004. La facultad de testar es indelegable.

Conc.: CC. 1059, 1204, 1463
Fuentes: D.28.5.32; P.6.T.3.L.9; CN 968

Art. 1005. No son hábiles para testar:

1. Derogado;

2. El impúber;

3. El que se hallare bajo interdicción por causa de demencia;

4. El que actualmente no estuviere en su sano juicio por ebriedad u otra causa;

5. Todo el que no pudiere expresar su voluntad claramente.

Las personas no comprendidas en esta enumeración son hábiles para testar.

Modif. L. 7612 y L. 19904
Conc.: CC. 1447, 1682
Demente CC. 109, 191, 223, 267, 342, 355, 456-468, 475, 497, 510, 723, 968, 970, 1005, 1012, 1208, 1447, 1586, 1682, 1749, 1758, 1766, 2319, 2509; CPC 843; Reglamento del CBR 56-57
Impúber CC. 25, 26
Fuentes: D.28.1.5; C.6.22.2; P.6.T.1.L.13; CN 901-903; ABGB 566-569

Art. 1006. El testamento otorgado durante la existencia de cualquiera de las causas de inhabilidad expresadas en el artículo precedente es nulo, aunque posteriormente deje de existir la causa.

Y por el contrario, el testamento válido no deja de serlo por el hecho de sobrevenir después alguna de estas causas de inhabilidad.

Conc.: CC. 465, 1447, 1682
Fuentes: ABGB 575-576; CL 1418; C. Holandés 943

Art. 1007. El testamento en que de cualquier modo haya intervenido la fuerza, es nulo en todas sus partes.

Conc.: CC. 1456-1457

Art. 1008. El testamento es solemne, o menos solemne.

Testamento solemne es aquel en que se han observado todas las solemnidades que la ley ordinariamente requiere.

El menos solemne o privilegiado es aquel en que pueden omitirse algunas de estas solemnidades, por consideración a circunstancias particulares, determinadas expresamente por la ley.

El testamento solemne es abierto o cerrado.

Testamento abierto, nuncupativo o público es aquel en que el testador hace sabedores de sus disposiciones a los testigos; y testamento cerrado o secreto, es aquel en que no es necesario que los testigos tengan conocimiento de ellas.

Conc.: Testamento solemne CC. 1008, 1011-1026
Testamento privilegiado CC. 1008, 1030-1055
Fuente: Escriche, t4, «Testamento», p. 1092

Art. 1009. La apertura y publicación del testamento se harán ante el juez del último domicilio del testador; sin perjuicio de las excepciones que a este respecto establezcan las leyes.

Conc.: CC. 1010, 1025

Art. 1010. Siempre que el juez haya de proceder a la apertura y publicación de un testamento, se cerciorará previamente de la muerte del testador. Exceptúanse los casos en que según la ley deba presumirse la muerte.

Conc.: CC. 1009, 1025
Muerte natural CC. 78-79, 92, 94
Muerte presunta CC. 47, 80-97, 272, 958, 1010, 1764, 1792-27

§ 2. Del testamento solemne y primeramente del otorgado en Chile

Art. 1011. El testamento solemne es siempre escrito.

Conc.: CC. 1008, 1011-1026

Art. 1012. No podrán ser testigos en un testamento solemne, otorgado en Chile:

1. Derogado;
2. Los menores de dieciocho años;
3. Los que se hallaren en interdicción por causa de demencia;
4. Todos los que actualmente se hallaren privados de la razón;
5. Los ciegos;
6. Los sordos;
7. Los mudos;
8. Los condenados a alguna de las penas designadas en el artículo 267, número 7o, y en general, los que por sentencia ejecutoriada estuvieren inhabilitados para ser testigos;
9. Los amanuenses del escribano que autorizare el testamento;
10. Los extranjeros no domiciliados en Chile;
11. Las personas que no entiendan el idioma del testador; sin perjuicio de lo dispuesto en el artículo 1024.

Dos a lo menos de los testigos deberán estar domiciliados en la comuna o agrupación de comunas en que se otorgue el testamento y uno a lo menos deberá saber leer y escribir, cuando sólo concurran tres testigos, y dos cuando concurrieren cinco.

Modif. L. 5521 y L. 18776
Conc.: CC. 1011, 1013
Fuentes: IJ 2.10.6-10; D.28.1.20; C.6.23.8-9; P.6.T.1.LL.9 y 11; Fuero Real 3.5.3; Nov. Rec. 10.18.1; CN 975, 980; ABGB 591-592; García Goyena 589-590

Art. 1013. Si alguna de las causas de inhabilidad expresadas en el artículo precedente no se manifestare en el aspecto o comportación de un testigo, y se ignorare generalmente en el lugar donde el testamento se otorga, fundándose la opinión contraria en hechos positivos y públicos, no se invalidará el testamento por la inhabilidad real del testigo.

Pero la habilidad putativa no podrá servir sino a uno solo de los testigos.

Art. 1014. En Chile, el testamento solemne y abierto debe otorgarse ante competente escribano y tres testigos, o ante cinco testigos.

Podrá hacer las veces de escribano el juez de letras del territorio jurisdiccional del lugar del otorgamiento: todo lo dicho en este título acerca del escribano, se entenderá respecto del juez de letras, en su caso.

Modif. L. 18776
Conc.: CC. 1008, 1014-1020; CPC 866
Fuentes: P.3.T.18.L.103, P.6.T.1.L.1; Nov. Rec. 10.18.1-2; CN 971; CL 1571; García Goyena 565

Art. 1015. Lo que constituye esencialmente el testamento abierto, es el acto en que el testador hace sabedores de sus disposiciones al escribano, si lo hubiere, y a los testigos.

El testamento será presenciado en todas sus partes por el testador, por un mismo escribano, si lo hubiere, y por unos mismos testigos.

Conc.: CC. 1008, 1014-1020
Fuentes: D.28.1.20.8; D.28.1.21.3; Escriche, t4, «Testamento abierto o nuncupativo» p. 1097

Art. 1016. En el testamento se expresarán el nombre y apellido del testador; el lugar de su nacimiento; la nación a que pertenece; si está o no avecindado en Chile, y si lo está, la comuna en que tuviere su domicilio; su edad; la circunstancia de hallarse en su entero juicio; los nombres de las personas con quienes hubiere contraído matrimonio, de los hijos habidos en cada matrimonio, de cualesquier otros hijos del testador, con distinción de vivos y muertos; y el nombre, apellido y domicilio de cada uno de los testigos.

Se ajustarán estas designaciones a lo que respectivamente declaren el testador y testigos. Se expresarán asimismo el lugar, día, mes y año del otorgamiento; y el nombre, apellido y oficio del escribano, si asistiere alguno.

Modif. L. 19585

Art. 1017. El testamento abierto podrá haberse escrito previamente.

Pero sea que el testador lo tenga escrito, o que se escriba en uno o más actos, será todo él leído en alta voz por el escribano, si lo hubiere, o a falta de escribano por uno de los testigos, designado por el testador a este efecto.

Mientras el testamento se lee, estará el testador a la vista, y las personas cuya presencia es necesaria oirán todo el tenor de sus disposiciones.

Fuentes: CN 971; CL 1574-1575; García Goyena 565

Art. 1018. Termina el acto por las firmas del testador y testigos, y por la del escribano, si lo hubiere.

Si el testador no supiere o no pudiere firmar, se mencionará en el testamento esta circunstancia expresando la causa.

Si se hallare alguno de los testigos en el mismo caso, otro de ellos firmará por él y a ruego suyo, expresándolo así.

Fuentes: C.6.23.21.2ª; P.6.T.1.L.2, gl.2; CN 974-975; C. Sardo 748

Art. 1019. El ciego, el sordo o el sordomudo que puedan darse a entender claramente, aunque no por escrito, sólo podrán testar nuncupativamente y ante escribano o funcionario que haga las veces de tal.

En el caso del ciego, el testamento deberá leerse en voz alta dos veces: la primera por el escribano o funcionario, y la segunda por uno de los testigos elegido al efecto por el testador.

Tratándose del sordo o del sordomudo, la primera y la segunda lectura deberán efectuarse, además, ante un perito o especialista en lengua de señas, quien deberá, en forma simultánea, dar a conocer al otorgante el contenido de la misma.

Deberá hacerse mención especial de estas solemnidades en el testamento.

Conc.: CC. 1024
Fuentes: I.J. 2.10.3; C.6.23.8; P.6.T.1.L.14; CN978; García Goyena 602
Modif. L. 19904

Art. 1020. Si el testamento no ha sido otorgado ante escribano, o ante un juez de letras, sino ante cinco testigos, será necesario que se proceda a su publicación en la forma siguiente:

El juez competente hará comparecer los testigos para que reconozcan sus firmas y la del testador.

Si uno o más de ellos no compareciere por ausencia u otro impedimento, bastará que los testigos instrumentales presentes reconozcan la firma del testador, las suyas propias y las de los testigos ausentes.

En caso necesario, y siempre que el juez lo estimare conveniente, podrán ser abonadas las firmas del testador y de los testigos ausentes por declaraciones juradas de otras personas fidedignas.

En seguida pondrá el juez su rúbrica al principio y fin de cada página del testamento, y lo mandará entregar con lo obrado al escribano actuario para que lo incorpore en sus protocolos.

Modif. L. 10271
Conc.: CPC 867
Fuentes: P.6.T.2.L.4; García Goyena 597-598

Art. 1021. El testamento solemne cerrado debe otorgarse ante un escribano y tres testigos.

Podrá hacer las veces de escribano el respectivo juez letrado.

Conc.: CC. 1008, 1021-1025, 1047, 1054
Fuentes: C.6.23.21; P.6.T.1.L.2; CN 976; ABGB 594

Art. 1022. El que no sepa leer y escribir no podrá otorgar testamento cerrado.

Conc.: CC. 1019

Art. 1023. Lo que constituye esencialmente el testamento cerrado es el acto en que el testador presenta al escribano y testigos una escritura cerrada, declarando de viva voz y de manera que el escribano y testigos le vean, oigan y entiendan (salvo el caso del artículo siguiente), que en aquella escritura se contiene su testamento. Los mudos podrán hacer esta declaración escribiéndola a presencia del escribano y testigos.

El testamento deberá estar escrito o a lo menos firmado por el testador.

El sobrescrito o cubierta del testamento estará cerrada o se cerrará exteriormente, de manera que no pueda extraerse el testamento sin romper la cubierta.

Queda al arbitrio del testador estampar un sello o marca, o emplear cualquier otro medio para la seguridad de la cubierta.

El escribano expresará en el sobrescrito o cubierta, bajo el epígrafe testamento, la circunstancia de hallarse el testador en su sano juicio; el nombre, apellido y domicilio del testador y de cada uno de los testigos; y el lugar, día, mes y año del otorgamiento.

Termina el otorgamiento por las firmas del testador y de los testigos, y por la firma y signo del escribano, sobre la cubierta.

Durante el otorgamiento estarán presentes, además del testador, un mismo escribano y unos mismos testigos, y no habrá interrupción alguna sino en los breves intervalos que algún accidente lo exigiere.

Fuentes: C.6.23.21; P.6.T.1.L.2; CN 976

Art. 1024. Cuando el testador no pudiere entender o ser entendido de viva voz, sólo podrá otorgar testamento cerrado.

El testador escribirá de su letra, sobre la cubierta, la palabra testamento, o la equivalente en el idioma que prefiera, y hará del mismo modo la designación de su persona, expresando, a lo menos, su nombre, apellido y domicilio, y la nación a que pertenece; y en lo demás se observará lo prevenido en el artículo precedente.

Conc.: CC. 1019
Fuentes: C.6.22.10; P.6.T.1.LL.6 y 13; CN 979

Art. 1025. El testamento cerrado, antes de recibir su ejecución, será presentado al juez.

No se abrirá el testamento sino después que el escribano y testigos reconozcan ante el juez su firma y la del testador, declarando además si en su concepto está cerrado, sellado o marcado como en el acto de la entrega.

Si no pueden comparecer todos los testigos, bastará que el escribano y los testigos instrumentales presentes, reconozcan sus firmas y la del testador, y abonen las de los ausentes.

No pudiendo comparecer el escribano o funcionario que autorizó el testamento, será reemplazado para las diligencias de apertura por el escribano que el juez elija.

En caso necesario, y siempre que el juez lo estimare conveniente, podrán ser abonadas las firmas del escribano y testigos ausentes, como en el caso del inc. 4o del artículo 1020.

Conc.: CPC 868
Fuentes: D.29.3.1-4; C.6.32; CN 1007; CL 1643; García Goyena 591-594

Art. 1026. El testamento solemne, abierto o cerrado, en que se omitiere cualquiera de las formalidades a que deba respectivamente sujetarse, según los artículos precedentes, no tendrá valor alguno.

Con todo, cuando se omitiere una o más de las designaciones prescritas en el artículo 1016, en el inciso 5o del 1023 y en el inciso 2o del 1024, no será por eso nulo el testamento, siempre que no haya duda acerca de la identidad personal del testador, escribano o testigo.

Conc.: CC. 1016, 1023, 1024, 1681-1682
Fuentes: C.6.23.12 y 21; P.6.T.9.L.32; CN 1001

§ 3. Del testamento solemne otorgado en país extranjero

Art. 1027. Valdrá en Chile el testamento escrito, otorgado en país extranjero, si por lo tocante a las solemnidades se hiciere constar su conformidad a las leyes del país en que se otorgó, y si además se probare la autenticidad del instrumento respectivo en la forma ordinaria.

Conc.: CC. 17, 18, 955, 998, 1027-1029
Fuentes: CN 999

Art. 1028. Valdrá asimismo en Chile el testamento otorgado en país extranjero, con tal que concurran los requisitos que van a expresarse:

1. No podrá testar de este modo sino un chileno, o un extranjero que tenga domicilio en Chile.

2. No podrá autorizar este testamento sino un Ministro Plenipotenciario, un Encargado de Negocios, un Secretario de Legación que tenga título de tal, expedido por el Presidente de la República, o un Cónsul que tenga patente del mismo; pero no un Vicecónsul. Se hará mención expresa del cargo, y de los referidos título y patente.

3. Los testigos serán chilenos, o extranjeros domiciliados en la ciudad donde se otorgue el testamento.

4. Se observarán en lo demás las reglas del testamento solemne otorgado en Chile.

5. El instrumento llevará el sello de la Legación o Consulado.

Conc.: CC. 17-18, 955, 998, 1029
Fuentes: C. Sardo 798; García Goyena 586

Art. 1029. El testamento otorgado en la forma prescrita en el artículo precedente y que no lo haya sido ante un jefe de Legación, llevará el Visto Bueno de este jefe; si el testamento fuere abierto, al pie, y si fuere cerrado, sobre la carátula: el testamento abierto será siempre rubricado por el mismo jefe al principio y fin de cada página.

El jefe de Legación remitirá en seguida una copia del testamento abierto, o de la carátula del cerrado, al Ministro de Relaciones Exteriores de Chile; el cual a su vez, abonando la firma del jefe de Legación, remitirá dicha copia al juez del último domicilio del difunto en Chile, para que la haga incorporar en los protocolos de un escribano del mismo domicilio.

No conociéndose al testador ningún domicilio en Chile, será remitido el testamento por el Ministro de Relaciones Exteriores a un juez de letras de Santiago, para su incorporación en los protocolos de la escribanía que el mismo juez designe.

Conc.: CC. 17-18, 955, 1027-1028
Fuentes: CN 1000; C. Sardo 799; García Goyena 587

§ 4. De los testamentos privilegiados

Art. 1030. Son testamentos privilegiados:

1. El testamento verbal;
2. El testamento militar;
3. El testamento marítimo.

Conc.: CC. 1008, 1030-1055
Fuentes: Escriche, «Testamento privilegiado», t. 4, p. 1195

Art. 1031. En los testamentos privilegiados podrá servir de testigo toda persona de sano juicio, hombre o mujer, mayor de dieciocho años, que vea, oiga y entienda al testador, y que no tenga la inhabilidad designada en el número 8 del artículo 1012. Se requerirá además para los testamentos privilegiados escritos que los testigos sepan leer y escribir.

Bastará la habilidad putativa, con arreglo a lo prevenido en el artículo 1013.

Conc.: CC. 1012-1013

Art. 1032. En los testamentos privilegiados el testador declarará expresamente que su intención es testar: las personas cuya presencia es necesaria serán unas mismas desde el principio hasta el fin; y el acto será continuo, o sólo interrumpido en los breves intervalos que algún accidente lo exigiere.

No serán necesarias otras solemnidades que éstas, y las que en los artículos siguientes se expresan.

Fuentes: P.6.T.1.L.1, gl.7ª; Escriche, «Testamento privilegiado», t. 4, p. 1195

Art. 1033. El testamento verbal será presenciado por tres testigos a lo menos.

Conc.: CC. 1033-1040, 1053
Fuentes: Fuero Juzgo 2.5.11; Escriche, «Testamento abierto o nuncupativo», t. 4, p. 1097; García Goyena 572

Art. 1034. En el testamento verbal el testador hace de viva voz sus declaraciones y disposiciones, de manera que todos le vean, le oigan y entiendan.

Fuentes: D.28.1.20.8; D.28.1.21.3; P.6.T.1.L.1, gl.7ª; Escriche, t4, «Testamento abierto o nuncupativo» p. 1097

Art. 1035. El testamento verbal no tendrá lugar sino en los casos de peligro tan inminente de la vida del testador, que parezca no haber modo o tiempo de otorgar testamento solemne.

Fuentes: Fuero Juzgo 2.5.11; García Goyena 572

Art. 1036. El testamento verbal no tendrá valor alguno si el testador falleciere después de los treinta días subsiguientes al otorgamiento; o si habiendo fallecido antes, no se hubiere puesto por escrito el testamento, con las formalidades que van a expresarse, dentro de los treinta días subsiguientes al de la muerte.

Fuentes: CN 987; García Goyena 575

Art. 1037. Para poner el testamento verbal por escrito, el juez de letras del territorio jurisdiccional en que se hubiere otorgado, a instancia de cualquiera persona que pueda tener interés en la sucesión, y con citación de los demás interesados residentes en la misma jurisdicción, tomará declaraciones juradas a los individuos que lo presenciaron como testigos instrumentales y a todas las otras personas cuyo testimonio le pareciere conducente a esclarecer los puntos siguientes:

1. El nombre, apellido y domicilio del testador, el lugar de su nacimiento, la nación a que pertenecía, su edad, y las circunstancias que hicieron creer que su vida se hallaba en peligro inminente;
2. El nombre y apellido de los testigos instrumentales y la comuna en que moran;
3. El lugar, día, mes y año del otorgamiento.

Modif. L. 18776

Art. 1038. Los testigos instrumentales depondrán sobre los puntos siguientes:

1. Si el testador aparecía estar en su sano juicio;
2. Si manifestó la intención de testar ante ellos;
3. Sus declaraciones y disposiciones testamentarias.

Art. 1039. La información de que hablan los artículos precedentes, será remitida al juez de letras del último domicilio, si no lo fuere el que ha recibido la información; y el juez, si encontrare que se han observado las solemnidades prescritas, y que en la información aparece claramente la última voluntad del testador, fallará que según dicha información, el testador ha hecho las declaraciones y disposiciones siguientes (expresándolas); y mandará que valgan dichas declaraciones y disposiciones como testamento del difunto, y que se protocolice como tal su decreto.

No se mirarán como declaraciones o disposiciones testamentarias sino aquellas en que los testigos que asistieron por vía de solemnidad estuvieren conformes.

Art. 1040. El testamento consignado en el decreto judicial protocolizado, podrá ser impugnado de la misma manera que cualquier otro testamento auténtico.

Art. 1041. En tiempo de guerra, el testamento de los militares y de los demás individuos empleados en un cuerpo de tropas de la República, y asimismo el de los voluntarios, rehenes y prisioneros que pertenecieren a dicho cuerpo, y el de las personas que van acompañando y sirviendo a cualquiera de los antedichos, podrá ser recibido por un capitán o por un oficial de grado superior al de capitán o por un intendente de ejército, comisario o auditor de guerra.

Si el que desea testar estuviere enfermo o herido, podrá ser recibido su testamento por el capellán, médico o cirujano que le asista; y si se hallare en un destacamento, por el oficial que lo mande, aunque sea de grado inferior al de capitán.

Conc.: CC. 1041-1047
Fuentes: D. 29.1.1; IJ 2.11.pr; P.6.T.1.L.4; CN 981-983; C. Sardo 792-793; C. Holandés 993

Art. 1042. El testamento será firmado por el testador, si supiere y pudiere escribir, por el funcionario que lo ha recibido y por los testigos.

Si el testador no supiere o no pudiere firmar, se expresará así en el testamento.

Conc.: CC. 1018
Fuentes: C.6.23.21.2ª; P.6.T.1.L.2, gl.2; CN 974-975; C. Sardo 748

Art. 1043. Para testar militarmente será preciso hallarse en una expedición de guerra, que esté actualmente en marcha o campaña contra el enemigo, o en la guarnición de una plaza actualmente sitiada.

Conc.: CC. 1042
Fuentes: D. 29.1.1; IJ 2.11.pr; P.6.T.1.L.4; CN 981-983; C. Sardo 792-793; C. Holandés 993

Art. 1044. Si el testador falleciere antes de expirar los noventa días subsiguientes a aquel en que hubieren cesado con respecto a él las circunstancias que habilitan para testar militarmente, valdrá su testamento como si hubiese sido otorgado en la forma ordinaria.

Si el testador sobreviviere a este plazo, caducará el testamento.

Fuentes: IJ 2.11.3; CN 984; C. Holandés 999

Art. 1045. El testamento llevará al pie el Visto Bueno del jefe superior de la expedición o del comandante de la plaza, si no hubiere sido otorgado ante el mismo jefe o comandante, y será siempre rubricado al principio y fin de cada página por dicho jefe o comandante; el cual en seguida lo remitirá con la posible brevedad y seguridad, al Ministro de Guerra, quien procederá como el de Relaciones Exteriores en el caso del artículo 1029.

Fuente: CN 981; C. Sardo 794

Art. 1046. Cuando una persona que puede testar militarmente se hallare en inminente peligro, podrá otorgar testamento verbal en la forma arriba prescrita; pero este testamento caducará por el hecho de sobrevivir el testador al peligro.

La información de que hablan los artículos 1037 y 1038 será evacuada lo más pronto posible ante el auditor de guerra o la persona que haga veces de tal.

Para remitir la información al juez del último domicilio se cumplirá lo prescrito en el artículo precedente.

Fuentes: Ordenanzas de la Armada 1748; C. Prusiano 192; García Goyena 577

Art. 1047. Si el que puede testar militarmente prefiere hacer testamento cerrado, deberán observarse las solemnidades prescritas en el artículo 1023, actuando como ministro de fe cualquiera de las personas designadas al fin del inciso 1o del artículo 1041.

La carátula será visada como el testamento en el caso del artículo 1045; y para su remisión se procederá según el mismo artículo.

Conc.: CC. 1008, 1021-1025, 1041, 1045, 1054

Art. 1048. Se podrá otorgar testamento marítimo a bordo de un buque chileno de guerra en alta mar.

Será recibido por el comandante o por su segundo a presencia de tres testigos.

Si el testador no supiere o no pudiere firmar, se expresará esta circunstancia en el testamento.

Se extenderá un duplicado del testamento con las mismas firmas que el original.

Conc.: CC. 1048-1055
Fuentes: Ordenanzas de la Armada de 1748; CN 988-997

Art. 1049. El testamento se guardará entre los papeles más importantes de la nave, y se dará noticia de su otorgamiento en el diario.

Fuente: CN 989; C. Sardo 783

Art. 1050. Si el buque antes de volver a Chile arribare a un puerto extranjero, en que haya un agente diplomático o consular chileno, el comandante entregará a este agente un ejemplar del testamento exigiendo recibo, y poniendo nota de ello en el diario, y el referido agente lo remitirá al Ministerio de Marina para los efectos expresados en el artículo 1029.

Si el buque llegare antes a Chile, se entregará dicho ejemplar con las mismas formalidades al respectivo gobernador marítimo, el cual lo transmitirá para iguales efectos al Ministerio de Marina.

Fuentes: CN 991-992; C. Sardo 788-789

Art. 1051. Podrán testar en la forma prescrita por el artículo 1048, no sólo los individuos de la oficialidad y tripulación, sino cualesquiera otros que se hallaren a bordo del buque chileno de guerra en alta mar.

Conc.: CC. 1048
Fuentes: CN 988

Art. 1052. El testamento marítimo no valdrá, sino cuando el testador hubiere fallecido antes de desembarcar, o antes de expirar los noventa días subsiguientes al desembarque.

No se entenderá por desembarque el pasar a tierra por corto tiempo para reembarcarse en el mismo buque.

Fuente: CN 998

Art. 1053. En caso de peligro inminente podrá otorgarse testamento verbal a bordo de un buque de guerra en alta mar, observándose lo prevenido en el artículo 1046; y el testamento caducará si el testador sobrevive al peligro.

La información de que hablan los artículos 1037 y 1038 será recibida por el comandante o su segundo, y para su remisión al juez de letras por conducto del Ministerio de Marina, se aplicará lo prevenido en el artículo 1046.

Conc.: CC. 1037-1038, 1046

Art. 1054. Si el que puede otorgar testamento marítimo, prefiere hacerlo cerrado, se observarán las solemnidades prescritas en el artículo 1023, actuando como ministro de fe el comandante de la nave o su segundo.

Se observará además lo dispuesto en el artículo 1049, y se remitirá copia de la carátula al Ministerio de Marina para que se protocolice, como el testamento según el artículo 1050.

Conc.: CC. 1008, 1021-1025, 1041, 1045, 1047, 1049-1050, 1054

Art. 1055. En los buques mercantes bajo bandera chilena, podrá sólo testarse en la forma prescrita por el artículo 1048, recibiéndose el testamento por el capitán o su segundo o el piloto, y observándose además lo prevenido en el artículo 1050.

TÍTULO IV. DE LAS ASIGNACIONES TESTAMENTARIAS

§ 1. Reglas generales

Art. 1056. Todo asignatario testamentario deberá ser una persona cierta y determinada, natural o jurídica, ya sea que se determine por su nombre o por indicaciones claras del testamento. De otra manera la asignación se tendrá por no escrita.

Valdrán con todo las asignaciones destinadas a objetos de beneficencia, aunque no sean para determinadas personas.

Las asignaciones que se hicieren a un establecimiento de beneficencia, sin designarlo, se darán al establecimiento de beneficencia que el Presidente de la República designe, prefiriendo alguno de los de la comuna o provincia del testador.

Lo que se deje al alma del testador, sin especificar de otro modo su inversión, se entenderá dejado a un establecimiento de beneficencia, y se sujetará a la disposición del inciso anterior.

Lo que en general se dejare a los pobres, se aplicará a los de la parroquia del testador.

Modif. L. 18776
Conc.: CC. 54-55, 74-78, 545-547, 962
Fuentes: C.1.3.48.1; P.6.T.3.L.4, 13 gl.1 y 20, P.6.T.9.L.9; CN 906, 910; C. Holandés 925

Art. 1057. El error en el nombre o calidad del asignatario no vicia la disposición, si no hubiere duda acerca de la persona.

Conc.: CC. 1058, 1455, 2216, 2456
Fuentes: D.28.1.21, D.28.5.9, D.46.5.9, D.50.17.96; P.6.T.9.L.9; AGBG 571

Art. 1058. La asignación que pareciere motivada por un error de hecho, de manera que sea claro que sin este error no hubiera tenido lugar, se tendrá por no escrita.

Conc.: CC. 1058, 1455, 2216, 2456
Fuentes: D.28.1.21, D.28.2.15; ABGB 570, 572

Art. 1059. Las disposiciones captatorias no valdrán.

Se entenderán por tales aquellas en que el testador asigna alguna parte de sus bienes a condición que el asignatario le deje por testamento alguna parte de los suyos.

Conc.: CC. 1003-1004, 1204, 1463
Fuentes: D.28.5.71; CN 968; C. Sardo 864

Art. 1060. No vale disposición alguna testamentaria que el testador no haya dado a conocer de otro modo que por sí o no, o por una señal de afirmación o negación, contestando a una pregunta.

Conc.: CC. 999-1000, 1014-1015, 1023, 1032

Art. 1061. No vale disposición alguna testamentaria en favor del escribano que autorizare el testamento, o del funcionario que haga las veces de tal, o del cónyuge de dicho escribano o funcionario, o de cualquiera de los ascendientes, descendientes, hermanos, cuñados, empleados o asalariados del mismo.

No vale tampoco disposición alguna testamentaria en favor de cualquiera de los testigos, o de su cónyuge, ascendientes, descendientes, hermanos o cuñados.

Modif. L. 10271
Fuentes: IJ 2.10.10; P.6.T.1.L.11; CN 975; ABGB 594

Art. 1062. El acreedor cuyo crédito no conste sino por el testamento, será considerado como legatario para las disposiciones del artículo precedente.

Art. 1063. La elección de un asignatario, sea absolutamente, sea de entre cierto número de personas, no dependerá del puro arbitrio ajeno.

Conc.: CC. 1003-1004, 1059, 1063, 1204, 1463
Fuentes: D.28.5.71; P.6.T.3.L.11

Art. 1064. Lo que se deje indeterminadamente a los parientes, se entenderá dejado a los consanguíneos del grado más próximo, según el orden de la sucesión abintestato, teniendo lugar el derecho de representación en conformidad a las reglas legales; salvo que a la fecha del testamento haya habido uno solo en ese grado, pues entonces se entenderán llamados al mismo tiempo los del grado inmediato.

Conc.: CC. 980-998

Art. 1065. Si la asignación estuviere concebida o escrita en tales términos, que no se sepa a cuál de dos o más personas ha querido designar el testador, ninguna de dichas personas tendrá derecho a ella.

Conc.: CC. 388, 1560-1566
Fuentes: P.6.T.9.L.9

Art. 1066. Toda asignación deberá ser o a título universal, o de especies determinadas o que por las indicaciones del testamento puedan claramente determinarse, o de géneros y cantidades que igualmente lo sean o puedan serlo. De otra manera se tendrá por no escrita.

Sin embargo, si la asignación se destinare a un objeto de beneficencia expresado en el testamento, sin determinar la cuota, cantidad o especies que hayan de invertirse en él, valdrá la asignación y se determinará la cuota, cantidad o especies, habida consideración a la naturaleza del objeto, a las otras disposiciones del testador, y a las fuerzas del patrimonio, en la parte de que el testador pudo disponer libremente.

El juez hará la determinación, oyendo al defensor de obras pías y a los herederos; y conformándose en cuanto fuere posible a la intención del testador.

Conc.: CC. 951, 953-954, 1460
Fuentes: D. 50.16.24, D.50.17.62; P.6.T.3.L.20, P.7.T.33.L.8; De Molina, De iust. d.155, Nº 1 y 4, d.182, Nº 12 y 14; Poth. Obl. 99, p50; CN 1003-1004; C. Sardo 698, 803-804, 808; ABGB 532; CL 871-872

Art. 1067. Si el cumplimiento de una asignación se dejare al arbitrio de un heredero o legatario, a quien aprovechare rehusarla, será el heredero o legatario obligado a llevarla a efecto, a menos que pruebe justo motivo para no hacerlo así. Si de rehusar la asignación no resultare utilidad al heredero o legatario, no será obligado a justificar su resolución, cualquiera que sea.

El provecho de un ascendiente o descendiente, de un cónyuge o de un hermano o cuñado, se reputará, para el efecto de esta disposición, provecho de dicho heredero o legatario.

Conc.: CC. 1477-1478
Fuente: Modif. P.6.T.9.L.29

Art. 1068. La asignación que por faltar el asignatario se transfiere a distinta persona, por acrecimiento, substitución u otra causa, llevará consigo todas las obligaciones y cargas transferibles, y el derecho de aceptarla o repudiarla separadamente.

La asignación que por demasiado gravada hubieren repudiado todas las personas sucesivamente llamadas a ella por el testamento o la ley, se deferirá en último lugar a las personas a cuyo favor se hubieren constituido los gravámenes.

Conc.: Acrecimiento CC. 750, 780, 1068, 1096, 1147-1155, 1163, 1191, 1229, 1416, 1785, 1910, 2265
Sustituciones CC. 1068, 1156-1166
Fuentes: Modif. P.6.T.9.L.5; sigue ABGB 563, 650

Art. 1069. Sobre las reglas dadas en este título acerca de la inteligencia y efecto de las disposiciones testamentarias, prevalecerá la voluntad del testador claramente manifestada, con tal que no se oponga a los requisitos o prohibiciones legales.

Para conocer la voluntad del testador se estará más a la substancia de las disposiciones que a las palabras de que se haya servido.

Conc.: CC. 1066, 1560-1566
Fuente: D.32.69.1

§ 2. De las asignaciones testamentarias condicionales

Art. 1070. Las asignaciones testamentarias pueden ser condicionales.

Asignación condicional es, en el testamento, aquella que depende de una condición, esto es, de un suceso futuro e incierto, de manera que según la intención del testador no valga la asignación si el suceso positivo no acaece o si acaece el negativo.

Las asignaciones testamentarias condicionales se sujetan a las reglas dadas en el título De las obligaciones condicionales, con las excepciones y modificaciones que van a expresarse.

Conc.: CC. 738-741, 962, 1070-1079, 1081, 1083-1086, 1089-1090, 1092, 1096, 1226, 1403, 1473-1478
Fuentes: IJ 3.15.4; P.5.T.11.L.16, P.6.T.4.L.8; Poth. Obl. Nº 198-200, p. 93-94; CN 1168

Art. 1071. La condición que consiste en un hecho presente o pasado, no suspende el cumplimiento de la disposición. Si existe o ha existido, se mira como no escrita; si no existe o no ha existido, no vale la disposición.

Lo pasado, presente y futuro se entenderá con relación al momento de testar, a menos que se exprese otra cosa.

Conc.: CC. 1473-1478
Fuentes: D.45.1.100; IJ 3.15.6; P.5.T.11.L.12, P.6.T.4.L.2; Poth. Obl. Nº 202, p. 94; CN 1181

Art. 1072. Si la condición que se impone como para tiempo futuro, consiste en un hecho que se ha realizado en vida del testador, y el testador al tiempo de testar lo supo, y el hecho es de los que pueden repetirse, se presumirá que el testador exige su repetición; si el testador al tiempo de testar lo supo, y el hecho es de aquellos cuya repetición es imposible, se mirará la condición como cumplida; y si el testador no lo supo, se mirará la condición como cumplida, cualquiera que sea la naturaleza del hecho.

Conc.: CC. 1071
Fuentes: D.12.1.10-11, D.31.45.2; ABGB 701

Art. 1073. La condición de no impugnar el testamento, impuesta a un asignatario, no se extiende a las demandas de nulidad por algún defecto en su forma.

Conc.: CC. 1465
Fuentes: ABGB 720; García Goyena 722

Art. 1074. La condición impuesta al heredero o legatario de no contraer matrimonio se tendrá por no escrita, salvo que se limite a no contraerlo antes de la edad de dieciocho años o menos.

Modif. L. 19221
Conc.: CC. 1461, 1475, 1480
Fuentes: D.35.1.22, D.35.1.64-65; P.5.T.11.L.17, gl.; Gómez, Variar., 11.60; Gómez, Tauri, 16.8; ABGB 700

Art. 1075. Se tendrá asimismo por no puesta la condición de permanecer en estado de viudedad; a menos que el asignatario tenga uno o más hijos del anterior matrimonio, al tiempo de deferírsele la asignación.

Conc.: CC. 1074
Fuente: ABGB 700

Art. 1076. Los artículos precedentes no se oponen a que se provea a la subsistencia de una persona mientras permanezca soltera o viuda, dejándole por ese tiempo un derecho de usufructo, de uso o de habitación, o una pensión periódica.

Modif. L. 19335
Conc.: CC. 1134, 1168
Fuente: ABGB 700; C. Sardo 822; García Goyena 715

Art. 1077. La condición de casarse o no casarse con una persona determinada, y la de abrazar un estado o profesión cualquiera, permitida por las leyes, aunque sea incompatible con el estado de matrimonio, valdrán.

Conc.: CC. 1074-1076
Fuentes: D.35.1.58; ABGB 700

Art. 1078. Las asignaciones testamentarias bajo condición suspensiva, no confieren al asignatario derecho alguno, mientras pende la condición, sino el de implorar las providencias conservativas necesarias.

Si el asignatario muere antes de cumplirse la condición, no transmite derecho alguno.

Cumplida la condición, no tendrá derecho a los frutos percibidos en el tiempo intermedio, si el testador no se los hubiere expresamente concedido.

Conc.: CC. 762, 1485, 1492
Fuentes: Poth. Obl. Nº 208, p. 98 y Nº 218, 220, p. 104-105; CN 1040

Art. 1079. Las disposiciones condicionales que establecen fideicomisos y conceden una propiedad fiduciaria, se reglan por el título De la propiedad fiduciaria.

Conc.: CC. 733-763

§ 3. De las asignaciones testamentarias a día

Art. 1080. Las asignaciones testamentarias pueden estar limitadas a plazos o días de que dependa el goce actual o la extinción de un derecho; y se sujetarán entonces a las reglas dadas en el título De las obligaciones a plazo, con las explicaciones que siguen.

Conc.: CC. 741, 1494-1498

Art. 1081. El día es cierto y determinado, si necesariamente ha de llegar y se sabe cuándo, como el día tantos de tal mes y año, o tantos días, meses o años después de la fecha del testamento o del fallecimiento del testador.

Es cierto, pero indeterminado, si necesariamente ha de llegar, pero no se sabe cuándo, como el día de la muerte de una persona.

Es incierto, pero determinado, si puede llegar o no, pero suponiendo que haya de llegar, se sabe cuándo, como el día en que una persona cumpla veinticinco años.

Finalmente, es incierto e indeterminado, si no se sabe si ha de llegar, ni cuándo, como el día en que una persona se case.

Conc.: CC. 738-741, 1473, 1494, 1498
Fuentes: D.35.1.1, D.36.2.21; Savigny, t3, Nº 125, p. 207-213

Art. 1082. Lo que se asigna desde un día que llega antes de la muerte del testador, se entenderá asignado para después de sus días y sólo se deberá desde que se abra la sucesión.

Fuentes: D.28.5.34; Savigny, t3, Nº 126.1.A, p. 214-215

Art. 1083. El día incierto e indeterminado es siempre una verdadera condición, y se sujeta a las reglas de las condiciones.

Conc.: CC. 1070-1079, 1473-1493
Fuentes: D.35.1.1; Savigny, t3, Nº 125, p. 207-213

Art. 1084. La asignación desde día cierto y determinado da al adsignatario, desde el momento de la muerte del testador, la propiedad de la cosa asignada y el derecho de enajenarla y transmitirla; pero no el de reclamarla antes que llegue el día.

Si el testador impone expresamente la condición de existir el asignatario en ese día, se sujetará a las reglas de las asignaciones condicionales.

Conc.: CC. 736, 765, 770-771, 773
Fuentes: D.7.3.1, D.36.2.13, D.36.2.21.pr; Savigny, t3, N° 126.2.B, p. 216-217

Art. 1085. La asignación desde día cierto pero indeterminado, es condicional y envuelve la condición de existir el asignatario en ese día.

Si se sabe que ha de existir el asignatario en ese día, como cuando la asignación es a favor de un establecimiento permanente, tendrá lugar lo prevenido en el inciso 1o del artículo precedente.

Conc.: CC. 738, 1070, 1473
Fuentes: D.35.1.1.2, D.35.1.75; D.35.1.79.1; D.36.2.4; Savigny, t3, N° 126, pp. 217-221

Art. 1086. La asignación desde día incierto, sea determinado o no, es siempre condicional.

Conc.: CC. 1070, 1473
Fuentes: D.36.2.22; Savigny, t. 3 N° 125, pp. 210-211

Art. 1087. La asignación hasta día cierto, sea determinado o no, constituye un usufructo a favor del asignatario.

La asignación de prestaciones periódicas es intransmisible por causa de muerte, y termina, como el usufructo, por la llegada del día, y por la muerte del pensionario.

Si es a favor de una corporación o fundación, no podrá durar más de treinta años.

Modif. L. 7612
Conc.: CC. 768, 770-771
Fuentes: D.28.5.34, D.44.7.44.1; Savigny, t. 3 N° 127, pp. 221-230

Art. 1088. La asignación hasta día incierto pero determinado, unido a la existencia del asignatario, constituye usufructo; salvo que consista en prestaciones periódicas.

Si el día está unido a la existencia de otra persona que el asignatario, se entenderá concedido el usufructo hasta la fecha en que, viviendo la otra persona, llegaría para ella el día.

Conc.: CC. 768, 770-771
Fuentes: D.34.1.18, D.36.2.5; Savigny, t. 3 Nº 127, pp. 221-230

§ 4. De las asignaciones modales

Art. 1089. Si se asigna algo a una persona para que lo tenga por suyo con la obligación de aplicarlo a un fin especial, como el de hacer ciertas obras o sujetarse a ciertas cargas, esta aplicación es un modo y no una condición suspensiva. El modo, por consiguiente, no suspende la adquisición de la cosa asignada.

Conc.: CC. 1089-1096, 1192, 1416, 1723
Fuente: D.35.1.17.4, D.35.1.72.3, D.35.1.80; C.6.45.1; Savigny, t3, Nº 128, pp. 230-237

Art. 1090. En las asignaciones modales se llama cláusula resolutoria la que impone la obligación de restituir la cosa y los frutos, si no se cumple el modo.

No se entenderá que envuelven cláusula resolutoria cuando el testador no la expresa.

Conc.: CC. 1479, 1487-1488, 1490-1491
Fuente: C.6.45.2.1

Art. 1091. Para que la cosa asignada modalmente se adquiera, no es necesario prestar fianza o caución de restitución para el caso de no cumplirse el modo.

Art. 1092. Si el modo es en beneficio del asignatario exclusivamente, no impone obligación alguna, salvo que lleve cláusula resolutoria.

Conc.: CC. 1090
Fuente: D.35.1.71.pr; Savigny, t3, Nº 128, p. 236

Art. 1093. Si el modo es por su naturaleza imposible, o inductivo a hecho ilegal o inmoral, o concebido en términos ininteligibles, no valdrá la disposición.

Si el modo, sin hecho o culpa del asignatario, es solamente imposible en la forma especial prescrita por el testador, podrá cumplirse en otra análoga que no altere la substancia de la disposición, y que en este concepto sea aprobada por el juez con citación de los interesados.

Si el modo, sin hecho o culpa del asignatario, se hace enteramente imposible, subsistirá la asignación sin el gravamen.

Fuentes: D.28.7.8.7, D.35.1.27, D.35.1.37; Savigny, t3, N° 128, p. 239-240

Art. 1094. Si el testador no determinare suficientemente el tiempo o la forma especial en que ha de cumplirse el modo, podrá el juez determinarlos, consultando en lo posible la voluntad de aquél, y dejando al asignatario modal un beneficio que ascienda por lo menos a la quinta parte del valor de la cosa asignada.

Conc.: L. G. Bancos 86 N° 6
Fuentes: Savigny, t3, N° 128, pp. 240-241

Art. 1095. Si el modo consiste en un hecho tal, que para el fin que el testador se haya propuesto sea indiferente la persona que lo ejecute, es transmisible a los herederos del asignatario.

Art. 1096. Siempre que haya de llevarse a efecto la cláusula resolutoria, se entregará a la persona en cuyo favor se ha constituido el modo una suma proporcionada al objeto, y el resto del valor de la cosa asignada acrecerá a la herencia, si el testador no hubiere ordenado otra cosa.

El asignatario a quien se ha impuesto el modo no gozará del beneficio que pudiera resultarle de la disposición precedente.

Conc.: CC. 1090, 1479, 1487-1488, 1490-1491

§ 5. De las asignaciones a título universal

Art. 1097. Los asignatarios a título universal, con cualesquiera palabras que se les llame, y aunque en el testamento se les califique de legatarios, son herederos: representan la persona del testador para sucederle en todos sus derechos y obligaciones transmisibles.

Los herederos son también obligados a las cargas testamentarias, esto es, a las que se constituyen por el testamento mismo, y que no se imponen a determinadas personas.

Conc.: CC. 951, 954, 956-957, 1066, 1097-1103, 1142, 1145, 1271, 1354
Fuentes: D.50.16.24, en contra de D.30.23 y D.30.26.2; P.7.T.33.L.8; CN 1002, en contra de 1003; C. Sardo 698

Art. 1098. El asignatario que ha sido llamado a la sucesión en términos generales que no designan cuotas, como «Sea Fulano mi heredero», o «Dejo mis bienes a Fulano», es heredero universal.

Pero si concurriere con herederos de cuota, se entenderá heredero de aquella cuota que con las designadas en el testamento complete la unidad o entero.

Si fueren muchos los herederos instituidos sin designación de cuota, dividirán entre sí por partes iguales la herencia o la parte de ella que les toque.

Fuentes: D.28.5.9.12-13, D.28.5.17; P.6ª, tit. 3, ll.9 y 17; ABGB 555, 557, 561

Art. 1099. Si hechas otras asignaciones se dispone del remanente de los bienes y todas las asignaciones, excepto la del remanente, son a título singular, el asignatario del remanente es heredero universal; si algunas de las otras asignaciones son de cuotas, el asignatario del remanente es heredero de la cuota que reste para completar la unidad.

Fuentes: D.28.5.17; P.6.T.3.L.17; ABGB 554; C. Sardo 806

Art. 1100. Si no hubiere herederos universales, sino de cuota, y las designadas en el testamento, no componen todas juntas unidad entera, los herederos abintestato se entienden llamados como herederos del remanente.

Si en el testamento no hubiere asignación alguna a título universal, los herederos abintestato son herederos universales.

Fuentes: P.6.T.3.L.17; Nov. Rec. 10.18.1; ABGB 554 y 556

Art. 1101. Si las cuotas designadas en el testamento completan o exceden la unidad, en tal caso el heredero universal se entenderá instituido en una cuota cuyo numerador sea la unidad y el denominador el número total de herederos; a menos que sea instituido como heredero del remanente, pues entonces nada tendrá.

Fuentes: D.28.5.17-18, D.28.6.24; modif. P.6.T.3.L.17; en contra de 926-927

Art. 1102. Reducidas las cuotas a un común denominador, inclusas las computadas según el artículo precedente, se representará la herencia por la suma de los numeradores, y la cuota efectiva de cada heredero por su numerador respectivo.

Fuentes: D.28.5.17-18, D.28.6.24; reformula P.6.T.3.LL.17-19

Art. 1103. Las disposiciones de este título se entienden sin perjuicio de la acción de reforma que la ley concede a los legitimarios y al cónyuge sobreviviente.

Conc.: CC. 1216-1221

§ 6. De las asignaciones a título singular

Art. 1104. Los asignatarios a título singular, con cualesquiera palabras que se les llame, y aunque en el testamento se les califique de herederos, son legatarios: no representan al testador; no tienen más derechos ni cargas que los que expresamente se les confieran o impongan.

Lo cual, sin embargo, se entenderá sin perjuicio de su responsabilidad en subsidio de los herederos, y de la que pueda sobrevenirles en el caso de la acción de reforma.

Conc.: CC. 951, 954, 956-957, 1066, 1104-1135
Fuentes: IJ 2.20.pr; D.30.116.pr, en contra de D.30.23 y D.30.26.2; P.6.T.9.L.1; CN 1002-1003; C. Sardo 698

Art. 1105. No vale el legado de cosa incapaz de ser apropiada, según el artículo 585, ni los de cosas que al tiempo del testamento sean de propiedad nacional o municipal y de uso público, o formen parte de un edificio, de manera que no puedan separarse sin deteriorarlo; a menos que la causa cese antes de deferirse el legado.

Lo mismo se aplica a los legados de cosas pertenecientes al culto divino; pero los particulares podrán legar a otras personas los derechos que tengan en ellas, y que no sean según el derecho canónico intransmisibles.

Conc.: CC. 585, 586-587, 589, 1462, 1464
Fuentes: IJ 2.20.4; P.6.T.9.L.13; C. Sardo 819

Art. 1106. Podrá ordenar el testador que se adquiera una especie ajena para darla a alguna persona o para emplearla en algún objeto de beneficencia; y si el asignatario a quien se impone esta obligación no pudiere cumplirla porque el dueño de la especie rehúsa enajenarla o pide por ella un precio excesivo, el dicho asignatario será sólo obligado a dar en dinero el justo precio de la especie.

Y si la especie ajena legada hubiere sido antes adquirida por el legatario o para el objeto de beneficencia, no se deberá su precio, sino en cuanto la adquisición hubiere sido a título oneroso y a precio equitativo.

Conc.: CC. 1106-1109, 1344, 1423, 1815, 1818, 1916
Fuentes: IJ 2.20.4 y 6; D.32.14.2; P.6.T.9.L.6 y 43; en contra de CN 1021; ABGB 657; C. Sardo 814; C. Holandés 1013

Art. 1107. El legado de especie que no es del testador, o del asignatario a quien se impone la obligación de darla, es nulo; a menos que en el testamento aparezca que el testador sabía que la cosa no era suya o del dicho asignatario; o a menos de legarse la cosa ajena a un descendiente o ascendiente del testador o a su cónyuge; pues en estos casos se procederá como en el del inciso 1o del artículo precedente.

Modif. L. 19585
Conc.: CC. 1106-1109, 1344, 1423, 1452-1454, 1815, 1818, 1916
Fuentes: P.6.T.9.L.10; CN 1021

Art. 1108. Si la cosa ajena legada pasó, antes de la muerte del testador, al dominio de éste o del asignatario a quien se había impuesto la obligación de darla, se deberá el legado.

Conc.: CC. 1106-1109, 1344, 1423, 1815, 1818, 1916
Fuentes: D.31.67.8; C. Sardo 813

Art. 1109. El asignatario obligado a prestar el legado de cosa ajena, que después de la muerte del testador la adquiere, la deberá al legatario; el cual, sin embargo, no podrá reclamarla, sino restituyendo lo que hubiere recibido por ella, según el artículo 1106.

Conc.: CC. 1106-1109, 1344, 1423, 1815, 1818, 1916

Art. 1110. Si el testador no ha tenido en la cosa legada más que una parte, cuota o derecho, se presumirá que no ha querido legar más que esa parte, cuota o derecho.

Lo mismo se aplica a la cosa que un asignatario es obligado a dar y en que sólo tiene una parte, cuota o derecho.

Conc.: CC. 1812, 2304, 2417

Fuentes: C. Sardo 816

Art. 1111. Si al legar una especie se designa el lugar en que está guardada y no se encuentra allí, pero se encuentra en otra parte, se deberá la especie: si no se encuentra en parte alguna, se deberá una especie de mediana calidad del mismo género, pero sólo a las personas designadas en el artículo 1107.

Conc.: CC. 726-727, 1107, 1453-1454, 1508-1510, 1670

Art. 1112. El legado de cosa fungible, cuya cantidad no se determine de algún modo, no vale.

Si se lega la cosa fungible señalando el lugar en que ha de encontrarse, se deberá la cantidad que allí se encuentre al tiempo de la muerte del testador, dado caso que el testador no haya determinado la cantidad; o hasta concurrencia de la cantidad determinada por el testador, y no más.

Si la cantidad existente fuere menor que la cantidad designada, sólo se deberá la cantidad existente; y si no existe allí cantidad alguna de dicha cosa fungible, nada se deberá.

Lo cual, sin embargo, se entenderá con estas limitaciones:

1a. Valdrá siempre el legado de la cosa fungible cuya cantidad se determine por el testador, a favor de las personas designadas en el artículo 1107.

2a. No importará que la cosa legada no se encuentre en el lugar señalado por el testador, cuando el legado y el señalamiento de lugar no forman una cláusula indivisible.

Así el legado de «treinta fanegas de trigo, que se hallan en tal parte», vale, aunque no se encuentre allí trigo alguno; pero el legado de «las treinta fanegas de trigo que se hallarán en tal parte», no vale sino respecto del trigo que allí se encontrare, y que no pase de treinta fanegas.

Conc.: CC. 575, 1460-1461, 1508
Fuente: P.6.T.9.L.18; CN 1022

Art. 1113. El legado de una cosa futura vale, con tal que llegue a existir.

Conc.: CC. 1461, 1813, 2419
Fuente: IJ 2.207; D.32.17.pr; P.6.T.9.L.12

Art. 1114. Si de muchas especies que existan en el patrimonio del testador, se legare una sin decir cuál, se deberá una especie de mediana calidad o valor entre las comprendidas en el legado.

Conc.: CC. 1500, 1509, 1569
Fuentes: D.30.71; P.6.T.9.L.23; C. Sardo 844

Art. 1115. Los legados de género que no se limitan a lo que existe en el patrimonio del testador, como una vaca, un caballo, imponen la obligación de dar una cosa de mediana calidad o valor del mismo género.

Fuentes: CN 1022, 1046

Art. 1116. Si se legó una cosa entre varias que el testador creyó tener, y no ha dejado más que una, se deberá la que haya dejado.

Si no ha dejado ninguna, no valdrá el legado sino en favor de las personas designadas en el artículo 1107; que sólo tendrán derecho a pedir una cosa mediana del mismo género, aunque el testador les haya concedido la elección.

Pero si se lega una cosa de aquellas cuyo valor no tiene límites, como una casa, una hacienda de campo, y no existe ninguna del mismo género entre los bienes del testador, nada se deberá ni aun a las personas designadas en el artículo 1107.

Conc.: CC. 1107, 1111
Fuente: P.6.T.9.L.25

Art. 1117. Si la elección de una cosa entre muchas se diere expresamente a la persona obligada o al legatario, podrá respectivamente aquélla o éste ofrecer o elegir a su arbitrio.

Si el testador cometiere la elección a tercera persona, podrá ésta elegir a su arbitrio; y si no cumpliere su encargo dentro del tiempo señalado por el testador o en su defecto por el juez, tendrá lugar la regla del artículo 1114.

Hecha una vez la elección, no habrá lugar a hacerla de nuevo, sino por causa de engaño o dolo.

Conc.: CC. 1114, 1500
Fuentes: D.30.5, D.30.37; P.6.T.9.L.25

Art. 1118. La especie legada se debe en el estado en que existiere al tiempo de la muerte del testador, comprendiendo los utensilios necesarios para su uso y que existan con ella.

Conc.: CC. 1548-1550
Fuentes: D.30.8.pr, D.30.24.2; P.6.T.9.L.37; CN 1018-1019; C. Sardo 857

Art. 1119. Si la cosa legada es un predio, los terrenos y los nuevos edificios que el testador le haya agregado después del testamento, no se comprenderán en el legado; y si lo nuevamente agregado formare con lo demás, al tiempo de abrirse la sucesión, un todo que no pueda dividirse sin grave pérdida, y las agregaciones valieren más que el predio en su estado anterior, sólo se deberá este segundo valor al legatario: si valieren menos, se deberá todo ello al legatario con el cargo de pagar el valor de las agregaciones.

Pero el legado de una medida de tierra, como mil metros cuadrados, no crecerá en ningún caso por la adquisición de tierras contiguas, y si aquélla no pudiere separarse de éstas, sólo se deberá lo que valga.

Si se lega un solar y después el testador edifica en él, sólo se deberá el valor del solar.

Conc.: CC. 568-573, 668-669, 1118, 1830-1831
Fuentes: CN 1019; C. Sardo 858

Art. 1120. Si se deja parte de un predio, se entenderán legadas las servidumbres que para su goce o cultivo le sean necesarias.

Conc.: CC. 831, 839-879, 881, 1337
Fuentes: D.8.2.31, D.8.2.36

Art. 1121. Si se lega una casa con sus muebles o con todo lo que se encuentre en ella, no se entenderán comprendidas en el legado las cosas enumeradas en el inciso 2o del artículo 574, sino sólo las que forman el ajuar de la casa y se encuentran en ella; y si se lega de la misma manera una hacienda de campo, no se entenderá que el legado comprende otras cosas, que las que sirven para el cultivo y beneficio de la hacienda y se encuentran en ella.

En uno y otro caso no se deberán de los demás objetos contenidos en la casa o hacienda, sino los que el testador expresamente designare.

Conc.: CC. 570, 574

Art. 1122. Si se lega un carruaje de cualquiera clase, se entenderán legados los arneses y las bestias de que el testador solía servirse para usarlo, y que al tiempo de su muerte existan con él.
Fuente: D.31.65.1

Art. 1123. Si se lega un rebaño, se deberán los animales de que se componga al tiempo de la muerte del testador, y no más.

Conc.: CC. 788
Fuentes: IJ 2.20.18; D.30.21-22

Art. 1124. Si se legan a varias personas distintas cuotas de una misma cosa, se seguirán para la división de ésta las reglas del párrafo precedente.

Conc.: CC. 1098-1102

Art. 1125. La especie legada pasa al legatario con sus servidumbres, censos y demás cargas reales.

Conc.: CC. 1118
Fuente: IJ 2.20.5 y 12; En contra de P.6.T.9.L.11; CN 1020

Art. 1126. Si se lega una cosa con calidad de no enajenarla, y la enajenación no comprometiere ningún derecho de tercero, la cláusula de no enajenar se tendrá por no escrita.

Conc.: CC. 751-752

Art. 1127. Pueden legarse no sólo las cosas corporales, sino los derechos y acciones.

Por el hecho de legarse el título de un crédito, se entenderá que se lega el crédito.

El legado de un crédito comprende el de los intereses devengados; pero no subsiste sino en la parte del crédito o de los intereses que no hubiere recibido el testador.

Fuentes: IJ 2.20.21; D.32.34, D.34.3.3.1; P.6.T.9.LL.15 y 47; ABGB 664

Art. 1128. Si la cosa que fue empeñada al testador, se lega al deudor, no se extingue por eso la deuda, sino el derecho de prenda; a menos que aparezca claramente que la voluntad del testador fue extinguir la deuda.

Fuentes: D.34.3.1.1; P.6.T.9.L.16

Art. 1129. Si el testador condona en el testamento una deuda, y después demanda judicialmente al deudor, o acepta el pago que se le ofrece, no podrá el deudor aprovecharse de la condonación; pero si se pagó sin noticia o consentimiento del testador, podrá el legatario reclamar lo pagado.

Conc.: CC. 1130-1131
Fuentes: D.34.3.21; Modif. P.6.T.9.L.15

Art. 1130. Si se condona a una persona lo que debe, sin determinar suma, no se comprenderán en la condonación sino las deudas existentes a la fecha del testamento.

Conc.: CC. 1129, 1131
Fuente: ABGB 666

Art. 1131. Lo que se lega a un acreedor no se entenderá que es a cuenta de su crédito, si no se expresa, o si por las circunstancias no apareciere claramente que la intención del testador es pagar la deuda con el legado.

Si así se expresare o apareciere, se deberá reconocer la deuda en los términos que lo haya hecho el testador, o en que se justifique haberse contraído la obligación; y el acreedor podrá a su arbitrio exigir el pago en los términos a que estaba obligado el deudor o en los que expresa el testamento.

Conc.: CC. 1470, 1595-1597, 2518
Fuentes: ABGB 665, 667

Art. 1132. Si el testador manda pagar lo que cree deber y no debe, la disposición se tendrá por no escrita.

Si en razón de una deuda determinada se manda pagar más de lo que ella importa, no se deberá el exceso a menos que aparezca la intención de donarlo.

Conc.: CC. 2295-2303
Fuente: P.6.T.9.L.19

Art. 1133. Las deudas confesadas en el testamento y de que por otra parte, no hubiere un principio de prueba por escrito, se tendrán por legados gratuitos, y estarán sujetos a las mismas responsabilidades y deducciones que los otros legados de esta clase.

Conc.: CC. 1470, 1698, 1708-1711, 2518-2519

Art. 1134. Si se legaren alimentos voluntarios sin determinar su forma y cuantía, se deberán en la forma y cuantía en que el testador acostumbraba suministrarlos a la misma persona; y a falta de esta determinación, se regularán tomando en consideración la necesidad del legatario, sus relaciones con el testador, y las fuerzas del patrimonio en la parte de que el testador ha podido disponer libremente.

Si el testador no fija el tiempo que haya de durar la contribución de alimentos, se entenderá que debe durar por toda la vida del legatario.

Si se legare una pensión anual para la educación del legatario, durará hasta que cumpla dieciocho años, y cesará si muere antes de cumplir esa edad.

Modif. L. 19221
Conc.: CC. 1076, 1168-1171
Fuentes: D.34.1.14, D.34.1.22-23; P.6.T.9.L.24; ABGB 672-673

Art. 1135. Por la destrucción de la especie legada se extingue la obligación de pagar el legado.

La enajenación de las especies legadas, en todo o parte, por acto entre vivos, envuelve la revocación del legado, en todo o parte; y no subsistirá o revivirá el legado, aunque la enajenación haya sido nula, y aunque las especies legadas vuelvan a poder del testador.

La prenda, hipoteca o censo constituido sobre la cosa legada, no extingue el legado, pero la grava con dicha prenda, hipoteca o censo.

Si el testador altera substancialmente la cosa legada mueble, como si de la madera hace construir un carro, o de la lana telas, se entenderá que revoca el legado.

Conc.: CC. 1145, 1547-1550, 1670-1680
Fuentes: IJ 2.20.12; consecuencia de D.47.2.64; P.6.T.9.LL.17 y 40; CN 1038

§ 7. De las donaciones revocables

Art. 1136. Donación revocable es aquella que el donante puede revocar a su arbitrio.

Donación por causa de muerte es lo mismo que donación revocable; y donación entre vivos, lo mismo que donación irrevocable.

Fuente: IJ 2.7.1; D.39.6.1, D.39.6.35.2; C.8.56.4; P.5ª, tit. 4, l.11

Art. 1137. No valdrá como donación revocable sino aquella que se hubiere otorgado con las solemnidades que la ley prescribe para las de su clase, o aquella a que la ley da expresamente este carácter.

Si el otorgamiento de una donación se hiciere con las solemnidades de las entre vivos, y el donante en el instrumento se reservare la facultad de revocarla, será necesario, para que subsista después de la muerte del donante, que éste la haya confirmado expresamente en un acto testamentario; salvo que la donación sea del uno de los cónyuges al otro.

Las donaciones de que no se otorgare instrumento alguno, valdrán como donaciones entre vivos en lo que fuere de derecho; menos las que se hicieren entre cónyuges, que podrán siempre revocarse.

Conc.: CC. 1401, 1403
Fuentes: CN 1081, 1096

Art. 1138. Son nulas las donaciones revocables de personas que no pueden testar o donar entre vivos. Son nulas asimismo las entre personas que no pueden recibir asignaciones testamentarias o donaciones entre vivos una de otra.

Sin embargo, las donaciones entre cónyuges valen como donaciones revocables.

Conc.: CC. 1005-1006
Fuentes: D.39.6.9-10, D.39.6.25.pr, D.39.6.27; CN 1096-1097

Art. 1139. El otorgamiento de las donaciones revocables se sujetará a las reglas del artículo 1000.

Conc.: CC. 1000

Art. 1140. Por la donación revocable, seguida de la tradición de las cosas donadas, adquiere el donatario los derechos y contrae las obligaciones de usufructuario.

Sin embargo, no estará sujeto a rendir la caución de conservación y restitución a que son obligados los usufructuarios, a no ser que lo exija el donante.

Conc.: CC. 774-778

Art. 1141. Las donaciones revocables a título singular son legados anticipados, y se sujetan a las mismas reglas que los legados.

Recíprocamente, si el testador da en vida al legatario el goce de la cosa legada, el legado es una donación revocable.

Las donaciones revocables, inclusos los legados en el caso del inciso precedente, preferirán a los legados de que no se ha dado el goce a los legatarios en vida del testador, cuando los bienes que éste deja a su muerte no alcanzan a cubrirlos todos.

Conc.: CC. 951, 954, 956-957, 1066, 1104-1135
Fuentes: IJ 2.7.1; D.39.6.15, 17 y 37; C.8.56.4

Art. 1142. La donación revocable de todos los bienes o de una cuota de ellos se mirará como una institución de heredero, que sólo tendrá efecto desde la muerte del donante.

Sin embargo, podrá el donatario de todos los bienes o de una cuota de ellos ejercer los derechos de usufructuario sobre las especies que se le hubieren entregado.

Conc.: Heredero CC. 951, 954, 956-957, 1066, 1097-1103, 1145
Derechos usufructurario CC. 781-785, 787-794, 797, 800, 801
Fuentes: D.39.6.27, D.39.6.42

Art. 1143. Las donaciones revocables caducan por el mero hecho de morir el donatario antes que el donante.

Conc.: CC. 962, 1056, 1085
Fuente: D.39.6.29; CN 1039

Art. 1144. Las donaciones revocables se confirman, y dan la propiedad del objeto donado, por el mero hecho de morir el donante sin haberlas revocado, y sin que haya sobrevenido en el donatario alguna causa de incapacidad o indignidad bastante para invalidar una herencia o legado; salvo el caso del artículo 1137, inciso 2o.

Conc.: CC. 1000, 1137
Fuente: D.39.6.32

Art. 1145. Su revocación puede ser expresa o tácita, de la misma manera que la revocación de las herencias o legados.

Conc.: CC. 999-1001
Fuente: D.39.6.16

Art. 1146. Las disposiciones de este párrafo, en cuanto conciernan a los asignatarios forzosos, están sujetas a las excepciones y modificaciones que se dirán en el título De las asignaciones forzosas.

Conc.: CC. 1167-1211

§ 8. Del derecho de acrecer

Art. 1147. Destinado un mismo objeto a dos o más asignatarios, la porción de uno de ellos, que por falta de éste se junta a las porciones de los otros, se dice acrecer a ellas.

Conc.: CC. 750, 780, 1068, 1096, 1147-1155, 1163, 1191, 1229, 1416, 1785, 1910, 2265
Fuentes: D.32.89; C.6.51.14; P.6.T.3.LL.14 y 15, P.6.T.9.L.33; CN 1044; C. Sardo 863

Art. 1148. Este acrecimiento no tendrá lugar entre los asignatarios de distintas partes o cuotas en que el testador haya dividido el objeto asignado: cada parte o cuota se considerará en tal caso como un objeto separado; y no habrá derecho de acrecer sino entre los coasignatarios de una misma parte o cuota.

Si se asigna un objeto a dos o más personas por iguales partes, habrá derecho de acrecer.

Fuentes: IJ 2.20.8; D.32.89, D.50.16.164; Vinnius Institutionum Commentarius, 2.20.8, pp. 486-493; CN 1044-1045; C. Sardo 866; García Goyena 817

Art. 1149. Habrá derecho de acrecer sea que se llame a los coasignatarios en una misma cláusula o en cláusulas separadas de un mismo instrumento testamentario.

Si el llamamiento se hace en dos instrumentos distintos, el llamamiento anterior se presumirá revocado en toda la parte que no le fuere común con el llamamiento posterior.

Fuente: Vinnius Institutionum Commentarius, 2.20.8.6-10, p. 488-490

Art. 1150. Los coasignatarios conjuntos se reputarán por una sola persona para concurrir con otros coasignatarios; y la persona colectiva formada por los primeros, no se entenderá faltar, sino cuando todos éstos faltaren.

Se entenderán por conjuntos los coasignatarios asociados por una expresión copulativa como Pedro y Juan, o comprendidos en una denominación colectiva como los Hijos de Pedro.

Fuente: Vinnius Institutionum Commentarius, 2.20.8.11, p. 490

Art. 1151. El coasignatario podrá conservar su propia porción y repudiar la que se le defiere por acrecimiento; pero no podrá repudiar la primera y aceptar la segunda.

Fuente: Vinnius Institutionum Commentarius, 2.20.8.15, p. 491

Art. 1152. La porción que acrece lleva todos sus gravámenes consigo, excepto los que suponen una calidad o aptitud personal del coasignatario que falta.

Fuentes: C.6.51.11; C. Sardo 872; García Goyena 816

Art. 1153. El derecho de transmisión establecido por el artículo 957, excluye el derecho de acrecer.

Conc.: CC. 957

Art. 1154. Los coasignatarios de usufructo, de uso, de habitación, o de una pensión periódica, conservan el derecho de acrecer, mientras gozan de dicho usufructo, uso, habitación o pensión; y ninguno de estos derechos se extingue hasta que falte el último coasignatario.

Fuente: D.7.2.1.3, D.34.1.16; Vinnius Institutionum Commentarius, 2.20.8.18, p. 492-493; C. Sardo 870; García Goyena 819

Art. 1155. El testador podrá en todo caso prohibir el acrecimiento.

§ 9. De las sustituciones

Art. 1156. La sustitución es vulgar o fideicomisaria.

La sustitución vulgar es aquella en que se nombra un asignatario para que ocupe el lugar de otro que no acepte, o que, antes de deferírsele la asignación, llegue a faltar por fallecimiento, o por otra causa que extinga su derecho eventual.

No se entiende faltar el asignatario que una vez aceptó, salvo que se invalide la aceptación.

Conc.: CC. 732-763, 1068, 1156-1166

Fuentes: IJ 2.15-16.pr; D.28.6.1; P.6.T.5.L.1; CN 898-899; Delvincourt, t. 2, p. 103

Art. 1157. La sustitución que se hiciere expresamente para algunos de los casos en que pueda faltar el asignatario, se entenderá hecha para cualquiera de los otros en que llegare a faltar; salvo que el testador haya expresado voluntad contraria.

Fuente: Vinnius Institutionum Commentarius, 2.15, t. 1, p. 399; C. Sardo 876; C. Nap. 958

Art. 1158. La sustitución puede ser de varios grados, como cuando se nombra un sustituto al asignatario directo, y otro al primer sustituto.

Fuente: D.28.6.1.pr; Vinnius Institutionum Commentarius, 2.15, t. 1, p. 398

Art. 1159. Se puede sustituir uno a muchos y muchos a uno.

Fuente: IJ 2.15.1; Vinnius Institutionum Commentarius, 2.15.1, t. 1, p. 400

Art. 1160. Si se sustituyen recíprocamente tres o más asignatarios, y falta uno de ellos, la porción de éste se dividirá entre los otros a prorrata de los valores de sus respectivas asignaciones.

Fuente: D.28.6.24; C.6.26.11; P.6.T.5.L.3; Vinnius Institutionum Commentarius, 2.15.2, t. 1, p. 400; C. Sardo 878; C. Nap. 940

Art. 1161. El sustituto de un sustituto que llega a faltar, se entiende llamado en los mismos casos y con las mismas cargas que éste, sin perjuicio de lo que el testador haya ordenado a este respecto.

Fuentes: IJ 2.15.3; D.30.74; ABGB 604; C. Nap. 939; C. Sardo 877

Art. 1162. Si el asignatario fuere descendiente del testador, los descendientes del asignatario no por eso se entenderán sustituidos a éste; salvo que el testador haya expresado voluntad contraria.

Modif. L. 19585
Conc.: CC. 957
Fuente: IJ 2.15.4; Nov. Rec. 10.5.3 (=Ley Toro 47)

Art. 1163. El derecho de transmisión excluye al de sustitución, y el de sustitución al de acrecimiento.

Conc.: CC. 956-958, 1147-1155

Art. 1164. Sustitución fideicomisaria es aquella en que se llama a un fideicomisario, que en el evento de una condición se hace dueño absoluto de lo que otra persona poseía en propiedad fiduciaria.

La sustitución fideicomisaria se regla por lo dispuesto en el título De la propiedad fiduciaria.

Conc.: CC. 732-763, 1164-1166
Fuentes: IJ 2.15-16.pr; D.28.6.1; P.6.T.5.L.1; Vinnius Institutionum Commentarius, 2.15, t. 1, p. 398; Delvincourt, t. 2, p. 103; Sala, v.1, 2.5.11., p. 159-160

Art. 1165. Si para el caso de faltar el fideicomisario antes de cumplirse la condición, se le nombran uno o más sustitutos, estas sustituciones se entenderán vulgares, y se sujetarán a las reglas de los artículos precedentes.

Ni el fideicomisario de primer grado, ni sustituto alguno llamado a ocupar su lugar, transmiten su expectativa, si faltan.

Art. 1166. La sustitución no debe presumirse fideicomisaria, sino cuando el tenor de la disposición excluye manifiestamente la vulgar.

Fuentes: Delvincourt, t. 2, p. 103

TÍTULO V. DE LAS ASIGNACIONES FORZOSAS

Art. 1167. Asignaciones forzosas son las que el testador es obligado a hacer, y que se suplen cuando no las ha hecho, aun con perjuicio de sus disposiciones testamentarias expresas.

Asignaciones forzosas son:

1. Los alimentos que se deben por ley a ciertas personas;

2. Las legítimas;

3. La cuarta de mejoras en la sucesión de los descendientes, de los ascendientes y del cónyuge.

Modif. L. 19585
Conc.: Alimentos que se deben por ley CC. 1168-1171
Legítimas y mejoras CC. 1181-1206

§ 1. De las asignaciones alimenticias que se deben a ciertas personas

Art. 1168. Los alimentos que el difunto ha debido por ley a ciertas personas, gravan la masa hereditaria; menos cuando el testador haya impuesto esa obligación a uno o más partícipes de la sucesión.

Conc.: Alimentos CC. 15, 219, 321-337, 433, 578, 815, 959, 968, 979, 998, 1134, 1167-1171, 1210, 1361, 1363, 1618, 1627, 1662, 1740, 2451; C. Derechos Niño 6, 27
Al cónyuge CC. 134, 174; L. Matrimonio Civil 21, 35
A los hijos CC. 230-233, 321, 323, 332; L. Matrimonio Civil 21, 23, 31; C. Derechos Niño 6, 27; L. 14908 2, 3, 4
Cese obligación de dar alimentos CC. 324, 332, 968

Art. 1169. Derogado. L. 10271

Art. 1170. Los asignatarios de alimentos no estarán obligados a devolución alguna en razón de las deudas o cargas que gravaren el patrimonio del difunto; pero podrán rebajarse los alimentos futuros que parezcan desproporcionados a las fuerzas del patrimonio efectivo.

Art. 1171. Las asignaciones alimenticias a favor de personas que por ley no tengan derecho a alimentos, se imputarán a la porción de bienes de que el difunto ha podido disponer a su arbitrio.

Y si las que se hacen a alimentarios forzosos fueren más cuantiosas de lo que en las circunstancias corresponda, el exceso se imputará a la misma porción de bienes.

Conc.: CC. 1076, 1134

§ 2. De la porción conyugal

Art. 1172. Derogado. L. 19585

Art. 1173. Derogado. L. 19585

Art. 1174. Derogado. L. 19585

Art. 1175. Derogado. L. 19585

Art. 1176. Derogado. L. 19585

Art. 1177. Derogado. L. 19585

Art. 1178. Derogado. L. 19585

Art. 1179. Derogado. L. 19585

Art. 1180. Derogado. L. 19585

§ 3. De las legítimas y mejoras

Art. 1181. Legítima es aquella cuota de los bienes de un difunto que la ley asigna a ciertas personas llamadas legitimarios.

Los legitimarios son por consiguiente herederos.

Modif. L. 10271 y L. 19585
Fuentes: P.6.T.3.L.21; ABGB 762, C. Holandés 960

Art. 1182. Son legitimarios:

1. Los hijos, personalmente o representados por su descendencia;
2. Los ascendientes, y
3. El cónyuge sobreviviente.

No serán legitimarios los ascendientes del causante si la paternidad o la maternidad que constituye o de la que deriva su parentesco, ha sido determinada judicialmente contra la oposición del respectivo padre o madre, salvo el caso del inciso final del artículo 203. Tampoco lo será el cónyuge que por culpa suya haya dado ocasión a la separación judicial.

Modif. L. 19585 y 19947
Conc.: CC. 203, 247, 324, 357, 368, 448, 462; L. Registro Civil 6
Fuentes: C.3.28.36; Modif. P.6.T.7.L.12 y P.6.T.8.L.2; Nov. Rec. 10.20.1 (=Ley de Toro 6); CN 914-916

Art. 1183. Los legitimarios concurren y son excluidos y representados según el orden y reglas de la sucesión intestada.

Conc.: CC. 980-998

Art. 1184. La mitad de los bienes, previas las deducciones indicadas en el artículo 959, y las agregaciones que en seguida se expresan, se dividirá por cabezas o estirpes entre los respectivos legitimarios, según las reglas de la sucesión intestada; lo que cupiere a cada uno en esa división será su legítima rigorosa.

No habiendo descendientes con derecho a suceder, cónyuge sobreviviente, ni ascendientes, la mitad restante es la porción de bienes de que el difunto ha podido disponer a su arbitrio.

Habiendo tales descendientes, cónyuge o ascendientes, la masa de bienes, previas las referidas deducciones y agregaciones, se dividirá en cuatro partes: dos de ellas, o sea la mitad del acervo, para las legítimas rigorosas; otra cuarta, para las mejoras con que el difunto haya querido favorecer a su cónyuge o a uno o más de sus descendientes o ascendientes, sean o no legitimarios, y otra cuarta, de que ha podido disponer a su arbitrio.

Modif. L. 19585
Conc.: CC. 959, 1185-1191

Fuentes: F. Real 3.5.9; Nov. Rec. 10.6.2 (=Ley de Toro 18); CN 915; C. Holandés 961; C. Napolitano 829; AGBG 765; C. Vaud 573

Art. 1185. Para computar las cuartas de que habla el artículo precedente, se acumularán imaginariamente al acervo líquido todas las donaciones revocables e irrevocables, hechas en razón de legítimas o de mejoras, según el estado en que se hayan encontrado las cosas donadas al tiempo de la entrega, pero cuidando de actualizar prudencialmente su valor a la época de la apertura de la sucesión.

Las cuartas antedichas se refieren a este acervo imaginario.

Modif. L. 19585
Conc.: CC. 1136, 1386, 1424-1425
Fuentes: D.37.6.1; C.3.29.1-3, C.6.20.1-2; Nov. 92.1; P.6.T.15.L.3; Nov. Rec. 10.6.9 (=Ley de Toro 15); CN 843, C. Sardo 1067

Art. 1186. Si el que tenía a la sazón legitimarios hubiere hecho donaciones entre vivos a extraños, y el valor de todas ellas juntas excediere a la cuarta parte de la suma formada por este valor y el del acervo imaginario, tendrán derecho los legitimarios para que este exceso se agregue también imaginariamente al acervo, para la computación de las legítimas y mejoras.

Conc.: CC. 1136, 1185, 1386, 1424-1425
Fuentes: C.3.29.1-3; Nov. 92.1; CN 920, C. Sardo 731

Art. 1187. Si fuere tal el exceso que no sólo absorba la parte de bienes de que el difunto ha podido disponer a su arbitrio, sino que menoscabe las legítimas rigorosas, o la cuarta de mejoras, tendrán derecho los legitimarios para la restitución de lo excesivamente donado, procediendo contra los donatarios, en un orden inverso al de las fechas de las donaciones, esto es, principiando por las más recientes.

La insolvencia de un donatario no gravará a los otros.

Conc.: CC. 1136, 1185-1186, 1386, 1424-1425
Fuentes: CN 925-926

Art. 1188. No se tendrá por donación sino lo que reste, deducido el gravamen pecuniario a que la asignación estuviere afecta.

Ni se tomarán en cuenta los regalos moderados, autorizados por la costumbre en ciertos días y casos, ni los dones manuales de poco valor.

Art. 1189. Si la suma de lo que se ha dado en razón de legítimas no alcanzare a la mitad del acervo imaginario, el déficit se sacará de los bienes con preferencia a toda otra inversión.

Art. 1190. Si un legitimario no lleva el todo o parte de su legítima por incapacidad, indignidad o exheredación, o porque la ha repudiado, y no tiene descendencia con derecho de representarle, dicho todo o parte se agregará a la mitad legitimaria y contribuirá a formar las legítimas rigorosas de los otros.

Modif. L. 19585
Conc.: CC. 957, 961-979, 984-987, 1147, 1163, 1207-1211; 1225
Fuente: C. Prusiano 417; ABGB 774

Art. 1191. Acrece a las legítimas rigorosas toda aquella porción de los bienes de que el testador ha podido disponer a título de mejoras, o con absoluta libertad, y no ha dispuesto, o si lo ha hecho, ha quedado sin efecto la disposición.

Aumentadas así las legítimas rigorosas se llaman legítimas efectivas.

Si concurren, como herederos, legitimarios con quienes no lo sean, sobre lo preceptuado en este artículo prevalecerán las reglas contenidas en el Título II de este Libro.

Modif. L. 10271 y 18802
Conc.: CC. 1147-1155, 1184
Fuentes: Fuero Real 3.5.9; Nov. Rec. 10.6.2 (=Ley de Toro 18)

Art. 1192. La legítima rigorosa no es susceptible de condición, plazo, modo o gravamen alguno.

Sobre lo demás que se haya dejado o se deje a los legitimarios, excepto bajo la forma de donaciones entre vivos, puede imponer el testador los gravámenes que quiera; sin perjuicio de lo dispuesto en el artículo 1195.

Conc.: CC. 1070, 1080, 1089, 1195; L. G. Bancos 86 Nº 8
Fuentes: C.3.28.32; P.6.T.1.L.17, P.6.T.4.L.11; Nov. Rec. 10.6.11 (=Ley de Toro 27); ABGB 774; C. Sardo 725

Art. 1193. Si lo que se ha dado o se da en razón de legítimas excediere a la mitad del acervo imaginario, se imputará a la cuarta de mejoras, sin perjuicio de dividirse en la proporción que corresponda entre los legitimarios.

Si lo que se ha asignado al cónyuge sobreviviente no fuere suficiente para completar la porción mínima que le corresponde en atención a lo dispuesto en el artículo 988, la diferencia deberá pagarse también con cargo a la cuarta de mejoras.

Modif. L. 19585
Fuente: Ley de Toro 26

Art. 1194. Si las mejoras (comprendiendo el exceso o la diferencia de que habla el artículo precedente, en su caso), no cupieren en la cuarta parte del acervo imaginario, este exceso o diferencia se imputará a la cuarta parte restante, con preferencia a cualquier objeto de libre disposición, a que el difunto la haya destinado.

Modif. L. 19585

Art. 1195. De la cuarta de mejoras puede hacer el donante o testador la distribución que quiera entre sus descendientes, su cónyuge y sus ascendientes; podrá pues asignar a uno o más de ellos toda la dicha cuarta con exclusión de los otros.

Los gravámenes impuestos a los partícipes de la cuarta de mejoras serán siempre en favor del cónyuge, o de uno o más de los descendientes o ascendientes del testador.

Modif. L. 19585
Conc.: CC. 1184, 1191
Fuentes: Fuero Real 3.5.9; Nov. Rec. 10.6.2 (=Ley de Toro 18)

Art. 1196. Si no hubiere cómo completar las legítimas y mejoras, calculadas en conformidad a los artículos precedentes, se rebajarán unas y otras a prorrata.

Art. 1197. El que deba una legítima podrá en todo caso señalar las especies en que haya de hacerse su pago; pero no podrá delegar esta facultad a persona alguna, ni tasar los valores de dichas especies.

Conc.: CC. 1104, 1118, 1318
Fuentes: Nov. Rec. 10.6.3 (=Ley de Toro 19), 10.19.1 (=Ley de Toro 31)

Art. 1198. Todos los legados, todas las donaciones, sean revocables o irrevocables, hechas a un legitimario, que tenía entonces la calidad de tal, se imputarán a su legítima, a menos que en el testamento o en la respectiva escritura o en acto posterior auténtico aparezca que el legado o la donación ha sido a título de mejora.

Sin embargo, los gastos hechos para la educación de un descendiente no se tomarán en cuenta para la computación de las legítimas, ni de la cuarta de mejoras, ni de la cuarta de libre disposición, aunque se hayan hecho con la calidad de imputables.

Tampoco se tomarán en cuenta para dichas imputaciones los presentes hechos a un descendiente con ocasión de su matrimonio, ni otros regalos de costumbre.

Conc.: CC. 1104, 1136, 1185-1188, 1386
Fuentes: Nov. 118.6; CN 843, 849, 852; C. Sardo 1067

Art. 1199. La acumulación de lo que se ha dado irrevocablemente en razón de legítimas o de mejoras, para el cómputo prevenido por el artículo 1185 y siguientes, no aprovecha a los acreedores hereditarios ni a los asignatarios que lo sean a otro título que el de legítima o mejora.

Modif. L. 19585
Conc.: CC. 1185-1189, 1354-1377
Fuente: CN 857

Art. 1200. Si se hiciere una donación, revocable o irrevocable, a título de legítima, a una persona que no fuere entonces legitimaria del donante, y el donatario no adquiriere después la calidad de legitimario, se resolverá la donación.

Lo mismo se observará si se hubiere hecho la donación, a título de legítima, al que era entonces legitimario, pero después dejó de serlo por incapacidad, indignidad, desheredación o repudiación o por haber sobrevenido otro legitimario de mejor derecho.

Si el donatario ha llegado a faltar de cualquiera de esos modos, las donaciones imputables a su legítima se imputarán a la de sus descendientes.

Modif. L. 19585
Conc.: CC. 961-979, 1136, 1181-1182, 1207-1211, 1225, 1386, 1424

Art. 1201. Se resolverá la donación revocable o irrevocable que se hiciere a título de mejora a una persona que se creía descendiente o ascendiente del donante y no lo era.

Lo mismo sucederá si el donatario, descendiente o ascendiente del donante, ha llegado a faltar por incapacidad, indignidad, desheredación o repudiación.

También se resolverá la donación revocable que se hiciere a título de mejora a una persona que se creía cónyuge y no lo era, o si ha llegado a faltar por incapacidad, indignidad o repudiación.

Modif. L. 18802 y L. 19585
Conc.: CC. 961-979, 1136, 1181-1182, 1207-1211, 1225, 1386, 1424

Art. 1202. No se imputarán a la legítima de una persona las donaciones o las asignaciones testamentarias que el difunto haya hecho a otra, salvo el caso del artículo 1200, inciso 3o.

Conc.: CC. 984-987, 1200
Fuentes: CN 848

Art. 1203. Los desembolsos hechos para el pago de las deudas de un legitimario, que sea descendiente, se imputarán a su legítima; pero sólo en cuanto hayan sido útiles para el pago de dichas deudas.

Si el difunto hubiere declarado expresamente por acto entre vivos o testamento ser su ánimo que no se imputen dichos gastos a la legítima, en este caso se considerarán como una mejora.

Si el difunto en el caso del inciso anterior hubiere asignado al mismo legitimario a título de mejora alguna cuota de la herencia o alguna cantidad de dinero, se imputarán a dicha cuota o cantidad; sin perjuicio de valer en lo que excedieren a ella, como mejora, o como el difunto expresamente haya ordenado.

Modif. L. 19585
Fuente: CN 851

Art. 1204. Si el difunto hubiere prometido por escritura pública entre vivos a su cónyuge o a alguno de sus descendientes o ascendientes, que a la sazón era legitimario, no donar, ni asignar por testamento parte alguna de la cuarta de mejoras, y después contraviniere a su promesa, el favorecido con ésta tendrá derecho a que los asignatarios de esa cuarta le enteren lo que le habría valido el cumplimiento de la promesa, a prorrata de lo que su infracción les aprovechare.

Cualesquiera otras estipulaciones sobre la sucesión futura, entre un legitimario y el que le debe la legítima, serán nulas y de ningún valor.

Modif. L. 19585
Conc.: CC. 1003-1004, 1059, 1063, 1463
Fuentes: Modif. Nov. Rec. 10.6.6 (=Ley de Toro 22)

Art. 1205. Los frutos de las cosas donadas, revocable o irrevocablemente, a título de legítima o de mejora, durante la vida del donante, pertenecerán al donatario desde la entrega de ellas, y no figurarán en el acervo; y si las cosas donadas no se han entregado al donatario, no le pertenecerán los frutos sino desde la muerte del donante; a menos que éste le haya donado irrevocablemente y de un modo auténtico no sólo la propiedad, sino el usufructo de las cosas donadas.

Conc.: CC. 643-648
Fuente: CN 856

Art. 1206. Si al donatario de especies que deban imputarse a su legítima o mejora, le cupiere definitivamente una cantidad no inferior a lo que valgan las mismas especies, tendrá derecho a conservarlas y exigir el saldo, y no podrá obligar a los demás asignatarios a que le cambien las especies, o le den su valor en dinero.

Y si le cupiere definitivamente una cantidad inferior al valor de las mismas especies, y estuviere obligado a pagar un saldo, podrá a su arbitrio hacer este pago en dinero, o restituir una o más de dichas especies, y exigir la debida compensación pecuniaria por lo que el valor actual de las especies que restituya excediere al saldo que debe.

§ 4. De los desheredamientos

Art. 1207. Desheredamiento es una disposición testamentaria en que se ordena que un legitimario sea privado del todo o parte de su legítima.

No valdrá el desheredamiento que no se conformare a las reglas que en este título se expresan.

Conc.: CC. 114, 250, 987, 1200-1201, 1207-1211, 1217, 1330, 1626
Fuente: Escriche, t. 2, «Desheredación», p. 683.

Art. 1208. Un descendiente no puede ser desheredado sino por alguna de las causas siguientes:

1a. Por haber cometido injuria grave contra el testador en su persona, honor o bienes, o en la persona, honor o bienes de su cónyuge, o de cualquiera de sus ascendientes o descendientes;

2a. Por no haberle socorrido en el estado de demencia o destitución, pudiendo;

3a. Por haberse valido de fuerza o dolo para impedirle testar;

5a. Por haber cometido un delito que merezca pena aflictiva; o por haberse abandonado a los vicios o ejercido granjerías infames; a menos que se pruebe que el testador no cuidó de la educación del desheredado.

Los ascendientes y el cónyuge podrán ser desheredados por cualquiera de las tres primeras causas.

Modif. L. 19585, 21515
Conc.: CC. 968-972
Fuentes: Nov. 115.3; P.6.T.7.LL.4-7 y 11; Fuero Real 3.9.2-3; Escriche, t. 2, «Desheredación», p. 683-684.

Art. 1209. No valdrá ninguna de las causas de desheredamiento mencionadas en el artículo anterior, si no se expresa en el testamento específicamente, y si además no se hubiere probado judicialmente en vida del testador, o las personas a quienes interesare el desheredamiento no la probaren después de su muerte.

Sin embargo, no será necesaria la prueba, cuando el desheredado no reclamare su legítima dentro de los cuatro años subsiguientes a la apertura de la sucesión; o dentro de los cuatro años contados desde el día en que haya cesado su incapacidad de administrar, si al tiempo de abrirse la sucesión era incapaz.

Conc.: CC. 974
Fuente: Nov. 115.3; Fuero Real, 9.3.1-2

Art. 1210. Los efectos del desheredamiento, si el desheredador no los limitare expresamente, se extienden no sólo a las legítimas, sino a todas las asignaciones por causa de muerte y a todas las donaciones que le haya hecho el desheredador.

Pero no se extienden a los alimentos, excepto en los casos de injuria atroz.

Modif. L. 19585

Art. 1211. El desheredamiento podrá revocarse, como las otras disposiciones testamentarias, y la revocación podrá ser total o parcial; pero no se entenderá revocado tácitamente, por haber intervenido reconciliación; ni el desheredado será admitido a probar que hubo intención de revocarlo.

Conc.: CC. 973
Fuentes: Fuero Real 3.9.2; ABGB 772

TÍTULO VI. DE LA REVOCACIÓN Y REFORMA DEL TESTAMENTO

§ 1. De la revocación del testamento

Art. 1212. El testamento que ha sido otorgado válidamente no puede invalidarse sino por la revocación del testador.

Sin embargo, los testamentos privilegiados caducan sin necesidad de revocación, en los casos previstos por la ley.

La revocación puede ser total o parcial.

Conc.: CC. 999, 1001, 1008, 1030-1055, 1204, 1212-1215
Fuentes: D.28.3.2, D.34.4.4; IJ 2.17.2; P.6.T.1.L.23; CN 1035

Art. 1213. El testamento solemne puede ser revocado expresamente en todo o parte, por un testamento solemne o privilegiado.

Pero la revocación que se hiciere en un testamento privilegiado caducará con el testamento que la contiene, y subsistirá el anterior.

Conc.: CC. 1008, 1030, 1036, 1044, 1052
Fuentes: D.28.3.2, D.28.3.7, D.29.1.36.4; IJ 2.17.2; CN 1035; 719 ABGB

Art. 1214. Si el testamento que revoca un testamento anterior es revocado a su vez, no revive por esta revocación el primer testamento, a menos que el testador manifieste voluntad contraria.

Fuentes: D.29.1.36.4; CN 1037

Art. 1215. Un testamento no se revoca tácitamente en todas sus partes por la existencia de otro u otros posteriores.

Los testamentos posteriores que expresamente no revoquen los anteriores, dejarán subsistentes en éstos las disposiciones que no sean incompatibles con las posteriores, o contrarias a ellas.

Fuentes: CN 1036; C. Sardo 912

§ 2. De la reforma del testamento

Art. 1216. Los legitimarios a quienes el testador no haya dejado lo que por ley les corresponde, tendrán derecho a que se reforme a su favor el testamento, y podrán intentar la acción de reforma (ellos o las personas a quienes se hubieren transmitido sus derechos), dentro de los cuatro años contados desde el día en que tuvieron conocimiento del testamento y de su calidad de legitimarios.

Si el legitimario, a la apertura de la sucesión, no tenía la administración de sus bienes, no prescribirá en él la acción de reforma antes de la expiración de cuatro años contados desde el día en que tomare esa administración.

Conc.: CC. 1103, 1182, 1216-1221
Fuentes: Nov. 115.3; 778 ABGB

Art. 1217. En general, lo que por ley corresponde a los legitimarios y lo que tienen derecho a reclamar por la acción de reforma, es su legítima rigorosa, o la efectiva en su caso.

El legitimario que ha sido indebidamente desheredado, tendrá, además, derecho para que subsistan las donaciones entre vivos comprendidas en la desheredación.

Fuentes: En contra de D.28.2.3.6 y Nov. Rec. 10.6.8 (=Ley de Toro 24); según ABGB 776-777

Art. 1218. El haber sido pasado en silencio un legitimario deberá entenderse como una institución de heredero en su legítima.

Conservará además las donaciones revocables que el testador no hubiere revocado.

Fuentes: En contra de D.28.2.3.6 y Nov. Rec. 10.6.8 (=Ley de Toro 24); según ABGB 776-777

Art. 1219. Contribuirán a formar o integrar lo que en razón de su legítima se debe al demandante los legitimarios del mismo orden y grado.

Modif. L. 19.585
Conc.: CC. 983, 1182-1184, 1189

Art. 1220. Si el que tiene descendientes, ascendientes o cónyuge dispusiere de cualquiera parte de la cuarta de mejoras a favor de otras personas, tendrán también derecho los legitimarios para que en eso se reforme el testamento, y se les adjudique dicha parte.

Conc.: CC. 1184, 1187

Art. 1221. Derogado. L. 19585

TÍTULO VII. DE LA APERTURA DE LA SUCESIÓN Y DE SU ACEPTACIÓN, REPUDIACIÓN E INVENTARIO

§ 1. Reglas generales

Art. 1222. Desde el momento de abrirse una sucesión, todo el que tenga interés en ella, o se presuma que pueda tenerlo, podrá pedir que los muebles y papeles de la sucesión se guarden bajo llave y sello, hasta que se proceda al inventario solemne de los bienes y efectos hereditarios.

No se guardarán bajo llave y sello los muebles domésticos de uso cotidiano, pero se formará lista de ellos.

La guarda y aposición de sellos deberá hacerse por el ministerio del juez con las formalidades legales.

Conc.: CC. 84, 955, 959, 962, 1185, 1209, 1216, 1222-1269, 1285, 1315, 1384; CPC 872-876
Fuente: CN 793

Art. 1223. Si los bienes de la sucesión estuvieren esparcidos dentro del territorio jurisdiccional de otros jueces de letras, el juez de letras ante quien se hubiere abierto la sucesión, a instancia de cualquiera de los herederos o acreedores, dirigirá exhortos a los jueces de los otros territorios jurisdiccionales, para que procedan por su parte a la guarda y aposición de sellos, hasta el correspondiente inventario, en su caso.

Modif. L. 18776
Conc.: CC. 955, 1222-1224, 1245, 1255-1256; CPC 858-865

Art. 1224. El costo de la guarda y aposición de sellos y de los inventarios gravará los bienes todos de la sucesión, a menos que determinadamente recaigan sobre una parte de ellos, en cuyo caso gravarán esa sola parte.

Conc.: CC. 959
Fuente: CN 810

Art. 1225. Todo asignatario puede aceptar o repudiar libremente.

Exceptúanse las personas que no tuvieren la libre administración de sus bienes, las cuales no podrán aceptar o repudiar, sino por medio o con el consentimiento de sus representantes legales.

Se les prohíbe aceptar por sí solas, aun con beneficio de inventario.

El marido requerirá el consentimiento de la mujer casada bajo el régimen de sociedad conyugal para aceptar o repudiar una asignación deferida a ella. Esta autorización se sujetará a lo dispuesto en los dos últimos incisos del artículo 1749.

Modif. L. 19585
Conc.: CC. 396-399, 401, 722, 1236, 1447, 1749
Fuentes: En contra de IJ 2.19.pr-2 y P.6.T.3.L.21; según IJ 2.19.5, D.29.2.5, C.6.30.16, P.6.T.6.L.13, y CN 775-776

Art. 1226. No se puede aceptar asignación alguna, sino después que se ha deferido.

Pero después de la muerte de la persona de cuya sucesión se trata, se podrá repudiar toda asignación, aunque sea condicional y esté pendiente la condición.

Se mirará como repudiación intempestiva, y no tendrá valor alguno, el permiso concedido por un legitimario al que le debe la legítima para que pueda testar sin consideración a ella.

Conc.: CC. 722, 956-958, 1153
Fuentes: IJ 2.19.4; D.29.2.19, D.29.2.23, D.29.2.93, D.50.17.138, D.50.17.193; P.6.T.3.L.16, P.6.T.6.L.14; CN 777; CL 973

Art. 1227. No se puede aceptar o repudiar condicionalmente, ni hasta o desde cierto día.

Conc.: CC. 1247
Fuentes: D.29.2.51.2, D.50.17.77; CL 1009

Art. 1228. No se puede aceptar una parte o cuota de la asignación y repudiar el resto.

Pero si la asignación hecha a una persona se transmite a sus herederos según el artículo 957, puede cada uno de éstos aceptar o repudiar su cuota.

Conc.: CC. 957
Fuentes: D.29.2.1-2; CN 781-782; CL 1002, C. Holandés 1096

Art. 1229. Se puede aceptar una asignación y repudiar otra; pero no se podrá repudiar la asignación gravada, y aceptar las otras, a menos que se defiera separadamente por derecho de acrecimiento o de transmisión, o de substitución vulgar o fideicomisaria; o a menos que se haya concedido al asignatario la facultad de repudiarla separadamente.

Conc.: CC. 957, 1068, 1096, 1147, 1156
Fuente: P.6.T.9.L.36

Art. 1230. Si un asignatario vende, dona, o transfiere de cualquier modo a otra persona el objeto que se le ha deferido, o el derecho de suceder en él, se entiende que por el mismo hecho acepta.

Fuentes: IJ 2.19.7; P.6.T.6.L.11; CN 780

Art. 1231. El heredero que ha substraído efectos pertenecientes a una sucesión, pierde la facultad de repudiar la herencia, y no obstante su repudiación permanecerá heredero; pero no tendrá parte alguna en los objetos substraídos.

El legatario que ha substraído objetos pertenecientes a una sucesión, pierde los derechos que como legatario pudiera tener sobre dichos objetos, y no teniendo el dominio de ellos será obligado a restituir el duplo.

Uno y otro quedarán, además, sujetos criminalmente a las penas que por el delito correspondan.

Fuente: En contra de D.29.2.21; según CN 792, C. Vaud 732

Art. 1232. Todo asignatario será obligado, en virtud de demanda de cualquier persona interesada en ello, a declarar si acepta o repudia; y hará esta declaración dentro de los cuarenta días subsiguientes al de la demanda. En caso de ausencia del asignatario o de estar situados los bienes en lugares distantes, o de otro grave motivo, podrá el juez prorrogar este plazo; pero nunca por más de un año.

Durante este plazo tendrá todo asignatario la facultad de inspeccionar el objeto asignado; podrá implorar las providencias conservativas que le conciernan; y no será obligado al pago de ninguna deuda hereditaria o testamentaria; pero podrá serlo el albacea o curador de la herencia yacente en sus casos.

El heredero, durante el plazo, podrá también inspeccionar las cuentas y papeles de la sucesión.

Si el asignatario ausente no compareciere por sí o por legítimo representante en tiempo oportuno, se le nombrará curador de bienes que le represente, y acepte por él con beneficio de inventario.

Conc.: CC. 473-480; CPC 844-848; COT 366-369
Fuentes: D.29.2.69; C.6.30.19; P.6.T.6.L.5; CN 795

Art. 1233. El asignatario constituido en mora de declarar si acepta o repudia, se entenderá que repudia.

Conc.: CC. 1551, 1553

Art. 1234. La aceptación, una vez hecha con los requisitos legales, no podrá rescindirse, sino en el caso de haber sido obtenida por fuerza o dolo, y en el de lesión grave a virtud de disposiciones testamentarias de que no se tenía noticia al tiempo de aceptarla.

Esta regla se extiende aun a los asignatarios que no tienen la libre administración de sus bienes.

Se entiende por lesión grave la que disminuyere el valor total de la asignación en más de la mitad.

Conc.: CC. 1234, 1237, 1300-1301, 1348, 1351, 1447, 1451, 1456-1459, 1888
Fuentes: D.4.2.21.5-5, D.4.3.40; P.6.T.6.LL.18-20; CN 783

Art. 1235. La repudiación no se presume de derecho sino en los casos previstos por la ley.

Conc.: CC. 1230-1231, 1233
Fuente: CN 784

Art. 1236. Los que no tienen la libre administración de sus bienes no pueden repudiar una asignación a título universal, ni una asignación de bienes raíces, o de bienes muebles que valgan más de un centavo, sin autorización judicial con conocimiento de causa.

Modif. L. 7612 y L. 18802
Conc.: CC. 397-398, 1225, 1447
Fuentes: D.29.2.5; CN 776

Art. 1237. Ninguna persona tendrá derecho para que se rescinda su repudiación, a menos que la misma persona o su legítimo representante hayan sido inducidos por fuerza o dolo a repudiar.

Conc.: CC. 1234, 1300-1301, 1348, 1351, 1447, 1451, 1456-1459
Fuentes: D.4.2.21.5-5, D.4.3.40; P.6.T.6.LL.18-20; CN 783

Art. 1238. Los acreedores del que repudia en perjuicio de los derechos de ellos, podrán hacerse autorizar por el juez para aceptar por el deudor. En este caso la repudiación no se rescinde sino en favor de los acreedores y hasta concurrencia de sus créditos; y en el sobrante subsiste.

Conc.: CC. 1394, 2468; L. 20720 287-294
Fuentes: En contra de D.50.16.28, D.50.17.134; según CN 788

Art. 1239. Los efectos de la aceptación o repudiación de una herencia se retrotraen al momento en que ésta haya sido deferida.

Otro tanto se aplica a los legados de especies.

Conc.: CC. 955-956
Fuente: CN 1006

§ 2. Reglas particulares relativas a las herencias

Art. 1240. Si dentro de quince días de abrirse la sucesión no se hubiere aceptado la herencia o una cuota de ella, ni hubiere albacea a quien el testador haya conferido la tenencia de los bienes y que haya aceptado su encargo, el juez, a instancia del cónyuge sobreviviente, o de cualquiera de los parientes o dependientes del difunto, o de otra persona interesada en ello, o de oficio, declarará yacente la herencia; se insertará esta declaración en un diario de la comuna, o de la capital de la provincia o de la capital de la región, si en aquélla no lo hubiere; y se procederá al nombramiento de curador de la herencia yacente.

Si hubiere dos o más herederos y aceptare uno de ellos, tendrá la administración de todos los bienes hereditarios proindiviso, previo inventario solemne; y aceptando sucesivamente sus coherederos, y subscribiendo el inventario, tomarán parte en la administración.

Mientras no hayan aceptado todos, las facultades del heredero o herederos que administren serán las mismas de los curadores de la herencia yacente, pero no serán obligados a prestar caución, salvo que haya motivo de temer que bajo su administración peligren los bienes.

Modif. L. 18776
Conc.: CC. 343, 481-484, 538, 1240, 2346; CPC 849

Fuentes: Nov. Rec. 10.22.7 y 10; C. Holandés 1172; García Goyena 863

Art. 1241. La aceptación de una herencia puede ser expresa o tácita. Es expresa cuando se toma el título de heredero; y es tácita cuando el heredero ejecuta un acto que supone necesariamente su intención de aceptar, y que no hubiera tenido derecho de ejecutar, sino en su calidad de heredero.

Conc.: CC. 1192, 1225-1263
Fuentes: IJ 2.19.6; D.29.2.20.pr; P.6.T.6.L.11; CN 778-779; CL 982, 984, 985, 995

Art. 1242. Se entiende que alguien toma el título de heredero, cuando lo hace en escritura pública o privada, obligándose como tal heredero, o en un acto de tramitación judicial.

Conc.: CC. 1241-1243
Fuentes: D.29.2.20; P.6.T.6.L.11; CN 778; CL 983

Art. 1243. Los actos puramente conservativos, los de inspección y administración provisoria urgente, no son actos que suponen por sí solos la aceptación.

Conc.: CC. 1241-1242
Fuentes: D.11.7.14.8; CN 779; CL 990 992, 995

Art. 1244. La enajenación de cualquier efecto hereditario, aun para objetos de administración urgente, es acto de heredero, si no ha sido autorizada por el juez a petición del heredero, protestando éste que no es su ánimo obligarse en calidad de tal.

Conc.: CC. 1230
Fuentes: IJ 2.19.7; P.6.T.6.L.11; CN 780; CL 983, 985

Art. 1245. El que hace acto de heredero sin previo inventario solemne, sucede en todas las obligaciones transmisibles del difunto a prorrata de su cuota hereditaria, aunque le impongan un gravamen que exceda al valor de los bienes que hereda.

Habiendo precedido inventario solemne, gozará del beneficio de inventario.

Conc.: CC. 397, 1222-1224, 1226, 1241, 1243-1263, 1354; CPC 858-865
Fuentes: CN 774, 802; CL 1004

Art. 1246. El que a instancia de un acreedor hereditario o testamentario ha sido judicialmente declarado heredero, o condenado como tal, se entenderá serlo respecto de los demás acreedores, sin necesidad de nuevo juicio.

La misma regla se aplica a la declaración judicial de haber aceptado pura y simplemente o con beneficio de inventario.

Conc.: CC. 1230-1233, 1235
Fuentes: CN 800; C. Sardo 989; García Goyena 833

§ 3. Del beneficio de inventario

Art. 1247. El beneficio de inventario consiste en no hacer a los herederos que aceptan responsables de las obligaciones hereditarias y testamentarias, sino hasta concurrencia del valor total de los bienes que han heredado.

Conc.: CC. 397, 1222-1224, 1226, 1241, 1243-1263, 1354; CPC 858-865
Fuentes: C.6.30.22.4; P.6.T.6.L.5; CN 802; Escriche, t. 2, «Beneficio de inventario» p. 62

Art. 1248. Si de muchos coherederos los unos quieren aceptar con beneficio de inventario y los otros no, todos ellos serán obligados a aceptar con beneficio de inventario.

Conc.: CC. 1228
Fuente: CN 782; C. Holandés 1096; García Goyena 836

Art. 1249. El testador no podrá prohibir a un heredero el aceptar con beneficio de inventario.

Conc.: CC. 1225
Fuentes: C. Sardo 1011; C. Holandés 1089

Art. 1250. Las herencias del Fisco y de todas las corporaciones y establecimientos públicos se aceptarán precisamente con beneficio de inventario.

Se aceptarán de la misma manera las herencias que recaigan en personas que no pueden aceptar o repudiar sino por el ministerio o con la autorización de otras.

No cumpliéndose con lo dispuesto en este artículo, las personas naturales o jurídicas representadas, no serán obligadas por las deudas y cargas de la sucesión sino hasta concurrencia de lo que existiere de la herencia al tiempo de la demanda o se probare haberse empleado efectivamente en beneficio de ellas.

Conc.: CC. 396-399, 401, 1236

Art. 1251. Los herederos fiduciarios son obligados a aceptar con beneficio de inventario.

Conc.: CC. 1079, 1164, 1311

Art. 1252. Todo heredero conserva la facultad de aceptar con beneficio de inventario mientras no haya hecho acto de heredero.

Conc.: CC. 1241, 1245
Fuentes: CN 800; CL 1004

Art. 1253. En la confección del inventario se observará lo prevenido para el de los tutores y curadores en los artículos 382 y siguientes, y lo que en el Código de Enjuiciamiento se prescribe para los inventarios solemnes.

Conc.: CC. 382-389; CPC 858-865

Art. 1254. Si el difunto ha tenido parte en una sociedad, y por una cláusula del contrato ha estipulado que la sociedad continúe con sus herederos después de su muerte, no por eso en el inventario que haya de hacerse dejarán de ser comprendidos los bienes sociales; sin perjuicio de que los asociados sigan administrándolos hasta la expiración de la sociedad, y sin que por ello se les exija caución alguna.

Conc.: CC. 2104-2105

Art. 1255. Tendrán derecho de asistir al inventario el albacea, el curador de la herencia yacente, los herederos presuntos testamentarios o abintestato, los legatarios, los socios de comercio, los fideicomisarios y todo acreedor hereditario que presente el título de su crédito. Las personas antedichas podrán ser representadas por otras que exhiban escritura pública o privada en que se les cometa este encargo, cuando no lo fueren por sus cónyuges, tutores, curadores o cualesquiera otros legítimos representantes.

Todas estas personas tendrán derecho de reclamar contra el inventario en lo que les pareciere inexacto.

Modif. L. 19585 y L. 21400

Fuente: Amplía P.6.T.6.L.5

Art. 1256. El heredero que en la confección del inventario omitiere de mala fe hacer mención de cualquiera parte de los bienes, por pequeña que sea, o supusiere deudas que no existen, no gozará del beneficio de inventario.

Conc.: CC. 1230-1231
Fuente: CN 801

Art. 1257. El que acepta con beneficio de inventario se hace responsable no sólo del valor de los bienes que entonces efectivamente reciba, sino de aquellos que posteriormente sobrevengan a la herencia sobre que recaiga el inventario.

Se agregará la relación y tasación de estos bienes al inventario existente con las mismas formalidades que para hacerlo se observaron.

Conc.: CC. 1247
Fuentes: C.6.30.22.4; P.6.T.6.L.5; CN 802

Art. 1258. Se hará asimismo responsable de todos los créditos como si los hubiese efectivamente cobrado; sin perjuicio de que para su descargo en el tiempo debido justifique lo que sin culpa suya haya dejado de cobrar, poniendo a disposición de los interesados las acciones y títulos insolutos.

Art. 1259. Las deudas y créditos del heredero beneficiario no se confunden con las deudas y créditos de la sucesión.

Conc.: CC. 1247, 1257
Fuente: CN 802

Art. 1260. El heredero beneficiario será responsable hasta por culpa leve de la conservación de las especies o cuerpos ciertos que se deban.

Es de su cargo el peligro de los otros bienes de la sucesión, y sólo será responsable de los valores en que hubieren sido tasados.

Conc.: CC. 44
Fuente: Más estricto que CN 804

Art. 1261. El heredero beneficiario podrá en todo tiempo exonerarse de sus obligaciones abandonando a los acreedores los bienes de la sucesión que deba entregar en especie, y el saldo que reste de los otros, y obteniendo de ellos o del juez la aprobación de la cuenta que de su administración deberá presentarles.

Conc.: CC. 1614; L. 20720 260, 273

Art. 1262. Consumidos los bienes de la sucesión, o la parte que de ellos hubiere cabido al heredero beneficiario, en el pago de las deudas y cargas, deberá el juez, a petición del heredero beneficiario, citar a los acreedores hereditarios y testamentarios que no hayan sido cubiertos, por medio de tres avisos en un diario de la comuna o de la capital de provincia o de la capital de la región, si en aquélla no lo hubiere, para que reciban de dicho heredero la cuenta exacta y en lo posible documentada de todas las inversiones que haya hecho; y aprobada la cuenta por ellos, o en caso de discordia por el juez, el heredero beneficiario será declarado libre de toda responsabilidad ulterior.

Modif. L. 7612 y L. 18776

Art. 1263. El heredero beneficiario que opusiere a una demanda la excepción de estar ya consumidos en el pago de deudas y cargas los bienes hereditarios o la porción de ellos que le hubiere cabido, deberá probarlo presentando a los demandantes una cuenta exacta y en lo posible documentada de todas las inversiones que haya hecho.

§ 4. De la petición de herencia y de otras acciones del heredero

Art. 1264. El que probare su derecho a una herencia, ocupada por otra persona en calidad de heredero, tendrá acción para que se le adjudique la herencia, y se le restituyan las cosas hereditarias, tanto corporales como incorporales; y aun aquellas de que el difunto era mero tenedor, como depositario, comodatario, prendario, arrendatario, etc., y que no hubieren vuelto legítimamente a sus dueños.

Conc.: CC. 891, 1265-1269
Fuentes: IJ 2.2.2; D. 5.3.9, D.5.3.19.pr; Merlin, t. 12, «Petition d'Hérédité», p. 433

Art. 1265. Se extiende la misma acción no sólo a las cosas que al tiempo de la muerte pertenecían al difunto, sino a los aumentos que posteriormente haya tenido la herencia.

Conc.: CC. 568-574, 668, 669, 1119-1123

Fuentes: D.5.3.20.3

Art. 1266. A la restitución de los frutos y al abono de mejoras en la petición de herencia, se aplicarán las mismas reglas que en la acción reivindicatoria.

Conc.: CC. 669, 907-908, 913-914
Fuentes: D.5.3.13.7, D.5.3.25.16, D.5.3.20.2

Art. 1267. El que de buena fe hubiere ocupado la herencia no será responsable de las enajenaciones o deterioros de las cosas hereditarias, sino en cuanto le hayan hecho más rico; pero habiéndola ocupado de mala fe, lo será de todo el importe de las enajenaciones y deterioros.

Conc.: CC. 906
Fuente: D.5.3.20

Art. 1268. El heredero podrá también hacer uso de la acción reivindicatoria sobre cosas hereditarias reivindicables, que hayan pasado a terceros, y no hayan sido prescritas por ellos.

Si prefiere usar de esta acción, conservará, sin embargo, su derecho para que el que ocupó de mala fe la herencia le complete lo que por el recurso contra terceros poseedores no hubiere podido obtener, y le deje enteramente indemne; y tendrá igual derecho contra el que ocupó de buena fe la herencia en cuanto por el artículo precedente se hallare obligado.

Conc.: CC. 890-891

Art. 1269. El derecho de petición de herencia expira en diez años. Pero el heredero putativo, en el caso del inciso final del artículo 704, podrá oponer a esta acción la prescripción de cinco años.

Modif. L. 16952
Fuentes: D. 5.3.9; D. 41.3.1.33; C.3.31.4, C.3.31.7, C.3.31.9, C.6.33.3, C.7.34.4; P.6.T.14.L.7; CN 2262; Merlin, t. 12, «Petition d'Héredité», p. 433; CL 975, García Goyena 1959, 1961

TÍTULO VIII. DE LOS EJECUTORES TESTAMENTARIOS

Art. 1270. Ejecutores testamentarios o albaceas son aquellos a quienes el testador da el encargo de hacer ejecutar sus disposiciones.

Conc.: CC. 1270-1310, 2169; L. G. Bancos 86 Nº 5
Fuentes: P.6.T.10.L.1; CN 1025; C. Sardo 889; Febrero, t. 1, 1.13.197, p. 117; Escriche, t. 1, «Albacea», p. 392; Delv. T.2, p. 99

Art. 1271. No habiendo el testador nombrado albacea, o faltando el nombrado, el encargo de hacer ejecutar las disposiciones del testador pertenece a los herederos.

Conc.: CC. 951, 954, 1097, 1354
Fuente: Delv. t. 2, p. 99

Art. 1272. No puede ser albacea el menor de edad.

Ni las personas designadas en los artículos 497 y 498.

Modif. L. 7612
Conc.: CC. 497-498
Fuentes: Fuero Real 3.5.8; CN 1028; C. Sardo 890

Art. 1273. Derogado L. 18802.

Art. 1274. Derogado L. 18802.

Art. 1275. La incapacidad sobreviniente pone fin a el albaceazgo.

Conc.: CC. 1447, 2163 Nº 7, 2171

Art. 1276. El juez, a instancia de cualquiera de los interesados en la sucesión, señalará un plazo razonable dentro del cual comparezca el albacea a ejercer su cargo, o excusarse de servirlo; y podrá el juez en caso necesario ampliar por una sola vez el plazo.

Si el albacea estuviere en mora de comparecer, caducará su nombramiento.

Conc.: CC. 521, 971, 1233, 1277-1278
Fuentes: Delv. t. 2, p. 100

Art. 1277. El albacea nombrado puede rechazar libremente este cargo.

Si lo rechazare sin probar inconveniente grave se hará indigno de suceder al testador, con arreglo al artículo 971, inciso 2o.

Conc.: CC. 971

Art. 1278. Aceptando expresa o tácitamente el cargo, está obligado a evacuarlo, excepto en los casos en que es lícito al mandatario exonerarse del suyo.

La dimisión del cargo con causa legítima le priva sólo de una parte proporcionada de la asignación que se le haya hecho en recompensa del servicio.

Conc.: CC. 2124, 2163 Nº 4, 2167
Fuentes: Modif. Pauli Sent. 3.5.13

Art. 1279. El albaceazgo no es transmisible a los herederos del albacea.

Conc.: CC. 2163 Nº 5, 2170
Fuentes: CN 1031; Delv. t. 2, pp. 99-100; C. Sardo 905

Art. 1280. El albaceazgo es indelegable, a menos que el testador haya concedido expresamente la facultad de delegarlo.

El albacea, sin embargo, podrá constituir mandatarios que obren a sus órdenes; pero será responsable de las operaciones de éstos.

Conc.: CC. 2135
Fuentes: ¿García Goyena 758?

Art. 1281. Siendo muchos los albaceas, todos son solidariamente responsables, a menos que el testador los haya exonerado de la solidaridad, o que el mismo testador o el juez hayan dividido sus atribuciones y cada uno se ciña a las que le incumban.

Conc.: CC. 1511
Fuente: CN 1033

Art. 1282. El juez podrá dividir las atribuciones, en ventaja de la administración, y a pedimento de cualquiera de los albaceas, o de cualquiera de los interesados en la sucesión.

Art. 1283. Habiendo dos o más albaceas con atribuciones comunes, todos ellos obrarán de consuno, de la misma manera que se previene para los tutores en el artículo 413.

El juez dirimirá las discordias que puedan ocurrir entre ellos.

El testador podrá autorizarlos para obrar separadamente; pero por esta sola autorización no se entenderá que los exonera de su responsabilidad solidaria.

Conc.: CC. 413, 1281-1282
Fuentes: P.6.T.10.L.6; CN 1033

Art. 1284. Toca a el albacea velar sobre la seguridad de los bienes; hacer que se guarde bajo llave y sello el dinero, muebles y papeles, mientras no haya inventario solemne, y cuidar de que se proceda a este inventario, con citación de los herederos y de los demás interesados en la sucesión; salvo que siendo todos los herederos capaces de administrar sus bienes, determinen unánimemente que no se haga inventario solemne.

Conc.: CC. 1222-1224, 1245, 1255-1256; CPC 858-865
Fuentes: Febrero, t. 1, 1.13.201, p. 122; CN 1031; C. Sardo 896

Art. 1285. Todo albacea será obligado a dar noticia de la apertura de la sucesión por medio de tres avisos publicados en un diario de la comuna, o de la capital de la provincia o de la capital de la región, si en aquélla no lo hubiere.

Modif. L. 18776
Conc.: CC. 955, 1222-1224

Art. 1286. Sea que el testador haya encomendado o no a el albacea el pago de sus deudas, será éste obligado a exigir que en la partición de los bienes se señale un lote o hijuela suficiente para cubrir las deudas conocidas.

Conc.: CC. 1336

Art. 1287. La omisión de las diligencias prevenidas en los dos artículos anteriores, hará responsable a el albacea de todo perjuicio que ella irrogue a los acreedores.

Las mismas obligaciones y responsabilidad recaerán sobre los herederos presentes que tengan la libre administración de sus bienes, o sobre los respectivos tutores o curadores, y el marido de la mujer heredera, que no está separada de bienes.

Conc.: CC. 2314, 2329

Art. 1288. El albacea encargado de pagar deudas hereditarias, lo hará precisamente con intervención de los herederos presentes o del curador de la herencia yacente en su caso.

Conc.: CC. 1199, 1286-1287, 1336, 1354-1360, 1365-1366-1368, 1371-1372, 1373-1374, 1377

Art. 1289. Aunque el testador haya encomendado a el albacea el pago de sus deudas, los acreedores tendrán siempre expedita su acción contra los herederos, si el albacea estuviere en mora de pagarles.

Conc.: CC. 951, 1097, 1245-1247, 1286-1288, 1336, 1354-1360, 1365-1366-1368, 1371-1372, 1373-1374, 1377, 2465

Art. 1290. Pagará los legados que no se hayan impuesto a determinado heredero o legatario; para lo cual exigirá a los herederos o al curador de la herencia yacente el dinero que sea menester y las especies muebles o inmuebles en que consistan los legados, si el testador no le hubiere dejado la tenencia del dinero o de las especies.

Los herederos, sin embargo, podrán hacer el pago de los dichos legados por sí mismos, y satisfacer a el albacea con las respectivas cartas de pago; a menos que el legado consista en una obra o hecho particularmente encomendado a el albacea y sometido a su juicio.

Conc.: CC. 951, 1097, 1360-1364, 1366, 1369-1370, 1372, 1374-1376
Fuentes: P.6.T.10.LL.2 y 4; CN 1031

Art. 1291. Si hubiere legados para objetos de beneficencia pública, dará conocimiento de ellos, con inserción de las respectivas cláusulas testamentarias, al ministerio público; a quien asimismo denunciará la negligencia de los herederos o legatarios obligados a ellos, o del curador de la herencia yacente, en su caso.

El ministerio público perseguirá judicialmente a los omisos, o delegará esta gestión al defensor de obras pías.

De los legados destinados a obras de piedad religiosa, como sufragios, aniversarios, capellanías, casas de ejercicios espirituales, fiestas eclesiásticas, y otros semejantes, dará cuenta al ministerio público, y al ordinario eclesiástico, que podrá implorar en su caso ante la autoridad civil las providencias judiciales necesarias para que los obligados a prestar estos legados los cumplan.

El ministerio público, el defensor de obras pías y el ordinario eclesiástico en su caso, podrán también proceder espontáneamente a la diligencia antedicha contra el albacea, los herederos o legatarios omisos.

El mismo derecho se concede a las municipalidades respecto de los legados de utilidad pública en que se interesen los respectivos vecindarios.

Fuentes: ¿P.6.T.10.LL.6-7?

Art. 1292. Si no hubiere de hacerse inmediatamente el pago de especies legadas y se temiere fundadamente que se pierdan o deterioren por negligencia de los obligados a darlas, el albacea a quien incumba hacer cumplir los legados, podrá exigirles caución.

Fuente: P.6.T.10.L.2

Art. 1293. Con anuencia de los herederos presentes procederá a la venta de los muebles, y subsidiariamente de los inmuebles, si no hubiere dinero suficiente para el pago de las deudas o de los legados; y podrán los herederos oponerse a la venta, entregando a el albacea el dinero que necesite al efecto.

Conc.: CC. 1199, 1245-1247, 1286-1288, 1293, 1336, 1354-1377
Fuentes: CN 1031; Delv. t. 2, p. 575

Art. 1294. Lo dispuesto en los artículos 394 y 412 se extenderá a los albaceas.

Conc.: CC. 394, 412

Art. 1295. El albacea no podrá parecer en juicio en calidad de tal, sino para defender la validez del testamento, o cuando le fuere necesario para llevar a efecto las disposiciones testamentarias que le incumban; y en todo caso lo hará con intervención de los herederos presentes o del curador de la herencia yacente.

Conc.: CC. 343
Fuente: ¿P.6.T.10.L.4?

Art. 1296. El testador podrá dar a el albacea la tenencia de cualquiera parte de los bienes o de todos ellos.

El albacea tendrá en este caso las mismas facultades y obligaciones que el curador de la herencia yacente; pero no será obligado a rendir caución sino en el caso del artículo 1297.

Sin embargo, de esta tenencia habrá lugar a las disposiciones de los artículos precedentes.

Conc.: CC. 481-484; CPC 849

Art. 1297. Los herederos, legatarios o fideicomisarios, en el caso de justo temor sobre la seguridad de los bienes de que fuere tenedor el albacea, y a que respectivamente tuvieren derecho actual o eventual, podrán pedir que se le exijan las debidas seguridades.

Fuente: P.6.T.10.L.2

Art. 1298. El testador no podrá ampliar las facultades del albacea, ni exonerarle de sus obligaciones, según se hallan unas y otras definidas en este título.

Fuente: En contra de P.6.T.10.LL.1-3; inspirada en D.30.55; P.6.T.9.L.32

Art. 1299. El albacea es responsable hasta de la culpa leve en el desempeño de su cargo.

Conc.: CC. 44

Art. 1300. Será removido por culpa grave o dolo, a petición de los herederos o del curador de la herencia yacente, y en caso de dolo se hará indigno de tener en la sucesión parte alguna, y además de indemnizar de cualquier perjuicio a los interesados, restituirá todo lo que haya recibido a título de retribución.

Conc.: CC. 961
Fuente: P.6.T.10.L.8

Art. 1301. Se prohíbe a el albacea llevar a efecto ninguna disposición del testador en lo que fuere contraria a las leyes, so pena de nulidad, y de considerársele culpable de dolo.

Conc.: CC. 12, 972, 1462-1463, 1467-1468
Fuentes: D.30.55; P.6.T.9.L.32

Art. 1302. La remuneración del albacea será la que le haya señalado el testador.

Si el testador no hubiere señalado ninguna, tocará al juez regularla, tomando en consideración el caudal y lo más o menos laborioso del cargo.

Fuentes: En contra de Febrero, t. 1, 1.13.205, p. 123, C. Holandés 1068, García Goyena 739; adapta CN 1034

Art. 1303. El albaceazgo durará el tiempo cierto y determinado que se haya prefijado por el testador.

Conc.: CC. 1304-1308

Fuentes: P.6.T.10.L.6; Febrero, t. 1, 1.13.201, p. 122; CN 1026, 1031

Art. 1304. Si el testador no hubiere prefijado tiempo para la duración del albaceazgo, durará un año contado desde el día en que el albacea haya comenzado a ejercer su cargo.

Conc.: CC. 1303, 1305-1308
Fuentes: P.6.T.10.L.6; Febrero, t. 1, 1.13.201, p. 122; CN 1026, 1031

Art. 1305. El juez podrá prorrogar el plazo señalado por el testador o la ley, si ocurrieren a el albacea dificultades graves para evacuar su cargo en él.

Conc.: CC. 1303-1304, 1306-1308

Art. 1306. El plazo prefijado por el testador o la ley, o ampliado por el juez, se entenderá sin perjuicio de la partición de los bienes y de su distribución entre los partícipes.

Conc.: CC. 1303-1305, 1307-1308, 1328, 1332

Art. 1307. Los herederos podrán pedir la terminación del albaceazgo, desde que el albacea haya evacuado su cargo; aunque no haya expirado el plazo señalado por el testador o la ley, o ampliado por el juez para su desempeño.

Conc.: CC. 1270, 1303-1306, 1308

Art. 1308. No será motivo ni para la prolongación del plazo, ni para que no termine el albaceazgo, la existencia de legados o fideicomisos cuyo día o condición estuviere pendiente; a menos que el testador haya dado expresamente a el albacea la tenencia de las respectivas especies o de la parte de bienes destinados a cumplirlos; en cuyo caso se limitará el albaceazgo a esta sola tenencia.

Lo dicho se extiende a las deudas, cuyo pago se hubiere encomendado a el albacea, y cuyo día, condición o liquidación estuviere pendiente; y se entenderá sin perjuicio de los derechos conferidos a los herederos por los artículos precedentes.

Conc.: CC. 1288, 1303-1307

Art. 1309. El albacea, luego que cese en el ejercicio de su cargo, dará cuenta de su administración, justificándola.

No podrá el testador relevarle de esta obligación.

Conc.: CPC 693-696

Art. 1310. El albacea, examinadas las cuentas por los respectivos interesados, y deducidas las expensas legítimas, pagará o cobrará el saldo, que en su contra o a su favor resultare, según lo prevenido para los tutores y curadores en iguales casos.

Conc.: CPC 693-696

TÍTULO IX. DE LOS ALBACEAS FIDUCIARIOS

Art. 1311. El testador puede hacer encargos secretos y confidenciales al heredero, a el albacea, y a cualquiera otra persona, para que se invierta en uno o más objetos lícitos una cuantía de bienes de que pueda disponer libremente.

El encargado de ejecutarlos se llama albacea fiduciario.

Conc.: CC. 1312-1316
Fuente: ¿D.30.103, D.30.123.1?

Art. 1312. Los encargos que el testador hace secreta y confidencialmente, y en que ha de emplearse alguna parte de sus bienes, se sujetarán a las reglas siguientes:

1a. Deberá designarse en el testamento la persona del albacea fiduciario.

2a. El albacea fiduciario tendrá las calidades necesarias para ser albacea y legatario del testador; pero no obstará la calidad de eclesiástico secular, con tal que no se halle en el caso del artículo 965.

3a. Deberán expresarse en el testamento las especies o la determinada suma que ha de entregársele para el cumplimiento de su cargo.

Faltando cualquiera de estos requisitos no valdrá la disposición.

Conc.: CC. 961-979, 1272, 1275

Art. 1313. No se podrá destinar a dichos encargos secretos, más que la mitad de la porción de bienes de que el testador haya podido disponer a su arbitrio.

Conc.: CC. 1184

Art. 1314. El albacea fiduciario deberá jurar ante el juez que el encargo no tiene por objeto hacer pasar parte alguna de los bienes del testador a una persona incapaz, o invertirla en un objeto ilícito.

Jurará al mismo tiempo desempeñar fiel y legalmente su cargo sujetándose a la voluntad del testador.

La prestación del juramento deberá preceder a la entrega o abono de las especies o dineros asignados al encargo.

Si el albacea fiduciario se negare a prestar el juramento a que es obligado, caducará por el mismo hecho el encargo.

Conc.: CC. 12, 961-979, 1301, 1462-1463, 1467-1468

Art. 1315. El albacea fiduciario podrá ser obligado, a instancia de un albacea general, o de un heredero, o del curador de la herencia yacente, y con algún justo motivo, a dejar en depósito, o afianzar la cuarta parte de lo que por razón del encargo se le entregue, para responder con esta suma a la acción de reforma o a las deudas hereditarias, en los casos prevenidos por ley.

Podrá aumentarse esta suma, si el juez lo creyere necesario para la seguridad de los interesados.

Expirados los cuatro años subsiguientes a la apertura de la sucesión, se devolverá a el albacea fiduciario la parte que reste, o se cancelará la caución.

Conc.: CC. 1286-1288, 1336

Art. 1316. El albacea fiduciario no estará obligado en ningún caso a revelar el objeto del encargo secreto, ni a dar cuenta de su administración.

Conc.: CC. 1309-1310

TÍTULO X. DE LA PARTICIÓN DE LOS BIENES

Art. 1317. Ninguno de los coasignatarios de una cosa universal o singular será obligado a permanecer en la indivisión; la partición del objeto asignado podrá siempre pedirse con tal que los coasignatarios no hayan estipulado lo contrario.

No puede estipularse proindivisión por más de cinco años, pero cumplido este término podrá renovarse el pacto.

Las disposiciones precedentes no se extienden a los lagos de dominio privado, ni a los derechos de servidumbre, ni a las cosas que la ley manda mantener indivisas, como la propiedad fiduciaria.

Conc.: CC. 742, 751, 1317, 1319; CPC 646

Fuentes: D.10.3.14.2; C.3.37.5; P.5.T.10.L.11; P.6.T.15.L.1; CN 815; Rogron, p. 223; C. Sardo, 1038; García Goyena 893

Art. 1318. Si el difunto ha hecho la partición por acto entre vivos o por testamento, se pasará por ella en cuanto no fuere contraria a derecho ajeno.

En especial, la partición se considerará contraria a derecho ajeno si no ha respetado el derecho que el artículo 1337, regla 10a, otorga al cónyuge sobreviviente.

Modif. L. 19585
Conc.: CC. 582, 1197, 1337
Fuentes: CN 1075; CL 1225; García Goyena 899

Art. 1319. Si alguno de los coasignatarios lo fuere bajo condición suspensiva, no tendrá derecho para pedir la partición mientras penda la condición. Pero los otros coasignatarios podrán proceder a ella, asegurando competentemente al coasignatario condicional lo que cumplida la condición le corresponda.

Si el objeto asignado fuere un fideicomiso, se observará lo prevenido en el título De la propiedad fiduciaria.

Conc.: CC. 742, 751, 752, 1070, 1473, 1479
Fuentes: García Goyena 896

Art. 1320. Si un coasignatario vende o cede su cuota a un extraño, tendrá éste igual derecho que el vendedor o cedente para pedir la partición e intervenir en ella.

Conc.: CC. 1812, 1909-1910, 2417

Art. 1321. Si falleciere uno de varios coasignatarios, después de habérsele deferido la asignación, cualquiera de los herederos de éste podrá pedir la partición; pero formarán en ella una sola persona, y no podrán obrar sino todos juntos o por medio de un procurador común.

Conc.: CC. 984-985
Fuentes: D.10.2.48; García Goyena 897

Art. 1322. Los tutores y curadores, y en general los que administran bienes ajenos por disposición de la ley, no podrán proceder a la partición de las herencias o de los bienes raíces en que tengan parte sus pupilos, sin autorización judicial.

Pero el marido no habrá menester esta autorización para provocar la partición de los bienes en que tenga parte su mujer: le bastará el consentimiento de su mujer, si no estuviere imposibilitada de prestarlo, o el de la justicia en subsidio.

Modif. L. 21515
Conc.: CC. 396-399, 401, 1236, 1250, 1749
Fuentes: CN 817-818

Art. 1323. Sólo pueden ser partidores los abogados habilitados para ejercer la profesión y que tengan la libre disposición de sus bienes.

Son aplicables a los partidores las causales de implicancia y recusación que el Código Orgánico de Tribunales establece para los jueces.

Modif. L. 10271
Conc.: COT 194-205

Art. 1324. Valdrá el nombramiento de partidor que haya hecho el difunto por instrumento público entre vivos o por testamento, aunque la persona nombrada sea albacea o coasignatario, o esté comprendida en alguna de las causales de implicancia o recusación que establece el Código Orgánico de Tribunales, siempre que cumpla con los demás requisitos legales; pero cualquiera de los interesados podrá pedir al Juez en donde debe seguirse el juicio de partición que declare inhabilitado al partidor por alguno de esos motivos. Esta solicitud se tramitará de acuerdo con las reglas que, para las recusaciones, establece el Código de Procedimiento Civil.

Modif. L. 10271 y L. 18776
Conc.: CPC 113-128
Fuentes: Nov. Rec. 10.21.10 (=Ley de Toro 19); García Goyena 900

Art. 1325. Los coasignatarios podrán hacer la partición por sí mismos si todos concurren al acto, aunque entre ellos haya personas que no tengan la libre disposición de sus bienes, siempre que no se presenten cuestiones que resolver y todos estén de acuerdo sobre la manera de hacer la división.

Serán, sin embargo, necesarias en este caso la tasación de los bienes por peritos y la aprobación de la partición por la justicia ordinaria del mismo modo que lo serían si se procediere ante un partidor.

Los coasignatarios, aunque no tengan la libre disposición de sus bienes, podrán nombrar de común acuerdo un partidor. Esta designación podrá recaer también en alguna de las personas a que se refiere el artículo anterior, con tal que dicha persona reúna los demás requisitos legales.

Los partidores nombrados por los interesados no pueden ser inhabilitados sino por causas de implicancia o recusación que hayan sobrevenido a su nombramiento.

Si no se acuerdan en la designación, el juez, a petición de cualquiera de ellos, procederá a nombrar un partidor que reúna los requisitos legales, con sujeción a las reglas del Código de Procedimiento Civil.

Modif. L. 10271
Conc.: COT 194-205; CPC 113-128, 651, 657-658, 663-664, 666
Fuentes: CN 819; García Goyena 902

Art. 1326. Si alguno de los coasignatarios no tuviere la libre disposición de sus bienes, el nombramiento de partidor, que no haya sido hecho por el juez, deberá ser aprobado por éste.

Se exceptúa de esta disposición la mujer casada cuyos bienes administra el marido; bastará en tal caso el consentimiento de la mujer, o el de la justicia en subsidio.

El curador de bienes del ausente, nombrado en conformidad al artículo 1232, inciso final, le representará en la partición y administrará los que en ella se le adjudiquen, según las reglas de la curaduría de bienes.

Conc.: CC. 473-480, 1232, 1324-1325, 1749; CPC 646
Fuentes: P.3.T.2.L.12; C. Sardo 1042, García Goyena 906

Art. 1327. El partidor no es obligado a aceptar este encargo contra su voluntad; pero si, nombrado en testamento, no acepta el encargo, se observará lo prevenido respecto del albacea en igual caso.

Conc.: CC. 971, 1277, 1324

Art. 1328. El partidor que acepta el encargo, deberá declararlo así, y jurará desempeñarlo con la debida fidelidad, y en el menor tiempo posible.

Conc.: CC. 1332; CPC 647

Art. 1329. La responsabilidad del partidor se extiende hasta la culpa leve; y en el caso de prevaricación, declarada por el juez competente, además de estar sujeto a la indemnización de perjuicio, y a las penas legales que correspondan al delito, se constituirá indigno conforme a lo dispuesto para los ejecutores de últimas voluntades en el artículo 1300.

Conc.: CC. 44, 961, 1300

Art. 1330. Antes de proceder a la partición, se decidirán por la justicia ordinaria las controversias sobre derechos a la sucesión por testamento o abintestato, desheredamiento, incapacidad o indignidad de los asignatarios.

Conc.: CC. 952, 961-962, 968, 1207; CPC 651

Art. 1331. Las cuestiones sobre la propiedad de objetos en que alguien alegue un derecho exclusivo y que en consecuencia no deban entrar en la masa partible, serán decididas por la justicia ordinaria; y no se retardará la partición por ellas. Decididas a favor de la masa partible, se procederá como en el caso del artículo 1349.

Sin embargo, cuando recayeren sobre una parte considerable de la masa partible, podrá la partición suspenderse hasta que se decidan; si el juez, a petición de los asignatarios a quienes corresponda más de la mitad de la masa partible, lo ordenare así.

Conc.: CC. 889, 1349; CPC 651

Art. 1332. La ley señala al partidor, para efectuar la partición, el término de dos años contados desde la aceptación de su cargo.

El testador no podrá ampliar este plazo.

Los coasignatarios podrán ampliarlo o restringirlo, como mejor les parezca, aun contra la voluntad del testador.

Conc.: CC. 1328; CPC 647

Art. 1333. Las costas comunes de la partición serán de cuenta de los interesados en ella, a prorrata.

Conc.: CC. 959, 1354
Fuentes: García Goyena 907

Art. 1334. El partidor se conformará en la adjudicación de los bienes a las reglas de este título; salvo que los coasignatarios acuerden legítima y unánimemente otra cosa.

Conc.: CPC 648

Art. 1335. El valor de tasación por peritos será la base sobre que procederá el partidor para la adjudicación de las especies; salvo que los coasignatarios hayan legítima y unánimemente convenido en otra, o en que se liciten las especies, en los casos previstos por la ley.

Conc.: CPC 651

Art. 1336. El partidor, aun en el caso del artículo 1318, y aunque no sea requerido a ello por el albacea o los herederos, estará obligado a formar el lote e hijuela que se expresa en el artículo 1286, y la omisión de este deber le hará responsable de todo perjuicio respecto de los acreedores.

Conc.: CC. 1286-1288, 1318, 1354-1359; CPC 656
Fuente: D.10.2.3

Art. 1337. El partidor liquidará lo que a cada uno de los coasignatarios se deba, y procederá a la distribución de los efectos hereditarios, teniendo presentes las reglas que siguen:

1a. Entre los coasignatarios de una especie que no admita división, o cuya división la haga desmerecer, tendrá mejor derecho a la especie el que más ofrezca por ella; cualquiera de los coasignatarios tendrá derecho a pedir la admisión de licitadores extraños; y el precio se dividirá entre todos los coasignatarios a prorrata.

2a. No habiendo quien ofrezca más que el valor de tasación o el convencional mencionado en el artículo 1335, y compitiendo dos o más asignatarios sobre la adjudicación de una especie, el legitimario será preferido al que no lo sea.

3a. Las porciones de uno o más fundos que se adjudiquen a un solo individuo, serán, si posible fuere, continuas, a menos que el adjudicatario consienta en recibir porciones separadas, o que de la continuidad resulte mayor perjuicio a los demás interesados que de la separación al adjudicatario.

4a. Se procurará la misma continuidad entre el fundo que se adjudique a un asignatario y otro fundo de que el mismo asignatario sea dueño.

5a. En la división de fundos se establecerán las servidumbres necesarias para su cómoda administración y goce.

6a. Si dos o más personas fueren coasignatarios de un predio, podrá el partidor con el legítimo consentimiento de los interesados separar de la propiedad el usufructo, habitación o uso para darlos por cuenta de la asignación.

7a. En la partición de una herencia o de lo que de ella restare, después de las adjudicaciones de especies mencionadas en los números anteriores, se ha de guardar la posible igualdad, adjudicando a cada uno de los coasignatarios cosas de la misma naturaleza y calidad que a los otros, o haciendo hijuelas o lotes de la masa partible.

8a. En la formación de los lotes se procurará no sólo la equivalencia sino la semejanza de todos ellos; pero se tendrá cuidado de no dividir o separar los objetos que no admitan cómoda división o de cuya separación resulte perjuicio; salvo que convengan en ello unánime y legítimamente los interesados.

9a. Cada uno de los interesados podrá reclamar contra el modo de composición de los lotes, antes de efectuarse el sorteo.

10a. Con todo, el cónyuge sobreviviente tendrá derecho a que su cuota hereditaria se entere con preferencia mediante la adjudicación en favor suyo de la propiedad del inmueble en que resida y que sea o haya sido la vivienda principal de la familia, así como del mobiliario que lo guarnece, siempre que ellos formen parte del patrimonio del difunto.

Si el valor total de dichos bienes excede la cuota hereditaria del cónyuge, éste podrá pedir que sobre las cosas que no le sean adjudicadas en propiedad, se constituya en su favor derechos de habitación y de uso, según la naturaleza de las cosas, con carácter de gratuitos y vitalicios.

El derecho de habitación no será oponible a terceros de buena fe mientras no se inscriba la resolución que lo constituye en el Registro del Conservador de Bienes Raíces. En todo lo no previsto, el uso y la habitación se regirán por lo dispuesto en el Título X del Libro II.

El derecho a la adjudicación preferente de que habla esta regla no puede transferirse ni transmitirse.

11a. Cumpliéndose con lo prevenido en los artículos 1322 y 1326, no será necesaria la aprobación judicial para llevar a efecto lo dispuesto en cualquiera de los números precedentes, aun cuando algunos o todos los coasignatarios sean menores u otras personas que no tengan la libre administración de sus bienes.

Modif. L. 19585
Conc.: CC. 1322, 1326; CPC 648, 666

Fuentes: D.10.2.4.3, D.10.2.5, D.10.2.55; C.3.37.3, C.3.38.1; P.6.T.15.LL.7, 10; CN 827, 832, 842; García Goyena 908, 909, 912

Art. 1338. Los frutos percibidos después de la muerte del testador, durante la indivisión, se dividirán del modo siguiente:

1. Los asignatarios de especies tendrán derecho a los frutos y accesiones de ellas desde el momento de abrirse la sucesión; salvo que la asignación haya sido desde día cierto, o bajo condición suspensiva, pues en estos casos no se deberán los frutos, sino desde ese día, o desde el cumplimiento de la condición; a menos que el testador haya expresamente ordenado otra cosa.

2. Los legatarios de cantidades o géneros no tendrán derecho a ningunos frutos, sino desde el momento en que la persona obligada a prestar dichas cantidades o géneros se hubiere constituido en mora; y este abono de frutos se hará a costa del heredero o legatario moroso.

3. Los herederos tendrán derecho a todos los frutos y accesiones de la masa hereditaria indivisa, a prorrata de sus cuotas; deducidos, empero, los frutos y accesiones pertenecientes a los asignatarios de especies.

4. Recaerá sobre los frutos y accesiones de toda la masa la deducción de que habla el inciso anterior, siempre que no haya una persona directamente gravada para la prestación del legado: habiéndose impuesto por el testador este gravamen a alguno de sus asignatarios, éste sólo sufrirá la deducción.

Conc.: CC. 568-574, 668-669, 954-956, 1097, 1104, 1112, 1115, 1118-1125
Fuentes: C.3.36.19; CN 861-862, 1014-1015

Art. 1339. Los frutos pendientes al tiempo de la adjudicación de las especies a los asignatarios de cuotas, cantidades o géneros, se mirarán como parte de las respectivas especies, y se tomarán en cuenta para la estimación del valor de ellas.

Conc.: CC. 644-648, 1338

Art. 1340. Si alguno de los herederos quisiese tomar a su cargo mayor cuota de las deudas que la correspondiente a prorrata, bajo alguna condición que los otros herederos acepten, será oído.

Los acreedores hereditarios o testamentarios no serán obligados a conformarse con este arreglo de los herederos para intentar sus demandas.

Conc.: CPC 656

Art. 1341. Si el patrimonio del difunto estuviere confundido con bienes pertenecientes a otras personas por razón de bienes propios o gananciales del cónyuge, contratos de sociedad, sucesiones anteriores indivisas, u otro motivo cualquiera, se procederá en primer lugar a la separación de patrimonios, dividiendo las especies comunes según las reglas precedentes.

Art. 1342. Siempre que en la partición de la masa de bienes, o de una porción de la masa, tengan interés personas ausentes que no hayan nombrado apoderados, o personas bajo tutela o curaduría, será necesario someterla, terminada que sea, a la aprobación judicial.

Modif. L. 7612
Conc.: CPC 666
Fuente: CN 838

Art. 1343. Efectuada la partición, se entregarán a los partícipes los títulos particulares de los objetos que les hubieren cabido.

Los títulos de cualquier objeto que hubiere sufrido división pertenecerán a la persona designada al efecto por el testador, o en defecto de esta designación, a la persona a quien hubiere cabido la mayor parte; con cargo de exhibirlos a favor de los otros partícipes, y de permitirles que tengan traslado de ellos, cuando lo pidan.

En caso de igualdad se decidirá la competencia por sorteo.

Conc.: CC. 718, 722, 724
Fuente: P.6.T.15.L.7; CN 842; García Goyena 911

Art. 1344. Cada asignatario se reputará haber sucedido inmediata y exclusivamente al difunto en todos los efectos que le hubieren cabido, y no haber tenido jamás parte alguna en los otros efectos de la sucesión.

Por consiguiente, si alguno de los coasignatarios ha enajenado una cosa que en la partición se adjudica a otro de ellos, se podrá proceder como en el caso de la venta de cosa ajena.

Conc.: CC. 718, 1815
Fuentes: CN 883

Art. 1345. El partícipe que sea molestado en la posesión del objeto que le cupo en la partición, o que haya sufrido evicción de él, lo denunciará a los otros partícipes para que concurran a hacer cesar la molestia, y tendrá derecho para que le saneen la evicción.

Esta acción prescribirá en cuatro años contados desde el día de la evicción.

Conc.: CC. 1837-1856; CPC 584-587
Fuentes: D.10.2.25, D.10.3.10.2; P.6.T.15.L.9; C.3.36.14, C.3.38.1; CN 884

Art. 1346. No ha lugar a esta acción:

1. Si la evicción o la molestia procediere de causa sobreviniente a la partición;

2. Si la acción de saneamiento se hubiere expresamente renunciado;

3. Si el partícipe ha sufrido la molestia o la evicción por su culpa.

Conc.: CC. 1462, 1842, 1845-1846
Fuentes: CN 884

Art. 1347. El pago del saneamiento se divide entre los partícipes a prorrata de sus cuotas.

La porción del insolvente grava a todos a prorrata de sus cuotas; incluso el que ha de ser indemnizado.

Fuentes: C.8.31.2; CN 885-886

Art. 1348. Las particiones se anulan o se rescinden de la misma manera y según las mismas reglas que los contratos.

La rescisión por causa de lesión se concede al que ha sido perjudicado en más de la mitad de su cuota.

Conc.: CC. 1234, 1348, 1351, 1451-1459, 1836, 1888-1896, 2206, 2443
Fuentes: C.3.38.3; CN 887

Art. 1349. El haber omitido involuntariamente algunos objetos no será motivo para rescindir la partición. Aquella en que se hubieren omitido, se continuará después, dividiéndolos entre los partícipes con arreglo a sus respectivos derechos.

Fuente: CN 887; García Goyena 929

Art. 1350. Podrán los otros partícipes atajar la acción rescisoria de uno de ellos, ofreciéndole y asegurándole el suplemento de su porción en numerario.

Conc.: CC. 1890
Fuente: Adapta C.4.44.2 y P.5.T.5.L.56; CN 891

Art. 1351. No podrá intentar la acción de nulidad o rescisión el partícipe que haya enajenado su porción en todo o parte, salvo que la partición haya adolecido de error, fuerza o dolo, de que le resulte perjuicio.

Conc.: CC. 1348, 1451-1459, 1893

Art. 1352. La acción de nulidad o de rescisión prescribe respecto de las particiones según las reglas generales que fijan la duración de esta especie de acciones.

Conc.: CC. 1683, 1691-1692, 1896

Art. 1353. El partícipe que no quisiere o no pudiere intentar la acción de nulidad o rescisión, conservará los otros recursos legales que para ser indemnizado le correspondan.

TÍTULO XI. DEL PAGO DE LAS DEUDAS HEREDITARIAS Y TESTAMENTARIAS

Art. 1354. Las deudas hereditarias se dividen entre los herederos a prorrata de sus cuotas.

Así el heredero del tercio no es obligado a pagar sino el tercio de las deudas hereditarias.

Pero el heredero beneficiario no es obligado al pago de ninguna cuota de las deudas hereditarias sino hasta concurrencia de lo que valga lo que hereda.

Lo dicho se entiende sin perjuicio de lo dispuesto en los artículos 1356 y 1526.

Conc.: CC. 951, 954, 1097, 1199, 1245-1247, 1286-1288, 1293, 1336, 1340, 1354-1377, 1526
Fuentes: C.4.39.1; P.6.T.6.L.10; Poth. Obl. 309, p. 158; CN 870, 873

Art. 1355. La insolvencia de uno de los herederos no grava a los otros; excepto en los casos del artículo 1287, inciso segundo.

Conc.: CC. 1287, 2306, 2311
Fuentes: C.4.29.2; Poth. Obl. 310, p. 159; Curia Philippica, juicio ejecutivo 10.4, p. 341; CN 876

Art. 1356. Los herederos usufructuarios o fiduciarios dividen las deudas con los herederos propietarios o fideicomisarios, según lo prevenido en los artículos 1368 y 1372; y los acreedores hereditarios tienen el derecho de dirigir contra ellos sus acciones en conformidad a los referidos artículos.

Conc.: CC. 1368, 1372
Fuentes: Curia Philippica 10.5, p. 342, 10.9, p. 343-344; Nov. Rec. 5.6.5

Art. 1357. Si uno de los herederos fuere acreedor o deudor del difunto, sólo se confundirá con su porción hereditaria la cuota que en este crédito o deuda le quepa, y tendrá acción contra sus coherederos a prorrata por el resto de su crédito, y les estará obligado a prorrata por el resto de su deuda.

Conc.: CC. 1665, 1667, 1669

Art. 1358. Si el testador dividiere entre los herederos las deudas hereditarias de diferente modo que el que en los artículos precedentes se prescribe, los acreedores hereditarios podrán ejercer sus acciones o en conformidad con dichos artículos o en conformidad con las disposiciones del testador, según mejor les pareciere. Mas, en el primer caso, los herederos que sufrieren mayor gravamen que el que por el testador se les ha impuesto, tendrán derecho a ser indemnizados por sus coherederos.

Conc.: CC. 1099, 1340, 1359
Fuente: P.6.T.3.L.17; Gómez Variar, t. 2, 11.15 p. 693; CN 875

Art. 1359. La regla del artículo anterior se aplica al caso en que, por la partición o por convenio de los herederos, se distribuyan entre ellos las deudas de diferente modo que como se expresa en los referidos artículos.

Conc.: CC. 1358

Art. 1360. Las cargas testamentarias no se mirarán como carga de los herederos en común, sino cuando el testador no hubiere gravado con ellas a alguno o algunos de los herederos o legatarios en particular.

Las que tocaren a los herederos en común, se dividirán entre ellos como el testador lo hubiere dispuesto, y si nada ha dicho sobre la división, a prorrata de sus cuotas o en la forma prescrita por los referidos artículos.

Conc.: CC. 951, 954, 1097
Fuentes: D.30.81.4; Gómez Variar, t. 2, 11.15 p. 693; CN 1017; C. Sardo 861

Art. 1361. Los legados de pensiones periódicas se deben día por día desde aquel en que se defieran, pero no podrán pedirse sino a la expiración de los respectivos períodos, que se presumirán mensuales.

Sin embargo, si las pensiones fueren alimenticias, podrá exigirse cada pago desde el principio del respectivo período, y no habrá obligación de restituir parte alguna aunque el legatario fallezca antes de la expiración del período.

Si el legado de pensión alimenticia fuere una continuación de la que el testador pagaba en vida, seguirá prestándose como si no hubiese fallecido el testador.

Sobre todas estas reglas prevalecerá la voluntad expresa del testador.

Conc.: CC. 955-956, 959, 1134, 1168-1171
Fuentes: D.33.1.5, D.33.1.8, D.33.1.22, D.34.1.1, D.34.1.22; P.6.T.9.L.24; ABGB 673; C. Sardo 851

Art. 1362. Los legatarios no son obligados a contribuir al pago de las legítimas, de las asignaciones que se hagan con cargo a la cuarta de mejoras o de las deudas hereditarias, sino cuando el testador destine a legados alguna parte de la porción de bienes que la ley reserva a los legitimarios o a los asignatarios forzosos de la cuarta de mejoras, o cuando al tiempo de abrirse la sucesión no haya habido en ella lo bastante para pagar las deudas hereditarias.

La acción de los acreedores hereditarios contra los legatarios es en subsidio de la que tienen contra los herederos.

Modif. L. 10271
Conc.: CC. 1104, 1216-1217
Fuentes: CN 871, 921

Art. 1363. Los legatarios que deban contribuir al pago de las legítimas, de las asignaciones con cargo a la cuarta de mejoras o de las deudas hereditarias, lo harán a prorrata de los valores de sus respectivos legados, y la porción del legatario insolvente no gravará a los otros.

No contribuirán, sin embargo, con los otros legatarios aquellos a quienes el testador hubiere expresamente exonerado de hacerlo. Pero si agotadas las contribuciones de los demás legatarios, quedare incompleta una legítima o insoluta una deuda, serán obligados al pago aun los legatarios exonerados por el testador.

Los legados de obras pías o de beneficencia pública se entenderán exonerados por el testador, sin necesidad de disposición expresa, y entrarán a contribución después de los legados expresamente exonerados; pero los legados estrictamente alimenticios a que el testador es obligado por ley, no entrarán a contribución sino después de todos los otros.

Modif. L. 10271
Conc.: CC. 1104, 1216-1217
Fuentes: P.5.T.15.L.7; CN 921, 923, 925-927; García Goyena 649

Art. 1364. El legatario obligado a pagar un legado, lo será sólo hasta concurrencia del provecho que reporte de la sucesión; pero deberá hacer constar la cantidad en que el gravamen exceda al provecho.

Conc.: CC. 1104
Fuentes: IJ 2.24.1; C.6.43.2; P.6.T.9.L.6

Art. 1365. Si varios inmuebles de la sucesión están sujetos a una hipoteca, el acreedor hipotecario tendrá acción solidaria contra cada uno de dichos inmuebles, sin perjuicio del recurso del heredero a quien pertenezca el inmueble contra sus coherederos por la cuota que a ellos toque de la deuda.

Aun cuando el acreedor haya subrogado al dueño del inmueble en sus acciones contra sus coherederos, no será cada uno de éstos responsable sino de la parte que le quepa en la deuda.

Pero la porción del insolvente se repartirá entre todos los herederos a prorrata.

Conc.: CC. 1354-1355, 2407-2408, 2416
Fuentes: IJ 2.20.5; P.6.T.9.L.11; CN 872

Art. 1366. El legatario que en virtud de una hipoteca o prenda sobre la especie legada ha pagado una deuda hereditaria con que el testador no haya expresamente querido gravarle, es subrogado por la ley en la acción del acreedor contra los herederos.

Si la hipoteca o prenda ha sido accesoria a la obligación de otra persona que el testador mismo, el legatario no tendrá acción contra los herederos.

Fuentes: IJ 2.20.5; D.30.57; P.6.T.9.L.11; CN 874

Art. 1367. Los legados con causa onerosa que pueda estimarse en dinero, no contribuyen sino con deducción del gravamen, y concurriendo las circunstancias que van a expresarse:

1a. Que se haya efectuado el objeto.

2a. Que no haya podido efectuarse sino mediante la inversión de una cantidad determinada de dinero.

Una y otra circunstancia deberán probarse por el legatario, y sólo se deducirá por razón del gravamen la cantidad que constare haberse invertido.

Conc.: CC. 1363
Fuente: Gómez Variar, t. 2, 11.15 p. 693; CN 926

Art. 1368. Si el testador deja el usufructo de una parte de sus bienes o de todos ellos a una persona y la desnuda propiedad a otra, el propietario y el usufructuario se considerarán como una sola persona para la distribución de las obligaciones hereditarias y testamentarias que cupieren a la cosa fructuaria; y las obligaciones que unidamente les quepan se dividirán entre ellos conforme a las reglas que siguen:

1a. Será del cargo del propietario el pago de las deudas que recayere sobre la cosa fructuaria, quedando obligado el usufructuario a satisfacerle los intereses corrientes de la cantidad pagada, durante todo el tiempo que continuare el usufructo.

2a. Si el propietario no se allanare a este pago, podrá el usufructuario hacerlo, y a la expiración del usufructo tendrá derecho a que el propietario le reintegre el capital sin interés alguno.

3a. Si se vende la cosa fructuaria para cubrir una hipoteca o prenda constituida en ella por el difunto, se aplicará al usufructuario la disposición del artículo 1366.

Conc.: CC. 1356, 1370-1371
Fuentes: Nov. Rec. 5.6.5; Curia Philippica 2.9.9 pp. 355-356

Art. 1369. Las cargas testamentarias que recayeren sobre el usufructuario o sobre el propietario, serán satisfechas por aquel de los dos a quien el testamento las imponga y del modo que en éste se ordenare; sin que por el hecho de satisfacerlas de ese modo le corresponda indemnización o interés alguno.

Conc.: CC. 1356, 1368
Fuentes: Gómez Variar, t. 2, 11.15 p. 693

Art. 1370. Cuando imponiéndose cargas testamentarias sobre una cosa que está en usufructo, no determinare el testador si es el propietario o el usufructuario el que debe sufrirlas, se procederá con arreglo a lo dispuesto en el artículo 1368.

Pero si las cargas consistieren en pensiones periódicas, y el testador no hubiere ordenado otra cosa, serán cubiertas por el usufructuario durante todo el tiempo del usufructo, y no tendrá derecho a que le indemnice de este desembolso el propietario.

Conc.: CC. 1104, 1354, 1361, 1368

Art. 1371. El usufructo constituido en la partición de una herencia está sujeto a las reglas del artículo 1368, si los interesados no hubieren acordado otra cosa.

Conc.: CC. 1368

Art. 1372. El propietario fiduciario y el fideicomisario se considerarán en todo caso como una sola persona respecto de los demás asignatarios para la distribución de las deudas y cargas hereditarias y testamentarias, y la división de las deudas y cargas se hará entre los dos del modo siguiente:

El fiduciario sufrirá dichas cargas con calidad de que a su tiempo se las reintegre el fideicomisario sin interés alguno.

Si las cargas fueren periódicas, las sufrirá el fiduciario sin derecho a indemnización alguna.

Conc.: CC. 733, 757, 1356
Fuentes: Curia Philippica 10.5, p. 342, 10.9, p. 343-344; Nov. Rec. 5.6.5

Art. 1373. Los acreedores testamentarios no podrán ejercer las acciones a que les da derecho el testamento sino conforme al artículo 1360.

Si en la partición de una herencia se distribuyeren los legados entre los herederos de diferente modo, podrán los legatarios entablar sus acciones, o en conformidad a esta distribución, o en conformidad al artículo 1360, o en conformidad al convenio de los herederos.

Conc.: CC. 1288, 1336, 1340, 1360

Art. 1374. No habiendo concurso de acreedores, ni tercera oposición, se pagará a los acreedores hereditarios a medida que se presenten, y pagados los acreedores hereditarios, se satisfarán los legados.

Pero cuando la herencia no apareciere excesivamente gravada, podrá satisfacerse inmediatamente a los legatarios que ofrezcan caución de cubrir lo que les quepa en la contribución a las deudas.

Ni será exigible esta caución cuando la herencia está manifiestamente exenta de cargas que puedan comprometer a los legatarios.

Conc.: CC. 1104, 1354, 1355, 1362-1363
Fuente: P.6.T.6.L.7

Art. 1375. Los gastos necesarios para la entrega de las cosas legadas se mirarán como una parte de los mismos legados.

Fuentes: En contra de CN 1016, C. Sardo 856

Art. 1376. No habiendo en la sucesión lo bastante para el pago de todos los legados, se rebajarán a prorrata.

Art. 1377. Los títulos ejecutivos contra el difunto lo serán igualmente contra los herederos; pero los acreedores no podrán entablar o llevar adelante la ejecución, sino pasados ocho días después de la notificación judicial de sus títulos.

Fuentes: CN 877; García Goyena 937

TÍTULO XII. DEL BENEFICIO DE SEPARACIÓN

Art. 1378. Los acreedores hereditarios y los acreedores testamentarios podrán pedir que no se confundan los bienes del difunto con los bienes del heredero; y en virtud de este beneficio de separación tendrán derecho a que de los bienes del difunto se les cumplan las obligaciones hereditarias o testamentarias con preferencia a las deudas propias del heredero.

Conc.: CC. 1378-1385
Fuentes: D.42.6.1.1, D.42.6.6.pr; C.7.72.1-2; CN 878; CL 1401-1404; C. Sardo 1100

Art. 1379. Para que pueda impetrarse el beneficio de separación no es necesario que lo que se deba sea inmediatamente exigible; basta que se deba a día cierto o bajo condición.

Conc.: CC. 1070, 1080, 1473, 1494, 1378, 1633
Fuentes: D.42.6.4; ¿Delv. t2, p. 175?; García Goyena 871

Art. 1380. El derecho de cada acreedor a pedir el beneficio de separación subsiste mientras no haya prescrito su crédito; pero no tiene lugar en dos casos:

1o. Cuando el acreedor ha reconocido al heredero por deudor, aceptando un pagaré, prenda, hipoteca o fianza del dicho heredero, o un pago parcial de la deuda;

2o. Cuando los bienes de la sucesión han salido ya de manos del heredero, o se han confundido con los bienes de éste, de manera que no sea posible reconocerlos.

Conc.: CC. 1628, 1631
Fuentes: D.42.6.1.10-15; CN 879-880; Delv. t. 2, p. 57-58

Art. 1381. Los acreedores del heredero no tendrán derecho a pedir, a beneficio de sus créditos, la separación de bienes de que hablan los artículos precedentes.

Fuentes: D.42.6.1.2, D.42.6.1.5; CN 881

Art. 1382. Obtenida la separación de patrimonios por alguno de los acreedores de la sucesión, aprovechará a los demás acreedores de la misma que la invoquen y cuyos créditos no hayan prescrito, o que no se hallen en el caso del número 1° del artículo 1380.

El sobrante, si lo hubiere, se agregará a los bienes del heredero, para satisfacer a sus acreedores propios, con los cuales concurrirán los acreedores de la sucesión que no gocen del beneficio.

Conc.: CC. 1380
Fuentes: D.42.6.1.16, D.42.6.3.2; Delv. t2, pp. 57-58

Art. 1383. Los acreedores hereditarios o testamentarios que hayan obtenido la separación, o aprovechándose de ella en conformidad al inciso 1o del artículo precedente, no tendrán acción contra los bienes del heredero, sino después que se hayan agotado los bienes a que dicho beneficio les dio un derecho preferente; mas aun entonces podrán oponerse a esta acción los otros acreedores del heredero hasta que se les satisfaga en el total de sus créditos.

Conc.: CC. 1381
Fuentes: D.42.6.1.17, D.42.6.3.2

Art. 1384. Las enajenaciones de bienes del difunto hechas por el heredero dentro de los seis meses subsiguientes a la apertura de la sucesión, y que no hayan tenido por objeto el pago de créditos hereditarios o testamentarios, podrán rescindirse a instancia de cualquiera de los acreedores hereditarios o testamentarios que gocen del beneficio de separación. Lo mismo se extiende a la constitución de hipotecas o censos.

Conc.: CC. 1238, 1384, 2468; L. 20720 287-294

Art. 1385. Si hubiere bienes raíces en la sucesión, el decreto en que se concede el beneficio de separación se inscribirá en el Registro o Registros que por la situación de dichos bienes corresponda, con expresión de las fincas a que el beneficio se extienda.

Conc.: Reglamento del CBR 52

TÍTULO XIII. DE LAS DONACIONES ENTRE VIVOS

Art. 1386. La donación entre vivos es un acto por el cual una persona transfiere gratuita e irrevocablemente una parte de sus bienes a otra persona, que la acepta.

Conc.: CC. 115, 166, 172, 250, 255, 321, 337, 352, 398, 402-403, 445, 675, 677, 684, 693, 703, 766, 960, 1000, 1136-1146, 1185-1188, 1192, 1198, 1200-1202, 1210, 1217, 1386-1436, 1453, 1463, 1492, 1626, 1653, 1724, 1726-1727, 1732, 1735-1736, 1738-1739, 1742, 1749, 1786-1792, 1792-8, 1792-9, 1792-15, 1792-24, 2023, 2057, 2278, 2281-2282, 2483; L. 16271
Fuentes: D.39.5.1.pr; P.5.T.4.L.1; F. Real 12.6; Escriche, t. 2, «Donación entre vivos», p. 720; CN 894; García Goyena 940

Art. 1387. Es hábil para donar entre vivos toda persona que la ley no haya declarado inhábil.

Conc.: CC. 1388, 1447, 1735, 1742, 1749
Fuentes: P.5.T.4.L.1; Leyes de Toro 54-56; Escriche, t. 2, «Donación entre vivos», p. 720

Art. 1388. Son inhábiles para donar los que no tienen la libre administración de sus bienes; salvo en los casos y con los requisitos que las leyes prescriben.

Conc.: CC. 255, 402-403, 1387, 1447
Fuentes: P.5.T.4.L.1-2; Leyes de Toro 54-56; Escriche, t. 2, «Donación entre vivos», p. 720

Art. 1389. Es capaz de recibir entre vivos toda persona que la ley no ha declarado incapaz.

Conc.: CC. 961, 1390-1392
Fuente: CN 902

Art. 1390. No puede hacerse una donación entre vivos a persona que no existe en el momento de la donación.

Si se dona bajo condición suspensiva, será también necesario existir al momento de cumplirse la condición; salvas las excepciones indicadas en los incisos 3o y 4o del artículo 962.

Modif. L. 7612
Conc.: CC. 74-77, 738, 962, 1070, 1084, 733-735, 1403
Fuente: CN 906

Art. 1391. Las incapacidades de recibir herencias y legados según los artículos 963 y 964 se extienden a las donaciones entre vivos.

Conc.: CC. 963-964
Fuente: García Goyena 944

Art. 1392. Es nula asimismo la donación hecha al curador del donante, antes que el curador haya exhibido las cuentas de la curaduría, y pagado el saldo, si lo hubiere en su contra.

Conc.: CC. 417-418, 422-424

Art. 1393. La donación entre vivos no se presume, sino en los casos que expresamente hayan previsto las leyes.

Conc.: CC. 1395, 1739, 2278, 2299

Art. 1394. No dona el que repudia una herencia, legado o donación, o deja de cumplir la condición a que está subordinado un derecho eventual, aunque así lo haga con el objeto de beneficiar a un tercero.

Los acreedores, con todo, podrán ser autorizados por el juez para substituirse a un deudor que así lo hace, hasta concurrencia de sus créditos; y del sobrante, si lo hubiere, se aprovechará el tercero.

Conc.: CC. 1238, 1394, 2468; L. 20720 287-294
Fuentes: D.24.1.5.13-14; P.4.T.11.L.5; Escriche t. 2, «Donación entre cónyuges», p. 724.

Art. 1395. No hay donación en el comodato de un objeto cualquiera, aunque su uso o goce acostumbre darse en arriendo.

Tampoco lo hay en el mutuo sin interés.

Pero lo hay en la remisión o cesión del derecho de percibir los réditos de un capital colocado a interés o a censo.

Conc.: CC. 1652-1653, 2174, 2196, 2198, 2205
Fuentes: D.24.1.5.1, D. 24.1.54, D.24.3.24.6

Art. 1396. Los servicios personales gratuitos no constituyen donación, aunque sean de aquellos que ordinariamente se pagan.

Conc.: CC. 1433-1436, 1738, 1792-9

Art. 1397. No hace donación a un tercero el que a favor de éste se constituye fiador, o constituye una prenda o hipoteca; ni el que exonera de sus obligaciones al fiador, o remite una prenda o hipoteca, mientras está solvente el deudor; pero hace donación el que remite una deuda, o el que paga a sabiendas lo que en realidad no debe.

Conc.: CC. 1652, 2299, 2335, 2384, 2407
Fuentes: D.24.1.7.6, D.24.1.32.5

Art. 1398. No hay donación, si habiendo por una parte disminución de patrimonio, no hay por otra aumento; como cuando se da para un objeto que consume el importe de la cosa donada, y de que el donatario no reporta ninguna ventaja apreciable en dinero.

Conc.: CC. 1437, 1440, 2284
Fuentes: D.24.1.4, D.24.1.5.8, D.24.1.5.16, D.24.1.7; P.4.T. 11.L.4-5

Art. 1399. No hay donación en dejar de interrumpir la prescripción.

Conc.: CC. 2502-2503

Art. 1400. No valdrá la donación entre vivos de cualquiera especie de bienes raíces, si no es otorgada por escritura pública e inscrita en el competente Registro.

Tampoco valdrá sin este requisito la remisión de una deuda de la misma especie de bienes.

Conc.: CC. 686-687, 690, 692-697; Reglamento del CBR 52, 61
Fuentes: D.24.1.58.pr; P.5.T.4.L.9; CN 939

Art. 1401. La donación entre vivos que no se insinuare, sólo tendrá efecto hasta el valor de dos centavos, y será nula en el exceso.

Se entiende por insinuación la autorización de juez competente, solicitada por el donante o donatario.

El juez autorizará las donaciones en que no se contravenga a ninguna disposición legal.

Modif. L. 7612
Fuentes: P.5.T.4.L.9; Escriche, t. 2, «Donación entre vivos», p. 720

Art. 1402. Cuando lo que se dona es el derecho de percibir una cantidad periódicamente, será necesaria la insinuación, siempre que la suma de las cantidades que han de percibirse en un decenio excediere de dos centavos.

Modif. L. 7612
Fuentes: P.5.T.4.L.9; Escriche, t. 2, «Donación entre vivos», p. 720

Art. 1403. La donación a plazo o bajo condición no producirá efecto alguno, si no constare por escritura privada o pública en que se exprese la condición o plazo; y serán necesarias en ella la escritura pública y la insinuación e inscripción en los mismos términos que para las donaciones de presente.

Conc.: CC. 675, 680, 686, 733-735, 738-739, 1390, 1401-1402
Fuentes: P.5.T.4.L.4; Escriche, t. 2, «Donación entre vivos», p. 720

Art. 1404. Las donaciones con causa onerosa, como para que una persona abrace una carrera o estado, o a título de dote o por razón de matrimonio, se otorgarán por escritura pública, expresando la causa; y no siendo así, se considerarán como donaciones gratuitas.

Las donaciones con causa onerosa, de que se habla en el inciso precedente, están sujetas a insinuación en los términos de los artículos 1401, 1402 y 1403.

Conc.: CC. 1089, 1092, 1401-1403
Fuente: D.39.5.1

Art. 1405. Las donaciones en que se impone al donatario un gravamen pecuniario o que puede apreciarse en una suma determinada de dinero, no están sujetas a insinuación, sino con descuento del gravamen.

Conc.: CC. 1401-1404

Art. 1406. Las donaciones que con los requisitos debidos se hagan los esposos uno a otro en las capitulaciones matrimoniales, no requieren insinuación, ni otra escritura pública que las mismas capitulaciones, cualquiera que sea la clase o valor de las cosas donadas.

Conc.: CC. 98, 100, 1786-1792
Fuente: D.39.5.1.1; CN 1088

Art. 1407. Las donaciones a título universal, sean de la totalidad o de una cuota de los bienes, exigen, además de la insinuación y del otorgamiento de escritura pública, y de la inscripción en su caso, un inventario solemne de los bienes, so pena de nulidad.

Si se omitiere alguna parte de los bienes en este inventario, se entenderá que el donante se los reserva, y no tendrá el donatario ningún derecho a reclamarlos.

Conc.: CC. 951, 954, 1408-1409, 1418, 1614, 1811, 2056
Fuentes: En contra de Nov. Rec. 10.7.2-5 (=Ley de Toro 69); según D.8.53.35.4, P.5.T.4.L.8, CN 943

Art. 1408. El que hace una donación de todos sus bienes deberá reservarse lo necesario para su congrua subsistencia; y si omitiere hacerlo, podrá en todo tiempo obligar al donatario a que, de los bienes donados o de los suyos propios, le asigne a este efecto, a título de propiedad, o de un usufructo o censo vitalicio, lo que se estimare competente, habida proporción a la cuantía de los bienes donados.

Conc.: CC. 1417, 1625-1627
Fuente: P.5.T.4.L.4; CL 1484; C. Sardo 1139

Art. 1409. Las donaciones a título universal no se extenderán a los bienes futuros del donante, aunque éste disponga lo contrario.

Conc.: CC. 1811
Fuentes: CN 943

Art. 1410. Lo dispuesto en el artículo 1401 comprende a las donaciones fideicomisarias o con cargo de restituir a un tercero.

Conc.: CC. 733, 735, 1401
Fuente: P.5.T.4.L.7, gloss.

Art. 1411. Nadie puede aceptar sino por sí mismo, o por medio de una persona que tuviere poder especial suyo al intento o poder general para la administración de sus bienes, o por medio de su representante legal.

Pero bien podrá aceptar por el donatario, sin poder especial ni general, cualquier ascendiente o descendiente suyo, con tal que sea capaz de contratar y de obligarse.

Las reglas dadas sobre la validez de las aceptaciones y repudiaciones de herencias y legados se extienden a las donaciones.

Modif. L. 19585
Conc.: CC. 43, 1448, 1192, 1225-1263, 2286
Fuentes: CN 933, 935-937

Art. 1412. Mientras la donación entre vivos no ha sido aceptada, y notificada la aceptación al donante, podrá éste revocarla a su arbitrio.

Fuente: CN 932, 938

Art. 1413. Las donaciones con cargo de restituir a un tercero, se hacen irrevocables en virtud de la aceptación del fiduciario, con arreglo al artículo 1411.

El fideicomisario no se halla en el caso de aceptar hasta el momento de la restitución; pero podrá repudiar antes de ese momento.

Conc.: CC. 733, 1411-1412

Art. 1414. Aceptada la donación por el fiduciario, y notificada la aceptación al donante, podrán los dos de común acuerdo hacer en el fideicomiso las alteraciones que quieran, substituir un fideicomisario a otro, y aun revocar el fideicomiso enteramente, sin que pueda oponerse a ello el fideicomisario.

Se procederá para alterar en estos términos la donación, como si se tratase de un acto enteramente nuevo.

Conc.: CC. 733, 1411-1413
Fuente: Delv. t. 2, p. 403

Art. 1415. El derecho de transmisión establecido para la sucesión por causa de muerte en el artículo 957, no se extiende a las donaciones entre vivos.

Conc.: CC. 957

Art. 1416. Las reglas concernientes a la interpretación de las asignaciones testamentarias, al derecho de acrecer y a las substituciones, plazos, condiciones y modos relativos a ellas, se extienden a las donaciones entre vivos.

En lo demás que no se oponga a las disposiciones de este título, se seguirán las reglas generales de los contratos.

Conc.: CC. 1057-1058, 1060, 1062, 1063-1096, 1106-1132, 1134-1135, 1147-1166, 1473-1510, 1560-1566

Art. 1417. El donante de donación gratuita goza del beneficio de competencia en las acciones que contra él intente el donatario, sea para obligarle a cumplir una promesa, o donación de futuro, sea demandando la entrega de las cosas que se le han donado de presente.

Conc.: CC. 1408, 1625-1627
Fuente: P.5.T.4.L.4

Art. 1418. El donatario a título universal tendrá respecto de los acreedores las mismas obligaciones que los herederos; pero sólo respecto de las deudas anteriores a la donación, o de las futuras que no excedan de una suma específica, determinada por el donante en la escritura de donación.

Conc.: CC. 951, 1097, 1354-1359, 1374, 1377, 2468

Art. 1419. La donación de todos los bienes o de una cuota de ellos o de su nuda propiedad o usufructo no priva a los acreedores del donante de las acciones que contra él tuvieren; a menos que acepten como deudor al donatario expresamente o en los términos del artículo 1380, número 1°.

Conc.: CC. 1380

Art. 1420. En la donación a título singular puede imponerse al donatario el gravamen de pagar las deudas del donante, con tal que se exprese una suma determinada hasta la cual se extienda este gravamen.

Los acreedores, sin embargo, conservarán sus acciones contra el primitivo deudor, como en el caso del artículo precedente.

Conc.: CC. 1419, 2468

Art. 1421. La responsabilidad del donatario respecto de los acreedores del donante, no se extenderá en ningún caso sino hasta concurrencia de lo que al tiempo de la donación hayan valido las cosas donadas, constando este valor por inventario solemne o por otro instrumento auténtico.

Lo mismo se extiende a la responsabilidad del donatario por los otros gravámenes que en la donación se le hayan impuesto.

Conc.: CC. 1418-1420, 2468

Art. 1422. El donatario de donación gratuita no tiene acción de saneamiento aun cuando la donación haya principiado por una promesa.

Conc.: CC. 1837
Fuentes: D.39.5.18.3; C. Holandés 1711, García Goyena 956

Art. 1423. Las donaciones con causa onerosa no dan acción de saneamiento por evicción, sino cuando el donante ha dado una cosa ajena a sabiendas.

Con todo, si se han impuesto al donatario gravámenes pecuniarios o apreciables en dinero, tendrá siempre derecho para que se le reintegre lo que haya invertido en cubrirlos, con los intereses corrientes, que no parecieren compensados por los frutos naturales y civiles de las cosas donadas.

Cesa en lo tocante a este reintegro el beneficio de competencia del donante.

Conc.: CC. 1837-1856
Fuente: D.39.5.18.3; 945 ABGB

Art. 1424. La donación entre vivos no es resoluble porque después de ella le haya nacido al donante uno o más hijos, a menos que esta condición resolutoria se haya expresado en escritura pública de la donación.

Modif. L. 19585
Conc.: CC. 1400, 1403
Fuentes: En contra de P.5.T.4.L.8 gloss, CN 960; según 954 ABGB

Art. 1425. Son rescindibles las donaciones en el caso del artículo 1187.

Conc.: CC. 1187

Art. 1426. Si el donatario estuviere en mora de cumplir lo que en la donación se le ha impuesto, tendrá derecho el donante o para que se obligue al donatario a cumplirlo, o para que se rescinda la donación.

En este segundo caso será considerado el donatario como poseedor de mala fe, para la restitución de las cosas donadas y los frutos, siempre que sin causa grave hubiere dejado de cumplir la obligación impuesta.

Se abonará al donatario lo que haya invertido hasta entonces en desempeño de su obligación, y de que se aprovechare el donante.

Conc.: CC. 904-915, 1404-1405
Fuentes: C.8.54.1, C.8.56.1; P.5.T.4.L.6; CN 954, 956

Art. 1427. La acción rescisoria concedida por el artículo precedente terminará en cuatro años desde el día en que el donatario haya sido constituido en mora de cumplir la obligación impuesta.

Art. 1428. La donación entre vivos puede revocarse por ingratitud.

Se tiene por acto de ingratitud cualquiera hecho ofensivo del donatario, que le hiciera indigno de heredar al donante.

Conc.: CC. 968-972
Fuentes: C.8.55.10.pr; CN 955

Art. 1429. En la restitución a que fuere obligado el donatario por causa de ingratitud será considerado como poseedor de mala fe desde la perpetración del hecho ofensivo que ha dado lugar a la revocación.

Conc.: CC. 904-915
Fuentes: En contra de D.39.5.9.1

Art. 1430. La acción revocatoria termina en cuatro años contados desde que el donante tuvo conocimiento del hecho ofensivo, y se extingue por su muerte, a menos que haya sido intentada judicialmente durante su vida, o que el hecho ofensivo haya producido la muerte del donante, o ejecutándose después de ella.

En estos casos la acción revocatoria se transmitirá a los herederos.

Fuentes: Expande plazo de CN 957

Art. 1431. Cuando el donante por haber perdido el juicio, o por otro impedimento, se hallare imposibilitado de intentar la acción que se le concede por el artículo 1428, podrán ejercerla a su nombre mientras viva, y dentro del plazo señalado en el artículo anterior, no sólo su guardador, sino cualquiera de sus descendientes o ascendientes, o su cónyuge.

Modif. L. 19585
Conc.: CC. 43, 1428

Art. 1432. La resolución, rescisión y revocación de que hablan los artículos anteriores, no dará acción contra terceros poseedores, ni para la extinción de las hipotecas, servidumbres u otros derechos constituidos sobre las cosas donadas, sino en los casos siguientes:

1o. Cuando en escritura pública de la donación (inscrita en el competente registro, si la calidad de las cosas donadas lo hubiere exigido), se ha prohibido al donatario enajenarlas, o se ha expresado la condición;

2o. Cuando antes de las enajenaciones o de la constitución de los referidos derechos, se ha notificado a los terceros interesados, que el donante u otra persona a su nombre se propone intentar la acción resolutoria, rescisoria o revocatoria contra el donatario;

3o. Cuando se ha procedido a enajenar los bienes donados, o a constituir los referidos derechos, después de intentada la acción.

El donante que no hiciere uso de dicha acción contra terceros, podrá exigir al donatario el precio de las cosas enajenadas, según el valor que hayan tenido a la fecha de la enajenación.

Fuentes: C.8.55.7; P.5.T.4.L.10; CN 958

Art. 1433. Se entenderán por donaciones remuneratorias las que expresamente se hicieren en remuneración de servicios específicos, siempre que éstos sean de los que suelen pagarse.

Si no constare por escritura privada o pública, según los casos, que la donación ha sido remuneratoria, o si en la escritura no se especificaren los servicios, la donación se entenderá gratuita.

Conc.: CC. 1396, 1433-1436, 1738, 1792-9

Art. 1434. Las donaciones remuneratorias, en cuanto equivalgan al valor de los servicios remunerados, no son rescindibles ni revocables, y en cuanto excedan a este valor, deberán insinuarse.

Conc.: CC. 1401-1402

Art. 1435. El donatario que sufriere evicción de la cosa que le ha sido donada en remuneración, tendrá derecho a exigir el pago de los servicios que el donante se propuso remunerarle con ella, en cuanto no aparecieren haberse compensado por los frutos.

Conc.: CC. 1422-1423

Art. 1436. En lo demás, las donaciones remuneratorias quedan sujetas a las reglas de este título.

LIBRO CUARTO
DE LAS OBLIGACIONES EN GENERAL Y DE LOS CONTRATOS

TÍTULO I. DEFINICIONES

Art. 1437. Las obligaciones nacen, ya del concurso real de las voluntades de dos o más personas, como los contratos o convenciones; ya de un hecho voluntario de la persona que se obliga, como en la aceptación de una herencia o legado y en todos los cuasicontratos; ya a consecuencia de un hecho que ha inferido injuria o daño a otra persona, como en los delitos y cuasidelitos; ya por disposición de la ley, como entre los padres y los hijos sujetos a patria potestad.

Conc.: CC. 578, 1437, 2284
Fuentes: IJ 3.13.2; D.2.14.1.3; D.44.7.1.pr; Poth. Obl. 3, p. 3; CN 1101, 1370; Delv. t. 2, pp. 116-118; Savigny 104, T.3, p. 1-8

Art. 1438. Contrato o convención es un acto por el cual una parte se obliga para con otra a dar, hacer o no hacer alguna cosa. Cada parte puede ser una o muchas personas.

Conc.: CC. 1437, 1439-1469
Fuentes: D.2.14.1.3, D.44.7.3; Poth. Obl. 3, p. 4-5; CN 1101; Delv. t2, p. 119

Art. 1439. El contrato es unilateral cuando una de las partes se obliga para con otra que no contrae obligación alguna; y bilateral, cuando las partes contratantes se obligan recíprocamente.

Conc.: CC. 1489, 1552
Fuentes: D.50.16.19; Poth. Obl. 9, p. 8-9; CN 1102; Delv. t. 2, p. 119; García Goyena 975

Art. 1440. El contrato es gratuito o de beneficencia cuando sólo tiene por objeto la utilidad de una de las partes, sufriendo la otra el gravamen; y oneroso, cuando tiene por objeto la utilidad de ambos contratantes, gravándose cada uno a beneficio del otro.

Conc.: CC. 1440-1441, 2468
Fuentes: P.5.T. 1.pr; Poth. Obl. 12, p. 11; CN 1105-1106; Delv. t. 2, p. 120; García Goyena 976; C. Sardo 1192

Art. 1441. El contrato oneroso es conmutativo, cuando cada una de las partes se obliga a dar o hacer una cosa que se mira como equivalente a lo que la otra parte debe dar o hacer a su vez; y si el equivalente consiste en una contingencia incierta de ganancia o pérdida, se llama aleatorio.

Conc.: CC. 1441, 2258-2313
Fuentes: D.18.1.8.1, D.19.5.5; P.5.T.6.L.5; Poth. Obl. 13, p. 11-12; CN 1104, 1964; Delv. t. 2, p. 120

Art. 1442. El contrato es principal cuando subsiste por sí mismo sin necesidad de otra convención, y accesorio, cuando tiene por objeto asegurar el cumplimiento de una obligación principal, de manera que no pueda subsistir sin ella.

Conc.: CC. 46
Fuentes: Poth. Obl. 14, p. 12; Delv. t. 2, p. 120

Art. 1443. El contrato es real cuando, para que sea perfecto, es necesaria la tradición de la cosa a que se refiere; es solemne cuando está sujeto a la observancia de ciertas formalidades especiales, de manera que sin ellas no produce ningún efecto civil; y es consensual cuando se perfecciona por el solo consentimiento.

Fuentes: IJ 3.13.2; C.4.21.17; Poth. Obl. 10-11, p. 10

Art. 1444. Se distinguen en cada contrato las cosas que son de su esencia, las que son de su naturaleza, y las puramente accidentales. Son de la esencia de un contrato aquellas cosas sin las cuales o no produce efecto alguno, o degenera en otro contrato diferente; son de la naturaleza de un contrato las que no siendo esenciales en él, se entienden pertenecerle, sin necesidad de una cláusula especial; y son accidentales a un contrato aquellas que ni esencial ni naturalmente le pertenecen, y que se le agregan por medio de cláusulas especiales.

Conc.: CC. 1445-1469
Fuentes: Poth. Obl. 5-8, pp. 6-8; Delv. t. 2, p. 121

TÍTULO II. DE LOS ACTOS Y DECLARACIONES DE VOLUNTAD

Art. 1445. Para que una persona se obligue a otra por un acto o declaración de voluntad es necesario: 1o que sea legalmente capaz; 2o que consienta en dicho acto o declaración y su consentimiento no adolezca de vicio; 3o que recaiga sobre un objeto lícito; 4o que tenga una causa lícita.

La capacidad legal de una persona consiste en poderse obligar por sí misma, y sin el ministerio o la autorización de otra.

Conc.: CC. 1444, 1446-1469
Fuentes: CN 1108; Delv. t. 2, p. 122

Art. 1446. Toda persona es legalmente capaz, excepto aquellas que la ley declara incapaces.

Conc.: CC. 15, 203-207, 214, 216-217, 225, 250, 263, 332, 404, 472, 670, 723, 987, 1209, 1275, 1284, 1411, 1445-1447, 1470, 1567, 1581, 1600, 1682, 1685-1686, 1688, 1691, 1697, 1721, 1757-1758, 1795, 2072, 2106, 2135, 2170, 2181, 2218, 2319, 2350, 2354, 2414, 2447
Fuentes: P.5.T.11.L.4; Poth. Obl. 50, p. 28; CN 1123

Art. 1447. Son absolutamente incapaces los dementes, los impúberes y los sordos o sordomudos que no pueden darse a entender claramente.

Sus actos no producen ni aun obligaciones naturales, y no admiten caución.

Son también incapaces los menores adultos y los disipadores que se hallen bajo interdicción de administrar lo suyo. Pero la incapacidad de las personas a que se refiere este inciso no es absoluta, y sus actos pueden tener valor en ciertas circunstancias y bajo ciertos respectos, determinados por las leyes.

Además de estas incapacidades hay otras particulares que consisten en la prohibición que la ley ha impuesto a ciertas personas para ejecutar ciertos actos.

Conc.: Demente CC. 109, 191, 223, 267, 342, 355, 456-468, 475, 497, 510, 723, 968, 970, 1005, 1012, 1208, 1447, 1586, 1682, 1749, 1758, 1766, 2319, 2509; CPC 843; Reglamento del CBR 56-57
Sordomudo CC. 191, 355, 469-472, 1447; Reglamento del CBR 56-57
Impúber CC. 25, 26
Menor Adulto CC. 139, 251, 262, 342, 355, 435-441, 1447, 1470; L. Matrimonio Civil 46, 58
Pródigo CC. 191, 342, 442-455, 459, 497, 504, 1447, 1484, L. Matrimonio Civil 46, 58; CPC 843; Reglamento del CBR 56-57
Fuentes: IJ 3.19.7-10; D.44.7.1.11-15; P.5.T.11.LL.4-5; Poth. Obl. 51-52, pp. 29-31; CN 1124-1125; Delv. t. 2, pp. 122-123

Art. 1448. Lo que una persona ejecuta a nombre de otra, estando facultada por ella o por la ley para representarla, produce respecto del representado iguales efectos que si hubiese contratado él mismo.

Conc.: Representación convencional CC. 2216; C.Com. 233
Representación judicial COT 394-398, 520, 527-529; L. 18120; CPC 4-16
Representación legal CC. 43, 83, 191, 205, 214, 243-244, 260-266, 390, 671, 674, 678, 704, 720-721, 1225, 1295, 1411, 1431, 1448, 1713, 2105, 2181, 2238, 2432
Fuentes: D.50.17.60; P.7.T.34.L.10; Poth. Obl. 74-84, pp. 42-45; Delv. t. 2, pp. 127-128; García Goyena 980; Savigny 113, pp. 91-100

Art. 1449. Cualquiera puede estipular a favor de una tercera persona, aunque no tenga derecho para representarla; pero sólo esta tercera persona podrá demandar lo estipulado; y mientras no intervenga su aceptación expresa o tácita, es revocable el contrato por la sola voluntad de las partes que concurrieron a él.

Constituyen aceptación tácita los actos que sólo hubieran podido ejecutarse en virtud del contrato.

Conc.: CC. 1536
Fuentes: IJ 3.19.19; D.2.14.27.4; P.5.T.11.L.7; Poth. Obl. 53, pp. 32-33; CN 1121; Delv. t. 2, p. 127

Art. 1450. Siempre que uno de los contratantes se compromete a que por una tercera persona, de quien no es legítimo representante, ha de darse, hacerse o no hacerse alguna cosa, esta tercera persona no contraerá obligación alguna, sino en virtud de su ratificación; y si ella no ratifica, el otro contratante tendrá acción de perjuicios contra el que hizo la promesa.

Conc.: CC. 1536, 2160, 2290
Fuentes: IJ 3.19.3, IJ 3.19.19, IJ 3.19.21; D.50.17.60, D.50.17.73.4; P.5.T.11.L.11 (simplificada); Poth. Obl. 53, p. 32; CN 1119-1120; Delv. t. 2, p. 127

Art. 1451. Los vicios de que puede adolecer el consentimiento, son error, fuerza y dolo.

Conc.: CC. 1452-1459
Fuentes: D.50.17.116; P.5.T.11.L.28, P.5.T.14.L.49; Poth. Obl. 16, p. 13; CN 1109, 1117

Art. 1452. El error sobre un punto de derecho no vicia el consentimiento.

Conc.: CC. 7, 8, 706, 2297, 2299
Fuentes: D.22.6.1-2, 22.6.7; CL 1816, al contrario de 1840; García Goyena, Con 989

Art. 1453. El error de hecho vicia el consentimiento cuando recae sobre la especie de acto o contrato que se ejecuta o celebra, como si una de las partes entendiese empréstito y la otra donación; o sobre la identidad de la cosa específica de que se trata, como si en el contrato de venta el vendedor entendiese vender cierta cosa determinada, y el comprador entendiese comprar otra.

Conc.: Error de hecho CC. 706, 1057-1058, 1454, 1455, 1713, 2216
Error in rem CC. 676, 2457-2459
Error in causam CC. 676, 677, 706
Fuentes: D.18.1.9.pr, D.50.17.116.2; Poth. Obl. 17, p. 13; CN 1110; Delv. t. 2, p. 123

Art. 1454. El error de hecho vicia asimismo el consentimiento cuando la sustancia o calidad esencial del objeto sobre que versa el acto o contrato, es diversa de lo que se cree; como si por alguna de las partes se supone que el objeto es una barra de plata, y realmente es una masa de algún otro metal semejante.

El error acerca de otra cualquiera calidad de la cosa no vicia el consentimiento de los que contratan, sino cuando esa calidad es el principal motivo de una de ellas para contratar, y este motivo ha sido conocido de la otra parte.

Conc.: CC. 386, 1866-1870, 2216, 2458
Fuentes: D.18.1.9.2; P.5.T.5.L.21; Poth. Obl. 18, pp. 13-14; CN 1110; CL 1837-1839; Delvincourt t. 2, 123-124; García Goyena 989

Art. 1455. El error acerca de la persona con quien se tiene intención de contratar no vicia el consentimiento, salvo que la consideración de esta persona sea la causa principal del contrato.

Pero en este caso la persona con quien erradamente se ha contratado, tendrá derecho a ser indemnizada de los perjuicios en que de buena fe haya incurrido por la nulidad del contrato.

Conc.: CC. 676, 1057, 2216, 2456
Fuentes: D.18.1.9.2; Poth. Obl. 19, pp. 14-15; CL 1839-1830; Delv. t. 2, p. 124

Art. 1456. La fuerza no vicia el consentimiento, sino cuando es capaz de producir una impresión fuerte en una persona de sano juicio, tomando en cuenta su edad, sexo y condición. Se mira como una fuerza de este género todo acto que infunde a una persona un justo temor de verse expuesta ella, su consorte o alguno de sus ascendientes o descendientes a un mal irreparable y grave.

El temor reverencial, esto es, el solo temor de desagradar a las personas a quienes se debe sumisión y respeto, no basta para viciar el consentimiento.

Conc.: CC. 1007, 1662, 1691, 2354, 2453
Fuentes: D.4.2.1-3, D.4.2.5, D.50.17.184, en contra de D.4.2.6-7; P.4.T.2.L.15; Poth. Obl. CN 1111-1114; Delv. t. 2, p. 124; García Goyena 990

Art. 1457. Para que la fuerza vicie el consentimiento no es necesario que la ejerza aquel que es beneficiado por ella; basta que se haya empleado la fuerza por cualquiera persona con el objeto de obtener el consentimiento.

Conc.: CC. 1456
Fuentes: D.4.2.14.3; CN 1111; Delv. t. 2, p. 124; García Goyena 991

Art. 1458. El dolo no vicia el consentimiento sino cuando es obra de una de las partes, y cuando además aparece claramente que sin él no hubieran contratado.

En los demás casos el dolo da lugar solamente a la acción de perjuicios contra la persona o personas que lo han fraguado o que se han aprovechado de él; contra las primeras por el total valor de los perjuicios, y contra las segundas hasta concurrencia del provecho que han reportado del dolo.

Conc.: CC. 44, 257, 968, 1117, 1208, 1234, 1237, 1351, 1451, 1458, 1465, 1685, 1691, 1782, 1842, 2260-2261, 2302, 2354, 2453, 2459
Fuentes: D.2.14.7.9, D.4.3.1; P.5.T.5.L.57; Poth. Obl. 28-29, 31-32, pp. 19-20; CN 1116; Delv. t. 2, pp. 124-125

Art. 1459. El dolo no se presume sino en los casos especialmente previstos por la ley. En los demás debe probarse.

Conc.: CC. 143, 706, 1459, 2510
Fuentes: C.2.20.6; Poth. Obl. 30, pp. 19-20; CN 1116

Art. 1460. Toda declaración de voluntad debe tener por objeto una o más cosas que se trata de dar, hacer o no hacer. El mero uso de la cosa o su tenencia puede ser objeto de la declaración.

Conc.: CC. 578, 1104-1135, 1438, 1445, 1460, 2452
Fuentes: IJ 3.15.7, IJ 4.6.1; Voet. Comm. ad Pandectas, v.1, p. 68; Poth. Obl. 53, p. 32, 130, p. 61-62; CN 1126-1127; Delv. t. 2, pp. 125-126

Art. 1461. No sólo las cosas que existen pueden ser objetos de una declaración de voluntad, sino las que se espera que existan; pero es menester que las unas y las otras sean comerciables, y que estén determinadas, a lo menos, en cuanto a su género.

La cantidad puede ser incierta con tal que el acto o contrato fije reglas o contenga datos que sirvan para determinarla.

Si el objeto es un hecho, es necesario que sea física y moralmente posible. Es físicamente imposible el que es contrario a la naturaleza, y moralmente imposible el prohibido por las leyes, o contrario a las buenas costumbres o al orden público.

Conc.: CC. 10, 1065-1066, 1111, 1112-1116, 1127, 1134, 1464, 1475-1476, 1480-1481, 1093, 1810, 1813-1814, 1816, 1907, 2067, 2339, 2405, 2452, 2454-2455
Fuentes: IJ 3.19.pr-3, IJ 3.19.11, IJ 3.23.1.(1); D.18.1.8, D.18.1.34.1, D.44.7.3.pr, D.44.7.31, D.45.1.74-75, D.45.1.94, D.45.1.115, D.50.17.31, D.50.17.182, D.50.17.185; C.2.3.6; P.5.T.5.L.11-12, P.5.T.11.L.21-22; Poth. Obl. 132, p. 62-63, 151, pp. 70-71, 136-137, p. 65, 157, p. 75; CN 1128-1130, 1172; Delv. t. 2, p. 126-127

Art. 1462. Hay un objeto ilícito en todo lo que contraviene al derecho público chileno. Así la promesa de someterse en Chile a una jurisdicción no reconocida por las leyes chilenas, es nula por el vicio del objeto.

Conc.: CC. 10-11, 16, 1797; CPR 6-7; CPC 242-251; DL 2349 de 1978; C. Bustamente 175, 246, 318
Fuentes: D.2.14.38

Art. 1463. El derecho de suceder por causa de muerte a una persona viva no puede ser objeto de una donación o contrato, aun cuando intervenga el consentimiento de la misma persona.

Las convenciones entre la persona que debe una legítima y el legitimario, relativas a la misma legítima o a mejoras, están sujetas a las reglas especiales contenidas en el título De las asignaciones forzosas.

Conc.: CC. 1003-1004, 1059, 1204

Fuentes: IJ 3.19.13; C.2.3.30; P.5.T.5.L.13, P.5.T.11.L.33; Poth. 132, pp. 62-64; CN 1130 in fine, 1600

Art. 1464. Hay un objeto ilícito en la enajenación:

1o. De las cosas que no están en el comercio;

2o. De los derechos o privilegios que no pueden transferirse a otra persona;

3o. De las cosas embargadas por decreto judicial, a menos que el juez lo autorice o el acreedor consienta en ello;

4o. De especies cuya propiedad se litiga, sin permiso del juez que conoce en el litigio.

Conc.: CC. 1461, 1810, 1901; CPC 296-297
Fuentes: Poth. Obl. 131, p. 61, 135, p. 64; CN 1128, 1598

Art. 1465. El pacto de no pedir más en razón de una cuenta aprobada, no vale en cuanto al dolo contenido en ella, si no se ha condonado expresamente. La condonación del dolo futuro no vale.

Fuentes: D.17.2.63.7; P.5.T.11.LL.29-30

Art. 1466. Hay asimismo objeto ilícito en las deudas contraídas en juego de azar, en la venta de libros cuya circulación es prohibida por autoridad competente, de láminas, pinturas y estatuas obscenas, y de impresos condenados como abusivos de la libertad de la prensa; y generalmente en todo contrato prohibido por las leyes.

Conc.: CC. 11-12, 1469, 1796, 1798, 1811, 1842, 1892, 1899, 2259-2263; COT 321; CPR 19 Nº 4, 6, 12, 21, 25; L. 19995
Fuentes: D.11.5.1-3; P.5.T.11.L.28

Art. 1467. No puede haber obligación sin una causa real y lícita; pero no es necesario expresarla. La pura liberalidad o beneficencia es causa suficiente.

Se entiende por causa el motivo que induce al acto o contrato; y por causa ilícita la prohibida por ley, o contraria a las buenas costumbres o al orden público.

Así la promesa de dar algo en pago de una deuda que no existe, carece de causa; y la promesa de dar algo en recompensa de un crimen o de un hecho inmoral, tiene una causa ilícita.

Conc.: CC. 1367, 1404, 1445, 1468

Fuentes: IJ 3.19.24; D.12.6.52, D.12.7.1, D.12.5.1-2; Poth. 42-46, pp. 24-27; CN 1131-1133

Art. 1468. No podrá repetirse lo que se haya dado o pagado por un objeto o causa ilícita a sabiendas.

Conc.: CC. 1460-1465, 1467
Fuentes: D.12.5.3; Poth. 43, pp. 25-26

Art. 1469. Los actos o contratos que la ley declara inválidos, no dejarán de serlo por las cláusulas que en ellos se introduzcan y en que se renuncie la acción de nulidad.

Conc.: CC. 10-12, 1892

TÍTULO III. DE LAS OBLIGACIONES CIVILES Y DE LAS MERAMENTE NATURALES

Art. 1470. Las obligaciones son civiles o meramente naturales.

Civiles son aquellas que dan derecho para exigir su cumplimiento.

Naturales las que no confieren derecho para exigir su cumplimiento, pero que cumplidas, autorizan para retener lo que se ha dado o pagado en razón de ellas.

Tales son:

1o. Las contraídas por personas que teniendo suficiente juicio y discernimiento, son, sin embargo, incapaces de obligarse según las leyes, como los menores adultos;

2o. Las obligaciones civiles extinguidas por la prescripción;

3o. Las que proceden de actos a que faltan las solemnidades que la ley exige para que produzcan efectos civiles; como la de pagar un legado, impuesto por un testamento que no se ha otorgado en la forma debida;

4o. Las que no han sido reconocidas en juicio por falta de prueba.

Para que no pueda pedirse la restitución en virtud de estas cuatro clases de obligaciones, es necesario que el pago se haya hecho voluntariamente por el que tenía la libre administración de sus bienes.

Conc.: CC. 1447, 1470-1472, 2260, 2296-2297, 2338, 2375
Fuentes: D.46.2.1.1, D.46.3.95.4; P.5.T.12.L.5, P.5.T.31.L.14; Poth. Obl. 173-175, p. 85-86, 191-192, p. 90-91, 195-197, p. 92-93; García Goyena 1025, en el comentario

Art. 1471. La sentencia judicial que rechaza la acción intentada contra el naturalmente obligado, no extingue la obligación natural.

Art. 1472. Las fianzas, hipotecas, prendas y cláusulas penales constituidas por terceros para seguridad de estas obligaciones, valdrán.

Conc.: CC. 2338, 2375
Fuentes: IJ 3.20.1; D.12.6.13, D.20.1.5.pr, D.46.1.16.3; P.5.T.12.L.5; García Goyena 1025, en el comentario

TÍTULO IV. DE LAS OBLIGACIONES CONDICIONALES Y MODALES

Art. 1473. Es obligación condicional la que depende de una condición, esto es, de un acontecimiento futuro que puede suceder o no.

Conc.: CC. 1070-1088, 1474-1493
Fuentes: IJ 3.16.2; P.5.T.11.L.12; Poth. Obl. 176-177, p. 86, 199, p. 94; CN 1168

Art. 1474. La condición es positiva o negativa.

La positiva consiste en acontecer una cosa; la negativa, en que una cosa no acontezca.

Conc.: CC. 1475-1476, 1482
Fuentes: IJ 3.15.4; Poth. Obl. 200, p. 94

Art. 1475. La condición positiva debe ser física y moralmente posible.

Es físicamente imposible la que es contraria a las leyes de la naturaleza física; y moralmente imposible la que consiste en un hecho prohibido por las leyes, o es opuesta a las buenas costumbres o al orden público.

Se mirarán también como imposibles las que están concebidas en términos ininteligibles.

Conc.: CC. 1073-1077, 1474, 1476, 1480-1482
Fuentes: IJ 3.19.11; D.35.1.1.2, D.35.1.3, D.44.7.1.11, D.44.7.31, D.45.1.7; Poth. Obl. 203-204, pp. 95-96; CN 1172

Art. 1476. Si la condición es negativa de una cosa físicamente imposible, la obligación es pura y simple; si consiste en que el acreedor se abstenga de un hecho inmoral o prohibido, vicia la disposición.

Conc.: CC. 1474-1475, 1482

Fuentes: IJ 3.19.11; D.45.1.7; P.5.T.11.L.17; Poth. 204, p. 96; CN 1173; C. Holandés 1291; Rogron, 1173, p. 325

Art. 1477. Se llama condición potestativa la que depende de la voluntad del acreedor o del deudor; casual la que depende de la voluntad de un tercero o de un acaso; mixta la que en parte depende de la voluntad del acreedor y en parte de la voluntad de un tercero o de un acaso.

Conc.: CC. 1478
Fuentes: D.28.5.4.pr; C.6.51.7; P.6.T.4.LL.1 y 9; Poth. 201, p. 94; CN 1169-1171

Art. 1478. Son nulas las obligaciones contraídas bajo una condición potestativa que consista en la mera voluntad de la persona que se obliga.

Si la condición consiste en un hecho voluntario de cualquiera de las partes, valdrá.

Conc.: CC. 1477
Fuentes: D.28.5.4.pr; C.6.51.7; CN 1174; C. Holandés 1229; García Goyena 979 en comentario.

Art. 1479. La condición se llama suspensiva si, mientras no se cumple, suspende la adquisición de un derecho; y resolutoria, cuando por su cumplimiento se extingue un derecho.

Conc.: CC. 1479-1480, 1487-1490
Fuentes: IJ 3.16.2; D.18.3.1-2; P.5.T.5.LL.38 y 40, P.5.T.11.L.12; CN 1168, 1181, 1183; García Goyena 1031

Art. 1480. Si la condición suspensiva es o se hace imposible, se tendrá por fallida.

A la misma regla se sujetan las condiciones cuyo sentido y el modo de cumplirlas son enteramente ininteligibles.

Y las condiciones inductivas a hechos ilegales o inmorales.

La condición resolutoria que es imposible por su naturaleza, o ininteligible, o inductiva a un hecho ilegal o inmoral, se tendrá por no escrita.

Conc.: CC. 1479
Fuentes: D.9.2.23.2, D.34.5.24, D.39.5.2.7, D.40.7.4.1, D.40.7.19-2, D.44.7.31, D.45.7.27.pr, D.45.1.80; P.6.T.4.LL.3-4; Poth. Obl. 203-205, pp. 95-97; C. Prusiano 1.4.122, 1.4.131, 1.12.64; CN 1181; ABGB 678, 697-698; Savigny 124, pp. 195-207

Art. 1481. La regla del artículo precedente inciso 1o se aplica aun a las disposiciones testamentarias. Así, cuando la condición es un hecho que depende de la voluntad del asignatario, y de la voluntad de otra persona, y deja de cumplirse por algún accidente que la hace imposible, o porque la otra persona de cuya voluntad depende no puede o no quiere cumplirla, se tendrá por fallida, sin embargo de que el asignatario haya estado por su parte dispuesto a cumplirla.

Con todo, si la persona que debe prestar la asignación se vale de medios ilícitos para que la condición no pueda cumplirse, o para que la otra persona de cuya voluntad depende en parte su cumplimiento, no coopere a él, se tendrá por cumplida.

Conc.: CC. 1070-1088, 1479-1480
Fuentes: D.35.1.24, D.45.1.85.7; P.6.T.9.L.22; Poth. Obl. 212-214, pp. 101-103; 1178

Art. 1482. Se reputa haber fallado la condición positiva o haberse cumplido la negativa, cuando ha llegado a ser cierto que no sucederá el acontecimiento contemplado en ella, o cuando ha expirado el tiempo dentro del cual el acontecimiento ha debido verificarse, y no se ha verificado.

Conc.: CC. 739, 1474-1476
Fuentes: D.45.1.27.1, D.45.1.99.1; Poth. Obl. 207, p. 98, 209-211, pp. 99-101; CN 1176-1177

Art. 1483. La condición debe ser cumplida del modo que las partes han probablemente entendido que lo fuese, y se presumirá que el modo más racional de cumplirla es el que han entendido las partes.

Cuando, por ejemplo, la condición consiste en pagar una suma de dinero a una persona que está bajo tutela o curaduría, no se tendrá por cumplida la condición, si se entrega a la misma persona, y ésta lo disipa.

Conc.: CC. 1069, 1546, 1560
Fuentes: D.46.3.68; Poth. Obl. 206-208, p. 97-99; CN 1175

Art. 1484. Las condiciones deben cumplirse literalmente, en la forma convenida.

Conc.: CC. 1069, 1545, 1560
Fuentes: D.46.3.68; Poth. Obl. 206-207, p. 97-98; CN 1175

Art. 1485. No puede exigirse el cumplimiento de la obligación condicional, sino verificada la condición totalmente.

Todo lo que se hubiere pagado antes de efectuarse la condición suspensiva, podrá repetirse mientras no se hubiere cumplido.

Conc.: CC. 1479, 1495, 2204
Fuentes: D.12.6.16, D.35.1.23, D.35.1.56; Poth. Obl. 215, p. 102-103, 218, p. 104

Art. 1486. Si antes del cumplimiento de la condición la cosa prometida perece sin culpa del deudor, se extingue la obligación; y por culpa del deudor, el deudor es obligado al precio, y a la indemnización de perjuicios.

Si la cosa existe al tiempo de cumplirse la condición, se debe en el estado en que se encuentre, aprovechándose el acreedor de los aumentos o mejoras que haya recibido la cosa, sin estar obligado a dar más por ella, y sufriendo su deterioro o disminución, sin derecho alguno a que se le rebaje el precio; salvo que el deterioro o disminución proceda de culpa del deudor; en cuyo caso el acreedor podrá pedir o que se rescinda el contrato o que se le entregue la cosa, y además de lo uno o lo otro tendrá derecho a indemnización de perjuicios.

Todo lo que destruye la aptitud de la cosa para el objeto a que según su naturaleza o según la convención se destina, se entiende destruir la cosa.

Conc.: CC. 756-760, 1135, 1510, 1521, 1547, 1550, 1567, 1590, 1670-1680, 1820, 1827, 2000, 2153
Fuentes: IJ 3.19.2; D.18.6.8, D.45.1.51; Poth. Obl 219, pp. 104-105; CN 1182

Art. 1487. Cumplida la condición resolutoria, deberá restituirse lo que se hubiere recibido bajo tal condición, a menos que ésta haya sido puesta a favor del acreedor exclusivamente, en cuyo caso podrá éste, si quiere, renunciarla; pero será obligado a declarar su determinación, si el deudor lo exigiere.

Conc.: CC. 733, 738, 749, 763, 1479, 1567
Fuentes: P.5.T.5.LL.38 y 40; Poth. Obl. 224, pp. 106-107; CN 1183

Art. 1488. Verificada una condición resolutoria, no se deberán los frutos percibidos en el tiempo intermedio, salvo que la ley, el testador, el donante o los contratantes, según los varios casos, hayan dispuesto lo contrario.

Conc.: CC. 749, 1078, 1090
Fuente: Rogron, 1183, p. 327

Art. 1489. En los contratos bilaterales va envuelta la condición resolutoria de no cumplirse por uno de los contratantes lo pactado.

Pero en tal caso podrá el otro contratante pedir a su arbitrio o la resolución o el cumplimiento del contrato, con indemnización de perjuicios.

Conc.: CC. 680, 1590, 1873-1874, 1877-1879, 2399; CPC 310
Fuentes: IJ 2.1.41; D.18.1.6; C.4.44.14, C.4.54.6; P.3.T.28.L.46, P.5.T.5.L.58; CN 1184; Rogron, 1184, p. 327-328; Delv. t. 2, p. 133

Art. 1490. Si el que debe una cosa mueble a plazo, o bajo condición suspensiva o resolutoria, la enajena, no habrá derecho de reivindicarla contra terceros poseedores de buena fe.

Conc.: CC. 751, 757, 1403, 1432, 1491, 1876
Fuentes: Savigny 120, pp. 152-160

Art. 1491. Si el que debe un inmueble bajo condición lo enajena, o lo grava con hipoteca, censo o servidumbre, no podrá resolverse la enajenación o gravamen, sino cuando la condición constaba en el título respectivo, inscrito u otorgado por escritura pública.

Conc.: CC. 751, 757, 1403, 1432, 1490, 1876
Fuentes: D.6.1.66; D.35.1.105; C.6.43.3; Savigny 120, pp. 152-160

Art. 1492. El derecho del acreedor que fallece en el intervalo entre el contrato condicional y el cumplimiento de la condición, se transmite a sus herederos; y lo mismo sucede con la obligación del deudor.

Esta regla no se aplica a las asignaciones testamentarias, ni a las donaciones entre vivos.

El acreedor podrá impetrar durante dicho intervalo las providencias conservativas necesarias.

Conc.: CC. 762, 1078
Fuentes: D.42.6.4, D. 44.7.42; CN 1180; García Goyena 1038

Art. 1493. Las disposiciones del Título IV del Libro III sobre las asignaciones testamentarias condicionales o modales, se aplican a las convenciones en lo que no pugne con lo dispuesto en los artículos precedentes.

Conc.: CC. 1070-1079, 1089-1096

TÍTULO V. DE LAS OBLIGACIONES A PLAZO

Art. 1494. El plazo es la época que se fija para el cumplimiento de la obligación, y puede ser expreso o tácito. Es tácito el indispensable para cumplirlo.

No podrá el juez, sino en casos especiales que las leyes designen, señalar plazo para el cumplimiento de una obligación: sólo podrá interpretar el concebido en términos vagos u oscuros, sobre cuya inteligencia y aplicación discuerden las partes.

Conc.: CC. 48
Plazo establecido por el juez CC. 147, 227, 234, 378, 523, 777, 904, 1276, 1305, 1530, 1649, 1770, 1792-16, 1792-21, 1977, 2200, 2291, 2361
Fuentes: Poth. Obl. 228-229, p. 108-109; Delv. t. 2, p. 134

Art. 1495. Lo que se paga antes de cumplirse el plazo, no está sujeto a restitución.

Esta regla no se aplica a los plazos que tienen el valor de condiciones.

Conc.: CC. 1084, 2204, 2295, 2373
Fuentes: CN 1186; Delv. t. 2, p. 135

Art. 1496. El pago de la obligación no puede exigirse antes de expirar el plazo, si no es:

1o. Al deudor que tenga dicha calidad en un procedimiento concursal de liquidación, o se encuentre en notoria insolvencia y no tenga la calidad de deudor en un procedimiento concursal de reorganización;

2o. Al deudor cuyas cauciones, por hecho o culpa suya, se han extinguido o han disminuido considerablemente de valor. Pero en este caso el deudor podrá reclamar el beneficio del plazo, renovando o mejorando las cauciones.

Conc.: CC. 1826, 2348, 2391, 2427; L. 18092, 105; L. 20720, 118, 140, 264,
Fuentes: Poth. 234-236, pp. 111-112; CN 1188

Art. 1497. El deudor puede renunciar el plazo, a menos que el testador haya dispuesto o las partes estipulado lo contrario, o que la anticipación del pago acarree al acreedor un perjuicio que por medio del plazo se propuso manifiestamente evitar.

En el contrato de mutuo a interés se observará lo dispuesto en el artículo 2204.

Conc.: CC. 12, 2204

Fuente: D.45.1.38.16, D.45.1.41.1, D.46.3.70, D.50.17.17; Poth. 233, p. 111; CN 1187; Delv. t. 2, p. 135

Art. 1498. Lo dicho en el Título IV del Libro III sobre las asignaciones testamentarias a día, se aplica a las convenciones.

Conc.: CC. 1080-1088

TÍTULO VI. DE LAS OBLIGACIONES ALTERNATIVAS

Art. 1499. Obligación alternativa es aquella por la cual se deben varias cosas, de tal manera que la ejecución de una de ellas, exonera de la ejecución de las otras.

Conc.: CC. 1117, 1500-1504, 1507, 1526, 1537, 1807, 1873-1874; C.Com. 143

Fuentes: D.18.1.25; D.23.3.10, D.45.1.12; P.5.T.11.L.24; Poth. 245, p. 115; CN 1189; Delv. t. 2, 135

Art. 1500. Para que el deudor quede libre, debe pagar o ejecutar en su totalidad una de las cosas que alternativamente deba; y no puede obligar al acreedor a que acepte parte de una y parte de otra.

La elección es del deudor, a menos que se haya pactado lo contrario.

Fuentes: D.18.1.25; D.19.1.21.6, D.23.3.10, D.30.8.1, D.31.27; P.5.T.11.L.24; Poth. 246-247, pp. 115; CN 1190-1191

Art. 1501. Siendo la elección del deudor, no puede el acreedor demandar determinadamente una de las cosas debidas, sino bajo la alternativa en que se le deben.

Fuentes: IJ 4.6.33d; Poth. 248, p. 116

Art. 1502. Si la elección es del deudor, está a su arbitrio enajenar o destruir cualquiera de las cosas que alternativamente debe mientras subsista una de ellas.

Pero si la elección es del acreedor, y alguna de las cosas que alternativamente se le deben perece por culpa del deudor, podrá el acreedor, a su arbitrio, pedir el precio de esta cosa y la indemnización de perjuicios, o cualquiera de las cosas restantes.

Conc.: CC. 1547, 1550

Fuentes: D.13.4.2.3, D.45.1.16.pr, D.46.3.95; P.5.T.11.L.14; Poth. 250-251, p. 116-117; CN 1193-1195

Art. 1503. Si una de las cosas alternativamente prometidas no podía ser objeto de la obligación o llega a destruirse, subsiste la obligación alternativa de las otras; y si una sola resta, el deudor es obligado a ella.

Fuentes: D.46.3.95; P.5ª, tit. 11, l.14; Poth. 250-252, p. 116-117; CN 1193

Art. 1504. Si perecen todas las cosas comprendidas en la obligación alternativa, sin culpa del deudor, se extingue la obligación.

Si con culpa del deudor, estará obligado al precio de cualquiera de las cosas que elija, cuando la elección es suya; o al precio de cualquiera de las cosas que el acreedor elija, cuando es del acreedor la elección.

Conc.: CC. 1547, 1550, 1567, 1670-1680
Fuentes: CN 1195

TÍTULO VII. DE LAS OBLIGACIONES FACULTATIVAS

Art. 1505. Obligación facultativa es la que tiene por objeto una cosa determinada, pero concediéndose al deudor la facultad de pagar con esta cosa o con otra que se designa.

Conc.: CC. 1506-1507
Fuente: D.42.1.6.1; Escriche, «Obligación alternativa», t4, p. 304-305; Delv. t. 2, p. 137 y pp. 497-498

Art. 1506. En la obligación facultativa el acreedor no tiene derecho para pedir otra cosa que aquella a que el deudor es directamente obligado, y si dicha cosa perece sin culpa del deudor y antes de haberse éste constituido en mora, no tiene derecho para pedir cosa alguna.

Conc.: CC. 1505, 1507
Fuente: Escriche, «Obligación alternativa», t4, p. 304-305; Delv. t. 2, p. 137

Art. 1507. En caso de duda sobre si la obligación es alternativa o facultativa, se tendrá por alternativa.

TÍTULO VIII. DE LAS OBLIGACIONES DE GENERO

Art. 1508. Obligaciones de género son aquellas en que se debe indeterminadamente un individuo de una clase o género determinado.

Conc.: CC. 252, 575, 764, 775, 951, 1066, 1111, 1115-1116, 1119, 1338-1339, 1461, 1508-1510, 1656, 2196, 2198, 2300
Fuentes: Poth. Obl. 283, p. 143; Delv. t. 2, p. 137-138

Art. 1509. En la obligación de género, el acreedor no puede pedir determinadamente ningún individuo, y el deudor queda libre de ella, entregando cualquier individuo del género, con tal que sea de una calidad a lo menos mediana.

Fuentes: IJ 4.6.33d; CN 1246; Delv. t. 2, p. 148

Art. 1510. La pérdida de algunas cosas del género no extingue la obligación, y el acreedor no puede oponerse a que el deudor las enajene o destruya, mientras subsistan otras para el cumplimiento de lo que debe.

Fuentes: Delv. t. 2, p. 148-149

TÍTULO IX. DE LAS OBLIGACIONES SOLIDARIAS

Art. 1511. En general, cuando se ha contraído por muchas personas o para con muchas la obligación de una cosa divisible, cada uno de los deudores, en el primer caso, es obligado solamente a su parte o cuota en la deuda, y cada uno de los acreedores, en el segundo, sólo tiene derecho para demandar su parte o cuota en el crédito.

Pero en virtud de la convención, del testamento o de la ley puede exigirse a cada uno de los deudores o por cada uno de los acreedores el total de la deuda, y entonces la obligación es solidaria o insólidum.

La solidaridad debe ser expresamente declarada en todos los casos en que no la establece la ley.

Conc.: Obligaciones simplemente conjuntas CC. 549, 1511, 1526, 2095, 2307
Contrato CC. 549, 2095, 2307
Testamento CC. 1283
Ley CC. 130, 328, 413, 419, 421, 549, 551-2, 1281, 1365, 1526N3, 2189, 2317
Fuentes: IJ 3.16.1; D. 45.2.3.1, D.45.2.15; Poth. Obl. 261, p. 121, 265, pp. 123-124; Nov. Rec. 10.1.10; CN 1197, 1200, 1202; Delv. t. 2, p. 139-140

Art. 1512. La cosa que se debe solidariamente por muchos o a muchos, ha de ser una misma, aunque se deba de diversos modos; por ejemplo, pura y simplemente respecto de unos, bajo condición o a plazo respecto de otros.

Conc.: CC. 1649

Fuentes: IJ 3.16.2; D.45.2.7, D.45.2.9.2; Poth. Obl. 263, pp. 122-123; CN 1200-1201

Art. 1513. El deudor puede hacer el pago a cualquiera de los acreedores solidarios que elija, a menos que haya sido demandado por uno de ellos, pues entonces deberá hacer el pago al demandante.

La condonación de la deuda, la compensación, la novación que intervenga entre el deudor y uno cualquiera de los acreedores solidarios, extingue la deuda con respecto a los otros, de la misma manera que el pago lo haría; con tal que uno de éstos no haya demandado ya al deudor.

Conc.: CC. 2519
Fuentes: IJ 3.16.1; D.45.2.2, D.46.3.57.1; Poth. Obl. 260, pp. 120-121, CN 1197-1199; Delv. t. 2, p. 140-141

Art. 1514. El acreedor podrá dirigirse contra todos los deudores solidarios conjuntamente, o contra cualquiera de ellos a su arbitrio, sin que por éste pueda oponérsele el beneficio de división.

Conc.: CC. 1515-1516, 1518-1523
Fuentes: D.45.2.2, D.45.2.3.1, D.45.2.11; P.5.T.12.L.8; C.8.39.1; Poth. Obl. 270, p. 126; CN 1200, 1203; Delv. t. 2, p. 141

Art. 1515. La demanda intentada por el acreedor contra alguno de los deudores solidarios, no extingue la obligación solidaria de ninguno de ellos, sino en la parte en que hubiere sido satisfecha por el demandado.

Conc.: CC. 1514, 1516
Fuente: C.8.40.28; Poth. Obl. 271, p. 126; CN 1214

Art. 1516. El acreedor puede renunciar expresa o tácitamente la solidaridad respecto de uno de los deudores solidarios o respecto de todos.

La renuncia tácitamente en favor de uno de ellos, cuando le ha exigido o reconocido el pago de su parte o cuota de la deuda, expresándolo así en la demanda o en la carta de pago, sin la reserva especial de la solidaridad, o sin la reserva general de sus derechos.

Pero esta renuncia expresa o tácita no extingue la acción solidaria del acreedor contra los otros deudores, por toda la parte del crédito que no haya sido cubierta por el deudor a cuyo beneficio se renunció la solidaridad.

Se renuncia la solidaridad respecto de todos los deudores solidarios, cuando el acreedor consiente en la división de la deuda.

Conc.: CC. 1517
Fuentes: C.2.3.18; Poth. Obl. 277, p. 131; CN 1210; García Goyena 1062

Art. 1517. La renuncia expresa o tácita de la solidaridad de una pensión periódica se limita a los pagos devengados, y sólo se extiende a los futuros cuando el acreedor lo expresa.

Conc.: CC. 1516
Fuentes: Poth. Obl. 279, p. 135; CN 1212

Art. 1518. Si el acreedor condona la deuda a cualquiera de los deudores solidarios no podrá después ejercer la acción que se le concede por el artículo 1514, sino con rebaja de la cuota que correspondía al primero en la deuda.

Conc.: CC. 1514
Fuentes: IJ 3.29.1 in fine; Poth. Obl. 275, p. 129-130; CN 1210, 1285

Art. 1519. La novación entre el acreedor y uno cualquiera de los deudores solidarios, liberta a los otros, a menos que éstos accedan a la obligación nuevamente constituida.

Conc.: CC. 1635, 1643, 1645-1648, 1650-1651, 2461
Fuentes: ¿Poth. Obl. 274, pp. 128-129?; Delv. t. 2, p. 142

Art. 1520. El deudor solidario demandado puede oponer a la demanda todas las excepciones que resulten de la naturaleza de la obligación, y además todas las personales suyas.

Pero no puede oponer por vía de compensación el crédito de un codeudor solidario contra el demandante, si el codeudor solidario no le ha cedido su derecho.

Conc.: CC. 1657
Fuentes: D.44.1.7, D.45.2.10, D.45.2.13; CN 1208; Delv. t. 2, p. 143; García Goyena 1067

Art. 1521. Si la cosa perece por culpa o durante la mora de uno de los deudores solidarios, todos ellos quedan obligados solidariamente al precio, salva la acción de los codeudores contra el culpable o moroso. Pero la acción de perjuicios a que diere lugar la culpa o mora, no podrá intentarla el acreedor sino contra el deudor culpable o moroso.

Conc.: CC. 1547-1548, 1550, 1590, 1672, 1680, 1827
Fuentes: D. 22.1.32.4, D.45.2.18, D.50.17.173.2; Poth. Obl. 273, p. 127-128; CN 1205; Delv. t. 2, p. 142

Art. 1522. El deudor solidario que ha pagado la deuda, o la ha extinguido por alguno de los medios equivalentes al pago, queda subrogado en la acción de acreedor con todos sus privilegios y seguridades, pero limitada respecto de cada uno de los codeudores a la parte o cuota que tenga este codeudor en la deuda.

Si el negocio para el cual ha sido contraída la obligación solidaria, concernía solamente a alguno o algunos de los deudores solidarios, serán éstos responsables entre sí, según las partes o cuotas que les correspondan en la deuda, y los otros codeudores serán considerados como fiadores.

La parte o cuota del codeudor insolvente se reparte entre todos los otros a prorrata de las suyas, comprendidos aun aquellos a quienes el acreedor haya exonerado de la solidaridad.

Conc.: CC. 1610 N3, 1612
Fuentes: Poth. Obl. 276, pp. 130, 278, pp. 134-135, 280, pp. 136-139; CN 1213-1214; Delv. t. 2, p. 52 y p. 141

Art. 1523. Los herederos de cada uno de los deudores solidarios son, entre todos, obligados al total de la deuda; pero cada heredero será solamente responsable de aquella cuota de la deuda que corresponda a su porción hereditaria.

Conc.: CC. 1336, 1354-1360, 1365-1366-1368, 1374, 1377
Fuentes: Delv. t. 2, p. 140

TÍTULO X. DE LAS OBLIGACIONES DIVISIBLES E INDIVISIBLES

Art. 1524. La obligación es divisible o indivisible según tenga o no por objeto una cosa susceptible de división, sea física, sea intelectual o de cuota.

Así la obligación de conceder una servidumbre de tránsito o la de hacer construir una casa son indivisibles; la de pagar una suma de dinero, divisible.

Conc.: CC. 1340, 1354, 1356, 1358-1359, 1365, 1524-1534, 1540, 1548, 1840, 2405, 2408

Fuentes: D.45.1.2.1, Poth. Obl. 287, p. 146-147; CN 1217; CL 2104

Art. 1525. El ser solidaria una obligación no le da el carácter de indivisible.

Fuentes: Poth. Obl. 287, p. 146-147; CN 1219

Art. 1526. Si la obligación no es solidaria ni indivisible, cada uno de los acreedores puede sólo exigir su cuota, y cada uno de los codeudores es solamente obligado al pago de la suya; y la cuota del deudor insolvente no gravará a sus codeudores. Exceptúanse los casos siguientes:

1o. La acción hipotecaria o prendaria se dirige contra aquel de los codeudores que posea, en todo o parte, la cosa hipotecada o empeñada.

El codeudor que ha pagado su parte de la deuda, no puede recobrar la prenda u obtener la cancelación de la hipoteca, ni aun en parte, mientras no se extinga el total de la deuda; y el acreedor a quien se ha satisfecho su parte del crédito, no puede remitir la prenda o cancelar la hipoteca, ni aun en parte, mientras no hayan sido enteramente satisfechos sus coacreedores.

2o. Si la deuda es de una especie o cuerpo cierto, aquel de los codeudores que lo posee es obligado a entregarlo.

3o. Aquel de los codeudores por cuyo hecho o culpa se ha hecho imposible el cumplimiento de la obligación, es exclusiva y solidariamente responsable de todo perjuicio al acreedor.

4o. Cuando por testamento o por convención entre los herederos, o por la partición de la herencia, se ha impuesto a uno de los herederos la obligación de pagar el total de una deuda, el acreedor podrá dirigirse o contra este heredero por el total de la deuda, o contra cada uno de los herederos por la parte que le corresponda a prorrata.

Si expresamente se hubiere estipulado con el difunto que el pago no pudiese hacerse por partes, ni aun por los herederos del deudor, cada uno de éstos podrá ser obligado a entenderse con sus coherederos para pagar el total de la deuda, o a pagarla él mismo, salva su acción de saneamiento.

Pero los herederos del acreedor, si no entablan conjuntamente su acción, no podrán exigir el pago de la deuda, sino a prorrata de sus cuotas.

5o. Si se debe un terreno, o cualquiera otra cosa indeterminada, cuya división ocasionare grave perjuicio al acreedor, cada uno de los codeudores podrá ser obligado a entenderse con los otros para el pago de la cosa entera, o a pagarla él mismo, salva su acción para ser indemnizado por los otros.

Pero los herederos del acreedor no podrán exigir el pago de la cosa entera sino intentando conjuntamente su acción.

6o. Cuando la obligación es alternativa, si la elección es de los acreedores, deben hacerla todos de consuno; y si de los deudores, deben hacerla de consuno todos éstos.

Conc.: CC. 1511
Hipoteca y prenda CC. 1365, 1526 N1, 2405, 2408
Entrega de especie o cuerpo cierto CC. 1526 N2, 1548
Establecido en contrato, partición o testamento CC. 1340, 1354, 1356, 1358-1359, 1526 N4
Cuando la división ocasiona perjuicios CC. 1526 N5
Elección en obligación alternativa CC. 1526 N6
Acción de saneamiento CC. 1840
Fuentes: Poth. Obl. 300, p. 153, 305-308, pp. 156-158, 313-316, pp. 161-163; CN 1221; Rogron 1221, pp. 334-335

Art. 1527. Cada uno de los que han contraído unidamente una obligación indivisible, es obligado a satisfacerla en el todo, aunque no se haya estipulado solidaridad, y cada uno de los acreedores de una obligación indivisible tiene igualmente derecho a exigir el total.

Conc.: CC. 1528, 1531
Fuentes: Poth. Obl. 323-324, pp. 166-167; CN 1222, 1224; Rogron, 1222, 1224, p. 335

Art. 1528. Cada uno de los herederos del que ha contraído una obligación indivisible es obligado a satisfacerla en el todo, y cada uno de los herederos del acreedor puede exigir su ejecución total.

Conc.: CC. 1336, 1354-1360, 1365-1366-1368, 1374, 1377, 1523, 1527, 1531
Fuentes: D.31.76.1; Poth. Obl. 335, p. 168; CN 1224, Rogron, p. 335

Art. 1529. La prescripción interrumpida respecto de uno de los deudores de la obligación indivisible, lo es igualmente respecto de los otros.

Conc.: CC. 2519
Fuentes: Poth. Obl. 335, p. 168; CN 1224, Rogron, p. 335

Art. 1530. Demandado uno de los deudores de la obligación indivisible, podrá pedir un plazo para entenderse con los demás deudores a fin de cumplirla entre todos; a menos que la obligación sea de tal naturaleza que él solo pueda cumplirla, pues en tal caso podrá ser condenado, desde luego, al total cumplimiento, quedándole a salvo su acción contra los demás deudores para la indemnización que le deban.

Conc.: CC. 1494
Fuentes: D.32.11.23, D.45.1.2.2; CN 1225; García Goyena 1077

Art. 1531. El cumplimiento de la obligación indivisible por cualquiera de los obligados, la extingue respecto de todos.

Conc.: CC. 1527, 1528
Fuentes: D.45.1.2.2, D.45.1.2.4

Art. 1532. Siendo dos o más los acreedores de la obligación indivisible, ninguno de ellos puede, sin el consentimiento de los otros, remitir la deuda o recibir el precio de la cosa debida. Si alguno de los acreedores remite la deuda o recibe el precio de la cosa, sus coacreedores podrán todavía demandar la cosa misma, abonando al deudor la parte o cuota del acreedor que haya remitido la deuda o recibido el precio de la cosa.

Conc.: CC. 1513, 1518-1519
Fuentes: Poth. Obl. 327-328, pp. 168-169; CN 1224

Art. 1533. Es divisible la acción de perjuicios que resulta de no haberse cumplido o de haberse retardado la obligación indivisible: ninguno de los acreedores puede intentarla y ninguno de los deudores está sujeto a ella, sino en la parte que le quepa.

Si por el hecho o culpa de uno de los deudores de la obligación indivisible se ha hecho imposible el cumplimiento de ella, ése sólo será responsable de todos los perjuicios.

Conc.: CC. 1521
Fuentes: Poth. Obl. 324-325, p. 167-168

Art. 1534. Si de dos codeudores de un hecho que deba efectuarse en común, el uno está pronto a cumplirlo, y el otro lo rehúsa o retarda, éste sólo será responsable de los perjuicios que de la inejecución o retardo del hecho resultaren al acreedor.

Conc.: CC. 1530, 1533
Fuente: Poth. Obl. 335, p. 172

TÍTULO XI. DE LAS OBLIGACIONES CON CLÁUSULA PENAL

Art. 1535. La cláusula penal es aquella en que una persona, para asegurar el cumplimiento de una obligación, se sujeta a una pena, que consiste en dar o hacer algo en caso de no ejecutar o de retardar la obligación principal.

Conc.: CC. 99, 1472, 1536-1544, 1647, 1701
Fuentes: D.45.1.71, D.45.1.137.7; P.5.T.11.L.34; Poth. Obl. 337 p. 173; CN 1226

Art. 1536. La nulidad de la obligación principal acarrea la de la cláusula penal, pero la nulidad de ésta no acarrea la de la obligación principal.

Con todo, cuando uno promete por otra persona, imponiéndose una pena para el caso de no cumplirse por ésta lo prometido, valdrá la pena, aunque la obligación principal no tenga efecto por falta del consentimiento de dicha persona.

Lo mismo sucederá cuando uno estipula con otro a favor de un tercero, y la persona con quien se estipula se sujeta a una pena para el caso de no cumplir lo prometido.

Conc.: CC. 99, 1449-1450, 1554, 1701
Fuentes: IJ 3.19.19, IJ 3.19.21; D.45.1.97, D.45.1.126, D.50.17.129.1, D.50.17.178; P.5.T.11.L.38; Poth. Obl. 338-340, pp. 173-175; CN 1227

Art. 1537. Antes de constituirse el deudor en mora, no puede el acreedor demandar a su arbitrio la obligación principal o la pena, sino sólo la obligación principal; ni constituido el deudor en mora, puede el acreedor pedir a un tiempo el cumplimiento de la obligación principal y la pena, sino cualquiera de las dos cosas a su arbitrio; a menos que aparezca haberse estipulado la pena por el simple retardo, o a menos que se haya estipulado que por el pago de la pena no se entiende extinguida la obligación principal.

Conc.: CC. 1489
Fuentes: D.17.2.41-42, D.19.1.28, D.45.1.122.2; C.2.4.40; P.5.T.11.L.34; Poth. Obl. 341-342, p. 175-176, 344, p. 178; CN 1228-1229

Art. 1538. Háyase o no estipulado un término dentro del cual deba cumplirse la obligación principal, el deudor no incurre en la pena sino cuando se ha constituido en mora, si la obligación es positiva.

Si la obligación es negativa, se incurre en la pena desde que se ejecuta el hecho de que el deudor se ha obligado a abstenerse.

Conc.: CC. 1494, 1551-1553, 2200
Fuentes: D.44.7.23, D.45.1.77, D.45.1.113, D.45.1.122.6; P.5.T.11.L.35; Poth. 347-349, p. 181-182; CN 1230; Rogron, 1230, p. 336

Art. 1539. Si el deudor cumple solamente una parte de la obligación principal y el acreedor acepta esa parte, tendrá derecho para que se rebaje proporcionalmente la pena estipulada por la falta de cumplimiento de la obligación principal.

Conc.: CC. 1591
Fuentes: D.2.11.9.1; Poth. 350, p. 183; Rogron 1231, p. 337

Art. 1540. Cuando la obligación contraída con cláusula penal es de cosa divisible, la pena, del mismo modo que la obligación principal, se divide entre los herederos del deudor a prorrata de sus cuotas hereditarias. El heredero que contraviene a la obligación, incurre pues en aquella parte de la pena que corresponde a su cuota hereditaria; y el acreedor no tendrá acción alguna contra los coherederos que no han contravenido a la obligación.

Exceptúase el caso en que habiéndose puesto la cláusula penal con la intención expresa de que no pudiera ejecutarse parcialmente el pago, uno de los herederos ha impedido el pago total: podrá entonces exigirse a este heredero toda la pena, o a cada uno su respectiva cuota, quedándole a salvo su recurso contra el heredero infractor.

Lo mismo se observará cuando la obligación contraída con cláusula penal es de cosa indivisible.

Conc.: CC. 1336, 1354-1360, 1365-1366-1368, 1374, 1377, 1523-1524, 1527-1528, 1527, 1531
Fuentes: D.45.1.4.1, D.45.1.85; Poth. Obl. 355-358, pp. 185-187; CN 1232-1233

Art. 1541. Si a la pena estuviere afecto hipotecariamente un inmueble, podrá perseguirse toda la pena en él, salvo el recurso de indemnización contra quien hubiere lugar.

Conc.: CC. 2407-2408
Fuentes: D.45.1.85.6; Poth. Obl. 359, pp. 187-189

Art. 1542. Habrá lugar a exigir la pena en todos los casos en que se hubiere estipulado, sin que pueda alegarse por el deudor que la inejecución de lo pactado no ha inferido perjuicio al acreedor o le ha producido beneficio.

Conc.: CC. 1543
Fuentes: En contra de García Goyena 1082

Art. 1543. No podrá pedirse a la vez la pena y la indemnización de perjuicios, a menos de haberse estipulado así expresamente; pero siempre estará al arbitrio del acreedor pedir la indemnización o la pena.

Conc.: CC. 1489, 1556-1559
Fuentes: D.17.2.41-42; D.19.1.28; P.5.T.11.L.54; Poth. Obl. 342, pp. 176-177; CN 1229

Art. 1544. Cuando por el pacto principal una de las partes se obligó a pagar una cantidad determinada, como equivalente a lo que por la otra parte debe prestarse, y la pena consiste asimismo en el pago de una cantidad determinada, podrá pedirse que se rebaje de la segunda todo lo que exceda al duplo de la primera, incluyéndose ésta en él.

La disposición anterior no se aplica al mutuo ni a las obligaciones de valor inapreciable o indeterminado.

En el primero se podrá rebajar la pena en lo que exceda al máximum del interés que es permitido estipular.

En las segundas se deja a la prudencia del juez moderarla, cuando atendidas las circunstancias pareciere enorme.

Conc.: CC. 1234, 1348-1353, 1836, 1888-1896, 2206, 2443
Fuente: C.4.32.15, C.7.47.1; P.5.T.11.L.40; Poth. Obl. 345, p. 179-181; C. Sardo 1245; García Goyena 1081; CN 1231

TÍTULO XII. DEL EFECTO DE LAS OBLIGACIONES

Art. 1545. Todo contrato legalmente celebrado es una ley para los contratantes, y no puede ser invalidado sino por su consentimiento mutuo o por causas legales.

Conc.: CC. 1887, 2461

Fuentes: D.2.14.27.4, D. 50.17.35; Poth. 85, p. 46; Nov. Rec. 10.1.1; CN 1134; Delv. t. 2, p. 153; en contra de D.2.14.7.4

Art. 1546. Los contratos deben ejecutarse de buena fe, y por consiguiente obligan no sólo a lo que en ellos se expresa, sino a todas las cosas que emanan precisamente de la naturaleza de la obligación, o que por la ley o la costumbre pertenecen a ella.

Conc.: CC. 2, 1444
Fuentes: D.21.1.31.20, D.44.7.2.3, D.50.17.34, D.50.17.90, D.50.17.183; Poth. Obl. 145, p. 68; CN 1135; Rogron, 1135, p. 317; Delv. t. 2, p. 154

Art. 1547. El deudor no es responsable sino de la culpa lata en los contratos que por su naturaleza sólo son útiles al acreedor; es responsable de la leve en los contratos que se hacen para beneficio recíproco de las partes; y de la levísima, en los contratos en que el deudor es el único que reporta beneficio.

El deudor no es responsable del caso fortuito, a menos que se haya constituido en mora (siendo el caso fortuito de aquellos que no hubieran dañado a la cosa debida, si hubiese sido entregada al acreedor), o que el caso fortuito haya sobrevenido por su culpa.

La prueba de la diligencia o cuidado incumbe al que ha debido emplearlo; la prueba del caso fortuito al que lo alega.

Todo lo cual, sin embargo, se entiende sin perjuicio de las disposiciones especiales de las leyes, y de las estipulaciones expresas de las partes.

Conc.: Culpa Grave CC. 44, 257, 423, 497, 539, 541, 1300, 1547, 1680, 1748, 1771, 1827, 2035, 2179, 2222, 2288
Culpa leve CC. 44, 256, 391, 551-2, 1260, 1299, 1329, 1547, 2083, 2093, 2129, 2179, 2219, 2239, 2288, 2308, 2351
Culpa Levísima CC. 44, 427, 1547, 2178, 2288
Caso fortuito y culpa CC. 1547, 1550, 1672
Fuentes: IJ 3.14.2-3, 3.25.9; D.9.2.44, D.11.6.1.1, D.13.6.5.2, D.45.1.91, D.46.3.72.1, D.50.16.213.2, D.50.16.223, D.5016.226, D.50.17.173.2; P.5.T.11.L.18; Poth. Obl. 142-143, p. 66-67; CN 1137-1138

Art. 1548. La obligación de dar contiene la de entregar la cosa; y si ésta es una especie o cuerpo cierto, contiene además la de conservarlo hasta la entrega, so pena de pagar los perjuicios al acreedor que no se ha constituido en mora de recibir.

Conc.: CC. 1115, 1338 N2, 1509, 1547, 1549-1547, 1550, 1572, 1575, 1670-1680
Fuentes: Poth. 142, p. 66-67; CN 1136

Art. 1549. La obligación de conservar la cosa exige que se emplee en su custodia el debido cuidado.

Conc.: CC. 1547, 1550, 1670-1680
Fuentes: Poth. 142, p. 66-67; CN 1136

Art. 1550. El riesgo del cuerpo cierto cuya entrega se deba, es siempre a cargo del acreedor; salvo que el deudor se constituya en mora de efectuarla, o que se haya comprometido a entregar una misma cosa a dos o más personas por obligaciones distintas; en cualquiera de estos casos, será a cargo del deudor el riesgo de la cosa, hasta su entrega.

Conc.: CC. 1521, 1547-1548, 1550, 1590, 1672, 1680, 1827
Fuentes: D.45.1.91, D.46.3.72.1, D.50.17.173.2; P.5.T.11.L.18; Poth. Obl. 143, p. 67; CN 1138

Art. 1551. El deudor está en mora,

1o. Cuando no ha cumplido la obligación dentro del término estipulado, salvo que la ley en casos especiales exija que se requiera al deudor para constituirle en mora;

2o. Cuando la cosa no ha podido ser dada o ejecutada sino dentro de cierto espacio de tiempo, y el deudor lo ha dejado pasar sin darla o ejecutarla;

3o. En los demás casos, cuando el deudor ha sido judicialmente reconvenido por el acreedor.

Conc.: CC. 1552-1553, 1947, 1977
Fuentes: D.22.1.32, D.45.1.127; P.5.T.11.L.35; Poth. Obl. 144, p. 67-68; CN 1139, 1146; CL 1927

Art. 1552. En los contratos bilaterales ninguno de los contratantes está en mora dejando de cumplir lo pactado, mientras el otro no lo cumple por su parte, o no se allana a cumplirlo en la forma y tiempo debidos.

Conc.: CC. 1439, 1489
Fuentes: D.12.1.31.1, D.21.1.25.10, D.21.1.57.1; CL 1907

Art. 1553. Si la obligación es de hacer y el deudor se constituye en mora, podrá pedir el acreedor, junto con la indemnización de la mora, cualquiera de estas tres cosas, a elección suya:

1a. Que se apremie al deudor para la ejecución del hecho convenido;

2a. Que se le autorice a él mismo para hacerlo ejecutar por un tercero a expensas del deudor;

3a. Que el deudor le indemnice de los perjuicios resultantes de la infracción del contrato.

Conc.: CC. 1544, 1572
Fuentes: D.50.17.121; P5.T.11.L.12, P5.T.27.L.5; Poth. Obl. 146-149, pp. 69-70; CN 1144

Art. 1554. La promesa de celebrar un contrato no produce obligación alguna; salvo que concurran las circunstancias siguientes:

1a. Que la promesa conste por escrito;

2a. Que el contrato prometido no sea de aquellos que las leyes declaran ineficaces;

3a. Que la promesa contenga un plazo o condición que fije la época de la celebración del contrato;

4a. Que en ella se especifique de tal manera el contrato prometido, que sólo falten para que sea perfecto, la tradición de la cosa, o las solemnidades que las leyes prescriban.

Concurriendo estas circunstancias habrá lugar a lo prevenido en el artículo precedente.

Conc.: CC. 1701, 1787; C. Comercio 515
Fuentes: Poth. De Vente 476-479 pp. 190-192; CN 1589; AGBG 936; C. Sardo 1595

Art. 1555. Toda obligación de no hacer una cosa se resuelve en la de indemnizar los perjuicios, si el deudor contraviene y no puede deshacerse lo hecho.

Pudiendo destruirse la cosa hecha, y siendo su destrucción necesaria para el objeto que se tuvo en mira al tiempo de celebrar el contrato, será el deudor obligado a ella, o autorizado el acreedor para que la lleve a efecto a expensas del deudor.

Si dicho objeto puede obtenerse cumplidamente por otros medios, en este caso será oído el deudor que se allane a prestarlo.

El acreedor quedará de todos modos indemne.

Conc.: CC. 1538, 1553
Fuentes: D.8.2.13, Poth. Obl. 146, p. 69, 148-149, p. 69-p.70; CN 1142, 1148

Art. 1556. La indemnización de perjuicios comprende el daño emergente y lucro cesante, ya provengan de no haberse cumplido la obligación, o de haberse cumplido imperfectamente, o de haberse retardado el cumplimiento. Exceptúanse los casos en que la ley la limita expresamente al daño emergente.

Conc.: Daño emergente CC. 423, 809, 921, 1556, 1590, 1678, 1930, 2331
Lucro cesante CC. 406, 423, 1930, 1933, 2331
Daño moral CC. 378, 2331
Fuentes: D. 46.8.13.pr; Poth. Obl. 158, p. 76; CN 1146, 1149

Art. 1557. Se debe la indemnización de perjuicios desde que el deudor se ha constituido en mora, o si la obligación es de no hacer, desde el momento de la contravención.

Conc.: CC. 1551
Fuentes: Poth. Obl. 147, p. 69

Art. 1558. Si no se puede imputar dolo al deudor, sólo es responsable de los perjuicios que se previeron o pudieron preverse al tiempo del contrato; pero si hay dolo, es responsable de todos los perjuicios que fueron una consecuencia inmediata o directa de no haberse cumplido la obligación o de haberse demorado su cumplimiento.

La mora producida por fuerza mayor o caso fortuito no da lugar a indemnización de perjuicios.

Las estipulaciones de los contratantes podrán modificar estas reglas.

Conc.: CC. 44
Fuentes: D.19.1.13, D.19.1.21.3; C.7.47; Poth. Obl. 160, p. 76, 162-166, pp. 77-80; CN 1150-1151

Art. 1559. Si la obligación es de pagar una cantidad de dinero, la indemnización de perjuicios por la mora está sujeta a las reglas siguientes:

1a. Se siguen debiendo los intereses convencionales, si se ha pactado un interés superior al legal, o empiezan a deberse los intereses legales, en el caso contrario; quedando, sin embargo, en su fuerza las disposiciones especiales que autoricen el cobro de los intereses corrientes en ciertos casos.

2a. El acreedor no tiene necesidad de justificar perjuicios cuando sólo cobra intereses; basta el hecho del retardo.

3a. Los intereses atrasados no producen interés.

4a. La regla anterior se aplica a toda especie de rentas, cánones y pensiones periódicas.

Conc.: CC. 1559, 1873; L. 18010; L. 19496 37-39C
Fuentes: D.18.7.19; Poth. Obl. 170, p. 82-83; CN 1153

TÍTULO XIII. DE LA INTERPRETACIÓN DE LOS CONTRATOS

Art. 1560. Conocida claramente la intención de los contratantes, debe estarse a ella más que a lo literal de las palabras.

Conc.: CC. 19-22, 1069, 1483-1484, 1494, 1569
Fuentes: D.18.1.6.1, D.33.10.7.2, D.50.16.219; C.4.22.1; Poth. 91, p. 48; CN 1156

Art. 1561. Por generales que sean los términos de un contrato, sólo se aplicarán a la materia sobre que se ha contratado.

Conc.: CC. 22
Fuentes: D.2.15.9.3; Poth. 98, p. 50

Art. 1562. El sentido en que una cláusula puede producir algún efecto, deberá preferirse a aquel en que no sea capaz de producir efecto alguno.

Conc.: CC. 23
Fuentes: D.34.5.12, D. 45.1.80; P.5.T.11.L.25; Poth. 92, p. 48; CN 1157

Art. 1563. En aquellos casos en que no apareciere voluntad contraria deberá estarse a la interpretación que mejor cuadre con la naturaleza del contrato.

Las cláusulas de uso común se presumen aunque no se expresen.

Conc.: CC. 24, 1444, 1494, 1593
Fuentes: ¿D.21.1.31.20?, ¿D.50.17.34? D.50.17.57; Poth. 93-95, p. 48-49; CN 1158, 1160; CL 1947, 1949

Art. 1564. Las cláusulas de un contrato se interpretarán unas por otras, dándose a cada una el sentido que mejor convenga al contrato en su totalidad.

Podrán también interpretarse por las de otro contrato entre las mismas partes y sobre la misma materia.

O por la aplicación práctica que hayan hecho de ellas ambas partes, o una de las partes con aprobación de la otra.

Conc.: CC. 22
Fuentes: D.50.16.126; Poth. 96, p. 49, 101, p. 51; CN 1161; CL 1950

Art. 1565. Cuando en un contrato se ha expresado un caso para explicar la obligación, no se entenderá por sólo eso haberse querido restringir la convención a ese caso, excluyendo los otros a que naturalmente se extienda.

Conc.: CC. 22
Fuentes: D. 50.16.81, Poth. Obl. 100, p. 51; CN 1963; CL 1957

Art. 1566. No pudiendo aplicarse ninguna de las reglas precedentes de interpretación, se interpretarán las cláusulas ambiguas a favor del deudor.

Pero las cláusulas ambiguas que hayan sido extendidas o dictadas por una de las partes, sea acreedora o deudora, se interpretarán contra ella, siempre que la ambigüedad provenga de la falta de una explicación que haya debido darse por ella.

Conc.: CC. 388
Fuentes: D.45.1.38.18, D.45.1.99, D.50.17.172; Poth. Obl. 97, p. 50; P.7.T.33.L.2; CN 1162; CL 1952-1953; García Goyena 1021

TÍTULO XIV. DE LOS MODOS DE EXTINGUIRSE LAS OBLIGACIONES, Y PRIMERAMENTE DE LA SOLUCIÓN O PAGO EFECTIVO

Art. 1567. Toda obligación puede extinguirse por una convención en que las partes interesadas, siendo capaces de disponer libremente de lo suyo, consienten en darla por nula.

Las obligaciones se extinguen además en todo o parte:

1o. Por la solución o pago efectivo;

2o. Por la novación;

3o. Por la transacción;

4o. Por la remisión;

5o. Por la compensación;

6o. Por la confusión;

7o. Por la pérdida de la cosa que se debe;

8o. Por la declaración de nulidad o por la rescisión;

9o. Por el evento de la condición resolutoria;

10o. Por la prescripción.

De la transacción y la prescripción se tratará al fin de este Libro; de la condición resolutoria se ha tratado en el título De las obligaciones condicionales.

Conc.: CC. 1567-1697, 2446-2464, 2492-2497, 2514-2524
Fuentes: IJ 3.29; Poth. Obl. 493, p. 270; CN 1234; García Goyena 1086

§ 1. Del pago efectivo en general

Art. 1568. El pago efectivo es la prestación de lo que se debe.

Conc.: CC. 1567-1627
Fuentes: D.50.16.176; P.5.T.14.L.1; Poth. Obl. 494, p. 270; Escriche «Pago», t. 4, p. 409; García Goyena 1087

Art. 1569. El pago se hará bajo todos respectos en conformidad al tenor de la obligación; sin perjuicio de lo que en casos especiales dispongan las leyes.

El acreedor no podrá ser obligado a recibir otra cosa que lo que se le deba ni aun a pretexto de ser de igual o mayor valor la ofrecida.

Conc.: CC. 1560, 1590-1594
Fuentes: D.12.1.2.1; P.5.T.14.L.3, P.5.T.14.L.8; Poth. Obl. 494, p. 270, 530, p. 282-283; CN 1243

Art. 1570. En los pagos periódicos la carta de pago de tres períodos determinados y consecutivos hará presumir los pagos de los anteriores períodos, siempre que hayan debido efectuarse entre los mismos acreedor y deudor.

Conc.: CC. 1594
Fuentes: C.10.22.3; Poth. Louage 179-182, pp. 66-67; García Goyena 1097

Art. 1571. Los gastos que ocasionare el pago serán de cuenta del deudor; sin perjuicio de lo estipulado y de lo que el juez ordenare acerca de las costas judiciales.

Fuentes: CN 1248; García Goyena 1092

§ 2. Por quién puede hacerse el pago

Art. 1572. Puede pagar por el deudor cualquiera persona a nombre del deudor, aun sin su conocimiento o contra su voluntad, y aun a pesar del acreedor.

Pero si la obligación es de hacer, y si para la obra de que se trata se ha tomado en consideración la aptitud o talento del deudor, no podrá ejecutarse la obra por otra persona contra la voluntad del acreedor.

Conc.: CC. 1573-1575, 2370, 2375
Fuentes: D.3.5.39, D.46.3.23, D.46.3.31, D.46.3.40, D.46.3.53, D.46.3.72; P.5.T.14.L.3 Poth. Obl. 499-500, p. 272-274; CN 1236-1237

Art. 1573. El que paga sin el conocimiento del deudor no tendrá acción sino para que éste le reembolse lo pagado; y no se entenderá subrogado por la ley en el lugar y derechos del acreedor, ni podrá compeler al acreedor a que le subrogue.

Conc.: CC. 1365-1366, 1522, 1573, 1609, 1611, 2290, 2370, 2375
Fuentes: Poth. Obl. 500, p. 273-274; CN 1236

Art. 1574. El que paga contra la voluntad del deudor, no tiene derecho para que el deudor le reembolse lo pagado; a no ser que el acreedor le ceda voluntariamente su acción.

Conc.: CC. 1573, 2291, 2370, 2375
Fuentes: Poth. Obl. 500, p. 273-274; CN 1236

Art. 1575. El pago en que se debe transferir la propiedad no es válido, sino en cuanto el que paga es dueño de la cosa pagada, o la paga con el consentimiento del dueño.

Tampoco es válido el pago en que se debe transferir la propiedad, sino en cuanto el que paga tiene facultad de enajenar.

Sin embargo, cuando la cosa pagada es fungible y el acreedor la ha consumido de buena fe, se valida el pago, aunque haya sido hecho por el que no era dueño, o no tuvo facultad de enajenar.

Conc.: CC. 672, 682-683, 2375
Fuentes: D.3.5.9.1, D.46.3.14, D.46.3.94, D.50.17.54; Poth. 495-498, pp. 271-272; CN 1238

§ 3. A quién debe hacerse el pago

Art. 1576. Para que el pago sea válido, debe hacerse o al acreedor mismo (bajo cuyo nombre se entienden todos los que le hayan sucedido en el crédito, aun a título singular), o a la persona que la ley o el juez autoricen a recibir por él, o a la persona diputada por el acreedor para el cobro.

El pago hecho de buena fe a la persona que estaba entonces en posesión del crédito, es válido, aunque después aparezca que el crédito no le pertenecía.

Conc.: CC. 43, 671, 674, 699, 715, 1448, 1577-1586, 2116
Fuentes: D.50.17.180, D.46.3.12, D.46.3.49; P.5.T.14.L.5; Poth. Obl. 501-503, pp. 274-275, 506-508, 276-277; CN 1239-1240

Art. 1577. El pago hecho a una persona diversa de las expresadas en el artículo precedente es válido, si el acreedor lo ratifica de un modo expreso o tácito, pudiendo legítimamente hacerlo; o si el que ha recibido el pago sucede en el crédito, como heredero del acreedor, o bajo otro título cualquiera.

Cuando el pago hecho a persona incompetente es ratificado por el acreedor, se mirará como válido desde el principio.

Conc.: CC. 673-674, 2160
Fuentes: D.46.3.12.4; Poth. Obl. 506, pp. 276-277, 528, p. 282; CN 1239

Art. 1578. El pago hecho al acreedor es nulo en los casos siguientes:

1o. Si el acreedor no tiene la administración de sus bienes; salvo en cuanto se probare que la cosa pagada se ha empleado en provecho del acreedor, y en cuanto este provecho se justifique con arreglo al artículo 1688;

2o. Si por el juez se ha embargado la deuda o mandado retener su pago;

3o. Si se paga al deudor insolvente en fraude de los acreedores a cuyo favor se ha abierto concurso.

Conc.: CC. 1447, 1464, 2468; L. 20720
Fuentes: D.46.3.15, D.46.3.28, D.46.3.34.9, D.46.3.41; P.5.T.14.L.4; Poth. Obl. 504, p. 276, 509, p. 277, 529, p. 282; CN 1241-1242

Art. 1579. Reciben legítimamente los tutores y curadores por sus respectivos representados; los albaceas que tuvieren este encargo especial o la tenencia de los bienes del difunto; los maridos por sus mujeres en cuanto tengan la administración de los bienes de éstas; los padres o madres que ejerzan la patria potestad por sus hijos; los recaudadores fiscales o de comunidades o establecimientos públicos, por el Fisco o las respectivas comunidades o establecimientos; y las demás personas que por ley especial o decreto judicial estén autorizadas para ello.

Conc.: CC. 43, 83, 243-244, 260, 390, 671, 674, 678, 704, 720-721, 1295, 1411, 1448, 2181
Fuentes: D.46.3.22; C.5.37.25; P.5.T.14.L.4; Poth. Obl. 514-515, p. 278-279

Art. 1580. La diputación para recibir el pago puede conferirse por poder general para la libre administración de todos los negocios del acreedor, o por poder especial para la libre administración del negocio o negocios en que está comprendido el pago, o por un simple mandato comunicado al deudor.

Conc.: CC. 1448, 1576, 2116
Fuentes: P.5.T.14.L.5; Poth. Obl. 516, pp. 279; CN 1239

Art. 1581. Puede ser diputado para el cobro y recibir válidamente el pago, cualquiera persona a quien el acreedor cometa este encargo, aunque al tiempo de conferírsele no tenga la administración de sus bienes ni sea capaz de tenerla.

Conc.: CC. 1447, 1586, 2128
Fuente: Poth. Obl. 524, p. 281

Art. 1582. El poder conferido por el acreedor a una persona para demandar en juicio al deudor, no le faculta por sí solo para recibir el pago de la deuda.

Conc.: CC. 2132; CPC 7
Fuente: P.5.T.14.L.7

Art. 1583. La facultad de recibir por el acreedor no se transmite a los herederos o representantes de la persona diputada por él para este efecto, a menos que lo haya expresado así el acreedor.

Fuentes: D.45.1.55, D.46.3.81.pr; Poth. Obl. 522-523, p. 280

Art. 1584. La persona designada por ambos contratantes para recibir, no pierde esta facultad por la sola voluntad del acreedor; el cual, sin embargo, podrá ser autorizado por el juez para revocar este encargo, en todos los casos en que el deudor no tenga interés en oponerse a ello.

Fuentes: P.5.T.14.L.5; Poth. 518-520, pp. 279-280, 525, p. 281

Art. 1585. Si se ha estipulado que se pague al acreedor mismo, o a un tercero, el pago hecho a cualquiera de los dos es igualmente válido. Y no puede el acreedor prohibir que se haga el pago al tercero, a menos que antes de la prohibición haya demandado en juicio al deudor, o que pruebe justo motivo para ello.

Conc.: CC. 1576, 1580, 1584
Fuente: P.5.T.14.L.5

Art. 1586. La persona diputada para recibir se hace inhábil por la demencia o la interdicción, por haber hecho cesión de bienes o haberse trabado ejecución en todos ellos; y en general por todas las causas que hacen expirar un mandato.

Conc.: CC. 1447, 1581, 2138
Fuente: P.5.T.14.L.5-6; Poth. 524, p. 281

§ 4. Dónde debe hacerse el pago

Art. 1587. El pago debe hacerse en el lugar designado por la convención.

Conc.: CC: 1588-1589, 1602
Fuentes: D.5.1.19.2, D.13.4.9, D.30.47.pr, D.42.5.3, D.44.7.21; P.5.T.11.L.15; Poth. Obl. 548, p. 289; CN 1247

Art. 1588. Si no se ha estipulado lugar para el pago y se trata de un cuerpo cierto, se hará el pago en el lugar en que dicho cuerpo existía al tiempo de constituirse la obligación.

Pero si se trata de otra cosa se hará el pago en el domicilio del deudor.

Conc.: CC. 59
Fuentes: D.30.47; Poth. Obl. 548-549, pp. 289-290; CN 1247

Art. 1589. Si hubiere mudado de domicilio el acreedor o el deudor entre la celebración del contrato y el pago, se hará siempre éste en el lugar en que sin esa mudanza correspondería, salvo que las partes dispongan de común acuerdo otra cosa.

Conc.: CC. 59
Fuentes: Poth. Obl. 548-549, pp. 289-290

§ 5. Cómo debe hacerse el pago

Art. 1590. Si la deuda es de un cuerpo cierto, debe el acreedor recibirlo en el estado en que se halle; a menos que se haya deteriorado y que los deterioros provengan del hecho o culpa del deudor, o de las personas por quienes éste es responsable; o a menos que los deterioros hayan sobrevenido después que el deudor se ha constituido en mora, y no provengan de un caso fortuito a que la cosa hubiese estado igualmente expuesta en poder del acreedor.

En cualquiera de estas dos suposiciones se puede pedir por el acreedor la rescisión del contrato y la indemnización de perjuicios; pero si el acreedor prefiere llevarse la especie, o si el deterioro no pareciere de importancia, se concederá solamente la indemnización de perjuicios.

Si el deterioro ha sobrevenido antes de constituirse el deudor en mora, pero no por hecho o culpa suya, sino de otra persona por quien no es responsable, es válido el pago de la cosa en el estado en que se encuentre; pero el acreedor podrá exigir que se le ceda la acción que tenga su deudor contra el tercero, autor del daño.

Conc.: CC. 1135, 1486, 1510, 1521, 1547-1548, 1550, 1567, 1569, 1591-1594, 1672, 1680, 1820, 1827, 2000, 2153
Fuentes: D.45.3.33.1; Poth. Obl. 544, 287-288; CN 1245, 1303

Art. 1591. El deudor no puede obligar al acreedor a que reciba por partes lo que se le deba, salvo el caso de convención contraria; y sin perjuicio de lo que dispongan las leyes en casos especiales.

El pago total de la deuda comprende el de los intereses e indemnizaciones que se deban.

Conc.: CC. 1539, 1569, 1592-1594, 2161, 2364
Fuentes: D.22.1.41.1; C.8.42.9; P.5.T.14L.3; Poth. 534, p. 283-284; CN 1244

Art. 1592. Si hay controversia sobre la cantidad de la deuda, o sobre sus accesorios, podrá el juez ordenar, mientras se decide la cuestión, el pago de la cantidad no disputada.

Conc.: CC. 1591
Fuentes: D.12.1.31.1; Poth. Obl. 537, p. 285

Art. 1593. Si la obligación es de pagar a plazos, se entenderá dividido el pago en partes iguales; a menos que en el contrato se haya determinado la parte o cuota que haya de pagarse a cada plazo.

Conc.: CC. 1570
Fuentes: Poth. Obl. 536, p. 285

Art. 1594. Cuando concurran entre unos mismos acreedor y deudor diferentes deudas, cada una de ellas podrá ser satisfecha separadamente; y por consiguiente el deudor de muchos años de una pensión, renta o canon podrá obligar al acreedor a recibir el pago de un año, aunque no le pague al mismo tiempo los otros.

Conc.: CC. 1569-1570, 1591, 1593, 1595-1597
Fuentes: D.46.3.44; Poth. Obl. 552, p. 291

§ 6. De la imputación del pago

Art. 1595. Si se deben capital e intereses, el pago se imputará primeramente a los intereses, salvo que el acreedor consienta expresamente que se impute al capital.

Si el acreedor otorga carta de pago del capital sin mencionar los intereses, se presumen éstos pagados.

Conc.: CC. 1594, 1596-1597, 2442
Fuentes: D.46.3.102.1; Poth. Obl. 565, p. 301; CN 1254

Art. 1596. Si hay diferentes deudas, puede el deudor imputar el pago a la que elija; pero sin el consentimiento del acreedor no podrá preferir la deuda no devengada a la que lo está; y si el deudor no imputa el pago a ninguna en particular, el acreedor podrá hacer la imputación en la carta de pago; y si el deudor la acepta, no le será lícito reclamar después.

Conc.: CC. 1594
Fuentes: D.46.3.1-3; P.5.T.14.L.10; Poth. Obl. 565-566, p. 301; CN 1253

Art. 1597. Si ninguna de las partes ha imputado el pago, se preferirá la deuda que al tiempo del pago estaba devengada a la que no lo estaba; y no habiendo diferencia bajo este respecto, la deuda que el deudor eligiere.

Conc.: CC. 1594-1596
Fuentes: D.46.3.3.1, D.46.3.100; Modif. P.5.T.14.L.10; Poth. Obl. 567, p. 303; CN 1256

§ 7. Del pago por consignación

Art. 1598. Para que el pago sea válido, no es menester que se haga con el consentimiento del acreedor; el pago es válido aun contra la voluntad del acreedor, mediante la consignación.

Conc.: CC. 1548, 1576, 1599-1607, 1680, 1827; L. 18101, 23
Fuentes: D.46.3.72; CN 1257; Delv. T.2, p. 163

Art. 1599. La consignación es el depósito de la cosa que se debe, hecho a virtud de la repugnancia o no comparecencia del acreedor a recibirla, o de la incertidumbre acerca de la persona de éste, y con las formalidades necesarias, en manos de una tercera persona.

Conc.: CC. 1598, 1600-1607
Fuentes: Poth. Obl. 572, p. 362; CN 1257; Delv. t. 2, p. 163

Art. 1600. La consignación debe ser precedida de oferta, y para que la oferta sea válida, reunirá las circunstancias que siguen:

1a. Que sea hecha por una persona capaz de pagar;

2a. Que sea hecha al acreedor, siendo éste capaz de recibir el pago, o a su legítimo representante;

3a. Que si la obligación es a plazo o bajo condición suspensiva, haya expirado el plazo o se haya cumplido la condición. Con todo, si la obligación es a plazo, la oferta podrá también hacerse en los dos últimos días hábiles del plazo.

4a. Que se ofrezca ejecutar el pago en el lugar debido;

5a. Que la oferta sea hecha por notario o por un receptor competentes, sin previa orden del tribunal. Para este efecto el deudor pondrá en sus manos una minuta de lo que debe, con los intereses vencidos, si los hay, y los demás cargos líquidos, comprendiendo en ella una descripción individual de la cosa ofrecida. Para la validez de la oferta, no será menester la presentación material de la cosa ofrecida. En las comunas en que no haya notario, podrá hacer sus veces el oficial del Registro Civil del lugar en que deba hacerse el pago.

6a. Que el notario, el receptor o el oficial del Registro Civil, en su caso, extienda acta de la oferta, copiando en ella la antedicha minuta.

7a. Que el acta de la oferta exprese la respuesta del acreedor o su representante, y si el uno o el otro la ha firmado, rehusado firmarla, o declarado no saber o no poder firmar.

Sin embargo, si el acreedor demanda judicialmente el cumplimiento de la obligación o deduce cualquiera otra acción que pueda enervarse mediante el pago de la deuda, bastará que la cosa debida con los intereses vencidos, si los hay, y demás cargos líquidos, se consigne a la orden del tribunal que conoce del proceso en alguna de las formas que señala el artículo 1601, sin necesidad de oferta previa. En este caso la suficiencia del pago será calificada por dicho tribunal en el mismo juicio.

Conc.: CC. 1598-1599, 1601-1607
Fuentes: P.5.T.14.L.8; Poth. Obl. 574-577 p. 306; CN 1258; Dev. t. 2, p. 164

Art. 1601. Si el acreedor o su representante se niega a recibir la cosa ofrecida, el deudor podrá consignarla en la cuenta bancaria del tribunal competente, o en la tesorería comunal, o en un banco u oficina de la Caja Nacional de Ahorros, de la Caja de Crédito Agrario, feria, martillo o almacén general de depósito del lugar en que deba hacerse el pago, según sea la naturaleza de la cosa ofrecida.

Podrá también efectuarse la consignación en poder de un depositario nombrado por el juez competente.

No será necesario decreto judicial previo para efectuar la oferta ni para hacer la consignación.

En el pago por consignación no se admitirá gestión ni recurso judicial alguno del acreedor tendiente a obstaculizar la oferta, o la consignación. Por consiguiente, no se dará curso a ninguna oposición o solicitud del acreedor.

Cuando se trate del pago periódico de sumas de dinero provenientes de una misma obligación, las cuotas siguientes a la que se haya consignado se depositarán en la cuenta bancaria del tribunal sin necesidad de nuevas ofertas.

Será juez competente para los efectos de este artículo el de Letras de Mayor Cuantía del lugar en que deba efectuarse el pago.

Conc.: CC. 1598-1600, 1602-1607; L. 18101, 23
Fuentes: Poth. Obl. 577-578, pp. 306-307; CN 1264; ABGB 1425; Delv. t. 2, p. 164-165

Art. 1602. Si el acreedor o su representante no tiene domicilio en el lugar en que deba efectuarse el pago, o no es habido, o hay incertidumbre acerca de la persona del acreedor, tendrá lugar lo dispuesto en los números 1.o, 3.o, 4.o, 5.o y 6.o del artículo 1600.

La oferta se hará en este caso al tesorero comunal respectivo, quien se limitará a tomar conocimiento de ella y el deudor podrá proceder a la consignación en la forma prevenida en el artículo precedente.

Modif. L. 7835

Conc.: CC. 1600-1601

Art. 1603. Hecha la consignación, el deudor pedirá al juez indicado en el inciso final del artículo 1601 que ordene ponerla en conocimiento del acreedor, con intimación de recibir la cosa consignada.

La suficiencia del pago por consignación será calificada en el juicio que corresponda promovido por el deudor o por el acreedor ante el tribunal que sea competente según las reglas generales.

Sin embargo, si el acreedor no prueba, dentro del plazo de treinta días hábiles contados desde la fecha en que haya sido notificado de la consignación, la circunstancia de existir juicio en el cual deba calificarse la suficiencia del pago, el juez que ordenó dicha notificación lo declarará suficiente, a petición del deudor, y ordenará alzar las cauciones, sin más trámite. Las resoluciones que se dicten en virtud de este inciso serán apelables sólo en el efecto devolutivo.

No obstante, el juez podrá prorrogar hasta por treinta días el plazo establecido en el inciso anterior si por causas ajenas a la voluntad del acreedor no ha sido posible notificar al deudor.

Se entenderá existir juicio desde el momento en que se haya notificado la demanda.

Modif. L. 7825
Conc.: CC. 1601

Art. 1604. Las expensas de toda oferta y consignación válidas serán a cargo del acreedor.

Conc.: CC. 1571
Fuentes: CN 1260; Delv. t. 2, p. 165

Art. 1605. El efecto de la consignación suficiente es extinguir la obligación, hacer cesar, en consecuencia, los intereses y eximir del peligro de la cosa al deudor, todo ello desde el día de la consignación.

Sin embargo, si se trata de una obligación a plazo o bajo condición, aceptada la consignación por el acreedor, o declarado suficiente el pago por resolución ejecutoriada, la obligación se considerará cumplida en tiempo oportuno siempre que la oferta se haya efectuado a más tardar el día siguiente hábil al vencimiento de la obligación; pero el deudor quedará obligado en todo caso al pago de los intereses que se deban y al cuidado de la cosa hasta la consignación.

Modif. L. 7825
Conc.: CC. 1550-1551, 1559, 1567, 1590, 1672, 1674
Fuentes: C.8.42.9; Poth. Obl. 573, p. 306, 380, p. 307-308; CN 1257; Delv. t. 2, p. 165

Art. 1606. Mientras la consignación no haya sido aceptada por el acreedor, o el pago declarado suficiente por sentencia que tenga la fuerza de cosa juzgada, puede el deudor retirar la consignación; y retirada, se mirará como de ningún valor y efecto respecto del consignante y de sus codeudores y fiadores.

Fuentes: C.4.32.19; CN 1261; Delv. t. 2, p. 165; García Goyena 1112

Art. 1607. Cuando la obligación ha sido irrevocablemente extinguida, podrá todavía retirarse la consignación, si el acreedor consiente en ello. Pero en este caso la obligación se mirará como del todo nueva; los codeudores y fiadores permanecerán exentos de ella; y el acreedor no conservará los privilegios o hipotecas de su crédito primitivo. Si por voluntad de las partes se renovaren las hipotecas precedentes, se inscribirán de nuevo y su fecha será la del día de la nueva inscripción.

Conc.: CC. 1628, 1631
Fuentes: P.5.T.14.L.8, P.5.T.13.L.38; Delv. t. 2, p. 165

§ 8. Del pago con subrogación

Art. 1608. La subrogación es la transmisión de los derechos del acreedor a un tercero, que le paga.

Conc.: Subrogación legal CC. 1365-1366, 1522, 1573, 1609, 1611
Subrogación convencional CC. 1574, 1609-1610, 1632, 2355, 2372, 2378, 2381, 2429, 2466, 2470
Fuentes: CN 1249

Art. 1609. Se subroga un tercero en los derechos del acreedor, o en virtud de la ley, o en virtud de una convención del acreedor.

Conc.: Subrogación legal CC. 1365-1366, 1522, 1573, 1609, 1611
Subrogación convencional CC. 1574, 1609-1610, 1632, 2355, 2372, 2378, 2381, 2429, 2466, 2470
Fuentes: CN 1249; Delv. t. 2, pp. 169-170

Art. 1610. Se efectúa la subrogación por el ministerio de la ley y aun contra la voluntad del acreedor, en todos los casos señalados por las leyes, y especialmente a beneficio,

1o. Del acreedor que paga a otro acreedor de mejor derecho en razón de un privilegio o hipoteca;

2o. Del que habiendo comprado un inmueble, es obligado a pagar a los acreedores a quienes el inmueble está hipotecado;

3o. Del que paga una deuda a que se halla obligado solidaria o subsidiariamente;

4o. Del heredero beneficiario que paga con su propio dinero las deudas de la herencia;

5o. Del que paga una deuda ajena, consintiéndolo expresa o tácitamente el deudor;

6o. Del que ha prestado dinero al deudor para el pago; constando así en escritura pública del préstamo, y constando además en escritura pública del pago haberse satisfecho la deuda con el mismo dinero.

Conc.: CC. CC. 1365-1366, 1522, 1573, 1609, 1611
Fuentes: Poth. Obl. 558, p. 297; CN 1251; Delv. t. 2, pp. 170-171

Art. 1611. Se efectúa la subrogación en virtud de una convención del acreedor; cuando éste, recibiendo de un tercero el pago de la deuda, le subroga voluntariamente en todos los derechos y acciones que le corresponden como tal acreedor: la subrogación en este caso está sujeta a la regla de la cesión de derechos, y debe hacerse en la carta de pago.

Conc.: CC. 1574, 1609-1610, 1632, 1901-1908, 2355, 2372, 2378, 2381, 2429, 2466, 2470
Fuentes: D.46.1.17, D.46.1.36, D.46.3.76; P.5.T.12.L.11; Poth. Obl. 556, p. 292; CN 1251; Delv. t. 2, p. 170

Art. 1612. La subrogación, tanto legal como convencional, traspasa al nuevo acreedor todos los derechos, acciones, privilegios, prendas e hipotecas del antiguo, así contra el deudor principal, como contra cualesquiera terceros, obligados solidaria o subsidiariamente a la deuda.

Si el acreedor ha sido solamente pagado en parte, podrá ejercer sus derechos, relativamente a lo que se le reste debiendo, con preferencia al que sólo ha pagado una parte del crédito.

Conc.: CC. 1613, 2370-2378, 2429, 2466
Fuentes: D.46.1.36; Poth. Obl. 559-560, p. 299-300; CN 1252; Delv. t. 2, p. 171

Art. 1613. Si varias personas han prestado dinero al deudor para el pago de una deuda, no habrá preferencia entre ellas, cualesquiera que hayan sido las fechas de los diferentes préstamos o subrogaciones.

Conc.: CC. 1612

§ 9. Del pago por cesión de bienes o por acción ejecutiva del acreedor o acreedores

Art. 1614. La cesión de bienes es el abandono voluntario que el deudor hace de todos los suyos a su acreedor o acreedores, cuando, a consecuencia de accidentes inevitables, no se halla en estado de pagar sus deudas.

Conc.: CC. 1586, 1614-1624, 1626, 2354, 2467-2468; COT 154; L. 20720
Fuentes: D.42.3.1, D.42.3.4; C.7.71.1; P.5.T.15.Pr; Poth. Procédure, 709, p. 334; CN 1265, 1268

Art. 1615. Esta cesión de bienes será admitida por el juez con conocimiento de causa, y el deudor podrá implorarla no obstante cualquiera estipulación en contrario.

Conc.: CC. 12, 1465
Fuentes: D.17.2.63.7; P.5.T.15.L.5; CN 1268; García Goyena 1148

Art. 1616. Para obtener la cesión, incumbe al deudor probar su inculpabilidad en el mal estado de sus negocios, siempre que alguno de los acreedores lo exija.

Conc.: CC. 1698

Art. 1617. Los acreedores serán obligados a aceptar la cesión, excepto en los casos siguientes:

1o. Si el deudor ha enajenado, empeñado o hipotecado, como propios, bienes ajenos a sabiendas;

2o. Si ha sido condenado por hurto o robo, falsificación o cualquiera de los delitos señalados en el Párrafo 7 del Título IX del Libro Segundo del Código Penal;

3o. Si ha obtenido quitas o esperas de sus acreedores;

4o. Si ha dilapidado sus bienes;

5o. Si no ha hecho una exposición circunstanciada y verídica del estado de sus negocios, o se ha valido de cualquier otro medio fraudulento para perjudicar a sus acreedores.

Modif. L. 20720
Conc.: CC. 1614, 1616
Fuentes: Poth. Procédure 711, p. 335-336

Art. 1618. La cesión comprenderá todos los bienes, derechos y acciones del deudor, excepto los no embargables.

No son embargables:

1o. Las dos terceras partes del salario de los empleados en servicio público, siempre que ellas no excedan de noventa centésimos de escudo; si exceden, no serán embargables los dos tercios de esta suma, ni la mitad del exceso.

La misma regla se aplica a los montepíos, a todas las pensiones remuneratorias del Estado, y a las pensiones alimenticias forzosas;

2o. El lecho del deudor, el de su cónyuge, los de los hijos que viven con él y a sus expensas, y la ropa necesaria para el abrigo de todas estas personas.

3o. Los libros relativos a la profesión del deudor hasta el valor de veinte centésimos de escudo y a elección del mismo deudor;

4o. Las máquinas e instrumentos de que se sirve el deudor para la enseñanza de alguna ciencia o arte hasta dicho valor y sujetos a la misma elección;

5o. Los uniformes y equipos de los militares, según su arma y grado;

6o. Los utensilios del deudor artesano o trabajador del campo, necesarios para su trabajo individual;

7o. Los artículos de alimento y combustible que existan en poder del deudor, hasta concurrencia de lo necesario para el consumo de la familia durante un mes;

8o. La propiedad de los objetos que el deudor posee fiduciariamente;

9o. Los derechos cuyo ejercicio es enteramente personal, como los de uso y habitación;

10o. Los bienes raíces donados o legados con la expresión de no embargables, siempre que se haya hecho constar su valor al tiempo de la entrega por tasación aprobada judicialmente; pero podrán embargarse por el valor adicional que después adquirieren.

Modif. DL 1123 de 1975; L. 18802
Conc.: CC. 1624, 2469; L. 20720
Fuentes: P.5.T.15.L.2; Poth. Procedure, 449, pp. 203-205; CPC Francés 592; L. Prelación Créditos 1845; L. Prelación Créditos 1854

Art. 1619. La cesión de bienes produce los efectos siguientes:

1o. El deudor queda libre de todo apremio personal;

2o. Las deudas se extinguen hasta la cantidad en que sean satisfechas con los bienes cedidos;

3o. Si los bienes cedidos no hubieren bastado para la completa solución de las deudas, y el deudor adquiere después otros bienes, es obligado a completar el pago con éstos.

La cesión no transfiere la propiedad de los bienes del deudor a los acreedores, sino sólo la facultad de disponer de ellos y de sus frutos hasta pagarse de sus créditos.

Conc.: CC. 1621-1622, 1626
Fuentes: D.43.3.3-7; C.7.71.2, C.7.71.4; Poth. Procédure 714, pp. 339-340; CN 1269-1270; García Goyena 1150-1151

Art. 1620. Podrá el deudor arrepentirse de la cesión antes de la venta de los bienes o de cualquiera parte de ellos, y recobrar los que existan, pagando a sus acreedores.

Fuentes: Modif. P5.T.15.L.2

Art. 1621. Hecha la cesión de bienes podrán los acreedores dejar al deudor la administración de ellos, y hacer con él los arreglos que estimaren convenientes, siempre que en ello consienta la mayoría de los acreedores concurrentes.

Conc.: CC. 1586, 1619
Fuentes: García Goyena 1153

Art. 1622. El acuerdo de la mayoría obtenido en la forma prescrita por el Código de Enjuiciamiento, será obligatorio para todos los acreedores que hayan sido citados en la forma debida.

Pero los acreedores privilegiados, prendarios o hipotecarios no serán perjudicados por el acuerdo de la mayoría, si se hubieren abstenido de votar.

Fuentes: C.7.71.8; P.5.T.15.L.15; C. Sardo 1362; García Goyena 1154-1155

Art. 1623. La cesión de bienes no aprovecha a los codeudores solidarios o subsidiarios, ni al que aceptó la herencia del deudor sin beneficio de inventario.

Conc.: CC. 2354
Fuentes: IJ 4.14.4; P.5.T.15.L.3; García Goyena 1152

Art. 1624. Lo dispuesto acerca de la cesión en los artículos 1618 y siguientes, se aplica al embargo de los bienes por acción ejecutiva del acreedor o acreedores; pero en cuanto a la exención de apremio personal se estará a lo prevenido en el Código de Enjuiciamiento.

Conc.: CC. 1618, 2469; CPC 445

§ 10. Del pago con beneficio de competencia

Art. 1625. Beneficio de competencia es el que se concede a ciertos deudores para no ser obligados a pagar más de lo que buenamente puedan, dejándoseles en consecuencia lo indispensable para una modesta subsistencia, según su clase y circunstancias, y con cargo de devolución cuando mejoren de fortuna.

Conc.: CC. 1408, 1417, 1423, 1626-1627
Fuentes: IJ 4.6.40; Escriche, «Beneficio de competencia», t. 2, p. 61

Art. 1626. El acreedor es obligado a conceder este beneficio:

1o. A sus descendientes o ascendientes; no habiendo éstos irrogado al acreedor ofensa alguna de las clasificadas entre las causas de desheredación;

2o. A su cónyuge; no estando separado judicialmente por su culpa;

3o. A sus hermanos; con tal que no se hayan hecho culpables para con el acreedor de una ofensa igualmente grave que las indicadas como causa de desheredación respecto de los descendientes o ascendientes;

4o. A sus consocios en el mismo caso; pero sólo en las acciones recíprocas que nazcan del contrato de sociedad;

5o. Al donante; pero sólo en cuanto se trata de hacerle cumplir la donación prometida;

6o. Al deudor de buena fe que hizo cesión de bienes y es perseguido en los que después ha adquirido para el pago completo de las deudas anteriores a la cesión; pero sólo le deben este beneficio los acreedores a cuyo favor se hizo.

Modif. L. 19947
Conc.: CC. 1408, 1417, 1614, 1619
Fuentes: IJ 4.6.40; P.4.T.11.L.32, P.5.T.4.L.4, P.5.T.10.L.15, P.5.T.15.L.1-3; Escriche, «Beneficio de competencia», t. 2, p. 61

Art. 1627. No se pueden pedir alimentos y beneficio de competencia a un mismo tiempo. El deudor elegirá.

Conc.: CC. 134, 174, 230-233, 1168, 1423

TÍTULO XV. DE LA NOVACIÓN

Art. 1628. La novación es la substitución de una nueva obligación a otra anterior, la cual queda por tanto extinguida.

Conc.: CC. 1513, 1519, 1567, 1629-1651, 2461
Fuentes: D.46.2.1; P.5.T.14.L.15; Poth. Obl. 581, p. 309-310; Delv. t. 2, p. 171

Art. 1629. El procurador o mandatario no puede novar si no tiene especial facultad para ello, o no tiene la libre administración de los negocios del comitente o del negocio a que pertenece la deuda.

Conc.: CC. 2132-2133; CPC 7
Fuentes: Poth. Obl. 592, p. 313

Art. 1630. Para que sea válida la novación es necesario que tanto la obligación primitiva como el contrato de novación sean válidos, a lo menos naturalmente.

Conc.: CC. 1470, 1631, 1638-1639, 1651
Fuentes: IJ. 3.29.3; D.46.2.1.1, D.46.2.3; Poth. Obl. 589, p. 312; Febrero, l.5.t.3.c.5; García Goyena 1139

Art. 1631. La novación puede efectuarse de tres modos:

1o. Substituyéndose una nueva obligación a otra, sin que intervenga nuevo acreedor o deudor;

2o. Contrayendo el deudor una nueva obligación respecto de un tercero, y declarándole en consecuencia libre de la obligación primitiva el primer acreedor;

3o. Substituyéndose un nuevo deudor al antiguo, que en consecuencia queda libre.

Esta tercera especie de novación puede efectuarse sin el consentimiento del primer deudor. Cuando se efectúa con su consentimiento, el segundo deudor se llama delegado del primero.

Conc.: CC. 1630, 1638-1639, 1651
Fuentes: Poth. Obl. 582-584, p. 310; CN 1271

Art. 1632. Si el deudor no hace más que diputar una persona que haya de pagar por él, o el acreedor una persona que haya de recibir por él, no hay novación.

Tampoco la hay cuando un tercero es subrogado en los derechos del acreedor.

Conc.: CC. 1576, 1580-1581, 1583, 1608, 1635
Fuentes: D.46.2.11; Poth. Obl. 600, p. 319; Delv. t. 2, pp. 172-173

Art. 1633. Si la antigua obligación es pura y la nueva pende de una condición suspensiva, o si, por el contrario, la antigua pende de una condición suspensiva y la nueva es pura, no hay novación, mientras está pendiente la condición; y si la condición llega a fallar, o si antes de su cumplimiento se extingue la obligación antigua, no habrá novación.

Con todo, si las partes, al celebrar el segundo contrato, convienen en que el primero quede desde luego abolido, sin aguardar el cumplimiento de la condición pendiente, se estará a la voluntad de las partes.

Fuentes: IJ 3.29.3; Molina, De just. 559, t. 2, p. 1408; Poth. Obl. 585, p. 311

Art. 1634. Para que haya novación, es necesario que lo declaren las partes, o que aparezca indudablemente, que su intención ha sido novar, porque la nueva obligación envuelve la extinción de la antigua.

Si no aparece la intención de novar, se mirarán las dos obligaciones como coexistentes, y valdrá la obligación primitiva en todo aquello en que la posterior no se opusiere a ella, subsistiendo en esa parte los privilegios y cauciones de la primera.

Conc.: CC. 1635-1636; L. 18092 12
Fuentes: C.8.41.8; Molina, De just. 559, t. 2, p. 1409-1412; C. Prusiano 1.16.455; Poth. 594, pp. 313-314; CN 1273; Delv. t. 2, p. 173

Art. 1635. La substitución de un nuevo deudor a otro no produce novación, si el acreedor no expresa su voluntad de dar por libre al primitivo deudor.

A falta de esta expresión, se entenderá que el tercero es solamente diputado por el deudor para hacer el pago, o que dicho tercero se obliga con él solidaria o subsidiariamente, según parezca deducirse del tenor o espíritu del acto.

Conc.: CC. 1632, 1634, 1636
Fuentes: P.5.T.14.L.15; Molina, De just. 559, t. 2, p. 1409-1410; Poth. Obl. 594, p. 313; CN 1277; Delv. t. 2, p. 171

Art. 1636. Si el delegado es substituido contra su voluntad al delegante, no hay novación, sino solamente cesión de acciones del delegante a su acreedor, y los efectos de este acto se sujetan a las reglas de la cesión de acciones.

Conc.: CC. 1901-1908
Fuentes: ¿D.46.2.30?; Poth. Obl. 605, p. 322

Art. 1637. El acreedor que ha dado por libre al deudor primitivo, no tiene después acción contra él, aunque el nuevo deudor caiga en insolvencia; a menos que en el contrato de novación se haya reservado este caso expresamente, o que la insolvencia haya sido anterior, y pública o conocida del deudor primitivo.

Conc.: CC. 1567, 2467; L. 20720 57, 129-130, 264, 275
Fuentes: C.8.41.3.1; P.5.T.14.L.15; Poth. Obl. 604, p. 320-322; CN 1276

Art. 1638. El que delegado por alguien de quien creía ser deudor y no lo era, promete al acreedor de éste pagarle para libertarse de la falsa deuda, es obligado al cumplimiento de su promesa; pero le quedará a salvo su derecho contra el delegante para que pague por él, o le reembolse lo pagado.

Conc.: CC. 1639, 2295
Fuentes: D.39.5.2.4, D.44.4.7, D.46.2.12; P.5.T.14.L.19; Poth. 602, p. 320

Art. 1639. El que fue delegado por alguien que se creía deudor y no lo era, no es obligado al acreedor, y si paga en el concepto de ser verdadera la deuda, se halla para con el delegante en el mismo caso que si la deuda hubiera sido verdadera, quedando a salvo su derecho al delegante para la restitución de lo indebidamente pagado.

Conc.: CC. 1638, 2295
Fuentes: D.39.5.2.4, D.44.4.7, D.46.2.12; P.5.T.14.L.19; Poth. 602, p. 320

Art. 1640. De cualquier modo que se haga la novación, quedan por ella extinguidos los intereses de la primera deuda, si no se expresa lo contrario.

Conc.: CC. 1567
Fuentes: D.46.2.18

Art. 1641. Sea que la novación se opere por la substitución de un nuevo deudor o sin ella, los privilegios de la primera deuda se extinguen por la novación.

Conc.: CC. 1567, 1642-1644, 2470
Fuentes: D.13.7.11.1, D.20.4.3.pr, D.20.4.12, D.46.2.18; P.5.T.14.L.15; Poth. 599, pp. 317-319; CN 1278-1280

Art. 1642. Aunque la novación se opere sin la substitución de un nuevo deudor, las prendas e hipotecas de la obligación primitiva no pasan a la obligación posterior, a menos que el acreedor y el deudor convengan expresamente en la reserva.

Pero la reserva de las prendas e hipotecas de la obligación primitiva no vale cuando las cosas empeñadas o hipotecadas pertenecen a terceros, que no acceden expresamente a la segunda obligación.

Tampoco vale la reserva en lo que la segunda obligación tenga de más que la primera. Si, por ejemplo, la primera deuda no producía intereses, y la segunda los produjere, la hipoteca de la primera no se extenderá a los intereses.

Conc.: CC. 1567, 1641, 1643-1644, 2470
Fuentes: D.13.7.11.1, D.20.4.3.pr, D.20.4.12, D.46.2.18; P.5.T.14.L.15; Poth. 599, pp. 317-319; CN 1278-1280

Art. 1643. Si la novación se opera por la substitución de un nuevo deudor, la reserva no puede tener efecto sobre los bienes del nuevo deudor, ni aun con su consentimiento.

Y si la novación se opera entre el acreedor y uno de sus deudores solidarios, la reserva no puede tener efecto sino relativamente a éste. Las prendas e hipotecas constituidas por sus codeudores solidarios se extinguen, a pesar de toda estipulación contraria; salvo que éstos accedan expresamente a la segunda obligación.

Conc.: CC. 1567, 1641, 1643-1644, 2470
Fuentes: D.13.7.11.1, D.20.4.3.pr, D.20.4.12, D.46.2.18, D.46.2.30; P.5.T.14.L.15; Poth. 599, pp. 317-319; CN 1278-1280

Art. 1644. En los casos y cuantía en que no puede tener efecto la reserva, podrán renovarse las prendas e hipotecas; pero con las mismas formalidades que si se constituyesen por primera vez, y su fecha será la que corresponda a la renovación.

Conc.: CC. 1567, 1641-1643, 2470

Art. 1645. La novación liberta a los codeudores solidarios o subsidiarios, que no han accedido a ella.

Conc.: CC. 1513, 1519, 2461
Fuentes: Poth. Obl. 599, p. 317; CN 1281

Art. 1646. Cuando la segunda obligación consiste simplemente en añadir o quitar una especie, género o cantidad a la primera, los codeudores subsidiarios y solidarios podrán ser obligados hasta concurrencia de aquello en que ambas obligaciones convienen.

Conc.: CC. 1513, 1519, 1645, 2461
Fuentes: C.8.41.8

Art. 1647. Si la nueva obligación se limita a imponer una pena para en caso de no cumplirse la primera, y son exigibles juntamente la primera obligación y la pena, los privilegios, fianzas, prendas e hipotecas subsistirán hasta concurrencia de la deuda principal sin la pena. Mas si en el caso de infracción es solamente exigible la pena, se entenderá novación desde que el acreedor exige sólo la pena, y quedarán por el mismo hecho extinguidos los privilegios, prendas e hipotecas de la obligación primitiva, y exonerados los que solidaria o subsidiariamente accedieron a la obligación primitiva, y no a la estipulación penal.

Conc.: CC. 1567, 1640-1646, 1648-1651
Fuentes: D.46.2.15; C.8.41.8

Art. 1648. La simple mutación de lugar para el pago dejará subsistentes los privilegios, prendas e hipotecas de la obligación, y la responsabilidad de los codeudores solidarios y subsidiarios, pero sin nuevo gravamen.

Conc.: CC. 1587-1589, 1602, 1649-1651
Fuentes: C.8.41.8

Art. 1649. La mera ampliación del plazo de una deuda no constituye novación; pero pone fin a la responsabilidad de los fiadores y extingue las prendas e hipotecas constituidas sobre otros bienes que los del deudor; salvo que los fiadores o los dueños de las cosas empeñadas o hipotecadas accedan expresamente a la ampliación.

Conc.: CC. 1494, 1512, 1648, 1650-1651
Fuentes: IJ 3.29.3; C.8.41.8; Poth. Obl. 587, pp. 311-312, 596, p. 316

Art. 1650. Tampoco la mera reducción del plazo constituye novación; pero no podrá reconvenirse a los codeudores solidarios o subsidiarios sino cuando expire el plazo primitivamente estipulado.

Conc.: CC. 1494, 1648-1649, 1651
Fuentes: IJ 3.29.3; C.8.41.8; Poth. Obl. 587, pp. 311-312, 596, p. 316

Art. 1651. Si el acreedor ha consentido en la nueva obligación bajo condición de que accediesen a ella los codeudores solidarios o subsidiarios, y si los codeudores solidarios o subsidiarios no accedieren, la novación se tendrá por no hecha.

Conc.: CC. 1648-1650
Fuentes: CN 1281

TÍTULO XVI. DE LA REMISIÓN

Art. 1652. La remisión o condonación de una deuda no tiene valor, sino en cuanto el acreedor es hábil para disponer de la cosa que es objeto de ella.

Conc.: CC. 12, 403, 1129-1130, 1395, 1397, 1447, 1513, 1518, 1532, 1567, 1652-1654, 2271, 2374, 2468
Fuentes: IJ 3.29.4; D.26.7.22, D.50.17.35; P.5.T.14.L.9; Poth. Obl. 607, p. 323, 619, p. 331-333

Art. 1653. La remisión que procede de mera liberalidad, está en todo sujeta a las reglas de la donación entre vivos; y necesita de insinuación en los casos en que la donación entre vivos la necesita.

Conc.: CC. 403, 1395, 1397, 1400

Art. 1654. Hay remisión tácita cuando el acreedor entrega voluntariamente al deudor el título de la obligación, o lo destruye o cancela, con ánimo de extinguir la deuda. El acreedor es admitido a probar que la entrega, destrucción o cancelación del título no fue voluntaria o no fue hecha con ánimo de remitir la deuda. Pero a falta de esta prueba, se entenderá que hubo ánimo de condonarla.

La remisión de la prenda o de la hipoteca no basta para que se presuma remisión de la deuda.

Conc.: CC. 1397, 2374
Fuentes: D.2.14.2.1, D.22.3.24; C.8.42.14-15; P.5.T.13.L.40, P.5.T.14.L.9; Poth. Obl. 608-613, pp. 323-326; CN 1282

TÍTULO XVII. DE LA COMPENSACIÓN

Art. 1655. Cuando dos personas son deudoras una de otra, se opera entre ellas una compensación que extingue ambas deudas, del modo y en los casos que van a explicarse.

Conc.: CC. 335-336, 759, 801, 1423, 1435, 1513, 1520, 1567, 1655-1664, 1792-2, 1792-19, 2070, 2093, 2234, 2443; L. 19947 61; CPC 464 Nº 13
Fuentes: D.16.2.1; C.4.31.14; P.5.T.14.L.20; Poth. Obl. 623, p. 334; CN 1289

Art. 1656. La compensación se opera por el solo ministerio de la ley y aun sin conocimiento de los deudores; y ambas deudas se extinguen recíprocamente hasta la concurrencia de sus valores, desde el momento que una y otra reúnen las calidades siguientes:

1a. Que sean ambas de dinero o de cosas fungibles o indeterminadas de igual género y calidad;

2a. Que ambas deudas sean líquidas;

3a. Que ambas sean actualmente exigibles.

Las esperas concedidas al deudor impiden la compensación; pero esta disposición no se aplica al plazo de gracia concedido por un acreedor a su deudor.

Conc.: CC. 575, 1657; CPC 438
Fuentes: D.16.2.7, D.16.2.16.1; C.4.31.4, C.4.31.8; P.5.T.14.L.21, P.5.T.14.L.24; Poth. Obl. 624-625, pp. 335-337, 627, pp. 340-341; Delv. t. 2, p. 176; García Goyena 1124-1125; CN 1291-1292

Art. 1657. Para que haya lugar a la compensación es preciso que las dos partes sean recíprocamente deudoras.

Así el deudor principal no puede oponer a su acreedor por vía de compensación lo que el acreedor deba al fiador.

Ni requerido el deudor de un pupilo por el tutor o curador, puede oponerle por vía de compensación lo que el tutor o curador le deba a él.

Ni requerido uno de varios deudores solidarios pueden compensar su deuda con los créditos de sus codeudores contra el mismo acreedor, salvo que éstos se los hayan cedido.

Conc.: CC. 1520, 2354
Fuentes: D.16.2.4-5, D.16.2.23, D.45.2.10; P.5.T.14.L.24; Poth. Obl. 632, pp. 343-344; CN 1294; García Goyena 1127

Art. 1658. El mandatario puede oponer al acreedor del mandante no sólo los créditos de éste, sino sus propios créditos contra el mismo acreedor, prestando caución de que el mandante dará por firme la compensación. Pero no puede compensar con lo que el mismo mandatario debe a un tercero lo que éste debe al mandante, sino con voluntad del mandante.

Conc.: CC. 46, 1657
Fuentes: D.16.2.18; P.5.T.14.L.24

Art. 1659. El deudor que acepta sin reserva alguna la cesión que el acreedor haya hecho de sus derechos a un tercero, no podrá oponer en compensación al cesionario los créditos que antes de la aceptación hubiera podido oponer al cedente.

Si la cesión no ha sido aceptada, podrá el deudor oponer al cesionario todos los créditos que antes de notificársele la cesión haya adquirido contra el cedente, aun cuando no hubieren llegado a ser exigibles sino después de la notificación.

Conc.: CC. 1902, 1904
Fuentes: D.50.17.143, D.50.17.177; Poth. Obl. ¿596, p. 316?, 632, pp. 343-344; CN 1295; Delv. t. 2, p. 176; García Goyena 1128

Art. 1660. Sin embargo de efectuarse la compensación por el ministerio de la ley, el deudor que no la alegare, ignorando un crédito que puede oponer a la deuda, conservará junto con el crédito mismo las fianzas, privilegios, prendas e hipotecas constituidas para su seguridad.

Conc.: CC. 1655-1656
Fuentes: Poth. Obl. 639, pp. 348-350; CN 1299; Delv. t. 2, p. 177

Art. 1661. La compensación no puede tener lugar en perjuicio de los derechos de tercero.

Así, embargado un crédito, no podrá el deudor compensarlo, en perjuicio del embargante, por ningún crédito suyo adquirido después del embargo.

Conc.: CC. 2466; L. 20720 140
Fuentes: CN 1298

Art. 1662. No puede oponerse compensación a la demanda de restitución de una cosa de que su dueño ha sido injustamente despojado, ni a la demanda de restitución de un depósito, o de un comodato, aun cuando, perdida la cosa, sólo subsista la obligación de pagarla en dinero.

Tampoco podrá oponerse compensación a la demanda de indemnización por un acto de violencia o fraude, ni a la demanda de alimentos no embargables.

Conc.: CC. 335-336, 1618, 2234
Fuentes: Sent. Pauli 2.12.12; D.16.2.10.2, D.25.3.4; C.4.23.4, C.4.31.14.2; P.5.T.14.L.27; Poth. Obl. 625, pp. 336-339; CN 1293; García Goyena 1126

Art. 1663. Cuando hay muchas deudas compensables, deben seguirse para la compensación las mismas reglas que para la imputación del pago.

Conc.: CC. 1594-1597
Fuentes: Poth. Obl. 638, p. 348; CN 1297; García Goyena 1131

Art. 1664. Cuando ambas deudas no son pagaderas en un mismo lugar, ninguna de las partes puede oponer la compensación, a menos que una y otra deuda sean de dinero, y que el que opone la compensación tome en cuenta los costos de la remesa.

Conc.: CC. 1587-1589
Fuentes: D.16.2.15; Poth. Obl. 633, p. 345; CN 1296; García Goyena 1130

TÍTULO XVIII. DE LA CONFUSIÓN

Art. 1665. Cuando concurren en una misma persona las calidades de acreedor y deudor se verifica de derecho una confusión que extingue la deuda y produce iguales efectos que el pago.

Conc.: CC. 763, 806, 885, 1357, 1567, 1666-1669, 2486
Fuentes: D.34.3.21.1; Poth. Obl. 641, p. 352; CN 1300; García Goyena 1156

Art. 1666. La confusión que extingue la obligación principal extingue la fianza; pero la confusión que extingue la fianza no extingue la obligación principal.

Conc.: CC. 1520, 2354
Fuentes: D.46.1.21.3, D.46.1.50, D.46.1.71; Poth. 643-644, p. 353; CN 1301

Art. 1667. Si el concurso de las dos calidades se verifica solamente en una parte de la deuda, no hay lugar a la confusión, ni se extingue la deuda, sino en esa parte.

Conc.: CC. 1513, 1520, 1522
Fuentes: Poth. Obl. 645-646, pp. 353-354; García Goyena 1159

Art. 1668. Si hay confusión entre uno de varios deudores solidarios y el acreedor, podrá el primero repetir contra cada uno de sus codeudores por la parte o cuota que respectivamente les corresponda en la deuda.

Si por el contrario, hay confusión entre uno de varios acreedores solidarios y el deudor, será obligado el primero a cada uno de sus coacreedores por la parte o cuota que respectivamente les corresponda en el crédito.

Conc.: CC. 1520, 2354
Fuentes: D.46.1.21.3, D.46.1.50, D.46.1.71; Poth. 643-644, p. 353; CN 1301

Art. 1669. Los créditos y deudas del heredero que aceptó con beneficio de inventario no se confunden con las deudas y créditos hereditarios.

Conc.: CC. 1247
Fuentes: Poth. Obl. 647-648, p. 355

TÍTULO XIX. DE LA PÉRDIDA DE LA COSA QUE SE DEBE

Art. 1670. Cuando el cuerpo cierto que se debe perece, o porque se destruye, o porque deja de estar en el comercio, o porque desaparece y se ignora si existe, se extingue la obligación; salvas empero las excepciones de los artículos subsiguientes.

Conc.: CC. 1135, 1486, 1510, 1521, 1547, 1550, 1567, 1590, 1670-1680, 1820, 1827, 2000, 2153
Fuentes: D.45.1.33, D.45.1.51; Poth. Obl. 649, p. 355; CN 1302

Art. 1671. Siempre que la cosa perece en poder del deudor, se presume que ha sido por hecho o por culpa suya.

Conc.: CC. 1547, 1674
Fuentes: D.19.2.9.4; C.4.24.5; P.5.T.2.L.3, P.5.T.8.L.15, P.5.T.13.L.20; CN 1302; García Goyena 1161

Art. 1672. Si el cuerpo cierto perece por culpa o durante la mora del deudor, la obligación del deudor subsiste, pero varía de objeto; el deudor es obligado al precio de la cosa y a indemnizar al acreedor.

Sin embargo, si el deudor está en mora y el cuerpo cierto que se debe perece por caso fortuito que habría sobrevenido igualmente a dicho cuerpo en poder del acreedor, sólo se deberá la indemnización de los perjuicios de la mora. Pero si el caso fortuito pudo no haber sucedido igualmente en poder del acreedor, se debe el precio de la cosa y los perjuicios de la mora.

Conc.: CC. 1550, 1590, 1674
Fuentes: D.6.1.15.3, D.30.47, D.45.1.23, D.45.1.82.1; P.5.T.14.L.9; Poth. Obl. 663-664, pp. 360-361; CN 1302

Art. 1673. Si el deudor se ha constituido responsable de todo caso fortuito, o de alguno en particular, se observará lo pactado.

Conc.: CC. 788, 1590, 1672, 1674, 1676
Fuentes: Nov. Rec. 10.1.1; García Goyena 1160

Art. 1674. El deudor es obligado a probar el caso fortuito que alega.

Si estando en mora pretende que el cuerpo cierto habría perecido igualmente en poder del acreedor, será también obligado a probarlo.

Conc.: CC. 1547, 1671
Fuentes: D.19.2.9.4; C.4.24.5; P.5.T.2.L.3, P.5.T.8.L.15, P.5.T.13.L.20; Poth. 663, p. 360; CN 1302; García Goyena 1161

Art. 1675. Si reaparece la cosa perdida cuya existencia se ignoraba, podrá reclamarla el acreedor, restituyendo lo que hubiere recibido en razón de su precio.

Conc.: CC. 1670

Art. 1676. Al que ha hurtado o robado un cuerpo cierto, no le será permitido alegar que la cosa ha perecido por caso fortuito, aun de aquellos que habrían producido la destrucción o pérdida del cuerpo cierto en poder del acreedor.

Conc.: CC. 1670, 1672, 1674
Fuentes: D.43.16.19, D.13.1.20; P.6.T.14.L20; CN 1302

Art. 1677. Aunque por haber perecido la cosa se extinga la obligación del deudor, podrá exigir el acreedor que se le cedan los derechos o acciones que tenga el deudor contra aquellos por cuyo hecho o culpa haya perecido la cosa.

Conc.: CC. 1609
Fuentes: Poth. Obl. 670, p. 366; CN 1303

Art. 1678. Si la cosa debida se destruye por un hecho voluntario del deudor, que inculpablemente ignoraba la obligación, se deberá solamente el precio sin otra indemnización de perjuicios.

Conc.: CC. 1590, 1672, 1679
Fuentes: D.22.3.19; Poth. Obl. 656, pp. 357-358

Art. 1679. En el hecho o culpa del deudor se comprende el hecho o culpa de las personas por quienes fuere responsable.

Conc.: CC. 802, 1590, 1679, 1925-1926, 2015, 2018, 2242-2243, 2320-2322, 2325

Art. 1680. La destrucción de la cosa en poder del deudor, después que ha sido ofrecida al acreedor, y durante el retardo de éste en recibirla, no hace responsable al deudor sino por culpa grave o dolo.

Conc.: CC. 1548, 1598-1599, 1605, 1827
Fuentes: D.6.1.15.3, D.10.4.12.4, D.16.3.14.1, D.30.47; Poth. Obl. 664, p. 361

TÍTULO XX. DE LA NULIDAD Y LA RESCISIÓN

Art. 1681. Es nulo todo acto o contrato a que falta alguno de los requisitos que la ley prescribe para el valor del mismo acto o contrato, según su especie y la calidad o estado de las partes.

La nulidad puede ser absoluta o relativa.

Conc.: CC. 10, 11, 127-128, 143, 145, 149, 202, 204, 377, 400, 465, 489, 510, 704-705, 966, 1003, 1006, 1026, 1073, 1107, 1138, 1204, 1301, 1348, 1351-1353, 1392, 1401, 1407, 1445, 1447, 1451-1469; 1478, 1536, 1567, 1578, 1682-1697, 1721-1722, 1749, 1754-1755, 1757, 1759, 1764, 1790, 1792-4, 1792-27, 1796, 1810-1811, 1842, 1876, 1964, 1998, 2028, 2057-2058, 2067, 2127, 2270, 2273, 2412, 2433, 2441, 2453-2460
Fuentes: Escriche, «Nulidad», t. 4, p. 299

Art. 1682. La nulidad producida por un objeto o causa ilícita, y la nulidad producida por la omisión de algún requisito o formalidad que las leyes prescriben para el valor de ciertos actos o contratos en consideración a la naturaleza de ellos, y no a la calidad o estado de las personas que los ejecutan o acuerdan, son nulidades absolutas.

Hay asimismo nulidad absoluta en los actos y contratos de personas absolutamente incapaces.

Cualquiera otra especie de vicio produce nulidad relativa, y da derecho a la rescisión del acto o contrato.

Conc.: Absoluta CC. 149, 377, 400, 465, 510, 966, 1003, 1006, 1026, 1073, 1107, 1138, 1204, 1301, 1401, 1407, 1447, 1460-1469, 1681-1683, 1687, 1721-1722, 1796, 1810-1811, 1842, 1998, 2028, 2270, 2441, 2454-2455
Relativa CC. 143, 149, 202, 377, 400, 489, 704-705, 1007, 1107, 1351, 1447, 1451, 1453-1459, 1681-1682, 1684-1686, 1687-1688, 1691-1697, 1749, 1754-1755, 1757, 1759, 1792-4, 2127, 2412, 2453, 2456-2459
Fuentes: Poth. Procédure 727-728, p. 347-348; Escriche, «Nulidad», t. 4, p. 299; Delv. t. 2, p. 181

Art. 1683. La nulidad absoluta puede y debe ser declarada por el juez, aun sin petición de parte, cuando aparece de manifiesto en el acto o contrato; puede alegarse por todo el que tenga interés en ello, excepto el que ha ejecutado el acto o celebrado el contrato, sabiendo o debiendo saber el vicio que lo invalidaba; puede asimismo pedirse su declaración por el ministerio público en el interés de la moral o de la ley; y no puede sanearse por la ratificación de las partes, ni por un lapso de tiempo que no pase de diez años.

Modif. L. 16952
Conc.: CC. 1681, 1685-1686
Fuentes: CN 1304; Delv. t. 2, p. 181; Escriche «Nulidad», t. 4, p. 299

Art. 1684. La nulidad relativa no puede ser declarada por el juez sino a pedimento de parte; ni puede pedirse su declaración por el ministerio público en el solo interés de la ley; ni puede alegarse sino por aquellos en cuyo beneficio la han establecido las leyes o por sus herederos o cesionarios; y puede sanearse por el lapso de tiempo o por la ratificación de las partes.

Modif. L. 18802
Conc.: CC. 143, 1351, 1685-1686, 1792-4
Ratificación CC. 261, 672-673, 705, 1684, 1693-1697, 1736, 1792-8, 2375, 2412

Fuentes: Delv. t. 2, p. 181; Escriche «Nulidad», t. 4, p. 299

Art. 1685. Si de parte del incapaz ha habido dolo para inducir al acto o contrato, ni él ni sus herederos o cesionarios podrán alegar nulidad. Sin embargo, la aserción de mayor edad, o de no existir la interdicción u otra causa de incapacidad, no inhabilitará al incapaz para obtener el pronunciamiento de nulidad.

Conc.: CC. 1447, 1684
Fuentes: D.50.17.19; C.2.42.2; Poth. 730, p. 349; CN 1307; Delv. t. 2, pp. 183-184

Art. 1686. Los actos y contratos de los incapaces en que no se ha faltado a las formalidades y requisitos necesarios, no podrán declararse nulos ni rescindirse, sino por las causas en que gozarán de este beneficio las personas que administran libremente sus bienes.

Modif. L. 7612
Conc.: CC. 377, 489, 1447, 1684-1685
Fuentes: CN 1314; Delv. t. 2, p. 183

Art. 1687. La nulidad pronunciada en sentencia que tiene la fuerza de cosa juzgada, da a las partes derecho para ser restituidas al mismo estado en que se hallarían si no hubiese existido el acto o contrato nulo; sin perjuicio de lo prevenido sobre el objeto o causa ilícita.

En las restituciones mutuas que hayan de hacerse los contratantes en virtud de este pronunciamiento, será cada cual responsable de la pérdida de las especies o de su deterioro, de los intereses y frutos, y del abono de las mejoras necesarias, útiles o voluptuarias, tomándose en consideración los casos fortuitos y la posesión de buena o mala fe de las partes; todo ello según las reglas generales y sin perjuicio de lo dispuesto en el siguiente artículo.

Conc.: CC. 669, 889, 908-914, 1689
Fuentes: IJ 4.6.6; D.42.8.1.1-2; D.42.8.10.22; P.3.T.25.L.2, P6.T.19.L.8; Poth. Procédure, 748, p. 358; Delv. t. 2, p. 185

Art. 1688. Si se declara nulo el contrato celebrado con una persona incapaz sin los requisitos que la ley exige, el que contrató con ella no puede pedir restitución o reembolso de lo que gastó o pagó en virtud del contrato, sino en cuanto probare haberse hecho más rica con ello la persona incapaz.

Se entenderá haberse hecho ésta más rica, en cuanto las cosas pagadas o las adquiridas por medio de ellas, le hubieren sido necesarias; o en cuanto las cosas pagadas o las adquiridas por medio de ellas, que no le hubieren sido necesarias, subsistan y se quisiere retenerlas.

Conc.: CC. 1447, 1682, 1686
Fuentes: D.4.4.1, D.4.4.3; Poth. 748-749, pp. 358-359; CN 1305; Delv. t. 2, p. 183-184

Art. 1689. La nulidad judicialmente pronunciada da acción reivindicatoria contra terceros poseedores; sin perjuicio de las excepciones legales.

Conc.: CC. 669, 889, 908-914, 1687
Fuentes: IJ 4.6.6; D.42.8.1.1-2; D.42.8.10.22; P.3.T.25.L.2, P6.T.19.L.8; Poth. Procédure, 748, p. 358; Delv. t. 2, p. 185

Art. 1690. Cuando dos o más personas han contratado con un tercero, la nulidad declarada a favor de una de ellas no aprovechará a las otras.

Conc.: CC. 1545, 1562
Fuentes: ¿Poth. Procédure 749, pp. 358-359?

Art. 1691. El plazo para pedir la rescisión durará cuatro años.

Este cuadrienio se contará, en el caso de violencia, desde el día en que ésta hubiere cesado; en el caso de error o de dolo, desde el día de la celebración del acto o contrato.

Cuando la nulidad proviene de una incapacidad legal, se contará el cuadrienio desde el día en que haya cesado esta incapacidad.

Todo lo cual se entiende en los casos en que leyes especiales no hubieren designado otro plazo.

Modif. L. 7612
Conc.: CC. 202, 1352-1353, 1692, 1757, 1792-4
Fuentes: C.2.52.7; P.6.T.19.L.8; Poth. Procédure 744-745, pp. 356-357; CN 1304; Delv. t. 2, p. 183; García Goyena 1166, 1184

Art. 1692. Los herederos mayores de edad gozarán del cuadrienio entero si no hubiere principiado a correr; y gozarán del residuo en caso contrario.

A los herederos menores empieza a correr el cuadrienio o su residuo, desde que hubieren llegado a edad mayor.

Pero en este caso no se podrá pedir la declaración de nulidad pasados diez años desde la celebración del acto o contrato.

Modif. L. 16952
Conc.: CC. 1691
Fuentes: D.4.4.3.2; Poth. Procédure 744, 746, pp. 356-357

Art. 1693. La ratificación necesaria para sanear la nulidad cuando el vicio del contrato es susceptible de este remedio, puede ser expresa o tácita.

Conc.: CC. 261, 672-673, 705, 1684, 1694-1697, 1736, 1792-8, 2375, 2412
Fuentes: Poth. Procédure 744, pp. 356-357; CN 1338; Delv. t. 2, p. 185

Art. 1694. Para que la ratificación expresa sea válida, deberá hacerse con las solemnidades a que por la ley está sujeto el acto o contrato que se ratifica.

Conc.: CC. 1470, 1693
Fuentes: CN 1338; Delv. t. 2, p. 185

Art. 1695. La ratificación tácita es la ejecución voluntaria de la obligación contratada.

Conc.: CC. 1470, 1693
Fuentes: CN 1338; Delv. t. 2, p. 185

Art. 1696. Ni la ratificación expresa ni la tácita serán válidas, si no emanan de la parte o partes que tienen derecho de alegar la nulidad.

Conc.: CC. 1693-1695

Art. 1697. No vale la ratificación expresa o tácita del que no es capaz de contratar.

Conc.: CC. 1693-1696

TÍTULO XXI. DE LA PRUEBA DE LAS OBLIGACIONES

Art. 1698. Incumbe probar las obligaciones o su extinción al que alega aquéllas o ésta.

Las pruebas consisten en instrumentos públicos o privados, testigos, presunciones, confesión de parte, juramento deferido, e inspección personal del juez.

Modif. L. 7760

Conc.: CC. 2298; CPC 318, 323, 341, 428-429
Fuentes: D.22.3.2, D.22.3.2.9, D.22.3.19.pr; C.4.19.1; P.3.T.41.L.1-2; Poth. Obl. 728, p. 398; Nov. Rec. 11.7.1; CN 1315-1316; García Goyena 1196-1197

Art. 1699. Instrumento público o auténtico es el autorizado con las solemnidades legales por el competente funcionario.

Otorgado ante escribano e incorporado en un protocolo o registro público, se llama escritura pública.

Conc.: CC. 17-18, 1700-1701, 1706-1707; CPC 342-345 bis
Fuentes: D.22.4.1; P.3.T.18.L.114; Poth. 729-732, p. 398-399; CN 1317-1318; García Goyena 1199-1200

Art. 1700. El instrumento público hace plena fe en cuanto al hecho de haberse otorgado y su fecha, pero no en cuanto a la verdad de las declaraciones que en él hayan hecho los interesados. En esta parte no hace plena fe sino contra los declarantes.

Las obligaciones y descargos contenidos en él hacen plena prueba respecto de los otorgantes y de las personas a quienes se transfieran dichas obligaciones y descargos por título universal o singular.

Conc.: CC. 1699, 1701-1711; CPC 342-355
Fuentes: P.3.T.18.L.114; poth. Obl. 734, p. 400-401; CN 1319; García Goyena 1201

Art. 1701. La falta de instrumento público no puede suplirse por otra prueba en los actos y contratos en que la ley requiere esa solemnidad; y se mirarán como no ejecutados o celebrados aun cuando en ellos se prometa reducirlos a instrumento público dentro de cierto plazo, bajo una cláusula penal: esta cláusula no tendrá efecto alguno.

Fuera de los casos indicados en este artículo, el instrumento defectuoso por incompetencia del funcionario o por otra falta en la forma, valdrá como instrumento privado si estuviere firmado por las partes.

Conc.: CC. 1699-1700, 1702-1711; CPC 342-355
Fuentes: Nov. Rec. 10.1.22; CN 1318; C.Bávaro 1413; C. Sardo 1413; García Goyena 1202-1203

Art. 1702. El instrumento privado, reconocido por la parte a quien se opone, o que se ha mandado tener por reconocido en los casos y con los requisitos prevenidos por ley, tiene el valor de escritura pública respecto de los que aparecen o se reputan haberlo subscrito, y de las personas a quienes se han transferido las obligaciones y derechos de éstos.

Conc.: CC. 1701, 1703-1707; CPC 346
Fuentes: D.13.5.24, D.13.25.26, D.16.3.26.2; P.3.T.18.L.119; Poth. Obl. 741-742, p. 404, 749, p. 406; CN 1322; García Goyena 1204

Art. 1703. La fecha de un instrumento privado no se cuenta respecto de terceros sino desde el fallecimiento de alguno de los que le han firmado, o desde el día en que ha sido copiado en un registro público, o en que conste haberse presentado en juicio, o en que haya tomado razón de él o le haya inventariado un funcionario competente, en el carácter de tal.

Conc.: CPC 346
Fuentes: Poth. Obl. 749, p. 407; CN 1328; García Goyena 1209

Art. 1704. Los asientos, registros y papeles domésticos únicamente hacen fe contra el que los ha escrito o firmado, pero sólo en aquello que aparezca con toda claridad, y con tal que el que quiera aprovecharse de ellos no los rechace en la parte que le fuere desfavorable.

Conc.: CPC 346
Fuentes: C.4.19.5-6; P.3.T.18.L.121; Poth. Obl. 758, pp. 410; CN 1331; García Goyena 1211

Art. 1705. La nota escrita o firmada por el acreedor a continuación, al margen o al dorso de una escritura que siempre ha estado en su poder, hace fe en todo lo favorable al deudor.

Lo mismo se extenderá a la nota escrita o firmada por el acreedor, a continuación, al margen o al dorso del duplicado de una escritura, encontrándose dicho duplicado en poder del deudor.

Pero el deudor que quisiere aprovecharse de lo que en la nota le favorezca, deberá aceptar también lo que en ella le fuere desfavorable.

Conc.: CPC 346
Fuentes: Poth. Obl. 760, p. 411-412; CN 1332; García Goyena 1212

Art. 1706. El instrumento público o privado hace fe entre las partes aun en lo meramente enunciativo, con tal que tenga relación directa con lo dispositivo del acto o contrato.

Conc.: 1699-1711; CPC 342-355

Fuentes: CN 1320; García Goyena 1213

Art. 1707. Las escrituras privadas hechas por los contratantes para alterar lo pactado en escritura pública, no producirán efecto contra terceros.

Tampoco lo producirán las contraescrituras públicas, cuando no se ha tomado razón de su contenido al margen de la escritura matriz cuyas disposiciones se alteran en la contraescritura, y del traslado en cuya virtud ha obrado el tercero.

Conc.: 1699-1711; CPC 342-355
Fuentes: CN 1321; García Goyena 1214

Art. 1708. No se admitirá prueba de testigos respecto de una obligación que haya debido consignarse por escrito.

Conc.: CC. 1708-1711; CPC 356-384
Fuentes: Poth. Obl. 784, pp. 423-424; CN 1341; García Goyena 1220

Art. 1709. Deberán constar por escrito los actos o contratos que contienen la entrega o promesa de una cosa que valga más de dos unidades tributarias.

No será admisible la prueba de testigos en cuanto adicione o altere de modo alguno lo que se exprese en el acto o contrato, ni sobre lo que se alegue haberse dicho antes, o al tiempo o después de su otorgamiento, aun cuando en algunas de estas adiciones o modificaciones se trate de una cosa cuyo valor no alcance a la referida suma.

No se incluirán en esta suma los frutos, intereses u otros accesorios de la especie o cantidad debida.

Modif. DL 1123 de 1975
Conc.: CC. 1708, 1710-1711, CPC 356-384
Fuentes: Poth. Obl. 784-785, pp. 423-424; CN 1341; García Goyena 1220

Art. 1710. Al que demanda una cosa de más de dos unidades tributarias de valor no se le admitirá la prueba de testigos, aunque limite a ese valor la demanda.

Tampoco es admisible la prueba de testigos en las demandas de menos de dos unidades tributarias, cuando se declara que lo que se demanda es parte o resto de un crédito que debió ser consignado por escrito y no lo fue.

Modif. DL 1123 de 1975
Conc.: CC. 1708-1709, 1711; CPC 356-384
Fuentes: Poth. Obl. 786-791, pp. 424-427; CN 1343; García Goyena 1221

Art. 1711. Exceptúanse de lo dispuesto en los tres artículos precedentes los casos en que haya un principio de prueba por escrito, es decir, un acto escrito del demandado o de su representante, que haga verosímil el hecho litigioso.

Así un pagaré de más de dos unidades tributarias en que se ha comprado una cosa que ha de entregarse al deudor, no hará plena prueba de la deuda porque no certifica la entrega; pero es un principio de prueba para que por medio de testigos se supla esta circunstancia.

Exceptúanse también los casos en que haya sido imposible obtener una prueba escrita, y los demás expresamente exceptuados en este Código y en los Códigos especiales.

Modif. DL 1123 de 1975
Conc.: CC. 1708-1710
Fuentes: Poth. 808, pp. 430-433; CN 1347; García Goyena 1225

Art. 1712. Las presunciones son legales o judiciales.

Las legales se reglan por el artículo 47.

Las que deduce el juez deberán ser graves, precisas y concordantes.

Conc.: CC. 47, 59, 63, 198, 1166, 1222, 1393, 1459, 1654, 1698, 1712, 1938, 2220, 2299, 2347; CPC 426-427
Fuentes: P.5.T.14.L.8; Poth. Obl. 839, pp. 447-448; CN 1349, 1352-1353

Art. 1713. La confesión que alguno hiciere en juicio por sí, o por medio de apoderado especial, o de su representante legal, y relativa a un hecho personal de la misma parte, producirá plena fe contra ella, aunque no haya un principio de prueba por escrito; salvo los casos comprendidos en el artículo 1701, inciso 1.o y los demás que las leyes exceptúen.

No podrá el confesante revocarla, a no probarse que ha sido el resultado de un error de hecho.

Conc.: CC. 1701, 1739; CPC 385-402
Fuentes: D.42.2.1-3, D.42.2.6, D.50.17.116.2; P.3.T.13.L.4; Poth. Obl. 830-833, pp. 443-445; Nov. Rec. 11.28.4-5; CN 1354, 1356

Art. 1714. Sobre el juramento deferido por el juez o por una de las partes a la otra y sobre la inspección personal del juez, se estará a lo dispuesto en el Código de Enjuiciamiento.

Modif. L. 7760
Fuentes: García Goyena 1233-1234

TÍTULO XXII. DE LAS CONVENCIONES MATRIMONIALES Y DE LA SOCIEDAD CONYUGAL

Modif. L. 10271

§ 1. Reglas generales

Art. 1715. Se conocen con el nombre de capitulaciones matrimoniales las convenciones de carácter patrimonial que celebren los esposos antes de contraer matrimonio o en el acto de su celebración.

En las capitulaciones matrimoniales que se celebren en el acto del matrimonio, sólo podrá pactarse separación total de bienes o régimen de participación en los gananciales. Tratándose de cónyuges del mismo sexo se estará a lo dispuesto en el inciso siguiente.

Los esposos del mismo sexo podrán celebrar capitulaciones matrimoniales, pero en caso alguno podrán pactar el régimen de sociedad conyugal.

Modif. L. 10271, L. 19335 y L. 21400
Conc.: CC. 152-153, 167, 1406, 1716-1717, 1720-1722, 1725, 1727, 1740, 1749, 1753, 1792-1, 2483
Fuentes: D.2.14.48, D.23.4.1; C.5.14.1; P.4.T.11.L.24, P.4.T.11.L.30; CN 1387; Escriche, «Capitulaciones», t. 2, p. 206

Art. 1716. Las capitulaciones matrimoniales se otorgarán por escritura pública, y sólo valdrán entre las partes y respecto de terceros desde el día de la celebración del matrimonio, y siempre que se subinscriban al margen de la respectiva inscripción matrimonial al tiempo de efectuarse aquél o dentro de los treinta días siguientes. Pero en los casos a que se refiere el inciso segundo del artículo anterior, bastará que esos pactos consten en dicha inscripción. Sin este requisito no tendrán valor alguno.

Tratándose de matrimonios celebrados en país extranjero y que no se hallen inscritos en Chile, será menester proceder previamente a su inscripción en el Registro de la Primera Sección de la comuna de Santiago, para lo cual se exhibirá al oficial civil que corresponda el certificado de matrimonio debidamente legalizado. En estos casos, el plazo a que se refiere el inciso anterior se contará desde la fecha de la inscripción del matrimonio en Chile.

Celebrado el matrimonio, las capitulaciones no podrán alterarse, aun con el consentimiento de todas las personas que intervinieron en ellas, sino en el caso establecido en el inciso 1o. del artículo 1723.

Modif. L. 7612, L. 10271, L. 19335
Conc.: CC. 1716, 1722-1723
Fuentes: CN 1394; Escriche, «Capitulaciones», t. 2, p. 206

Art. 1717. Las capitulaciones matrimoniales no contendrán estipulaciones contrarias a las buenas costumbres ni a las leyes. No serán, pues, en detrimento de los derechos y obligaciones que las leyes señalan a cada cónyuge respecto del otro o de los descendientes comunes.

Conc.: CC. 152-153, 167, 1462-1463, 1466-1467, 1715, 1740
Fuentes: D.23.4.2-3, 23.4.5; Poth. Communauté 282, p. 174; CN 1387-1390

Art. 1718. A falta de pacto en contrario se entenderá, por el mero hecho del matrimonio, contraída la sociedad conyugal con arreglo a las disposiciones de este título.

Modif. L. 10271
Conc.: CC. 152-153, 167, 1720, 1792-1
Fuentes: CN 1393

Art. 1719. La mujer, no obstante la sociedad conyugal, podrá renunciar su derecho a los gananciales que resulten de la administración del marido, con tal que haga esta renuncia antes del matrimonio o después de la disolución de la sociedad.

Lo dicho se entiende sin perjuicio de los efectos legales de la participación en los gananciales, de la separación de bienes y del divorcio.

Tratándose del régimen de participación en los gananciales debe estarse a lo preceptuado en el Título XXII-A del Libro Cuarto.

Modif. L. 19335
Conc.: CC. 1753
Fuentes: CN 1391

Art. 1720. En las capitulaciones matrimoniales se podrá estipular la separación total o parcial de bienes. En el primer caso se seguirán las reglas dadas en los artículos 158, inciso 2.o, 159, 160, 161, 162 y 163 de este Código; y en el segundo se estará a lo dispuesto en el artículo 167.

También se podrá estipular que la mujer dispondrá libremente de una determinada suma de dinero, o de una determinada pensión periódica, y este pacto surtirá los efectos que señala el artículo 167.

Modif. L. 5521
Conc.: CC. 152-153, 167, 1715, 1720, 1792-1

Art. 1721. El que se halla bajo curaduría necesitará de la autorización de su curador para las capitulaciones matrimoniales.

Modif. L. 21515
Conc.: 1447

Art. 1722. Las escrituras que alteren o adicionen las capitulaciones matrimoniales, otorgadas antes del matrimonio, no valdrán si no cumplen con las solemnidades prescritas en este título para las capitulaciones mismas.

Modif. L. 7612
Conc.: CC. 1715-1716
Fuentes: D.50.17.35; CN 1395-1396; García Goyena 1242

Art. 1723. Durante el matrimonio los cónyuges podrán substituir el régimen de sociedad de bienes por el de participación en los gananciales o por el de separación total. También podrán substituir la separación total por el régimen de participación en los gananciales.

El pacto que los cónyuges celebren en conformidad a este artículo deberá otorgarse por escritura pública y no surtirá efectos entre las partes ni respecto de terceros, sino desde que esa escritura se subinscriba al margen de la respectiva inscripción matrimonial. Esta subinscripción sólo podrá practicarse dentro de los treinta días siguientes a la fecha de la escritura en que se pacte la separación. El pacto que en ella conste no perjudicará, en caso alguno, los derechos válidamente adquiridos por terceros respecto del marido o de la mujer y, una vez celebrado, no podrá dejarse sin efecto por el mutuo consentimiento de los cónyuges.

En la escritura pública de separación total de bienes, o en la que se pacte participación en los gananciales, según sea el caso, podrán los cónyuges liquidar la sociedad conyugal o proceder a determinar el crédito de participación o celebrar otros pactos lícitos, o una y otra cosa; pero todo ello no producirá efecto alguno entre las partes ni respecto de terceros, sino desde la subinscripción a que se refiere el inciso anterior.

Tratándose de matrimonios celebrados en país extranjero y que no se hallen inscritos en Chile, será menester proceder previamente a su inscripción en el Registro de la Primera Sección de la comuna de Santiago, para lo cual se exhibirá al oficial civil que corresponda el certificado de matrimonio debidamente legalizado.

Los pactos a que se refiere este artículo y el y el inciso 2° del artículo 1715, no son susceptibles de condición, plazo o modo alguno.

Modif. L. 19335; DFL 2; L. 21515
Conc.: CC. 152-153, 167, 1715, 1720, 1792-1

Art. 1724. Si a cualquiera de los cónyuges se hiciere una donación o se dejare una herencia o legado con la condición de que los frutos de las cosas donadas, heredadas o legadas no pertenezcan a la sociedad conyugal, valdrá la condición, a menos que se trate de bienes donados o asignados a título de legítima rigorosa.

Modif. L. 18802
Conc.: CC. 166, 167, 252, 1720-1721, 1724

§ 2. Del haber de la sociedad conyugal y de sus cargas

Art. 1725. El haber de la sociedad conyugal se compone:

1o. De los salarios y emolumentos de todo género de empleos y oficios, devengados durante el matrimonio;

2o. De todos los frutos, réditos, pensiones, intereses y lucros de cualquiera naturaleza, que provengan, sea de los bienes sociales, sea de los bienes propios de cada uno de los cónyuges, y que se devenguen durante el matrimonio;

3o. Del dinero que cualquiera de los cónyuges aportare al matrimonio, o durante él adquiriere; obligándose la sociedad a pagar la correspondiente recompensa;

4o. De las cosas fungibles y especies muebles que cualquiera de los cónyuges aportare al matrimonio, o durante él adquiriere; quedando obligada la sociedad a pagar la correspondiente recompensa.

Pero podrán los cónyuges eximir de la comunión cualquiera parte de sus especies muebles, designándolas en las capitulaciones matrimoniales;

5o. De todos los bienes que cualquiera de los cónyuges adquiera durante el matrimonio a título oneroso.

Modif. L. 18802
Conc.: CC. 1726-1748

Fuentes: D.17.2.7-13; Matienzo, 5.9.2.2.1-3, p. 258, 5.9.3.5, p. 262, 5.9.4.1.1, p. 247; Nov. Rec. 10.4.1-5; CN 1401; Febrero Nov. t. 1: 1.2.4.5, p. 53-54, 1.2.5.7, pp. 58-59, 1.2.8.15-16, pp. 100-101.

Art. 1726. Las adquisiciones de bienes raíces hechas por cualquiera de los cónyuges a título de donación, herencia o legado, se agregarán a los bienes del cónyuge donatario, heredero o legatario; y las adquisiciones de bienes raíces hechas por ambos cónyuges simultáneamente, a cualquiera de estos títulos, no aumentarán el haber social, sino el de cada cónyuge.

Si el bien adquirido es mueble, aumentará el haber de la sociedad, la que deberá al cónyuge o cónyuges adquirentes la correspondiente recompensa.

Modif. L. 18802
Conc.: CC. 1725, 1727-1748
Fuentes: Nov. Rec. 10.4.1; CN 1405; CL 2701; Febrero Nov. t. 1, 1.2.8.8-9, pp. 97-98; Delv. t. 3, pp. 10-11

Art. 1727. No obstante lo dispuesto en el artículo 1725 no entrarán a componer el haber social:

1o. El inmueble que fuere debidamente subrogado a otro inmueble propio de alguno de los cónyuges;

2o. Las cosas compradas con valores propios de uno de los cónyuges, destinados a ello en las capitulaciones matrimoniales o en una donación por causa de matrimonio;

3o. Todos los aumentos materiales que acrecen a cualquiera especie de uno de los cónyuges formando un mismo cuerpo con ella, por aluvión, edificación, plantación o cualquiera otra causa.

Modif. L. 7612
Conc.: CC. 1733, 1741
Fuentes: Matienzo 5.9.2.2, p. 258; Delv. t. 3, pp. 11-12

Art. 1728. El terreno contiguo a una finca propia de uno de los cónyuges, y adquirido por él durante el matrimonio a cualquier título que lo haga comunicable según el artículo 1725, se entenderá pertenecer a la sociedad; a menos que con él y la antigua finca se haya formado una heredad o edificio de que el terreno últimamente adquirido no pueda desmembrarse sin daño; pues entonces la sociedad y el dicho cónyuge serán condueños del todo, a prorrata de los respectivos valores al tiempo de la incorporación.

Conc.: CC. 1725-1727
Fuentes: Matienzo 5.9.2.2.3, p. 258; Delv. t. 3, pp. 12-13

Art. 1729. La propiedad de las cosas que uno de los cónyuges poseía con otras personas proindiviso, y de que durante el matrimonio se hiciere dueño por cualquier título oneroso, pertenecerá proindiviso a dicho cónyuge y a la sociedad, a prorrata del valor de la cuota que pertenecía al primero, y de lo que haya costado la adquisición del resto.

Conc.: CC. 1725, 1727, 2304
Fuentes: CN 1408

Art. 1730. Las minas denunciadas por uno de los cónyuges o por ambos se agregarán al haber social.

Conc.: CC. 1725
Fuentes: CN 1403

Art. 1731. La parte del tesoro, que según la ley pertenece al que lo encuentra, se agregará al haber de la sociedad, la que deberá al cónyuge que lo encuentre la correspondiente recompensa; y la parte del tesoro, que según la ley pertenece al dueño del terreno en que se encuentra, se agregará al haber de la sociedad, la que deberá recompensa al cónyuge que fuere dueño del terreno.

Modif. L. 18802
Conc.: CC. 625-628, 1725, 1727
Fuentes: García Goyena 1319

Art. 1732. Los inmuebles donados o asignados a cualquier otro título gratuito, se entenderán pertenecer exclusivamente al cónyuge donatario o asignatario; y no se atenderá a si las donaciones u otros actos gratuitos a favor de un cónyuge, han sido hechos por consideración al otro.

Si las cosas donadas o asignadas a cualquier otro título gratuito fueren muebles, se entenderán pertenecer a la sociedad, la que deberá al cónyuge donatario o asignatario la correspondiente recompensa.

Modif. L. 18802

Conc.: CC. 1726
Fuentes: Nov. Rec. 10.4.1; CN 1405; CL 2701; Febrero Nov. t. 1, 1.2.8.8-9, pp. 97-98; Delv. t. 3, p. 10-11

Art. 1733. Para que un inmueble se entienda subrogado a otro inmueble de uno de los cónyuges, es necesario que el segundo se haya permutado por el primero, o que, vendido el segundo durante el matrimonio, se haya comprado con su precio el primero; y que en la escritura de permuta o en las escrituras de venta y de compra se exprese el ánimo de subrogar.

Puede también subrogarse un inmueble a valores propios de uno de los cónyuges, y que no consistan en bienes raíces; mas para que valga la subrogación, será necesario que los valores hayan sido destinados a ello, en conformidad al número 2.o del artículo 1727, y que en la escritura de compra del inmueble aparezca la inversión de dichos valores y el ánimo de subrogar.

Si se subroga una finca a otra y el precio de venta de la antigua finca excediere al precio de compra de la nueva, la sociedad deberá recompensa por este exceso al cónyuge subrogante; y si por el contrario el precio de compra de la nueva finca excediere al precio de venta de la antigua, el cónyuge subrogante deberá recompensa por este exceso a la sociedad.

Si permutándose dos fincas, se recibe un saldo en dinero, la sociedad deberá recompensa por este saldo al cónyuge subrogante, y si por el contrario se pagare un saldo, la recompensa la deberá dicho cónyuge a la sociedad.

La misma regla se aplicará al caso de subrogarse un inmueble a valores.

Pero no se entenderá haber subrogación, cuando el saldo en favor o en contra de la sociedad excediere a la mitad del precio de la finca que se recibe, la cual pertenecerá entonces al haber social, quedando la sociedad obligada a recompensar al cónyuge por el precio de la finca enajenada, o por los valores invertidos, y conservando éste el derecho de llevar a efecto la subrogación, comprando otra finca.

La subrogación que se haga en bienes de la mujer exige además la autorización de ésta.

Modif. L. 18802
Conc.: CC. 1727, 1741
Fuentes: CN 1407; Delv. t. 3, p. 12

Art. 1734. Todas las recompensas se pagarán en dinero, de manera que la suma pagada tenga, en lo posible, el mismo valor adquisitivo que la suma invertida al originarse la recompensa.

El partidor aplicará esta norma de acuerdo a la equidad natural.

Modif. L. 18802

Conc.: CC. 1726, 1732-1733, 1736, 1741-1742, 1744-1748, 1771

Art. 1735. El cónyuge que administre la sociedad podrá hacer donaciones de bienes sociales si fueren de poca monta, atendidas las fuerzas del haber social.

Modif. L. 18802
Conc.: CC. 1742, 1747

Art. 1736. La especie adquirida durante la sociedad, no pertenece a ella aunque se haya adquirido a título oneroso, cuando la causa o título de la adquisición ha precedido a ella.

Por consiguiente:

1o. No pertenecerán a la sociedad las especies que uno de los cónyuges poseía a título de señor antes de ella, aunque la prescripción o transacción con que las haya hecho verdaderamente suyas se complete o verifique durante ella;

2o. Ni los bienes que se poseían antes de ella por un título vicioso, pero cuyo vicio se ha purgado durante ella por la ratificación, o por otro remedio legal;

3o. Ni los bienes que vuelven a uno de los cónyuges por la nulidad o resolución de un contrato, o por haberse revocado una donación;

4o. Ni los bienes litigiosos y de que durante la sociedad ha adquirido uno de los cónyuges la posesión pacífica;

5o. Tampoco pertenecerá a la sociedad el derecho de usufructo que se consolida con la propiedad que pertenece al mismo cónyuge; los frutos solos pertenecerán a la sociedad;

6o. Lo que se paga a cualquiera de los cónyuges por capitales de créditos constituidos antes del matrimonio, pertenecerá al cónyuge acreedor. Lo mismo se aplicará a los intereses devengados por uno de los cónyuges antes del matrimonio y pagados después.

7o. También pertenecerán al cónyuge los bienes que adquiera durante la sociedad en virtud de un acto o contrato cuya celebración se hubiere prometido con anterioridad a ella, siempre que la promesa conste de un instrumento público, o de instrumento privado cuya fecha sea oponible a terceros de acuerdo con el artículo 1703.

Si la adquisición se hiciere con bienes de la sociedad y del cónyuge, éste deberá la recompensa respectiva.

Si los bienes a que se refieren los números anteriores son muebles, entrarán al haber de la sociedad, la que deberá al cónyuge adquirente la correspondiente recompensa.

Modif. L. 18802
Conc.: CC. 1725-1727
Fuentes: Matienzo 5.9.2.1.87-92, pp. 257-258; Febrero Nov. 1.2.8.9, p. 98, 1.2.8.17, p. 17; Delv. t. 3, pp. 11-13

Art. 1737. Se reputan adquiridos durante la sociedad los bienes que durante ella debieron adquirirse por uno de los cónyuges, y que de hecho no se adquirieron sino después de disuelta la sociedad, por no haberse tenido noticias de ellos o por haberse embarazado injustamente su adquisición o goce.

Los frutos que sin esta ignorancia o sin este embarazo hubieran debido percibirse por la sociedad, y que después de ella se hubieren restituido a dicho cónyuge o a sus herederos, se mirarán como pertenecientes a la sociedad.

Conc.: CC. 1726, 1727, 1739
Fuentes: Febrero Nov. 1.2.8.10-11, pp. 98-99

Art. 1738. Las donaciones remuneratorias de bienes raíces hechas a uno de los cónyuges o a ambos, por servicios que no daban acción contra la persona servida, no aumentan el haber social; pero las que se hicieren por servicios que hubieran dado acción contra dicha persona, aumentan el haber social, hasta concurrencia de lo que hubiera habido acción a pedir por ellos, y no más; salvo que dichos servicios se hayan prestado antes de la sociedad, pues en tal caso no se adjudicarán a la sociedad dichas donaciones en parte alguna.

Si la donación remuneratoria es de cosas muebles aumentará el haber de la sociedad, la que deberá recompensa al cónyuge donatario si los servicios no daban acción contra la persona servida o si los servicios se prestaron antes de la sociedad.

Modif. L. 18802
Conc.: CC. 1396, 1433-1436, 1738, 1792-9
Fuentes: Febrero Nov. 1.2.8.14, p. 100

Art. 1739. Toda cantidad de dinero y de cosas fungibles, todas las especies, créditos, derechos y acciones que existieren en poder de cualquiera de los cónyuges durante la sociedad o al tiempo de su disolución, se presumirán pertenecer a ella, a menos que aparezca o se pruebe lo contrario.

Ni la declaración de uno de los cónyuges que afirme ser suya o debérsele una cosa, ni la confesión del otro, ni ambas juntas, se estimarán suficiente prueba, aunque se hagan bajo juramento.

La confesión, no obstante, se mirará como una donación revocable, que, confirmada por la muerte del donante, se ejecutará en su parte de gananciales o en sus bienes propios, en lo que hubiere lugar.

Tratándose de bienes muebles, los terceros que contraten a título oneroso con cualquiera de los cónyuges quedarán a cubierto de toda reclamación que éstos pudieren intentar fundada en que el bien es social o del otro cónyuge, siempre que el cónyuge contratante haya hecho al tercero de buena fe la entrega o la tradición del bien respectivo.

No se presumirá la buena fe del tercero cuando el bien objeto del contrato figure inscrito a nombre del otro cónyuge en un registro abierto al público, como en el caso de automóviles, acciones de sociedades anónimas, naves, aeronaves, etc.

Se presume que todo bien adquirido a título oneroso por cualquiera de los cónyuges después de disuelta la sociedad conyugal y antes de su liquidación, se ha adquirido con bienes sociales. El cónyuge deberá por consiguiente, recompensa a la sociedad, a menos que pruebe haberlo adquirido con bienes propios o provenientes de su sola actividad personal.

Modif. L. 18802
Conc.: CC. 150, 1737, 1745
Fuentes: Matienzo 5.9.1.2.1, p. 249; Nov. Rec. 10.4.4

Art. 1740. La sociedad es obligada al pago:

1o. De todas las pensiones e intereses que corran sea contra la sociedad, sea contra cualquiera de los cónyuges y que se devenguen durante la sociedad;

2o. De las deudas y obligaciones contraídas durante el matrimonio por el marido, o la mujer con autorización del marido, o de la justicia en subsidio, y que no fueren personales de aquél o ésta, como lo serían las que se contrajesen para el establecimiento de los hijos de un matrimonio anterior.

La sociedad, por consiguiente, es obligada, con la misma limitación, al lasto de toda fianza, hipoteca o prenda constituida por el marido;

3o. De las deudas personales de cada uno de los cónyuges, quedando el deudor obligado a compensar a la sociedad lo que ésta invierta en ello;

4o. De todas las cargas y reparaciones usufructuarias de los bienes sociales o de cada cónyuge.

5o. Del mantenimiento de los cónyuges; del mantenimiento, educación y establecimiento de los descendientes comunes; y de toda otra carga de familia.

Se mirarán como carga de familia los alimentos que uno de los cónyuges esté por ley obligado a dar a sus descendientes o ascendientes, aunque no lo sean de ambos cónyuges; pero podrá el juez moderar este gasto si le pareciere excesivo, imputando el exceso al haber del cónyuge.

Si la mujer se reserva en las capitulaciones matrimoniales el derecho de que se le entregue por una vez o periódicamente una cantidad de dinero de que pueda disponer a su arbitrio, será de cargo de la sociedad este pago, siempre que en las capitulaciones matrimoniales no se haya impuesto expresamente al marido.

Modif. L. 7612
Conc.: CC. 1744
Fuentes: Matienzo 5.9.3.7, pp. 262-264; Nov. Rec. 9.4.10 (=Ley de Toro 60); CN 1409; Delv. t. 3, pp. 13-14

Art. 1741. Vendida alguna cosa del marido o de la mujer, la sociedad deberá recompensa por el precio al cónyuge vendedor, salvo en cuanto dicho precio se haya invertido en la subrogación de que habla el artículo 1733, o en otro negocio personal del cónyuge cuya era la cosa vendida; como en el pago de sus deudas personales, o en el establecimiento de sus descendientes de un matrimonio anterior.

Modif. L. 18802
Conc.: CC. 1727, 1733, 1742

Art. 1742. El marido o la mujer deberá a la sociedad recompensa por el valor de toda donación que hiciere de cualquiera parte del haber social; a menos que se de poca monta, atendidas las fuerzas del haber social, o que se haga para un objeto de eminente piedad o beneficencia, y sin causar un grave menoscabo a dicho haber.

Modif. L. 18802
Conc.: CC. 1735, 1741, 1747
Fuentes: Febrero Nov. 1.2.8.20, pp. 103-104 in fine

Art. 1743. Si el marido o la mujer dispone, por causa de muerte, de una especie que pertenece a la sociedad, el asignatario de dicha especie podrá perseguirla sobre la sucesión del testador siempre que la especie, en la división de los gananciales, se haya adjudicado a los herederos del testador; pero en caso contrario sólo tendrá derecho para perseguir su precio sobre la sucesión del testador.

Fuentes: Nov. Rec. 10.4.3; CN 1423; Delv. t. 3, p. 20

Art. 1744. Las expensas ordinarias y extraordinarias de educación de un descendiente común, y las que se hicieren para establecerle o casarle, se imputarán a los gananciales, siempre que no constare de un modo auténtico que el marido, o la mujer o ambos de consuno han querido que se sacasen estas expensas de sus bienes propios. Aun cuando inmediatamente se saquen ellas de los bienes propios de cualquiera de los cónyuges, se entenderá que se hacen a cargo de la sociedad, a menos de declaración contraria.

En el caso de haberse hecho estas expensas por uno de los cónyuges, sin contradicción o reclamación del otro, y no constando de un modo auténtico que el marido o la mujer quisieron hacerlas de lo suyo, la mujer, el marido o los herederos de cualquiera de ellos podrán pedir que se les reembolse de los bienes propios del otro, por mitad, la parte de dichas expensas que no cupiere en los gananciales; y quedará a la prudencia del juez acceder a esta demanda en todo o parte, tomando en consideración las fuerzas y obligaciones de los dos patrimonios, y la discreción y moderación con que en dichas expensas hubiere procedido el cónyuge.

Todo lo cual se aplica al caso en que el descendiente no tuviere bienes propios; pues teniéndolos, se imputarán las expensas extraordinarias a sus bienes, en cuanto cupieren, y en cuanto le hubieren sido efectivamente útiles; a menos que conste de un modo auténtico que el marido, o la mujer, o ambos de consuno, quisieron hacerlas de lo suyo.

Modif. L. 18802
Conc.: CC. 230-233, 321, 323, 332, 1168-1171, 1740, 1747; L. Matrimonio Civil 21, 23, 31; C. Derechos del Niño 6, 27; L. 14908 2, 3, 4
Fuentes: Nov. Rec. 10.3.4 (=Ley de Toro 53), CN 1438-1439; Delv. t. 3, pp. 19-20

Art. 1745. En general, los precios, saldos, costas judiciales y expensas de toda clase que se hicieren en la adquisición o cobro de los bienes, derechos o créditos que pertenezcan a cualquiera de los cónyuges, se presumirán erogados por la sociedad, a menos de prueba contraria, y se le deberán abonar.

Por consiguiente:

El cónyuge que adquiere bienes a título de herencia debe recompensa a la sociedad por todas las deudas y cargas hereditarias o testamentarias que él cubra, y por todos los costos de la adquisición; salvo en cuanto pruebe haberlos cubierto con los mismos bienes hereditarios o con lo suyo.

Conc.: CC. 1726, 1732, 1734, 1736, 1748, 1769-1771
Fuentes: García Goyena 1317

Art. 1746. Se la debe asimismo recompensa por las expensas de toda clase que se hayan hecho en los bienes de cualquiera de los cónyuges, en cuanto dichas expensas hayan aumentado el valor de los bienes, y en cuanto subsistiere este valor a la fecha de la disolución de la sociedad; a menos que este aumento del valor exceda al de las expensas, pues en tal caso se deberá sólo el importe de éstas.

Conc.: CC. 1726, 1732, 1734, 1736, 1745, 1748, 1769-1771
Fuentes: CN 1437

Art. 1747. En general, se debe recompensa a la sociedad por toda erogación gratuita y cuantiosa a favor de un tercero que no sea descendiente común.

Conc.: CC. 17 1735, 1742, 1744

Art. 1748. Cada cónyuge deberá asimismo recompensa a la sociedad por los perjuicios que le hubiere causado con dolo o culpa grave, y por el pago que ella hiciere de las multas y reparaciones pecuniarias a que fuere condenado por algún delito o cuasidelito.

Conc.: CC. 1734, 2314, 2329
Fuentes: D.17.2.52.18; P.5.T.10.L.7, P.5.T.10.L.13; Matienzo 5.9.3.7.6, p. 263; C. Prusiano 1.2.384-390; CN 1424

§ 3. De la administración ordinaria de los bienes de la sociedad conyugal

Art. 1749. El marido es jefe de la sociedad conyugal, y como tal administra los bienes sociales y los de su mujer; sujeto, empero, a las obligaciones y limitaciones que por el presente Título se le imponen y a las que haya contraído por las capitulaciones matrimoniales.

Como administrador de la sociedad conyugal, el marido ejercerá los derechos de la mujer que siendo socia de una sociedad civil o comercial se casare, sin perjuicio de lo dispuesto en el artículo 150.

El marido no podrá enajenar o gravar voluntariamente ni prometer enajenar o gravar los bienes raíces sociales ni los derechos hereditarios de la mujer, sin autorización de ésta.

No podrá tampoco, sin dicha autorización, disponer entre vivos a título gratuito de los bienes sociales, salvo el caso del artículo 1735, ni dar en arriendo o ceder la tenencia de los bienes raíces sociales urbanos por más de cinco años, ni los rústicos por más de ocho, incluidas las prórrogas que hubiere pactado el marido.

Si el marido se constituye aval, codeudor solidario, fiador u otorga cualquiera otra caución respecto de obligaciones contraídas por terceros, sólo obligará sus bienes propios.

En los casos a que se refiere el inciso anterior para obligar los bienes sociales necesitará la autorización de la mujer.

La autorización de la mujer deberá ser específica y otorgada por escrito, o por escritura pública si el acto exigiere esta solemnidad, o interviniendo expresa y directamente de cualquier modo en el mismo. Podrá prestarse en todo caso por medio de mandato especial que conste por escrito o por escritura pública según el caso.

La autorización a que se refiere el presente artículo podrá ser suplida por el juez, previa audiencia a la que será citada la mujer, si ésta la negare sin justo motivo. Podrá asimismo ser suplida por el juez en caso de algún impedimento de la mujer, como demencia, ausencia real o aparente u otro, y de la demora se siguiere perjuicio. Pero no podrá suplirse dicha autorización si la mujer se opusiere a la donación de los bienes sociales.

Modif. L. 18802, L. 19968, L. 21515
Conc.: CC. 449, 478, 503, 1225, 1750-1757; L. Matrimonio Civil 30
Fuentes: Matienzo 5.9.2.3.18, p. 260; Nov. Rec. 10.4.5; CN 1421; Febrero Nov. 1.2.8.19-20, pp. 103-104

Art. 1750. El marido es, respecto de terceros, dueño de los bienes sociales, como si ellos y sus bienes propios formasen un solo patrimonio, de manera que durante la sociedad los acreedores del marido podrán perseguir tanto los bienes de éste como los bienes sociales; sin perjuicio de los abonos o compensaciones que a consecuencia de ello deba el marido a la sociedad o la sociedad al marido.

Podrán, con todo, los acreedores perseguir sus derechos sobre los bienes de la mujer, en virtud de un contrato celebrado por ellos con el marido, en cuanto se probare haber cedido el contrato en utilidad personal de la mujer, como en el pago de sus deudas anteriores al matrimonio.

Conc.: CC. 1749, 1751
Fuentes: C.5.12.30; Matienzo 5.9.3.7.6, p. 263; CN 1421

Art. 1751. Toda deuda contraída por la mujer con mandato general o especial del marido, es, respecto de terceros, deuda del marido y por consiguiente de la sociedad; y el acreedor no podrá perseguir el pago de esta deuda sobre los bienes propios de la mujer, sino sólo sobre los bienes de la sociedad y sobre los bienes propios del marido; sin perjuicio de lo prevenido en el inciso 2.o del artículo precedente.

Si la mujer mandataria contrata a su propio nombre, regirá lo dispuesto en el artículo 2151.

Los contratos celebrados por el marido y la mujer de consuno o en que la mujer se obligue solidaria o subsidiariamente con el marido, no valdrán contra los bienes propios de la mujer, salvo en los casos y términos del sobredicho inciso 2.o, y sin perjuicio de lo dispuesto en el inciso 1.o del artículo 137.

Modif. L. 18802
Conc.: CC. 137, 2116, 2130, 2151, 2160
Fuentes: Matienzo 5.9.3.7.2, p. 263

Art. 1752. La mujer por sí sola no tiene derecho alguno sobre los bienes sociales durante la sociedad, salvo en los casos del artículo 145.

Modif. L. 18802
Conc.: CC. 145, 1758-1763
Fuentes: CN 1426-1427; García Goyena 1338

Art. 1753. Aunque la mujer en las capitulaciones matrimoniales renuncie los gananciales, no por eso tendrá la facultad de percibir los frutos de sus bienes propios, los cuales se entienden concedidos al marido para soportar las cargas del matrimonio, pero con la obligación de conservar y restituir dichos bienes, según después se dirá.

Lo dicho deberá entenderse sin perjuicio de los derechos de la mujer divorciada o separada de bienes.

Conc.: CC. 1719, 1740, 1744
Fuentes: D.23.3.7.pr; C.5.12.20; P.4.T.11.LL.7, 20, 28

Art. 1754. No se podrán enajenar ni gravar los bienes raíces de la mujer, sino con su voluntad.

La voluntad de la mujer deberá ser específica y otorgada por escritura pública, o interviniendo expresa y directamente de cualquier modo en el acto. Podrá prestarse, en todo caso, por medio de mandato especial que conste de escritura pública.

Podrá suplirse por el juez el consentimiento de la mujer cuando ésta se hallare imposibilitada de manifestar su voluntad.

La mujer, por su parte, no podrá enajenar o gravar ni dar en arrendamiento o ceder la tenencia de los bienes de su propiedad que administre el marido, sino en los casos de los artículos 138 y 138 bis.

Modif. L. 18802, L. 19335
Conc.: CC. 138, 138 bis, 1447, 1749, 1755-1757
Fuentes: IJ 2.8.pr; C.5.13.15-15c; P.4.T.11.L.7; Nov. Rec. 10.1.12 (=Ley de Toro 5); CN 1554-1555

Art. 1755. Para enajenar o gravar otros bienes de la mujer, que el marido esté o pueda estar obligado a restituir en especie, bastará el consentimiento de la mujer, que podrá ser suplido por el juez cuando la mujer estuviere imposibilitada de manifestar su voluntad.

Modif. L. 10271, L. 19585
Conc.: CC. 138, 138 bis, 1447, 1749, 1755-1757
Fuentes: IJ 2.8.pr; C.5.13.15-15c; P.4.T.11.L.7; Nov. Rec. 10.1.12 (=Ley de Toro 5); CN 1554-1555

Art. 1756. Sin autorización de la mujer, el marido no podrá dar en arriendo o ceder la tenencia de los predios rústicos de ella por más de ocho años, ni de los urbanos por más de cinco, incluidas las prórrogas que hubiere pactado el marido.

Es aplicable a este caso lo dispuesto en los incisos 7.o y 8.o del artículo 1749.

Modif. L. 18802
Conc.: CC. 1749
Fuentes: D.24.3.25.4; CN 1429

Art. 1757. Los actos ejecutados sin cumplir con los requisitos prescritos en los artículos 1749, 1754 y 1755 adolecerán de nulidad relativa. En el caso del arrendamiento o de la cesión de la tenencia, el contrato regirá sólo por el tiempo señalado en los artículos 1749 y 1756.

La nulidad o inoponibilidad anteriores podrán hacerlas valer la mujer, sus herederos o cesionarios.

El cuadrienio para impetrar la nulidad se contará desde la disolución de la sociedad conyugal, o desde que cese la incapacidad de la mujer o de sus herederos.

En ningún caso se podrá pedir la declaración de nulidad pasados diez años desde la celebración del acto o contrato.

Modif. L. 18802
Conc.: CC. 1447, 1681-1682, 1749, 1754-1756

§ 4. De la administración extraordinaria de la sociedad conyugal

Art. 1758. La mujer que en el caso de interdicción del marido, o por larga ausencia de éste sin comunicación con su familia, hubiere sido nombrada curadora del marido, o curadora de sus bienes, tendrá por el mismo hecho la administración de la sociedad conyugal.

Si por incapacidad o excusa de la mujer se encargaren estas curadurías a otra persona, dirigirá el curador la administración de la sociedad conyugal.

Conc.: CC. 342-343, 450, 463, 503, 1759-1763; CPC 843-848, COT 366-369
Fuentes: García Goyena 1363

Art. 1759. La mujer que tenga la administración de la sociedad, administrará con iguales facultades que el marido.

No obstante, sin autorización judicial, previo conocimiento de causa, no podrá enajenar o gravar voluntariamente ni prometer enajenar o gravar los bienes raíces sociales.

No podrá tampoco, sin dicha autorización, disponer entre vivos a título gratuito de los bienes sociales, salvo el caso del artículo 1735.

Todo acto en contravención a este artículo será nulo relativamente. La acción corresponderá al marido, sus herederos o cesionarios y el cuadrienio para pedir la declaración de nulidad se contará desde que cese el hecho que motivó la curaduría.

En ningún caso se podrá pedir la declaración de nulidad pasados diez años desde la celebración del acto o contrato.

Si la mujer que tiene la administración extraordinaria de la sociedad conyugal se constituye en aval, codeudora solidaria, fiadora u otorga cualquiera otra caución respecto de terceros, sólo obligará sus bienes propios y los que administre en conformidad a los artículos 150, 166 y 167. Para obligar los bienes sociales necesitará la autorización de la justicia, dada con conocimiento de causa.

En la administración de los bienes propios del marido, se aplicarán las normas de las curadurías.

Modif. L. 18802
Conc.: CC. 150, 166-167, 1735, 1749, 1757-1758, 1760-1763
Fuentes: García Goyena 1364

Art. 1760. Todos los actos y contratos de la mujer administradora, que no le estuvieren vedados por el artículo precedente, se mirarán como actos y contratos del marido, y obligarán en consecuencia a la sociedad y al marido; salvo en cuanto apareciere o se probare que dichos actos y contratos se hicieron en negocio personal de la mujer.

Conc.: CC. 1448, 1749

Art. 1761. La mujer administradora podrá dar en arriendo los inmuebles sociales o ceder su tenencia, y el marido o sus herederos estarán obligados al cumplimiento de lo pactado por un espacio de tiempo que no pase de los límites señalados en el inciso 4.o del artículo 1749.

Este arrendamiento o cesión, sin embargo, podrá durar más tiempo, si la mujer, para estipularlo así, hubiere sido especialmente autorizada por la justicia, previa información de utilidad.

Modif. L. 18802
Conc.: CC. 1749, 1756

Art. 1762. La mujer que no quisiere tomar sobre sí la administración de la sociedad conyugal ni someterse a la dirección de un curador, podrá pedir la separación de bienes; y en tal caso se observarán las disposiciones del Título VI, párrafo 3 del Libro I.

Modif. L. 18802
Conc.: CC. 140, 152-178, 450, 463, 503

Art. 1763. Cesando la causa de la administración extraordinaria de que hablan los artículos precedentes, recobrará el marido sus facultades administrativas, previo decreto judicial.

Conc.: CC. 1758

§ 5. De la disolución de la sociedad conyugal y participación de los gananciales

Art. 1764. La sociedad conyugal se disuelve:

1o. Por la disolución del matrimonio;

2o. Por la presunción de muerte de uno de los cónyuges, según lo prevenido en el título Del principio y fin de las personas;

3o. Por la sentencia de separación judicial o de separación total de bienes: si la separación es parcial, continuará la sociedad sobre los bienes no comprendidos en ella;

4o. Por la declaración de nulidad del matrimonio;

5o. Por el pacto de participación en los gananciales o de separación total de bienes, según el Título XXII-A del Libro Cuarto y el artículo 1723.

Modif. L. 19335, L. 19947
Conc.: CC. 84, 138, 1719, 1723, 1739, 1765-1780; L. Matrimonio Civil 34, 40, 51
Fuentes: D.24.3.56, D.50.16.240; P.4.T.11.L.31; CN 1441; C. Sardo 1581; Delv. t. 3, p. 23

Art. 1765. Disuelta la sociedad, se procederá inmediatamente a la confección de un inventario y tasación de todos los bienes que usufructuaba o de que era responsable, en el término y forma prescritos para la sucesión por causa de muerte.

Conc.: CC. 1222-1224, 1253-1256, 1739, 1766-1768; CPC 858-865
Fuentes: CN 1442, 1456; García Goyena 1340

Art. 1766. El inventario y tasación, que se hubieren hecho sin solemnidad judicial, no tendrán valor en juicio, sino contra el cónyuge, los herederos o los acreedores que los hubieren debidamente aprobado y firmado.

Si entre los partícipes de los gananciales hubiere menores, dementes u otras personas inhábiles para la administración de sus bienes, serán de necesidad el inventario y tasación solemnes; y si se omitiere hacerlos, aquel a quien fuere imputable esta omisión, responderá de los perjuicios; y se procederá lo más pronto posible a legalizar dicho inventario y tasación en la forma debida.

Conc.: CC. 1765, 1767-1768; CPC 858-865
Fuentes: CN 1442

Art. 1767. La mujer que no haya renunciado los gananciales antes del matrimonio o después de disolverse la sociedad, se entenderá que los acepta con beneficio de inventario.

Conc.: CC. 1247, 1719, 1753, 1777, 1781-1785
Fuentes: CN 1483

Art. 1768. Aquel de los cónyuges o sus herederos que dolosamente hubiere ocultado o distraído alguna cosa de la sociedad, perderá su porción en la misma cosa y se verá obligado a restituirla doblada.

Conc.: CC. 44, 1739, 1748, 1792-18; 2314, 2329
Fuentes: ¿CN 1460?

Art. 1769. Se acumulará imaginariamente al haber social todo aquello de que los cónyuges sean respectivamente deudores a la sociedad, por vía de recompensa o indemnización, según las reglas arriba dadas.

Conc.: CC. 1185, 1734, 1741-1742, 1745-1748, 1771-1773

Art. 1770. Cada cónyuge, por sí o por sus herederos, tendrá derecho a sacar de la masa las especies o cuerpos ciertos que le pertenezcan, y los precios, saldos y recompensas que constituyan el resto de su haber.

La restitución de las especies o cuerpos ciertos deberá hacerse tan pronto como fuere posible después de la terminación del inventario y avalúo; y el pago del resto del haber dentro de un año contado desde dicha terminación. Podrá el juez, sin embargo, ampliar o restringir este plazo a petición de los interesados, previo conocimiento de causa.

Conc.: CC. 889, 1726-1734, 1736-1738, 1771-1772
Fuentes: Matienzo 5.9.1.2.3, p. 247

Art. 1771. Las pérdidas o deterioros ocurridos en dichas especies o cuerpos ciertos deberá sufrirlos el dueño, salvo que se deban a dolo o culpa grave del otro cónyuge, en cuyo caso deberá éste resarcirlos.

Por el aumento que provenga de causas naturales e independientes de la industria humana, nada se deberá a la sociedad.

Conc.: CC. 568, 571, 573, 643-645, 649-656, 1748, 1770, 1772
Fuentes: D.23.1.1, D.23.3.10.1; C.5.13.1.5e; P.4.T.11.L.1, gl.3, P.4.T.11.L.28, P.4.T.11.L.32; Matienzo 5.9.4.2.2, p. 258; Febrero 1.2.5.9, p. 59

Art. 1772. Los frutos pendientes al tiempo de la restitución, y todos los percibidos desde la disolución de la sociedad, pertenecerán al dueño de las respectivas especies.

Acrecen al haber social los frutos que de los bienes sociales se perciban desde la disolución de la sociedad.

Conc.: CC. 569-573, 644-648, 1725, 1771
Fuentes: D.23.1.1, D.23.3.10.1; C.5.13.1.5e; P.4.T.11.L.1, gl.3, P.4.T.11.L.28, P.4.T.11.L.32; Matienzo 5.9.4.2.2, p. 258; Febrero 1.2.5.9, p. 59

Art. 1773. La mujer hará antes que el marido las deducciones de que hablan los artículos precedentes; y las que consistan en dinero, sea que pertenezcan a la mujer o al marido, se ejecutarán sobre el dinero y muebles de la sociedad, y subsidiariamente sobre los inmuebles de la misma.

La mujer, no siendo suficientes los bienes de la sociedad, podrá hacer las deducciones que le correspondan, sobre los bienes propios del marido, elegidos de común acuerdo. No acordándose, elegirá el juez.

Conc.: CC. 2481
Fuentes: CN 1471; Delv. t. 3, p. 36

Art. 1774. Ejecutadas las antedichas deducciones, el residuo se dividirá por mitad entre los dos cónyuges.

Conc.: CC. 1770-1773
Fuentes: Nov. Rec. 10.4.1; CN 1474

Art. 1775. No se imputarán a la mitad de gananciales del cónyuge sobreviviente las asignaciones testamentarias que le haya hecho el cónyuge difunto, salvo que éste lo haya así ordenado; pero en tal caso podrá el cónyuge sobreviviente repudiarlas, si prefiere atenerse al resultado de la partición.

Conc.: CC. 1192, 1225-1263

Art. 1776. La división de los bienes sociales se sujetará a las reglas dadas para la partición de los bienes hereditarios.

Conc.: CC. 1317-1353; CPC 646-666
Fuentes: CN 1476

Art. 1777. La mujer no es responsable de las deudas de la sociedad, sino hasta concurrencia de su mitad de gananciales.

Mas para gozar de este beneficio deberá probar el exceso de la contribución que se le exige, sobre su mitad de gananciales, sea por el inventario y tasación, sea por otros documentos auténticos.

Conc.: CC. 1247, 1719, 1753, 1777, 1781-1785
Fuentes: CN 1483

Art. 1778. El marido es responsable del total de las deudas de la sociedad; salvo su acción contra la mujer para el reintegro de la mitad de estas deudas, según el artículo precedente.

Conc.: CC. 1749-1750, 1777
Fuentes: CN 1484; Delv. t. 3.p.37

Art. 1779. Aquel de los cónyuges que, por el efecto de una hipoteca o prenda constituida sobre una especie que le ha cabido en la división de la masa social, paga una deuda de la sociedad, tendrá acción contra el otro cónyuge para el reintegro de la mitad de lo que pagare; y pagando una deuda del otro cónyuge, tendrá acción contra él para el reintegro de todo lo que pagare.

Conc.: CC. 1740, 1744, 1774
Fuentes: En contra de CN 1488, según 1489; Delv. t. 3.p.37

Art. 1780. Los herederos de cada cónyuge gozan de los mismos derechos y están sujetos a las mismas acciones que el cónyuge que representan.

Conc.: CC. 951, 954

§ 6. De la renuncia de los gananciales hecha por parte de la mujer después de la disolución de la sociedad

Art. 1781. Disuelta la sociedad, la mujer o sus herederos mayores tendrán la facultad de renunciar los gananciales a que tuvieren derecho.

Modif. L. 21515
Conc.: CC. 150, 1719, 1753, 1767, 1781-1785
Fuentes: CN 1453; Delv. t. 3, p. 28

Art. 1782. Podrá la mujer renunciar mientras no haya entrado en su poder ninguna parte del haber social a título de gananciales.

Hecha una vez la renuncia no podrá rescindirse, a menos de probarse que la mujer o sus herederos han sido inducidos a renunciar por engaño o por un justificable error acerca del verdadero estado de los negocios sociales.

Esta acción rescisoria prescribirá en cuatro años, contados desde la disolución de la sociedad.

Conc.: CC. 12, 1453
Fuentes: CN 1454, 1455; Delv. t. 3, p. 28

Art. 1783. Renunciando la mujer o sus herederos, los derechos de la sociedad y del marido se confunden e identifican, aun respecto de ella.

Conc.: CC. 1749-1750
Fuentes: Delv. t. 3, p. 39

Art. 1784. La mujer que renuncia conserva sus derechos y obligaciones a las recompensas e indemnizaciones arriba expresadas.

Conc.: CC. 1726, 1732-1734, 1736, 1741-1742, 1744-1748, 1769, 1770-1773
Fuentes: CN 1493; Delv. t. 3, p. 39

Art. 1785. Si sólo una parte de los herederos de la mujer renuncia, las porciones de los que renuncian acrecen a la porción del marido.

Conc.: CC. 1147

§ 7. De la dote y de las donaciones por causa de matrimonio

Art. 1786. Las donaciones que un esposo hace a otro antes de celebrarse el matrimonio y en consideración a él, y las donaciones que un tercero hace a cualquiera de los esposos antes o después de celebrarse el matrimonio y en consideración a él, se llaman en general donaciones por causa de matrimonio.

Conc.: CC. 100, 1406, 1786-1792
Fuentes: Poth. Donations 42, p. 365; CN 1081-1082

Art. 1787. Las promesas que un esposo hace al otro antes de celebrarse el matrimonio y en consideración a él, o que un tercero hace a uno de los esposos en consideración al matrimonio, se sujetarán a las mismas reglas que las donaciones de presente, pero deberán constar por escritura pública, o por confesión del tercero.

Conc.: CC. 100, 1715-1717
Fuentes: Poth. Mariage 47, pp. 19-20; CN 1393

Art. 1788. Ninguno de los esposos podrá hacer donaciones al otro por causa de matrimonio, sino hasta el valor de la cuarta parte de los bienes de su propiedad que aportare.

Conc.: CC. 1184
Fuentes: Adaptación de CN 1098

Art. 1789. Las donaciones por causa de matrimonio, sea que se califiquen de dote, arras o con cualquiera otra denominación, admiten plazos, condiciones y cualesquiera otras estipulaciones lícitas, y están sujetas a las reglas generales de las donaciones, en todo lo que no se oponga a las disposiciones especiales de este título.

En todas ellas se entiende la condición de celebrarse o haberse celebrado el matrimonio.

Conc.: CC. 100, 1403, 1406

Art. 1790. Declarada la nulidad del matrimonio, podrán revocarse todas las donaciones que por causa del mismo matrimonio se hayan hecho al que lo contrajo de mala fe, con tal que de la donación y de su causa haya constancia por escritura pública.

La sentencia firme de separación judicial o divorcio autoriza, por su parte, a revocar todas las donaciones que por causa del mismo matrimonio se hayan hecho al cónyuge que dio motivo a la separación judicial o al divorcio por su culpa verificada la condición señalada en el inciso precedente.

En la escritura del esposo donante se presume siempre la causa de matrimonio, aunque no se exprese.

Carecerá de esta acción revocatoria el cónyuge putativo que también contrajo de mala fe.

Modif. L. 19947
Conc.: CC. 1764
Fuentes: CN 1088, Rogron 1088, p. 504; García Goyena 1249

Art. 1791. En las donaciones entre vivos o asignaciones testamentarias por causa de matrimonio, no se entenderá la condición resolutoria de faltar el donatario o asignatario sin dejar sucesión, ni otra alguna, que no se exprese en el respectivo instrumento, o que la ley no prescriba.

Conc.: CC. 1078
Fuentes: CN 1082

Art. 1792. Si por el hecho de uno de los cónyuges se disuelve el matrimonio antes de consumarse, podrán revocarse las donaciones que por causa de matrimonio se le hayan hecho, en los términos del artículo 1790.

Carecerá de esta acción revocatoria el cónyuge por cuyo hecho se disolviere el matrimonio.

Conc.: CC. 1790

TÍTULO XXII-A. RÉGIMEN DE LA PARTICIPACIÓN EN LOS GANANCIALES

Título introducido por L. 19335

§ 1. Reglas generales

Introducido por l.19335

Art. 1792-1. En las capitulaciones matrimoniales que celebren en conformidad con el párrafo primero del Título XXII del Libro Cuarto del Código Civil los esposos podrán pactar el régimen de participación en los gananciales.

Los cónyuges podrán, con sujeción a lo dispuesto en el artículo 1723 de ese mismo Código, sustituir el régimen de sociedad conyugal o el de separación por el régimen de participación que este Título contempla. Del mismo modo, podrán sustituir el régimen de participación en los gananciales, por el de separación total de bienes.

Introducido L. 19335

Conc.: CC. 135, 140, 158, 165, 261, 503, 1715-1717, 1719, 1722-1723, 1792-1 hasta 1792-27; L. Matrimonio Civil 34, 40, 51

Art. 1792-2. En el régimen de participación en los gananciales los patrimonios de los cónyuges se mantienen separados y cada uno de los cónyuges administra, goza y dispone libremente de lo suyo. Al finalizar la vigencia del régimen de bienes, se compensa el valor de los gananciales obtenidos por los cónyuges y éstos tienen derecho a participar por mitades en el excedente.

Los principios anteriores rigen en la forma y con las limitaciones señaladas en los artículos siguientes y en el párrafo I del Título VI del Libro Primero del Código Civil.

Introducido L. 19335
Modif. L. 21400
Conc.: CC. 1792-1 hasta 1792-27

§ 2. De la administración del patrimonio de los cónyuges

Art. 1792-3. Ninguno de los cónyuges podrá otorgar cauciones personales a obligaciones de terceros sin el consentimiento del otro cónyuge. Dicha autorización se sujetará a lo establecido en los artículos 142, inciso segundo, y 144, del Código Civil.

Introducido L. 19335
Conc.: CC. 142, 144, 1749

Art. 1792-4. Los actos ejecutados en contravención al artículo precedente adolecerán de nulidad relativa.

El cuadrienio para impetrar la nulidad se contará desde el día en que el cónyuge que la alega tuvo conocimiento del acto.

Pero en ningún caso podrá perseguirse la rescisión pasados diez años desde la celebración del acto o contrato.

Introducido L. 19335
Conc.: CC. 1682, 1684, 1691

Art. 1792-5. A la disolución del régimen de participación en los gananciales, los patrimonios de los cónyuges permanecerán separados, conservando éstos o sus causahabientes plenas facultades de administración y disposición de sus bienes.

A la misma fecha se determinarán los gananciales obtenidos durante la vigencia del régimen de participación en los gananciales.

Introducido L. 19335
Conc.: CC. 1792-27

§ 3. De la determinación y cálculo de los gananciales

Art. 1792-6. Se entiende por gananciales la diferencia de valor neto entre el patrimonio originario y el patrimonio final de cada cónyuge.

Se entiende por patrimonio originario de cada cónyuge el existente al momento de optar por el régimen que establece este Título y por su patrimonio final, el que exista al término de dicho régimen.

Introducido L. 19335
Conc.: CC. 1725, 1792-6 hasta 1792-19

Art. 1792-7. El patrimonio originario resultará de deducir del valor total de los bienes de que el cónyuge sea titular al iniciarse el régimen, el valor total de las obligaciones de que sea deudor en esa misma fecha. Si el valor de las obligaciones excede al valor de los bienes, el patrimonio originario se estimará carente de valor.

Se agregarán al patrimonio originario las adquisiciones a título gratuito efectuadas durante la vigencia del régimen, deducidas las cargas con que estuvieren gravadas.

Introducido L. 19335
Conc.: CC. 1726, 1732, 1738

Art. 1792-8. Los bienes adquiridos durante la vigencia del régimen de participación en los gananciales se agregarán al activo del patrimonio originario, aunque lo hayan sido a título oneroso, cuando la causa o título de la adquisición sea anterior al inicio del régimen de bienes.

Por consiguiente, y sin que la enumeración siguiente sea taxativa, se agregarán al activo del patrimonio originario:

1) Los bienes que uno de los cónyuges poseía antes del régimen de bienes, aunque la prescripción o transacción con que los haya hecho suyos haya operado o se haya convenido durante la vigencia del régimen de bienes.

2) Los bienes que se poseían antes del régimen de bienes por un título vicioso, siempre que el vicio se haya purgado durante la vigencia del régimen de bienes por la ratificación o por otro medio legal.

3) Los bienes que vuelven a uno de los cónyuges por la nulidad o resolución de un contrato, o por haberse revocado una donación.

4) Los bienes litigiosos, cuya posesión pacífica haya adquirido cualquiera de los cónyuges durante la vigencia del régimen.

5) El derecho de usufructo que se haya consolidado con la nuda propiedad que pertenece al mismo cónyuge.

6) Lo que se paga a cualquiera de los cónyuges por capitales de créditos constituidos antes de la vigencia del régimen. Lo mismo se aplicará a los intereses devengados antes y pagados después.

7) La proporción del precio pagado con anterioridad al inicio del régimen, por los bienes adquiridos de resultas de contratos de promesa.

Introducido L. 19335
Conc.: CC. 1736

Art. 1792-9. Los frutos, incluso los que provengan de bienes originarios, no se incorporarán al patrimonio originario. Tampoco las minas denunciadas por uno de los cónyuges, ni las donaciones remuneratorias por servicios que hubieren dado acción contra la persona servida.

Introducido L. 19335
Conc.: CC. 1725

Art. 1792-10. Los cónyuges son comuneros, según las reglas generales, de los bienes adquiridos en conjunto, a título oneroso. Si la adquisición ha sido a título gratuito por ambos cónyuges, los derechos se agregarán a los respectivos patrimonios originarios, en la proporción que establezca el título respectivo, o en partes iguales, si el título nada dijere al respecto.

Introducido L. 19335
Conc.: CC. 2304-2313

Art. 1792-11. Los cónyuges o esposos, al momento de pactar este régimen, deberán efectuar un inventario simple de los bienes que componen el patrimonio originario.

A falta de inventario, el patrimonio originario puede probarse mediante otros instrumentos, tales como registros, facturas o títulos de crédito.

Con todo, serán admitidos otros medios de prueba si se demuestra que, atendidas las circunstancias, el esposo o cónyuge no estuvo en situación de procurarse un instrumento.

Introducido L. 19335
Conc.: CC. 135, 165, 1715, 1723, 1792-1

Art. 1792-12. Al término del régimen de participación en los gananciales, se presumen comunes los bienes muebles adquiridos durante él, salvo los de uso personal de los cónyuges. La prueba en contrario deberá fundarse en antecedentes escritos.

Introducido L. 19335
Conc.: CC. 1739

Art. 1792-13. Los bienes que componen el activo originario se valoran según su estado al momento de entrada en vigencia del régimen de bienes o de su adquisición. Por consiguiente, su precio al momento de incorporación al patrimonio originario será prudencialmente actualizado a la fecha de la terminación del régimen.

La valoración podrá ser hecha por los cónyuges o por un tercero designado por ellos. En subsidio, por el juez.

Las reglas anteriores rigen también para la valoración del pasivo.

Introducido L. 19335
Conc.: CC. 1792-17

Art. 1792-14. El patrimonio final resultará de deducir del valor total de los bienes de que el cónyuge sea dueño al momento de terminar el régimen, el valor total de las obligaciones que tenga en esa misma fecha.

Introducido L. 19335
Conc.: CC. 1765-1774

Art. 1792-15. En el patrimonio final de un cónyuge se agregarán imaginariamente los montos de las disminuciones de su activo que sean consecuencia de los siguientes actos, ejecutados durante la vigencia del régimen de participación en los gananciales:

1) Donaciones irrevocables que no correspondan al cumplimiento proporcionado de deberes morales o de usos sociales, en consideración a la persona del donatario.

2) Cualquier especie de actos fraudulentos o de dilapidación en perjuicio del otro cónyuge.

3) Pago de precios de rentas vitalicias u otros gastos que persigan asegurar una renta futura al cónyuge que haya incurrido en ellos. Lo dispuesto en este número no regirá respecto de las rentas vitalicias convenidas al amparo de lo establecido en el decreto ley No 3.500, de 1980, salvo la cotización adicional voluntaria en la cuenta de capitalización individual y los depósitos en cuentas de ahorro voluntario, los que deberán agregarse imaginariamente conforme al inciso primero del presente artículo.

Las agregaciones referidas serán efectuadas considerando el estado que tenían las cosas al momento de su enajenación.

Lo dispuesto en este artículo no rige si el acto hubiese sido autorizado por el otro cónyuge.

Introducido L. 19335
Conc.: CC. 1747-1748

Art. 1792-16. Dentro de los tres meses siguientes al término del régimen de participación en los gananciales, cada cónyuge estará obligado a proporcionar al otro un inventario valorado de los bienes y obligaciones que comprenda su patrimonio final. El juez podrá ampliar este plazo por una sola vez y hasta por igual término.

El inventario simple, firmado por el cónyuge, hará prueba en favor del otro cónyuge para determinar su patrimonio final. Con todo, éste podrá objetar el inventario, alegando que no es fidedigno. En tal caso, podrá usar todos los medios de prueba para demostrar la composición o el valor efectivo del patrimonio del otro cónyuge.

Cualquiera de los cónyuges podrá solicitar la facción de inventario en conformidad con las reglas del Código de Procedimiento Civil y requerir las medidas precautorias que procedan.

Introducido L. 19335
Conc.: CC. 1765; CPC 858-865

Art. 1792-17. Los bienes que componen el activo final se valoran según su estado al momento de la terminación del régimen de bienes.

Los bienes a que se refiere el artículo 1792-15 se apreciarán según el valor que hubieran tenido al término del régimen de bienes.

La valoración de los bienes podrá ser hecha por los cónyuges o por un tercero designado por ellos. En subsidio, por el juez.

Las reglas anteriores rigen también para la valoración del pasivo.

Introducido L. 19335
Conc.: CC. 1792-13, 1792-15

Art. 1792-18. Si alguno de los cónyuges, a fin de disminuir los gananciales, oculta o distrae bienes o simula obligaciones, se sumará a su patrimonio final el doble del valor de aquéllos o de éstas.

Introducido L. 19335
Conc.: CC. 1768

Art. 1792-19. Si el patrimonio final de un cónyuge fuere inferior al originario, sólo él soportará la pérdida.

Si sólo uno de los cónyuges ha obtenido gananciales, el otro participará de la mitad de su valor.

Si ambos cónyuges hubiesen obtenido gananciales, éstos se compensarán hasta la concurrencia de los de menor valor y aquel que hubiere obtenido menores gananciales tendrá derecho a que el otro le pague, a título de participación, la mitad del excedente.

El crédito de participación en los gananciales será sin perjuicio de otros créditos y obligaciones entre los cónyuges.

Introducido L. 19335
Conc.: CC. 1792-20 hasta 1792-26

§ 4. Del crédito de participación en los gananciales

Art. 1792-20. El crédito de participación en los gananciales se originará al término del régimen de bienes.

Se prohíbe cualquier convención o contrato respecto de ese eventual crédito, así como su renuncia, antes del término del régimen de participación en los gananciales.

Introducido L. 19335

Conc.: CC. 1781, 1792-20

Art. 1792-21. El crédito de participación en los gananciales es puro y simple y se pagará en dinero.

Con todo, si lo anterior causare grave perjuicio al cónyuge deudor o a los hijos comunes, y ello se probare debidamente, el juez podrá conceder plazo de hasta un año para el pago del crédito, el que se expresará en unidades tributarias mensuales. Ese plazo no se concederá si no se asegura, por el propio deudor o un tercero, que el cónyuge acreedor quedará de todos modos indemne.

Introducido L. 19335

Art. 1792-22. Los cónyuges, o sus herederos, podrán convenir daciones en pago para solucionar el crédito de participación en los gananciales.

Renacerá el crédito, en los términos del inciso primero del artículo precedente, si la cosa dada en pago es evicta, a menos que el cónyuge acreedor haya tomado sobre sí el riesgo de la evicción, especificándolo.

Introducido L. 19335
Conc.: CC. 1569, 1590-1594, 1837-1856, 1872

Art. 1792-23. Para determinar los créditos de participación en los gananciales, las atribuciones de derechos sobre bienes familiares, efectuadas a uno de los cónyuges en conformidad con el artículo 147 del Código Civil, serán valoradas prudencialmente por el juez.

Introducido L. 19335
Conc.: CC. 147

Art. 1792-24. El cónyuge acreedor perseguirá el pago, primeramente, en el dinero del deudor; si éste fuere insuficiente, lo hará en los muebles y, en subsidio, en los inmuebles.

A falta o insuficiencia de todos los bienes señalados, podrá perseguir su crédito en los bienes donados entre vivos, sin su consentimiento, o enajenados en fraude de sus derechos. Si persigue los bienes donados entre vivos, deberá proceder contra los donatarios en un orden inverso al de las fechas de las donaciones, esto es, principiando por las más recientes. Esta acción prescribirá en cuatro años contados desde la fecha del acto.

Introducido L. 19335
Conc.: CC. 1773, 1792-20 hasta 1792-21

Art. 1792-25. Los créditos contra un cónyuge, cuya causa sea anterior al término del régimen de bienes, preferirán al crédito de participación en los gananciales.

Introducido L. 19335
Conc.: CC. 1770

Art. 1792-26. La acción para pedir la liquidación de los gananciales se tramitará breve y sumariamente, prescribirá en el plazo de cinco años contados desde la terminación del régimen y no se suspenderá entre los cónyuges. Con todo, se suspenderá a favor de sus herederos menores.

Introducido L. 19335

§ 5. Del término del régimen de participación en los gananciales

Art. 1792-27. El régimen de participación en los gananciales termina:

1) Por la muerte de uno de los cónyuges.

2) Por la presunción de muerte de uno de los cónyuges, según lo prevenido en el Título II, «Del principio y fin de la existencia de las personas», del Libro Primero del Código Civil.

3) Por la declaración de nulidad del matrimonio o sentencia de divorcio.

4) Por la separación judicial de los cónyuges.

5) Por la sentencia que declare la separación de bienes.

6) Por el pacto de separación de bienes.

Introducido L. 19335
Modif. L. 19947
Conc.: CC. 1764

TÍTULO XXIII. DE LA COMPRAVENTA

Art. 1793. La compraventa es un contrato en que una de las partes se obliga a dar una cosa y la otra a pagarla en dinero. Aquélla se dice vender y ésta comprar. El dinero que el comprador da por la cosa vendida, se llama precio.

Conc.: CC. 1793-1896
Fuentes: P.5.T.5.L.1; Poth. Vente 1, p. 1; CN 1582; Escriche «Venta», t. 4, p. 1216

Art. 1794. Cuando el precio consiste parte en dinero y parte en otra cosa, se entenderá permuta si la cosa vale más que el dinero; y venta en el caso contrario.

Conc.: CC. 1793, 1801, 1808-1809
Fuentes: D.19.1.6.1; C.4.64.7; P.5.T.6.L.1; Poth. Vente 30, p. 13; García Goyena 1368

§ 1. De la capacidad para el contrato de venta

Art. 1795. Son hábiles para el contrato de venta todas las personas que la ley no declara inhábiles para celebrarlo o para celebrar todo contrato.

Conc.: CC. 1447, 1795-1800
Fuentes: CN 1594

Art. 1796. Es nulo el contrato de compraventa entre cónyuges no separados judicialmente, y entre el padre o madre y el hijo sujeto a patria potestad.

Modif. L. 19947
Conc.: CC. 140, 155, 173; L. Matrimonio Civil 26-37, 55, 67-70
Fuentes: D.18.1.2.pr; P.5.T.5.L.2; Ley de Toro 55; CN 1595; García Goyena 1380

Art. 1797. Se prohíbe a los administradores de establecimientos públicos vender parte alguna de los bienes que administran, y cuya enajenación no está comprendida en sus facultades administrativas ordinarias; salvo el caso de expresa autorización de la autoridad competente.

Conc.: CC. 43, 1448; CPR 7

Art. 1798. Al empleado público se prohíbe comprar los bienes públicos o particulares que se vendan por su ministerio; y a los jueces, abogados, procuradores o escribanos los bienes en cuyo litigio han intervenido, y que se vendan a consecuencia del litigio; aunque la venta se haga en pública subasta.

Conc.: CC. 1797; COT 321
Fuentes: C.1.53.1.pr; Nov. Rec. 5.14.4, 7.11.3; P.5.T.5.L.5; CN 1597; García Goyena 1381

Art. 1799. No es lícito a los tutores y curadores comprar parte alguna de los bienes de sus pupilos, sino con arreglo a lo prevenido en el título De la administración de los tutores y curadores.

Conc.: CC. 412
Fuentes: D.18.1.34.7, D. 26.8.5.2; C.4.38.5; P.5.T.5.L.4; Nov. Rec. 10.12.1; CN 1596

Art. 1800. Los mandatarios, los síndicos de los concursos, y los albaceas, están sujetos en cuanto a la compra o venta de las cosas que hayan de pasar por sus manos en virtud de estos encargos, a lo dispuesto en el artículo 2144.

Conc.: CC. 2144
Fuentes: D.18.1.34.7; CN 1596; García Goyena 1381

§ 2. Forma y requisitos del contrato de venta

Art. 1801. La venta se reputa perfecta desde que las partes han convenido en la cosa y en el precio; salvas las excepciones siguientes.

La venta de los bienes raíces, servidumbre y censos, y la de una sucesión hereditaria, no se reputan perfectas ante la ley, mientras no se ha otorgado escritura pública.

Los frutos y flores pendientes, los árboles cuya madera se vende, los materiales de un edificio que va a derribarse, los materiales que naturalmente adhieren al suelo, como piedras y sustancias minerales de toda clase, no están sujetos a esta excepción.

Conc.: Cosa CC. 1793, 1810-1812, 1831-1833
Precio CC. 1793, 1808-1809
Solemnidades CC. 1802, 1909
Accesorios: 568-574, 668-669
Error: 1453, 1454
Fuentes: D.18.1.2.1, D.18.1.8, D.18.1.9, D.18.1.10; Poth. Vente 2-3, pp. 2-3, 34-39, p. 15-18; CN 1582-1583; Escriche «Venta», t. 4, 1216

Art. 1802. Si los contratantes estipularen que la venta de otras cosas que las enumeradas en el inciso 2.o del artículo precedente no se repute perfecta hasta el otorgamiento de escritura pública o privada, podrá cualquiera de las partes retractarse mientras no se otorgue la escritura o no haya principiado la entrega de la cosa vendida.

Conc.: CC. 1554, 1801, 1909, 1921-1922
Fuentes: Fuero Real 3.10.17; P.5.T.5.L.6, P.5.T.5.L.23; Escriche «Venta», t. 4, 1216

Art. 1803. Si se vende con arras, esto es, dando una cosa en prenda de la celebración o ejecución del contrato, se entiende que cada uno de los contratantes podrá retractarse; el que ha dado las arras, perdiéndolas; y el que las ha recibido, restituyéndolas dobladas.

Conc.: CC. 1804-1805, 1875, 1921
Fuentes: IJ 3.23.pr; D.18.1.35; C.4.21.17; Fuero Real 3.10.2; P.5.T.5.L.7; Poth. Vente 496-504, p. 196-197; CN 1590

Art. 1804. Si los contratantes no hubieren fijado plazo dentro del cual puedan retractarse, perdiendo las arras, no habrá lugar a la retractación después de los dos meses subsiguientes a la convención, ni después de otorgada escritura pública de la venta o de principiada la entrega.

Conc.: CC. 1802-1803, 1805, 1875

Art. 1805. Si expresamente se dieren arras como parte del precio, o como señal de quedar convenidos los contratantes, quedará perfecta la venta; sin perjuicio de lo prevenido en el artículo 1801, inciso 2.o.

No constando alguna de estas expresiones por escrito, se presumirá de derecho que los contratantes se reservan la facultad de retractarse según los dos artículos precedentes.

Conc.: CC. 1803-1804, 1875
Fuentes: D.18.1.35; Poth. Vente, 505-509, pp. 197-200

Art. 1806. Los impuestos fiscales o municipales, las costas de la escritura y de cualesquiera otras solemnidades de la venta, serán de cargo del vendedor; a menos de pactarse otra cosa.

Conc.: 1825, DL 825 de 1974
Fuentes: Al contrario de CN 1593

Art. 1807. La venta puede ser pura y simple, o bajo condición suspensiva o resolutoria.

Puede hacerse a plazo para la entrega de la cosa o del precio.

Puede tener por objeto dos o más cosas alternativas.

Bajo todos estos respectos se rige por las reglas generales de los contratos, en lo que no fueren modificadas por las de este título.

Conc.: Obligaciones condicionales 1473-1493
Obligaciones a plazo 1494-1498

Alternativas 1117, 1499-1504, 1507, 1526, 1537, 1873-1874; C.Com. 143
Fuentes: CN 1584

§ 3. Del precio

Art. 1808. El precio de la venta debe ser determinado por los contratantes.

Podrá hacerse esta determinación por cualesquiera medios o indicaciones que lo fijen.

Si se trata de cosas fungibles y se vende al corriente de plaza, se entenderá el del día de la entrega, a menos de expresarse otra cosa.

Conc.: CC. 1460-1461, 1793, 1801, 1809
Fuentes: IJ 3.23.1; D.18.1.2.1, D.18.1.7.1; P.5.T.5.L.9; Poth. Vente, 16-17, p. 9, 23, p. 11; CN 1591; C. Sardo 1599

Art. 1809. Podrá asimismo dejarse el precio al arbitrio de un tercero; y si el tercero no lo determinare, podrá hacerlo por él cualquiera otra persona en que se convinieren los contratantes; en caso de no convenirse, no habrá venta.

No podrá dejarse el precio al arbitrio de uno de los contratantes.

Conc.: CC. 1461, 1808
Fuentes: IJ 3.23.1; C.4.38.15; P.5.T.5.L.9; Poth. Vente 24, p. 11; CN 1592

§ 4. De la cosa vendida

Art. 1810. Pueden venderse todas las cosas corporales o incorporales, cuya enajenación no esté prohibida por ley.

Conc.: 254, 334, 336, 393, 751-752, 819, 1126, 1464, 1682, 1964, 2031, 2415; Reglamento del CBR 59; CPC 296
Fuentes: D.18.1.8, D.18.1.22-24; Poth. Vente 6, p. 4, 10-11, p. 6-7; CN 1598; Delv. t. 3, p. 68; Escriche, «Venta» VII, t. 4, p. 1217

Art. 1811. Es nula la venta de todos los bienes presentes o futuros o de unos y otros, ya se venda el total o una cuota; pero será válida la venta de todas las especies, géneros y cantidades, que se designen por escritura pública, aunque se extienda a cuanto el vendedor posea o espere adquirir, con tal que no comprenda objetos ilícitos.

Las cosas no comprendidas en esta designación se entenderán que no lo son en la venta: toda estipulación contraria es nula.

Conc.: CC. 1466, 2056

Art. 1812. Si la cosa es común de dos o más personas proindiviso, entre las cuales no intervenga contrato de sociedad, cada una de ellas podrá vender su cuota, aun sin el consentimiento de las otras.

Conc.: CC. 1320, 1909-1910, 2304, 2417

Art. 1813. La venta de cosas que no existen, pero se espera que existan, se entenderá hecha bajo la condición de existir, salvo que se exprese lo contrario, o que por la naturaleza del contrato aparezca que se compró la suerte.

Conc.: CC. 1113, 1461
Fuentes: D.18.1.8; P.5.T.5.L.11; Poth. 4-5, p. 3-4; Delv. t. 3, p. 68

Art. 1814. La venta de una cosa que al tiempo de perfeccionarse el contrato se supone existente y no existe, no produce efecto alguno.

Si faltaba una parte considerable de ella al tiempo de perfeccionarse el contrato, podrá el comprador a su arbitrio desistir del contrato, o darlo por subsistente, abonando el precio a justa tasación.

El que vendió a sabiendas lo que en el todo o en una parte considerable no existía, resarcirá los perjuicios al comprador de buena fe.

Conc.: CC. 1461
Fuentes: D.18.1.15, D.18.1.57-58; P.5.T.5.L.14; Poth. 4-5, p. 3-4; CN 1601; Delv. t. 3, p. 68; García Goyena 1382

Art. 1815. La venta de cosa ajena vale, sin perjuicio de los derechos del dueño de la cosa vendida, mientras no se extingan por el lapso de tiempo.

Conc.: CC. 672, 682, 898, 1818-1819
Fuentes: D.18.1.28, D.50.17.54; Poth. Vente 7, p. 4; en contra de CN 1599

Art. 1816. La compra de cosa propia no vale: el comprador tendrá derecho a que se le restituya lo que hubiere dado por ella.

Los frutos naturales, pendientes al tiempo de la venta, y todos los frutos tanto naturales como civiles que después produzca la cosa, pertenecerán al comprador, a menos que se haya estipulado entregar la cosa al cabo de cierto tiempo o en el evento de cierta condición; pues en estos casos no pertenecerán los frutos al comprador, sino vencido el plazo, o cumplida la condición.

Todo lo dicho en este artículo puede ser modificado por estipulaciones expresas de los contratantes.

Conc.: CC. 644-648, 1460-1461
Fuentes: D.18.1.16, D.19.1.13.10; C.4.49.13, C.4.49.16; P.5.T.5.L.18, P.5.T.5.L.23; Poth. Vente 8, p. 5-6; CN 1614

§ 5. De los efectos inmediatos del contrato de venta

Art. 1817. Si alguien vende separadamente una misma cosa a dos personas, el comprador que haya entrado en posesión será preferido al otro; si ha hecho la entrega a los dos, aquel a quien se haya hecho primero será preferido; si no se ha entregado a ninguno, el título más antiguo prevalecerá.

Conc.: CC. 1922
Fuentes: C.3.32.15; P.5.T.5.L.50; CN 1141

Art. 1818. La venta de cosa ajena, ratificada después por el dueño, confiere al comprador los derechos de tal desde la fecha de la venta.

Conc.: CC. 672, 682, 1815, 1819
Fuentes: D.41.1.25, D.50.17.54; P.5.T.5.L.51

Art. 1819. Vendida y entregada a otro una cosa ajena, si el vendedor adquiere después el dominio de ella, se mirará al comprador como verdadero dueño desde la fecha de la tradición.

Por consiguiente, si el vendedor la vendiere a otra persona después de adquirido el dominio, subsistirá el dominio de ella en el primer comprador.

Conc.: CC. 672, 682, 1815, 1818
Fuentes: D.41.1.25, D.50.17.54; P.5.T.5.L.51

Art. 1820. La pérdida, deterioro o mejora de la especie o cuerpo cierto que se vende, pertenece al comprador, desde el momento de perfeccionarse el contrato, aunque no se haya entregado la cosa; salvo que se venda bajo condición suspensiva, y que se cumpla la condición, pues entonces, pereciendo totalmente la especie mientras pende la condición la pérdida será del vendedor, y la mejora o deterioro pertenecerá al comprador.

Conc.: CC. 1670-1680, 1821, 1823, 1827
Fuentes: P.5.T.5.L.24, P.5.T.5.L.26; Poth. Vente 56, pp. 24-25; CN 1624

Art. 1821. Si se vende una cosa de las que suelen venderse a peso, cuenta o medida, pero señalada de modo que no pueda confundirse con otra porción de la misma cosa, como todo el trigo contenido en cierto granero, la pérdida, deterioro o mejora pertenecerá al comprador, aunque dicha cosa no se haya pesado, contado ni medido; con tal que se haya ajustado el precio.

Si de las cosas que suelen venderse a peso, cuenta o medida, sólo se vende una parte indeterminada, como diez fanegas de trigo de las contenidas en cierto granero, la pérdida, deterioro o mejora no pertenecerá al comprador, sino después de haberse ajustado el precio y de haberse pesado, contado o medido dicha parte.

Conc.: CC. 1461, 1808, 1822, 1835
Fuentes: P.5.T.5.LL.24-25

Art. 1822. Si avenidos vendedor y comprador en el precio, señalaren día para el peso, cuenta o medida, y el uno o el otro no compareciere en él, será éste obligado a resarcir al otro los perjuicios que de su negligencia resultaren; y el vendedor o comprador que no faltó a la cita podrá, si le conviniere, desistir del contrato.

Conc.: CC. 1461, 1808, 1821
Fuentes: modif. P.5.T.5.L.24

Art. 1823. Si se estipula que se vende a prueba, se entiende no haber contrato mientras el comprador no declara que le agrada la cosa de que se trata, y la pérdida, deterioro o mejora pertenece entre tanto al vendedor.

Sin necesidad de estipulación expresa se entiende hacerse a prueba la venta de todas las cosas que se acostumbra vender de ese modo.

Conc.: C.Com. 132; L. 19496 3 bis
Fuentes: D.18.1.34.5, D.18.6.4.1; CN 1587-1588; C. Holandés 1499; García Goyena 1375

§ 6. De las obligaciones del vendedor y primeramente la obligación de entregar

Art. 1824. Las obligaciones del vendedor se reducen en general a dos: la entrega o tradición, y el saneamiento de la cosa vendida.

La tradición se sujetará a las reglas dadas en el Título VI del Libro II.

Conc.: CC. 1793, 1806, 1824-1870

Fuentes: D.19.1.11.2, D.21.2.1; P.5.5.32; Poth. Vente 41, p. 19; CN 1603

Art. 1825. Al vendedor tocan naturalmente los costos que se hicieren para poner la cosa en disposición de entregarla, y al comprador los que se hicieren para transportarla después de entregada.

Conc.: CC. 1806, DL 825 de 1974
Fuentes: C.8.44.5; P.5.T.5.L.32; Poth. 42-43, p. 20; CN 1608

Art. 1826. El vendedor es obligado a entregar la cosa vendida inmediatamente después del contrato o a la época prefijada en él.

Si el vendedor por hecho o culpa suya ha retardado la entrega, podrá el comprador a su arbitrio perseverar en el contrato o desistir de él, y en ambos casos con derecho para ser indemnizado de los perjuicios según las reglas generales.

Todo lo cual se entiende si el comprador ha pagado o está pronto a pagar el precio íntegro o ha estipulado pagar a plazo.

Pero si después del contrato hubiere menguado considerablemente la fortuna del comprador, de modo que el vendedor se halle en peligro inminente de perder el precio, no se podrá exigir la entrega aunque se haya estipulado plazo para el pago del precio, sino pagando, o asegurando el pago.

Conc.: CC. 681, 1494-1498, 1806, 1826
Fuentes: IJ 2.1.41; P.5.T.5.L.27; Poth. Vente 49-50, pp. 22-23; CN 1610-1613

Art. 1827. Si el comprador se constituye en mora de recibir, abonará al vendedor el alquiler de los almacenes, graneros o vasijas en que se contenga lo de vendido, y el vendedor quedará descargado del cuidado ordinario de conservar la cosa, y sólo será ya responsable del dolo o de la culpa grave.

Conc.: CC. 44, 1521, 1547-1548, 1550, 1598-1599, 1605, 1680, 1827
Fuentes: D.18.6.18; P.5.T.5.L.27; Poth. Vente 55, p. 24; CN 1624

Art. 1828. El vendedor es obligado a entregar lo que reza el contrato.

Conc.: CC. 1560-1566, 1569, 1591-1592
Fuentes: CN 1616

Art. 1829. La venta de una vaca, yegua u otra hembra comprende naturalmente la del hijo que lleva en el vientre o que amamanta; pero no la del que puede pacer y alimentarse por sí solo.

Conc.: CC. 568-573, 646-648, 1830
Fuentes: Sent. Paul. 2.17.7; Poth. Vente 47. P.20-21; CN 1614

Art. 1830. En la venta de una finca se comprenden naturalmente todos los accesorios, que según los artículos 570 y siguientes se reputan inmuebles.

Conc.: CC. 568-573, 646-648, 1829
Fuentes: Sent. Paul. 2.17.7; P.5.T.5.LL.28-29, 31; Poth. Vente 47. P.20-21; CN 1614

Art. 1831. Un predio rústico puede venderse con relación a su cabida o como una especie o cuerpo cierto.

Se vende con relación a su cabida, siempre que ésta se expresa de cualquier modo en el contrato, salvo que las partes declaren que no entienden hacer diferencia en el precio, aunque la cabida real resulte mayor o menor que la cabida que reza el contrato.

Es indiferente que se fije directamente un precio total, o que éste se deduzca de la cabida o número de medidas que se expresa, y del precio de cada medida.

Es asimismo indiferente que se exprese una cabida total o las cabidas de las varias porciones de diferentes calidades y precios que contenga el predio, con tal que de estos datos resulte el precio total y la cabida total.

Lo mismo se aplica a la enajenación de dos o más predios por una sola venta.

En todos los demás casos se entenderá venderse el predio o predios como un cuerpo cierto.

Conc.: CC. 1832-1834
Fuentes: D.18.1.40.2, D.19.1.4.1, D.21.2.69.6; Poth. Vente, 252-255, pp. 194-105; CN 1617

Art. 1832. Si se vende el predio con relación a su cabida, y la cabida real fuere mayor que la cabida declarada, deberá el comprador aumentar proporcionalmente el precio; salvo que el precio de la cabida que sobre, alcance a más de una décima parte del precio de la cabida real; pues en este caso podrá el comprador, a su arbitrio, o aumentar proporcionalmente el precio o desistir del contrato; y si desiste, se le resarcirán los perjuicios según las reglas generales.

Y si la cabida real es menor que la cabida declarada, deberá el vendedor completarla; y si esto no le fuere posible, o no se le exigiere, deberá sufrir una disminución proporcional del precio; pero si el precio de la cabida que falte alcanza a más de una décima parte del precio de la cabida completa, podrá el comprador, a su arbitrio, o aceptar la disminución del precio, o desistir del contrato en los términos del precedente inciso.

Conc.: CC. 1831, 1833
Fuentes: D.18.1.40.2, D.19.1.4.1, D.21.2.69.6; Poth. Vente, 252-255, pp. 194-105; CN 1618

Art. 1833. Si el predio se vende como un cuerpo cierto, no habrá derecho por parte del comprador ni del vendedor para pedir rebaja o aumento del precio, sea cual fuere la cabida del predio.

Sin embargo, si se vende con señalamiento de linderos, estará obligado el vendedor a entregar todo lo comprendido en ellos; y si no pudiere o no se le exigiere, se observará lo prevenido en el inciso 2.o del artículo precedente.

Conc.: CC. 1831-1832
Fuentes: D.18.1.40.2, D.19.1.4.1, D.21.2.69.6; Poth. Vente, 252-255, pp. 194-105; CN 1619

Art. 1834. Las acciones dadas en los dos artículos precedentes expiran al cabo de un año contado desde la entrega.

Conc.: CC. 1832-1833
Fuentes: CN 1622; García Goyena 1395

Art. 1835. Las reglas dadas en los dos artículos referidos se aplican a cualquier todo o conjunto de efectos o mercaderías.

Conc.: CC. 1508-1510, 1833-1834

Art. 1836. Además de las acciones dadas en dichos artículos compete a los contratantes la de lesión enorme en su caso.

Conc.: CC. 1888-1896

§ 7. De la obligación de saneamiento y primeramente del saneamiento por evicción

Art. 1837. La obligación de saneamiento comprende dos objetos: amparar al comprador en el dominio y posesión pacífica de la cosa vendida, y responder de los defectos ocultos de ésta, llamados vicios redhibitorios.

Conc.: CC. 1824, 1838-1870
Fuentes: D.19.1.3.pr, D.19.1.11.2, D.21.1.1.1, D.21.1.38.pr; P.5.T.5.L.32; CN 1625

Art. 1838. Hay evicción de la cosa comprada, cuando el comprador es privado del todo o parte de ella, por sentencia judicial.

Conc.: CC. 1837, 1839-1856, 1872
Fuentes: D.19.1.3.pr, D.21.2.1, D.21.2.16; P.5.T.5.l.32; Poth. Vente 81-85, p. 38-p.39; CN 1626

Art. 1839. El vendedor es obligado a sanear al comprador todas las evicciones que tengan una causa anterior a la venta, salvo en cuanto se haya estipulado lo contrario.

Conc.: CC. 1843
Fuentes: Poth. Vente 86, p. 39; CN 1626

Art. 1840. La acción de saneamiento es indivisible. Puede por consiguiente intentarse insólidum contra cualquiera de los herederos del vendedor.

Pero desde que a la obligación de amparar al comprador en la posesión, sucede la de indemnizarle en dinero, se divide la acción; y cada heredero es responsable solamente a prorrata de su cuota hereditaria.

La misma regla se aplica a los vendedores que por un solo acto de venta hayan enajenado la cosa.

Conc.: CC. 1524, 1526-1528, 1530, 1533
Fuentes: D.21.1.31.9-10, D.21.2.39.1; Poth. Vente 104-105, p. 46

Art. 1841. Aquel a quien se demanda una cosa comprada podrá intentar contra el tercero de quien su vendedor la hubiere adquirido, la acción de saneamiento que contra dicho tercero competería al vendedor, si éste hubiese permanecido en posesión de la cosa.

Conc.: CC. 1843-1845; CPC 584-587

Art. 1842. Es nulo todo pacto en que se exima al vendedor del saneamiento de evicción, siempre que en ese pacto haya habido mala fe de parte suya.

Conc.: CC. 1465
Fuentes: D.19.1.6.9, D.191.11.18; CN 1627-1628; García Goyena 1399

Art. 1843. El comprador a quien se demanda la cosa vendida, por causa anterior a la venta, deberá citar al vendedor para que comparezca a defenderla.

Esta citación se hará en el término señalado por el Código de Enjuiciamiento.

Si el comprador omitiere citarle, y fuere evicta la cosa, el vendedor no será obligado al saneamiento; y si el vendedor citado no compareciere a defender la cosa vendida, será responsable de la evicción; a menos que el comprador haya dejado de oponer alguna defensa o excepción suya, y por ello fuere evicta la cosa.

Conc.: CC. 1841, 1844-1845; CPC 584-587
Fuentes: D.21.2.53.1, D.21.2.55.pr, D.50.17.156; P.5.T.5.L.32; Poth. Vente 165, p. 70-71; CN 1640

Art. 1844. Si el vendedor comparece, se seguirá contra él solo la demanda; pero el comprador podrá siempre intervenir en el juicio para la conservación de sus derechos.

Conc.: CC. 1841, 1843, 1845; CPC 584-587

Art. 1845. Si el vendedor no opone medio alguno de defensa, y se allana al saneamiento, podrá con todo el comprador sostener por sí mismo la defensa; y si es vencido, no tendrá derecho para exigir del vendedor el reembolso de las costas en que hubiere incurrido defendiéndose, ni el de los frutos percibidos durante dicha defensa y satisfechos al dueño.

Conc.: CC. 1841, 1843-1844; CPC 584-587
Fuentes: P.5.T.5.L.36, CN 1640

Art. 1846. Cesará la obligación de sanear en los casos siguientes:

1o. Si el comprador y el que demanda la cosa como suya se someten al juicio de árbitros, sin consentimiento del vendedor, y los árbitros fallaren contra el comprador;

2o. Si el comprador perdió la posesión por su culpa, y de ello se siguió la evicción.

Conc.: CC. 1837-1855
Fuentes: Poth. 166, p. 71; ¿CN 1640?

Art. 1847. El saneamiento de evicción, a que es obligado el vendedor, comprende:

1o. La restitución del precio, aunque la cosa al tiempo de la evicción valga menos;

2o. La de las costas legales del contrato de venta que hubieren sido satisfechas por el comprador;

3o. La del valor de los frutos, que el comprador hubiere sido obligado a restituir al dueño; sin perjuicio de lo dispuesto en el artículo 1845;

4o. La de las costas que el comprador hubiere sufrido a consecuencia y por efecto de la demanda; sin perjuicio de lo dispuesto en el mismo artículo;

5o. El aumento de valor que la cosa evicta haya tomado en poder del comprador, aun por causas naturales o por el mero transcurso del tiempo.

Todo con las limitaciones que siguen.

Conc.: CC. 669, 908-914, 1687, 1845, 1848-1849
Fuentes: D.21.2.66.3, D.21.2.70; P.5.T.5.L.32; Poth. Vente 118-138, p. 51-59; CN 1630; García Goyena 1401

Art. 1848. Si el menor valor de la cosa proviniere de deterioros de que el comprador ha sacado provecho, se hará el debido descuento en la restitución del precio.

Conc.: CC. 906, 1847
Fuentes: Poth. Vente 125, p. 53; CN 1632

Art. 1849. El vendedor será obligado a reembolsar al comprador el aumento de valor, que provenga de las mejoras necesarias o útiles, hechas por el comprador, salvo en cuanto el que obtuvo la evicción haya sido condenado a abonarlas.

El vendedor de mala fe será obligado aun al reembolso de lo que importen las mejoras voluptuarias.

Conc.: CC. 669, 908-914, 1687, 1847
Fuentes: D.19.1.43 in fine, D.19.1.45.1; C.8.44.9; Poth. 133, p. 56-57; CN 1634-1635

Art. 1850. El aumento de valor debido a causas naturales o al tiempo, no se abonará en lo que excediere a la cuarta parte del precio de la venta; a menos de probarse en el vendedor mala fe, en cuyo caso será obligado a pagar todo el aumento de valor, de cualesquiera causas que provenga.

Conc.: CC. 649-656
Fuentes: Poth. Vente, 132, p. 56; CN 1630-1631, 1633

Art. 1851. En las ventas forzadas hechas por autoridad de la justicia, el vendedor no es obligado, por causa de la evicción que sufriere la cosa vendida, sino a restituir el precio que haya producido la venta.

Conc.: CC. 1865; CPC 481-500
Fuentes: Delv. t. 3, p. 73, n. 7 (pp. 145-146)

Art. 1852. La estipulación que exime al vendedor de la obligación de sanear la evicción, no le exime de la obligación de restituir el precio recibido.

Y estará obligado a restituir el precio íntegro, aunque se haya deteriorado la cosa o disminuido de cualquier modo su valor, aun por hecho o negligencia del comprador, salvo en cuanto éste haya sacado provecho del deterioro.

Cesará la obligación de restituir el precio, si el que compró lo hizo a sabiendas de ser ajena la cosa, o si expresamente tomó sobre sí el peligro de la evicción, especificándolo.

Si la evicción no recae sobre toda la cosa vendida, y la parte evicta es tal, que sea de presumir que no se habría comprado la cosa sin ella, habrá derecho a pedir la rescisión de la venta.

Conc.: CC. 1465, 1842
Fuentes: D.19.1.6.9, D.19.1.11.18, D.21.1.38.14, D.50.17.145; Poth. 139, p. 59, 149-150, p. 61-62, 181-186, p. 77-78; CN 1628-1629, 1636

Art. 1853. En virtud de esta rescisión, el comprador será obligado a restituir al vendedor la parte no evicta, y para esta restitución será considerado como poseedor de buena fe, a menos de prueba contraria; y el vendedor además de restituir el precio, abonará el valor de los frutos que el comprador hubiere sido obligado a restituir con la parte evicta, y todo otro perjuicio que de la evicción resultare al comprador.

Conc.: CC. 1847, 1852
Fuentes: Poth. Vente 141-143, p. 59-60

Art. 1854. En caso de no ser de tanta importancia la parte evicta, o en el de no pedirse la rescisión de la venta, el comprador tendrá derecho para exigir el saneamiento de la evicción parcial con arreglo a los artículos 1847 y siguientes.

Conc.: CC. 1847, 1852-1853
Fuentes: P.5.T.5.L.34; Poth. Vente 144, p. 60

Art. 1855. Si la sentencia negare la evicción, el vendedor no será obligado a la indemnización de los perjuicios que la demanda hubiere causado al comprador, sino en cuanto la demanda fuere imputable a hecho o culpa del vendedor.

Conc.: CC. 1847

Art. 1856. La acción de saneamiento por evicción prescribe en cuatro años; mas por lo tocante a la sola restitución del precio, prescribe según las reglas generales.

Se contará el tiempo desde la fecha de la sentencia de evicción; o si ésta no hubiere llegado a pronunciarse, desde la restitución de la cosa.

Conc.: CC. 2492, 2514-2515
Fuentes: Delv. t. 3, pp. 73-74

§ 8. Del saneamiento por vicios redhibitorios

Art. 1857. Se llama acción redhibitoria la que tiene el comprador para que se rescinda la venta o se rebaje proporcionalmente el precio por los vicios ocultos de la cosa vendida, raíz o mueble, llamados redhibitorios.

Conc.: CC. 1837, 1858-1870; L. 19496 3, 3 bis, 14, 19-24
Fuentes: D.21.1.1.8, D.21.1.21; P.5.T.5.L.66; Poth. 202, pp. 84-85; 1641

Art. 1858. Son vicios redhibitorios los que reúnen las calidades siguientes:

1a. Haber existido al tiempo de la venta;

2a. Ser tales, que por ellos la cosa vendida no sirva para su uso natural, o sólo sirva imperfectamente, de manera que sea de presumir que conociéndolos el comprador no la hubiera comprado o la hubiera comprado a mucho menos precio;

3a. No haberlos manifestado el vendedor, y ser tales que el comprador haya podido ignorarlos sin negligencia grave de su parte, o tales que el comprador no haya podido fácilmente conocerlos en razón de su profesión u oficio.

Conc.: CC. 1857; L. 19496 19-20
Fuentes: D.21.1.1.8, D.21.1.21; P.5.T.5.L.66; Poth. Vente 204-211, pp. 85-87; CN 1641-1642

Art. 1859. Si se ha estipulado que el vendedor no estuviese obligado al saneamiento por los vicios ocultos de la cosa, estará sin embargo obligado a sanear aquellos de que tuvo conocimiento y de que no dio noticia al comprador.

Conc.: CC. 12, 1465, 1863; L. 19496 16e)
Fuentes: D.21.1.14.9; Poth. 210, p. 87; CN 1643

Art. 1860. Los vicios redhibitorios dan derecho al comprador para exigir o la rescisión de la venta o la rebaja del precio, según mejor le pareciere.

Conc.: CC. 1860-1862, 1864-1865; L. 19496 19-20
Fuentes: D.21.1.18, 21.1.21.pr, D.21.1.60; P.5.T.5.LL.63-64; Poth. Vente 202, p. 84-85; CN 1644

Art. 1861. Si el vendedor conocía los vicios y no los declaró, o si los vicios eran tales que el vendedor haya debido conocerlos por razón de su profesión u oficio, será obligado, no sólo a la restitución o la rebaja del precio, sino a la indemnización de perjuicios; pero si el vendedor no conocía los vicios ni eran tales que por su profesión u oficio debiera conocerlos, sólo será obligado a la restitución o la rebaja del precio.

Conc.: CC. 1860, 1862; L. 19496 14
Fuentes: D.18.1.43.2, D.18.1.45, D.19.1.13.pr, D.21.1.14.10, D.21.1.27; P.5.T.5.L.64; Poth. Vente 212, p. 88; CN 1645

Art. 1862. Si la cosa viciosa ha perecido después de perfeccionado el contrato de venta, no por eso perderá el comprador el derecho que hubiere tenido a la rebaja del precio, aunque la cosa haya perecido en su poder y por su culpa.

Pero si ha perecido por un efecto del vicio inherente a ella, se seguirán las reglas del artículo precedente.

Conc.: CC. 1861
Fuentes: D.19.1.13.pr, D.21.1.24, D.21.1.31.11, D.21.1.47.1; Poth. Vente 220-222, pp. 90-91; CN 1647

Art. 1863. Las partes pueden por el contrato hacer redhibitorios los vicios que naturalmente no lo son.

Conc.: CC. 1454, 1859

Art. 1864. Vendiéndose dos o más cosas juntamente, sea que se haya ajustado un precio por el conjunto o por cada una de ellas, sólo habrá lugar a la acción redhibitoria por la cosa viciosa y no por el conjunto; a menos que aparezca que no se habría comprado el conjunto sin esa cosa; como cuando se compra un tiro, yunta o pareja de animales, o un juego de muebles.

Fuentes: D.21.1.36, D.21.1.38.14; García Goyena 1413-1414

Art. 1865. La acción redhibitoria no tiene lugar en las ventas forzadas hechas por autoridad de la justicia. Pero si el vendedor, no pudiendo o no debiendo ignorar los vicios de la cosa vendida, no los hubiere declarado a petición del comprador, habrá lugar a la acción redhibitoria y a la indemnización de perjuicios.

Conc.: CC. 1851
Fuentes: CN 1649

Art. 1866. La acción redhibitoria durará seis meses respecto de las cosas muebles y un año respecto de los bienes raíces, en todos los casos en que leyes especiales o las estipulaciones de los contratantes no hubieren ampliado o restringido este plazo. El tiempo se contará desde la entrega real.

Conc.: CC. 1867, 1869-1870, 2492, 2514; L. 19496 21
Fuentes: D.21.1.19.6, D.21.1.38.pr; C.4.58.2; P.5.T.5.L.65; Poth. 231, p. 93; CN 1648

Art. 1867. Habiendo prescrito la acción redhibitoria, tendrá todavía derecho el comprador para pedir la rebaja del precio y la indemnización de perjuicios según las reglas precedentes.

Conc.: CC. 1869-1870, 2492, 2514; L. 19496 21, 23
Fuentes: Poth. 232, p. 94

Art. 1868. Si los vicios ocultos no son de la importancia que se expresa en el número 2.o del artículo 1858, no tendrá derecho el comprador para la rescisión de la venta sino sólo para la rebaja del precio.

Conc.: CC. 1858, 1860, 1867-1870
Fuentes: Poth. 232, p. 94

Art. 1869. La acción para pedir rebaja del precio, sea en el caso del artículo 1858, o en el del artículo 1868, prescribe en un año para los bienes muebles y en dieciocho meses para los bienes raíces.

Conc.: CC. 1867, 1870, 2492, 2514; L. 19496 21, 23

Fuentes: D.21.1.19.6, D.21.1.38.pr; C.4.58.2; P.5.T.5.L.65; Poth. 231, p. 93

Art. 1870. Si la compra se ha hecho para remitir la cosa a lugar distante, la acción de rebaja del precio prescribirá en un año contado desde la entrega al consignatario, con más el término de emplazamiento, que corresponda a la distancia.

Pero será necesario que el comprador en el tiempo intermedio entre la venta y la remesa haya podido ignorar el vicio de la cosa, sin negligencia de su parte.

Conc.: CC. 1867, 1870, 2492, 2514; L. 19496 3 bis, 21, 23
Fuentes: Delv. t. 3, p. 77, pp. 156-157

§ 9. De las obligaciones del comprador

Art. 1871. La principal obligación del comprador es la de pagar el precio convenido.

Conc.: CC. 1793, 1871-1880
Fuentes: D.18.1.19, D.19.1.13.8; P.5.T.5.L.28; Poth. 278, p. 114; CN 1650

Art. 1872. El precio deberá pagarse en el lugar y el tiempo estipulados, o en el lugar y el tiempo de la entrega, no habiendo estipulación en contrario.

Con todo, si el comprador fuere turbado en la posesión de la cosa o probare que existe contra ella una acción real de que el vendedor no le haya dado noticia antes de perfeccionarse el contrato, podrá depositar el precio con autoridad de la justicia, y durará el depósito hasta que el vendedor haga cesar la turbación o afiance las resultas del juicio.

Conc.: CC. 1489, 1494-1498, 1569, 1587-1589, 1598-1607
Fuentes: D.18.6.19.1; Poth. 279-282, pp. 114-115; CN 1651, 1653

Art. 1873. Si el comprador estuviere constituido en mora de pagar el precio en el lugar y tiempo dichos, el vendedor tendrá derecho para exigir el precio o la resolución de la venta, con resarcimiento de perjuicios.

Conc.: CC. 680, 1489, 1874-1877
Fuentes: IJ 2.1.41; D.18.1.6; C.4.44.14, C.4.54.6; P.3.T.28.L.46, P5, T.5, L. 58; CN 1184, 1654, 1657; Rogron, 1184, p. 327-328; Delv. t. 2, p. 133

Art. 1874. La cláusula de no transferirse el dominio sino en virtud de la paga del precio, no producirá otro efecto que el de la demanda alternativa enunciada en el artículo precedente; y pagando el comprador el precio, subsistirán en todo caso las enajenaciones que hubiere hecho de la cosa o los derechos que hubiere constituido sobre ella en el tiempo intermedio.

Conc.: CC. 680, 1489, 1873-1877680, 1489, 1873, 1875-1877

Art. 1875. La resolución de la venta por no haberse pagado el precio, dará derecho al vendedor para retener las arras, o exigirlas dobladas, y además para que se le restituyan los frutos, ya en su totalidad si ninguna parte del precio se le hubiere pagado, ya en la proporción que corresponda a la parte del precio que no hubiere sido pagada.

El comprador a su vez tendrá derecho para que se le restituya la parte que hubiere pagado del precio.

Para el abono de las expensas al comprador, y de los deterioros al vendedor, se considerará al primero como poseedor de mala fe, a menos que pruebe haber sufrido en su fortuna, y sin culpa de su parte, menoscabos tan grandes que le hayan hecho imposible cumplir lo pactado.

Conc.: CC. 680, 1489, 1803-1805, 1873-1874
Fuentes: D.18.3.8; Poth. Vente 508, pp. 199-200

Art. 1876. La resolución por no haberse pagado el precio no da derecho al vendedor contra terceros poseedores, sino en conformidad a los artículos 1490 y 1491.

Si en la escritura de venta se expresa haberse pagado el precio, no se admitirá prueba alguna en contrario sino la de nulidad o falsificación de la escritura, y sólo en virtud de esta prueba habrá acción contra terceros poseedores.

Conc.: CC. 1490-1491
Fuentes: D.6.1.66; D.35.1.105; C.6.43.3; Savigny 120, pp. 152-160

§ 10. Del pacto comisorio

Art. 1877. Por el pacto comisorio se estipula expresamente que, no pagándose el precio al tiempo convenido, se resolverá el contrato de venta.

Entiéndese siempre esta estipulación en el contrato de venta; y cuando se expresa, toma el nombre de pacto comisorio, y produce los efectos que van a indicarse.

Conc.: CC. 1878-1880, 2399
Fuentes: D.18.3.1; P.5.T.5.L.38; Poth. Vente 458, p. 184; CN 1656

Art. 1878. Por el pacto comisorio no se priva al vendedor de la elección de acciones que le concede el artículo 1873.

Conc.: CC. 12, 1873-1874
Fuentes: D.18.3.3; P.5.T.5.L.38; Poth. Vente 460, p. 185; Delv. t. 3, pp. 78-79

Art. 1879. Si se estipula que por no pagarse el precio al tiempo convenido, se resuelva ipso facto el contrato de venta, el comprador podrá, sin embargo, hacerlo subsistir, pagando el precio, lo más tarde, en las veinticuatro horas subsiguientes a la notificación judicial de la demanda.

Conc.: CC. 1877-1878, 1880, 2399
Fuentes: Poth. Vente 461, p. 185; Delv. t. 3, p. 78 n. 3 (pp. 156-157)

Art. 1880. El pacto comisorio prescribe al plazo prefijado por las partes, si no pasare de cuatro años, contados desde la fecha del contrato.

Transcurridos estos cuatro años, prescribe necesariamente, sea que se haya estipulado un plazo más largo o ninguno.

Conc.: CC. 1489, 2492, 2514
Fuentes: Poth. Vente 475, pp. 188-189

§ 11. Del pacto de retroventa

Art. 1881. Por el pacto de retroventa el vendedor se reserva la facultad de recobrar la cosa vendida, reembolsando al comprador la cantidad determinada que se estipulare, o en defecto de esta estipulación lo que le haya costado la compra.

Conc.: CC. 680, 733, 1490-1491, 1882-1885
Fuentes: C.4.54.2, C.4.54.7; P.5.T.5.L.42; Poth. Vente 385, pp. 159-160; CN 1659

Art. 1882. El pacto de retroventa en sus efectos contra terceros se sujeta a lo dispuesto en los artículos 1490 y 1491.

Conc.: CC. 680, 733, 751, 1490-1491, 1807, 1881, 1883-1885
Fuentes: D.50.17.160.2, D.50.17.175.1, D.50.17.177.pr; Poth. Vente 397-398, pp. 165-166; CN 1664

Art. 1883. El vendedor tendrá derecho a que el comprador le restituya la cosa vendida con sus accesiones naturales.

Tendrá asimismo derecho a ser indemnizado de los deterioros imputables a hecho o culpa del comprador.

Será obligado al pago de las expensas necesarias, pero no de las invertidas en mejoras útiles o voluptuarias que se hayan hecho sin su consentimiento.

Conc.: CC. 571-573, 644-648, 756, 904-914, 1547-1549, 1670-1671, 1807, 1881-1882, 1884-1885
Fuentes: C.4.54.6; P.5.T.5.L.42; Poth. Vente 399-428, pp. 166-176; CN 1673

Art. 1884. El derecho que nace del pacto de retroventa no puede cederse.

Conc.: CC. 1464, 1810, 1901-1908
Fuentes: En contra de Poth. Vente 389-390, p. 161-162

Art. 1885. El tiempo en que se podrá intentar la acción de retroventa no podrá pasar de cuatro años contados desde la fecha del contrato.

Pero en todo caso tendrá derecho el comprador a que se le dé noticia anticipada, que no bajará de seis meses para los bienes raíces ni de quince días para las cosas muebles; y si la cosa fuere fructífera, y no diere frutos sino de tiempo en tiempo y a consecuencia de trabajos e inversiones preparatorias, no podrá exigirse la restitución demandada sino después de la próxima percepción de frutos.

Conc.: CC. 739, 1482, 1881-1884
Fuentes: En contra de C.4.54.2 y P.5.T.5.L.42; más largo en Poth. Vente 391, p. 162 y CN 1660; según García Goyena 1437

§ 12. De otros pactos accesorios al contrato de venta

Art. 1886. Si se pacta que presentándose dentro de cierto tiempo (que no podrá pasar de un año), persona que mejore la compra se resuelva el contrato, se cumplirá lo pactado; a menos que el comprador o la persona a quien éste hubiere enajenado la cosa, se allane a mejorar en los mismos términos la compra.

La disposición del artículo 1882 se aplica al presente contrato.

Resuelto el contrato, tendrán lugar las prestaciones mutuas, como en el caso del pacto de retroventa.

Conc.: CC. 680, 1807, 1882-1883
Fuentes: D.18.2.1-2; Poth. Vente 445, p. 181

Art. 1887. Pueden agregarse al contrato de venta cualesquiera otros pactos accesorios lícitos; y se regirán por las reglas generales de los contratos.

Conc.: CC. 1461-1466, 1807, 1810

§ 13. De la rescisión de la venta por lesión enorme

Art. 1888. El contrato de compraventa podrá rescindirse por lesión enorme.

Conc.: CC. 1234, 1348-1353, 1836, 1889-1896, 2206, 2443
Fuentes: C.4.44.2; Poth. Vente 330, p. 139

Art. 1889. El vendedor sufre lesión enorme, cuando el precio que recibe es inferior a la mitad del justo precio de la cosa que vende; y el comprador a su vez sufre lesión enorme, cuando el justo precio de la cosa que compra es inferior a la mitad del precio que paga por ella.

El justo precio se refiere al tiempo del contrato.

Conc.: CC. 1836, 1888, 1890-1896
Fuentes: C.4.44.2; Fuero Real 10.5; P.4.T.11.L.16; P.5.T.5.L.56; Poth. Vente 343-344, pp. 144-145; Nov Rec. 10.1.2; CN 1674-1675; CDS 1520, C.L. 2567

Art. 1890. El comprador contra quien se pronuncia la rescisión, podrá a su arbitrio consentir en ella, o completar el justo precio con deducción de una décima parte; y el vendedor en el mismo caso, podrá a su arbitrio consentir en la rescisión, o restituir el exceso del precio recibido sobre el justo precio aumentado en una décima parte.

No se deberán intereses o frutos sino desde la fecha de la demanda, ni podrá pedirse cosa alguna en razón de las expensas que haya ocasionado el contrato.

Conc.: CC. 1836, 1888-1889, 1891-1896
Fuentes: C.4.44.8; Gómez Variar. T.2, c.2.24, p. 451; Poth. Vente 333-336, p. 140-141; CN 1681

Art. 1891. No habrá lugar a la acción rescisoria por lesión enorme en las ventas de bienes muebles, ni en las que se hubieren hecho por el ministerio de la justicia.

Conc.: CC. 1836, 1888-1890, 1892-1896
Fuentes: Poth. Vente 339-340, p. 143; CN 1674, 1684

Art. 1892. Si se estipulare que no podrá intentarse la acción rescisoria por lesión enorme, no valdrá la estipulación; y si por parte del vendedor se expresare la intención de donar el exceso, se tendrá esta cláusula por no escrita.

Conc.: CC. 12, 1465, 1469
Fuentes: Gómez Variar. t. 2, c.2.26; Poth. Vente, 354-355, p. 149-150; CN 1674

Art. 1893. Perdida la cosa en poder del comprador no habrá derecho por una ni por otra parte para la rescisión del contrato.

Lo mismo será si el comprador hubiere enajenado la cosa; salvo que la haya vendido por más de lo que había pagado por ella; pues en tal caso podrá el primer vendedor reclamar este exceso, pero sólo hasta concurrencia del justo valor de la cosa, con deducción de una décima parte.

Conc.: CC. 1547, 1550, 1672, 1896
Fuentes: Poth. Vente 348, p. 147, 378, p. 158

Art. 1894. El vendedor no podrá pedir cosa alguna en razón de los deterioros que haya sufrido la cosa; excepto en cuanto el comprador se hubiere aprovechado de ellos.

Conc.: CC. 758, 1486, 1890, 1895
Fuentes: Poth. 380, pp. 158-159

Art. 1895. El comprador que se halle en el caso de restituir la cosa, deberá previamente purificarla de las hipotecas u otros derechos reales que haya constituido en ella.

Conc.: CC. 1890, 1894

Art. 1896. La acción rescisoria por lesión enorme expira en cuatro años contados desde la fecha del contrato.

Conc.: CC. 1691, 2514
Fuentes: Más largo Poth. Vente 347, p. 146; Nov. Rec. 10.1.2; menos en CN 1676

TÍTULO XXIV. DE LA PERMUTACIÓN

Art. 1897. La permutación o cambio es un contrato en que las partes se obligan mutuamente a dar una especie o cuerpo cierto por otro.

Conc.: CC. 675, 850, 903, 1733, 1794, 1897-1900, 1912, 2483

Fuentes: IJ 3.23.2; D.19.5.5.1; P.5.T.6.L.1; Poth. 617, p. 244; CN 1702; García Goyena 1469

Art. 1898. El cambio se reputa perfecto por el mero consentimiento; excepto que una de las cosas que se cambian o ambas sean bienes raíces o derechos de sucesión hereditaria, en cuyo caso, para perfección del contrato ante la ley, será necesaria escritura pública.

Conc.: CC.
Fuentes: En contra de D.19.4.1.2, C.4.64.3 y P.5.T.6.L.1; según Poth. 621, pp. 244-246; García Goyena 1469

Art. 1899. No pueden cambiarse las cosas que no pueden venderse.

Ni son hábiles para el contrato de permutación las personas que no son hábiles para el contrato de venta.

Conc.: CC. 1793, 1795-1801, 1810-1819, 1831-1833

Art. 1900. Las disposiciones relativas a la compraventa se aplicarán a la permutación en todo lo que no se oponga a la naturaleza de este contrato; cada permutante será considerado como vendedor de la cosa que da, y el justo precio de ella a la fecha del contrato se mirará como el precio que paga por lo que recibe en cambio.

Conc.: CC. 1793-1896
Fuentes: CN 1707

TÍTULO XXV. DE LA CESIÓN DE DERECHOS

§ 1. De los créditos personales

Art. 1901. La cesión de un crédito personal, a cualquier título que se haga, no tendrá efecto entre el cedente y el cesionario sino en virtud de la entrega del título.

Conc.: CC. 334, 699, 1611, 1636, 1659, 1902-1908, 2389; C.Com. 162-165
Fuentes: Poth. Domaine 214-215, pp. 174-175, Vente 550-553, pp. 217-219; CN 1689

Art. 1902. La cesión no produce efecto contra el deudor ni contra terceros, mientras no ha sido notificada por el cesionario al deudor o aceptada por éste.

Conc.: CC. 1659, 1903, 1905, 2389; C.Com. 162
Fuentes: Poth. Vente 557-558, pp. 220-221; CN 1690

Art. 1903. La notificación debe hacerse con exhibición del título, que llevará anotado el traspaso del derecho con la designación del cesionario y bajo la firma del cedente.

Conc.: CC. 1659, 1902, 1905, 2389; C.Com. 163; CPC 47

Art. 1904. La aceptación consistirá en un hecho que la suponga, como la litis contestación con el cesionario, un principio de pago al cesionario, etc.

Conc.: CC. 1659, 1902, 1905; C.Com. 103
Fuentes: Poth. Vente 558, p. 220-221; CN 1690-1691

Art. 1905. No interviniendo la notificación o aceptación sobredichas, podrá el deudor pagar al cedente, o embargarse el crédito por acreedores del cedente; y en general, se considerará existir el crédito en manos del cedente respecto del deudor y terceros.

Conc.: CC. 1659, 1902-1904
Fuentes: Poth. Vente 558, p. 220-221; CN 1691

Art. 1906. La cesión de un crédito comprende sus fianzas, privilegios e hipotecas; pero no traspasa las excepciones personales del cedente.

Conc.: CC. 1659, 2389
Fuentes: D.18.4.2.8, D.18.4.5, D.18.4.6, D.18.4.23; CN 1692

Art. 1907. El que cede un crédito a título oneroso, se hace responsable de su existencia al tiempo de la cesión, esto es, de que verdaderamente le pertenecía en ese tiempo; pero no se hace responsable de la solvencia del deudor, si no se compromete expresamente a ello; ni en tal caso se entenderá que se hace responsable de la solvencia futura, sino sólo de la presente, salvo que se comprenda expresamente la primera; ni se extenderá la responsabilidad sino hasta concurrencia del precio o emolumento que hubiere reportado de la cesión, a menos que expresamente se haya estipulado otra cosa.

Fuentes: D.18.4.4, D.21.2.74.3; Poth. Vente 559-562, pp. 221-222; CN 1693-1695

Art. 1908. Las disposiciones de este título no se aplicarán a las letras de cambio, pagarés a la orden, acciones al portador y otras especies de transmisión que se rigen por el Código de Comercio o por leyes especiales.

Conc.: L. 18092; C.Com. 162-165

§ 2. Del derecho de herencia

Art. 1909. El que cede a título oneroso un derecho de herencia o legado sin especificar los efectos de que se compone, no se hace responsable sino de su calidad de heredero o de legatario.

Conc.: CC. 1407, 1463, 1801, 1898, 1910
Fuentes: D.18.4.1, D.18.4.7-8; C.8.45.1; P.5.T.5.L.34; Poth. 525, p. 205; CN 1696

Art. 1910. Si el heredero se hubiere aprovechado de los frutos o percibido créditos o vendido efectos hereditarios, será obligado a reembolsar su valor al cesionario.

El cesionario por su parte será obligado a indemnizar al cedente de los costos necesarios o prudenciales que haya hecho el cedente en razón de la herencia.

Cediéndose una cuota hereditaria se entenderá cederse al mismo tiempo las cuotas hereditarias que por el derecho de acrecer sobrevengan a ella, salvo que se haya estipulado otra cosa.

Se aplicarán las mismas reglas al legatario.

Conc.: CC. 1407, 1463, 1801, 1898, 1909
Fuentes: D.18.4.2; CN 1697-1698

§ 3. De los derechos litigiosos

Art. 1911. Se cede un derecho litigioso cuando el objeto directo de la cesión es el evento incierto de la litis, del que no se hace responsable el cedente.

Se entiende litigioso un derecho, para los efectos de los siguientes artículos, desde que se notifica judicialmente la demanda.

Conc.: CC. 1464, 1636, 1912-1914; CPC 296-297
Fuentes: C.4.35.22-24; Poth. Vente 583, p. 231; CN 1700

Art. 1912. Es indiferente que la cesión haya sido a título de venta o de permutación, y que sea el cedente o el cesionario el que persigue el derecho.

Conc.: CC. 1636, 1911, 1913-1914

Art. 1913. El deudor no será obligado a pagar al cesionario sino el valor de lo que éste haya dado por el derecho cedido, con los intereses desde la fecha en que se haya notificado la cesión al deudor.

Se exceptúan de la disposición de este artículo las cesiones enteramente gratuitas; las que se hagan por el ministerio de la justicia; y las que van comprendidas en la enajenación de una cosa de que el derecho litigioso forma una parte o accesión.

Exceptúanse asimismo las cesiones hechas:

1o. A un coheredero o copropietario por un coheredero o copropietario, de un derecho que es común a los dos;

2o. A un acreedor en pago de lo que le debe el cedente;

3o. Al que goza de un inmueble como poseedor de buena fe, usufructuario o arrendatario, cuando el derecho cedido es necesario para el goce tranquilo y seguro del inmueble.

Conc.: CC. 1636, 1911-1912, 1914
Fuentes: C.4.35.22; Poth. Vente 590-593, pp. 233-235; CN 1699-1701

Art. 1914. El deudor no puede oponer al cesionario el beneficio que por el artículo precedente se le concede, después de transcurridos nueve días desde la notificación del decreto en que se manda ejecutar la sentencia.

Conc.: CC. 1636, 1911-1913
Fuentes: García Goyena 1466

TÍTULO XXVI. DEL CONTRATO DE ARRENDAMIENTO

Art. 1915. El arrendamiento es un contrato en que las dos partes se obligan recíprocamente, la una a conceder el goce de una cosa, o a ejecutar una obra o prestar un servicio, y la otra a pagar por este goce, obra o servicio un precio determinado.

Conc.: CC. 1915-2022; L. 18101; DL 993
Fuentes: IJ 3.24.pr; D.19.2.2; P.6.T.8.L.1; Poth. Louage 1, p. 2; Heineccius Elementa 881, p. 326; CN 1708-1709

§ 1. Del arrendamiento de cosas

Art. 1916. Son susceptibles de arrendamiento todas las cosas corporales o incorporales, que pueden usarse sin consumirse; excepto aquellas que la ley prohíbe arrendar, y los derechos estrictamente personales, como los de habitación y uso.

Puede arrendarse aun la cosa ajena, y el arrendatario de buena fe tendrá acción de saneamiento contra el arrendador, en caso de evicción.

Conc.: CC. 565, 575, 585-587, 589, 811, 819, 1815, 1916, 1923-1924, 1928-1931
Fuentes: D.19.2.31; Poth. Louage 6-11, p. 6-8, 19-20, pp. 10-11; CN 1713

Art. 1917. El precio puede consistir ya en dinero, ya en frutos naturales de la cosa arrendada; y en este segundo caso puede fijarse una cantidad determinada o una cuota de los frutos de cada cosecha.

Llámase renta cuando se paga periódicamente.

Conc.: CC. 1460-1461, 1917-1918, 1943-1944; L. 18101, 20
Fuentes: IJ 3.24.1; C.4.65.21; Poth. Louage 32, p. 16, 38-40, p. 17-19; Delv. T.3, p. 94 n. 4 (p. 187)

Art. 1918. El precio podrá determinarse de los mismos modos que en el contrato de venta.

Conc.: CC. 1460-1461, 1801, 1808-1809
Fuentes: Poth. Louage 37, p. 17; Delv. t. 3, p. 94

Art. 1919. En el arrendamiento de cosas la parte que da el goce de ellas se llama arrendador, y la parte que da el precio arrendatario.

Conc.: CC. 1915
Fuentes: García Goyena 1475

Art. 1920. La entrega de la cosa que se da en arriendo podrá hacerse bajo cualquiera de las formas de tradición reconocidas por la ley.

Conc.: CC. 684-685, 1920, 1924-1926
Fuentes: Poth. Louage 54-55, pp. 23-24

Art. 1921. Si se pactare que el arrendamiento no se repute perfecto mientras no se firme escritura, podrá cualquiera de las partes arrepentirse hasta que así se haga, o hasta que se haya procedido a la entrega de la cosa arrendada, si intervienen arras, se seguirán bajo este respecto las mismas reglas que en el contrato de compraventa.

Conc.: CC. 1802-1805
Fuentes: D.19.2.15.1-2; Poth. Louage 46, pp. 21; CN 1714

Art. 1922. Si se ha arrendado separadamente una misma cosa a dos personas, el arrendatario a quien se haya entregado la cosa será preferido; si se ha entregado a los dos, la entrega posterior no valdrá; si a ninguno, el título anterior prevalecerá.

Conc.: CC. 1817
Fuentes: Adaptación de C.3.32.15

Art. 1923. Los arrendamientos de bienes nacionales, municipales o de establecimientos públicos, están sujetos a reglamentos particulares, y en lo que no lo estuvieren, a las disposiciones del presente título.

Conc.: CC. 1916; DL 1939 de 1977
Fuentes: CN 1712

§ 2. De las obligaciones del arrendador en el arrendamiento de cosas

Art. 1924. El arrendador es obligado:

1o. A entregar al arrendatario la cosa arrendada;

2o. A mantenerla en el estado de servir para el fin a que ha sido arrendada;

3o. A librar al arrendatario de toda turbación o embarazo en el goce de la cosa arrendada.

Conc.: CC. 1924-1937
Fuentes: Poth. Louage 53, p. 23; CN 1719; Delv. t. 3, p. 95

Art. 1925. Si el arrendador por hecho o culpa suya o de sus agentes o dependientes se ha puesto en la imposibilidad de entregar la cosa, el arrendatario tendrá derecho para desistir del contrato, con indemnización de perjuicios.

Habrá lugar a esta indemnización aun cuando el arrendador haya creído erróneamente y de buena fe, que podía arrendar la cosa; salvo que la imposibilidad haya sido conocida del arrendatario, o provenga de fuerza mayor o caso fortuito.

Conc.: CC. 1547, 1920, 1924, 1926
Fuentes: Poth. Louage 54-70 pp. 28-31

Art. 1926. Si el arrendador por hecho o culpa suya o de sus agentes o dependientes es constituido en mora de entregar, tendrá derecho el arrendatario a indemnización de perjuicios.

Si por el retardo se disminuyere notablemente para el arrendatario la utilidad del contrato, sea por haberse deteriorado la cosa o por haber cesado las circunstancias que lo motivaron, podrá el arrendatario desistir del contrato, quedándole a salvo la indemnización de perjuicios, siempre que el retardo no provenga de fuerza mayor o caso fortuito.

Conc.: CC. 1489, 1546, 1551, 1924-1926
Fuentes: Poth. Louage 71-74, pp. 31-32

Art. 1927. La obligación de mantener la cosa arrendada en buen estado consiste en hacer durante el arriendo todas las reparaciones necesarias, a excepción de las locativas, las cuales corresponden generalmente al arrendatario.

Pero será obligado el arrendador aun a las reparaciones locativas, si los deterioros que las han hecho necesarias provinieron de fuerza mayor o caso fortuito, o de la mala calidad de la cosa arrendada.

Las estipulaciones de los contratantes podrán modificar estas obligaciones.

Conc.: CC. 1924, 1927-1928, 1932-1937, 1966
Fuentes: D. 19.2.25.3-4; P. 5.T.8.L.24; CN 1720, 1755

Art. 1928. El arrendador en virtud de la obligación de librar al arrendatario de toda turbación o embarazo, no podrá, sin el consentimiento del arrendatario, mudar la forma de la cosa arrendada, ni hacer en ella obras o trabajos algunos que puedan turbarle o embarazarle el goce de ella.

Con todo, si se trata de reparaciones que no puedan sin grave inconveniente diferirse, será el arrendatario obligado a sufrirlas, aun cuando le priven del goce de una parte de la cosa arrendada; pero tendrá derecho a que se le rebaje entre tanto el precio o renta, a proporción de la parte que fuere.

Y si estas reparaciones recaen sobre tan gran parte de la cosa, que el resto no aparezca suficiente para el objeto con que se tomó en arriendo, podrá el arrendatario dar por terminado el arrendamiento.

El arrendatario tendrá además derecho para que se le abonen los perjuicios, si las reparaciones procedieren de causa que existía ya al tiempo del contrato, y no era entonces conocida por el arrendatario, pero lo era por el arrendador, o era tal que el arrendador tuviese antecedentes para temerla, o debiese por su profesión conocerla.

Lo mismo será cuando las reparaciones hayan de embarazar el goce de la cosa demasiado tiempo, de manera que no pueda subsistir el arrendamiento sin grave molestia o perjuicio del arrendatario.

Conc.: CC. 1924, 1927, 1932-1937, 1966
Fuentes: D.19.2.25.1-2; P.5.T.8.L.21; Poth. Louage 75-80, pp. 33-35; CN 1723

Art. 1929. Si fuera de los casos previstos en el artículo precedente, el arrendatario es turbado en su goce por el arrendador o por cualquiera persona a quien éste pueda vedarlo, tendrá derecho a indemnización de perjuicios.

Conc.: CC. 1916, 1924, 1928, 1930-1931
Fuentes: P.5.T.8.L.21

Art. 1930. Si el arrendatario es turbado en su goce por vías de hecho de terceros, que no pretenden derecho a la cosa arrendada, el arrendatario a su propio nombre perseguirá la reparación del daño.

Y si es turbado o molestado en su goce por terceros que justifiquen algún derecho sobre la cosa arrendada, y la causa de este derecho hubiere sido anterior al contrato, podrá el arrendatario exigir una disminución proporcionada en el precio o renta del arriendo, para el tiempo restante.

Y si el arrendatario, por consecuencia de los derechos que ha justificado un tercero, se hallare privado de tanta parte de la cosa arrendada, que sea de presumir que sin esa parte no habría contratado, podrá exigir que cese el arrendamiento.

Además, podrá exigir indemnización de todo perjuicio, si la causa del derecho justificado por el tercero fue o debió ser conocida del arrendador al tiempo del contrato, pero no lo fue del arrendatario, o siendo conocida de éste, intervino estipulación especial de saneamiento con respecto a ella.

Pero si la causa del referido derecho no era ni debía ser conocida del arrendador al tiempo del contrato, no será obligado el arrendador a abonar el lucro cesante.

Conc.: CC. 1916, 1924, 1928, 1931
Fuentes: P.5.T.8.L.21; Poth. Louage 81-105, pp. 35-43; CN 1725-1726

Art. 1931. La acción de terceros que pretendan derecho a la cosa arrendada, se dirigirá contra el arrendador.

El arrendatario será sólo obligado a noticiarle la turbación o molestia que reciba de dichos terceros, por consecuencia de los derechos que alegan, y si lo omitiere o dilatare culpablemente, abonará los perjuicios que de ello se sigan al arrendador.

Conc.: CC. 889, 895-896, 1916, 1924, 1928-1930
Fuentes: CN 1727

Art. 1932. El arrendatario tiene derecho a la terminación del arrendamiento y aun a la rescisión del contrato, según los casos, si el mal estado o calidad de la cosa le impide hacer de ella el uso para que ha sido arrendada, sea que el arrendador conociese o no el mal estado o calidad de la cosa al tiempo del contrato; y aun en el caso de haber empezado a existir el vicio de la cosa después del contrato, pero sin culpa del arrendatario.

Si el impedimento para el goce de la cosa es parcial o si la cosa se destruye en parte, el juez decidirá, según las circunstancias, si debe tener lugar la terminación del arrendamiento, o concederse una rebaja del precio o renta.

Conc.: CC. 1924, 1927-1928, 1932-1937, 1966, 1975, 1983
Fuentes: C.4.65.3; P.5.T.8.LL.22-23; Poth. Louage 109-116, pp. 45-47; CN 1729

Art. 1933. Tendrá además derecho el arrendatario, en el caso del artículo precedente, para que se le indemnice el daño emergente, si el vicio de la cosa ha tenido una causa anterior al contrato.

Y si el vicio era conocido del arrendador al tiempo del contrato, o si era tal que el arrendador debiera por los antecedentes preverlo o por su profesión conocerlo, se incluirá en la indemnización el lucro cesante.

Conc.: CC. 1924, 1927-1928, 1932-1937, 1966, 1975
Fuentes: Poth. Louage 117-120, p. 47

Art. 1934. El arrendatario no tendrá derecho a la indemnización de perjuicios, que se le concede por el artículo precedente, si contrató a sabiendas del vicio y no se obligó el arrendador a sanearlo; o si el vicio era tal, que no pudo sin grave negligencia de su parte ignorarlo; o si renunció expresamente a la acción de saneamiento por el mismo vicio, designándolo.

Conc.: CC. 1858, 1924, 1927-1928, 1932-1937, 1966
Fuentes: Poth. Louage 117-120, p. 4

Art. 1935. El arrendador es obligado a reembolsar al arrendatario el costo de las reparaciones indispensables no locativas, que el arrendatario hiciere en la cosa arrendada, siempre que el arrendatario no las haya hecho necesarias por su culpa, y que haya dado noticia al arrendador lo más pronto, para que las hiciese por su cuenta. Si la noticia no pudo darse en tiempo, o si el arrendador no trató de hacer oportunamente las reparaciones, se abonará al arrendatario su costo razonable, probada la necesidad.

Conc.: CC. 1924, 1927-1928, 1932-1937, 1966

Art. 1936. El arrendador no es obligado a reembolsar el costo de las mejoras útiles, en que no ha consentido con la expresa condición de abonarlas; pero el arrendatario podrá separar y llevarse los materiales, sin detrimento de la cosa arrendada; a menos que el arrendador esté dispuesto a abonarle lo que valdrían los materiales considerándolos separados.

Conc.: CC. 909-910, 913
Fuentes: D.19.2.19.4; modif. P.5.T.8.L.24; Poth. Louage 129-131, pp. 50

Art. 1937. En todos los casos en que se debe indemnización al arrendatario, no podrá éste ser expelido o privado de la cosa arrendada, sin que previamente se le pague o se le asegure el importe por el arrendador.

Pero no se extiende esta regla al caso de extinción involuntaria del derecho del arrendador sobre la cosa arrendada.

Conc.: CC. 1924, 1927-1928, 1932-1937, 1966
Fuentes: Poth. Louage 122-123, pp. 48-49, 189, pp. 68-69; CN 1749

§ 3. De las obligaciones del arrendatario en el arrendamiento de cosas

Art. 1938. El arrendatario es obligado a usar de la cosa según los términos o espíritu del contrato; y no podrá en consecuencia hacerla servir a otros objetos que los convenidos, o, a falta de convención expresa, aquellos a que la cosa es naturalmente destinada, o que deban presumirse de las circunstancias del contrato o de la costumbre del país.

Si el arrendatario contraviene a esta regla, podrá el arrendador reclamar la terminación del arriendo con indemnización de perjuicios, o limitarse a esta indemnización, dejando subsistir el arriendo.

Conc.: CC. 1938-1949

Fuentes: D.19.2.25.3; P.5.T.8.L.7; Poth. Louage 189, p. 68-69; CN 1728-1729

Art. 1939. El arrendatario empleará en la conservación de la cosa el cuidado de un buen padre de familia.

Faltando a esta obligación, responderá de los perjuicios; y aun tendrá derecho el arrendador para poner fin al arrendamiento, en el caso de un grave y culpable deterioro.

Conc.: CC. 44, 1547, 1549, 1553, 1970-1971, 1979
Fuentes: P.5.T.8.L.8; Poth. Louage 190, p. 69-70; CN 1728, 1732

Art. 1940. El arrendatario es obligado a las reparaciones locativas.

Se entienden por reparaciones locativas las que según la costumbre del país son de cargo de los arrendatarios, y en general las de aquellas especies de deterioro que ordinariamente se producen por culpa del arrendatario o de sus dependientes, como descalabros de paredes o cercas, albañales y acequias, rotura de cristales, etc.

Conc.: CC. 1939, 1941
Fuentes: D.19.2.15.1, D.19.2.25.3; Poth. Louage 197-200, pp. 73-74; CN 1755

Art. 1941. El arrendatario es responsable no sólo de su propia culpa, sino de la de su familia, huéspedes y dependientes.

Conc.: CC. 802, 1590, 1679, 1939-1940
Fuentes: D.9.2.27.11, D.19.2.25.7, D.19.2.30.4; Poth. Louage 193, pp. 70-71; CN 1735

Art. 1942. El arrendatario es obligado al pago del precio o renta.

Podrá el arrendador, para seguridad de este pago, y de las indemnizaciones a que tenga derecho, retener todos los frutos existentes de la cosa arrendada, y todos los objetos con que el arrendatario la haya amoblado, guarnecido o provisto, y que le pertenecieren; y se entenderá que le pertenecen, a menos de prueba contraria.

Conc.: CC. 1942-1944, 1977, 2392; L. 18101, 9; CPC 597-600; L. 20720, 141
Fuentes: D.20.2.3-4, D.20.2.7; Poth. Louage 227-251, p. 83-89;

Art. 1943. Si entregada la cosa al arrendatario hubiere disputa acerca del precio o renta, y por una o por otra parte no se produjere prueba legal de lo estipulado a este respecto, se estará al justiprecio de peritos, y los costos de esta operación se dividirán entre el arrendador y el arrendatario por partes iguales.

Conc.: CC. 1461, 1808-1809, 1942, 1944

Art. 1944. El pago del precio o renta se hará en los períodos estipulados, o a falta de estipulación, conforme a la costumbre del país, y no habiendo estipulación ni costumbre fija, según las reglas que siguen:

La renta de predios urbanos se pagará por meses, la de predios rústicos por años.

Si una cosa mueble o semoviente se arrienda por cierto número de años, meses, días, cada una de las pensiones periódicas se deberá inmediatamente después de la expiración del respectivo año, mes o día.

Si se arrienda por una sola suma, se deberá ésta luego que termine el arrendamiento.

Conc.: CC. 1461, 1808, 1943
Fuentes: Poth. Louage 134-135, p. 52-53

Art. 1945. Cuando por culpa del arrendatario se pone término al arrendamiento, será el arrendatario obligado a la indemnización de perjuicios, y especialmente al pago de la renta por el tiempo que falte hasta el día en que desahuciando hubiera podido hacer cesar el arriendo, o en que el arriendo hubiera terminado sin desahucio.

Podrá con todo eximirse de este pago proponiendo bajo su responsabilidad persona idónea que le substituya por el tiempo que falte, y prestando al efecto fianza u otra seguridad competente.

Conc.: CC. 1497, 1955
Fuentes: D.19.2.51; CN 1760; García Goyena 1480

Art. 1946. El arrendatario no tiene la facultad de ceder el arriendo ni de subarrendar, a menos que se le haya expresamente concedido; pero en este caso no podrá el cesionario o subarrendatario usar o gozar de la cosa en otros términos que los estipulados con el arrendatario directo.

Conc.: CC. 1973, L. 18101, 5, 11-12, 22
Fuentes: En contra de C.4.65.6 y CN 1717; según Nov. Rec. 10.10.8.4 y García Goyena 1481

Art. 1947. El arrendatario es obligado a restituir la cosa al fin del arrendamiento.

Deberá restituirla en el estado en que le fue entregada, tomándose en consideración el deterioro ocasionado por el uso y goce legítimos.

Si no constare el estado en que le fue entregada, se entenderá haberla recibido en regular estado de servicio, a menos que pruebe lo contrario.

En cuanto a los daños y pérdidas sobrevenidas durante su goce, deberá probar que no sobrevinieron por su culpa, ni por culpa de sus huéspedes, dependientes o subarrendatarios, y a falta de esta prueba será responsable.

Conc.: CC. 1948-1949
Fuentes: P.5.T.8.L.18; Poth. Louage 198-200, pp. 73-74; CN 1732; Delv. t. 3, p. 99

Art. 1948. La restitución de la cosa raíz se verificará desocupándola enteramente, poniéndola a disposición del arrendador y entregándole las llaves.

Conc.: CC. 1947, 1949; L. 18101; DL 993

Art. 1949. Para que el arrendatario sea constituido en mora de restituir la cosa arrendada, será necesario requerimiento del arrendador, aun cuando haya precedido desahucio; y si requerido no la restituyere, será condenado al pleno resarcimiento de todos los perjuicios de la mora, y a lo demás que contra él competa como injusto detentador.

Conc.: CC. 1551-1552, 1947-1948

§ 4. De la expiración del arrendamiento de cosas

Art. 1950. El arrendamiento de cosas expira de los mismos modos que los otros contratos, y especialmente:

1o. Por la destrucción total de la cosa arrendada;

2o. Por la expiración del tiempo estipulado para la duración del arriendo;

3o. Por la extinción del derecho del arrendador, según las reglas que más adelante se expresarán;

4o. Por sentencia del juez en los casos que la ley ha previsto.

Conc.: CC. 1950-1969; L. 18101, 6
Fuentes: Poth. Louage 308-341, pp. 109-118; CN 1737, 1741, 1744, Delv. t. 3, p. 100

Art. 1951. Si no se ha fijado tiempo para la duración del arriendo, o si el tiempo no es determinado por el servicio especial a que se destina la cosa arrendada o por la costumbre, ninguna de las dos partes podrá hacerlo cesar sino desahuciando a la otra, esto es, noticiándoselo anticipadamente.

La anticipación se ajustará al período o medida de tiempo que regula los pagos. Si se arrienda a tanto por día, semana, mes, el desahucio será respectivamente de un día, de una semana, de un mes.

El desahucio empezará a correr al mismo tiempo que el próximo período.

Lo dispuesto en este artículo no se extiende al arrendamiento de inmuebles, de que se trata en los párrafos 5 y 6 de este título.

Conc.: CC. 1950, 1952-1957, 1976, 1985; CPC 588-596, 599-606
Fuentes: Poth. Louage 326-328, pp. 114-115

Art. 1952. El que ha dado noticia para la cesación del arriendo, no podrá después revocarla, sin el consentimiento de la otra parte.

Conc.: CC. 1951, 1953-1957; CPC 588-596, 599-606
Fuentes: ¿CN 1739?

Art. 1953. Si se ha fijado tiempo forzoso para una de las partes y voluntario para la otra, se observará lo estipulado, y la parte que puede hacer cesar el arriendo a su voluntad, estará sin embargo sujeta a dar la noticia anticipada que se ha dicho.

Conc.: CC. CC. 1950-1952, 1954-1957; CPC 588-596, 599-606

Art. 1954. Si en el contrato se ha fijado tiempo para la duración del arriendo, o si la duración es determinada por el servicio especial a que se destinó la cosa arrendada, o por la costumbre, no será necesario desahucio.

Conc.: CC. 49, 1551, 1951
Fuentes: D.39.4.11.5; C.4.65.4; Poth. Louage 308-309, pp. 109-110

Art. 1955. Cuando el arrendamiento debe cesar en virtud del desahucio de cualquiera de las partes, o por haberse fijado su duración en el contrato, el arrendatario será obligado a pagar la renta de todos los días que falten para que cese, aunque voluntariamente restituya la cosa antes del último día.

Conc.: CC. 1945, 1951, 1954

Art. 1956. Terminado el arrendamiento por desahucio, o de cualquier otro modo, no se entenderá en caso alguno que la aparente aquiescencia del arrendador a la retención de la cosa por el arrendatario, es una renovación del contrato.

Si llegado el día de la restitución no se renueva expresamente el contrato, tendrá derecho el arrendador para exigirla cuando quiera.

Con todo, si la cosa fuere raíz y el arrendatario con el beneplácito del arrendador hubiere pagado la renta de cualquier espacio de tiempo subsiguiente a la terminación, o si ambas partes hubieren manifestado por cualquier otro hecho igualmente inequívoco su intención de perseverar en el arriendo, se entenderá renovado el contrato bajo las mismas condiciones que antes, pero no por más tiempo que el de tres meses en los predios urbanos y el necesario para utilizar las labores principiadas y coger los frutos pendientes en los predios rústicos, sin perjuicio de que a la expiración de este tiempo vuelva a renovarse el arriendo de la misma manera.

Conc.: CC. 1952, 1957
Fuentes: D.19.2.14; P.5.T.8.L.20; Poth. Louage 342, p. 119; CN 1738-1739

Art. 1957. Renovado el arriendo, las fianzas como las prendas o hipotecas constituidas por terceros, no se extenderán a las obligaciones resultantes de su renovación.

Conc.: CC. 1956
Fuentes: D.19.2.12.11; C.4.65.7; Poth. Louage 366, pp. 124-125; CN 1740

Art. 1958. Extinguiéndose el derecho del arrendador sobre la cosa arrendada, por una causa independiente de su voluntad, expirará el arrendamiento aun antes de cumplirse el tiempo que para su duración se hubiere estipulado.

Si, por ejemplo, el arrendador era usufructuario o propietario fiduciario de la cosa, expira el arrendamiento por la llegada del día en que debe cesar el usufructo o pasar la propiedad al fideicomisario; sin embargo de lo que se haya estipulado entre el arrendador y el arrendatario sobre la duración del arriendo, y sin perjuicio de lo dispuesto en el artículo 794, inciso 2.o.

Conc.: CC. 1950, 1959-1965
Fuentes: D.19.2.9.1; Poth. Louage 312-316, pp. 110-112; CN 1741

Art. 1959. Cuando el arrendador ha contratado en una calidad particular que hace incierta la duración de su derecho, como la de usufructuario, o la de propietario fiduciario, y en todos los casos en que su derecho esté sujeto a una condición resolutoria, no habrá lugar a indemnización de perjuicios por la cesación del arriendo en virtud de la resolución del derecho. Pero si teniendo una calidad de esa especie, hubiere arrendado como propietario absoluto, será obligado a indemnizar al arrendatario; salvo que éste haya contratado a sabiendas de que el arrendador no era propietario absoluto.

Conc.: CC. 1950, 1958, 1960-1965
Fuentes: D.19.2.9.1; P.5.T.8.L.19; Poth. Louage 312-316, pp. 110-112; CN 1741

Art. 1960. En el caso de expropiación por causa de utilidad pública, se observarán las reglas siguientes:

1a. Se dará al arrendatario el tiempo preciso para utilizar las labores principiadas y coger los frutos pendientes.

2a. Si la causa de la expropiación fuere de tanta urgencia que no dé lugar a ello, o si el arrendamiento se hubiere estipulado por cierto número de años, todavía pendientes a la fecha de expropiación, y así constare por escritura pública, se deberá al arrendatario indemnización de perjuicios por el Estado o la corporación expropiadora.

3a. Si sólo una parte de la cosa arrendada ha sido expropiada, habrá lugar a la regla del artículo 1930, inciso 3o.

Conc.: CC. 1930; CPR 19 Nº 24; DL 2186 de 1978

Art. 1961. Extinguiéndose el derecho del arrendador por hecho o culpa suyos, como cuando vende la cosa arrendada de que es dueño, o siendo usufructuario de ella hace cesión del usufructo al propietario, o pierde la propiedad por no haber pagado el precio de venta, será obligado a indemnizar al arrendatario en todos los casos en que la persona que le sucede en el derecho no esté obligada a respetar el arriendo.

Conc.: CC. 1962-1965
Fuentes: C.4.65.9; P.5.T.8.L.19; ABGB 1120; C. Vaud 1243

Art. 1962. Estarán obligados a respetar el arriendo:

1o. Todo aquel a quien se transfiere el derecho del arrendador por un título lucrativo;

2o. Todo aquel a quien se transfiere el derecho del arrendador, a título oneroso, si el arrendamiento ha sido contraído por escritura pública; exceptuados los acreedores hipotecarios;

3o. Los acreedores hipotecarios, si el arrendamiento ha sido otorgado por escritura pública inscrita en el Registro del Conservador antes de la inscripción hipotecaria.

El arrendatario de bienes raíces podrá requerir por sí solo la inscripción de dicha escritura.

Conc.: CC. 1961, 1963-1965
Fuentes: CN 1743

Art. 1963. Entre los perjuicios que el arrendatario sufra por la extinción del derecho de su autor, y que, según los artículos precedentes, deban resarcírsele, se contarán los que el subarrendatario sufriere por su parte.

El arrendatario directo reclamará la indemnización de estos perjuicios a su propio nombre o cederá su acción al subarrendatario.

El arrendatario directo deberá reembolsar al subarrendatario las pensiones anticipadas.

Conc.: CC. 1961-1962, 1964-1965

Art. 1964. El pacto de no enajenar la cosa arrendada, aunque tenga la cláusula de nulidad de la enajenación, no dará derecho al arrendatario sino para permanecer en el arriendo, hasta su terminación natural.

Conc.: CC. 254, 334, 336, 393, 751-752, 819, 1126, 1464, 1682, 1964, 2031, 2415; Reglamento del CBR 59

Art. 1965. Si por el acreedor o acreedores del arrendador se trabare ejecución y embargo en la cosa arrendada, subsistirá el arriendo, y se substituirán el acreedor o acreedores en los derechos y obligaciones del arrendador.

Si se adjudicare la cosa al acreedor o acreedores, tendrá lugar lo dispuesto en el artículo 1962.

Conc.: CC. 1961-1964

Art. 1966. Podrá el arrendador hacer cesar el arrendamiento en todo o parte cuando la cosa arrendada necesita de reparaciones que en todo o parte impidan su goce, y el arrendatario tendrá entonces los derechos que le conceden las reglas dadas en el artículo 1928.

Conc.: CC. 1928
Fuentes: D.19.2.27; C.4.65.3; P.5.T.8.L.6, gloss 6; Poth. Louage 320, p. 113, 325, p. 114; CN 1724; ABGB 1119

Art. 1967. El arrendador no podrá en caso alguno, a menos de estipulación contraria, hacer cesar el arrendamiento a pretexto de necesitar la cosa arrendada para sí.

Conc.: CC. 1950-1951, 1953-1954
Fuentes: En contra de C.4.65.3 y P.5.T.8.L.6; según Nov. Rec. 10.10.8.10 y CN 1761-1762, 1767

Art. 1968. La insolvencia declarada del arrendatario no pone necesariamente fin al arriendo.

El acreedor o acreedores podrán substituirse al arrendatario, prestando fianza a satisfacción del arrendador.

No siendo así, el arrendador tendrá derecho para dar por concluido el arrendamiento; y le competerá acción de perjuicios contra el arrendatario según las reglas generales.

Conc.: CC. 2466

Art. 1969. Los arrendamientos hechos por tutores o curadores, por el padre o madre como administradores de los bienes del hijo, o por el marido o la mujer como administradores de los bienes sociales y del otro cónyuge, se sujetarán (relativamente a su duración después de terminada la tutela o curaduría, o la administración paterna o materna, o la administración de la sociedad conyugal), a los artículos 407, 1749, 1756 y 1761.

Modif. L. 19585
Conc.: CC. 407, 1749, 1756, 1761

§ 5. Reglas particulares relativas al arrendamiento de casas, almacenes u otros edificios

Art. 1970. Las reparaciones llamadas locativas a que es obligado el inquilino o arrendatario de casa, se reducen a mantener el edificio en el estado que lo recibió; pero no es responsable de los deterioros que provengan del tiempo y uso legítimo, o de fuerza mayor o caso fortuito, o de la mala calidad del edificio, por su vetustez, por la naturaleza del suelo, o por defectos de construcción.

Conc.: CC. 1939-1941, 1944, 1951, 1970-1977; L. 18101
Fuentes: D.19.2.15.1, D.19.2.25.2; Poth. Louage 219-225, pp. 79-81; CN 1754-1755; Delv. t. 3 p. 103

Art. 1971. Será obligado especialmente el inquilino:

1o. A conservar la integridad interior de las paredes, techos, pavimentos y cañerías, reponiendo las piedras, ladrillos y tejas, que durante el arrendamiento se quiebren o se desencajen;

2o. A reponer los cristales quebrados en las ventanas, puertas y tabiques;

3o. A mantener en estado de servicio las puertas, ventanas y cerraduras.

Se entenderá que ha recibido el edificio en buen estado bajo todos estos respectos, a menos que se pruebe lo contrario.

Conc.: CC. 1939-1941, 1970, 1972
Fuentes: Poth. Louage 220, p. 79-80; CN 1754; Delv. t. 3, p. 103

Art. 1972. El inquilino es además obligado a mantener las paredes, pavimentos y demás partes interiores del edificio medianamente aseadas; a mantener limpios los pozos, acequias y cañerías, y a deshollinar las chimeneas.

La negligencia grave bajo cualquiera de estos respectos dará derecho al arrendador para indemnización de perjuicios, y aun para hacer cesar inmediatamente el arriendo en casos graves.

Conc.: CC. 1938-1941, 1970-1971
Fuentes: Poth. Louage 220, p. 79-80; CN 1754; Delv. t. 3, p. 103

Art. 1973. El arrendador tendrá derecho para expeler al inquilino que empleare la casa o edificio en un objeto ilícito, o que teniendo facultad de subarrendar, subarriende a personas de notoria mala conducta, que, en este caso, podrán ser igualmente expelidas.

Conc.: CC. 1462, 1466-1468, 1946; L. 18101, 5, 11-12, 22
Fuentes: En contra de C.4.65.6 y CN 1717; según Nov. Rec. 10.10.8.4 y García Goyena 1481

Art. 1974. Si se arrienda una casa o aposento amoblado, se entenderá que el arriendo de los muebles es por el mismo tiempo que el del edificio, a menos de estipulación contraria.

Conc.: L. 18101, 3; L. 19496, 2; DL 825 de 1974, 8
Fuentes: CN 1757

Art. 1975. El que da en arriendo un almacén o tienda, no es responsable de la pérdida de las mercaderías que allí se introduzcan sino en cuanto la pérdida hubiere sido por su culpa.

Será especialmente responsable del mal estado del edificio; salvo que haya sido manifiesto, o conocido del arrendatario.

Conc.: CC. 1932-1933

Art. 1976. El desahucio en los casos en que tenga lugar, deberá darse con anticipación de un período entero de los designados por la convención o la ley para el pago de la renta.

Conc.: CC. 1951; L. 18101, 3-4
Fuentes: Poth. Louage 335-336, p. 117; CN 1762

Art. 1977. La mora de un período entero en el pago de la renta, dará derecho al arrendador, después de dos reconvenciones, entre las cuales medien a lo menos cuatro días, para hacer cesar inmediatamente el arriendo, si no se presta seguridad competente de que se verificará el pago dentro de un plazo razonable, que no bajará de treinta días.

Conc.: CC. 1942-1944; L. 18101, 10; CPC 611

§ 6. Reglas particulares relativas al arrendamiento de predios rústicos

Art. 1978. El arrendador es obligado a entregar el predio rústico en los términos estipulados. Si la cabida fuere diferente de la estipulada, habrá lugar al aumento o disminución del precio o renta, o la rescisión del contrato, según lo dispuesto en el título De la compraventa.

Conc.: CC. 1944, 1951, 1978-1986; DL 993; CPC 612
Fuentes: Poth. Louage 132, p. 51; CN 1765

Art. 1979. El colono o arrendatario rústico es obligado a gozar del fundo como buen padre de familia; y si así no lo hiciere, tendrá derecho el arrendador para atajar el mal uso o la deterioración del fundo, exigiendo al efecto fianza u otra seguridad competente, y aun para hacer cesar inmediatamente el arriendo, en casos graves.

Conc.: CC. 1939-1941, 1980

Art. 1980. El colono es particularmente obligado a la conservación de los árboles y bosques, limitando el goce de ellos a los términos estipulados.

No habiendo estipulación, se limitará el colono a usar del bosque en los objetos que conciernan al cultivo y beneficio del mismo fundo; pero no podrá cortarlo para la venta de madera, leña o carbón.

Conc.: CC. 1939-1941, 1979

Art. 1981. La facultad que tenga el colono para sembrar o plantar, no incluye la de derribar los árboles para aprovecharse del lugar ocupado por ellos; salvo que así se haya expresado en el contrato.

Conc.: CC. 1939-1941, 1979-1980

Art. 1982. El colono cuidará de que no se usurpe ninguna parte del terreno arrendado, y será responsable de su omisión en avisar al arrendador, siempre que le hayan sido conocidos la extensión y linderos de la heredad.

Conc.: CC. 1939-1941, 1979
Fuentes: Poth. Louage 191, p. 70

Art. 1983. El colono no tendrá derecho para pedir rebaja del precio o renta, alegando casos fortuitos extraordinarios, que han deteriorado o destruido la cosecha.

Exceptúase el colono aparcero, pues en virtud de la especie de sociedad que media entre el arrendador y él, toca al primero una parte proporcional de la pérdida que por caso fortuito sobrevenga al segundo antes o después de percibirse los frutos; salvo que el accidente acaezca durante la mora del colono aparcero en contribuir con su cuota de frutos.

Conc.: CC. 1932, 1974
Fuentes: P.5.T.8.LL.22-23

Art. 1984. Siempre que se arriende un predio con ganados y no hubiere acerca de ellos estipulación especial contraria, pertenecerán al arrendatario todas las utilidades de dichos ganados, y los ganados mismos, con la obligación de dejar en el predio al fin del arriendo igual número de cabezas de las mismas edades y calidades.

Si al fin del arriendo no hubiere en el predio suficientes animales de las edades y calidades dichas para efectuar la restitución, pagará la diferencia en dinero.

El arrendador no será obligado a recibir animales que no estén aquerenciados al predio.

Conc.: CC. 1974

Art. 1985. No habiendo tiempo fijo para la duración del arriendo, deberá darse el desahucio con anticipación de un año, para hacerlo cesar.

El año se entenderá del modo siguiente:

El día del año en que principió la entrega del fundo al colono, se mirará como el día inicial de todos los años sucesivos, y el año de anticipación se contará desde este día inicial, aunque el desahucio se haya dado algún tiempo antes.

Las partes podrán acordar otra regla, si lo juzgaren conveniente.

Conc.: CC. 1950-1951-1957

Art. 1986. Si nada se ha estipulado sobre el tiempo del pago, se observará la costumbre del departamento.

Conc.: CC. 1917-1918, 1943-1944

§ 7. Del arrendamiento de criados domésticos

Art. 1987. Derogado. DL 178 de 1931

Art. 1988. Derogado. DL 178 de 1931

Art. 1989. Derogado. DL 178 de 1931

Art. 1990. Derogado. DL 178 de 1931

Art. 1991. Derogado. DL 178 de 1931

Art. 1992. Si se hubiere estipulado que para hacer cesar el servicio sea necesario que el uno desahucie al otro, el que contraviniere a ello sin causa grave, será obligado a pagar al otro una cantidad equivalente al salario del tiempo del desahucio o de los días que falten para cumplirlo.

Conc.: CC. 1992-1995; C. Trabajo 146-152 bis
Fuentes: Se separa de Nov. Rec. 5.20.2; García Goyena 1525

Art. 1993. Será causa grave respecto del amo la ineptitud del criado, todo acto de infidelidad o insubordinación, y todo vicio habitual que perjudique al servicio o turbe el orden doméstico; y respecto del criado el mal tratamiento del amo, y cualquier conato de éste o de sus familiares o huéspedes para inducirle a un acto criminal o inmoral.

Toda enfermedad contagiosa del uno dará derecho al otro para poner fin al contrato.

Tendrá igual derecho el amo si el criado por cualquier causa se inhabilitare para el servicio por más de una semana.

Conc.: CC. 1992-1995; C. Trabajo 146-152 bis, 160

Art. 1994. Falleciendo el amo se entenderá subsistir el contrato con los herederos, y no podrán éstos hacerlo cesar sino como hubiera podido el difunto.

Conc.: CC. 1992-1995; C. Trabajo 146-152 bis

Art. 1995. La persona a quien se presta el servicio será creída sobre su palabra (sin perjuicio de prueba en contrario),

1o. En orden a la cuantía del salario;

2o. En orden al pago del salario del mes vencido;

3o. En orden a lo que diga haber dado a cuenta por mes corriente.

Conc.: CC. 1992-1995; C. Trabajo 146-152 bis
Fuentes: CN 1781

§ 8. De los contratos para la confección de una obra material

Art. 1996. Si el artífice suministra la materia para la confección de una obra material, el contrato es de venta; pero no se perfecciona sino por la aprobación del que ordenó la obra.

Por consiguiente, el peligro de la cosa no pertenece al que ordenó la obra sino desde su aprobación, salvo que se haya constituido en mora de declarar si la aprueba o no.

Si la materia es suministrada por la persona que encargó la obra, el contrato es de arrendamiento.

Si la materia principal es suministrada por el que ha ordenado la obra, poniendo el artífice lo demás, el contrato es de arrendamiento; en el caso contrario, de venta.

El arrendamiento de obra se sujeta a las reglas generales del contrato de arrendamiento, sin perjuicio de las especiales que siguen.

Conc.: CC. 1996-2005
Fuentes: IJ 3.24.4; D.18.1.20, D.19.2.13.5-6, D.19.2.30.3, D.19.2.37, D.19.2.59, D.19.2.62; P.5.T.8.LL.10 y 16; Poth. Louage 392-394, pp. 133-134; CN 1787-1790

Art. 1997. Si no se ha fijado precio, se presumirá que las partes han convenido en el que ordinariamente se paga por la misma especie de obra, y a falta de éste por el que se estimare equitativo a juicio de peritos.

Conc.: CC. 2, 1461, 1808, 1918, 1998
Fuentes: Poth. Louage 397-402, pp. 135-136

Art. 1998. Si se ha convenido en dar a un tercero la facultad de fijar el precio, y muriere éste antes de procederse a la ejecución de la obra, será nulo el contrato; si después de haberse procedido a ejecutar la obra, se fijará el precio por peritos.

Conc.: CC. 1461, 1808, 1918, 1997
Fuentes: Poth. Louage 402, p. 136

Art. 1999. Habrá lugar a reclamación de perjuicios, según las reglas generales de los contratos, siempre que por una o por otra parte no se haya ejecutado lo convenido, o se haya retardado su ejecución.

Por consiguiente, el que encargó la obra, aun en el caso de haberse estipulado un precio único y total por ella, podrá hacerla cesar, reembolsando al artífice todos los costos, y dándole lo que valga el trabajo hecho y lo que hubiere podido ganar en la obra.

Conc.: CC. 1489, 1547, 1549-1553, 1556-1558
Fuentes: CN 1794; Delv. t. 3, pp. 117-118

Art. 2000. La pérdida de la materia recae sobre su dueño.

Por consiguiente, la pérdida de la materia suministrada por el que ordenó la obra, pertenece a éste; y no es responsable el artífice sino cuando la materia perece por su culpa o por culpa de las personas que le sirven.

Aunque la materia no perezca por su culpa, ni por la de dichas personas, no podrá el artífice reclamar el precio o salario, si no es en los casos siguientes:

1o. Si la obra ha sido reconocida y aprobada;

2o. Si no ha sido reconocida y aprobada por mora del que encargó la obra;

3o. Si la cosa perece por vicio de la materia suministrada por el que encargó la obra, salvo que el vicio sea de aquellos que el artífice por su oficio haya debido conocer, o que conociéndolo no haya dado aviso oportuno.

Conc.: CC. 1547, 1550, 1670-1680
Fuentes: D.19.2.13.5-6, D.19.2.30.3, D.19.2.36-37, D.19.2.59, D.19.2.62; P.5.T.8.LL.10, 12, 16-17; Poth. Louage 427-431, pp. 143-144, 434-435, pp. 145-146; CN 1790

Art. 2001. El reconocimiento puede hacerse parcialmente cuando se ha convenido en que la obra se apruebe por partes.

Conc.: CC. 2000, 2002
Fuentes: D.19.2.38; Poth. Louage 436, 146-147; CN 1791

Art. 2002. Si el que encargó la obra alegare no haberse ejecutado debidamente, se nombrarán por las dos partes peritos que decidan.

Siendo fundada la alegación del que encargó la obra, el artífice podrá ser obligado, a elección del que encargó la obra, a hacerla de nuevo o a la indemnización de perjuicios.

La restitución de los materiales podrá hacerse con otros de igual calidad o en dinero.

Conc.: CC. 1999-2001
Fuentes: D.19.2.13.5-6, D.19.2.30.3, D.19.2.36-37, D.19.2.59, D.19.2.62; P.5.T.8.LL.10 y 16

Art. 2003. Los contratos para construcción de edificios, celebrados con un empresario, que se encarga de toda la obra por un precio único prefijado, se sujetan además a las reglas siguientes:

1a. El empresario no podrá pedir aumento de precio, a pretexto de haber encarecido los jornales o los materiales, o de haberse hecho agregaciones o modificaciones en el plan primitivo; salvo que se haya ajustado un precio particular por dichas agregaciones o modificaciones.

2a. Si circunstancias desconocidas, como un vicio oculto del suelo, ocasionaren costos que no pudieron preverse, deberá el empresario hacerse autorizar para ellos por el dueño; y si éste rehúsa, podrá ocurrir al juez para que decida si ha debido o no preverse el recargo de obra, y fije el aumento de precio que por esta razón corresponda.

3a. Si el edificio perece o amenaza ruina, en todo o parte, en los cinco años subsiguientes a su entrega, por vicio de la construcción, o por vicio del suelo que el empresario o las personas empleadas por él hayan debido conocer en razón de su oficio, o por vicio de los materiales, será responsable el empresario; si los materiales han sido suministrados por el dueño, no habrá lugar a la responsabilidad del empresario, sino en conformidad al artículo 2000, inciso final.

4a. El recibo otorgado por el dueño, después de concluida la obra, sólo significa que el dueño la aprueba, como exteriormente ajustada al plan y a las reglas del arte, y no exime al empresario de la responsabilidad que por el inciso precedente se le impone.

5a. Si los artífices u obreros empleados en la construcción del edificio han contratado con el dueño directamente por sus respectivas pagas, se mirarán como contratistas independientes, y tendrán acción directa contra el dueño; pero si han contratado con el empresario, no tendrán acción contra el dueño sino subsidiariamente, y hasta concurrencia de lo que éste deba al empresario.

Modif. L. 6162
Conc.: CC. 2004, 2324; DFL 458 de 1976, 18
Fuentes: D.19.2.62; C.8.11.8; P.3.32.21; Poth. Louage 425-426, pp. 142-143, 434, pp. 145-146; CN 1792-1793, 1797-1799; Delv. t. 3, p. 118 (n.4)

Art. 2004. Las reglas 3.a, 4.a y 5.a del precedente artículo, se extienden a los que se encargan de la construcción de un edificio en calidad de arquitectos.

Conc.: CC. 2003, 2324; DFL 458 de 1976, 18
Fuentes: Delv. t. 3, p. 118 (n.2)

Art. 2005. Todos los contratos para la construcción de una obra se resuelven por la muerte del artífice o del empresario; y si hay trabajos o materiales preparados, que puedan ser útiles para la obra de que se trata, el que la encargó será obligado a recibirlos y a pagar su valor; lo que corresponda en razón de los trabajos hechos se calculará proporcionalmente, tomando en consideración el precio estipulado para toda la obra.

Por la muerte del que encargó la obra no se resuelve el contrato.

Conc.: CC. 1254, 2020, 2103, 2163, 2190
Fuentes: D.46.3.31; P.5.T.11.L.12; Poth. Louage 444-457, p. 149-154; CN 1795-1796

§ 9. Del arrendamiento de servicios inmateriales

Art. 2006. Las obras inmateriales, o en que predomina la inteligencia sobre la obra de mano, como una composición literaria, o la corrección tipográfica de un impreso, se sujetan a las disposiciones especiales de los artículos 1997, 1998, 1999 y 2002.

Conc.: CC. 1997-1999, 2002, 2006-2021
Fuentes: P.5.T.8.L.1

Art. 2007. Los servicios inmateriales que consisten en una larga serie de actos, como los de los escritores asalariados para la prensa, secretarios de personas privadas, preceptores, ayas, histriones y cantores, se sujetan a las reglas especiales que siguen.

Conc.: CC. 2006, 2008-2021

Art. 2008. Respecto de cada una de las obras parciales en que consista el servicio, se observará lo dispuesto en el artículo 2006.

Conc.: CC. 2006

Art. 2009. Cualquiera de las dos partes podrá poner fin al servicio cuando quiera, o con el desahucio que se hubiere estipulado.

Si la retribución consiste en pensiones periódicas, cualquiera de las dos partes deberá dar noticia a la otra de su intención de poner fin al contrato, aunque en éste no se haya estipulado desahucio, y la anticipación será de medio período a lo menos.

Conc.: CC. 2006-2008, 2010-2012

Art. 2010. Si para prestar el servicio se ha hecho mudar de residencia al que lo presta, se abonarán por la otra parte los gastos razonables de ida y vuelta.

Conc.: CC. 2006-2009, 2011-2012

Art. 2011. Si el que presta el servicio se retira intempestivamente, o su mala conducta da motivo para despedirle, no podrá reclamar cosa alguna en razón de desahucio o de gastos de viaje.

Conc.: CC. 2006-2010, 2012

Art. 2012. Los artículos precedentes se aplican a los servicios que según el artículo 2118 se sujetan a las reglas del mandato, en lo que no tuvieren de contrario a ellas.

Conc.: CC. 2006-2011, 2018

§ 10. Del arrendamiento de transporte

Art. 2013. El arrendamiento de transporte es un contrato en que una parte se compromete, mediante cierto flete o precio, a transportar o hacer transportar una persona o cosa de un paraje a otro.

El que se encarga de transportar se llama generalmente acarreador y toma los nombres de arriero, carretero, barquero, naviero, según el modo de hacer el transporte.

El que ejerce la industria de hacer ejecutar transportes de personas o cargas, se llama empresario de transportes.

La persona que envía o despacha la carga se llama consignante, y la persona a quien se envía, consignatario.

Conc.: CC. 2014-2021; C. Comercio 166-232
Fuentes: D.4.9.1; P.5.T.8.L.3, P.5.T.8.L.26; CN 1782; Escriche «Alquiler o locación de porteadores», t. 1, p. 724

Art. 2014. Las obligaciones que aquí se imponen al acarreador, se entienden impuestas al empresario de transportes, como responsable de la idoneidad y buena conducta de las personas que emplea.

Conc.: CC. 2013, 2015-2021; C. Comercio 166-232
Fuentes: D.4.9.7.pr

Art. 2015. El acarreador es responsable del daño o perjuicio que sobrevenga a la persona por la mala calidad del carruaje, barco o navío en que se verifica el transporte.

Es asimismo responsable de la destrucción y deterioro de la carga, a menos que se haya estipulado lo contrario, o que se pruebe vicio de la carga, fuerza mayor o caso fortuito.

Y tendrá lugar la responsabilidad del acarreador no sólo por su propio hecho, sino por el de sus agentes o sirvientes.

Conc.: CC. 1547, 1549-1550, 2013-2014, 2016-2021; C. Comercio 166-232
Fuentes: D.4.9.1, D.4.9.5; P.5.T.8.L.3, P.5.T.8.L.26; CN 1782-1783

Art. 2016. El acarreador es obligado a la entrega de la cosa en el paraje y tiempo estipulados, salvo que pruebe fuerza mayor o caso fortuito.

No podrá alegarse por el acarreador la fuerza mayor o caso fortuito que pudo con mediana prudencia o cuidado evitarse.

Conc.: CC. 1547, 1549, 1587-1589; 2013-2015, 2017-2021; C. Comercio 166-232
Fuentes: D.4.9.3; CN 1783

Art. 2017. El precio de la conducción de una mujer no se aumenta por el hecho de parir en el viaje, aunque el acarreador haya ignorado que estaba encinta.

Conc.: CC. 2013-2016, 2018-2021; C. Comercio 166-232; CPR 19 Nº 2
Fuentes: CL 2724

Art. 2018. El que ha contratado con el acarreador para el transporte de una persona o carga, es obligado a pagar el precio o flete del transporte y el resarcimiento de daños ocasionados por hecho o culpa del pasajero o de su familia o sirvientes, o por el vicio de la carga.

Conc.: CC. 1808, 1917-1918, 1997-1998, 2013-2017, 2019-2021; C. Comercio 166-232
Fuentes: D.4.9.6.1-2

Art. 2019. Si por cualquiera causa dejaren de presentarse en el debido tiempo el pasajero o carga, el que ha tratado con el acarreador para el transporte, será obligado a pagar la mitad del precio o flete.

Igual pena sufrirá el acarreador que no se presentare en el paraje y tiempo convenidos.

Conc.: CC. 2013-2018, 2020-2021; C. Comercio 166-232

Art. 2020. La muerte del acarreador o del pasajero no pone fin al contrato: las obligaciones se transmiten a los respectivos herederos; sin perjuicio de lo dispuesto generalmente sobre fuerza mayor o caso fortuito.

Conc.: CC. 1254, 2005, 2103, 2163, 2190; C. Comercio 166-232

Art. 2021. Las reglas anteriores se observarán sin perjuicio de las especiales para los mismos objetos, contenidas en las ordenanzas particulares relativas a cada especie de tráfico y en el Código de Comercio.

Conc.: CC. 2013-2020; C. Comercio 166-232

TÍTULO XXVII. DE LA CONSTITUCIÓN DE CENSO

Art. 2022. Se constituye un censo cuando una persona contrae la obligación de pagar a otra un rédito anual, reconociendo el capital correspondiente, y gravando una finca suya con la responsabilidad del rédito y del capital.

Este rédito se llama censo o canon; la persona que le debe, censuario, y su acreedor, censualista.

Conc.: CC. 393, 395, 579, 647, 686, 697, 757, 1125, 1135, 1384, 1395, 1408, 1491, 1721, 1801, 2023-2052, 2258, 2279-2283, 2480, 2512
Fuentes: Poth. Bail 1, pp. 171-172; CN 1909; García Goyena 1546

Art. 2023. El censo puede constituirse por testamento, por donación, venta, o de cualquier otro modo equivalente a éstos.

Conc.: CC. 2024-2027
Fuentes: Escriche, «Censo consignativo» t. 2, p. 254

Art. 2024. No se podrá constituir censo sino sobre predios rústicos o urbanos, y con inclusión del suelo.

Conc.: CC. 2023, 2025-2027
Fuentes: Poth. Bail 6-7, p. 174-175

Art. 2025. El capital deberá siempre consistir o estimarse en dinero. Sin este requisito no habrá constitución de censo.

Conc.: CC. 1461, 1793-1794, 1808, 1917-1918
Fuentes: En contra de Poth. Bail, 12-13, p. 176; Nov. Rec. 10.15.7; CN 1909

Art. 2026. La razón entre el canon y el capital no podrá exceder de la cuota determinada por la ley.

El máximum de esta cuota, mientras la ley no fijare otro, es un cuatro por ciento al año.

Conc.: CC. 1234, 1348-1353, 1836, 1888-1896, 2026, 2206, 2443
Fuentes: Nov. Rec. 10.15.6, 10.15.8, 10.15.9

Art. 2027. La constitución de un censo deberá siempre constar por escritura pública inscrita en el competente Registro; y sin este requisito no valdrá como constitución de censo; pero el obligado a pagar la pensión lo estará en los términos del testamento o contrato, y la obligación será personal.

Conc.: CC. 1008, 1699-1701, 2023

Art. 2028. No podrá estipularse que el canon se pague en cierta cantidad de frutos. La infracción de esta regla viciará de nulidad la constitución de censo.

Conc.: CC. 1461, 1808, 1917, 2025
Fuentes: Poth. Bail 20-21, pp. 178-179; Nov. Rec. 10.15.3; CN 1909

Art. 2029. Todo censo, aun estipulado con la calidad de perpetuo, es redimible.

Conc.: CC. 2030, 2038-2040
Fuentes: Poth. Bail, 78, pp. 196-197; Modif. Nov. Rec. 10.15.22 y CN 1911

Art. 2030. No podrá obligarse el censuario a redimir el censo dentro de cierto tiempo. Toda estipulación de esta especie se tendrá por no escrita.

Conc.: CC. 2029, 2038-2040
Fuentes: En contra de 1911

Art. 2031. No vale en la constitución del censo el pacto de no enajenar la finca acensuada, ni otro alguno que imponga al censuario más cargas que las expresadas en este título.

Toda estipulación en contrario se tendrá por no escrita.

Conc.: CC. 1462, 1466

Art. 2032. Tendrá el censuario la obligación de pagar el canon de año en año, salvo que en el acto constitutivo se fije otro período para los pagos.

Conc.: CC. 2026, 2028, 2033-2036

Art. 2033. La obligación de pagar el censo sigue siempre al dominio de la finca acensuada, aun respecto de los cánones devengados antes de la adquisición de la finca; salvo siempre el derecho del censualista para dirigirse contra el censuario constituido en mora, aun cuando deje de poseer la finca, y salva además la acción de saneamiento del nuevo poseedor de la finca contra quien haya lugar.

Conc.: CC. 579, 2026, 2028, 2032, 2034-2036

Fuentes: Poth. Bail 80-102, pp. 198-204; CL 2758, 2765

Art. 2034. El censuario no es obligado al pago del capital, ni de los cánones devengados antes de la adquisición de la finca acensuada, sino con esta misma finca; pero al pago de los cánones vencidos durante el tiempo que ha estado en posesión de la finca, es obligado con todos sus bienes.

Conc.: CC. 1552, 2026, 2028, 2032-2033, 2035-2036
Fuentes: Poth. Bail 36, p. 184

Art. 2035. Lo dispuesto en los dos artículos precedentes tendrá lugar aun cuando la finca hubiere perdido mucha parte de su valor, o se hubiere hecho totalmente infructífera.

Pero el censuario se descargará de toda obligación poniendo la finca, en el estado en que se hallare, a disposición del censualista, y pagando los cánones vencidos según la regla del artículo precedente.

Con todo, si por dolo o culpa grave del censuario pereciere o se hiciere infructífera la finca, será responsable de los perjuicios.

Conc.: CC. 1547, 1549-1550, 1556-1558, 1670, 2033-2034
Fuentes: Poth. Bail 45. p. 187, 122, p. 210

Art. 2036. Siempre que la finca acensuada se divida por sucesión hereditaria, se entenderá dividido el censo en partes proporcionales a los valores de las hijuelas o nuevas fincas resultantes de la división.

Para la determinación de los valores de éstas, se tasarán, y será aprobada la tasación por el juez con audiencia del censualista y del ministerio público.

El juez mandará inscribir en el competente Registro, a costa de cada censuario, la sentencia que fija la porción de capital con que haya de quedar gravada la respectiva hijuela.

Quedarán así constituidos tantos censos distintos e independientes, y separadamente redimibles, cuantas fueren las hijuelas gravadas.

A falta de la inscripción antedicha, subsistirá el censo primitivo, y cada hijuela será gravada con la responsabilidad de todo el censo.

Si de la división hubiere de resultar que toque a una hijuela menos de un escudo del primitivo capital, no podrá dividirse el censo, y cada hijuela será responsable de todo él.

Conc.: CC. 1354-1356, 1358-1359, 2037
Fuentes: Poth. Bail 111-112, p. 207

Art. 2037. El capital impuesto sobre una finca podrá en todo caso reducirse a una parte determinada de ella, o trasladarse a otra finca, con las formalidades y bajo las condiciones prescritas en el artículo precedente.

Será justo motivo para no aceptar esta traslación o reducción la insuficiencia de la nueva finca o hijuela para soportar el gravamen, y se tendrá por insuficiente la finca o hijuela, cuando el total de los gravámenes que haya de soportar exceda de la mitad de su valor.

Se contarán en el gravamen los censos e hipotecas especiales con que estuviere ya gravada la finca.

La traslación o reducción se hará con las formalidades indicadas arriba, y a falta de ellas quedará subsistente el primitivo censo.

Conc.: CC. 1354-1356, 1358-1359, 2036

Art. 2038. La redención del censo es la consignación del capital a la orden del juez, que en consecuencia lo declarará redimido.

Inscrita esta declaración en el competente Registro, se extingue completamente el censo.

El censualista será obligado a constituirlo de nuevo con el capital consignado.

Conc.: CC. 2029-2030, 2039-2040
Fuentes: Poth. Bail 67-68, pp. 192-193

Art. 2039. El censuario que no debe cánones atrasados, puede redimir el censo cuando quiera.

Conc.: CC. 2029-2030
Fuentes: Modif. Nov. Rec. 10.15.22

Art. 2040. El censo no podrá redimirse por partes.

Conc.: CC. 1569, 1591
Fuentes: García Goyena 1549

Art. 2041. El censo perece por la destrucción completa de la finca acensuada, entendiéndose por destrucción completa la que hace desaparecer totalmente el suelo.

Reapareciendo el suelo aunque sólo en parte, revivirá todo el censo; pero nada se deberá por pensiones del tiempo intermedio.

Modif. L. 16952
Conc.: CC. 1547, 1549-1550, 1556-1558, 1670, 2033-2034
Fuentes: Poth. Bail 190, pp. 231-232; CL 2756

Art. 2042. La acción personal del censualista prescribe en cinco años; y expirado este tiempo, no se podrá demandar ninguna de las pensiones devengadas en él, ni el capital del censo.

Conc.: CC. 2514-2515
Fuentes: Poth. Bail 195, p. 253; García Goyena 1553

Art. 2043. De todo censo que pertenezca a una persona natural o jurídica, sin cargo de restitución o transmisión, y sin otro gravamen alguno, podrá disponer el censualista entre vivos o por testamento, o lo transmitirá abintestato, según las reglas generales.

Conc.: CC. 582
Fuentes: Nov. Rec. 10.15.23

Art. 2044. En los casos de transmisión forzosa en que haya de sucederse perpetuamente o hasta un límite designado, el orden de sucesión será el establecido por el acto constitutivo del censo o de la antigua vinculación que se haya convertido en él; y en lo que dicho acto constitutivo no hubiere previsto, se observará el orden regular de sucesión descrito en el siguiente artículo.

Conc.: CC. 2045
Fuentes: Modif. Nov. Rec. 10.15.6

Art. 2045. 1. Al primer llamado sucederá su descendencia de grado en grado, personal o representativamente, excluyendo en cada grado el de más edad al de menos.

2. Llegado el caso de expirar la línea recta, falleciendo un censualista sin descendencia que tenga derecho de sucederle, se subirá a su ascendiente más próximo de la misma línea, de quien exista descendencia, y sucederá ésta de grado en grado, personal o representativamente, excluyendo en cada grado el de más edad al de menos.

3. Extinguida toda la descendencia del primer llamado, sucederá el segundo y su descendencia en los mismos términos.

4. Agotada la descendencia de todos los llamados expresamente por el acto constitutivo, ninguna persona o línea se entenderá llamada a suceder en virtud

de una substitución tácita o presunta de clase alguna, y el último censualista tendrá la facultad de disponer del censo entre vivos o por testamento, o la transmitirá abintestato según las reglas generales.

Pero cesa esta regla en los dos casos siguientes:

1o. Si el censo hubiere sido constituido en subrogación a una antigua vinculación de familia;

2o. Si el censo estuviere gravado a favor de un objeto pío o de beneficencia.

Modif. L. 19585
Conc.: CC. 988-990

Art. 2046. En el primero de los casos que acaban de señalarse, se subirá al fundador de la vinculación, y se entenderán tácitamente substituidas a los expresamente llamados por él las personas que sin ellos le habrían sucedido abintestato; estos substitutos darán principio a otras tantas líneas, que se sucederán una a otra, según el orden regular de edad de los respectivos troncos; y dentro de cada línea se sucederá igualmente según el orden regular, aunque sea otro el establecido por el fundador para las líneas expresamente llamadas.

Agotadas todas estas líneas de tácita substitución, y no estando gravado el censo en favor de un objeto pío o de beneficencia, no se admitirá substitución ulterior, y tendrá lugar la regla 4.a del artículo precedente.

Modif. L. 7612
Conc.: CC. 1068, 1156-1166, 2044-2045
Fuentes: Cita a Manuel Rojas y Almanza, Tractatus de Incompatibilitate 1.1.1.54

Art. 2047. En el segundo caso de los excepcionales de la regla 4.a del artículo 2045, pasará el derecho de censo a una fundación o establecimiento pío o de beneficencia elegido por el Presidente de la República; y dicha fundación o establecimiento gozará del censo con los gravámenes a que estuviere afecto.

Conc.: CC. 1066, 2044-2046

Art. 2048. En los casos en que se suceda por líneas y con derecho de representación, toda persona llamada, o excluida del orden de sucesión por el acto constitutivo, se presumirá serlo con toda su descendencia para siempre; y no se podrá oponer a esta presunción sino disposiciones expresas del acto constitutivo, en la parte que fueren incompatibles con ella.

Conc.: CC. 984-987

Art. 2049. Concurriendo hijos concebidos o nacidos en matrimonio con hijos nacidos antes del matrimonio de sus progenitores, se contará la edad de estos últimos desde el día del matrimonio. Concurriendo entre sí hijos nacidos antes del matrimonio, se contará la edad de cada uno de ellos desde el día de su nacimiento.

Modif. L. 19585 y L. 21400
Conc.: CC. 33, 37; CPR 19 N° 2

Art. 2050. Derogado. L. 19585

Art. 2051. Cuando nacieren de un mismo parto dos o más hijos llamados a suceder, sin que pueda saberse la prioridad de nacimiento, se dividirá entre ellos el censo por partes iguales, y en cada una de ellas se sucederá al tronco en conformidad al acto constitutivo.

Se dividirá de la misma manera el gravamen a que el censo estuviere afecto.

Conc.: CC. 33; CPR 19 N° 2

Art. 2052. Cuando por el orden de sucesión hubieran de caber a una misma persona dos censos, y uno de ellos, según su constitución, fuere incompatible con el otro, la persona en quien ambos recaigan, con cualesquiera palabras que esté concebida la cláusula de incompatibilidad, tendrá la facultad de elegir el que quiera, y se entenderá excluida para siempre del otro personal y representativamente; y en este otro se sucederá según el respectivo acto constitutivo, como si dicha persona no hubiese existido jamás.

Fuentes: Cita a Manuel Rojas y Almanza, Tractatus de Incompatibilitate 2.10.1-2 y 2.11.5-6

TÍTULO XXVIII. DE LA SOCIEDAD

§ 1. Reglas generales

Art. 2053. La sociedad o compañía es un contrato en que dos o más personas estipulan poner algo en común con la mira de repartir entre sí los beneficios que de ello provengan.

La sociedad forma una persona jurídica, distinta de los socios individualmente considerados.

Conc.: CC. 54, 2053-2115; C. Comercio 348-511; L. 3918; L. 18046
Fuentes: IJ 3.26.pr; P.5.T.10.L.1-2; Poth. Société 1, p. 241; CN 1832; Troplong, Société, 66, pp. 52-53, 73-74, pp. 55-56

Art. 2054. En las deliberaciones de los socios que tengan derecho a votar, decidirá la mayoría de votos, computada según el contrato, y si en éste nada se hubiere estatuido sobre ello, decidirá la mayoría numérica de los socios.

Exceptúanse los casos en que la ley o el contrato exigen unanimidad, o conceden a cualquiera de los socios el derecho de oponerse a los otros.

La unanimidad es necesaria para toda modificación substancial del contrato, salvo en cuanto el mismo contrato estatuya otra cosa.

Conc.: CC. 2054, 2071-2081; C. Comercio 384-403

Art. 2055. No hay sociedad, si cada uno de los socios no pone alguna cosa en común, ya consista en dinero o efectos, ya en una industria, servicio o trabajo apreciable en dinero.

Tampoco hay sociedad sin participación de beneficios.

No se entiende por beneficio el puramente moral, no apreciable en dinero.

Conc.: CC. 2055, 2066-2070, 2082-2087, 2089-2093, 2101-2102; C. Comercio 375-383; L. 18046, 10-30
Fuentes: D.17.2.29.2; C.4.37.1; P.5.T.10.L.1; Poth. Société 8-12, pp. 243-244; CN 1833, 1855; Delv. t. 3, p. 119 (n.4-5); Troplong Société 13, pp. 9-10, 18, pp. 12-13

Art. 2056. Se prohíbe toda sociedad a título universal, sea de bienes presentes y venideros, o de unos u otros.

Se prohíbe asimismo toda sociedad de ganancias, a título universal, excepto entre cónyuges.

Podrán con todo ponerse en sociedad cuantos bienes se quiera, especificándolos.

Conc.: CC. 1407-1409, 1811
Fuentes: En contra de D.17.2.5, P.5.10.3 y CN 1836-1840

Art. 2057. Si se formare de hecho una sociedad que no pueda subsistir legalmente, ni como sociedad, ni como donación, ni como contrato alguno, cada socio tendrá la facultad de pedir que se liquiden las operaciones anteriores y de sacar sus aportes.

Esta disposición no se aplicará a las sociedades que son nulas por lo ilícito de la causa u objeto, las cuales se regirán por el Código Criminal.

Conc.: CC. 1460-1466, 2058, 2304-2313; C.Com. 350, 357
Fuentes: Poth. Société 181-184, pp. 308-309; Delv. t. 3, p. 119 (n.6)

Art. 2058. La nulidad del contrato de sociedad no perjudica a las acciones que corresponden a terceros de buena fe contra todos y cada uno de los asociados por las operaciones de la sociedad, si existiere de hecho.

Conc.: CC. CC. 1460-1466, 2058, 2304-2313; C.Com. 350, 357
Fuentes: Delv. t. 3, p. 119 (n.6)

§ 2. De las diferentes especies de sociedad

Art. 2059. La sociedad puede ser civil o comercial.

Son sociedades comerciales las que se forman para negocios que la ley califica de actos de comercio. Las otras son sociedades civiles.

Conc.: CC. 2060, 2064; C. Comercio 348; L. 3918, 1; L. 18046, 1
Fuentes: Poth. Société 53-54, p. 257; CN 1873; Delv. t. 3, p. 121

Art. 2060. Podrá estipularse que la sociedad que se contrae, aunque no comercial por su naturaleza, se sujete a las reglas de la sociedad comercial.

Conc.: CC. 2059, 2064; C. Comercio 348; L. 3918, 1; L. 18046, 1
Fuentes: Troplong Société, 1077, p. 418

Art. 2061. La sociedad, sea civil o comercial, puede ser colectiva, en comandita, o anónima.

Es sociedad colectiva aquella en que todos los socios administran por sí o por un mandatario elegido de común acuerdo.

Es sociedad en comandita aquella en que uno o más de los socios se obligan solamente hasta concurrencia de sus aportes.

Sociedad anónima es aquella formada por la reunión de un fondo común, suministrado por accionistas responsables sólo por sus respectivos aportes y administrada por un directorio integrado por miembros esencialmente revocables.

Modif. L. 18046

Conc.: CC. 2061; C. Comercio 348; L. 3918, 1; L. 18046, 1
Sociedad en comandita 2061-2063; C. Comercio 470-506
Sociedad anónima 2061, 2063; L. 18046
Fuentes: Poth. 56-63, pp. 259-263; C.Com. Francés 19-20, 22, 23, 29

Art. 2062. Se prohíbe a los socios comanditarios incluir sus nombres en la firma o razón social, y tomar parte en la administración.

La contravención a la una o la otra de estas disposiciones les impondrá la misma responsabilidad que a los miembros de una sociedad colectiva.

Conc.: CC. 2061, 2063; C. Comercio 470-506
Fuentes: Poth. Société 60, p. 260

Art. 2063. Las sociedades colectivas pueden tener uno o más socios comanditarios, respecto a los cuales regirán las disposiciones relativas a la sociedad en comandita, quedando sujetos los otros entre sí y respecto de terceros a las reglas de la sociedad colectiva.

Conc.: CC. 2061-2062; C. Comercio 470-506

Art. 2064. La sociedad anónima es siempre mercantil aun cuando se forme para la realización de negocios de carácter civil.

Modif. L. 18046
Conc.: CC. 2061; L. 18046

§ 3. De las principales cláusulas del contrato de sociedad

Art. 2065. No expresándose plazo o condición para que tenga principio la sociedad, se entenderá que principia a la fecha del mismo contrato; y no expresándose plazo o condición para que tenga fin, se entenderá contraída por toda la vida de los asociados, salvo el derecho de renuncia.

Pero si el objeto de la sociedad es un negocio de duración limitada, se entenderá contraída por todo el tiempo que durare el negocio.

Conc.: CC. 2098; C. Comercio 350
Fuentes: D.17.2.1, D.17.2.65.10; Poth. Société 64-65, pp. 262-263; CN 1843-1844

Art. 2066. Los contratantes pueden fijar las reglas que tuvieren por convenientes para la división de ganancias y pérdidas.

Conc.: CC. 2055, 2067-2070, 2082-2087, 2089-2093, 2101-2102; C. Comercio 375-383; L. 18046, 10-30
Fuentes: IJ.3.25.1; D.17.2.29.pr; P.5.T.10.LL.3, 4, 7; Poth. Société 73, p. 265-266; CN 1853

Art. 2067. Los contratantes pueden encomendar la división de los beneficios y pérdidas a ajeno arbitrio, y no se podrá reclamar contra éste, sino cuando fuere manifiestamente inicuo, y ni aun por esta causa se admitirá contra dicho arbitrio reclamación alguna, si han transcurrido tres meses desde que fue conocido del reclamante, o si ha empezado a ponerse en ejecución por él.

A ninguno de los socios podrá cometerse este arbitrio.

Si la persona a quien se ha cometido fallece antes de cumplir su encargo, o por otra causa cualquiera no lo cumple, la sociedad es nula.

Conc.: CC. 2055, 2066, 2068-2070, 2082-2087, 2089-2093, 2101-2102; C. Comercio 375-383; L. 18046, 10-30
Fuentes: D.17.2.79; P.5.T.10.L.5; Poth. Société 74, p. 266; CN 1854; Troplong Société 625, p. 211, citados ahí mismo, Duvergier 245 y Pardessus 198.

Art. 2068. A falta de estipulación expresa, se entenderá que la división de los beneficios debe ser a prorrata de los valores que cada socio ha puesto en el fondo social, y la división de las pérdidas a prorrata de la división de los beneficios.

Conc.: CC. 2055, 2066-2067, 2069-2070, 2082-2087, 2089-2093, 2101-2102; C. Comercio 375-383; L. 18046, 10-30
Fuentes: ¿Según Bello P.5.T.8.L.3, cum gloss.?; IJ.3.25.1; D.17.2.29.pr; P.5.T.10.LL.3, 4, 7; Poth. Société 73, p. 265-266; CN 1853

Art. 2069. Si uno de los socios contribuyere solamente con su industria, servicio o trabajo, y no hubiere estipulación que determine su cuota en los beneficios sociales, se fijará esta cuota en caso necesario por el juez; y si ninguna estipulación determinare la cuota que le quepa en las pérdidas, se entenderá que no le cabe otra que la de dicha industria, trabajo o servicio.

Conc.: CC. 2055, 2066-2068, 2070, 2082-2087, 2089-2093, 2101-2102; C. Comercio 375-383; L. 18046, 10-30
Fuentes: D.17.2.5; P.5.10.3; Poth. Société 16, p. 246; CN 1853; Delv. t. 3, p. 123, n. 4; Troplong Société 617, p. 234

Art. 2070. La distribución de beneficios y pérdidas no se entenderá ni respecto de la gestión de cada socio, ni respecto de cada negocio en particular.

Los negocios en que la sociedad sufre pérdida deberán compensarse con aquellos en que reporta beneficio, y las cuotas estipuladas recaerán sobre el resultado definitivo de las operaciones sociales.

Sin embargo, los socios comanditarios no estarán obligados a colacionar los dividendos que hayan recibido de buena fe y los accionistas de sociedades anónimas en caso alguno estarán obligados a devolver a la caja social las cantidades que hubieren percibido a título de beneficio.

Modif. L. 18046
Conc.: CC. 2055, 2066-2069, 2082-2087, 2089-2093, 2101-2102; C. Comercio 375-383; L. 18046, 10-30
Fuentes: Troplong Société 822, p. 324, 846, p. 330-332; Delangle 256-257, p. 505, 355-357, p. 528-529

§ 4. De la administración de la sociedad colectiva

Art. 2071. La administración de la sociedad colectiva puede confiarse a uno o más de los socios, sea por el contrato de sociedad, sea por acto posterior unánimemente acordado.

En el primer caso las facultades administrativas del socio o socios forman parte de las condiciones esenciales de la sociedad, a menos de expresarse otra cosa en el mismo contrato.

Conc.: CC. 2054, 2072-2081, 2126-2127, 2172; C. Comercio 384-403
Fuentes: D.3.3.63; Poth. Société 66, p. 263; CN 1856; Delv. t. 3., p. 123; Troplong 668, p. 200 (donde se cita a Duranton 434 y Duvergier 294), 679, p. 263

Art. 2072. El socio a quien se ha confiado la administración por el acto constitutivo de la sociedad, no puede renunciar su cargo, sino por causa prevista en el acto constitutivo, o unánimemente aceptada por los consocios.

Ni podrá ser removido de su cargo sino en los casos previstos o por causa grave; y se tendrá por tal la que le haga indigno de confianza o incapaz de administrar útilmente. Cualquiera de los socios podrá exigir la remoción, justificando la causa.

Faltando alguna de las causas antedichas, la renuncia o remoción pone fin a la sociedad.

Conc.: CC. 2071, 2073-2081, 2124, 2167; C.Com. 392-403

Fuentes: Troplong Société 673, p. 261 (donde se cita a Malapeyre y Jourdain 199), 676, p. 262-263 (donde se cita a Duranton 434)

Art. 2073. En el caso de justa renuncia o justa remoción del socio administrador designado en el acto constitutivo, podrá continuar la sociedad, siempre que todos los socios convengan en ello y en la designación de un nuevo administrador o en que la administración pertenezca en común a todos los socios.

Habiendo varios socios administradores designados en el acto constitutivo, podrá también continuar la sociedad, acordándose unánimemente que ejerzan la administración los que restan.

Conc.: CC. 2072, 2074, 2126-2127, 2172; C.Com. 392-403

Art. 2074. La administración conferida por acto posterior al contrato de sociedad, puede renunciarse por el socio administrador y revocarse por la mayoría de los consocios, según las reglas del mandato ordinario.

Conc.: CC. 2072-2073, 2124, 2167; C.Com. 392-403
Fuentes: Troplong Société 680, p. 264 (donde se cita a Duvergier 193)

Art. 2075. El socio a quien se ha conferido la administración por el contrato de sociedad o por convención posterior, podrá obrar contra el parecer de los otros; conformándose, empero, a las restricciones legales, y a las que se le hayan impuesto en el respectivo mandato.

Podrá, con todo, la mayoría de los consocios oponerse a todo acto que no haya producido efectos legales.

Conc.: CC. 2071-2074, 2076-2081, 2172; C.Com. 392-403
Fuentes: Poth. Société 66, p. 263, 71, p. 264-265; CN 1856, 1862, 1864; Troplong Société 675, p. 262, 681, p. 264 (donde se cita a Duvergier 197)

Art. 2076. Si la administración es conferida, por el contrato de sociedad o por convención posterior, a dos o más de los socios, cada uno de los administradores podrá ejecutar por sí solo cualquier acto administrativo, salvo que se haya ordenado otra cosa en el título de su mandato.

Si se les prohíbe obrar separadamente, no podrán hacerlo ni aun a pretexto de urgencia.

Conc.: CC. 2071-2074, 2076-2081, 2126-2127, 2172; C.Com. 392-403

Fuentes: D.14.1.1.13-14; Poth. Société 72, p. 265; CN 1857-1858; Delv. t. 3, pp. 123-125; Troplong Société 707, p. 280

Art. 2077. El socio administrador debe ceñirse a los términos de su mandato, y en lo que éste callare, se entenderá que no le es permitido contraer a nombre de la sociedad otras obligaciones, ni hacer otras adquisiciones o enajenaciones, que las comprendidas en el giro ordinario de ella.

Conc.: CC. 2071-2076, 2078-2081, 2131, 2149; C.Com. 387, 392-403
Fuentes: D.3.3.63; Poth. Société 66, p. 263; CN 1988; Delv. t. 3, p. 123 n. 3

Art. 2078. Corresponde al socio administrador cuidar de la conservación, reparación y mejora de los objetos que forman el capital fijo de la sociedad; pero no podrá empeñarlos, ni hipotecarlos, ni alterar su forma, aunque las alteraciones le parezcan convenientes.

Sin embargo, si las alteraciones hubieren sido tan urgentes que no le hayan dado tiempo para consultar a los consocios, se le considerará en cuanto a ellas como agente oficioso de la sociedad.

Conc.: CC. 2071-2077, 2079-2081, 2122, 2132, 2149-2150; C.Com. 387, 392-403

Art. 2079. En todo lo que obre dentro de los límites legales o con poder especial de sus consocios, obligará a la sociedad; obrando de otra manera, él solo será responsable.

Conc.: CC. 2071-2077, 2079-2081, 2154; C.Com. 392-403

Art. 2080. El socio administrador es obligado a dar cuenta de su gestión en los periodos designados al efecto por el acto que le ha conferido la administración, y, a falta de esta designación, anualmente.

Conc.: CC. 2071-2079, 2081, 2155; CPC 680 Nº 8, 693-696; C.Com. 392-403

Art. 2081. No habiéndose conferido la administración a uno o más de los socios, se entenderá que cada uno de ellos ha recibido de los otros el poder de administrar con las facultades expresadas en los artículos precedentes y sin perjuicio de las reglas que siguen:

1a. Cualquier socio tendrá el derecho de oponerse a los actos administrativos de otro, mientras esté pendiente su ejecución o no hayan producido efectos legales.

2a. Cada socio podrá servirse para su uso personal de las cosas pertenecientes al haber social, con tal que las emplee según su destino ordinario, y sin perjuicio de la sociedad y del justo uso de los otros.

3a. Cada socio tendrá el derecho de obligar a los otros a que hagan con él las expensas necesarias para la conservación de las cosas sociales.

4a. Ninguno de los socios podrá hacer innovaciones en los inmuebles que dependan de la sociedad sin el consentimiento de los otros.

Conc.: CC. 2071; C. Comercio 384-392
Fuentes: D.10.3.12, D.10.3.28, D.17.2.52.13; Poth. Société 84-90, p. 272-274, 133, p. 289; CN 1859

§ 5. De las obligaciones de los socios entre sí

Art. 2082. Los aportes al fondo social pueden hacerse en propiedad o en usufructo. En uno y otro caso los frutos pertenecen a la sociedad desde el momento del aporte.

Conc.: CC. 2055, 2083-2087, 2101-2102; C. Comercio 375-383; L. 18046, 10-30
Fuentes: D.22.1.38.9; Poth. Société 110, p. 281-282, 15, p. 283; CN 1845; Delv. t. 3, p. 125

Art. 2083. El socio que aun por culpa leve ha retardado la entrega de lo que le toca poner en común, resarcirá a la sociedad todos los perjuicios que le haya ocasionado el retardo.

Comprende esta disposición al socio que retarda el servicio industrial en que consiste su aporte.

Conc.: CC. 44, 1547, 2055, 2082, 2084-2087, 2101-2102; C.Com. 378-379
Fuentes: D.17.2.58.1, D.17.2.71; D.22.1.1.1; Poth. Société 111-112, p. 282-p.283, 116-117, pp. 283-284; CN 1845-1847; Delv. t. 3, p. 125

Art. 2084. Si se aporta la propiedad, el peligro de la cosa pertenece a la sociedad según las reglas generales, y la sociedad queda exenta de la obligación de restituirla en especie.

Si sólo se aporta el usufructo, la pérdida o deterioro de la cosa, no imputable a culpa de la sociedad, pertenecerán al socio que hace el aporte.

Si éste consiste en cosas fungibles, en cosas que se deterioran por el uso, en cosas tasadas, o cuyo precio se ha fijado de común acuerdo, en materiales de fábrica o artículos de venta pertenecientes al negocio o giro de la sociedad, pertenecerá la propiedad a ésta con la obligación de restituir al socio su valor.

Este valor será el que tuvieron las mismas cosas al tiempo del aporte; pero de las cosas que se hayan aportado apreciadas, se deberá la apreciación.

Conc.: CC. 1547-1550, 1670
Fuentes: Poth. 111-112, pp. 282-283, 126, p. 287; CN 1197, 1200, 1851, 1865; Delv.t.3, p. 128 n. 3; Troplong Société 580-582, pp. 218-219

Art. 2085. El que aporta un cuerpo cierto en propiedad o usufructo, es obligado, en caso de evicción, al pleno saneamiento de todo perjuicio.

Conc.: CC. 1345-1346, 1423, 1435, 1792-22, 1837-1856, 1916, 2382; CPC 584-587
Fuentes: Poth. Société 113, p. 283; CN 1845; Delv. t. 3, p. 125

Art. 2086. Si por el acto constitutivo de la sociedad se asegura a una persona que ofrece su industria una cantidad fija que deba pagársele íntegramente aun cuando la sociedad se halle en pérdida, se mirará esta cantidad como el precio de su industria, y el que la ejerce no será considerado como socio.

Si se le asigna una cuota del beneficio eventual, no tendrá derecho, en cuanto a ella, a cosa alguna, cuando la sociedad se halle en pérdida, aunque se le haya asignado esa cuota como precio de su industria.

Conc.: CC. 2055, 2069, 2083, 2086, 2093; C.Com. 352 Nº 6, 376, 383, 406, 478
Fuentes: CN 1847

Art. 2087. A ningún socio, podrá exigirse aporte más considerable que aquel a que se haya obligado. Pero si por una mutación de circunstancias no pudiere obtenerse el objeto de la sociedad sin aumentar los aportes, el socio que no consienta en ello podrá retirarse, y deberá hacerlo si sus consocios lo exigen.

Conc.: CC. 1545, 1560, 1568-1569
Fuentes: ABGB 1189

Art. 2088. Ningún socio, aun ejerciendo las más amplias facultades administrativas, puede incorporar a un tercero en la sociedad, sin el consentimiento de sus consocios; pero puede sin este consentimiento asociarle a sí mismo, y se formará entonces entre él y el tercero una sociedad particular, que sólo será relativa a la parte del socio antiguo en la primera sociedad.

Conc.: CC. 1545
Fuentes: D.17.2.19-20, D.50.17.47.1; Poth. Société 91, p. 274; CN 1861

Art. 2089. Cada socio tendrá derecho a que la sociedad le reembolse las sumas que él hubiere adelantado con conocimiento de ella, por las obligaciones que para los negocios sociales hubiere contraído legítimamente y de buena fe; y a que le resarza los perjuicios que los peligros inseparables de su gestión le hayan ocasionado.

Cada uno de los socios será obligado a esta indemnización a prorrata de su interés social, y la parte de los insolventes se partirá de la misma manera entre todos.

Conc.: CC. 2089-2093
Fuentes: D.17.2.52.15, D.17.2.67; Poth. Société 127, p. 287

Art. 2090. Si un socio hubiere recibido su cuota de un crédito social, y sus consocios no pudieren después obtener sus respectivas cuotas del mismo crédito, por insolvencia del deudor o por otro motivo, deberá el primero comunicar con los segundos lo que haya recibido, aunque no exceda a su cuota y aunque en la carta de pago la haya imputado a ella.

Conc.: CC. 2089, 2091-2093
Fuentes: D.17.2.63.5; Poth. Société 122, p. 285-286; CN 1849

Art. 2091. Los productos de las diversas gestiones de los socios en el interés común pertenecen a la sociedad; y el socio cuya gestión haya sido más lucrativa, no por eso tendrá derecho a mayor beneficio en el producto de ella.

Conc.: CC. 2055, 2066-2070, 2082-2087, 2089-2093, 2101-2102; C. Comercio 375-383; L. 18046, 10-30
Fuentes: Poth. Société 120, p. 285-285

Art. 2092. Si un socio que administra es acreedor de una persona que es al mismo tiempo deudora de la sociedad, y si ambas deudas fueren exigibles, las cantidades que reciba en pago se imputarán a los dos créditos a prorrata, sin embargo de cualquiera otra imputación que haya hecho en la carta de pago, perjudicando a la sociedad.

Y si en la carta de pago la imputación no fuere en perjuicio de la sociedad, sino del socio acreedor, se estará a la carta de pago.

Las reglas anteriores se entenderán sin perjuicio del derecho que tiene el deudor para hacer la imputación.

Conc.: CC. 2089-2091, 2093
Fuentes: Poth. Société 121, p. 285; CN 1848

Art. 2093. Todo socio es responsable de los perjuicios que aun por culpa leve haya causado a la sociedad, y no podrá oponer en compensación los emolumentos que su industria haya procurado a la sociedad en otros negocios, sino cuando esta industria no perteneciere al fondo social.

Conc.: CC. 2089-2092
Fuentes: D.17.2.25-26; P.5.T.10.LL.7 y 13; Poth. Société 125, p. 287; CN 1850; Delv. t. 3, p. 127; en contra de ABGB 1191

§ 6. De las obligaciones de los socios respecto de terceros

Art. 2094. El socio que contrata a su propio nombre y no en el de la sociedad, no la obliga respecto de terceros, ni aun en razón del beneficio que ella reporte del contrato; el acreedor podrá sólo intentar contra la sociedad las acciones del socio deudor.

No se entenderá que el socio contrata a nombre de la sociedad, sino cuando lo exprese en el contrato, o las circunstancias lo manifiesten de un modo inequívoco. En caso de duda se entenderá que contrata en su nombre privado.

Si el socio contrata a nombre de la sociedad, pero sin poder suficiente, no la obliga a terceros sino en subsidio y hasta concurrencia del beneficio que ella hubiere reportado del negocio.

Las disposiciones de este artículo comprenden aun al socio exclusivamente encargado de la administración.

Conc.: CC. 2095-2097, 2214; C. Comercio 366, 368, 370-374; L. 3918
Fuentes: D.17.2.82; Poth. Société 100, p. 278; CN 1862-1864; C. Vaud 1338; Troplong Société 772-776, pp. 308-311, 806, pp. 317-318

Art. 2095. Si la sociedad colectiva es obligada respecto de terceros, la totalidad de la deuda se dividirá entre los socios a prorrata de su interés social, y la cuota del socio insolvente gravará a los otros.

No se entenderá que los socios son obligados solidariamente o de otra manera que a prorrata de su interés social, sino cuando así se exprese en el título de la obligación, y ésta se haya contraído por todos los socios o con poder especial de ellos.

Conc.: CC. 2094, 2096-2097, 2214; C. Comercio 366, 368, 370-374; L. 3918
Fuentes: Poth. Société 103-107, pp. 279-280; CN 1862-1863; Delv. t. 3 pp. 125-127; Troplong Société 818-819, pp. 322-323

Art. 2096. Los acreedores de un socio no tienen acción sobre los bienes sociales sino por hipoteca, anterior a la sociedad, o por hipoteca posterior, cuando el aporte del inmueble no conste por inscripción en el competente Registro.

Podrán, sin embargo, intentar contra la sociedad las acciones indirecta y subsidiaria que se les conceden por el artículo 2094.

Podrán también pedir que se embarguen a su favor las asignaciones que se hagan a su deudor por cuenta de los beneficios sociales o de sus aportes o acciones.

Conc.: CC. 2094, 2096-2097, 2214; C. Comercio 366, 368, 370-374; L. 3918
Fuentes: Troplong Société 772-773, pp. 308, 777, 779, pp. 311-312

Art. 2097. La responsabilidad de los socios comanditarios o accionistas se regula por lo prevenido en el § 2 de este título.

Conc.: CC. 2061-2062, 2094, 2096-2097, 2214; C. Comercio 366, 368, 370-374, 483; L. 3918

§ 7. De la disolución de la sociedad

Art. 2098. La sociedad se disuelve por la expiración del plazo o por el evento de la condición que se ha prefijado para que tenga fin.

Podrá, sin embargo, prorrogarse por unánime consentimiento de los socios; y con las mismas formalidades que para la constitución primitiva.

Los codeudores de la sociedad no serán responsables de los actos que inicie durante la prórroga, si no hubieren accedido a ésta.

Conc.: CC. 2099-2115; C. Comercio 407-418
Fuentes: Poth. Société 139, p. 291; CN 1865-1866; Troplong Société 870-875, pp. 845-847

Art. 2099. La sociedad se disuelve por la finalización del negocio para que fue contraída.

Pero si se ha prefijado un día cierto para que termine la sociedad, y llegado ese día antes de finalizarse el negocio no se prorroga, se disuelve la sociedad.

Conc.: CC. 2098, 2100-2115; C. Comercio 407-418
Fuentes: Poth. Société 143, p. 202; CN 1865-1866; Troplong Société 870-875, pp. 845-847

Art. 2100. La sociedad se disuelve asimismo por su insolvencia, y por la extinción de la cosa o cosas que forman su objeto total.

Si la extinción es parcial, continuará la sociedad, salvo el derecho de los socios para exigir su disolución, si con la parte que resta no pudiere continuar útilmente; y sin perjuicio de lo prevenido en el siguiente artículo.

Conc.: CC. 2098-2099, 2101-2115; C. Comercio 407-418
Fuentes: D.17.2.65.1; Poth. Société 140-142, pp. 201-202, 148, 203-204; CN 1865, 1867; Troplong Société 916-925 pp. 362-364

Art. 2101. Si cualquiera de los socios falta por su hecho o culpa a su promesa de poner en común las cosas o la industria a que se ha obligado en el contrato, los otros tendrán derecho para dar la sociedad por disuelta.

Conc.: CC. 1670, 2098-2100, 2102-2115; C. Comercio 407-418
Fuentes: D.17.2.58; P.5.10.10; Poth. 140-142, pp. 201-202; CN 1867

Art. 2102. Si un socio ha aportado la propiedad de una cosa, subsiste la sociedad aunque esta cosa perezca, a menos que sin ella no pueda continuar útilmente.

Si sólo se ha aportado el usufructo, la pérdida de la cosa fructuaria disuelve la sociedad, a menos que el socio aportante la reponga a satisfacción de los consocios, o que éstos determinen continuar la sociedad sin ella.

Conc.: CC. 1135, 1486, 1504, 1550, 1590, 1670, 1677, 2098-2101, 2103-2115; C. Comercio 407-418
Fuentes: Troplong Société 946, p. 373 (donde cita a Toullier, t. 7, 461)

Art. 2103. Disuélvese asimismo la sociedad por la muerte de cualquiera de los socios, menos cuando por disposición de la ley o por el acto constitutivo haya de continuar entre los socios sobrevivientes con los herederos del difunto o sin ellos.

Pero aun fuera de este caso se entenderá continuar la sociedad, mientras los socios administradores no reciban noticia de la muerte.

Aun después de recibida por éstos la noticia, las operaciones iniciadas por el difunto que no supongan una aptitud peculiar en éste deberán llevarse a cabo.

Modif. L. 7612
Conc.: CC. 2098-2102, 2104-2115; C. Comercio 407-418
Fuentes: D.17.2.4.1, D.17.2.40, D.17.2.59, D.17.2.65.9; P.5.T.10.L.10; Poth. Société 144-148, pp. 292-294; CN 1865, 1868

Art. 2104. La estipulación de continuar la sociedad con los herederos del difunto se subentiende en las que se forman para el arrendamiento de un inmueble, o para el laboreo de minas, y en las anónimas.

Conc.: CC. 2098-2103, 2105-2115; C. Comercio 407-418
Fuentes: Troplong Société 882-888, p. 348

Art. 2105. Los herederos del socio difunto que no hayan de entrar en sociedad con los sobrevivientes, no podrán reclamar sino lo que tocare a su autor, según el estado de los negocios sociales al tiempo de saberse la muerte; y no participarán de los emolumentos o pérdidas posteriores sino en cuanto fueren consecuencia de las operaciones que al tiempo de saberse la muerte estaban ya iniciadas.

Si la sociedad ha de continuar con los herederos del difunto, tendrán derecho para entrar en ella todos, exceptuados solamente aquellos que por su edad o por otra calidad hayan sido expresamente excluidos en la ley o el contrato.

Fuera de este caso los que no tengan la administración de sus bienes concurrirán a los actos sociales por medio de sus representantes legales o por medio de quien tenga la administración de sus bienes.

Modif. L. 18802
Conc.: CC. 2098-2104, 2106-2115; C. Comercio 407-418
Fuentes: D.17.2.40; Poth. Société 155, p. 297; CN 1868; Troplong Société 954, pp. 376-377

Art. 2106. Expira asimismo la sociedad por la incapacidad sobreviniente o la insolvencia de uno de los socios.

Podrá, con todo, continuar la sociedad con el incapaz o el fallido, y en tal caso el curador o los acreedores ejercerán sus derechos en las operaciones sociales.

Modif. L. 18802
Conc.: CC. 2098-2105, 2107-2115; C. Comercio 407-418
Fuentes: D.17.2.4.1, D.17.2.65.1; Poth. Société 148, p. 293-294; CN 1865

Art. 2107. La sociedad podrá expirar en cualquier tiempo por el consentimiento unánime de los socios.

Conc.: CC. 2098-2106, 2106-2115; C. Comercio 407-418
Fuentes: D.17.2.4.1; C.4.37.5; Poth. Société 149, p. 294

Art. 2108. La sociedad puede expirar también por la renuncia de uno de los socios.

Sin embargo, cuando la sociedad se ha contratado por tiempo fijo, o para un negocio de duración limitada, no tendrá efecto la renuncia, si por el contrato de sociedad no se hubiere dado la facultad de hacerla, o si no hubiere grave motivo, como la inejecución de las obligaciones de otro socio, la pérdida de un administrador inteligente que no pueda reemplazarse entre los socios, enfermedad habitual del renunciante que le inhabilite para las funciones sociales, mal estado de sus negocios por circunstancias imprevistas, u otros de igual importancia.

Conc.: CC. 2098-2107, 2109-2115; C. Comercio 407-418
Fuentes: IJ 3.25.4; D.17.2.4.1, D.17.2.14-16, D.17.2.65.3-5; P.5.T.10.LL.11-12, Poth. 150-151, pp. 294-295, CN 1865, 1869, 1871, Troplong Société 991-992, p. 391

Art. 2109. La renuncia de un socio no produce efecto alguno sino en virtud de su notificación a todos los otros.

La notificación al socio o socios que exclusivamente administran, se entenderá hecha a todos.

Aquellos de los socios a quienes no se hubiere notificado la renuncia, podrán aceptarla después, si vieren convenirles, o dar por subsistente la sociedad en el tiempo intermedio.

Conc.: CC. 2098-2108, 2110-2115; C. Comercio 407-418
Fuentes: IJ 3.25.4; D.17.2.4.1, D.17.2.14-16, D.17.2.65.3-5; P.5.T.10.LL.11-12; Poth. 150-151, pp. 294-295; CN 1865, 1869, 1871; Troplong Société 981-982, p. 387-388

Art. 2110. No vale la renuncia que se hace de mala fe o intempestivamente.

Conc.: CC. 2098-2109, 2111-2115; C. Comercio 407-418
Fuentes: IJ 3.25.4; D.17.2.4.1, D.17.2.14-16, D.17.2.65.3-5; P.5.T.10.LL.11-12; Poth. 150-151, pp. 294-295; CN 1865, 1869, 1871

Art. 2111. Renuncia de mala fe el socio que lo hace por apropiarse una ganancia que debía pertenecer a la sociedad; en este caso podrán los socios obligarle a partir con ellos las utilidades del negocio, o a soportar exclusivamente las pérdidas, si el negocio tuviere mal éxito.

Podrán asimismo excluirle de toda participación en los beneficios sociales y obligarle a soportar su cuota en las pérdidas.

Conc.: CC. 2098-2110, 2112-2115; C. Comercio 407-418
Fuentes: IJ 3.25.4; D.17.2.4.1, D.17.2.14-16, D.17.2.65.6; P.5.T.10.LL.11-12; Poth. 150-152, pp. 294-296; CN 1870; Troplong Société 972-976, pp. 386-387

Art. 2112. Renuncia intempestivamente el socio que lo hace cuando su separación es perjudicial a los intereses sociales. La sociedad continuará entonces hasta la terminación de los negocios pendientes, en que fuere necesaria la cooperación del renunciante.

Aun cuando el socio tenga interés en retirarse, debe aguardar para ello un momento oportuno.

Los efectos de la renuncia de mala fe indicados en el inciso final del artículo precedente, se aplican a la renuncia intempestiva.

Conc.: CC. 2098-2111, 2113-2115; C. Comercio 407-418
Fuentes: Poth. 153-154, p. 296; Troplong Société 977-979, p. 387

Art. 2113. Las disposiciones de los artículos precedentes comprenden al socio que de hecho se retira de la sociedad sin renuncia.

Conc.: CC. 2098-2113, 2114-2115; C. Comercio 407-418

Art. 2114. La disolución de la sociedad no podrá alegarse contra terceros sino en los casos siguientes:

1o. Cuando la sociedad ha expirado por la llegada del día cierto prefijado para su terminación en el contrato;

2o. Cuando se ha dado noticia de la disolución por medio de tres avisos publicados en un periódico del departamento o de la capital de la provincia, si en aquél no lo hubiere;

3o. Cuando se pruebe que el tercero ha tenido oportunamente noticia de ella por cualesquiera medios.

Modif. L. 7612
Conc.: CC. 2098-2113, 2115; C. Comercio 407-418
Fuentes: Poth. Société 156-157, pp. 297-298

Art. 2115. Disuelta la sociedad se procederá a la división de los objetos que componen su haber.

Las reglas relativas a la partición de los bienes hereditarios y a las obligaciones entre los coherederos, se aplican a la división del caudal social y a las obligaciones entre los miembros de la sociedad disuelta, salvo en cuanto se opongan a las disposiciones de este título.

Conc.: CC. 1317-1353, 2098-2114; C. Comercio 407-418; CPC 646-666
Fuentes: Poth. Société 161, p. 300; CN 1872; Delv. t. 3, pp. 127-129

TÍTULO XXIX. DEL MANDATO

§ 1. Definiciones y reglas generales

Art. 2116. El mandato es un contrato en que una persona confía la gestión de uno o más negocios a otra, que se hace cargo de ellos por cuenta y riesgo de la primera.

La persona que confiere el encargo se llama comitente o mandante, y la que lo acepta, apoderado, procurador, y en general, mandatario.

Conc.: CC. 2116-2173; C. Comercio 233-347
Fuentes: IJ 3.26.pr; P.5.T.12.LL.20 y 25; Poth. Mandat 1, p. 171; Nov. Rec. 10.1.17; CN 1984; Delv. t. 3, p. 130

Art. 2117. El mandato puede ser gratuito o remunerado.

La remuneración (llamada honorario) es determinada por convención de las partes, antes o después del contrato, por la ley, la costumbre, o el juez.

Conc.: CC. 2, 1440, 1546, 2117, 2129, 2158; C. Comercio 239
Fuentes: En contra de D.17.1.1.4, Poth. Mandat 22, p. 181; según CN 1986, Delv. t. 3, p. 131

Art. 2118. Los servicios de las profesiones y carreras que suponen largos estudios, o a que está unida la facultad de representar y obligar a otra persona respecto de terceros, se sujetan a las reglas del mandato.

Conc.: CC. 1448, 2012, 2125; COT 520-529; CPC 4-16

Art. 2119. El negocio que interesa al mandatario solo, es un mero consejo, que no produce obligación alguna.

Pero si este consejo se da maliciosamente, obliga a la indemnización de perjuicios.

Conc.: CC. 2119-2121, 2123
Fuentes: IJ 3.26.6; D.17.1.2.pr, D.17.1.2.6; P.5.T.12.L.23; Poth. Mandat 15-16, p. 178; Troplong Mandat 15-26, pp. 24-35, 37, pp. 46-47

Art. 2120. Si el negocio interesa juntamente al que hace el encargo y al que lo acepta, o a cualquiera de estos dos, o a ambos y a un tercero, o a un tercero exclusivamente, habrá verdadero mandato; si el mandante obra sin autorización del tercero, se producirá entre estos dos el cuasicontrato de la agencia oficiosa.

Conc.: CC. 2119, 2121, 2123
Fuentes: D.17.1.2, D.17.1.6.4; P.5.T.12.LL.21-22; Poth. Mandat 16-17, pp. 178-179

Art. 2121. La simple recomendación de negocios ajenos no es, en general, mandato; el juez decidirá, según las circunstancias, si los términos de la recomendación envuelven mandato. En caso de duda se entenderá recomendación.

Conc.: CC. 2119-2120, 2123
Fuentes: Troplong Mandat 44, p. 52

Art. 2122. El mandatario que ejecuta de buena fe un mandato nulo o que por una necesidad imperiosa sale de los límites de su mandato, se convierte en un agente oficioso.

Conc.: CC. 2120, 2286-2294
Fuentes: D.3.5.30; Poth. Mandat 177, p. 245; Troplong 74, p. 78, 362, pp. 348-350

Art. 2123. El encargo que es objeto del mandato puede hacerse por escritura pública o privada, por cartas, verbalmente o de cualquier otro modo inteligible, y aun por la aquiescencia tácita de una persona a la gestión de sus negocios por otra; pero no se admitirá en juicio la prueba testimonial sino en conformidad a las reglas generales, ni la escritura privada cuando las leyes requieran un instrumento auténtico.

Conc.: CC. 103, 1701, 1708-1709, 1749, 1754, 2123-2125; CPC 6; C. Tributario 9
Fuentes: D.17.1.1, D.17.1.6.2, D.17.1.18, D.17.1.53, D.50.17.60; Poth. Mandat 4, p. 172, 28-32, pp. 183-184; CN 1985; Troplong Mandat 70-74, pp. 74-78, 100-105, pp. 100-104

Art. 2124. El contrato de mandato se reputa perfecto por la aceptación del mandatario. La aceptación puede ser expresa o tácita.

Aceptación tácita es todo acto en ejecución del mandato.

Aceptado el mandato, podrá el mandatario retractarse, mientras el mandante se halle todavía en aptitud de ejecutar el negocio por sí mismo, o de cometerlo a diversa persona. De otra manera se hará responsable en los términos del artículo 2167.

Conc.: CC. 1443, 2123, 2125, 2167; C. Comercio 243-245
Fuentes: IJ 3.26.11; D.17.1.1, D.17.1.6.2, D.17.1.18, D.17.1.22.11, D.17.1.23-25, D.17.1.27.2, D.17.1.53, D.50.17.60; Poth. Mandat 4, p. 172, 28-32, pp. 183-184, 39-44, pp. 186-187; CN 1985, 2007; Troplong Mandat 106-136, pp. 104-148

Art. 2125. Las personas que por su profesión u oficio se encargan de negocios ajenos, están obligadas a declarar lo más pronto posible si aceptan o no el encargo que una persona ausente les hace; y transcurrido un término razonable, su silencio se mirará como aceptación.

Aun cuando se excusen del encargo, deberán tomar las providencias conservativas urgentes que requiera el negocio que se les encomienda.

Conc.: CC. 2012, 2118, 2123-2124; C. Comercio 243-245
Fuentes: Troplong Mandat 344, pp. 336-337

Art. 2126. Puede haber uno o más mandantes, y uno o más mandatarios.

Conc.: CC. 2127

Art. 2127. Si se constituyen dos o más mandatarios, y el mandante no ha dividido la gestión, podrán dividirla entre sí los mandatarios; pero si se les ha prohibido obrar separadamente, lo que hicieren de este modo será nulo.

Conc.: CC. 2071, 2073, 2076, 2126
Fuentes: D.17.1.60.2; Poth. Mandat 63, pp. 193-194

Art. 2128. Si se constituye mandatario a un menor adulto, los actos ejecutados por el mandatario serán válidos respecto de terceros en cuanto obliguen a éstos y al mandante; pero las obligaciones del mandatario para con el mandante y terceros no podrán tener efecto sino según las reglas relativas a los menores.

Modif. L. 18802
Conc.: CC. 139, 251, 262, 342, 355, 435-441, 1447, 1470
Fuentes: CN 1990; Troplong Mandat 329-335, pp. 322-327

Art. 2129. El mandatario responde hasta de la culpa leve en el cumplimiento de su encargo.

Esta responsabilidad recae más estrictamente sobre el mandatario remunerado.

Por el contrario, si el mandatario ha manifestado repugnancia al encargo, y se ha visto en cierto modo forzado a aceptarlo, cediendo a las instancias del mandante, será menos estricta la responsabilidad que sobre él recaiga.

Conc.: CC. 44, 1547, 1582, 2147, 2149, 2152-2154, 2156-2157
Fuentes: C.4.35.13; D.17.1.10.pr-1; P.5.T.12.LL.20 (gloss)-21; Poth. Mandat 46-50, p. 188-190; CN 1992; Troplong 28, p. 35, 388, pp. 376-378, 390-391, pp. 379-380

Art. 2130. Si el mandato comprende uno o más negocios especialmente determinados, se llama especial; si se da para todos los negocios del mandante, es general; y lo será igualmente si se da para todos, con una o más excepciones determinadas.

La administración está sujeta en todos casos a las reglas que siguen.

Conc.: CC. 2131-2157
Fuentes: D.3.3.1.1; CN 1987; Troplong Mandat 273-277, pp. 286-290

§ 2. De la administración del mandato

Art. 2131. El mandatario se ceñirá rigorosamente a los términos del mandato, fuera de los casos en que las leyes le autoricen para obrar de otro modo.

Conc.: CC. 2131, 2134, 2147, 2149; C. Comercio 245, 268
Fuentes: IJ 3.26.8; D.17.1.5.pr, D.17.1.46; P.5.T.12.L.21; CN 1989; Troplong Mandat 256, pp. 272-275

Art. 2132. El mandato no confiere naturalmente al mandatario más que el poder de efectuar los actos de administración; como son pagar las deudas y cobrar los créditos del mandante, perteneciendo unos y otros al giro administrativo ordinario; perseguir en juicio a los deudores, intentar las acciones posesorias e interrumpir las prescripciones, en lo tocante a dicho giro; contratar las reparaciones de las cosas que administra; y comprar los materiales necesarios para el cultivo o beneficio de las tierras, minas, fábricas, u otros objetos de industria que se le hayan encomendado.

Para todos los actos que salgan de estos límites, necesitará de poder especial.

Conc.: CC. 2133, 2135-2148, 2150, 2448; C. Comercio 269-271; CPC 6-7
Fuentes: D.3.3.60; D.3.3.63; C.2.12.16; Poth. Mandat 148-166, pp. 232-241; CN 1988; Troplong Mandat 278-297, pp. 292-299

Art. 2133. Cuando se da al mandatario la facultad de obrar del modo que más conveniente le parezca, no por eso se entenderá autorizado para alterar la substancia del mandato, ni para los actos que exigen poderes o cláusulas especiales.

Por la cláusula de libre administración se entenderá solamente que el mandatario tiene la facultad de ejecutar aquellos actos que las leyes designan como autorizados por dicha cláusula.

Conc.: CC. 2132, 2135-2148, 2150, 2448; C. Comercio 269-271; CPC 6-7
Fuentes: D.3.3.60; D.3.3.63; C.2.12.16; Poth. Mandat 148-166, pp. 232-241; CN 1988; Troplong Mandat 278-297, pp. 292-299

Art. 2134. La recta ejecución del mandato comprende no sólo la substancia del negocio encomendado, sino los medios por los cuales el mandante ha querido que se lleve a cabo.

Se podrán, sin embargo, emplear medios equivalentes, si la necesidad obligare a ello y se obtuviere completamente de ese modo el objeto del mandato.

Conc.: CC. 2131, 2134, 2147, 2149; C. Comercio 245, 268
Fuentes: D.17.1.5, D.17.1.46; Troplong Mandat 255, p. 271-272, 260, pp. 277-278

Art. 2135. El mandatario podrá delegar el encargo si no se le ha prohibido; pero no estando expresamente autorizado para hacerlo, responderá de los hechos del delegado, como de los suyos propios.

Esta responsabilidad tendrá lugar aun cuando se le haya conferido expresamente la facultad de delegar, si el mandante no le ha designado la persona, y el delegado era notoriamente incapaz o insolvente.

Conc.: CC. 2135-2138; C. Comercio 261-267
Fuentes: D.3.5.20.3, D.17.1.8.3; Poth. Mandat 99, pp. 211-212; CN 1994; ABGB 1010; Troplong 445-453, pp. 423-434

Art. 2136. La delegación no autorizada o no ratificada expresa o tácitamente por el mandante no da derecho a terceros contra el mandante por los actos del delegado.

Conc.: CC. 2135, 2137-2138; C. Comercio 261-267
Fuentes: Troplong Mandat 483-488, pp. 458-461

Art. 2137. Cuando la delegación a determinada persona ha sido autorizada expresamente por el mandante, se constituye entre el mandante y el delegado un nuevo mandato que sólo puede ser revocado por el mandante, y no se extingue por la muerte u otro accidente que sobrevenga al anterior mandatario.

Conc.: CC. 2135-2136, 2138; C. Comercio 261-267
Fuentes: Troplong Mandat 758, pp. 688-689

Art. 2138. El mandante podrá en todos casos ejercer contra el delegado las acciones del mandatario que le ha conferido el encargo.

Conc.: CC. 2135-2137; C. Comercio 261-267

Art. 2139. En la inhabilidad del mandatario para donar no se comprenden naturalmente las ligeras gratificaciones que se acostumbra hacer a las personas de servicio.

Conc.: CC. 402-403, 1388, 2140-2143, 2146
Fuentes: Excepción a Poth. Mandat 164, p. 210

Art. 2140. La aceptación que expresa el mandatario de lo que se debe al mandante, no se mirará como aceptación de éste, sino cuando la cosa o cantidad que se entrega ha sido suficientemente designada en el mandato, y lo que el mandatario ha recibido corresponde en todo a la designación.

Conc.: CC. 1582, 2141-2143, 2146
Fuentes: D.46.3.34.3; Poth. Mandat 150, pp. 233-234

Art. 2141. La facultad de transigir no comprende la de comprometer, ni viceversa.

Modif. L. 10271
Conc.: CC. 400, 2447-2448; CPC 891
Fuentes: Poth. Mandat 157, pp. 236-237; CN 1989

Art. 2142. El poder especial para vender comprende la facultad de recibir el precio.

Conc.: CC. 1582, 2140-2141, 2143, 2146
Fuentes: D.46.3.34.3; Poth. Mandat 150, pp. 233-234

Art. 2143. La facultad de hipotecar no comprende la de vender, ni viceversa.

Conc.: CC. 1582, 2139-2142, 2146
Fuentes: D.3.3.63, D.13.7.12; Poth. Mandat 159-160, pp. 237-238; CN 1988

Art. 2144. No podrá el mandatario por sí ni por interpuesta persona, comprar las cosas que el mandante le ha ordenado vender, ni vender de lo suyo al mandante lo que éste le ha ordenado comprar, si no fuere con aprobación expresa del mandante.

Conc.: CC. 412, 1799, 2145; C. Comercio 271
Fuentes: D.18.1.34.7, D. 26.8.5.2; C.4.38.5; P.5.T.5.L.4; Nov. Rec. 10.12.1; CN 1596

Art. 2145. Encargado de tomar dinero prestado, podrá prestarlo él mismo al interés designado por el mandante, o a falta de esta designación, al interés corriente; pero facultado para colocar dinero a interés, no podrá tomarlo prestado para sí sin aprobación del mandante.

Conc.: CC. CC. 412, 1799, 2144; C. Comercio 271
Fuentes: D.18.1.34.7, D. 26.8.5.pr; C.4.38.5; P.5.T.5.L.4; Nov. Rec. 10.12.1; CN 1596, en contra de D.26.7.9.7

Art. 2146. No podrá el mandatario colocar a interés dineros del mandante, sin su expresa autorización.

Colocándolos a mayor interés que el designado por el mandante, deberá abonárselo íntegramente, salvo que se le haya autorizado para apropiarse el exceso.

Conc.: CC. 1582, 2139-2143

Art. 2147. En general, podrá el mandatario aprovecharse de las circunstancias para realizar su encargo con mayor beneficio o menor gravamen que los designados por el mandante; con tal que bajo otros respectos no se aparte de los términos del mandato. Se le prohíbe apropiarse lo que exceda al beneficio o minore el gravamen designado en el mandato.

Por el contrario, si negociare con menos beneficio o más gravamen que los designados en el mandato, le será imputable la diferencia.

Conc.: CC. 2131, 2134, 2149; C. Comercio 245, 268
Fuentes: D.17.1.5.5; Poth. Mandat 49, p. 189, 92, pp. 208-209; Troplong Mandat 308-319, pp. 304-318

Art. 2148. Las facultades concedidas al mandatario se interpretarán con alguna más latitud, cuando no está en situación de poder consultar al mandante.

Conc.: CC. 2132-2133, 2135-2147, 2150, 2448; C. Comercio 269-271
Fuentes: Troplong Mandat 368, pp. 361-363

Art. 2149. El mandatario debe abstenerse de cumplir el mandato cuya ejecución sería manifiestamente perniciosa al mandante.

Conc.: CC. 2131, 2134, 2147; C. Comercio 245, 268
Fuentes: Poth. Mandat 45, p. 187; Troplong Mandat 367, pp. 359-361

Art. 2150. El mandatario que se halle en la imposibilidad de obrar con arreglo a sus instrucciones, no es obligado a constituirse agente oficioso; le basta tomar las providencias conservativas que las circunstancias exijan.

Pero si no fuere posible dejar de obrar sin comprometer gravemente al mandante, el mandatario tomará el partido que más se acerque a sus instrucciones y que más convenga al negocio.

Compete al mandatario probar la fuerza mayor o caso fortuito que le imposibilite de llevar a efecto las órdenes del mandante.

Conc.: CC. 2120, 2122, 2132-2133, 2135-2149, 2448; C. Comercio 269-271
Fuentes: Troplong 362-365 pp. 350-358, 368, pp. 361-363

Art. 2151. El mandatario puede, en el ejercicio de su cargo, contratar a su propio nombre o al del mandante; si contrata a su propio nombre, no obliga respecto de terceros al mandante.

Conc.: 2160-2161; C. Comercio 254-260
Fuentes: D.17.1.45; Poth. Mandat 87-89, p. 207; ¿Troplong Mandat 83, pp. 85-87?

Art. 2152. El mandatario puede por un pacto especial tomar sobre su responsabilidad la solvencia de los deudores y todas las incertidumbres y embarazos del cobro. Constitúyese entonces principal deudor para con el mandante, y son de su cuenta hasta los casos fortuitos y la fuerza mayor.

Conc.: CC. 1582, 2129, 2147, 2149, 2153-2154, 2156-2157
Fuentes: D.17.1.39; Troplong Mandat 373-378, pp. 365

Art. 2153. Las especies metálicas que el mandatario tiene en su poder por cuenta del mandante, perecen para el mandatario aun por fuerza mayor o caso fortuito, salvo que estén contenidas en cajas o sacos cerrados y sellados sobre los cuales recaiga el accidente o la fuerza, o que por otros medios inequívocos pueda probarse incontestablemente la identidad.

Conc.: CC. 1510, 1548, 1550, 1670, 1582, 2129, 2147, 2149, 2152-2154, 2156-2157
Fuentes: D.16.3.24; C.Com. Español 131; Troplong Mandat 437-439, pp. 418-421

Art. 2154. El mandatario que ha excedido los límites de su mandato, es sólo responsable al mandante; y no es responsable a terceros sino,

1o. Cuando no les ha dado suficiente conocimiento de sus poderes;

2o. Cuando se ha obligado personalmente.

Conc.: CC. 2129, 2151
Fuentes: Sent. Paul. 2.8.2; Poth. Mandat, 87-89, p. 207; CN 1997; C.L. 2982; Delv. t. 3, p. 132

Art. 2155. El mandatario es obligado a dar cuenta de su administración.

Las partidas importantes de su cuenta serán documentadas si el mandante no le hubiere relevado de esta obligación.

La relevación de rendir cuentas no exonera al mandatario de los cargos que contra él justifique el mandante.

Conc.: CPC 680 Nº 8, 693-696; C. Comercio 279-283
Fuentes: Poth. Mandat 51, pp. 190-191; CN 1993; Delv. t. 3, p. 132

Art. 2156. Debe al mandante los intereses corrientes de dineros de éste que haya empleado en utilidad propia.

Debe asimismo los intereses del saldo que de las cuentas resulte en contra suya, desde que haya sido constituido en mora.

Conc.: CC. 1582, 2129, 2147, 2149, 2152-2154, 2157
Fuentes: D.17.1.10.3; Poth. Mandat 56, p. 192; CN 1996

Art. 2157. El mandatario es responsable tanto de lo que ha recibido de terceros en razón del mandato (aun cuando no se deba al mandante), como de lo que ha dejado de recibir por su culpa.

Conc.: CC. 1582, 2129, 2147, 2149, 2152-2154, 2156
Fuentes: D.17.1.8.10, D.17.1.20; Poth. Mandat 58-60, pp. 192-193

§ 3. De las obligaciones del mandante

Art. 2158. El mandante es obligado,

1o. A proveer al mandatario de lo necesario para la ejecución del mandato;

2o. A reembolsarle los gastos razonables causados por la ejecución del mandato;

3o. A pagarle la remuneración estipulada o usual;

4o. A pagarle las anticipaciones de dinero con los intereses corrientes;

5o. A indemnizarle de las pérdidas en que haya incurrido sin culpa, y por causa del mandato.

No podrá el mandante dispensarse de cumplir estas obligaciones, alegando que el negocio encomendado al mandatario no ha tenido buen éxito, o que pudo desempeñarse a menos costo; salvo que le pruebe culpa.

Conc.: CC. 2159; C. Comercio 272-275
Fuentes: D.17.1.12.1, D.17.1.12.9, D.17.1.26.2-3, D.17.1.26.6-7, D.17.1.27.4, D.17.1.37, D.17.1.56.4; C.4.35.1, C.4.35.7; P.5.T.12.L.20; Poth. Mandat 67-79, pp. 194-203; CN 1999-2001

Art. 2159. El mandante que no cumple por su parte aquello a que es obligado, autoriza al mandatario para desistir de su encargo.

Conc.: CC. 1489, 1552, 2158-2159; C. Comercio 272-275

Art. 2160. El mandante cumplirá las obligaciones que a su nombre ha contraído el mandatario dentro de los límites del mandato.

Será, sin embargo, obligado el mandante si hubiere ratificado expresa o tácitamente cualesquiera obligaciones contraídas a su nombre.

Conc.: CC. 2151, 2154, 2161
Fuentes: D.17.1.45; D.46.3.56, D.46.3.95.10; P.5.T.12.L.22; Poth. Mandat 87-89, p. 207; CN 1998

Art. 2161. Cuando por los términos del mandato o por la naturaleza del negocio apareciere que no debió ejecutarse parcialmente, la ejecución parcial no obligará al mandante sino en cuanto le aprovechare.

El mandatario responderá de la inejecución del resto en conformidad al artículo 2167.

Conc.: CC. 1539, 1569, 1591, 2149, 2150, 2167
Fuentes: D.17.1.33; Delv. t. 3, pp. 132-133; Troplong Mandat 304, p. 302-303

Art. 2162. Podrá el mandatario retener los efectos que se le hayan entregado por cuenta del mandante para la seguridad de las prestaciones a que éste fuere obligado por su parte.

Conc.: C. Comercio 287-288
Fuentes: Poth. Mandat 86, p. 205-207; C.L. 2992; García Goyena 1620

§ 4. De la terminación del mandato

Art. 2163. El mandato termina:

1.o Por el desempeño del negocio para que fue constituido;

2.o Por la expiración del término o por el evento de la condición prefijados para la terminación del mandato;

3.o Por la revocación del mandante;

4.o Por la renuncia del mandatario;

5.o Por la muerte del mandante o del mandatario;

6.o Por tener la calidad de deudor en un procedimiento concursal de liquidación, el mandante o el mandatario;

7.o Por la interdicción del uno o del otro;

8.o Derogado.

9.o Por la cesación de las funciones del mandante, si el mandato ha sido dado en ejercicio de ellas.

Modif. L. 18802 y 20720
Conc.: CC. 2163-2173

Fuentes: IJ 3.26.9-11; D.17.1.22.11, D.17.1.23-26.pr, D.17.1.27.3; CN 2003; ABGB 1020-1024

Art. 2164. La revocación del mandante puede ser expresa o tácita. La tácita es el encargo del mismo negocio a distinta persona.

Si el primer mandato es general y el segundo especial, subsiste el primer mandato para los negocios no comprendidos en el segundo.

Conc.: CC. 2163, 2165-2166, 2173
Fuentes: D.3.3.31.2, D.50.17.80; Poth. Mandat 114-116, pp. 217-218; CN 2006

Art. 2165. El mandante puede revocar el mandato a su arbitrio, y la revocación, expresa o tácita, produce su efecto desde el día que el mandatario ha tenido conocimiento de ella; sin perjuicio de lo dispuesto en el artículo 2173.

Conc.: CC. 2163-2164, 2166, 2173
Fuentes: IJ 3.26.9; D.17.1.12.16; Poth. Mandat 113, p. 217; CN 2004

Art. 2166. El mandante que revoca tendrá derecho para exigir del mandatario la restitución de los instrumentos que haya puesto en sus manos para la ejecución del mandato; pero de las piezas que pueden servir al mandatario para justificar sus actos, deberá darle copia firmada de su mano si el mandatario lo exigiere.

Conc.: CC. 2163-2165, 2173
Fuentes: CN 2004

Art. 2167. La renuncia del mandatario no pondrá fin a sus obligaciones, sino después de transcurrido el tiempo razonable para que el mandante pueda proveer a los negocios encomendados.

De otro modo se hará responsable de los perjuicios que la renuncia cause al mandante; a menos que se halle en la imposibilidad de administrar por enfermedad u otra causa, o sin grave perjuicio de sus intereses propios.

Conc.: CC. 2072-2073, 2124
Fuentes: IJ 3.26.11; D.17.1.22.11, D.17.1.23-25, D.17.1.27.2; Poth. Mandat 39-45, pp. 186-187, 122, p. 220; CN 2007

Art. 2168. Sabida la muerte del mandante, cesará el mandatario en sus funciones; pero si de suspenderlas se sigue perjuicio a los herederos del mandante, será obligado a finalizar la gestión principiada.

Modif. L. 7612
Conc.: CC. 2169-2170, 2172
Fuentes: D.17.1.26.pr, D.17.1.58.pr; Poth. Mandat 106, pp. 215-216; CN 2008

Art. 2169. No se extingue por la muerte del mandante el mandato destinado a ejecutarse después de ella. Los herederos suceden en este caso en los derechos y obligaciones del mandante.

Conc.: CC. 1270-1316, 2168, 2170, 2172
Fuentes: D.17.1.12.17, D.17.1.13; Poth. Mandat 108, p. 216

Art. 2170. Los herederos del mandatario que fueren hábiles para la administración de sus bienes, darán aviso inmediato de su fallecimiento al mandante, y harán en favor de éste lo que puedan y las circunstancias exijan: la omisión a este respecto los hará responsables de los perjuicios.

A igual responsabilidad estarán sujetos los albaceas, los tutores y curadores y todos aquellos que sucedan en la administración de los bienes del mandatario que ha fallecido o se ha hecho incapaz.

Conc.: CC. 2163, 2168-2169, 2172
Fuentes: D.17.1.27.3; Poth. Mandat 101-102, pp. 213-214; CN 2010

Art. 2171. Si la mujer ha conferido un mandato antes del matrimonio, subsiste el mandato; pero el marido podrá revocarlo a su arbitrio siempre que se refiera a actos o contratos relativos a bienes cuya administración corresponda a éste.

Modif. L. 7612
Conc.: CC. 1725-1726, 1749-1750, 1752
Fuentes: Poth. Mandat 111, pp. 216-217

Art. 2172. Si son dos o más los mandatarios y por la constitución del mandato están obligados a obrar conjuntamente, la falta de uno de ellos por cualquiera de las causas antedichas pondrá fin al mandato.

Conc.: CC. 2071, 2073, 2076, 2126-2127, 2170

Art. 2173. En general, todas las veces que el mandato expira por una causa ignorada del mandatario, lo que éste haya hecho en ejecución del mandato será válido y dará derecho a terceros de buena fe contra el mandante.

Quedará asimismo obligado el mandante, como si subsistiera el mandato, a lo que el mandatario sabedor de la causa que lo haya hecho expirar, hubiere pactado con terceros de buena fe; pero tendrá derecho a que el mandatario le indemnice.

Cuando el hecho que ha dado causa a la expiración del mandato hubiere sido notificado al público por periódicos, y en todos los casos en que no pareciere probable la ignorancia del tercero, podrá el juez en su prudencia absolver al mandante.

Modif. L. 7612
Conc.: CC. 2163-2166, 2168-2169, 2171-2172
Fuentes: Poth. Mandat 121, p. 220; Delv. t. 3, 134-135

TÍTULO XXX. DEL COMODATO O PRÉSTAMO DE USO

Art. 2174. El comodato o préstamo de uso es un contrato en que una de las partes entrega a la otra gratuitamente una especie, mueble o raíz, para que haga uso de ella, y con cargo de restituir la misma especie después de terminado el uso.

Este contrato no se perfecciona sino por la tradición de la cosa.

Conc.: CC. 1443, 2174-2195
Fuentes: IJ 3.14.2; D.13.6.1.1, D.13.6.3.6; P.5.T.2.L.1; Poth. Du Prèt 1, p. 3; CN 1875-1876; ABGB 971

Art. 2175. El contrato de comodato podrá probarse por testigos, cualquiera que sea el valor de la cosa prestada.

Conc.: CC. 1708-1711
Fuentes: Troplong Prêt 60-69, pp. 96-99

Art. 2176. El comodante conserva sobre la cosa prestada todos los derechos que antes tenía, pero no su ejercicio, en cuanto fuere incompatible con el uso concedido al comodatario.

Conc.: CC. 2176, 2180, 2183, 2186, 2188, 2190
Fuentes: D.13.6.8-9; Poth. Prèt 2, p. 4; CN 1877

Art. 2177. El comodatario no puede emplear la cosa sino en el uso convenido, o a falta de convención, en el uso ordinario de las de su clase.

En el caso de contravención, podrá el comodante exigir la reparación de todo perjuicio, y la restitución inmediata, aunque para la restitución se haya estipulado plazo.

Conc.: CC. 2177, 2188, 2192-2193
Fuentes: D.13.6.5.8; Poth. Prèt 20-22, pp. 9-10; CN 1880; AGBG 978-979

Art. 2178. El comodatario es obligado a emplear el mayor cuidado en la conservación de la cosa, y responde hasta de la culpa levísima.

Es por tanto responsable de todo deterioro que no provenga de la naturaleza o del uso legítimo de la cosa; y si este deterioro es tal que la cosa no sea ya susceptible de emplearse en su uso ordinario, podrá el comodante exigir el precio anterior de la cosa, abandonando su propiedad al comodatario.

Pero no es responsable de caso fortuito, si no es,

1o. Cuando ha empleado la cosa en un uso indebido o ha demorado su restitución, a menos de aparecer o probarse que el deterioro o pérdida por el caso fortuito habría sobrevenido igualmente sin el uso ilegítimo o la mora;

2o. Cuando el caso fortuito ha sobrevenido por culpa suya, aunque levísima;

3o. Cuando en la alternativa de salvar de un accidente la cosa prestada o la suya, ha preferido deliberadamente la suya;

4o. Cuando expresamente se ha hecho responsable de casos fortuitos.

Conc.: CC. 44, 1547, 1549-1550, 1558, 2178-2187, 2189-2191
Fuentes: D.13.6.5.2, D.13.6.5.4, D.13.6.5.10, D.13.6.18, D.44.7.1.4; P.5.T.2.LL.2-3; Poth. Prèt 48-63, pp. 19-27; CN 1880, 1882, 1884; Troplong Du Prêt 113-118, pp. 115-118

Art. 2179. Sin embargo de lo dispuesto en el artículo precedente, si el comodato fuere en pro de ambas partes, no se extenderá la responsabilidad del comodatario sino hasta la culpa leve, y si en pro del comodante solo, hasta la culpa lata.

Conc.: CC. 44, 1547, 2178-2187, 2189-2191
Fuentes: P.5.T.2.L.2 (gloss)

Art. 2180. El comodatario es obligado a restituir la cosa prestada en el tiempo convenido; o a falta de convención, después del uso para que ha sido prestada.

Pero podrá exigirse la restitución aun antes del tiempo estipulado, en tres casos:

1o. Si muere el comodatario, a menos que la cosa haya sido prestada para un servicio particular que no pueda diferirse o suspenderse;

2o. Si sobreviene al comodante una necesidad imprevista y urgente de la cosa;

3o. Si ha terminado o no tiene lugar el servicio para el cual se ha prestado la cosa.

Conc.: CC. 2178-2187, 2189-2191
Fuentes: D.13.6.17.3; Poth. Prèt 24-28, pp. 11-13; CN 1888

Art. 2181. La restitución deberá hacerse al comodante, o a la persona que tenga derecho para recibirla a su nombre según las reglas generales.

Si la cosa ha sido prestada por un incapaz que usaba de ella con permiso de su representante legal, será válida su restitución al incapaz.

Conc.: CC. 1576-1579, 2180
Fuentes: D.13.6.12.1, D.13.6.15-16, D.46.3.15; Poth. Prèt 35, p. 15, 41, pp. 16-17, 46, p. 18; Troplong, Prêt 106-107, pp. 111-112

Art. 2182. El comodatario no podrá excusarse de restituir la cosa, reteniéndola para seguridad de lo que le deba el comodante, salvo el caso del artículo 2193.

Conc.: CC. 2180-2181, 2193
Fuentes: C.4.23.4; P.5.T.2.L.9; Poth. Prèt 43, p. 17; CN 1885

Art. 2183. El comodatario no tendrá derecho para suspender la restitución, alegando que la cosa prestada no pertenece al comodante; salvo que haya sido perdida, hurtada o robada a su dueño, o que se embargue judicialmente en manos del comodatario.

Si se ha prestado una cosa perdida, hurtada o robada, el comodatario que lo sabe y no lo denuncia al dueño, dándole un plazo razonable para reclamarla, se hará responsable de los perjuicios que de la restitución se sigan al dueño.

Y si el dueño no la reclamare oportunamente, podrá hacerse la restitución al comodante.

El dueño por su parte tampoco podrá exigir la restitución sin el consentimiento del comodante, o sin decreto de juez.

Conc.: CC. 2181

Fuentes: D.13.6.15-16; Poth. Prèt 46, p. 18

Art. 2184. El comodatario es obligado a suspender la restitución de toda especie de armas ofensivas y de toda otra cosa de que sepa se trata de hacer un uso criminal; pero deberá ponerlas a disposición del juez.

Lo mismo se observará cuando el comodante ha perdido el juicio y carece de curador.

Conc.: CC. 2178-2187, 2189-2191
Fuentes: Poth. Prèt 45, pp. 17-18

Art. 2185. Cesa la obligación de restituir desde que el comodatario descubre que él es el verdadero dueño de la cosa prestada.

Con todo, si el comodante le disputa el dominio, deberá restituir; a no ser que se halle en estado de probar breve y sumariamente que la cosa prestada le pertenece.

Conc.: CC. 2178-2187, 2189-2191
Fuentes: Poth. Prèt 46, p. 18

Art. 2186. Las obligaciones y derechos que nacen del comodato, pasan a los herederos de ambos contrayentes, pero los del comodatario no tendrán derecho a continuar en el uso de la cosa prestada, sino en el caso excepcional del artículo 2180, número 1.o.

Conc.: CC. 951, 954, 1097, 2178-2187, 2189-2191
Fuentes: Poth. Prèt 47, p. 18

Art. 2187. Si los herederos del comodatario, no teniendo conocimiento del préstamo, hubieren enajenado la cosa prestada, podrá el comodante (no pudiendo o no queriendo hacer uso de la acción reivindicatoria, o siendo ésta ineficaz) exigir de los herederos que le paguen el justo precio de la cosa prestada o que le cedan las acciones que en virtud de la enajenación les competan, según viere convenirle.

Si tuvieron conocimiento del préstamo, resarcirán todo perjuicio, y aun podrán ser perseguidos criminalmente según las circunstancias del hecho.

Conc.: CC. 672, 898, 1818, 2186
Fuentes: Poth. Prèt 47, p. 18

Art. 2188. Si la cosa no perteneciere al comodante y el dueño la reclamare antes de terminar el comodato, no tendrá el comodatario acción de perjuicios contra el comodante; salvo que éste haya sabido que la cosa era ajena y no lo haya advertido al comodatario.

Conc.: CC. 2176, 2180, 2183, 2186, 2188, 2190
Fuentes: Poth. Prèt 79-80, pp. 32-33

Art. 2189. Si la cosa ha sido prestada a muchos, todos son solidariamente responsables.

Conc.: CC. 2178-2187, 2189-2191
Fuentes: D.13.6.5.15, en contra de D.13.6.21.1; Poth. Prèt 65, p. 28; CN 1887

Art. 2190. El comodato no se extingue por la muerte del comodante.

Conc.: CC. 2180
Fuentes: Poth. Prèt 27, 12-13; CN 1879

Art. 2191. El comodante es obligado a indemnizar al comodatario de las expensas que sin su previa noticia haya hecho para la conservación de la cosa, bajo las condiciones siguientes:

1a. Si las expensas no han sido de las ordinarias de conservación, como la de alimentar al caballo;

2a. Si han sido necesarias y urgentes, de manera que no haya sido posible consultar al comodante, y se presuma fundadamente que teniendo éste la cosa en su poder no hubiera dejado de hacerlas.

Conc.: CC. 908-913, 2177, 2188, 2192-2193
Fuentes: D.13.6.18.2, D.13.6.18.4; Poth. Prèt 81-83, pp. 33-34; CN 1886, 1890; Troplong Prêt 133-138, pp. 125-127, 157-162, pp. 133-134

Art. 2192. El comodante es obligado a indemnizar al comodatario de los perjuicios que le haya ocasionado la mala calidad o condición del objeto prestado, con tal que la mala calidad o condición reúna estas tres circunstancias:

1a. Que haya sido de tal naturaleza que probablemente hubiese de ocasionar los perjuicios;

2a. Que haya sido conocida y no declarada por el comodante;

3a. Que el comodatario no haya podido con mediano cuidado conocerla o precaver los perjuicios.

Conc.: CC. 2177, 2188, 2192-2193

Fuentes: En contra de CN 1883 y García Goyena 1636; según Troplong, Prêt 119-122, pp. 119-120

Art. 2193. El comodatario podrá retener la cosa prestada mientras no se efectúa la indemnización de que se trata en los dos artículos precedentes; salvo que el comodante caucione el pago de la cantidad en que se le condenare.

Conc.: CC. 252, 1942, 2162, 2177, 2188, 2192, 2392, 2466
Fuentes: C.4.23.4; Poth. Prèt 43-44, p. 17; CN 1885

Art. 2194. El comodato toma el título de precario si el comodante se reserva la facultad de pedir la restitución de la cosa prestada en cualquier tiempo.

Conc.: CC. 2174, 2180, 2194-2195
Fuentes: D.43.26.1; Poth. Prèt 87, p. 35; Troplong Prêt 28, p. 82

Art. 2195. Se entiende precario cuando no se presta la cosa para un servicio particular ni se fija tiempo para su restitución.

Constituye también precario la tenencia de una cosa ajena, sin previo contrato y por ignorancia o mera tolerancia del dueño.

Conc.: CC. 2174, 2180, 2194-2195
Fuentes: D.43.26.1; Poth. Prèt 87, p. 35; Troplong Prêt 28, p. 82; C. Bav. 4.2.11; García Goyena 1641

TÍTULO XXXI. DEL MUTUO O PRÉSTAMO DE CONSUMO

Art. 2196. El mutuo o préstamo de consumo es un contrato en que una de las partes entrega a la otra cierta cantidad de cosas fungibles con cargo de restituir otras tantas del mismo género y calidad.

Conc.: CC. 2196-2210; L. 18010
Fuentes: IJ 3.14.pr; D.12.1.2.pr; P.5.T.1.L.2; Poth. Consomption 1, pp. 39-40; CN 1892

Art. 2197. No se perfecciona el contrato de mutuo sino por la tradición, y la tradición transfiere el dominio.

Conc.: CC. 670, 684-685, 1443, 2197; L. 18010, 1
Fuentes: D.12.1.2.2, D.12.1.2.4; Poth. Consomption 3-4, p. 41-42; CN 1893

Art. 2198. Si se han prestado cosas fungibles que no sean dinero, se deberá restituir igual cantidad de cosas del mismo género y calidad, sea que el precio de ellas haya bajado o subido en el intervalo. Y si esto no fuere posible o no lo exigiere el acreedor, podrá el mutuario pagar lo que valgan en el tiempo y lugar en que ha debido hacerse el pago.

Conc.: CC. 575; Mutuo de dinero L. 18010; L. 19496 37-39C
Fuentes: CN 1883, 1897; García Goyena 1636, 1645; Troplong 119-122, pp. 119-120

Art. 2199. Derogado. DL 455 de 1974

Art. 2200. Si no se hubiere fijado término para el pago, no habrá derecho de exigirlo dentro de los diez días subsiguientes a la entrega.

Conc.: CC. 1494, 1538, 1569, 2200-2201; L. 18010, 13
Fuentes: P.5.T.1.L.2; CN 1899-1900; C. Vaud 1384; García Goyena 1646

Art. 2201. Si se hubiere pactado que el mutuario pague cuando le sea posible, podrá el juez, atendidas las circunstancias, fijar un término.

Conc.: CC. 1494, 2200
Fuentes: Poth. Consomption 47-48, p. 60; CN 1900-1901

Art. 2202. Si hubiere prestado el que no tenía derecho de enajenar, se podrán reivindicar las especies, mientras conste su identidad.

Desapareciendo la identidad, el que las recibió de mala fe será obligado al pago inmediato con el máximum de los intereses que la ley permite estipular; pero el mutuario de buena fe sólo será obligado al pago con los intereses estipulados y después del término concedido en el artículo 2200.

Conc.: CC. 671-672, 674, 682, 2200
Fuentes: D.12.1.13.pr, 12.1.19.1; Poth. Conssomption 5, p. 42

Art. 2203. El mutuante es responsable de los perjuicios que experimente el mutuario por la mala calidad o los vicios ocultos de la cosa prestada, bajo las condiciones expresadas en el artículo 2192.

Si los vicios ocultos eran tales que conocidos no se hubiera probablemente celebrado el contrato, podrá el mutuario pedir que se rescinda.

Conc.: CC. 1866-1867, 1869-1870, 2192
Fuentes: Poth. Consomption 51-52, p. 61-62; CN 1898

Art. 2204. Podrá el mutuario pagar toda la suma prestada, aun antes del término estipulado, salvo que se hayan pactado intereses.

Conc.: CC. 1495, 2200-2201; L. 18010, 10
Fuentes: Troplong Prêt 273, p. 176

Art. 2205. Se puede estipular intereses en dinero o cosas fungibles.

Conc.: CC. 2206-2209; L. 18010, 11-12, 14-19
Fuentes: Poth. Consomption 14, pp. 45-46, 67, pp. 70-71; CN 1905

Art. 2206. El interés convencional no tiene más límites que los que fueren designados por ley especial; salvo que, no limitándolo la ley, exceda en una mitad al que se probare haber sido interés corriente al tiempo de la convención, en cuyo caso será reducido por el juez a dicho interés corriente.

Conc.: CC. 2205, 2207-2209; L. 18010, 11-12, 14-19
Fuentes: CN 1907; García Goyena 1650

Art. 2207. Si se estipulan en general intereses sin determinar la cuota, se entenderán los intereses legales.

Modif. L. 18010
Conc.: CC. 2205-2206, 2208-2209; L. 18010, 11-12, 14-19
Fuentes: García Goyena 1654

Art. 2208. Si se han pagado intereses, aunque no estipulados, no podrán repetirse ni imputarse al capital.

Conc.: CC. 2205-2207, 2209; L. 18010, 11-12, 14-19
Fuentes: CN 1906

Art. 2209. Si se han estipulado intereses y el mutuante ha dado carta de pago por el capital, sin reservar expresamente los intereses, se presumirán pagados.

Conc.: CC. 2205-2208; L. 18010, 11-12, 14-19
Fuentes: D.19.1.49.1, D.46.3.43; CN 1908

Art. 2210. Derogado. L. 18010

TÍTULO XXXII. DEL DEPÓSITO Y DEL SECUESTRO

Art. 2211. Llámase en general depósito el contrato en que se confía una cosa corporal a una persona que se encarga de guardarla y de restituirla en especie.

La cosa depositada se llama también depósito.

Conc.: CC. 2211-2257
Fuentes: D.16.3.1.pr; P.5.T.3.L.1; Poth. Dépot 1, pp. 121-122; CN 1915

Art. 2212. El contrato se perfecciona por la entrega que el depositante hace de la cosa al depositario.

Conc.: CC. 1443, 2211, 2213
Fuentes: Poth Dépot 7, p. 125; CN 1919

Art. 2213. Se podrá hacer la entrega de cualquier modo que transfiera la tenencia de lo que se deposite.

Podrán también convenir las partes en que una de ellas retenga como depósito lo que estaba en su poder por otra causa.

Conc.: CC. 684, 2211-2212
Fuentes: Poth. Dépot 8, p. 125; Troplong Prêt (Dépot) 21, p. 315 (nota 4)

Art. 2214. El depósito es de dos maneras: depósito propiamente dicho, y secuestro.

Conc.: CC. 2211, 2215, 2236, 2249
Fuentes: Poth. Dépot 1, pp. 121-122; CN 1916; Delv. t. 3, p. 207

§ 1. Del depósito propiamente dicho

Art. 2215. El depósito propiamente dicho es un contrato en que una de las partes entrega a la otra una cosa corporal y mueble para que la guarde y la restituya en especie a voluntad del depositante.

Conc.: CC. 2211, 2215, 2236, 2249
Fuentes: Delv. t. 3, p. 207

Art. 2216. El error acerca de la identidad personal del uno o del otro contratante, o acerca de la substancia, calidad o cantidad de la cosa depositada, no invalida el contrato.

El depositario, sin embargo, habiendo padecido error acerca de la persona del depositante, o descubriendo que la guarda de la cosa depositada le acarrea peligro, podrá restituir inmediatamente el depósito.

Conc.: CC. 676, 1057, 1455, 2456
Fuentes: Poth. Dépot 16-17, p. 129

Art. 2217. Cuando según las reglas generales deba otorgarse este contrato por escrito, y se hubiere omitido esta formalidad, será creído el depositario sobre su palabra, sea en orden al hecho mismo del depósito, sea en cuanto a la cosa depositada, o al hecho de la restitución.

Conc.: CC. 1566, 1708-1711
Fuentes: CN 1924

Art. 2218. Este contrato no puede tener pleno efecto sino entre personas capaces de contratar.

Si no lo fuere el depositante, el depositario contraerá, sin embargo, todas las obligaciones de tal.

Y si no lo fuere el depositario, el depositante tendrá sólo acción para reclamar la cosa depositada mientras esté en poder del depositario, y a falta de esta circunstancia, tendrá sólo acción personal contra el depositario hasta concurrencia de aquello en que por el depósito se hubiere hecho más rico; quedándole a salvo el derecho que tuviere contra terceros poseedores; y sin perjuicio de la pena que las leyes impongan al depositario en caso de dolo.

Conc.: CC. 1447, 1681-1682, 1684-1686, 1688, 1691-1692
Fuentes: D.16.3.1.15; Poth. Dépot 5-6, p. 124; CN 1925-1926

Art. 2219. El depósito propiamente dicho es gratuito.

Si se estipula remuneración por la simple custodia de una cosa, el depósito degenera en arrendamiento de servicio, y el que presta el servicio es responsable hasta de la culpa leve; pero bajo todo otro respecto está sujeto a las obligaciones del depositario y goza de los derechos de tal.

Conc.: CC. 1440, 2006
Fuentes: D.16.3.1.8; P.5.T.3.L.2; Poth. Dépot 13, pp. 127-128; CN 1917; Troplong Prêt (Dépot) 11, p. 312-313

Art. 2220. Por el mero depósito no se confiere al depositario la facultad de usar la cosa depositada sin el permiso del depositante.

Este permiso podrá a veces presumirse, y queda al arbitrio del juez calificar las circunstancias que justifiquen la presunción, como las relaciones de amistad y confianza entre las partes.

Se presume más fácilmente este permiso en las cosas que no se deterioran sensiblemente por el uso.

Conc.: CC. 575, 1712, 2221, 2228; L. 18010, 1
Fuentes: C.4.34.3; P.5.T.3.L.2; Poth. Dépot 9-11, pp. 125-127, 34-36, pp. 135-137; CN 1930; CL 2912

Art. 2221. En el depósito de dinero, si no es en arca cerrada cuya llave tiene el depositante, o con otras precauciones que hagan imposible tomarlo sin fractura, se presumirá que se permite emplearlo, y el depositario será obligado a restituir otro tanto en la misma moneda.

Conc.: CC. 2223-2224, 2228; L. 18010, 1
Fuentes: Poth. Dépot 40-41 pp. 138-139; CN 1932

Art. 2222. Las partes podrán estipular que el depositario responda de toda especie de culpa.

A falta de estipulación responderá solamente de la culpa grave.

Pero será responsable de la leve en los casos siguientes:

1o. Si se ha ofrecido espontáneamente o ha pretendido se le prefiera a otra persona para depositario;

2o. Si tiene algún interés personal en el depósito, sea porque se le permita usar de él en ciertos casos, sea porque se le conceda remuneración.

Conc.: CC. 44, 1547
Fuentes: IJ 3.14.3; D.16.3.1.6-7, D.16.3.1.35; D.16.3.32; P.5.T.3.L.3; Poth. Dépot 23-32, pp. 131-135; CN 1927-1928; Delv. t. 3, p. 209; Troplong Prêt (Dépot) 77-87, pp. 336-340

Art. 2223. La obligación de guardar la cosa comprende la de respetar los sellos y cerraduras del bulto que la contiene.

Conc.: CC. 2221, 2224
Fuentes: Poth Dépot 38, pp. 137-138; CN 1931

Art. 2224. Si se han roto los sellos o forzado las cerraduras por culpa del depositario, se estará a la declaración del depositante en cuanto al número y calidad de las especies depositadas; pero no habiendo culpa del depositario, será necesaria en caso de desacuerdo la prueba.

Se presume culpa del depositario en todo caso de fractura o forzamiento.

Conc.: CC. 2221, 2223

Art. 2225. El depositario no debe violar el secreto de un depósito de confianza, ni podrá ser obligado a revelarlo.

Conc.: DFL 252 de 1960, 154-156 bis
Fuentes: D.16.3.1.38; Poth Dépot 38-39, pp. 137-138; Troplong Prêt (Dépot) 108-109, pp. 348-349

Art. 2226. La restitución es a voluntad del depositante.

Si se fija tiempo para la restitución, esta cláusula será sólo obligatoria para el depositario, que en virtud de ella no podrá devolver el depósito antes del tiempo estipulado; salvo en los casos determinados que las leyes expresan.

Conc.: CC. 2227-2234
Fuentes: D.16.3.1.45; Poth. Dépot 58, p. 145; CN 1944

Art. 2227. La obligación de guardar la cosa dura hasta que el depositante la pida; pero el depositario podrá exigir que el depositante disponga de ella, cuando se cumpla el término estipulado para la duración del depósito, o cuando, aun sin cumplirse el término, peligre el depósito en su poder o le cause perjuicio.

Y si el depositante no dispone de ella, podrá consignarse a sus expensas con las formalidades legales.

Conc.: CC. 2226, 2228-2234
Fuentes: Poth. Dépot 59, pp. 145-146

Art. 2228. El depositario es obligado a la restitución de la misma cosa o cosas individuales que se le han confiado en depósito, aunque consistan en dinero o cosas fungibles; salvo el caso del artículo 2221.

Conc.: CC. 2221, 2226-2227, 2229-2234
Fuentes: Poth. Dépot 40-41, pp. 138-139; CN 1932

Art. 2229. La cosa depositada debe restituirse con todas sus accesiones y frutos.

Conc.: CC. 644-648, 657-667, 2226-2228, 2230-2234
Fuentes: C.4.34.2; Poth. Dépot 47-48, p. 141; CN 1936

Art. 2230. El depositario que no se ha constituido en mora de restituir, no responde naturalmente de fuerza mayor o caso fortuito; pero si a consecuencia del accidente recibe el precio de la cosa depositada, u otra en lugar de ella, es obligado a restituir al depositante lo que se le haya dado.

Conc.: CC. 1550, 2226-2229, 2231-2234
Fuentes: D.16.3.1.25; Poth. Dépot 43-45, pp. 139-141; CN 1934

Art. 2231. Si los herederos, no teniendo noticias del depósito, han vendido la cosa depositada, el depositante (no pudiendo o no queriendo hacer uso de la acción reivindicatoria o siendo ésta ineficaz) podrá exigirles que le restituyan lo que hayan recibido por dicha cosa, o que le cedan las acciones que en virtud de la enajenación les competan.

Conc.: CC. 2226-2230, 2232-2234
Fuentes: D.16.3.1.47, D.16.3.2; Poth. Dépot 46, p. 141; CN 1935

Art. 2232. Los costos de transporte que sean necesarios para la restitución del depósito serán de cargo del depositante.

Conc.: CC. 2226-2232, 2233-2234
Fuentes: D.16.3.12; Poth. Dépot 56, pp. 144-145; CN 1942

Art. 2233. Las reglas de los artículos 2181 hasta 2185, se aplican al depósito.

Conc.: CC. 2181-2185, 2226-2232, 2234

Art. 2234. El depositario no podrá sin el consentimiento del depositante retener la cosa depositada, a título de compensación, o en seguridad de lo que el depositante le deba; sino sólo en razón de las expensas y perjuicios de que habla el siguiente artículo.

Conc.: CC. 252, 1942, 2162, 2193, 2226-2233, 2392, 2466
Fuentes: P.5.T.3.L.5; Poth. Dépot 59, pp. 145-146; CN 1948

Art. 2235. El depositante debe indemnizar al depositario de las expensas que haya hecho para la conservación de la cosa, y que probablemente hubiera hecho él mismo, teniéndola en su poder; como también de los perjuicios que sin culpa suya le haya ocasionado el depósito.

Conc.: CC. 2234
Fuentes: Poth. Dépot 69-74, pp. 149-151; CN 1947

§ 2. Del depósito necesario

I

Art. 2236. El depósito propiamente dicho se llama necesario, cuando la elección de depositario no depende de la libre voluntad del depositante, como en el caso de un incendio, ruina, saqueo, u otra calamidad semejante.

Conc.: CC. 2211, 2215, 2236, 2249
Fuentes: D.16.3.1.1; Poth. Dépot 75, p. 151; CN 1949

Art. 2237. Acerca del depósito necesario es admisible toda especie de prueba.

Conc.: CC. 1708-1711, 2175, 2217
Fuentes: CN 1950

Art. 2238. El depósito necesario de que se hace cargo un adulto que no tiene la libre administración de sus bienes, pero que está en su sana razón, constituye un cuasicontrato que obliga al depositario sin la autorización de su representante legal.

Conc.: CC. 578, 1437, 1447, 1681-1682, 2120, 2218, 2238, 2284-2313
Fuentes: Troplong Prêt (Dépot) 208, p. 387

Art. 2239. La responsabilidad del depositario se extiende hasta la culpa leve.

Conc.: CC. 44, 1547, 2222
Fuentes: Resabio de responsabilidad por duplo de D.16.3.1.1 y P.5.T.3.L.1, Troplong Prêt (Dépot) 202, p. 386, 207, p. 387

Art. 2240. En lo demás, el depósito necesario está sujeto a las mismas reglas que el voluntario.

Conc.: CC. 2214-2235
Fuentes: CN 1951

II

Art. 2241. Los efectos que el que aloja en una posada introduce en ella, entregándolos al posadero o a sus dependientes, se miran como depositados bajo la custodia del posadero. Este depósito se asemeja al necesario y se le aplican los artículos 2237 y siguientes.

Conc.: CC. 2237-2240
Fuentes: D.4.9.5; P.5.T.8.L.26; Poth. Dépot 77-81, pp. 152-154; CN 1952

Art. 2242. El posadero es responsable de todo daño que se cause a dichos efectos por culpa suya o de sus dependientes, o de los extraños que visitan la posada, y hasta de los hurtos y robos; pero no de fuerza mayor o caso fortuito, salvo que se le pueda imputar a culpa o dolo.

Conc.: CC. 802, 1590, 1679, 1925-1926, 1941, 2015, 2018, 2243, 2320-2322, 2325
Fuentes: P.5.T.8.L.26 modificada, Poth. Dépot 78, pp. 152-153; CN 1953

Art. 2243. El posadero es además obligado a la seguridad de los efectos que el alojado conserva alrededor de sí. Bajo este respecto es responsable del daño causado o del hurto o robo cometido por los sirvientes de la posada, o por personas extrañas que no sean familiares o visitantes del alojado.

Conc.: CC. 2241-2242, 2244-2248
Fuentes: Poth. Dépot 80, pp. 153-154

Art. 2244. El alojado que se queja de daño, hurto o robo, deberá probar el número, calidad y valor de los efectos desaparecidos.

El juez estará autorizado para rechazar la prueba testimonial ofrecida por el demandante, cuando éste no le inspire confianza o las circunstancias le parezcan sospechosas.

Conc.: CC. 2241-2243, 2245-2248
Fuentes: Troplong Prêt (Dépot) 214-215, pp. 391-392

Art. 2245. El viajero que trajere consigo efectos de gran valor, de los que no entran ordinariamente en el equipaje de personas de su clase, deberá hacerlo saber al posadero, y aun mostrárselos si lo exigiere, para que se emplee especial cuidado en su custodia; y de no hacerlo así, podrá el juez desechar en esta parte la demanda.

Conc.: CC. 2241-2244, 2246-2248
Fuentes: Troplong Prêt (Dépot) 224, pp. 393-394

Art. 2246. Si el hecho fuere, de algún modo, imputable a negligencia del alojado, será absuelto el posadero.

Conc.: CC. 2241-2245, 2247-2248
Fuentes: Troplong Prêt (Dépot) 238, pp. 397-398

Art. 2247. Cesará también la responsabilidad del posadero, cuando se ha convenido exonerarle de ella.

Conc.: CC. 2241-2246, 2248
Fuentes: Troplong Prêt (Dépot) 240, pp. 398

Art. 2248. Lo dispuesto en los artículos precedentes se aplica a los administradores de fondas, cafés, casas de billar o de baños, y otros establecimientos semejantes.

Conc.: CC. 2241-2247

§ 3. Del secuestro

Art. 2249. El secuestro es el depósito de una cosa que se disputan dos o más individuos, en manos de otro que debe restituirla al que obtenga una decisión a su favor.

El depositario se llama secuestre.

Conc.: CC. 901-902, 904, 2214, 2250-2257; CPC 290-292
Fuentes: D.16.3.17, D.50.16.110; Poth. Dépot 84, p. 156; CN 1956

Art. 2250. Las reglas del secuestro son las mismas que las del depósito propiamente dicho, salvas las disposiciones que se expresan en los siguientes artículos y en el Código de Enjuiciamiento.

Conc.: CC. 2211-2235

Art. 2251. Pueden ponerse en secuestro no sólo cosas muebles, sino bienes raíces.

Conc.: CC. 2215
Fuentes: Poth. Dépot 87, p. 157; CN 1959

Art. 2252. El secuestro es convencional o judicial.

El convencional se constituye por el solo consentimiento de las personas que se disputan el objeto litigioso.

El judicial se constituye por decreto de juez, y no ha menester otra prueba.

Conc.: CC. 2249, CPC 290-292
Fuentes: Poth. Dépot 84, p. 156; CN 1955-1956

Art. 2253. Los depositantes contraen para con el secuestre las mismas obligaciones que el depositante respecto del depositario en el depósito propiamente dicho, por lo que toca a los gastos y daños que le haya causado el secuestro.

Conc.: CC. 2235
Fuentes: Poth. Dépot 89, p. 157

Art. 2254. Perdiendo la tenencia, podrá el secuestre reclamarla contra toda persona, incluso cualquiera de los depositantes, que la haya tomado sin el consentimiento del otro, o sin decreto del juez, según el caso fuere.

Conc.: CC. 2249, 2252
Fuentes: D.16.3.17.1; Poth. Dépot 86, p. 157; Troplong Prêt (Dépot) 253-255, pp. 402-403

Art. 2255. El secuestre de un inmueble tiene, relativamente a su administración, las facultades y deberes de mandatario, y deberá dar cuenta de sus actos al futuro adjudicatario.

Conc.: CC. , 2129, 2132-2133, 2135-2148, 2150, 2152-2154, 2156-2157, 2448
Fuentes: Troplong Prêt (Dépot) 268, p. 405

Art. 2256. Mientras no recaiga sentencia de adjudicación pasada en autoridad de cosa juzgada, no podrá el secuestre exonerarse de su cargo, sino por una necesidad imperiosa, de que dará aviso a los depositantes, si el secuestro fuere convencional, o al juez en el caso contrario, para que disponga su relevo.

Podrá también cesar, antes de dicha sentencia, por voluntad unánime de las partes, si el secuestro fuere convencional, o por decreto de juez, en el caso contrario.

Conc.: CC. 2249, 2257
Fuentes: CN 1960

Art. 2257. Pronunciada y ejecutoriada dicha sentencia, debe el secuestre restituir el depósito al adjudicatario.

Si el secuestro es judicial, se observará en esta parte lo dispuesto en el Código de Enjuiciamiento.

Conc.: CC. 2256; CPC 290-292

TÍTULO XXXIII. DE LOS CONTRATOS ALEATORIOS

Art. 2258. Los principales contratos aleatorios son:

1o. El contrato de seguros;

2o. El préstamo a la gruesa ventura;

3o. El juego;

4o. La apuesta;

5o. La constitución de renta vitalicia;

6o. La constitución del censo vitalicio.

Los dos primeros pertenecen al Código de Comercio.

Conc.: CC. 1441, 2258-2313; C.Com. 56, 512-601, 1158-1202
Fuentes: Poth. Assurance. 1, pp. 265-266, Jeu 1-2, pp. 365-366; CN 1964

§ 1. Del juego y de la apuesta

Art. 2259. Sobre los juegos de azar se estará a lo dicho en el artículo 1466.

Los artículos que siguen son relativos a los juegos y apuestas lícitos.

Conc.: CC. 1466, 2259-2263; L. 19995
Fuentes: C.3.43.1

Art. 2260. El juego y la apuesta no producen acción, sino solamente excepción.

El que gana no puede exigir el pago.

Pero si el que pierde, paga, no puede repetir lo pagado, a menos que se haya ganado con dolo.

Conc.: CC. 1470, 2259, 2261-2263; L. 19995
Fuentes: Modif. C.3.43.1; Poth. Jeu 49-50, p. 384; CN 1965, 1967

Art. 2261. Hay dolo en el que hace la apuesta, si sabe de cierto que se ha de verificar o se ha verificado el hecho de que se trata.

Conc.: CC. 2260

Art. 2262. Lo pagado por personas que no tienen la libre administración de sus bienes, podrá repetirse en todo caso por quien tenga la patria potestad, tutores o curadores.

Modif. L. 18802 y 21400
Conc.: CC. 1575, 1681-1682, 1686, 1688, 2260

Art. 2263. Sin embargo de lo dispuesto en el artículo 2260, producirán acción los juegos de fuerza o destreza corporal, como el de armas, carreras a pie o a caballo, pelota, bolas y otros semejantes, con tal que en ellos no se contravenga a las leyes o a los reglamentos de policía.

En caso de contravención desechará el juez la demanda en el todo.

Conc.: CC. 2260
Fuentes: D.11.5.2.1, D.11.5.3; CN 1966

§ 2. De la constitución de renta vitalicia

Art. 2264. La constitución de renta vitalicia es un contrato aleatorio en que una persona se obliga, a título oneroso, a pagar a otra una renta o pensión periódica, durante la vida natural de cualquiera de estas dos personas o de un tercero.

Conc.: CC. 1792-15, 2265-2278, 2369
Fuentes: Poth. Rente 223, p. 513, 226, p. 514; Nov. Rec. 10.15.6; CN 1968; García Goyena 1703

Art. 2265. La renta vitalicia podrá constituirse a favor de dos o más personas que gocen de ella simultáneamente, con derecho de acrecer o sin él, o sucesivamente según el orden convenido, con tal que todas existan al tiempo del contrato.

Conc.: CC. 750, 780, 1068, 1096, 1147-1155, 1163, 1191, 1229, 1416, 1785, 1910
Fuentes: Poth. Rente 223-226, pp. 513-514; CN 1972

Art. 2266. Se podrá también estipular que la renta vitalicia se deba durante la vida natural de varios individuos, que se designarán.

No podrá designarse para este objeto persona alguna que no exista al tiempo del contrato.

Conc.: CC. 2265
Fuentes: Poth. Rente 223-226, pp. 513-514; CN 1974

Art. 2267. El precio de la renta vitalicia, o lo que se paga por el derecho de percibirla, puede consistir en dinero o en cosas raíces o muebles.

La pensión no podrá ser sino en dinero.

Conc.: CC. 1793
Fuentes: Poth. Rente 217-218, p. 513, 227, pp. 514-515, 234-235, p. 517

Art. 2268. Es libre a los contratantes establecer la pensión que quieran a título de renta vitalicia. La ley no determina proporción alguna entre la pensión y el precio.

Conc.: CC. 2026, 2206, 2443
Fuentes: Poth. Rente 235, p. 517; CN 1976

Art. 2269. El contrato de renta vitalicia deberá precisamente otorgarse por escritura pública, y no se perfeccionará sino por la entrega del precio.

Conc.: CC. 1443, 1701
Fuentes: Poth. Rente 227-228, p. 514-515

Art. 2270. Es nulo el contrato, si antes de perfeccionarse muere la persona de cuya existencia pende la duración de la renta, o al tiempo del contrato adolecía de una enfermedad que le haya causado la muerte dentro de los treinta días subsiguientes.

Conc.: CC. 2266
Fuentes: Poth. Rente 223-226, pp. 513-514; CN 1974-1975; García Goyena 1706

Art. 2271. El acreedor no podrá pedir la rescisión del contrato aun en el caso de no pagársele la pensión, ni podrá pedirla el deudor, aun ofreciendo restituir el precio y restituir o condonar las pensiones devengadas, salvo que los contratantes hayan estipulado otra cosa.

Conc.: CC. 1489, 1552, 2272-2273
Fuentes: Poth. Rente 231, p. 516; CN 1978; García Goyena 1709

Art. 2272. En caso de no pagarse la pensión, podrá procederse contra los bienes del deudor para el pago de lo atrasado, y obligarle a prestar seguridades para el pago futuro.

Conc.: CC. 1489, 1552, 2271, 2273
Fuentes: Poth. Rente 231, p. 516; CN 1978; García Goyena 1709

Art. 2273. Si el deudor no presta las seguridades estipuladas, podrá el acreedor pedir que se anule el contrato.

Conc.: CC. 1489, 1552, 2271-2272
Fuentes: Poth. Rente 228, p. 515, 232, p. 516; CN 1977

Art. 2274. Si el tercero de cuya existencia pende la duración de la renta sobrevive a la persona que debe gozarla, se transmite el derecho de ésta a los que la sucedan por causa de muerte.

Modif. L. 7612
Conc.: CC. 951, 954, 1097, 2264-2266, 2270
Fuentes: Poth. Rente 226, p. 514

Art. 2275. Para exigir el pago de la renta vitalicia será necesario probar la existencia de la persona de cuya vida depende.

Conc.: CC. 2266, 2270
Fuentes: Poth. Rente 257, p. 527; García Goyena 1712

Art. 2276. Muerta la persona de cuya existencia pende la duración de la renta vitalicia, se deberá la de todo el año corriente, si en el contrato se ha estipulado que se pagase con anticipación, y a falta de esta estipulación se deberá solamente la parte que corresponda al número de días corridos.

Conc.: CC. 2266, 2270, 2274-2275
Fuentes: Poth. Rente 248, p. 522, 256, pp. 526-527; CN 1980; García Goyena 1710

Art. 2277. La renta vitalicia no se extingue por prescripción alguna; salvo que haya dejado de percibirse y demandarse por más de cinco años continuos.

Modif. L. 16952
Conc.: CC. 2492, 2514-2515
Fuentes: Poth. Rente 528, p. 528

Art. 2278. Cuando se constituye una renta vitalicia gratuitamente, no hay contrato aleatorio.

Se sujetará por tanto a las reglas de las donaciones y legados, sin perjuicio de regirse por los artículos precedentes en cuanto le fueren aplicables.

Conc.: CC. 1000, 1136, 1386
Fuentes: Poth. Rente 218-220, p. 513; CN 1969

§ 3. De la constitución del censo vitalicio

Art. 2279. La renta vitalicia se llama censo vitalicio, cuando se constituye sobre una finca dada que haya de pasar con esta carga a todo el que la posea.

Se aplicarán al censo vitalicio las reglas del censo ordinario en cuanto le fueren aplicables.

Conc.: CC. 2022, 2280-2283
Fuentes: Poth. Bail a Rente 1, p. 171-172

Art. 2280. El censo vitalicio es irredimible, y no admite la división y reducción de que es susceptible el censo ordinario.

Conc.: CC. 2029-2030, 2038-2040
Fuentes: En contra de Poth. Bail a Rente 23, p. 180

Art. 2281. El censo vitalicio podrá constituirse a favor de dos o más personas que gocen de él en los términos del artículo 2265; con tal que existan al tiempo de fallecer el testador, o al tiempo de aceptarse la donación, o al de perfeccionarse el contrato, según los casos.

Conc.: CC. 2265

Art. 2282. Se podrá también estipular que el censo se deba durante la vida de varias personas que se designarán; cesando con la del último sobreviviente.

No valdrá para este objeto la designación de persona alguna que no exista al tiempo de fallecer el testador, o de otorgarse la donación, o de perfeccionarse el contrato.

Modif. L. 7612
Conc.: CC. 2266, 2270

Art. 2283. Se aplican al censo vitalicio los artículos 2266, 2267, 2268, 2270, 2274, 2275, 2276 y 2278.

Conc.: CC. 2266-2268, 2270, 2274-2276, 2278

TÍTULO XXXIV. DE LOS CUASICONTRATOS

Art. 2284. Las obligaciones que se contraen sin convención, nacen o de la ley, o del hecho voluntario de una de las partes. Las que nacen de la ley se expresan en ella.

Si el hecho de que nacen es lícito, constituye un cuasicontrato.

Si el hecho es ilícito, y cometido con intención de dañar, constituye un delito.

Si el hecho es culpable, pero cometido sin intención de dañar, constituye un cuasidelito.

En este título se trata solamente de los cuasicontratos.

Conc.: CC. 578, 1437, 2120, 2238, 2285-2313
Fuentes: IJ 3.13.2, IJ 3.27.pr; D.44.7.1; Poth. Obl. 113-115, pp. 56-57; CN 1370-1371; Delv. t. 3, pp. 221-222; García Goyena 1891

Art. 2285. Hay tres principales cuasicontratos: la agencia oficiosa, el pago de lo no debido y la comunidad.

Conc.: CC. 2286, 2295, 2304
Fuentes: C.L. 2273

§ 1. De la agencia oficiosa o gestión de negocios ajenos

Art. 2286. La agencia oficiosa o gestión de negocios ajenos, llamada comúnmente gestión de negocios, es un cuasicontrato por el cual el que administra sin mandato los negocios de alguna persona, se obliga para con ésta, y la obliga en ciertos casos.

Conc.: CC. 427, 2078, 2120, 2122, 2250, 2285-2294
Fuentes: IJ 3.27.1; D.44.7.5; P.5.T.12.L.26; Poth. Mandat 167, p. 242; CN 1372; Delv. t. 3, p. 222; García Goyena 1892

Art. 2287. Las obligaciones del agente oficioso o gerente son las mismas que las del mandatario.

Conc.: CC. 2129, 2131-2157, 2288-2289, 2294
Fuentes: P.5.T.12.L.26; Poth Mandat 167, p. 242, 200, p. 255; CN 1372; Delv. t. 3, p. 222 n. 6 (p. 447)

Art. 2288. Debe en consecuencia emplear en la gestión los cuidados de un buen padre de familia; pero su responsabilidad podrá ser mayor o menor en razón de las circunstancias que le hayan determinado a la gestión.

Si se ha hecho cargo de ella para salvar de un peligro inminente los intereses ajenos, sólo es responsable del dolo o de la culpa grave; y si ha tomado voluntariamente la gestión, es responsable hasta de la culpa leve; salvo que se haya ofrecido a ella, impidiendo que otros lo hiciesen, pues en este caso responderá de toda culpa.

Conc.: CC. 44, 1547, 2129, 2287, 2289, 2294
Fuentes: IJ 3.27.1; D.3.5.3.9, D.3.5.10, D.3.5.22; C.2.18.24; P.5.T.12.L.30; Poth Mandat 208-211, pp. 257-259; CN 1374; Delv. t. 3, 222 n. 7 (p. 447)

Art. 2289. Debe asimismo encargarse de todas las dependencias del negocio, y continuar en la gestión hasta que el interesado pueda tomarla o encargarla a otro.

Si el interesado fallece, deberá continuar en la gestión hasta que los herederos dispongan.

Conc.: CC. 2287-2288, 2294
Fuentes: C.2.18.20; P.5.T.12.L.26; Poth Mandat 201, p. 255; CN 1373; Delv. t. 3, 222 n. 8 (p. 447)

Art. 2290. Si el negocio ha sido bien administrado, cumplirá el interesado las obligaciones que el gerente ha contraído en la gestión y le reembolsará las expensas útiles o necesarias.

El interesado no es obligado a pagar salario alguno al gerente.

Si el negocio ha sido mal administrado, el gerente es responsable de los perjuicios.

Conc.: CC. 2117, 2150, 2160, 2288, 2291-2294
Fuentes: D.3.5.2, D.3.5.9.1, D.3.5.27; P.5.T.12.LL. 26 y 28; Poth. Mandat 219-221, pp. 261-262; CN 1375; Delv. t. 3, 223 n. 1 (p. 448)

Art. 2291. El que administra un negocio ajeno contra la expresa prohibición del interesado, no tiene demanda contra él, sino en cuanto esa gestión le hubiere sido efectivamente útil, y existiere la utilidad al tiempo de la demanda; por ejemplo, si de la gestión ha resultado la extinción de una deuda, que sin ella hubiera debido pagar el interesado.

El juez, sin embargo, concederá en este caso al interesado el plazo que pida para el pago de la demanda, y que por las circunstancias del demandado parezca equitativo.

Conc.: CC. 2290, 2292-2294
Fuentes: D.17.1.40; C.2.18.24; Poth. Mandat 180-183, pp. 246-247

Art. 2292. El que creyendo hacer su propio negocio hace el de otra persona, tiene derecho para ser reembolsado hasta concurrencia de la utilidad efectiva que hubiere resultado a dicha persona, y que existiere al tiempo de la demanda.

Conc.: CC. 2290-2291, 2293-2294
Fuentes: D.12.6.33; Poth. Mandat 189-192, pp. 248-251

Art. 2293. El que creyendo hacer el negocio de una persona, hace el de otra, tiene respecto de ésta los mismos derechos y obligaciones que habría tenido si se hubiese propuesto servir al verdadero interesado.

Conc.: CC. 2290-2292, 2294
Fuentes: P.5.T.12.L.31

Art. 2294. El gerente no puede intentar acción alguna contra el interesado, sin que preceda una cuenta regular de la gestión con documentos justificativos o pruebas equivalentes.

Conc.: CC. 2155, 2287, 2290-2293
Fuentes: Poth. Mandat 226, p. 264

§ 2. Del pago de lo no debido

Art. 2295. Si el que por error ha hecho un pago, prueba que no lo debía, tiene derecho para repetir lo pagado.

Sin embargo, cuando una persona a consecuencia de un error suyo ha pagado una deuda ajena, no tendrá derecho de repetición contra el que a consecuencia del pago ha suprimido o cancelado un título necesario para el cobro de su crédito; pero podrá intentar contra el deudor las acciones del acreedor.

Conc.: CC. 1132, 1638, 2285, 2296-2303
Fuentes: IJ 3.27.3; D.12.6.7, D.12.6.19.3; P.5.T.14.L.28; Poth. Indebiti 154, p. 108; CN 1235, 1376-1377; Delv. t. 3, p. 223

Art. 2296. No se podrá repetir lo que se ha pagado para cumplir una obligación puramente natural de las enumeradas en el artículo 1470.

Conc.: CC. 1470
Fuentes: D.46.1.16.4; P.5.T.14.L.32; Poth. Indebiti 156, p. 109; CN 1235; Delv. t. 3, p. 223

Art. 2297. Se podrá repetir aun lo que se ha pagado por error de derecho, cuando el pago no tenía por fundamento ni aun una obligación puramente natural.

Conc.: CC. 7, 8, 706, 1452, 1470, 2296, 2299
Fuentes: En contra de C.1.18.10, Modif. P.5.T.14.L.28 (gloss. 2), P.5.T.14.Ll.31 y 33; según Delv. t. 3, p. 223 n. 4 (p. 449)

Art. 2298. Si el demandado confiesa el pago, el demandante debe probar que no era debido.

Si el demandado niega el pago, toca al demandante probarlo; y probado, se presumirá indebido.

Conc.: CC. 1698
Fuentes: P.5.T.14.L.29

Art. 2299. Del que da lo que no debe, no se presume que lo dona, a menos de probarse que tuvo perfecto conocimiento de lo que hacía, tanto en el hecho como en el derecho.

Conc.: CC. 7, 8, 706, 1452, 1470, 2296, 2298, 2299
Fuentes: En contra de C.1.18.10, Modif. P.5.T.14.L.28 (gloss. 2), P.5.T.14. LL.30-31 y 33, Poth. Indebiti 162, p. 111; según Delv. t. 3, p. 223 n. 4 (p. 449)

Art. 2300. El que ha recibido dinero o cosa fungible que no se le debía, es obligado a la restitución de otro tanto del mismo género y calidad.

Si ha recibido de mala fe, debe también los intereses corrientes.

Conc.: CC. 575, 2301-2302
Fuentes: C.4.5.1; Poth. Indebiti 170-171, pp. 115-116; CN 1378

Art. 2301. El que ha recibido de buena fe no responde de los deterioros o pérdidas de la especie que se le dio en el falso concepto de debérsele, aunque hayan sobrevenido por negligencia suya; salvo en cuanto le hayan hecho más rico.

Pero desde que sabe que la cosa fue pagada indebidamente, contrae todas las obligaciones del poseedor de mala fe.

Conc.: CC. 904-914
Fuentes: D.12.6.3; P.5.T.14.L.27; Poth. Indebiti 170-172, pp. 115-116; CN 1379

Art. 2302. El que de buena fe ha vendido la especie que se le dio como debida, sin serlo, es sólo obligado a restituir el precio de la venta, y a ceder las acciones que tenga contra el comprador que no le haya pagado íntegramente.

Si estaba de mala fe cuando hizo la venta, es obligado como todo poseedor que dolosamente ha dejado de poseer.

Conc.: CC. 989, 900
Fuentes: D.12.6.26.6; P.5.T.14.L.37; Poth. Indebiti 177, p. 118; CN 1380

Art. 2303. El que pagó lo que no debía, no puede perseguir la especie poseída, por un tercero de buena fe, a título oneroso; pero tendrá derecho para que el tercero que la tiene por cualquier título lucrativo, se la restituya, si la especie es reivindicable y existe en su poder.

Las obligaciones del donatario que restituye son las mismas que las de su autor según el artículo 2301.

Conc.: CC. 989, 900, 2301-2302
Fuentes: Poth. Indebiti 178-179, pp. 118-119

§ 3. Del cuasicontrato de comunidad

Art. 2304. La comunidad de una cosa universal o singular, entre dos o más personas, sin que ninguna de ellas haya contratado sociedad o celebrado otra convención relativa a la misma cosa, es una especie de cuasicontrato.

Conc.: CC. 2057, 2285, 2304-2313
Fuentes: IJ 3.27.3-4; P.6.T.15.L.1; Poth. Société 181, p. 308

Art. 2305. El derecho de cada uno de los comuneros sobre la cosa común es el mismo que el de los socios en el haber social.

Conc.: CC. 2066, 2068, 2071, 2081
Fuentes: Poth. Société 185, p. 309

Art. 2306. Si la cosa es universal, como una herencia, cada uno de los comuneros es obligado a las deudas de la cosa común, como los herederos en las deudas hereditarias.

Conc.: CC. 1245, 1354-1359, 2307
Fuentes: Poth, Société 186, p. 309

Art. 2307. A las deudas contraídas en pro de la comunidad durante ella, no es obligado sino el comunero que las contrajo; el cual tendrá acción contra la comunidad para el reembolso de lo que hubiere pagado por ella.

Si la deuda ha sido contraída por los comuneros colectivamente, sin expresión de cuotas, todos ellos, no habiendo estipulado solidaridad, son obligados al acreedor por partes iguales, salvo el derecho de cada uno contra los otros para que se le abone lo que haya pagado de más sobre la cuota que le corresponda.

Conc.: CC. 2089, 2306
Fuentes: Poth. Société 187, pp. 309-310

Art. 2308. Cada comunero debe a la comunidad lo que saca de ella, inclusos los intereses corrientes de los dineros comunes que haya empleado en sus negocios particulares; y es responsable hasta de la culpa leve por los daños que haya causado en las cosas y negocios comunes.

Conc.: CC. 2083, 2089, 2093, 2309
Fuentes: Poth. Société 189, p. 310

Art. 2309. Cada comunero debe contribuir a las obras y reparaciones de la comunidad proporcionalmente a su cuota.

Conc.: CC. 2307-2308
Fuentes: Poth. Société 192, p. 311

Art. 2310. Los frutos de la cosa común deben dividirse entre los comuneros, a prorrata de sus cuotas.

Conc.: CC. 2066-2068

Art. 2311. En las prestaciones a que son obligados entre sí los comuneros, la cuota del insolvente gravará a los otros.

Conc.: CC. 1355

Art. 2312. La comunidad termina:

1o. Por la reunión de las cuotas de todos los comuneros en una sola persona;

2o. Por la destrucción de la cosa común;

3o. Por la división del haber común.

Conc.: CC. 2313
Fuentes: Poth. Société 193-198, pp. 312-313

Art. 2313. La división de las cosas comunes y las obligaciones y derechos que de ella resulten se sujetarán a las mismas reglas que en la partición de la herencia.

Conc.: CC. 1317-1353; CPC 646-666

TÍTULO XXXV. DE LOS DELITOS Y CUASIDELITOS

Art. 2314. El que ha cometido un delito o cuasidelito que ha inferido daño a otro, es obligado a la indemnización; sin perjuicio de la pena que le impongan las leyes por el delito o cuasidelito.

Conc.: CC. 1437, 1748, 2284, 2315-2334; L. 19300 51
Fuentes: D.9.2.27.5; P.7.T.15.L.6; Poth. Obl. 116, p. 57; CN 1382

Art. 2315. Puede pedir esta indemnización no sólo el que es dueño o poseedor de la cosa que ha sufrido el daño, o su heredero, sino el usufructuario, el habitador o el usuario, si el daño irroga perjuicio a su derecho de usufructo o de habitación o uso. Puede también pedirla en otros casos el que tiene la cosa con obligación de responder de ella; pero sólo en ausencia del dueño.

Conc.: CC. 811, 2314; C. Bustamente 168; L. 19300 54
Fuentes: D.9.2.11.10, D.9.2.12; P.7.T.15.L.2

Art. 2316. Es obligado a la indemnización el que hizo el daño, y sus herederos.

El que recibe provecho del dolo ajeno, sin ser cómplice en él, sólo es obligado hasta concurrencia de lo que valga el provecho.

Conc.: CC. 44, 1354, 1458, 2314, 2317, 2329
Fuentes: D.4.3.1.8, D.9.1.1.17; P.7.T.16.LL.3 y 5

Art. 2317. Si un delito o cuasidelito ha sido cometido por dos o más personas, cada una de ellas será solidariamente responsable de todo perjuicio procedente del mismo delito o cuasidelito, salvas las excepciones de los artículos 2323 y 2328.

Todo fraude o dolo cometido por dos o más personas produce la acción solidaria del precedente inciso.

Conc.: CC. 1458, 2316
Fuentes: P.7.T.15.L.15, P.7.T.16.L.3

Art. 2318. El ebrio es responsable del daño causado por su delito o cuasidelito.

Conc.: CC. 2219; CP 10
Fuentes: Poth. Obl. 119, p. 58

Art. 2319. No son capaces de delito o cuasidelito los menores de siete años ni los dementes; pero serán responsables de los daños causados por ellos las personas a cuyo cargo estén, si pudiere imputárseles negligencia.

Queda a la prudencia del juez determinar si el menor de dieciséis años ha cometido el delito o cuasidelito sin discernimiento; y en este caso se seguirá la regla del inciso anterior.

Conc.: CC. 26, 1447, 2318, 2325
Fuentes: Poth. Obl. 118, pp. 57-58, 120, p. 58

Art. 2320. Toda persona es responsable no sólo de sus propias acciones, sino del hecho de aquellos que estuvieren a su cuidado.

Así los progenitores son responsables del hecho de los hijos menores que habiten en la misma casa.

Así el tutor o curador es responsable de la conducta del pupilo que vive bajo su dependencia y cuidado.

Así los jefes de colegios y escuelas responden del hecho de los discípulos, mientras están bajo su cuidado; y los artesanos y empresarios del hecho de sus aprendices o dependientes, en el mismo caso.

Pero cesará la obligación de esas personas si con la autoridad y el cuidado que su respectiva calidad les confiere y prescribe, no hubieren podido impedir el hecho.

Modif. L. 18802 y L. 21400
Conc.: CC. 802, 1590, 1679, 1925-1926, 1941, 2015, 2018, 2242-2243, 2321-2322, 2325
Fuentes: D.9.3.6.2, D.39.4.1.5; P.7.T.15.LL.5, 7; Poth. Obl. 121, p. 58-59, 454-456, p. 253; CN 1383-1384; C.L. 2297; García Goyena 1901

Art. 2321. Los progenitores serán siempre responsables de los delitos o cuasidelitos cometidos por sus hijos menores, y que conocidamente provengan de mala educación, o de los hábitos viciosos que les han dejado adquirir.

Modif. L. 21400
Conc.: CC. 2319-2320, 2322, 2325
Fuentes: C.L. 2297

Art. 2322. Los amos responderán de la conducta de sus criados o sirvientes, en el ejercicio de sus respectivas funciones; y esto aunque el hecho de que se trate no se haya ejecutado a su vista.

Pero no responderán de lo que hayan hecho sus criados o sirvientes en el ejercicio de sus respectivas funciones, si se probare que las han ejercido de un modo impropio que los amos no tenían medio de prever o impedir, empleando el cuidado ordinario, y la autoridad competente. En este caso toda la responsabilidad recaerá sobre dichos criados o sirvientes.

Conc.: CC. 2319-2321, 2325
Fuentes: C.L. 2299

Art. 2323. El dueño de un edificio es responsable a terceros (que no se hallen en el caso del artículo 934), de los daños que ocasione su ruina acaecida por haber omitido las necesarias reparaciones, o por haber faltado de otra manera al cuidado de un buen padre de familia.

Si el edificio perteneciere a dos o más personas proindiviso, se dividirá entre ellas la indemnización a prorrata de sus cuotas de dominio.

Conc.: CC. 934, 2324, 2326-2328
Fuentes: D.39.2.1, D.39.2.4, D.39.2.5.1, D.39.2.15.28; P.3.T.32.LL.10-11; CN 1386

Art. 2324. Si el daño causado por la ruina de un edificio proviniere de un vicio de construcción, tendrá lugar la responsabilidad prescrita en la regla 3.a del artículo 2003.

Conc.: CC. 2003, 2323
Fuentes: García Goyena 1903

Art. 2325. Las personas obligadas a la reparación de los daños causados por las que de ellas depende, tendrán derecho para ser indemnizadas sobre los bienes de éstas, si los hubiere, y si el que perpetró el daño lo hizo sin orden de la persona a quien debía obediencia, y era capaz de delito o cuasidelito, según el artículo 2319.

Conc.: CC. 2319-2322
Fuentes: Modif. P.7.T.15.L.5; ABGB 1313; García Goyena 1905

Art. 2326. El dueño de un animal es responsable de los daños causados por el mismo animal, aun después que se haya soltado o extraviado; salvo que la soltura, extravío o daño no pueda imputarse a culpa del dueño o del dependiente encargado de la guarda o servicio del animal.

Lo que se dice del dueño se aplica a toda persona que se sirva de un animal ajeno; salva su acción contra el dueño, si el daño ha sobrevenido por una calidad o vicio del animal, que el dueño con mediano cuidado o prudencia debió conocer o prever, y de que no le dio conocimiento.

Conc.: CC. 2327; L. 21020 13
Fuentes: D.9.1.1-2; P.7.T.15.LL.23-24; CN 1385; ABGB 1320

Art. 2327. El daño causado por un animal fiero, de que no se reporta utilidad para la guarda o servicio de un predio, será siempre imputable al que lo tenga, y si alegare que no le fue posible evitar el daño, no será oído.

Conc.: CC. 2326; L. 21020 13
Fuentes: D.9.1.10, D.21.1.41

Art. 2328. El daño causado por una cosa que cae o se arroja de la parte superior de un edificio, es imputable a todas las personas que habitan la misma parte del edificio, y la indemnización se dividirá entre todas ellas; a menos que se pruebe que el hecho se debe a la culpa o mala intención de alguna persona exclusivamente, en cuyo caso será responsable esta sola.

Si hubiere alguna cosa que, de la parte superior de un edificio o de otro paraje elevado, amenace caída y daño, podrá ser obligado a removerla el dueño del edificio o del sitio, o su inquilino, o la persona a quien perteneciere la cosa o que se sirviere de ella; y cualquiera del pueblo tendrá derecho para pedir la remoción.

Conc.: CC. 932, 934, 2323, 2326-2327
Fuentes: IJ 4.5.1; D.9.3.1-3, D.9.3.5.pr; P.7.T.15.L.25; García Goyena 1904

Art. 2329. Por regla general todo daño que pueda imputarse a malicia o negligencia de otra persona, debe ser reparado por ésta.

Son especialmente obligados a esta reparación:

1o. El que dispara imprudentemente un arma de fuego;

2o. El que remueve las losas de una acequia o cañería en calle o camino, sin las precauciones necesarias para que no caigan los que por allí transitan de día o de noche;

3o. El que, obligado a la construcción o reparación de un acueducto o puente que atraviesa un camino lo tiene en estado de causar daño a los que transitan por él.

Conc.: CC. 2314, 2316, 2329
Fuentes: D.9.2.27.32, D.9.2.28; P.7.T.15.LL.6-8

Art. 2330. La apreciación del daño está sujeta a reducción, si el que lo ha sufrido se expuso a él imprudentemente.

Conc.: CC. 2314, 2329
Fuentes: C. Perú de 1852, 2199; C.L. 2303

Art. 2331. Las imputaciones injuriosas contra el honor o el crédito de una persona no dan derecho para demandar una indemnización pecuniaria, a menos de probarse daño emergente o lucro cesante, que pueda apreciarse en dinero; pero ni aun entonces tendrá lugar la indemnización pecuniaria, si se probare la verdad de la imputación.

Conc.: L. 19733 16-25, 29-35, 39-42
Fuentes: P.7.T.9.L.1

Art. 2332. Las acciones que concede este título por daño o dolo, prescriben en cuatro años contados desde la perpetración del acto.

Conc.: CC. 2492, 2514, 2524
Fuentes: Modif. P.7.T.16.L.6

Art. 2333. Por regla general, se concede acción popular en todos los casos de daño contingente que por imprudencia o negligencia de alguien amenace a personas indeterminadas; pero si el daño amenazare solamente a personas determinadas, sólo alguna de éstas podrá intentar la acción.

Conc.: CC. 948-949; 2334
Fuentes: D.43.8.2

Art. 2334. Si las acciones populares a que dan derecho los artículos precedentes, parecieren fundadas, será el actor indemnizado de todas las costas de la acción, y se le pagará lo que valgan el tiempo y diligencia empleados en ella, sin perjuicio de la remuneración específica que conceda la ley en casos determinados.

Conc.: CC. 948-949; 2333

TÍTULO XXXVI. DE LA FIANZA

Art. 2335. La fianza es una obligación accesoria, en virtud de la cual una o más personas responden de una obligación ajena, comprometiéndose para con el acreedor a cumplirla en todo o parte, si el deudor principal no la cumple.

La fianza puede constituirse, no sólo a favor del deudor principal, sino de otro fiador.

Conc.: CC. 46, 148, 155, 252, 374-376, 404, 1091, 1315, 1380, 1442, 1472, 1647, 1660, 1666, 1740, 1906, 1945, 1957, 1968, 1979, 2336-2383, 2430
Fuentes: IJ 3.20.pr; P.5.T.12.L.1; Poth. Obl. 365-366, p. 193; CN 2011 y 2014; Delv. t. 3, p. 141; Troplong Cautio. 1, pp. 4-5

Art. 2336. La fianza puede ser convencional, legal o judicial.

La primera es constituida por contrato, la segunda es ordenada por la ley, la tercera por decreto de juez.

La fianza legal y la judicial se sujetan a las mismas reglas que la convencional, salvo en cuanto la ley que la exige o el Código de Enjuiciamiento disponga otra cosa.

Conc.: CC. 2337; CPC 235, 279, 773, 814, 855-857
Fuentes: Poth. Obl. 386, p. 208; CN 2040

Art. 2337. El obligado a rendir una fianza no puede substituir a ella una hipoteca o prenda, o recíprocamente, contra la voluntad del acreedor.

Si la fianza es exigida por ley o decreto de juez, puede substituirse a ella una prenda o hipoteca suficiente.

Conc.: CC. 2336; CPC 235, 279, 773, 814, 855-857
Fuentes: Poth. Obl. 392, pp. 212-213; CN 2041; Troplong 591-592, pp. 540-541

Art. 2338. La obligación a que accede la fianza puede ser civil o natural.

Conc.: CC. 1472, 2339, 2346
Fuentes: IJ 3.20.1; D.46.1.1, D.46.1.6.2, D.46.1.7, D.46.1.8.6, D.50.17.178; P.5.T.12.L.5; CN 2012

Art. 2339. Puede afianzarse no sólo una obligación pura y simple, sino condicional y a plazo. Podrá también afianzarse una obligación futura; y en este caso podrá el fiador retractarse mientras la obligación principal no exista; quedando con todo responsable al acreedor y a terceros de buena fe, como el mandante en el caso del artículo 2173.

Conc.: CC. 755, 2173, 2338, 2346

Fuentes: D.46.1.6.2, D.46.1.57; P.5.T.12.L.6; Poth. Obl. 370-372, pp. 194-196

Art. 2340. La fianza puede otorgarse hasta o desde día cierto, o bajo condición suspensiva o resolutoria.

Conc.: CC. 1473, 1479, 1494, 2338-2339
Fuentes: D.46.1.16.1-2; D.46.1.16.5; P.5.T.12.L.6; Poth. Obl. 370-372, pp. 194-196; Troplong Cautio. 102-107, pp. 104-107

Art. 2341. El fiador puede estipular con el deudor una remuneración pecuniaria por el servicio que le presta.

Conc.: CC. 1397

Art. 2342. Las personas que se hallen bajo potestad patria o bajo tutela o curaduría, sólo podrán obligarse como fiadores en conformidad a lo prevenido en los títulos De la patria potestad y De la administración de los tutores y curadores. Si el marido o la mujer, casados en régimen de sociedad conyugal quisieren obligarse como fiadores, se observarán las reglas dadas en el título De la sociedad conyugal.

Modif. L. 18802

Conc.: CC. 404, 1749, 1751, CPC 891
Fuentes: Remotamente de Poth. Obl. 388, pp. 209-210

Art. 2343. El fiador no puede obligarse a más de lo que debe el deudor principal, pero puede obligarse a menos.

Puede obligarse a pagar una suma de dinero en lugar de otra cosa de valor igual o mayor.

Afianzando un hecho ajeno se afianza sólo la indemnización en que el hecho por su inejecución se resuelva.

La obligación de pagar una cosa que no sea dinero en lugar de otra cosa o de una suma de dinero, no constituye fianza.

Conc.: CC. 1442, 2335, 2338-2340, 2344, 2347
Fuentes: IJ 3.20.5; D.46.1.8.7; P.5.T.12.L.7; Poth. Obl. 269, pp. 125-126, 370, pp. 194-195; CN 2013; Troplong Cautio 107-109, pp. 107-110

Art. 2344. El fiador no puede obligarse en términos más gravosos que el principal deudor, no sólo con respecto a la cuantía sino al tiempo, al lugar, a la condición o al modo del pago, o a la pena impuesta por la inejecución del contrato a que acceda la fianza; pero puede obligarse en términos menos gravosos.

Podrá, sin embargo, obligarse de un modo más eficaz, por ejemplo, con una hipoteca, aunque la obligación principal no la tenga.

La fianza que excede bajo cualquiera de los respectos indicados en el inciso 1.o, deberá reducirse a los términos de la obligación principal.

En caso de duda se adoptará la interpretación más favorable a la conformidad de las dos obligaciones principal y accesoria.

Conc.: CC. 1442, 2335, 2338-2340, 2343, 2347
Fuentes: IJ 3.20.5; D.46.1.8.7, D.46.1.16.1-2; Poth. Obl. 371-376, pp. 195-198; Troplong Cautio. Troplong Cautio 107-109, pp. 107-110, ¿127, pp. 121-122?

Art. 2345. Se puede afianzar sin orden y aun sin noticia y contra la voluntad del principal deudor.

Conc.: CC. 2348-2350, 2375
Fuentes: D.46.1.30; P.5.T.12.L.12; Poth. Obl. 403, p. 217; CN 2014

Art. 2346. Se puede afianzar a una persona jurídica y a la herencia yacente.

Conc.: CC. 54, 481, 545, 1240
Fuentes: Poth. Obl. 393, p. 213

Art. 2347. La fianza no se presume, ni debe extenderse a más que el tenor de lo expreso; pero se supone comprender todos los accesorios de la deuda, como los intereses, las costas judiciales del primer requerimiento hecho al principal deudor, las de la intimación que en consecuencia se hiciere al fiador, y todas las posteriores a esta intimación; pero no las causadas en el tiempo intermedio entre el primer requerimiento y la intimación antedicha.

Conc.: CC. 2343-2344
Fuentes: C.8.40.2.pr; P.5.T.12.L.1; Poth. Obl. 400-401, pp. 216-217, 404-405, pp. 217-218; CN 2015-2016; Rogron p. 492; Delv. t. 3, p. 139

Art. 2348. Es obligado a prestar fianza a petición del acreedor:

1o. El deudor que lo haya estipulado;

2o. El deudor cuyas facultades disminuyan en términos de poner en peligro manifiesto el cumplimiento de su obligación;

3o. El deudor de quien haya motivo de temer que se ausente del territorio del Estado con ánimo de establecerse en otra parte, mientras no deje bienes suficientes para la seguridad de sus obligaciones.

Conc.: CC. 1496, 1826, 2345, 2349-2350; L. 18092, 105; L. 20720, 264
Fuentes: D.2.8.10, D.46.5.4; Poth. Obl. 391, p. 212; 402, p. 216

Art. 2349. Siempre que el fiador dado por el deudor cayere en insolvencia, será obligado el deudor a prestar nueva fianza.

Conc.: CC. 1496, 1826, 2348, 2350
Fuentes: Poth. Obl. 392, pp. 212-213; CN 2020

Art. 2350. El obligado a prestar fianza debe dar un fiador capaz de obligarse como tal; que tenga bienes más que suficientes para hacerla efectiva, y que esté domiciliado o elija domicilio dentro de la jurisdicción de la respectiva Corte de Apelaciones.

Para calificar la suficiencia de los bienes, sólo se tomarán en cuenta los inmuebles, excepto en materia comercial o cuando la deuda afianzada es módica.

Pero no se tomarán en cuenta los inmuebles embargados o litigiosos, o que no existan en el territorio del Estado, o que se hallen sujetos a hipotecas gravosas o a condiciones resolutorias.

Si el fiador estuviere recargado de deudas que pongan en peligro aun los inmuebles no hipotecados a ellas, tampoco se contará con éstos.

Conc.: CC. 59, 568, 1447
Fuentes: D.2.8.2.pr, D.2.8.7.1, D.2.8.8.1-2, D.46.1.3; P.3.T.2.L.41; Poth. 387, p. 209, 389, pp. 210-211, 391, p. 212; CN 2018-2019

Art. 2351. El fiador es responsable hasta de la culpa leve en todas las prestaciones a que fuere obligado.

Conc.: CC. 44, 1442, 1547

Art. 2352. Los derechos y obligaciones de los fiadores son transmisibles a sus herederos.

Conc.: CC. 951, 954, 1066, 1097
Fuentes: IJ 3.20.2; D.46.1.4.1; P.5.T.12.L.16; CN 2017

§ 2. De los efectos de la fianza entre el acreedor y el fiador

Art. 2353. El fiador podrá hacer el pago de la deuda, aun antes de ser reconvenido por el acreedor, en todos los casos en que pudiere hacerlo el deudor principal.

Conc.: CC. 1572
Fuentes: D.17.1.22.1; P.5.T.12.L.16

Art. 2354. El fiador puede oponer al acreedor cualesquiera excepciones reales, como las de dolo, violencia o cosa juzgada; pero no las personales del deudor, como su incapacidad de obligarse, cesión de bienes, o el derecho que tenga de no ser privado de lo necesario para subsistir.

Son excepciones reales las inherentes a la obligación principal.

Conc.: CC. 2355, 2379, 2496
Fuentes: D.5.1.24, D.17.2.63.1, D.46.1.32; P.5.T.12.L.15; Poth. Obl. 381, p. 206; CN 2036

Art. 2355. Cuando el acreedor ha puesto al fiador en el caso de no poder subrogarse en sus acciones contra el deudor principal o contra los otros fiadores, el fiador tendrá derecho para que se le rebaje de la demanda del acreedor todo lo que dicho fiador hubiera podido obtener del deudor principal o de los otros fiadores por medio de la subrogación legal.

Conc.: CC. 1608, 1610, 2354, 2372, 2374
Fuentes: Poth. Obl. 406, p. 218, 557, pp. 293-296; CN 2037

Art. 2356. Aunque el fiador no sea reconvenido, podrá requerir al acreedor, desde que sea exigible la deuda, para que proceda contra el deudor principal; y si el acreedor después de este requerimiento lo retardare, no será responsable el fiador por la insolvencia del deudor principal, sobrevenida durante el retardo.

Conc.: CC. 2357-2366; CPC 464 N° 5
Fuentes: CN 2024

Art. 2357. El fiador reconvenido goza del beneficio de excusión, en virtud del cual podrá exigir que antes de proceder contra él se persiga la deuda en los bienes del deudor principal, y en las hipotecas o prendas prestadas por éste para la seguridad de la misma deuda.

Conc.: CC. 2356, 2358-2366; CPC 464 Nº 5
Fuentes: Nov. 4.1; Poth. Obl. 407-408, pp. 219-221; CN 2021

Art. 2358. Para gozar del beneficio de excusión son necesarias las condiciones siguientes:

1a. Que no se haya renunciado expresamente;

2a. Que el fiador no se haya obligado como el codeudor solidario;

3a. Que la obligación principal produzca acción;

4a. Que la fianza no haya sido ordenada por el juez;

5a. Que se oponga el beneficio luego que sea requerido el fiador; salvo que el deudor al tiempo del requerimiento no tenga bienes y después los adquiera;

6a. Que se señalen al acreedor los bienes del deudor principal.

Conc.: CC. 1472, 2336, 2338, 2356-2357, 2359-2366; CPC 464 Nº 5
Fuentes: Nov. 4.1; Poth. Obl. 408; CN 2021-2022

Art. 2359. No se tomarán en cuenta para la excusión:

1o. Los bienes existentes fuera del territorio del Estado;

2o. Los bienes embargados o litigiosos, o los créditos de dudoso o difícil cobro;

3o. Los bienes cuyo dominio está sujeto a una condición resolutoria;

4o. Los hipotecados a favor de deudas preferentes, en la parte que pareciere necesaria para el pago completo de éstas.

Conc.: CC. 2356-2358, 2360-2366; CPC 464 Nº 5
Fuentes: Poth. Obl. 411-412, pp. 222-225; CN 2023

Art. 2360. Por la renuncia del fiador principal no se entenderá que renuncia el subfiador.

Conc.: CC. 2356-2359, 2361-2366; CPC 464 Nº 5
Fuentes: ¿Troplong Cautio. 242, pp. 226-227?

Art. 2361. El acreedor tendrá derecho para que el fiador le anticipe los costos de la excusión.

El juez en caso necesario fijará la cuantía de la anticipación, y nombrará la persona en cuyo poder se consigne, que podrá ser el acreedor mismo.

Si el fiador prefiere hacer la excusión por sí mismo, dentro de un plazo razonable, será oído.

Conc.: CC. 2356-2360, 2362-2366; CPC 464 Nº 5

Fuentes: Poth. Obl. 413, p. 225; CN 2023

Art. 2362. Cuando varios deudores principales se han obligado solidariamente y uno de ellos ha dado fianza, el fiador reconvenido tendrá derecho para que se excutan no sólo los bienes de este deudor, sino de sus codeudores.

Conc.: CC. 2356-2361, 2363-2366, 2372; CPC 464 Nº 5
Fuentes: Poth. Obl. 412, pp. 223-225

Art. 2363. El beneficio de excusión no puede oponerse sino una sola vez.

Si la excusión de los bienes designados una vez por el fiador no produjere efecto o no bastare, no podrá señalar otros; salvo que hayan sido posteriormente adquiridos por el deudor principal.

Conc.: CC. 2356-2362, 2364-2366; CPC 464 Nº 5
Fuentes: Poth. Obl. 412, pp. 223-225

Art. 2364. Si los bienes excutidos no produjeren más que un pago parcial de la deuda, será, sin embargo, el acreedor obligado a aceptarlo y no podrá reconvenir al fiador sino por la parte insoluta.

Conc.: CC. 1569, 1591, 2356-2363, 2365-2366; CPC 464 Nº 5

Art. 2365. Si el acreedor es omiso o negligente en la excusión, y el deudor cae entre tanto en insolvencia, no será responsable el fiador sino en lo que exceda al valor de los bienes que para la excusión hubiere señalado.

Si el fiador, expresa e inequívocamente, no se hubiere obligado a pagar sino lo que el acreedor no pudiere obtener del deudor, se entenderá que el acreedor es obligado a la excusión, y no será responsable el fiador de la insolvencia del deudor, concurriendo las circunstancias siguientes:

1a. Que el acreedor haya tenido medios suficientes para hacerse pagar;

2a. Que haya sido negligente en servirse de ellos.

Conc.: CC. 2356-2364, 2366; CPC 464 Nº 5
Fuentes: Poth. Obl. 414, pp. 225-227; CN 2024

Art. 2366. El subfiador goza del beneficio de excusión, tanto respecto del fiador como del deudor principal.

Conc.: CC. 2356-2365; CPC 464 Nº 5

Art. 2367. Si hubiere dos o más fiadores de una misma deuda, que no se hayan obligado solidariamente al pago, se entenderá dividida la deuda entre ellos por partes iguales, y no podrá el acreedor exigir a ninguno sino la cuota que le quepa.

La insolvencia de un fiador gravará a los otros; pero no se mirará como insolvente aquel cuyo subfiador no lo está.

El fiador que inequívocamente haya limitado su responsabilidad a una suma o cuota determinada, no será responsable sino hasta concurrencia de dicha suma o cuota.

Conc.: CC. 2368, 2380
Fuentes: IJ 3.20.4; Nov. 99.1; P.5.T.12.L.8; Poth. Obl. 415-423, pp. 227-229; Nov. Rec. 10.1.10; CN 2025-2027

Art. 2368. La división prevenida en el artículo anterior tendrá lugar entre los fiadores de un mismo deudor y por una misma deuda, aunque se hayan rendido separadamente las fianzas.

Conc.: CC. 2367
Fuentes: Poth. Obl. 418-419, p. 228

§ 3. De los efectos de la fianza entre el fiador y el deudor

Art. 2369. El fiador tendrá derecho para que el deudor principal le obtenga el relevo o le caucione las resultas de la fianza, o consigne medios de pago, en los casos siguientes:

1o. Cuando el deudor principal disipa o aventura temerariamente sus bienes;

2o. Cuando el deudor principal se obligó a obtenerle el relevo de la fianza dentro de cierto plazo, y se ha vencido este plazo;

3o. Cuando se ha vencido el plazo o cumplido la condición que hace inmediatamente exigible la obligación principal en todo o parte;

4o. Si hubieren transcurrido cinco años desde el otorgamiento de la fianza; a menos que la obligación principal se haya contraído por un tiempo determinado más largo, o sea de aquellas que no están sujetas a extinguirse en tiempo determinado, como la de los tutores y curadores, la del usufructuario, la de la renta vitalicia, la de los empleados en la recaudación o administración de rentas públicas;

5o. Si hay temor fundado de que el deudor principal se fugue, no dejando bienes raíces suficientes para el pago de la deuda.

Los derechos aquí concedidos al fiador no se extienden al que afianzó contra la voluntad del deudor.

Modif. L. 6.162
Conc.: CC. 2340, 2345, 2348-2349
Fuentes: D.17.1.38, D.17.1.56; C.4.35.10; P.5.T.12.L14; Poth. Obl. 441-442, pp. 238-239; CN 2032; Delv. t. 3, p. 145

Art. 2370. El fiador tendrá acción contra el deudor principal para el reembolso de lo que haya pagado por él con intereses y gastos, aunque la fianza haya sido ignorada del deudor.

Tendrá también derecho a indemnización de perjuicios según las reglas generales.

Pero no podrá pedir el reembolso de gastos inconsiderados, ni de los que haya sufrido antes de notificar al deudor principal la demanda intentada contra dicho fiador.

Conc.: CC. 1572-1574, 2345, 2371-2375
Fuentes: IJ 3.20.6; P.5.T.12.L.12; Poth. Obl. 429, p. 233; CN 1251, 2028

Art. 2371. Cuando la fianza se ha otorgado por encargo de un tercero, el fiador que ha pagado tendrá acción contra el mandante; sin perjuicio de la que le competa contra el principal deudor.

Conc.: CC. 2116, 2158, 2370, 2372-2375
Fuentes: P.5.T.12.L.13; Poth. Obl. 446, pp. 246-249

Art. 2372. Si hubiere muchos deudores principales y solidarios, el que los ha afianzado a todos podrá demandar a cada uno de ellos el total de la deuda, en los términos del artículo 2370; pero el fiador particular de uno de ellos sólo contra él podrá repetir por el todo; y no tendrá contra los otros sino las acciones que le correspondan como subrogado en las del deudor a quien ha afianzado.

Conc.: CC. 2362, 2370-2371, 2374-2375
Fuentes: Poth. Obl. 440, pp. 236-238; CN 2030

Art. 2373. El fiador que pagó antes de expirar el plazo de la obligación principal, no podrá reconvenir al deudor, sino después de expirado el plazo.

Conc.: CC. 1495, 1497, 2370-2372, 2374-2375
Fuentes: D.17.1.22.1; P.5.T.12.L.16; García Goyena 1756

Art. 2374. El fiador a quien el acreedor ha condonado la deuda en todo o parte, no podrá repetir contra el deudor por la cantidad condonada, a menos que el acreedor le haya cedido su acción al efecto.

Conc.: CC. 1654, 2370-2373, 2375
Fuentes: D.17.1.12.pr, D.17.1.26.4; Poth. Obl. 431, p. 234

Art. 2375. Las acciones concedidas por el artículo 2370 no tendrán lugar en los casos siguientes:

1o. Cuando la obligación del principal deudor es puramente natural, y no se ha validado por la ratificación o por el lapso de tiempo;

2o. Cuando el fiador se obligó contra la voluntad del deudor principal; salvo en cuanto se haya extinguido la deuda, y sin perjuicio del derecho del fiador para repetir contra quien hubiere lugar según las reglas generales;

3o. Cuando por no haber sido válido el pago del fiador no ha quedado extinguida la deuda.

Conc.: CC. 1472, 1572, 1573-1575, 2345, 2370-2374
Fuentes: P.5.T.12.L.12; Poth. Obl. 436, p. 235; Delv. t. 3, p. 145 n. 12 (pp. 265-266)

Art. 2376. El deudor que pagó sin avisar al fiador, será responsable para con éste, de lo que, ignorando la extinción de la deuda, pagare de nuevo; pero tendrá acción contra el acreedor por el pago indebido.

Conc.: CC. 2295-2303, 2377

Art. 2377. Si el fiador pagó sin haberlo avisado al deudor, podrá éste oponerle todas las excepciones de que el mismo deudor hubiera podido servirse contra el acreedor al tiempo del pago.

Si el deudor, ignorando por la falta de aviso la extinción de la deuda, la pagare de nuevo, no tendrá el fiador recurso alguno contra él, pero podrá intentar contra el acreedor la acción del deudor por el pago indebido.

Conc.: CC. 1573, 2375-2376
Fuentes: D.17.1.29.3; P.5.T.12.L.15; Poth. Obl. 438, p. 236; CN 2031

§ 4. De los efectos de la fianza entre los cofiadores

Art. 2378. El fiador que paga más de lo que proporcionalmente le corresponde, es subrogado por el exceso en los derechos del acreedor contra los cofiadores.

Conc.: CC. 2372, 2374, 2379-2380
Fuentes: D.46.1.17, D.46.1.36, D.46.1.39; C.8.40.11, C.8.40.15; P.5.T.12.L.11; CN 2033; Delv. t. 3, pp. 145-146; García Goyena 1758

Art. 2379. Los cofiadores no podrán oponer al que ha pagado, las excepciones puramente personales del deudor principal.

Tampoco podrán oponer al cofiador que ha pagado, las excepciones puramente personales que correspondían a éste contra el acreedor y de que no quiso valerse.

Conc.: CC. 2354, 2378, 2380
Fuentes: Delv. t. 3 p. 145 n. 11 (p. 263); C. Vaud 1511; García Goyena 1759

Art. 2380. El subfiador, en caso de insolvencia del fiador por quien se obligó, es responsable de las obligaciones de éste para con los otros fiadores.

Conc.: CC. 2367, 2378-2379
Fuentes: C. Vaud 1513; García Goyena 1760

§ 5. De la extinción de la fianza

Art. 2381. La fianza se extingue, en todo o parte, por los mismos medios que las otras obligaciones según las reglas generales, y además:

1o. Por el relevo de la fianza en todo o parte, concedido por el acreedor al fiador;

2o. En cuanto el acreedor por hecho o culpa suya ha perdido las acciones en que el fiador tenía el derecho de subrogarse;

3o. Por la extinción de la obligación principal en todo o parte.

Conc.: CC. 2355, 2369, 2382-2383
Fuentes: Poth. 377-381 pp. 198-206, 406, p. 218-219; CN 2034; García Goyena 1761

Art. 2382. Si el acreedor acepta voluntariamente del deudor principal en descargo de la deuda un objeto distinto del que este deudor estaba obligado a darle en pago, queda irrevocablemente extinguida la fianza, aunque después sobrevenga evicción del objeto.

Conc.: CC. 1569, 1837-1856, 2381, 2383
Fuentes: Poth. 406, pp. 218-219; CN 2038

Art. 2383. Se extingue la fianza por la confusión de las calidades de acreedor y fiador, o de deudor y fiador; pero en este segundo caso la obligación del subfiador subsistirá.

Conc.: CC. 2381-2382
Fuentes: D.46.3.93.2; Poth. Obl. 383, p. 207; CN 2035

TÍTULO XXXVII. DEL CONTRATO DE PRENDA

Art. 2384. Por el contrato de empeño o prenda se entrega una cosa mueble a un acreedor para la seguridad de su crédito.

La cosa entregada se llama prenda.

El acreedor que la tiene se llama acreedor prendario.

Conc.: CC. 376, 517, 577, 714, 725, 1128, 1135, 1264, 1366, 1368, 1380, 1397, 1472, 1526, 1612, 1622, 1642-1644, 1647-1649, 1654, 1660, 1740, 1779, 1803, 1957, 2337, 2357, 2385-2407, 2424, 2445, 2466, 2468, 2474; L. 20190, 14
Fuentes: D.50.16.238; P.5.T.13.L.1; Poth. Nantiss. 1-2, pp. 391-392; CN 2071-2073

Art. 2385. El contrato de prenda supone siempre una obligación principal a que accede.

Conc.: CC. 1442, 1472, 1607, 1642, 2335, 2338-2339, 2384
Fuentes: D.13.7.11.2; Poth. Nantiss. 12, pp. 395-396

Art. 2386. Este contrato no se perfecciona sino por la entrega de la prenda al acreedor.

Conc.: CC. 670, 1443, 1464, 2387, 2389-2392
Fuentes: IJ 4.6.7; D.13.7.9.2, D.50.16.238; P.5.T.13.L.1; Poth. Nantiss. 8, p. 395, 13, p. 396; CN 2076

Art. 2387. No se puede empeñar una cosa, sino por persona que tenga facultad de enajenarla.

Conc.: CC. 393, 670, 672, 674, 704, 1443, 1464, 1749, 2389-2392

Fuentes: Poth. Nantiss. 7, p. 394

Art. 2388. La prenda puede constituirse no sólo por el deudor sino por un tercero cualquiera, que hace este servicio al deudor.

Conc.: CC. 1397, 2388, 2392
Fuentes: D.20.1.1.pr; Poth. Nantiss. 15-16, p. 396; CN 2077

Art. 2389. Se puede dar en prenda un crédito entregando el título; pero será necesario que el acreedor lo notifique al deudor del crédito consignado en el título, prohibiéndole que lo pague en otras manos.

Conc.: CC. 699, 1901-1903
Fuentes: P.5.T.13.L.2; Poth. Nantiss. 6 n. 2, pp. 393-394

Art. 2390. Si la prenda no pertenece al que la constituye, sino a un tercero que no ha consentido en el empeño, subsiste sin embargo el contrato, mientras no la reclama su dueño; a menos que el acreedor sepa haber sido hurtada, o tomada por fuerza, o perdida, en cuyo caso se aplicará a la prenda lo prevenido en el artículo 2183.

Conc.: CC. 670, 672, 674, 682, 704, 1443, 1617, 2183, 2387, 2389, 2391-2392
Fuentes: D.50.17.54; Poth. Nantiss. 27-28, pp. 400-401

Art. 2391. Si el dueño reclama la cosa empeñada sin su consentimiento, y se verificare la restitución, el acreedor podrá exigir que se le entregue otra prenda de valor igual o mayor, o se le otorgue otra caución competente, y en defecto de una y otra, se le cumpla inmediatamente la obligación principal, aunque haya plazo pendiente para el pago.

Conc.: CC. 670, 672, 674, 704, 889, 1443, 1464, 1749, 2387, 2389, 2390, 2392
Fuentes: Poth. Nantiss. 27-28, pp. 400-401

Art. 2392. No se podrá tomar al deudor cosa alguna contra su voluntad para que sirva de prenda, sino por el ministerio de la justicia.

No se podrá retener una cosa del deudor en seguridad de la deuda, sin su consentimiento; excepto en los casos que las leyes expresamente designan.

Conc.: CC. 252, 1942, 2162, 2193, 2234, 2392, 2466
Fuentes: C.8.26.1; P.5.T.13.LL.5 y 11

Art. 2393. Si el acreedor pierde la tenencia de la prenda, tendrá acción para recobrarla, contra toda persona en cuyo poder se halle, sin exceptuar al deudor que la ha constituido.

Pero el deudor podrá retener la prenda pagando la totalidad de la deuda para cuya seguridad fue constituida.

Efectuándose este pago, no podrá el acreedor reclamarla, alegando otros créditos, aunque reúnan los requisitos enumerados en el artículo 2401.

Conc.: CC. 891, 2396, 2401
Fuentes: D.13.7.35.1; D.47.2.19.5; Poth. Nantiss. 21-23, p. 399

Art. 2394. El acreedor es obligado a guardar y conservar la prenda como buen padre de familia, y responde de los deterioros que la prenda haya sufrido por su hecho o culpa.

Conc.: CC. 44, 1547, 1549-1550
Fuentes: IJ 3.14.4; D.13.7.14-15, D.13.7.24.3; P.5.T.13.L.20; Poth. Nantiss. 32-34, pp. 401-403; CN 2080

Art. 2395. El acreedor no puede servirse de la prenda, sin el consentimiento del deudor. Bajo este respecto sus obligaciones son las mismas que las del mero depositario.

Conc.: CC. 2220-2221, 2396
Fuentes: Poth. Nantiss. 10, p. 295, 23, p. 399

Art. 2396. El deudor no podrá reclamar la restitución de la prenda en todo o parte, mientras no haya pagado la totalidad de la deuda en capital e intereses, los gastos necesarios en que haya incurrido el acreedor para la conservación de la prenda, y los perjuicios que le hubiere ocasionado la tenencia.

Con todo, si el deudor pidiere que se le permita reemplazar la prenda por otra sin perjuicio del acreedor, será oído.

Y si el acreedor abusa de ella, perderá su derecho de prenda, y el deudor podrá pedir la restitución inmediata de la cosa empeñada.

Conc.: CC. 2393, 2395
Fuentes: D.13.7.9.3; Poth. Nantiss. 29, p. 401, 38, pp. 403-404, 42-43, pp. 404-405; CN 2082

Art. 2397. El acreedor prendario tendrá derecho de pedir que la prenda del deudor moroso se venda en pública subasta para que con el producido se le pague; o que, a falta de postura admisible, sea apreciada por peritos y se le adjudique en pago, hasta concurrencia de su crédito; sin que valga estipulación alguna en contrario, y sin perjuicio de su derecho para perseguir la obligación principal por otros medios.

Tampoco podrá estipularse que el acreedor tenga la facultad de disponer de la prenda o de apropiársela por otros medios que los aquí señalados.

Conc.: CC. 2398-2399, 2402, 2404
Fuentes: D.20.1.16.9; C.8.34.3; simplifica P.5.T.13.LL.41-42; Poth. Nantiss. 18-19, pp. 397-398; CN 2078; ABGB 461-463

Art. 2398. A la licitación de la prenda que se subasta podrán ser admitidos el acreedor y el deudor.

Conc.: CC. 2397, 2402, 2404
Fuentes: En contra de C.8.27.10 y P.5.T.13.L.44; según García Goyena 1775

Art. 2399. Mientras no se ha consumado la venta o la adjudicación prevenidas en el artículo 2397, podrá el deudor pagar la deuda, con tal que sea completo el pago y se incluyan en él los gastos que la venta o la adjudicación hubieren ya ocasionado.

Conc.: CC. 1489, 1877, 1879, 2393, 2396, 2397, 2402, 2404

Art. 2400. Derogado DL 776 de 1925

Art. 2401. Satisfecho el crédito en todas sus partes, deberá restituirse la prenda.

Pero podrá el acreedor retenerla si tuviere contra el mismo deudor otros créditos, con tal que reúnan los requisitos siguientes:

1o. Que sean ciertos y líquidos;

2o. Que se hayan contraído después que la obligación para la cual se ha constituido la prenda;

3o. Que se hayan hecho exigibles antes del pago de la obligación anterior.

Conc.: CC. 2393, 2396, 2403
Fuentes: C.8.26.1; P.5.T.13.L.22; Poth. Nantiss. 29-30, p. 401, 47, pp. 405-406; CN 2082

Art. 2402. Si vendida o adjudicada la prenda no alcanzare su precio a cubrir la totalidad de la deuda, se imputará primero a los intereses y costos; y si la prenda se hubiere constituido para la seguridad de dos o más obligaciones, o, constituida a favor de una sola, se hubiere después extendido a otras, según el artículo precedente, se hará la imputación en conformidad a las reglas dadas en el título De los modos de extinguirse las obligaciones, § De la imputación del pago.

Conc.: CC. 2397-2399, 2404
Fuentes: D.46.3.5.3

Art. 2403. El acreedor es obligado a restituir la prenda con los aumentos que haya recibido de la naturaleza o del tiempo. Si la prenda ha dado frutos, podrá imputarlos al pago de la deuda dando cuenta de ellos y respondiendo del sobrante.

Conc.: CC. 2393, 2396, 2401
Fuentes: C.4.24.1; Poth. Nantiss. 23, p. 399, 35-36, p. 403; CN 2081

Art. 2404. Si el deudor vendiere la cosa empeñada, el comprador tendrá derecho para pedir al acreedor su entrega, pagando y consignando el importe de la deuda por la cual se contrajo expresamente el empeño.

Se concede igual derecho a la persona a quien el deudor hubiere conferido un título oneroso para el goce o tenencia de la prenda.

En ninguno de estos casos podrá el primer acreedor excusarse de la restitución, alegando otros créditos, aun con los requisitos enumerados en el artículo 2401.

Conc.: CC. 2393, 2396, 2399, 2401, 2403
Fuentes: P.5.T.13.L.22

Art. 2405. La prenda es indivisible. En consecuencia, el heredero que ha pagado su cuota de la deuda, no podrá pedir la restitución de una parte de la prenda, mientras exista una parte cualquiera de la deuda; y recíprocamente, el heredero que ha recibido su cuota del crédito, no puede remitir la prenda, ni aun en parte, mientras sus coherederos no hayan sido pagados.

Conc.: CC. 1340, 1354, 1356, 1358-1359, 1365, 1524-1534, 1540, 1548, 1840, 2408
Fuentes: D.21.2.65; P.5.T.13.L.15; Poth. Nantiss. 44, p. 405; CN 2083

Art. 2406. Se extingue el derecho de prenda por la destrucción completa de la cosa empeñada.

Se extingue asimismo cuando la propiedad de la cosa empeñada pasa al acreedor por cualquier título.

Y cuando en virtud de una condición resolutoria se pierde el dominio que el que dio la cosa en prenda tenía sobre ella; pero el acreedor de buena fe tendrá contra el deudor que no le hizo saber la condición el mismo derecho que en el caso del artículo 2391.

Conc.: CC. 1607, 1642, 1654-1655, 1670, 2391, 2516

TÍTULO XXXVIII. DE LA HIPOTECA

Art. 2407. La hipoteca es un derecho de prenda, constituido sobre inmuebles que no dejan por eso de permanecer en poder del deudor.

Conc.: CC. 46, 88, 94, 155, 376, 393, 395, 517, 577, 686, 697, 756-757, 1135, 1365-1366, 1368, 1380, 1384, 1397, 1432, 1472, 1491, 1526, 1541, 1607, 1610, 1612, 1617, 1622, 1642-1644, 1647-1649, 1654, 1660, 1721, 1740, 1779, 1895, 1906, 1957, 1962, 2037, 2078, 2096, 2143, 2337, 2344, 2350, 2357, 2359, 2407-2435, 2439, 2441, 2468, 2470, 2477-2480, 2516
Fuentes: Poth. Hyp. 1-2, p. 423; C. Prusiano 2.20.390; CN 2114

Art. 2408. La hipoteca es indivisible.

En consecuencia, cada una de las cosas hipotecadas a una deuda y cada parte de ellas son obligadas al pago de toda la deuda y de cada parte de ella.

Conc.: CC. 1526, 2405, 2408
Fuentes: D.21.2.65; P.5.T.13.L.15; Poth. Hyp. 63-64, pp. 440-441; CN 2114

Art. 2409. La hipoteca deberá otorgarse por escritura pública.

Podrá ser una misma la escritura pública de la hipoteca, y la del contrato a que accede.

Conc.: CC. 2410-2411
Fuentes: Poth. Hyp. 9-10, pp. 425-426; CN 2127

Art. 2410. La hipoteca deberá además ser inscrita en el Registro Conservatorio; sin este requisito no tendrá valor alguno; ni se contará su fecha sino desde la inscripción.

Conc.: CC. 686, 2411-2412, 2432-2433; Reglamento del CBR 52
Fuentes: CN 2146

Art. 2411. Los contratos hipotecarios celebrados en país extranjero darán hipoteca sobre bienes situados en Chile, con tal que se inscriban en el competente Registro.

Conc.: CC. 16-18, 2409-2410; C. Bustamente 218
Fuentes: CN 2128; Troplong Hyp. v.2 511, pp. 302-305

Art. 2412. Si la constitución de la hipoteca adolece de nulidad relativa, y después se valida por el lapso de tiempo o la ratificación, la fecha de la hipoteca será siempre la fecha de la inscripción.

Conc.: CC. 1693-1697, 2409-2411, 2414
Fuentes: Poth. Hyp. 45-47, pp. 436-437; CN ¿2125? 2126; Troplong Hyp. v.2 487, pp. 243-244

Art. 2413. La hipoteca podrá otorgarse bajo cualquiera condición, y desde o hasta cierto día.

Otorgada bajo condición suspensiva o desde día cierto, no valdrá sino desde que se cumpla la condición o desde que llegue el día; pero cumplida la condición o llegado el día, será su fecha la misma de la inscripción.

Podrá asimismo otorgarse en cualquier tiempo antes o después de los contratos a que acceda, y correrá desde que se inscriba.

Conc.: CC. 680, 1070, 1080, 1089, 1473, 1494
Fuentes: CN 2125; C.L. 3260 Troplong Hyp. v.2 468 ter, pp. 211-216, 471-480, pp. 223-238

Art. 2414. No podrá constituir hipoteca sobre sus bienes, sino la persona que sea capaz de enajenarlos, y con los requisitos necesarios para su enajenación.

Pueden obligarse hipotecariamente los bienes propios para la seguridad de una obligación ajena; pero no habrá acción personal contra el dueño si éste no se ha sometido expresamente a ella.

Conc.: CC. 150, 393, 395, 670-672, 674, 1448, 1464, 1749, 1810, 2143, 2390
Fuentes: D.50.17.54; Poth. Hyp. 44-49, pp. 435-437; CN 2124; CL 3262-3265, 3267; Troplong 460-464, pp. 168-174

Art. 2415. El dueño de los bienes gravados con hipoteca podrá siempre enajenarlos o hipotecarlos, no obstante cualquiera estipulación en contrario.

Conc.: CC. 1464

Fuentes: Modif. García Goyena 1803

Art. 2416. El que sólo tiene sobre la cosa que se hipoteca un derecho eventual, limitado o rescindible, no se entiende hipotecarla sino con las condiciones y limitaciones a que está sujeto el derecho; aunque así no lo exprese.

Si el derecho está sujeto a una condición resolutoria, tendrá lugar lo dispuesto en el artículo 1491.

Conc.: CC. 1491, 2113-2114, 2417, 2419
Fuentes: D.50.17.54; Poth. Hyp 44, pp. 435-436; CN 2125; Troplong 465-466, pp. 177-180

Art. 2417. El comunero puede, antes de la división de la cosa común, hipotecar su cuota; pero verificada la división, la hipoteca afectará solamente los bienes que en razón de dicha cuota se adjudiquen, si fueren hipotecables. Si no lo fueren, caducará la hipoteca.

Podrá, con todo, subsistir la hipoteca sobre los bienes adjudicados a los otros partícipes, si éstos consintieren en ello, y así constare por escritura pública, de que se tome razón al margen de la inscripción hipotecaria.

Conc.: CC. 2304, 2416

Art. 2418. La hipoteca no podrá tener lugar sino sobre bienes raíces que se posean en propiedad o usufructo, o sobre naves.

Las reglas particulares relativas a la hipoteca de las naves pertenecen al Código de Comercio.

Conc.: CC. 568-573, 580, 582, 764; C.Com. 866-881
Fuentes: Poth. Hyp. 35-43, pp. 434-435; CN 2118-2120; Troplong 394-413 bis, pp. 15-45

Art. 2419. La hipoteca de bienes futuros sólo da al acreedor el derecho de hacerla inscribir sobre los inmuebles que el deudor adquiera en lo sucesivo y a medida que los adquiera.

Conc.: CC. 2416-2417
Fuentes: Poth. Hyp. 51, p. 438; CN 2129-2130; García Goyena 1795

Art. 2420. La hipoteca constituida sobre bienes raíces afecta los muebles que por accesión a ellos se reputan inmuebles según el artículo 570, pero deja de afectarlos desde que pertenecen a terceros.

Conc.: CC. 570, 2418
Fuentes: CN 2133; Rogron 528-529; Troplong Hyp. 399, pp. 18-20

Art. 2421. La hipoteca se extiende a todos los aumentos y mejoras que reciba la cosa hipotecada.

Conc.: CC. 649-656, 668-669, 2420
Fuentes: CN 2133

Art. 2422. También se extiende la hipoteca a las pensiones devengadas por el arrendamiento de los bienes hipotecados, y a la indemnización debida por los aseguradores de los mismos bienes.

Conc.: CC. 644, 647-648
Fuentes: Poth. Hyp. 38-39, p. 435; García Goyena 1801, Troplong Hyp. 408, p. 38-40

Art. 2423. La hipoteca sobre un usufructo o sobre minas y canteras no se extiende a los frutos percibidos, ni a las substancias minerales una vez separadas del suelo.

Conc.: CC. 644-646, 764
Fuentes: Poth. Hyp. 41, p. 435; Troplong Hyp. 400, pp. 20-22, 404-404 bis, pp. 28-33

Art. 2424. El acreedor hipotecario tiene para hacerse pagar sobre las cosas hipotecadas los mismos derechos que el acreedor prendario sobre la prenda.

Conc.: CC. 2397-2399, 2401-2402, 2425-2428; CPC 492
Fuentes: Poth. Hyp. 63-69, pp. 411-412

Art. 2425. El ejercicio de la acción hipotecaria no perjudica a la acción personal del acreedor para hacerse pagar sobre los bienes del deudor que no le han sido hipotecados; pero aquélla no comunica a ésta el derecho de preferencia que corresponde a la primera.

Conc.: CC. 2424, 2426-2428, 2465; CPC 492
Fuentes: García Goyena 1799, 1812

Art. 2426. El dueño de la finca perseguida por el acreedor hipotecario podrá abandonársela, y mientras no se haya consumado la adjudicación, podrá también recobrarla, pagando la cantidad a que fuere obligada la finca, y además las costas y gastos que este abandono hubiere causado al acreedor.

Conc.: CC. 2397, 2399, 2424-2425, 2427-2428
Fuentes: CN 2174

Art. 2427. Si la finca se perdiere o deteriorare en términos de no ser suficiente para la seguridad de la deuda, tendrá derecho el acreedor a que se mejore la hipoteca, a no ser que consienta en que se le dé otra seguridad equivalente; y en defecto de ambas cosas, podrá demandar el pago inmediato de la deuda líquida, aunque esté pendiente el plazo, o implorar las providencias conservativas que el caso admita, si la deuda fuere ilíquida, condicional o indeterminada.

Conc.: CC. 1496, 1826, 2348, 2424-2426, 2428; CPC 492
Fuentes: C. Perú de 1852, 1.441; CN 2131

Art. 2428. La hipoteca da al acreedor el derecho de perseguir la finca hipotecada, sea quien fuere el que la posea, y a cualquier título que la haya adquirido.

Sin embargo, esta disposición no tendrá lugar contra el tercero que haya adquirido la finca hipotecada en pública subasta, ordenada por el juez.

Mas para que esta excepción surta efecto a favor del tercero deberá hacerse la subasta con citación personal, en el término de emplazamiento, de los acreedores que tengan constituidas hipotecas sobre la misma finca; los cuales serán cubiertos sobre el precio del remate en el orden que corresponda.

El juez entre tanto hará consignar el dinero.

Conc.: CC. 577, 2393, 2424-2427; CPC 492
Fuentes: Poth. 71-73, pp. 442-CN 2166

Art. 2429. El tercer poseedor reconvenido para el pago de la hipoteca constituida sobre la finca que después pasó a sus manos con este gravamen, no tendrá derecho para que se persiga primero a los deudores personalmente obligados.

Haciendo el pago se subroga en los derechos del acreedor en los mismos términos que el fiador.

Si fuere desposeído de la finca o la abandonare, será plenamente indemnizado por el deudor, con inclusión de las mejoras que haya hecho en ella.

Conc.: CC. 1572-1574, 2357, 2370-2375, 2426, 2428, 2430
Fuentes: CN 2168-2173

Art. 2430. El que hipoteca un inmueble suyo por una deuda ajena, no se entenderá obligado personalmente, si no se hubiere estipulado.

Sea que se haya obligado personalmente o no, se le aplicará la disposición del artículo precedente.

La fianza se llama hipotecaria cuando el fiador se obliga con hipoteca.

La fianza hipotecaria está sujeta en cuanto a la acción personal a las reglas de la simple fianza.

Conc.: CC. 2335, 2414, 2429, 2465
Fuentes: Poth. Hyp. 70, p. 442, 106-110, pp. 451-452

Art. 2431. La hipoteca podrá limitarse a una determinada suma, con tal que así se exprese inequívocamente; pero no se extenderá en ningún caso a más del duplo del importe conocido o presunto de la obligación principal, aunque así se haya estipulado.

El deudor tendrá derecho para que se reduzca la hipoteca a dicho importe; y reducida, se hará a su costa una nueva inscripción, en virtud de la cual no valdrá la primera sino hasta la cuantía que se fijare en la segunda.

Conc.: CC. 1234, 1348-1353, 1836, 1888-1896, 2026, 2206, 2431, 2443
Fuentes: García Goyena 1785

Art. 2432. La inscripción de la hipoteca deberá contener:

1o. El nombre, apellido y domicilio del acreedor, y su profesión, si tuviere alguna, y las mismas designaciones relativamente al deudor, y a los que como apoderados o representantes legales del uno o del otro requieran la inscripción.

Las personas jurídicas serán designadas por su denominación legal o popular, y por el lugar de su establecimiento; y se extenderá a sus personeros lo que se dice de los apoderados o representantes legales en el inciso anterior.

2o. La fecha y la naturaleza del contrato a que accede la hipoteca, y el archivo en que se encuentra.

Si la hipoteca se ha constituido por acto separado, se expresará también la fecha de este acto, y el archivo en que existe.

3o. La situación de la finca hipotecada y sus linderos. Si la finca hipotecada fuere rural se expresará la provincia y la comuna a que pertenezca, y si perteneciera a varias, todas ellas.

4o. La suma determinada a que se extienda la hipoteca en el caso del artículo precedente.

5o. La fecha de la inscripción y la firma del Conservador.

Modif. L. 18776
Conc.: CC. 2410, 2433; Reglamento del CBR 81
Fuentes: CN 2148

Art. 2433. La inscripción no se anulará por la falta de alguna de las designaciones prevenidas bajo los números 1.o, 2.o, 3.o y 4.o del precedente artículo, siempre que por medio de ella o del contrato o contratos citados en ella, pueda venirse en conocimiento de lo que en la inscripción se eche menos.

Conc.: CC. 2410, 2433; Reglamento del CBR 81

Art. 2434. La hipoteca se extingue junto con la obligación principal.

Se extingue asimismo por la resolución del derecho del que la constituyó, o por el evento de la condición resolutoria, según las reglas legales.

Se extingue además por la llegada del día hasta el cual fue constituida.

Y por la cancelación que el acreedor otorgare por escritura pública, de que se tome razón al margen de la inscripción respectiva.

Conc.: CC. 1607, 1642, 1654, 2406, 2434, 2516
Fuentes: CN 2180

TÍTULO XXXIX. DE LA ANTICRESIS

Art. 2435. La anticresis es un contrato por el que se entrega al acreedor una cosa raíz para que se pague con sus frutos.

Conc.: CC. 2435-2445, 2468; CPC 500-508
Fuentes: D.20.1.11; Poth. Hyp. 229, p. 488; CN 2072

Art. 2436. La cosa raíz puede pertenecer al deudor, o a un tercero que consienta en la anticresis.

Conc.: CC. 2388, 2414, 2439
Fuentes: CN 2090

Art. 2437. El contrato de anticresis se perfecciona por la tradición del inmueble.

Conc.: CC. 670, 684, 1443

Fuentes: D.20.11.1; Poth. Hyp. 233, p. 488-489

Art. 2438. La anticresis no da al acreedor, por sí sola, ningún derecho real sobre la cosa entregada.

Se aplica al acreedor anticrético lo dispuesto a favor del arrendatario en el caso del artículo 1962.

No valdrá la anticresis en perjuicio de los derechos reales ni de los arrendamientos anteriormente constituidos sobre la finca.

Conc.: CC. 577, 1962, 2340-2444
Fuentes: En contra de Poth. Hyp. 233, p. 488-489

Art. 2439. Podrá darse al acreedor en anticresis el inmueble anteriormente hipotecado al mismo acreedor; y podrá asimismo hipotecarse al acreedor, con las formalidades y efectos legales, el inmueble que se le ha dado en anticresis.

Conc.: CC. 2407

Art. 2440. El acreedor que tiene anticresis, goza de los mismos derechos que el arrendatario para el abono de mejoras, perjuicios y gastos, y está sujeto a las mismas obligaciones que el arrendatario relativamente a la conservación de la cosa.

Conc.: CC. 1924, 1927-1928, 1932-1937, 1939-1941, 1966, 1970-1971, 1975, 1979-1982
Fuentes: Poth. Hyp. 235, p. 490; CN 2082, 2086

Art. 2441. El acreedor no se hace dueño del inmueble a falta de pago; ni tendrá preferencia en él sobre los otros acreedores, sino la que le diere el contrato accesorio de hipoteca si lo hubiere. Toda estipulación en contrario es nula.

Conc.: CC. 2438, 2465, 2468
Fuentes: CN 2088

Art. 2442. Si el crédito produjere intereses, tendrá derecho el acreedor para que la imputación de los frutos se haga primeramente a ellos.

Conc.: CC. 1595
Fuentes: Poth. Hyp. 240-241, pp. 490-491

Art. 2443. Las partes podrán estipular que los frutos se compensen con los intereses, en su totalidad, o hasta concurrencia de valores.

Los intereses que estipularen estarán sujetos en el caso de lesión enorme a la misma reducción que en el caso de mutuo.

Conc.: CC. 2206
Fuentes: Poth. Hyp. 240-241, pp. 490-491

Art. 2444. El deudor no podrá pedir la restitución de la cosa dada en anticresis, sino después de la extinción total de la deuda; pero el acreedor podrá restituirla en cualquier tiempo y perseguir el pago de su crédito por los otros medios legales; sin perjuicio de lo que se hubiere estipulado en contrario.

Conc.: CC. 2396
Fuentes: CN 2087

Art. 2445. En cuanto a la anticresis judicial o prenda pretoria, se estará a lo prevenido en el Código de Enjuiciamiento.

Conc.: CPC 500, 503-508

TÍTULO XL. DE LA TRANSACCIÓN

Art. 2446. La transacción es un contrato en que las partes terminan extrajudicialmente un litigio pendiente, o precaven un litigio eventual.

No es transacción el acto que sólo consiste en la renuncia de un derecho que no se disputa.

Conc.: CC. 12, 400, 703, 1460, 1567, 1736, 1792-8, 2141, 2446-2464; CPC 254, 262, 304, 310, 464, 725
Fuentes: D.2.15.1; C.2.4.38; P.5.T.14.L.34; CN 2044; Delv. t. 3, p. 136

Art. 2447. No puede transigir sino la persona capaz de disponer de los objetos comprendidos en la transacción.

Conc.: CC. 400, 1447, 1749, 2141, 2448; CPC 7
Fuentes: C.2.4.12; CN 2045; Delv. t. 3, p. 136

Art. 2448. Todo mandatario necesitará de poder especial para transigir.

En este poder se especificarán los bienes, derechos y acciones sobre que se quiera transigir.

Conc.: CC. 1447, 2141, 2447; CPC 7

Fuentes: En contra de D.2.14.12 y P.3.T.5.L.19

Art. 2449. La transacción puede recaer sobre la acción civil que nace de un delito; pero sin perjuicio de la acción criminal.

Conc.: CC. 1462, 2446, 2450-2452, 2454-2455
Fuentes: Modif. C.2.4.18 y P.6.T1.L.22; CN 2046

Art. 2450. No se puede transigir sobre el estado civil de las personas.

Conc.: CC. 1462, 2446, 2449, 2451-2452, 2454-2455
Fuentes: P.3.T.4.L.24; García Goyena 1720

Art. 2451. La transacción sobre alimentos futuros de las personas a quienes se deban por ley, no valdrá sin aprobación judicial; ni podrá el juez aprobarla, si en ella se contraviene a lo dispuesto en los artículos 334 y 335.

Conc.: CC. 334-335, 1461, 2446, 2449-2450, 2452, 2454-2455
Fuentes: D.2.15.8.2; C.2.4.8; C. Sardo 2098; García Goyena 1721

Art. 2452. No vale la transacción sobre derechos ajenos o sobre derechos que no existen.

Conc.: CC. 1460-1461, 2446, 2449-2451, 2454-2455

Art. 2453. Es nula en todas sus partes la transacción obtenida por títulos falsificados, y en general por dolo o violencia.

Conc.: CC. 703-704, 706, 1451-1454, 1456-1459, 2454-2459
Fuentes: C.2.4.13.pr; CN 2053; Delv. t. 3 137-138, n. 13 (p. 250)

Art. 2454. Es nula en todas sus partes la transacción celebrada en consideración a un título nulo, a menos que las partes hayan tratado expresamente sobre la nulidad del título.

Conc.: CC. 703-704, 1451-1454, 1456-1459, 2453, 2455-2459
Fuentes: C.2.4.42, C.2.15.3.1-2; CN 2054; Delv. t. 3 137-138, n. 13 (p. 250)

Art. 2455. Es nula asimismo la transacción, si, al tiempo de celebrarse, estuviere ya terminado el litigio por sentencia pasada en autoridad de cosa juzgada, y de que las partes o alguna de ellas no haya tenido conocimiento al tiempo de transigir.

Conc.: CC. 1451-1454, 1456-1459, 1682, 2453-2454, 2456-2459
Fuentes: D.2.15.7, D.12.6.23.1; CN 2056; Delv.t.3, p. 137, n. 2 (p. 248)

Art. 2456. La transacción se presume haberse aceptado por consideración a la persona con quien se transige.

Si se cree pues transigir con una persona y se transige con otra, podrá rescindirse la transacción.

De la misma manera, si se transige con el poseedor aparente de un derecho, no puede alegarse esta transacción contra la persona a quien verdaderamente compete el derecho.

Conc.: CC. 1455, 1576, 2453-2455, 2357-2459
Fuentes: D.12.6.65.1; Delv. t. 3, pp. 137-138, n. 14 (p. 250)

Art. 2457. El error acerca de la identidad del objeto sobre que se quiere transigir anula la transacción.

Conc.: CC. 1453, 1460, 2453-2456, 2458-2459
Fuentes: Troplong Cautio. (Transactions) 144, p. 663.

Art. 2458. El error de cálculo no anula la transacción, sólo da derecho a que se rectifique el cálculo.

Conc.: CC. 2453-2457, 2459
Fuentes: C.2.5.1; CN 2058

Art. 2459. Si constare por títulos auténticos que una de las partes no tenía derecho alguno al objeto sobre que se ha transigido, y estos títulos al tiempo de la transacción eran desconocidos de la parte cuyos derechos favorecen, podrá la transacción rescindirse; salvo que no haya recaído sobre un objeto en particular, sino sobre toda la controversia entre las partes, habiendo varios objetos de desavenencia entre ellas.

En este caso el descubrimiento posterior de títulos desconocidos no sería causa de rescisión, sino en cuanto hubiesen sido extraviados u ocultados dolosamente por la parte contraria.

Si el dolo fuere sólo relativo a uno de los objetos sobre que se ha transigido, la parte perjudicada podrá pedir la restitución de su derecho sobre dicho objeto.

Conc.: CC. 703-704, 706, 1453-1454, 1458, 2453-2458
Fuentes: D.2.15.9.2; C.2.4.19; P.5.T.14.L.34; CN 2057; Delv. t. 3, p. 137, n. 1 (p. 248)

Art. 2460. La transacción produce el efecto de cosa juzgada en última instancia; pero podrá impetrarse la declaración de nulidad o la rescisión, en conformidad a los artículos precedentes.

Conc.: CC. 1567, 2461, 2464; CPC 234, 304, 310, 464
Fuentes: C.2.4.20; P.5.T.14.L.34; CN 2052

Art. 2461. La transacción no surte efecto sino entre los contratantes.

Si son muchos los principales interesados en el negocio sobre el cual se transige, la transacción consentida por el uno de ellos no perjudica ni aprovecha a los otros; salvos, empero, los efectos de la novación en el caso de solidaridad.

Conc.: CC. 1513, 1516, 1518, 1545, 1645-1646, 1650-1651
Fuentes: C.2.4.1, C.7.60.1-2; P.5.T.22.L.20; CN 2051; Delv. t. 3, 136 n. 6 (pp. 247-248)

Art. 2462. Si la transacción recae sobre uno o más objetos específicos, la renuncia general de todo derecho, acción o pretensión deberá sólo entenderse de los derechos, acciones o pretensiones relativas al objeto u objetos sobre que se transige.

Conc.: CC. 1561, 2463
Fuentes: Delv. t. 3, p. 138

Art. 2463. Si se ha estipulado una pena contra el que deja de ejecutar la transacción, habrá lugar a la pena, sin perjuicio de llevarse a efecto la transacción en todas sus partes.

Conc.: CC. 1537, 2462
Fuentes: CN 2047

Art. 2464. Si una de las partes ha renunciado el derecho que le correspondía por un título y después adquiere otro título sobre el mismo objeto, la transacción no la priva del derecho posteriormente adquirido.

Conc.: CC. 12, 2446
Fuentes: D.2.15.9; CN 2050; Delv. t. 3, p. 138

TÍTULO XLI. DE LA PRELACIÓN DE CRÉDITOS

Art. 2465. Toda obligación personal da al acreedor el derecho de perseguir su ejecución sobre todos los bienes raíces o muebles del deudor, sean presentes o futuros, exceptuándose solamente los no embargables, designados en el artículo 1618.

Conc.: CC. 803, 1418-1420, 2465-2491; C. Comercio 212-213; CPC 445; L. 20720

Fuentes: Poth. Procédure 448, p. 203; CN 2092; L. Prelación de créditos 1845, 1

Art. 2466. Sobre las especies identificables que pertenezcan a otras personas por razón de dominio, y existan en poder del deudor insolvente, conservarán sus derechos los respectivos dueños, sin perjuicio de los derechos reales que sobre ellos competan al deudor, como usufructuario o prendario, o del derecho de retención que le concedan las leyes; en todos los cuales podrán subrogarse los acreedores.

Podrán asimismo subrogarse en los derechos del deudor como arrendador o arrendatario, según lo dispuesto en los artículos 1965 y 1968.

Sin embargo, no será embargable el usufructo del marido sobre los bienes de la mujer, ni el del padre o madre sobre los bienes del hijo sujeto a patria potestad, ni los derechos reales de uso o de habitación.

Modif. L. 19585

Conc.: CC. 577, 1661, 1965, 1968, 2138, 2429; CPC 507-508

Fuentes: D.42.5.24.2; P.5.T.3.L.9; CPC Francés 608, 727; García Goyena 1921

Art. 2467. Son nulos todos los actos ejecutados por el deudor relativamente a los bienes de que ha hecho cesión, o de que se ha abierto concurso a los acreedores.

Conc.: CC. 1614, 1682; L. 20720, 57, 129-130, 264, 275

Fuentes: D.42.8.6.7; P.5.T.15.L.9

Art. 2468. En cuanto a los actos ejecutados antes de la cesión de bienes o la apertura del concurso, se observarán las disposiciones siguientes:

1a. Los acreedores tendrán derecho para que se rescindan los contratos onerosos, y las hipotecas, prendas y anticresis que el deudor haya otorgado en perjuicio de ellos, estando de mala fe el otorgante y el adquirente, esto es, conociendo ambos el mal estado de los negocios del primero.

2a. Los actos y contratos no comprendidos bajo el número precedente, inclusos las remisiones y pactos de liberación a título gratuito, serán rescindibles, probándose la mala fe del deudor y el perjuicio de los acreedores.

3a. Las acciones concedidas en este artículo a los acreedores expiran en un año contado desde la fecha del acto o contrato.

Conc.: L. 20720, 287-294
Fuentes: D.42.8.1, D.42.8.6.8, D.42.8.6.11, D.42.8.10; P.5.T.15.L.7

Art. 2469. Los acreedores, con las excepciones indicadas en el artículo 1618, podrán exigir que se vendan todos los bienes del deudor hasta concurrencia de sus créditos, inclusos los intereses y los costos de la cobranza, para que con el producto se les satisfaga íntegramente si fueren suficientes los bienes, y en caso de no serlo, a prorrata, cuando no haya causas especiales para preferir ciertos créditos, según la clasificación que sigue.

Conc.: CC. 1618, 1624, 2465, CPC 445
Fuentes: Poth. Procédure 449, pp. 203-205; CN 2093

Art. 2470. Las causas de preferencia son solamente el privilegio y la hipoteca.

Estas causas de preferencia son inherentes a los créditos para cuya seguridad se han establecido, y pasan con ellos a todas las personas que los adquieran por cesión, subrogación o de otra manera.

Conc.: CC. 2471-2491; L. 20720, 28, 57, 58, 61, 72-74, 111, 118, 139, 170, 173-174, 239, 241-246, 293; C. Comercio 212-213
Fuentes: CN 2094; L. Prelación de créditos 1845, 3

Art. 2471. Gozan de privilegio los créditos de la 1.a, 2.a y 4.a clase.

Conc.: CC. 2470, 2472-2491; L. 20720, 28, 57, 58, 61, 72-74, 111, 118, 139, 170, 173-174, 239, 241-246, 293; C. Comercio 212-213
Fuente: ¿García Goyena 1924?

Art. 2472. La primera clase de créditos comprende los que nacen de las causas que en seguida se enumeran:

1. Las costas judiciales que se causen en interés general de los acreedores;
2. Las expensas funerales necesarias del deudor difunto;
3. Los gastos de enfermedad del deudor.

Si la enfermedad hubiere durado más de seis meses, fijará el juez, según las circunstancias, la cantidad hasta la cual se extienda la preferencia;

4. Los gastos en que se incurra para poner a disposición de la masa los bienes del deudor, los gastos de administración del procedimiento concursal

de liquidación, de realización del activo y los préstamos contratados por el liquidador para los efectos mencionados.

5. Las remuneraciones de los trabajadores, las asignaciones familiares, la indemnización establecida en el número 2 del artículo 163 bis del Código del Trabajo con un límite de noventa unidades de fomento al valor correspondiente al último día del mes anterior a su pago, considerándose valista el exceso si lo hubiere, las cotizaciones adeudadas a las instituciones de seguridad social o que se recauden por su intermedio, para ser destinadas a ese fin; y los alimentos que se deben por ley a ciertas personas de conformidad con las reglas previstas en el Título XVIII del Libro I, con un límite de ciento veinte unidades de fomento al valor correspondiente al último día del mes anterior a su pago, considerándose valista el exceso si lo hubiere.

6. Los créditos del fisco en contra de las entidades administradoras de fondos de pensiones por los aportes que aquél hubiere efectuado de acuerdo con el inciso cuarto del artículo 42 del decreto ley No 3.500, de 1980;

7. Los artículos necesarios de subsistencia suministrados al deudor y su familia durante los últimos tres meses;

8. Las indemnizaciones legales y convencionales de origen laboral que les correspondan a los trabajadores, que estén devengadas a la fecha en que se hagan valer y hasta un límite de tres ingresos mínimos mensuales remuneracionales por cada año de servicio y fracción superior a seis meses por cada trabajador, con un límite de once años. Por el exceso, si lo hubiere, se considerarán valistas.

Asimismo, la indemnización establecida en el párrafo segundo del número 4 del artículo 163 bis del Código del Trabajo estará sujeta a los mismos límites precedentemente señalados.

Para efectos del cálculo del pago de la preferencia establecida en este número, los límites máximos indicados en los párrafos primero y segundo serán determinados de forma independiente;

9. Los créditos del fisco por los impuestos de retención y de recargo.

Fijado L. 20720
Modif. L. 21389
Conc.: CC. 2373, 2476, 2486-2487; L. 20720, 28, 72-74, 118, 239, 241, 244-246, 293; C. Trabajo 163 bis; DL 3500 de 1980, 42
Fuentes: Poth. Procédure 481, pp. 225-226; CN 2101; L. Prelación de créditos 1845, 6; García Goyena 1925

Art. 2473. Los créditos enumerados en el artículo precedente afectan todos los bienes del deudor; y no habiendo lo necesario para cubrirlos íntegramente, preferirán unos a otros en el orden de su numeración, cualquiera que sea su fecha, y los comprendidos en cada número concurrirán a prorrata.

Los créditos enumerados en el artículo precedente no pasarán en caso alguno contra terceros poseedores.

Conc.: CC. 2372, 2476, 2478-2479, 2486; L. 20720, 28, 72-74, 118, 239, 241, 244-246, 293; C. Trabajo 163 bis; DL 3500 de 1980, 42
Fuentes: CN 2095-2097

Art. 2474. A la segunda clase de créditos pertenecen los de las personas que en seguida se enumeran:

1o. El posadero sobre los efectos del deudor introducidos por éste en la posada, mientras permanezcan en ella y hasta concurrencia de lo que se deba por alojamiento, expensas y daños.

2o. El acarreador o empresario de transportes sobre los efectos acarreados, que tenga en su poder o en el de sus agentes o dependientes, hasta concurrencia de lo que se deba por acarreo, expensas y daños; con tal que dichos efectos sean de la propiedad del deudor.

Se presume que son de la propiedad del deudor los efectos introducidos por él en la posada, o acarreados de su cuenta.

3o. El acreedor prendario sobre la prenda.

Conc.: CC. 252, 1942, 2162, 2193, 2234, 2392, 2466, 2475, 2476, 2486; L. 20720, 58, 61, 141, 153, 160, 242; L. 18101, 9; CPC 597-600; C. Comercio 287-288
Fuentes: Poth. Procédure 482, pp. 226-229; L. Prelación de créditos 1845, 7; García Goyena 1926

Art. 2475. Sobre la preferencia de ciertos créditos comerciales, como la del consignatario en los efectos consignados, y la que corresponde a varias causas y personas en los buques mercantes, se estará a lo dispuesto en el Código de Comercio.

Sobre los créditos de los aviadores de minas, y de los mayordomos y trabajadores de ellas, se observarán las disposiciones del Código de Minería.

Conc.: CC. 2474; C. Comercio 190, 212-213, 284, 287; C. Minería 206, 230
Fuentes: L. Prelación créditos 1845, 8

Art. 2476. Afectando a una misma especie créditos de la primera clase y créditos de la segunda, excluirán éstos a aquéllos; pero si fueren insuficientes los demás bienes para cubrir los créditos de la primera clase, tendrán éstos la preferencia en cuanto al déficit y concurrirán en dicha especie en el orden y forma que se expresan en el inciso 1.o del artículo 2472.

Conc.: CC. 2472, 2474, 2478-2479, 2486; L. 20720, 242
Fuentes: Poth. Procédure 291, p. 230; CN 2096, 2105; L. Prelación créditos 1845, 11

Art. 2477. La tercera clase de créditos comprende los hipotecarios.

A cada finca gravada con hipoteca podrá abrirse, a petición de los respectivos acreedores o de cualquiera de ellos, un concurso particular para que se les pague inmediatamente con ella, según el orden de las fechas de sus hipotecas.

Las hipotecas de una misma fecha que gravan una misma finca preferirán unas a otras en el orden de su inscripción.

En este concurso se pagarán primeramente las costas judiciales causadas en él.

Conc.: CC. 2478-2480, 2486; L. 20720, 58, 61, 243
Fuentes: CN 2134

Art. 2478. Los créditos de la primera clase no se extenderán a las fincas hipotecadas sino en el caso de no poder cubrirse en su totalidad con los otros bienes del deudor.

El déficit se dividirá entonces entre las fincas hipotecadas a proporción de los valores de éstas, y lo que a cada una quepa se cubrirá con ella en el orden y forma que se expresan en el artículo 2472.

Conc.: CC. 2472, 2476-2477, 2479, 2486; L. 20720, 243
Fuentes: L. Prelación créditos 1845, 11

Art. 2479. Los acreedores hipotecarios no estarán obligados a aguardar las resultas del concurso general para proceder a ejercer sus acciones contra las respectivas fincas: bastará que consignen o afiancen una cantidad prudencial para el pago de los créditos de la primera clase en la parte que sobre ellos recaiga, y que restituyan a la masa lo que sobrare después de cubiertas sus acciones.

Conc.: CC. 2478

Art. 2480. Para los efectos de la prelación los censos debidamente inscritos serán considerados como hipotecas.

Concurrirán pues indistintamente entre sí y con las hipotecas según las fechas de las respectivas inscripciones.

Conc.: CC. 2022, 2027, 2477

Art. 2481. La cuarta clase de créditos comprende:

1o. Los del Fisco contra los recaudadores y administradores de bienes fiscales;

2o. Los de los establecimientos nacionales de caridad o de educación, y los de las municipalidades, iglesias y comunidades religiosas, contra los recaudadores y administradores de sus fondos;

3o. Los de las mujeres casadas, por los bienes de su propiedad que administra el marido, sobre los bienes de éste o, en su caso, los que tuvieren los cónyuges por gananciales;

4o. Los de los hijos sujetos a patria potestad, por los bienes de su propiedad que fueren administrados por el padre o la madre, sobre los bienes de éstos.

5o. Los de las personas que están bajo tutela o curaduría contra sus respectivos tutores o curadores;

6o. Los de todo pupilo contra el que se casa con la madre o abuela, tutora o curadora, en el caso del artículo 511.

Modif. L. 5521, L. 19335, L. 19585
Conc.: CC. 243, 511, 1447, 1749, 2482-2487
Fuentes: CN 2121

Art. 2482. Los créditos enumerados en el artículo precedente prefieren indistintamente unos a otros según las fechas de sus causas; es a saber:

La fecha del nombramiento de administradores y recaudadores respecto de los créditos de los números 1.o y 2.o;

La del respectivo matrimonio en los créditos de los números 3.o y 6.o;

La del nacimiento del hijo en los del número 4.o;

La del discernimiento de la tutela o curatela en los del número 5.o.

Conc.: CC. 2481, 2483-2487

Art. 2483. La preferencia del número 3.o, en el caso de haber sociedad conyugal, y la de los números 4.o, 5.o y 6.o, se entienden constituidas a favor de los bienes raíces o derechos reales en ellos, que la mujer hubiere aportado al matrimonio, o de los bienes raíces o de derechos reales en ellos, que pertenezcan a los respectivos hijos bajo patria potestad, y personas en tutela o curaduría y hayan entrado en poder del marido, padre, madre, tutor o curador; y a favor de todos los bienes en que se justifique el derecho de las mismas personas por inventarios solemnes, testamentos, actos de partición, sentencias de adjudicación, escrituras públicas de capitulaciones matrimoniales, de donación, venta, permuta, u otros de igual autenticidad.

Se extiende asimismo la preferencia de cuarta clase a los derechos y acciones de la mujer contra el marido, o de los hijos bajo patria potestad y personas en tutela o curaduría, contra sus padres, tutores o curadores por culpa o dolo en la administración de los respectivos bienes, probándose los cargos de cualquier modo fehaciente.

Modif. L. 19335, L. 19585
Conc.: CC. 2481-2482, 2484-2487
Fuentes: CN 2135, 2140

Art. 2484. Los matrimonios celebrados en país extranjero y que según el artículo 119 deban producir efectos civiles en Chile, darán a los créditos de la mujer sobre los bienes del marido existentes en territorio chileno el mismo derecho de preferencia que los matrimonios celebrados en Chile.

Conc.: CC. 119, 2481-2483, 2485-2487

Art. 2485. La confesión de alguno de los cónyuges, del padre o madre que ejerza la patria potestad, o del tutor o curador fallidos, no hará prueba por sí sola contra los acreedores.

Modif. L. 19585
Conc.: CC. 2481-2484, 2486-2487

Art. 2486. Las preferencias de los créditos de la cuarta clase afectan todos los bienes del deudor, pero no dan derecho contra terceros poseedores, y sólo tienen lugar después de cubiertos los créditos de las tres primeras clases, de cualquiera fecha que éstos sean.

Conc.: CC. 2472, 2474, 2476, 2477-2478, 2481

Art. 2487. Las preferencias de la primera clase, a que estaban afectos los bienes del deudor difunto, afectarán de la misma manera los bienes del heredero, salvo que éste haya aceptado con beneficio de inventario, o que los acreedores gocen del beneficio de separación, pues en ambos casos afectarán solamente los bienes inventariados o separados.

La misma regla se aplicará a los créditos de la cuarta clase, los cuales conservarán su fecha sobre todos los bienes del heredero, cuando no tengan lugar los beneficios de inventario o de separación, y sólo la conservarán en los bienes inventariados o separados, cuando tengan lugar los respectivos beneficios.

Conc.: CC. 2472, 2481

Art. 2488. La ley no reconoce otras causas de preferencia que las indicadas en los artículos precedentes.

Conc.: CC. 2472-2488
Fuentes: L. Prelación créditos 1845, 12

Art. 2489. La quinta y última clase comprende los créditos que no gozan de preferencia.

Los créditos de la quinta clase se cubrirán a prorrata sobre el sobrante de la masa concursada, sin consideración a su fecha.

Sin perjuicio de lo anterior, si entre los créditos de esta clase figuraren algunos subordinados a otros, éstos se pagarán con antelación a aquéllos.

La subordinación de créditos es un acto o contrato en virtud del cual uno o más acreedores de la quinta clase aceptan postergar, en forma total o parcial, el pago de sus acreencias en favor de otro u otros créditos de dicha clase, presentes o futuros. La subordinación también podrá ser establecida unilateralmente por el deudor en sus emisiones de títulos de crédito. En este último caso, y cuando sea establecida unilateralmente por el acreedor que acepta subordinarse, será irrevocable.

El establecimiento de la subordinación y su término anticipado, cuando corresponda, deberán constar por escritura pública o documento privado firmado ante notario y protocolizado. La subordinación comprenderá el capital y los intereses, a menos que se exprese lo contrario.

La subordinación establecida por uno o más acreedores será obligatoria para el deudor si éste ha concurrido al acto o contrato o lo acepta por escrito con posterioridad, así como si es notificado del mismo por un ministro de fe, con exhibición del instrumento. El incumplimiento de la subordinación dará lugar a indemnización de perjuicios en contra del deudor y a acción de reembolso contra el acreedor subordinado.

La subordinación obligará a los cesionarios o herederos del acreedor subordinado y el tiempo durante el cual se encuentre vigente no se considerará para el cómputo de la prescripción de las acciones de cobro del crédito.

Modif. L. 20190
Conc.: CC. 2465

Art. 2490. Los créditos preferentes que no puedan cubrirse en su totalidad por los medios indicados en los artículos anteriores, pasarán por el déficit a la lista de los créditos de la quinta clase, con los cuales concurrirán a prorrata.

Conc.: CC. 2474, 2477

Art. 2491. Los intereses correrán hasta la extinción de la deuda, y se cubrirán con la preferencia que corresponda a sus respectivos capitales.

Conc.: CC. 1591
Fuentes: CN 2151

TÍTULO XLII. DE LA PRESCRIPCIÓN

§ 1. De la prescripción en general

Art. 2492. La prescripción es un modo de adquirir las cosas ajenas, o de extinguir las acciones y derechos ajenos, por haberse poseído las cosas o no haberse ejercido dichas acciones y derechos durante cierto lapso de tiempo, y concurriendo los demás requisitos legales.

Una acción o derecho se dice prescribir cuando se extingue por la prescripción.

Conc.: CC. 48, 94, 181, 195, 202, 336, 409, 425, 588, 588, 683, 689, 703, 766, 806, 845, 882, 886, 888, 893, 917, 920, 928, 937, 950, 957, 967, 1216, 1268, 1382, 1399, 1470, 1529, 1567, 1736, 1782, 1792-8, 1792-24, 1792-26, 1856, 1866-1867, 1869-1870, 2042, 2132, 2277, 2489, 2493-2524
Fuentes: D.41.3.3; P.3.T.29.L.1; Poth. Prescrip. 1, p. 317; CN 2219; ABGB 1451-1452

Art. 2493. El que quiera aprovecharse de la prescripción debe alegarla; el juez no puede declararla de oficio.

Conc.: CPC 310, 464
Fuentes: CN 2223

Art. 2494. La prescripción puede ser renunciada expresa o tácitamente; pero sólo después de cumplida.

Renúnciase tácitamente, cuando el que puede alegarla manifiesta por un hecho suyo que reconoce el derecho del dueño o del acreedor; por ejemplo, cuando cumplidas las condiciones legales de la prescripción, el poseedor de la cosa la toma en arriendo, o el que debe dinero paga intereses o pide plazo.

Conc.: CC. 12, 2495-2496, 2518
Fuentes: CN 2220-2221; ABGB 1502

Art. 2495. No puede renunciar la prescripción sino el que puede enajenar.

Conc.: CC. 393, 1447-1448, 1749, 2132, 2143, 2154, 2494, 2496
Fuentes: CN 2222; Troplong Prescription t. 1, 53, p. 68

Art. 2496. El fiador podrá oponer al acreedor la prescripción renunciada por el principal deudor.

Conc.: CC. 2354, 2494-2495
Fuentes: CN 2225; Troplong Prescription t. 1, 74, pp. 100-101, 100-103, pp. 130-142

Art. 2497. Las reglas relativas a la prescripción se aplican igualmente a favor y en contra del Estado, de las iglesias, de las municipalidades, de los establecimientos y corporaciones nacionales, y de los individuos particulares que tienen la libre administración de lo suyo.

Conc.: CC. 1447; CPR 1, 19 Nº 2
Fuentes: CN 2227; García Goyena 1991

§ 2. De la prescripción con que se adquieren las cosas

Art. 2498. Se gana por prescripción el dominio de los bienes corporales raíces o muebles, que están en el comercio humano, y se han poseído con las condiciones legales.

Se ganan de la misma manera los otros derechos reales que no están especialmente exceptuados.

Conc.: CC. 565-566, 585, 588-589, 683, 689, 703, 766, 806, 845, 882, 888, 893, 917, 924, 967, 1268-1269, 1736, 1792-8, 2492, 2497, 2512, 2517
Fuentes: D.41.3.25, D.41.3.9; Poth. Prescription 1, p. 317, 7, 319-320, 16, p. 322; CN 2226

Art. 2499. La omisión de actos de mera facultad, y la mera tolerancia de actos de que no resulta gravamen, no confieren posesión, ni dan fundamento a prescripción alguna.

Así el que durante muchos años dejó de edificar en un terreno suyo, no por eso confiere a su vecino el derecho de impedirle que edifique.

Del mismo modo, el que tolera que el ganado de su vecino transite por sus tierras eriales o paste en ellas, no por eso se impone la servidumbre de este tránsito o pasto.

Se llaman actos de mera facultad los que cada cual puede ejecutar en lo suyo, sin necesidad del consentimiento de otro.

Conc.: CC. 700, 725-730, 924-925
Fuentes: D.41.2.41; CN 2232; Troplong Prescription 380-386, pp. 584-590

Art. 2500. Si una cosa ha sido poseída sucesivamente y sin interrupción por dos o más personas, el tiempo del antecesor puede o no agregarse al tiempo del sucesor, según lo dispuesto en el artículo 717.

La posesión principiada por una persona difunta continúa en la herencia yacente, que se entiende poseer a nombre del heredero.

Conc.: CC. 717
Fuentes: D.41.2.13.13, D.41.3.2, D.41.3.5, D.41.3.40; Poth. Prescription 19, p. 323, 119-120, p. 360; CN 2235

Art. 2501. Posesión no interrumpida es la que no ha sufrido ninguna interrupción natural o civil.

Conc.: CC. 717, 886, 1399, 2502-2504
Fuentes: Poth. Prescription 38, pp. 330-331; CN 2242

Art. 2502. La interrupción es natural:

1o. Cuando sin haber pasado la posesión a otras manos, se ha hecho imposible el ejercicio de actos posesorios, como cuando una heredad ha sido permanentemente inundada;

2o. Cuando se ha perdido la posesión por haber entrado en ella otra persona.

La interrupción natural de la primera especie no produce otro efecto que el de descontarse su duración; pero la interrupción natural de la segunda especie hace perder todo el tiempo de la posesión anterior; a menos que se haya recobrado legalmente la posesión, conforme a lo dispuesto en el título De las acciones posesorias, pues en tal caso no se entenderá haber habido interrupción para el desposeído.

Conc.: CC. 717, 731, 886, 1399, 2501, 2503-2504
Fuentes: D.41.2.3.6, D.41.3.2, D.41.3.5, D.41.3.21, D.41.4.7.4; P.3.T.29.L.29, P.3.T.30.L.12 Poth. Prescription 39-47, pp. 331-333; CN 2243

Art. 2503. Interrupción civil es todo recurso judicial intentado por el que se pretende verdadero dueño de la cosa, contra el poseedor.

Sólo el que ha intentado este recurso podrá alegar la interrupción; y ni aun él en los casos siguientes:

1o. Si la notificación de la demanda no ha sido hecha en forma legal;

2o. Si el recurrente desistió expresamente de la demanda o se declaró abandonada la instancia;

3.o Si el demandado obtuvo sentencia de absolución.

En estos tres casos se entenderá no haber sido interrumpida la prescripción por la demanda.

Modif. L. 6162
Conc.: CC. 2501, 2504; CPC 38, 148, 152
Fuentes: C.7.33.1, C.7.33.9, C.7.39.3.1, C7.39.7, C.7.40.3; P.3.T.29.L.29; Poth. Prescription 48-56, pp. 333-337; CN 2244-2247

Art. 2504. Si la propiedad pertenece en común a varias personas, todo lo que interrumpe la prescripción respecto de una de ellas, la interrumpe también respecto de las otras.

Conc.: CC. 717, 886, 1399, 2501-2503
Fuentes: Poth. Prescription 56, pp. 336-337; CN 2249; García Goyena 1939

Art. 2505. Contra un título inscrito no tendrá lugar la prescripción adquisitiva de bienes raíces, o de derechos reales constituidos en éstos, sino en virtud de otro título inscrito; ni empezará a correr sino desde la inscripción del segundo.

Conc.: CC. 728
Fuentes: García Goyena 1946

Art. 2506. La prescripción adquisitiva es ordinaria o extraordinaria.

Conc.: CC. 2507-2511
Fuentes: Poth. Prescription 1-5, pp. 317-318

Art. 2507. Para ganar la prescripción ordinaria se necesita posesión regular no interrumpida, durante el tiempo que las leyes requieren.

Conc.: CC. 702, 2501-2503, 2508-2509
Fuentes: D.41.3.3, D.41.3.31.1; Poth. Prescription 26, p. 327; CN 2229

Art. 2508. El tiempo necesario a la prescripción ordinaria es de dos años para los muebles y de cinco años para los bienes raíces.

Modif. L. 6162, L. 16952, L. 18802
Conc.: CC. 566-573, 580, 2507, 2509
Fuentes: Antes CN 2265-2266

Art. 2509. La prescripción ordinaria puede suspenderse, sin extinguirse: en ese caso, cesando la causa de la suspensión, se le cuenta al poseedor el tiempo anterior a ella, si alguno hubo.

Se suspende la prescripción ordinaria, a favor de las personas siguientes:

1o. Los menores; los dementes; los sordos o sordomudos que no pueden darse a entender claramente; y todos los que estén bajo potestad paterna, o bajo tutela o curaduría;

2o. La mujer casada en sociedad conyugal mientras dure ésta;

3o. La herencia yacente.

No se suspende la prescripción en favor de la mujer separada judicialmente de su marido, ni de la sujeta al régimen de separación de bienes, respecto de aquellos que administra.

La prescripción se suspende siempre entre cónyuges.

Modif. L. 19904, L. 19947
Conc.: CC. 1447, 1749, 2511
Fuentes: C.7.35.3; Poth. Prescription, 8-11, pp. 320-321; CN 2051-2053, 2078

Art. 2510. El dominio de cosas comerciales que no ha sido adquirido por la prescripción ordinaria, puede serlo por la extraordinaria, bajo las reglas que van a expresarse:

1a. Para la prescripción extraordinaria no es necesario título alguno.

2a. Se presume en ella de derecho la buena fe, sin embargo de la falta de un título adquisitivo de dominio.

3a. Pero la existencia de un título de mera tenencia hará presumir mala fe, y no dará lugar a la prescripción, a menos de concurrir estas dos circunstancias:

1a. Que el que se pretende dueño no pueda probar que en los últimos diez años se haya reconocido expresa o tácitamente su dominio por el que alega la prescripción;

2a. Que el que alega la prescripción pruebe haber poseído sin violencia, clandestinidad ni interrupción por el mismo espacio de tiempo.

Modif. L. 16952
Conc.: CC. 702-703, 706-707, 728, 730, 2506, 2511
Fuentes: Nov. 119.7, Nov. 131.6; P.3.T.29.LL.7, 21 y 26; Poth. Prescription 162-168, pp. 374-376; CN 2062

Art. 2511. El lapso de tiempo necesario para adquirir por esta especie de prescripción es de diez años contra toda persona, y no se suspende a favor de las enumeradas en el artículo 2509.

Modif. L. 16952
Conc.: CC. 2509

Art. 2512. Los derechos reales se adquieren por la prescripción de la misma manera que el dominio, y están sujetos a las mismas reglas, salvas las excepciones siguientes:

1a. El derecho de herencia y el de censo se adquieren por la prescripción extraordinaria de diez años.

2a. El derecho de servidumbre se adquiere según el artículo 882.

Modif. L. 16952
Conc.: CC. 579, 882, 704, 1216, 1268-1269, 1382, 1399, 2022, 2042, 2498, 2517
Fuentes: Poth. Prescription 164, p. 375

Art. 2513. La sentencia judicial que declara una prescripción hará las veces de escritura pública para la propiedad de bienes raíces o de derechos reales constituidos en ellos; pero no valdrá contra terceros sin la competente inscripción.

Conc.: CC. 686-687, 689, 702-703, 728

§ 3. De la prescripción como medio de extinguir las acciones judiciales

Art. 2514. La prescripción que extingue las acciones y derechos ajenos exige solamente cierto lapso de tiempo, durante el cual no se hayan ejercido dichas acciones.

Se cuenta este tiempo desde que la obligación se haya hecho exigible.

Conc.: CC. 94, 181, 195, 202, 336, 425, 920, 928, 937, 950, 1216, 1317, 1382, 1470, 1529, 1567, 1782, 1792-8, 1792-24, 1792-26, 1856, 1866-1867, 1869-1870, 1896, 2042, 2277, 2489
Fuentes: C.7.39.3-4; Poth. Obl. 678, p. 374, 680, pp. 374-376; Nov. Rec. 11.8.5; CN 2257, 2262

Art. 2515. Este tiempo es en general de tres años para las acciones ejecutivas y de cinco para las ordinarias.

La acción ejecutiva se convierte en ordinaria por el lapso de tres años, y convertida en ordinaria durará solamente otros dos.

Modif. L. 16952
Conc.: CC. 2516-2524; CPC 442, 680 Nº 7

Art. 2516. La acción hipotecaria, y las demás que proceden de una obligación accesoria, prescriben junto con la obligación a que acceden.

Conc.: CC. 2335, 2381, 2384, 2406-2407, 2434
Fuentes: C.7.39.7.4; Troplong Prescription t. 2 787, pp. 360-362

Art. 2517. Toda acción por la cual se reclama un derecho se extingue por la prescripción adquisitiva del mismo derecho.

Conc.: CC. 806, 885 Nº 5, 2498, 2512

Art. 2518. La prescripción que extingue las acciones ajenas puede interrumpirse, ya natural, ya civilmente.

Se interrumpe naturalmente por el hecho de reconocer el deudor la obligación, ya expresa, ya tácitamente.

Se interrumpe civilmente por la demanda judicial; salvos los casos enumerados en el artículo 2503.

Conc.: CC. 2501, 2503; CPC 38, 148, 150, 152
Fuentes: CN 2248

Art. 2519. La interrupción que obra en favor de uno de varios coacreedores, no aprovecha a los otros, ni la que obra en perjuicio de uno de varios codeudores, perjudica a los otros, a menos que haya solidaridad, y no se haya ésta renunciado en los términos del artículo 1516.

Conc.: CC. 1516, 2504
Fuentes: C.8.39.4; Poth. Obl. 697, p.383; CN 2249; García Goyena 1988

Art. 2520. La prescripción que extingue las obligaciones se suspende en favor de las personas enumeradas en los números 1.o y 2.o del artículo 2509.

Transcurridos diez años no se tomarán en cuenta las suspensiones mencionadas en el inciso precedente.

Modif. L. 18802
Conc.: CC. 2509; L. 20720 57
Fuentes: Poth. Obl. 680, pp. 374-376

§ 4. De ciertas acciones que prescriben en corto tiempo

Art. 2521. Prescriben en tres años las acciones a favor o en contra del Fisco y de las Municipalidades provenientes de toda clase de impuestos.

Prescriben en dos años los honorarios de jueces, abogados, procuradores; los de médicos y cirujanos; los de directores o profesores de colegios y escuelas; los de ingenieros y agrimensores, y en general, de los que ejercen cualquiera profesión liberal.

Modif. L. 6162, L. 10271
Conc.: CC. 2521-2524; C.Trib. 200-201
Fuentes: Nov. Rec. 10.11.9; CN 2271-2272

Art. 2522. Prescribe en un año la acción de los mercaderes, proveedores y artesanos por el precio de los artículos que despachan al menudeo.

La de toda clase de personas por el precio de servicios que se prestan periódica o accidentalmente; como posaderos, acarreadores, mensajeros, barberos, etc.

Modif. L. 6162
Conc.: CC. 2521. 2523-2524
Fuentes: Nov. Rec. 10.11.10-12

Art. 2523. Las prescripciones mencionadas en los dos artículos precedentes corren contra toda clase de personas, y no admiten suspensión alguna.

Interrúmpense:

1.o Desde que interviene pagaré u obligación escrita, o concesión de plazo por el acreedor;

2.o Desde que interviene requerimiento.

En ambos casos sucede a la prescripción de corto tiempo la del artículo 2515.

Conc.: CC. 2503, 2515, 2518
Fuentes: CN 2274, 2278

Art. 2524. Las prescripciones de corto tiempo a que están sujetas las acciones especiales que nacen de ciertos actos o contratos, se mencionan en los títulos respectivos, y corren también contra toda persona; salvo que expresamente se establezca otra regla.

Conc.: CC. 195, 202, 320, 425, 920, 928, 937, 950, 1216, 1269, 1345, 1352, 1782, 1792-24, 1792-26, 1856, 1866-1867, 1869-1870, 1880, 1896, 2042, 2277, 2332, 2521-2523

TÍTULO FINAL
DE LA OBSERVANCIA DE ESTE CÓDIGO

Artículo final. El presente Código comenzará a regir desde el 1.o de enero de 1857, y en esa fecha quedarán derogadas, aun en la parte que no fueren contrarias a él, las leyes preexistentes sobre todas las materias que en él se tratan.

Sin embargo, las leyes preexistentes sobre la prueba de las obligaciones, procedimientos judiciales, confección de instrumentos públicos y deberes de los ministros de fe, sólo se entenderán derogadas en lo que sean contrarias a las disposiciones de este Código.

IV. ÍNDICE ANALÍTICO

Accesión 571, 573, 587-588, 605, 643-669, 703, 785, 905, 956, 974, 1338, 1883, 2229, 2420
  Accesión de frutos 644-648
    Frutos naturales 643-646, 648, 781, 783, 907, 1423, 1816, 1917
    Frutos civiles 643, 647-648, 790, 907, 1423, 1816, 1917
    Pendientes 536, 645, 647, 685, 781, 1339, 1772, 1801, 1816, 1956, 1960
    Percibidos 252, 645, 647, 781, 907, 1078, 1338, 1488, 1737, 1753, 1772, 1845, 1910, 1983, 2423,
    Consumidos 645
  Accesión de suelo 649-656
    Aluvión 649-651, 654, 656, 785, 1727
    Avulsión 652
    Cambio en el curso de un río 654-655
    Formación de isla 656
  Accesión de mueble a mueble 657-667
    Adjunción 657-661, 664-667
    Especificación 662, 664-667
    Mezcla 663, 664-667
  Accesión de mueble a inmueble 668-669, 1118

Accesorio sigue la suerte 568-574, 668-669, 1118-1122, 1265, 1338, 1801, 1830

Acción pauliana 1238, 1384, 1394, 2468; L. 20720 287-294

Acción de petición de herencia 891, 1264-1269

Acciones populares 513, 541-542, 948-949, 2333-2334; CPC 582

Acciones posesorias 916-950, 2132, 2502; CPC 518, 549-583
  Bienes objeto de acción posesoria 917
  Sujeto activo 918-919
  Sujeto pasivo 946
  Prescripción 920, 928, 937, 950
  Servidumbres 947; CPC 578
  Acciones posesorias generales 921-929; CPC 551-564
    Acción de amparo 921-925; CPC 551-564
    Acción de restitución 921-927; CPC 551-564
    Acción de reestablecimiento 928-929; CPC 551-564
  Acciones posesorias especiales 930-950
    Acción de obra nueva 930-931, 946, 950; CPC 565-570, 577
    Acción de obra ruinosa 932-935, 946, 950, 2323; CPC 571-576
    Acción contra depósitos de materias húmedas 941, 946, 950; CPC 579
    Acción por árboles en los lindes 941-942, 950; CPC 579
    Acción popular 948-949; CPC 582

Acción de reforma del testamento 1103, 1216-1221

Acervo o masa hereditaria 959-960

Acrecimiento 750, 780, 1068, 1096, 1147-1155, 1163, 1191, 1229, 1416, 1785, 1910, 2265

Aceptación: Vid. Formación del consentimiento

Aceptación y repudio de la herencia 1192, 1225-1263, 1775

Aceptación tácita 192, 1230, 1241, 1244, 1278, 1449, 1610, 2123-2124; C.Com. 103

Adulterio: Vid. Matrimonio

Agencia oficiosa 427, 2078, 2120, 2122, 2250, 2285-2294
- Definición 2286
- Obligaciones del gerente 2287-2289, 2294
- Responsabilidad del interesado 2290-2294

Albacea: Vid. Ejecutores testamentarios

Alimentos 15, 219, 321-337, 433, 578, 815, 959, 968, 979, 998, 1134, 1167-1171, 1210, 1361, 1363, 1618, 1627, 1662, 1740, 2451 DS 830 de 1990 MRE que promulga la Convención de Derechos del Niño 6, 27
- Al cónyuge 134, 174; L. Matrimonio Civil 21, 35
- A los hijos 230-233, 321, 323, 332; L. Matrimonio Civil 21, 23, 31; DS 830 de 1990 MRE que promulga la Convención de Derechos del Niño 6, 27; L. 14908 2, 3, 4
- Cese obligación de dar alimentos 324, 332, 968
- Alimentos provisorios 327
- Alimentos voluntarios 1076, 1134

Alimentos a hijos: Véase derechos y obligaciones entre padres e hijos

Anticresis 2435-2445, 2468
- Definición 2435
- Cosa 2436, 2439
- Tradición 1443, 2437
- Efectos 2438, 2340-2444
- Anticresis judicial 2445; CPC 500, 503-508

Apertura de la sucesión 84, 955, 959, 962, 1185, 1209, 1216, 1222-1269, 1285, 1315, 1384

Aposición de sellos e inventario 1222-1224, 1245, 1255-1256, 1284; CPC 858-865, 872-876

Arrendamiento 1915-2022; L. 18101; DL 993
- Arrendamiento de cosas 1916-1986; L. 18101; DL 993
  - Cosa 1916, 1923
  - Precio o renta 1917-1918, 1943-1944; L. 18101, 20
  - Arras 1921
  - Solemnidades voluntarias 1922
  - Arrendamiento hecho por representante legal 407, 1749, 1756, 1761, 1969
  - Obligaciones del arrendador 1924-1937
    - Entregar 1920, 1922, 1924-1926
    - Mantener la cosa en estado de servir 1924, 1927-1928, 1932-1937, 1966, 1975
    - Librar de turbaciones 1916, 1924, 1928-1931
  - Obligaciones del arrendatario 1938-1949
    - Usar la cosa en términos del contrato 1938
    - Conservar la cosa 1939-1941, 1970-1971, 1979-1982

Pagar el precio o renta 1942-1944
Derecho legal de retención 1942, 2392; L. 18101, 9; CPC 597-600; L. 20720, 141
Sustitución y termino anticipado 1945
Subarrendar 1946, 1973; L. 18101, 5
Restituir la cosa 1947-1949
Expiración del arriendo 1950-1969; L. 18101, 6
Destrucción de la cosa 1950
Expiración del plazo y desahucio 1950-1951-1957, 1976, 1985; CPC 588-596, 599-606
Renovación del arriendo 1956-1957
Extinción del derecho del arrendador 1950, 1958-1965
Expropiación 1960
Obligación de respetar el arriendo 1961-1962
Pacto de no enajenar 1964
Embargo 1965, 2466
Sentencia del juez 1950, 1972-1973, 1977; CPC 607-614
Necesidad de reparaciones 1966
Necesitar la cosa para sí 1967
Insolvencia 1968, 2466
Arriendo de bienes raíces urbanos 1944, 1951, 1970-1977; L. 18101
Definición L. 18101, 1
Irrenunciabilidad de derechos del arrendatario L. 18101, 19
Monto de renta L. 18101, 20
Periodicidad de renta 1944
Tiempo de desahucio 1951, 1976
Desahucio realizado por el arrendador L. 18101, 3-4
Reparaciones y conservación de la cosa 1938-1941, 1970-1972
Terminación del contrato de arriendo L. 18101, 6
Uso ilícito de la cosa 1973
Arrendamiento amoblado 1974; L. 18101, 3; L. 19496, 2; DL 825 de 1974, 8
Arriendo de almacén o tienda 1975
Subarriendo 1946, 1973, L. 18101, 5, 11-12, 22
Mora en pago de la renta 1977; L. 18101, 10; CPC 611
Pago por consignación L. 18101, 23
Juicio de arriendo L. 18101, 7-18; CPC 588-614
Arrendamiento de bienes raíces rústicos 1944, 1951, 1978-1986; DL 993; CPC 612
Arrendamiento de criados domésticos 1992-1995; C. Trabajo 146-152 bis
Confección de obra material 1996-2005
Venta o arrendamiento 1996
Precio 1997-1998
Perjuicios 1999
Pérdida de materia 2000
Reconocimiento 2000-2002
Construcción de edificios 2003-2004, 2324; DFL 458 de 1976, 18
Extinción 2005
Arrendamiento de servicios inmateriales 2006-2012
Arrendamiento de transporte 2013-2021; C. Comercio 166-232

Asignación de alimentos que se deben por ley 1168-1171

Asignaciones forzosas 1167-1206

Asignaciones por causa de muerte 953
Asignación 337, 529, 530-531, 741, 953-954, 956, 959, 962-963, 1056, 1058, 1065-1068, 1070, 1075, 1078, 1080, 1084-1088, 1090, 1093, 1099-1100, 1138, 1146, 1156, 1160, 1167, 1171, 1188, 1202, 1210, 1225-1226, 1228-1229, 1234, 1236, 1278, 1321, 1337-1338, 1362-1363, 1416, 1463, 1481, 1492-1493, 1498, 1775, 1791,
Asignatario 953-954, 956, 960, 971, 1056-1057, 1059, 1063, 1068, 1073, 1075, 1078, 1084, 1085, 1087-1088, 1092-1099, 1104, 1106-1110, 1146-1152, 1154, 1156-1158, 1160, 1162, 1170, 1199, 1204, 1206, 1225, 1229-1230, 1232-1234, 1317, 1319-1321, 1324-1326, 1330-1332, 1334-1335, 1337-1339, 1344, 1362, 1372, 1481, 1732, 1743, 1791
Coasignatario 1148-1152, 1154, 1317, 1319-1321, 1324-1326, 1332, 1334-1335, 1337, 1344

Asignaciones testamentarias 1056-1166
Error 1057-1058
Asignaciones prohibidas
Asignaciones captatorias 1059
Asignaciones por sí o no 1060
Asignación hecha al notario y testigos 1061
Determinación del asignatario 1062-1065
Objeto de la asignación 1066
Rehusar la asignación 1067
Transferencia de asignación 1068
Interpretación de la asignación 1069
Asignación condicional 738-741, 962, 1070-1079, 1081, 1083-1086, 1089-1090, 1092, 1096, 1226
Asignación a día 1080-1088, 1494-1498
Asignación modal 1089-1096, 1192, 1416, 1723; L.G. Bancos 86 Nº 6
Asignación a título universal 1066, 1097-1103
Asignación a título singular 1066, 1104-1135
Donaciones revocables 1136-1146

Beneficio de competencia 1408, 1417, 1423, 1625-1627
Definición 1625
Titulares 1408, 1417, 1626
Exclusiones 1423, 1627

Beneficio de inventario 397, 1222-1224, 1226, 1241, 1243-1263, 1354; CPC 858-865

Bienes 565-950

Bienes del culto divino 586-587, 1105

Bienes familiares 141-148, 1792-23; L. Matrimonio Civil 23
Miembros 815

Bien fungible o no fungible 252, 575, 764, 775, 777, 789, 1112, 1575, 1656, 1725, 1739, 1808, 1916, 2084, 2196, 2198, 2205, 2228, 2300

Bien inmueble 141, 143, 145-146, 382, 393, 402, 410, 488 566, 568-570, 572-573, 580, 668-669, 687-688, 693, 729, 735, 747, 767, 781, 890, 902, 905, 915, 1121, 1236, 1293, 1337, 1365, 1491, 1541, 1610, 1727, 1732, 1733, 1761, 1773, 1792-24, 1830, 1857, 1866, 1869, 1885, 1913, 1951, 2081, 2096, 2104, 2174, 2251, 2255, 2267, 2350, 2407, 2419-2420, 2430, 2437, 2439, 2441, 2465, 2498, 2508
Por destino 567, 570
Por adherencia 569, 572, 573

Accesión de una cosa mueble a inmueble: vid accesión
Tradición inmuebles: vid tradición

Bien mueble 88, 137, 141, 382, 393, 402, 410, 488, 566, 567, 571-575, 580-581, 629, 657-667, 668-669, 684-685, 723, 727, 777, 787, 890, 901-902, 915, 1121, 1135, 1222, 1236, 1284, 1290, 1293, 1490, 1725-1726, 1732, 1736, 1738, 1739, 1773, 1792-12, 1792-24, 1857, 1866, 1869, 1885, 1891, 1944, 1974, 2174, 2215, 2251, 2267, 2384, 2420, 2465, 2498, 2508
Animados 567
Inanimados 567
Accesorios antes de separación 571, 572
Accesión de una cosa mueble a otra: Vid accesión
Tradición de cosa mueble: vid tradición

Bienes Nacionales 589-605, 1923; CP 443
Bienes nacionales de uso público 589, 592, 594, 598-602, 839, 948, 1105; C. Aguas 5; DFL 458 MVU 135
Bienes fiscales 589-590, 1798
Dominio de las minas 250, 537, 568, 571, 591, 686, 784, 1792-9, 2104, 2132, 2423, 2475; CPR 19 Nº 24; C. Minería 1, 14-17, 19; L. 18097
Mar adyacente 593, 596-597, 604; C. del Mar 2-4, 33, 48, 55-57; C. Aguas 1; DFL 340 de 1960 1

Bienes que la naturaleza hizo comunes 585; CPR 19 Nº 23

Capacidad 15, 203-207, 214, 216-217, 225, 250, 263, 332, 404, 472, 670, 723, 987, 1209, 1275, 1284, 1411, 1445-1447, 1470, 1567, 1581, 1600, 1682, 1685-1686, 1688, 1691, 1697, 1721, 1757-1758, 1795, 2072, 2106, 2135, 2170, 2181, 2218, 2319, 2350, 2354, 2414, 2447
Incapacidad Absoluta 1447
Demente 109, 191, 223, 267, 342, 355, 456-468, 475, 497, 510, 723, 968, 970, 1005, 1012, 1208, 1447, 1586, 1682, 1749, 1758, 1766, 2319, 2509; CPC 843; Reglamento del CBR 56-57
Vid Curaduría del demente
Sordomudo 191, 355, 469-472, 1447; Reglamento del CBR 56-57
Vid Curaduría del sordomudo
Impúber 25, 26
Vid Tutela del impúber
Incapacidad Relativa 1447
Menor Adulto 139, 251, 262, 342, 355, 435-441, 1447, 1470, 2128; L. Matrimonio Civil 46, 58
Vid Curaduría de menores
Pródigo 191, 342, 442-455, 459, 497, 504, 1447, 1484, L. Matrimonio Civil 46, 58; CPC 843; Reglamento del CBR 56-57
Vid Curaduría del pródigo
Incapacidades Especiales 1447
Incapacidad para ser tutor o curador 496-513; 524-525, 531, 539
Incapacidad para suceder 961-967, 972, 978-979, 1144, 1190, 1200-1201, 1314, 1330, 1391
Incapacidad para recibir donaciones 1389, 1391
Incapacidad para celebrar compraventas 1795-1800
Incapacidad delictual 2319, 2325
Inhabilidad para testar 1005-1006

Capacidad para suceder 961-967, 972, 978-979, 1144, 1190, 1200-1201, 1314, 1330, 1391

Capitulaciones matrimoniales 152-153, 167, 1406, 1715-1717, 1720-1722, 1725, 1727, 1740, 1749, 1753, 1792-1, 2483. Vid. Convenciones matrimoniales.

Caución 46, 89, 90, 156, 252, 375, 436, 755, 775-777, 803, 813, 932, 956, 1091, 1140, 1240, 1254, 1292, 1296, 1315, 1374, 1447, 1496, 1603, 1634, 1658, 1749, 1759, 1792-3, 2193, 2369, 2391

Causa, elemento de los actos jurídicos 1367, 1404, 1445, 1467-1468
- Causa real 1467
- Causa lícita 1445, 1467-1468, 1682, 1687, 2057
- Causa del contrato 1455
- Causa onerosa 1367, 1404, 1423

Causa como suceso que origina un resultado 79, 371, 459, 468, 748, 783, 805, 928, 1005, 1018, 1068, 1156, 1346, 1423, 1603, 1727, 1771, 1792-25, 1839, 1843, 1847, 1850-1851, 1928, 1930, 1958, 1960, 1992-1993, 2019, 2067, 2158, 2167, 2173, 2213, 2270, 2347, 2426, 2477, 2482
- Causa grave 416, 1423, 1992-1993, 2072
- Causa como evento preestablecido en el derecho 140, 155, 242, 267-268, 445, 509, 512, 525, 532, 539, 551, 559, 667-668, 743, 757, 962, 969-973, 1005-1006, 1012-1013, 1105, 1144, 1208-1209, 1278, 1323-1325, 1348, 1429, 1545, 1586, 1626, 1685-1686, 1721, 1727, 1763, 1786, 1993, 2067, 2072, 2172-2173, 2459, 2469-2470, 2472, 2475, 2509
  - Causa al divorcio o separación 172, 174-175
  - Causa de matrimonio 1727, 1786, 1788-1792
  - Causa de error 667-668, 1455
  - Causa de dolo 1117, 1748
  - Causa de lesión 1348
  - Justa causa 468
  - Causa como título 1736, 1792-8
  - Causa de evicción 1843, 1851, 1930
  - Causa de utilidad pública 1960
  - Causa de prelación 2469-2470, 2472, 2488
- Causa como antecedente del consentimiento 79, 112, 115, 393, 402, 404, 416, 1367, 1404, 1423, 1455
  - Causa onerosa 1367, 1404, 1423
- Causa como origen de perjuicios 142, 551-2, 581, 1742, 1748, 1792-21, 1855, 1928, 1930, 1933, 2093, 2243, 2253
  - Causar daños 809, 1742, 2243, 2308, 2318-2319, 2324-2329
  - Causar con dolo o culpa 1748, 2093
- Conocimiento de causa 79, 138, 150, 156, 254, 268, 392, 397, 401, 484, 757, 1236, 1615, 1759, 1770

Causa en sucesión hereditaria 145, 203, 219, 334, 336, 556, 588, 751, 773, 953, 959, 994, 1087, 1136, 1182, 1210, 1415, 1463, 1743, 1765, 1792-5, 2274

Causa como proceso judicial 3, 445

Censo 393, 395, 579, 647, 686, 697, 757, 1125, 1135, 1384, 1395, 1408, 1491, 1721, 1801, 2022-2052, 2258, 2279-2283, 2480, 2512
- Definición 2022
- Constitución 2023-2027

Predio 2024, 2036
  Capital 2025, 2037
  Canon 2026, 2028, 2032-2036
  Solemnidades 2022, 2027
  Plazo 2029
  Pacto de no enajenar 2031
  Redención 2029-2030, 2038-2040, 2280
  Extinción 2041
  Prescripción 2042
  Transmisión 2043-2052
  Censo vitalicio 2279-2283

Cesión de bienes 1586, 1614-1624, 1626, 2354, 2467-2468; COT 154; L. 20720
  Definición 1614
  Requisitos 1615-1616
  Aceptación y excepciones 1617; COT 154
  Bienes comprendidos 1618
    Bienes inembargables 1618, 1624, 2469; CPC 445
  Efectos 1619, 1621-1622, 1626
    Administración 1586, 1621
    Acuerdos 1622
    Acreedores privilegiados 1622
    Terceros interesados 1623, 2354
    Beneficio de competencia 1626
    Acciones paulianas 2467-2468
  Retractación 1620

Cesión de derechos 1901-1914
  Cesión de crédito 699, 1611, 1636, 1659, 1901-1908
    Entrega del título 699, 1901
    Notificación al deudor 1659, 1902-1903, 1905
    Aceptación del deudor 1659, 1902, 1904, 1905
    Cauciones 1906
    Responsabilidad del cedente 1907
    Títulos de crédito 1908
  Cesión del derecho de herencia 1407, 1463, 1801, 1898, 1909-1910
  Cesión de derecho litigioso 1636, 1911-1914

Cláusula penal 99, 1472, 1535-1544, 1647, 1701
  Definición 1535
  Nulidad 1536
  Efectos
    Qué se puede demandar 1537
    Mora 1537, 1538
    Cumplimiento parcial 1539
    Divisibilidad 1540
    Garantizada con hipoteca 1541
    Cláusula penal y perjuicios 1542-1543
    Cláusula penal enorme 1544
    Novación 1647
    Obligación natural 1472

Comodato o préstamo de uso 2174-2195
  Definición 2174, 2194-2195
  Prueba 2175
  Derechos comodante 2176, 2180, 2183, 2186, 2188, 2190
  Derechos comodatario 2177, 2188, 2191-2193
  Obligaciones comodatario 2178-2187, 2189-2191
  Precario 2194-2195

Comunidad 2285, 2304-2313
  Definición 2304
  Derechos de los comuneros 2305
  Obligación a deudas comunes 2306-2307
  Daños a terceros 2323
  Deberes respecto a comunidad 2308-2309
  Extinción de comunidad 2312-2313
  Comunidad inmobiliaria L. 19537

Compensación 335-336, 759, 801, 1423, 1435, 1513, 1520, 1567, 1655-1664, 1792-2, 1792-19, 2070, 2093, 2234, 2443
- Definición 1655
- Requisitos 1656-1657
- Efectos 1513, 1567, 1660-1661, 1663-1664
  - Compensación y solidaridad 1520, 1657
  - Compensación y fianza 1657, 2354
  - Compensación y mandato 1658
  - Compensación y cesión de crédito 1659, 1902, 1904
  - Compensación en participación en gananciales 158, 1792-2, 1792-19
  - Compensación en sociedades 2070, 2093
  - Compensación en depósito 1662, 2234
  - Compensación y comodato 1662
  - Compensación en anticresis 2443
  - Compensación de alimentos 335-336, 1662
  - Compensación de restitución y mejoras 759, 801, 1662
  - Compensación y donación 1423, 1435

Compraventa 1793-1896
- Definición 1793-1794
- Capacidad 1795-1800
  - Incapacitad entre cónyuges 1796
  - Incapacidad entre padres e hijos 1796
  - Administradores de establecimientos públicos 1797
  - Empleado público 1798; COT 321
  - Tutores y curadores 1799
  - Mandatarios y síndicos 1800
- Requisitos 1801
  - Cosa 1793, 1801, 1810-1819, 1831-1833
    - Bienes accesorios 571, 1801
    - Venta de cosas de enajenación prohibida 1464, 1810
    - Venta de todo el patrimonio 1811
    - Venta de cuota 1812
    - Cosas que se espera que existan 1813
    - Cosas que se cree existentes 1814
    - Venta de cosa ajena 672, 682, 898, 1815, 1818-1819
    - Cosa propia 1816
    - Venta de una cosa a dos personas 1817
    - Venta de género 1821-1822, 1835
      - Venta de cabida 1831-1834
    - Riesgo de pérdida 1820-1821
  - Precio 1793, 1801, 1808-1809
    - Determinación 1808-1809
  - Solemnidades 1801-1802, 1909
    - Arras 1803-1805, 1875
  - Modalidades 1807
    - Venta condicional 1807
      - Riesgo y condición 1820
    - Venta a prueba 1823; C.Com. 132
    - Venta a plazo 1826
  - Retractación 1802-1805
- Obligaciones 1793, 1806
  - Del vendedor 1793, 1806, 1824-1870
    - Impuestos 1806
    - Entregar 1824-1836
      - Retardo 1826
      - Mora del acreedor 1827
      - Accesorios 1829-1830
    - Saneamiento 1824, 1837-1870
      - De la evicción 1837-1856, 1872
        - Definición 1838

Causa anterior a la venta 1839, 1843
Indivisibilidad de acción de saneamiento 1840
Pacto de no responder por evicción 1842, 1852
Ventas forzadas 1851, 1865
Citación de evicción 1841, 1843-1845; CPC 584-587
Alcance de obligación 1847-1855
Restitución de cosa parcialmente evicta 1853-1854
Cesación de obligación 1846
Prescripción 1856
Vicios redhibitorios 1837, 1857-1870; L. 19496 3, 3 bis, 14, 19-24
Definición 1857-1858
Pactos sobre vicios redhibitorios 1859, 1863
Efectos 1860-1862, 1864-1865
Acción rescisoria 1860-1862, 1864-1866
Rebaja del precio 1860, 1867-1870
Del comprador 1793, 1871-1880
Pagar el precio 1793, 1871; L. 18010, 2, 8, 10
Cuándo debe pagarse 1872
Mora del comprador 1873
Condición resolutoria tácita 680, 1489, 1873-1877
Terceros poseedores 1490-1491, 1876
Pacto comisorio 1877-1880
Pacto de retroventa 680, 733, 1490-1491, 1881-1885
Pacto de mejora del precio 1886
Libertad de establecer pactos 1887
Lesión enorme 1836, 1888-1896
Definición 1889
Efectos 1890, 1894-1895
Excepciones 1891
Pacto de excluir la lesión 1892
Extinción de acción de lesión 1893, 1896

Condición 1070-1088, 1473-1493
Definición 1070, 1473
Clasificación
Positivas y negativas 1474-1476, 1482
Potestativa, casual y mixta 1477-1478
Suspensiva y resolutoria 1479-1480, 1487-1490
Condición resolutoria táctica 1489, 1590, 1873-1874, 1877-1879; CPC 310
Condición en asignaciones y en contratos 1070, 1481, 1493
Elementos
Futureidad 1071-1072, 1081-1083
Incertidumbre 1081, 1083-1086
Existir al tiempo de cumplirse 737, 1084-1085, 1088, 1390
Condición imposible 1475-1476, 1480-1481
Condición prohibida 1073-1077, 1475-1476, 1480
Condición ininteligible 1475, 1480
Estados de condición
Pendiente
Derechos del acreedor condicional 761, 1078
Pago antes de verificarse condición 1485, 1495

Muerte del acreedor condicional 762, 1078, 1492
Acrecimiento mientras pende condición 750
Frutos mientras pende la condición 749, 1078
Pérdida de la cosa 1486
Cumplida 1481-1488
Mejoras 756, 759, 1486
Frutos 1078, 1090, 1488
Responsabilidad por deterioros 758, 760, 1486
Hipotecas y gravámenes 757, 1486
Fallida 1481-1482
Plazo para tenerse por fallida 739, 1482, 1885
Enajenación y transmisión de especie bajo condición 751, 1403, 1432, 1490-1491, 1876

Confusión 1357, 1567, 1665-1669
Definición 1665
Efectos 1666-1669
Confusión parcial 1357, 1667
Confusión y solidaridad 1668
Confusión y fianza 1666, 2383
Confusión y beneficio de inventario 1669
Confusión y servidumbre 885

Contrato o convención 1437, 1438
Clasificaciones
Contrato unilateral o bilateral 1439, 1489, 1552
Contrato gratuito u oneroso 556, 793, 966, 1106, 1440-1441, 1725, 1729, 1736, 1739, 1792-8, 1792-10, 1907, 1909, 1962, 2264, 2303, 2404, 2468
Contrato conmutativo o aleatorio 1441; Vid. Contratos aleatorios
Contrato principal o accesorio 1442
Contrato real, solemne o consensual 1443
Contrato, elementos de la esencia, naturaleza y accidentales, 1444
Elementos esenciales 1445
Capacidad 1445, 1446, 1447. V. Capacidad
Consentimiento 578, 1437, 1445, 1545, 1754-1755, 1792-3, 1952, 2284
Representación 1448-1450; C.Com. 106 V. Representación.
Estipulación en favor de un tercero 1449, 1536
Promesa por otro 1450, 1536, 2160, 2290
Formación del consentimiento C.Com. 97-106. V. Formación del consentimiento
Lugar de celebración C.Com. 104
Vicios del consentimiento 1451-1459
Error 1452-1455 V. Error
Fuerza 1456-1457 V. Fuerza
Dolo 1458-1459 V. Dolo
Objeto 1445, 1460-1466, 1468. V. Objeto
Causa 1445, 1467-1468. V. Causa
Solemnidades
Interpretación de los contratos 1069, 1560-1566 V. Interpretación

Contratos aleatorios 1441, 2258-2313

Contrato de promesa 1554, 1787

Convenciones matrimoniales
Capitulaciones matrimoniales 152-153, 167, 1406, 1715-1717, 1720-

1722, 1725, 1727, 1740, 1749, 1753, 1792-1, 2483
Definición 1715
Solemnidades 1715-1716, 1722
Objeto 152-153, 167, 1715, 1717, 1740
Renuncia a gananciales 1719, 1753
Pactar otros regímenes matrimoniales 152-153, 167, 1720, 1792-1
Donaciones 1406
Menor de edad 1721
A falta de capitulación 1718
Convención matrimonial para substituir sociedad conyugal 1723
Sociedad conyugal
Régimen legal 1718
Renuncia a gananciales 1719

Cosa ajena 672, 682-683, 898, 915, 1106-1109, 1344, 1423, 1575, 1815, 1818-1819, 1916, 2390-2391

Cosas corporales 565-575, 582, 684-685, 715, 890, 901, 1127, 1264, 1810, 1916, 2211, 2215, 2498

Cosa futura 1113, 1461, 1813, 2419

Cosas incorporales 565, 576-581, 583, 715, 1127, 1264, 1810, 1916

Costumbre 2, 1188, 1198, 1395, 1546, 1563, 1808, 1823, 1938, 1940, 1944, 1951, 1954, 1986, 1997, 2117, 2139; C.Com. Arts. 4, 5 y 6

Costumbres (malas o buenas) 539, 1461, 1467, 1475, 1717

Cuasicontratos 578, 1437, 2120, 2238, 2284-2313
Definición 578, 1437, 2284

Culpa 44, 155, 175, 256, 257, 391, 423, 497, 531, 539, 541, 758, 774, 787, 788, 900, 906, 994, 1093, 1182, 1258, 1260, 1299-1300, 1329, 1346, 1486, 1496, 1502, 1504, 1506, 1521, 1526, 1533, 1547, 1590, 1626, 1671-1672, 1677-1679, 1680, 1748, 1771, 1790, 1826-1827, 1846, 1855, 1862, 1875, 1883, 1925-1926, 1932, 1935, 1940-1941, 1945, 1947, 1961, 1975, 2000, 2018, 2035, 2083-2084, 2093, 2101, 2129, 2157-2158, 2178-2179, 2219, 2222, 2224, 2235, 2239, 2242, 2284, 2288, 2308, 2326, 2328, 2351, 2381, 2394, 2483
Culpa Grave 44, 257, 423, 497, 539, 541, 1300, 1547, 1680, 1748, 1771, 1827, 2035, 2179, 2222, 2288
Culpa leve 44, 256, 391, 551-2, 1260, 1299, 1329, 1547, 2083, 2093, 2129, 2179, 2219, 2239, 2288, 2308, 2351
Culpa Levísima 44, 427, 1547, 2178, 2288

Curador: Véase guardas

Custodia: Véase derechos y obligaciones entre padres e hijos

Daño emergente: Vid Perjuicios

Daño Moral: Vid Perjuicios

Delación y transmisión de la herencia 956-958, 1153, 1226
Llamamiento condicional 956

Delito civil 1437, 1748, 2284, 2314, 2317-2319, 2321, 2325, 2449

Delitos y cuasidelitos 1437, 1748, 2284, 2314-2334
Definición 2284

Obligación de indemnizar 2314, 2316, 2329
Pluralidad de autores 2317
Responsabilidad del ebrio 2318
Responsabilidad por hecho ajeno 2319-2322, 2325
Responsabilidad por hecho de cosas 934, 2323, 2326-2328
Responsabilidad profesional 2324
Presunción de responsabilidad 2329
Imputaciones injuriosas 2331; L. 19733 16-25, 29-35, 39-42
Capacidad delictual 2319
Derecho a pedir indemnización 2315
Daño con imprudencia de víctima 2330
Prescripción 2332
Acción popular 2333-2334

Delito penal 115, 272, 497, 544, 551, 555, 843, 948, 1208, 1231, 1329, 1617, 2314, 2449

Depósito y secuestro 2211-2257
Definición 2211, 2215, 2236, 2249
Perfeccionamiento 2212-2213
Depósito propiamente tal 2214-2248
Error in personam 2216
Otorgamiento por escrito 2217
Capacidad 2218
Gratuidad y remuneración 2219
Facultad de uso 2220
Depósito de dinero 2221, 2228; L. 18010, 1
Responsabilidad depositario 2222
Respetar los sellos 2223-2224
Obligación de restituir 2226-2234
Mora de restituir 2230
Obligaciones depositante 2235
Depósito de confianza 2225
Depósito necesario 2236-2248
Secuestro 2214, 2249-2257; CPC 290-292

Derechos de autor y propiedad intelectual 584; L. 20243; L. 17336; DS 213 de 2013; C. Paris; TRIO Audiovisuales; C. Berna de Obras Literarias; C. Universal sobre Derechos de Autor; CI sobre Artistas e Intérpretes; Convención Interamericana sobre el Derecho de Autor en Obras Literarias Científicas y Artísticas; Convención que establece la Organización Mundial de la Propiedad Intelectual; TLC USA art. 9.16, 10.5, 10.9, 10.27, 15.5, 16.9, 17, 22.1; TLC Unión Europea 32

Derecho legal de retención 252, 1942, 2162, 2193, 2234, 2392, 2466; L. 18101, 9; CPC 597-600; C. Comercio 287-288; L. 20720, 141, 153, 160

Derechos personales 142, 576, 578-579, 580, 699, 1618, 1901-1908, 2027, 2042, 2414, 2425, 2430, 2465

Derechos personalísimos 252, 819, 1618

Derechos reales 94, 576-577, 579, 580, 582, 670, 687, 693, 697, 718, 764, 811, 891, 902, 916, 1125, 1895, 2438, 2466, 2483, 2498, 2505, 2512-2513

Derechos y obligaciones entre padres e hijos 222-242, 1437; L. Matrimonio Civil 36
Interés superior del hijo 222, 225, 226, 242; L. Matrimonio Civil 3; DS 830 de 1990 MRE que promulga la Convención de Derechos del Niño 3, 20

Cuidado personal del hijo 203, 219, 224-229, 235, 237, 239, 241, 245, 428-430, 438, 457-458; L. Registro Civil 6; L. Matrimonio Civil 21, 23, 31; DS 830 de 1990 MRE que promulga la Convención de Derechos del Niño 9, 18
Visitas 225, 229 hasta 229-2; L. Matrimonio Civil 21, 23, 31 DS 830 de 1990 MRE que promulga la Convención de Derechos del Niño 9
Alimentos 134, 160, 230-233, 321, 323-324, 326, 332; L. Matrimonio Civil 21, 23, 31; DS 830 de 1990 MRE que promulga la Convención de Derechos del Niño 27
Corrección 234, DS 830 de 1990 MRE que promulga la Convención de Derechos del Niño 2, 3, 5, 12-16, 19
Educación 236-237, 428-430, 438 DS 830 de 1990 MRE que promulga la Convención de Derechos del Niño 28-29
Abandono de hijos 238, 240, 271, 324

Desheredamiento 114, 250, 987, 1200-1201, 1207-1211, 1217, 1330, 1626

Dignidad para suceder 961, 968-979, 987, 1144, 1190, 1200-1201, 1277, 1300, 1329-1330, 1428

Divorcio: Vid. Matrimonio

Dolo 44, 257, 328, 387, 423, 787, 897, 968, 1117, 1208, 1234, 1237, 1300-1301, 1351, 1451, 1458-1459, 1465, 1558, 1662, 1680, 1685, 1691, 1748, 1768, 1771, 1782, 1827, 2035, 2218, 2242, 2260-2261, 2288, 2302, 2316-2317, 2332, 2354, 2453, 2459, 2483
Definición 44, 2261
Vicio en actos 257, 968, 1117, 1208, 1234, 1237, 1351, 1451, 1458, 1465, 1685, 1691, 1782, 1842, 2260-2261, 2302, 2354, 2453, 2459,
Presunción 143, 706, 1459, 2510
No aprovecharse del propio dolo 387, 1685
Elemento de responsabilidad 257, 328, 423, 787, 897, 1300-1301, 1558, 1680, 1748, 1768, 1771, 1827, 2035, 2218, 2242, 2288, 2302, 2316-2317, 2332, 2483

Domicilio 15, 58-73, 81, 95, 103, 200, 225, 310, 447, 455, 497, 514, 548, 548-2, 690-691, 955, 1009, 1012, 1016, 1023-1024, 1028-1029, 1037, 1039, 1046, 1588-1589, 1602, 2350, 2432

Dominio o propiedad 582-588; CPR19 Nº 21, 23, 24; C. Bustamente 117
Dominio 150, 385, 407, 577, 582, 585, 588, 589, 591, 593, 605-607, 623-624, 630, 641, 652, 656, 658, 663, 670-671, 675, 677, 679-680, 682-683, 684, 686, 687, 689, 693, 698, 702-703, 706, 714, 725, 732, 845, 889, 891, 893, 894, 895, 898-900, 902, 922-923, 925, 1108, 1231, 1317, 1819, 1837, 1874, 2033, 2185, 2197, 2323, 2359, 2406, 2466, 2498, 2510, 2512
Propiedad 44, 141, 148, 253, 256, 258, 382, 551-1, 561, 582-584, 599-600, 602-603, 624, 640, 642, 665, 703, 733, 736-737, 739, 748-749, 751, 752-753, 760-761, 765, 771, 773, 779-780, 806, 858, 893, 1079, 1084, 1105, 1144, 1164, 1205, 1317, 1319, 1331, 1337, 1368, 1408, 1419, 1464, 1575, 1618-1619, 1729, 1736, 1754, 1788, 1792-8, 1958, 1961,

2082, 2084-2085, 2102, 2178, 2406, 2418, 2474, 2481, 2504, 2513

Donación 115, 166, 172, 250, 255, 321, 337, 352, 398, 402-403, 445, 675, 677, 684, 693, 703, 766, 960, 1000, 1136-1146, 1185-1188, 1192, 1198, 1200-1202, 1210, 1217, 1386-1436, 1453, 1463, 1492, 1626, 1653, 1724, 1726-1727, 1732, 1735-1736, 1738-1739, 1742, 1749, 1786-1792, 1792-8, 1792-9, 1792-15, 1792-24, 2023, 2057, 2278, 2281-2282, 2299, 2483; L. 16271 de Impuesto a las Herencias, Asignaciones y Donaciones
- Entre vivos 1386-1436
  - Capacidad para donar 1387-1388
  - Incapacidad para recibir donaciones 1389-1392
  - Presunción de donación 1393, 1739, 2278, 2299
  - No hay donación 1394-1399, 1892
  - Donación de bienes raíces 1400
  - Insinuación 1401-1402, 1405-1407, 1410, 1434
  - Donación a plazo o condición 1403
  - Donación con causa onerosa 1404
  - Donación entre esposos o por causa de matrimonio 100, 1406, 1786-1792
  - Donación entre cónyuges 1137-1138
  - Donación a título universal 1407-1409, 1418-1419
  - Aceptación 1411-1414
  - Donación y reglas de sucesión 1415-1416
  - Donación y acreedores 1419-1421
  - Saneamiento de evicción 1422-1423, 1435
  - Resolución de donación 1200-1201, 1424-1425, 1432
  - Rescisión de donación 1426-1427, 1432
  - Revocación de donación 1428-1432
  - Donación remuneratoria 1396, 1433-1436, 1738, 1792-9
- Donaciones revocables 960, 1000, 1136-1146, 1185, 1200-1201, 1218, 1739
- Donación y testamento 1000
- Donación entre cónyuges 1137-1138

Ejecutores testamentarios 1270-1310; L.G. Bancos 86 Nº 5
- Inhabilidades para ser albacea 497-498, 1272, 1275
- Aceptación y rechazo 971, 1276-1278
- Transmisibilidad y delegabilidad 1279-1280
- Responsabilidad y funciones 394, 412, 1281-1301
- Remuneración 1302
- Duración 1303-1306, 1308
- Terminación 1307-1308
- Remoción 1300
- Cuenta 1309-1310
- Albacea fiduciario 1311-1316

Enajenación
- Prohibiciones 254, 334, 336, 393, 751-752, 819, 1126, 1464, 1682, 1964, 2031, 2415; Reglamento del CBR 59
- Limitaciones 142, 393, 751-752
- Enajenación de cuota 1320, 1812, 1909-1910, 2417

Error 386, 667-668, 676-678, 706, 1057-1058, 1351, 1451-1455, 1691, 1713, 1782, 2216, 2295, 2297, 2299, 2456-2459
- Error de Hecho 706, 1057-1058, 1453, 1454, 1455, 1713, 2216

Error de Derecho 7, 8, 706, 1452, 2297, 2299
Error in nomine 1057, 1455, 2216, 2456
Error en la tradición 676-678
Error en la asignación 1057-1057
Error vicio del consentimiento 1452-1455
Error in rem 676, 1453, 1782, 2457-2459
Error in causam 676, 677, 706, 1453
Error in substantiam 386, 1454, 2216, 2458
Error accidental 1454
Error in personam 676, 1057, 1455, 2216, 2456
Error en mandatario 678
Plazo para pedir nulidad por error 1691
Justa causa de error 667

Equidad Natural 24, 1734

Esponsales 98-101, 113, 1406, 1715, 1786-1788, 1790, 1792-1, 1792-11

Evicción 1345-1346, 1423, 1435, 1792-22, 1837-1856, 1916, 2085, 2382; CPC 584-587

Fianza 46, 148, 155, 252, 374-376, 404, 1091, 1315, 1380, 1472, 1647, 1660, 1666, 1740, 1906, 1945, 1957, 1968, 1979, 2335-2383, 2430
Definición 46, 1442, 2335
Tipos 2336
Fianza judicial 2336, 2337; CPC 235, 279, 773, 814, 855-857
Substitución de la fianza 2337
Obligación principal 1472, 2338-2339, 2346
Fianza y límites 2343-2344, 2347
Fianza y deudor principal 2345, 2348-2350, 2375
Fianza a plazo o condición 2340
Fianza remunerada 1397, 2341
Fianza de incapaces y mujer casada en sociedad conyugal 2342
Suficiencia del fiador 2350
Responsabilidad fiador 2351
Transmisibilidad fianza 2352
Efectos entre acreedor y fiador 2353-2368
Facultad de pagar 2353
Excepciones del fiador 2354-2355, 2496
Requerimiento para proceder contra deudor principal 2356
Beneficio de excusión 2357-2366; CPC 464 N° 5
Pluralidad de fiadores 2367-2368
Efectos entre fiador y deudor 2369-2377
Derecho a relevo, caución o consignación 2369
Acción de reembolso 2370-2375
Acción subrogatoria 2372, 2374
Pago sin aviso al deudor 2376-2377
Efectos entre cofiadores 2378-2380
Extinción de la fianza 2381-2383

Filiación 33, 37, 179-242, 305, 309, 315-320, 324, 357, 368
Determinada o no determinada 33, 111, 179-221, 224, 249
Determinación de filiación 180-221, 248, 248-249, 317
Determinación filiación matrimonial 179-180, 184-185, 194, 204, 212-215; L. Matrimonio Civil 51
Presunción paternidad 184, 210, L. Matrimonio Civil 37

Determinación filiación no matrimonial 109, 179-180, 186-193, 205, 216, 248-249, 324, 357, 368, 448; L. Registro Civil 6
Determinación maternidad 183, 217-219, 248-249
Determinación de filiación contra la voluntad del padre o madre 203, 247, 324, 357, 368, 448, 462, 1182; L. Registro Civil 6
Reconocimiento de hijo 183, 186-190, 194, 216, 368; L. Registro Civil 6, 32
Repudiación del reconocimiento 191-194; L. Registro Civil 6
Nulidad del reconocimiento 202; L. Registro Civil 6
Acción de reclamación de filiación 195-210, 316-320
Posesión de calidad de hijo 200-201, 312
Acción de impugnación de filiación 208, 211-221
Hijo póstumo 206, 213, 485, 538,

Firmar, so saber o poder 1018, 1042

Formación del consentimiento 578, 1437, 1445, 1545, 1952, 2284; C.Com. 97-106; L. 19496, 12A
Oferta C.Com. 97-98
Verbal C.Com. 97
Escrita C.Com. 98
Retractación C.Com. 99-100
Oferta a persona indeterminada C.Com. 105
Aceptación C.Com. 97-98, 101-102
Aceptación condicional C.Com. 102
Aceptación tácita 192, 1230, 1241, 1244, 1278, 1449, 1610, 1904, 2123-2124; C.Com. 103
Plazo para aceptación C.Com. 97-98

Fuerza Mayor o Caso Fortuito 45, 652, 788, 799, 934, 1547, 1558, 1590, 1672-1674, 1676, 1687, 1925-1927, 1970, 1983, 2015-2016, 2020, 2150, 2152-2153, 2178, 2230, 2242,

Fuerza 1007, 1456-1457, 1662, 1691, 2354, 2453

Fuentes de las obligaciones 578, 1437, 2284

Frutos 89, 166, 252, 256, 431-432, 467, 471, 526, 529, 532-538, 540, 571, 644-648, 685, 749, 776, 777, 781, 790, 794, 819, 899, 900, 907, 913, 943, 956, 974, 1078, 1090, 1205, 1266, 1338-1339, 1423, 1426, 1435, 1488, 1619, 1687, 1709, 1724-1725, 1736, 1737, 1753, 1772, 1792-9, 1801, 1816, 1845, 1847, 1853, 1875, 1890, 1910, 1917, 1942, 1956, 1960, 1983, 2028, 2082, 2229, 2310, 2403, 2423, 2435, 2442-2443
Naturales 643, 644-646, 648, 781, 907, 1423, 1816, 1917
Civiles 643, 647-648, 790, 907, 1423, 1816
Pendientes, 536, 645, 647, 1857, 1960
Percibidos 645, 647, 907, 1078, 1338, 1488, 1772, 1845, 2423,

Guardas 248-249, 253, 258, 260, 338-539; L.G. Bancos 86 Nº 4; CPC 838-857, 891
Curador adjunto 344, 348, 350, 352, 360, 372, 492-493; CPC 851

Curador especial 124-125, 155, 345, 416, 494-495; CPC 852
Curador ad litis 263-265, 494-495
Curador Interino 371, 375, 500, 525, 532, 543
Generales 341-342; L.G. Bancos 86 Nº 4
Tutela de impúber 235, 248-249, 253, 258, 267, 273, 341, 355, 366, 428-434, 436; DS 830 MRE que promulga la Convención de Derechos del Niño 23; L.G. Bancos 86 Nº 4
Curaduría de menores 235, 248-249, 253, 258, 260, 267, 273, 342, 355, 366, 369, 435-441, 458-459 DS 830 MRE que promulga la Convención de Derechos del Niño 23; L.G. Bancos 86 Nº 4
Curaduría por prodigalidad 342, 355, 442-455
Curaduría por demencia 191, 342, 355, 456-468, 1758-1763; CPC 843; L.G. Bancos 86 Nº 4
Curaduría del sordo o sordomudo 191, 342, 355, 449, 457, 458, 462, 463, 464, 469-472; L.G. Bancos 86 Nº 4
Curaduría de bienes 343, 356, 473-491, 538, 749, 1232
Curaduría del ausente 109, 343, 473-480, 538, 1232, 1326; CPC 844-848; COT 366-369
Curaduría del que está por nacer 74-77, 343, 356, 485-486, 538; CPC 850
Curaduría de la herencia yacente 343, 481-484, 538, 1240, 1295-1296; CPC 849
Administración 487-490, 538; CPC 891
Término 249, 491
Guarda testamentaria 353-366, 451, 469
Guarda legítima 353, 366-369, 442, 448, 469; CPC 838-839
Guarda dativa 353, 370-372, 437, 442, 448, 469, 48, 494; CPC 840
Incapacidad para ser tutor o curador 496-513; 524-525, 531, 539
Excusas para ser tutor o curador 496, 514-523, 524-525, 530
Diligencias y formalidades previas
Discernimiento 372-377, 436; CPC 853-857
Inventario 378-389, 436, 539
Administración 390-427, 533, 539-540
Prohibición de autocontratación 412, 1799
Responsabilidad 391, 419-421, 423-424, 539
Venta de bienes 393-395; CPC 891
Aceptación, repudio y división de herencias 396-399, 401, 722, 1236, 1250, 1322, 1327
Realizar donaciones 402-403
Fianza 404; CPC 891, 2342
Arrendamiento 407; CPC 891
Transacciones y compromisos 400; CPC 891
Expiración del cargo y cuenta 417-418, 422-424
Prescripción de acciones del pupilo 425
Agencia oficiosa 426-427
Incapacidades y excusas para ser tutor o curador 496-525, 531, 539
Incapacidad 496-513, 539
Excusas 514-523, 530
Remuneraciones del tutor o curador 526-538
Remoción de tutores y curadores 539-544

Inscripción en CBR 686-697, 724, 728-730, 735, 2409; Reglamento del CBR 52-59
- Tradición de bienes raíces 686-687, 696-697, 1400, 1491; Reglamento del CBR 52, 61
- Propiedad fiduciaria 735, 1491
- Posesión de la herencia 688, 696-697; Reglamento del CBR 52, 55
- Adquisición por prescripción 689
- Formalidades de la inscripción 690-695, 697; Reglamento del CBR 54-87
- Subinscripciones y cancelaciones Reglamento del CBR 88-92
- Posesión inscrita 724, 728-730

Heredad inundada 653, 808, 2502

Herencia 951, 954, 956-957, 1066, 1097-1103, 1142, 1145
- Heredero universal, de cuota y del remanente 1098-1102

Herencia yacente 343, 481-484, 538, 1240; CPC 849

Hipoteca 46, 88, 94, 155, 376, 393, 395, 517, 577, 686, 697, 756-757, 1135, 1365-1366, 1368, 1380, 1384, 1397, 1432, 1472, 1491, 1526, 1541, 1607, 1610, 1612, 1617, 1622, 1642-1644, 1647-1649, 1654, 1660, 1721, 1740, 1779, 1895, 1906, 1957, 1962, 2037, 2078, 2096, 2143, 2337, 2344, 2350, 2357, 2359, 2407-2435, 2439, 2441, 2468, 2470, 2477-2480, 2516
- Definición 577, 2407
- Indivisibilidad de hipoteca 1526, 2408
- Solemnidades 2409-2411
- Solemnidades inscripción hipotecaria 2410, 2432-2433, Reglamento CBR 81
- Nulidad y ratificación 2412
- Tradición 686, 2410-2412, 2332-2433; Reglamento del CBR 52
- Hipoteca bajo plazo o condición 2413
- Hipoteca y contrato principal 46, 1442, 1472, 1607, 1642, 2413, 2431
- Facultad para hipotecar 393, 395, 671-672, 1464, 2143, 2390, 2414
- Facultad de enajenar bienes hipotecados 2415
- Bien hipotecado 2416-2423
  - Derecho eventual o limitado 1491, 2416
  - Cosa común 2417
  - Bienes futuros 2419
  - Bienes raíces y accesorios 2418, 2420-2423
- Derechos acreedor hipotecario 2424-2428; CPC 492
- Derechos deudor hipotecario 2426, 2429-2430
  - Abandono 2426
  - Subrogación 2429
  - Lesión 2431
- Extinción 1607, 1642, 1654, 2406, 2434, 2516

Incapacidad: Vid. Capacidad

Incapacidad absoluta: Vid. Capacidad

Incapacidad relativa: Vid. Capacidad

Incapacidades especiales: Vid. Capacidad

Indivisibilidad 1340, 1354, 1356, 1358-1359, 1365, 1524-1534, 1540, 1548, 1840, 2405, 2408
- Definición 1524
  - Indivisibilidad y solidaridad 1525
  - Casos de indivisibilidad 1526
    - Hipoteca y prenda 1365, 1526 N1, 2405, 2408

Entrega de especie o cuerpo cierto 1526 N2, 1548
Establecido en contrato, partición o testamento 1340, 1354, 1356, 1358-1359, 1526 N4
Cuando la división ocasiona perjuicios 1526 N5
Elección en obligación alternativa 1526 N6
Acción de saneamiento 1840
Efectos
Pago de la deuda 1527-1528, 1531
Interrupción de prescripción 1529, 2519
Solicitud de plazo para cumplir 1530
Remisión 1532
Acción de perjuicios 1533-1534
Cláusula penal 1540

Inmisiones 582, 856, 921, 937, 941, 948

Instrumentos: Vid. Prueba de las obligaciones

Interpretación
De la ley 3, 19-24
Del inventario 388
Del testamento 1066, 1069
De las donaciones 1416
De la condición 1483-1484
Del plazo 1494, 1593
De los contratos 1560-1566, 1828; L. 19496 16, 17
Del mandato 2148
De la fianza 2344

Interés superior del niño: Véase derechos y obligaciones entre padres e hijos

Inventario 86, 374, 378-389, 775; CPC 858-865

Juego y apuesta 1466, 2259-2263; L. 19995

Legado 951, 954, 956-957, 1066, 1104-1135
Objeto del legado 1104-1135
Legado de bien no comerciable 1105
Legado de cosa ajena 1106-1109
Legado de cuota 1110, 1124
Legado de especie 1111, 1114, 1116-1122, 1125
Legado de cosa con sus accesorios 1119-1122, 1125
Legado de género 1115, 1119
Legado de cosa fungible 1112
Legado de cosa futura 1113
Legado de universalidad de hecho 1123
Legado de derechos 1127
Legado de prenda 1128
Legado de condonación 1129-1130
Legado al acreedor 1131-1133
Legado de alimentos 1076, 1134
Destrucción y transformación del bien legado 1135
Prohibición de enajenar la cosa legada 1126

Legítimas y mejoras 1181-1206
Legítima 93, 127, 988, 996, 1103, 1167, 1181-1193, 1196-1207, 1210, 1216-1220, 1226, 1232, 1337, 1362-1363, 1463, 1724,
Mejoras 996, 1167, 1184-1187, 1191-1196, 1198-1199, 1201, 1203-1206, 1220, 1266, 1362-1363, 1463
Acervos imaginarios 1185-1189, 1205
Porción de libre disposición 1184, 1194, 1313

Lesión 1234, 1348-1353, 1836, 1888-1896, 2026, 2206, 2431, 2443
  En aceptación de asignación 1234
  Partición 1348
  Cláusula penal enorme 1544
  Compraventa 1836, 1888-1896
  Censo 2026
  Mutuo 2206
  Hipoteca 2431
  Anticresis 2443

Lex locus regit actum 17, 18, 955, 1027

Ley 1-25, 33, 42, 44, 47, 48, 50-53, 57, 70, 75, 98, 116, 132, 150, 152-153, 155, 165, 179, 195, 203, 234, 321, 332-333, 351, 353, 436, 496, 546-548, 551, 553, 555, 559, 574, 578, 582, 584-585, 593, 602-604, 606, 610, 646, 67, 683, 688, 707, 726, 747, 766, 78, 831, 843, 880, 952-953, 955-956, 959, 96, 979-981, 983, 985, 998, 1008-1010, 1027, 1068, 1077, 1103, 1137, 167-1168, 1171, 1181, 1212, 1216-1217, 1235, 1301, 1305-1307, 1315, 1317, 1322, 1332, 1335, 1362-1363, 1366, 1387-1389, 1393, 1437, 1446-1448, 1459, 1461-1462, 1466-1467, 1469-1470, 1475, 1488, 1494, 1511, 1545-1547, 1551, 1554, 1556, 1569, 1573, 1576, 1579, 1591, 1609-1610, 1656, 1660, 1681-1684, 1688, 1691, 1694, 1701-1702, 1713, 1717, 1731, 1740, 1791, 1792-15, 1795, 1801, 1810, 1866, 1898, 1908, 1916, 1920, 1950, 1976, 2026, 2054, 2059, 2103, 2105, 2117, 2124, 2131, 2133, 2203, 2206, 2218, 2226, 2263, 2268, 2284, 2314, 2334, 2336-2337, 2392, 2451, 2466, 2488, 2507
  Definición 1
  Efecto retroactivo de la ley 9; C.P.R. art. 19 Nº 3, 19 Nº 24; Ley de Efecto Retroactivo de la Ley
  Especialidad de la ley 4, 13, 54, 70, 322, 547, 584, 609, 611, 622, 695, 747, 1547, 1569, 1579, 1591, 1691, 1711, 1866, 1908, 2206
  Fraude a la Ley 11
  Ignorancia de la ley: véase error de Derecho
  Interpretación de la Ley 3, 5, 9, 13, 19, 20, 21, 22, 23, 24
  Legislador 3, 20
  Ley en el tiempo 6, 7, 8, 9
  Ley en el espacio 14-18, 955, 998, 1027-1029, 2411
  Promulgación de la Ley 1, 6, 7, 8
  Publicación de la Ley 7, 8
  Derogación 52-54

Limitación a división de bienes 751-753

Mala fe 143, 706-707

Mandato 2116-2173; C. Comercio 233-347
  Definición 2116; C. Comercio 233
  Gratuito o remunerado 2117, 2129, 2158; C. Comercio 239
  Mandato especial y general 2130
  Encargo 2119-2121, 2123
  Mandato y agencia oficiosa 2120, 2122, 2150
  Mandato solemne 103, 1749, 1754, 2123; CPC 6; C. Tributario 9
  Consenso 2123-2125
    Oferta 2123
    Aceptación 2124-2125; C. Comercio 243-245
  Pluralidad de partes 2126-2127
  Mandatario incapaz 2128
  Responsabilidad del mandatario 1582, 2129, 2147, 2149, 2152-2154, 2156-2157
  Administración del mandato 2131-2157; C. Comercio 245, 268

Ejecución del mandato 2131, 2134, 2147, 2149; C. Comercio 245, 268
Poderes del mandatario 2132-2133, 2135-2148, 2150, 2448; C. Comercio 269-271
Delegación 2135-2138; C. Comercio 261-267
Donación, aceptación del pago, transacción y otras facultades especiales 1582, 2139-2143, 2146
Autocontratación 412, 1799, 2144-2145; C. Comercio 271
Contratar a nombre propio 2151; C. Comercio 254-259
Rendición de cuenta 2155; C. Comercio 279-283
Responsabilidad del mandante por actos del mandatario 2151, 2160-2161; C. Comercio 254-255, 260
Obligaciones del mandante 2158-2159; C. Comercio 272-275
Derecho legal de retención 2162; C. Comercio 287-288
Terminación del mandato 2163-2173

Matrimonio 98, 100, 102-178; L. Registro Civil 4, 8, 37-41 ter, 51, 54; L. Matrimonio Civil
Derecho a contraer matrimonio L. Matrimonio Civil 1
Mandato para el matrimonio 103
Asenso al matrimonio 105-115
Posesión de estado civil de casado 310-313
Inhabilidades, limitaciones y prohibiciones al matrimonio 116, 124, 128; L. Matrimonio Civil 4-7
Consentimiento al matrimonio 1456-1457; L. Matrimonio Civil 8
Diligencias para la celebración del matrimonio L. Matrimonio Civil 9-16
Celebración del matrimonio 126, 129; L. Matrimonio Civil 17-19
Matrimonios celebrados por entidades religiosas L. Matrimonio Civil 20
Matrimonios celebrados en el extranjero 135, 1716, 1723; L. Matrimonio Civil 80-84
Segundas nupcias 113, 124-130
Obligaciones y derechos de los cónyuges 131-140, 155, 172, 174-178; L. Matrimonio Civil 26, 33, 54, 60
Derecho de sucesión recíproca L. Matrimonio Civil 35
Adulterio 33, 132, 172,
Concubinato 210
Hogar común 63, 133
Separación de hecho L. Matrimonio Civil 21-25, 55
Separación judicial 140, 155, 173; L. Matrimonio Civil 26-37, 55, 67-70
Reanudación vida en común 38-41, 55
Alimentos 134, 174, 321 L. Matrimonio Civil 21, 35
Incapacidades especiales de los casados 503; L. 14908 9
Término del matrimonio
Nulidad matrimonial: 127, 128, 143, 145, 1456-1457; L. Matrimonio Civil 8, 42, 44-52, 61-66
Muerte real 127, 145, L. Matrimonio Civil 42
Muerte presunta 127, 145, L. Matrimonio Civil 42-43
Divorcio 127-128, 145; L. Matrimonio Civil 53-70
Compensación económica L. Matrimonio Civil 61-66

Mayorazgos: Véase vinculaciones y mayorazgos

Menor de Edad 25, 26, 111-113, 116, 139, 150, 154, 191, 193, 241, 249, 262, 267-268, 273, 323, 342, 355, 366, 435-440, 458-459, 463, 500, 970, 1012, 1272, 1337, 1447, 1470, 1692, 1721, 1749, 1766, 1781, 1791-26, 2128, 2319-2321, 2509; DS 830 de 1990 MRE que promulga la Convención de Derechos del Niño 1
Infante 25, 26, 723,
Niño 25-26, 226, 234, 457, DS 830 de 1990 MRE, que promulga Convención de Derechos del Niño 1
Menor adulto 262, 342, 355, 437, 1447, 1470 Vid Tutela del menor
Impúber 25, 26 Vid Tutela del impúber
Interés superior del niño 222, 225, 226, 242, DS 830 MRE que promulga la Convención de Derechos del Niño 3, 20; L. Matrimonio Civil 3, 55
Mayor de edad 25, 26

Mera tenencia 714, 716, 719, 725, 730, 896, 928, 1264, 2510

Ministerio público 452, 514, 542, 1291, 1683-1684, 2036

Modo 1089-1096, 1192, 1404, 1416, 1723

Modos de adquirir el dominio 588; C. Bustamente 117, 140

Mora 1551-1553
Del deudor
Interpelación
Interpelación por plazo 1551, 1947, 1977
Interpelación tácita 1551
Interpelación judicial 1551
En contratos bilaterales 1489, 1552
Del acreedor 1548, 1598-1599, 1605, 1680, 1827
Mora y riesgo de pérdida 1521, 1547-1548, 1550, 1590, 1672, 1680, 1827
Mora de aceptar del tutor 521
Mora de aceptar o repudiar la herencia 1233
Mora de aceptar albaceazgo 1276

Mutuo o préstamo de consumo 2196-2210; L. 18010
Definición
Perfeccionamiento 2197; L. 18010, 1
Entrega sin facultad de enajenar 2202
Plazo 2200-2201; L. 18010, 13
Responsabilidad mutuante 2203
Pago anticipado 2204; L. 18010, 10
Intereses 2205-2209; L. 18010, 11-12, 14-19
Obligaciones del mutuo no dinerario 2198
Mutuo de dinero L. 18010; L. 19496 37-39C

Novación 1513, 1519, 1567, 1628-1651, 2461
Definición 1628
Novación y mandato 1629, 2132-2133; CPC 7
Requisitos 1630
Validez y eficacia de obligaciones a novar 1630, 1631, 1638-1639, 1651
Intención de novar 1634-1636
Tipos de novación 1631
Objetiva 1631, 1633, 1646-1651
Subjetiva 1631-1632
Por cambio de acreedor 1631-1632
Por cambio de deudor 1519, 1631-1632, 1635-1639, 1643

Efectos 1513, 1519, 1567, 1640-1648, 2461, 2470

Nulidad 10, 11, 127-128, 143, 145, 149, 202, 204, 377, 400, 465, 489, 510, 704-705, 966, 1003, 1006, 1026, 1073, 1107, 1138, 1204, 1301, 1348, 1351-1353, 1392, 1401, 1407, 1445, 1447, 1451-1469; 1478, 1536, 1567, 1578, 1681-1697, 1721-1722, 1749, 1754-1755, 1757, 1759, 1764, 1790, 1792-4, 1792-27, 1796, 1810-1811, 1842, 1876, 1964, 1998, 2028, 2057-2058, 2067, 2127, 2270, 2273, 2412, 2433, 2441, 2453-2460
Definición 1681
Absoluta 149, 377, 400, 465, 510, 966, 1003, 1006, 1026, 1073, 1107, 1138, 1204, 1301, 1401, 1407, 1447, 1460-1469, 1681-1683, 1687, 1721-1722, 1796, 1810-1811, 1842, 1998, 2028, 2270, 2441, 2454-2455
Quién puede alegarla 1683, 1685-1686
Plazo 1683
Relativa 143, 149, 202, 377, 400, 489, 704-705, 1007, 1107, 1351, 1447, 1451, 1453-1459, 1681-1682, 1684-1686, 1687-1688, 1691-1697, 1749, 1754-1755, 1757, 1759, 1792-4, 2127, 2412, 2453, 2456-2459
Quién puede alegarla 143, 1351, 1684-1686, 1792-4
Ratificación nulidad relativa 261, 672-673, 705, 1684, 1693-1697, 1736, 1792-8, 2375, 2412
Plazo 202, 1352-1353, 1691-1692, 1757, 1792-4
Efectos 10-11, 143, 704, 907, 966, 1006, 1468, 1536, 1567, 1578, 1687, 1689-1690, 1757, 2412, 2460
Efectos especiales de algunas nulidades 127-128, 143, 145, 149, 202, 204, 377, 489, 1026, 1204, 1468, 1536, 1687-1688, 1736, 1757, 1764, 1790, 1792-8, 1792-27, 2057-2058, 2122, 2412
Nulidad matrimonial 127-128, 143, 1764 N4, 1790, 1792-27; L. Registro Civil, 4

Objeto 1460
Objeto del contrato y obligación 578, 1438, 1445, 1460
Objeto del legado 1104-1135
Requisitos (existencia, determinación, inteligibilidad y posibilidad) 10, 1065-1066, 1111, 1112, 1114-1116, 1127, 1134, 1461, 1464, 1475-1476, 1480-1481, 1093, 1810, 1813-1814, 1816, 1907, 2067, 2339, 2405, 2452, 2454-2455
Objeto futuro 1113, 1813-1814
Objeto ajeno 1106-1109, 1815
Objeto de cuota 1110, 1320, 1812, 1909-1910, 2417
Objeto incomerciable 1105, 1464; C. Bustamente 178
Obligaciones alternativas 1117
Objeto ilícito 1314, 1462-1466, 1682, 1687, 1811, 1973, 2031, 2057, 2259, 2441, 2454
Contravención derecho publico 16, 1462, 1797; CPR 6-7; CPC 242-251; DL 2349 de 1978; C. Bustamente 175, 246, 318
Buenas costumbres 1061, 1073-1077, 1093, 1461, 1466, 1475, 1717, 2259; C. Bustamente 178
Derecho a suceder 1003-1004, 1059, 1204, 1463

Enajenación de cosas embargadas y especies litigiosas 1464, 1810
Condonación del dolo 1465
Contratos y pactos prohibidos 11-12, 1466, 1469, 1796, 1798, 1811, 1842, 1892, 1899; COT 321

Obligaciones 565, 576, 578, 1437-2524
Fuentes 578, 1437, 2284
Hecho voluntario 578, 1437, 2284
Contrato 1437
Cuasi contrato 1437, 2284. Vid cuasicontrato
Ley 578, 1437, 2284
Delito 1437, 2284
Cuasi delito 1437, 2284
Clasificaciones
Civiles y naturales 1470-1472, 2296, 2260. Vid. Obligaciones naturales
Obligaciones condicionales 1473-1493. V. Condición
Obligaciones modales 1089-1096, 1493
Obligaciones a plazo 1494-1498. V. Plazo
Alternativas 1117, 1499-1504, 1507, 1526, 1537, 1807, 1873-1874; C.Com. 143
Facultativas 1505-1507
De género 1115-1116, 1119, 1338-1339, 1461, 1508-1510, 1656, 2196, 2198, 2300. V. Obligaciones de género
Obligaciones solidarias 1511-1523. V. Solidaridad
Obligaciones simplemente conjuntas 1354-1355, 1511, 1526, 1540
Obligaciones divisibles e indivisibles 1524-1534 V. Indivisibilidad
Obligaciones con cláusula penal 1535-1544 V. Cláusula penal
Efectos 1545-1559
Autonomía de la voluntad 1545, 1887
Ejecución de los contratos 1546
Gradación de la culpa contractual 1547
Culpa Grave 44, 257, 423, 497, 539, 541, 1300, 1547, 1680, 1748, 1771, 1827, 2035, 2179, 2222, 2288
Culpa leve 44, 256, 391, 551-2, 1260, 1299, 1329, 1547, 2083, 2093, 2129, 2179, 2219, 2239, 2288, 2308, 2351
Culpa Levísima 44, 427, 1547, 2178, 2288
Caso fortuito y culpa 1547, 1550, 1672 V. Pérdida de la cosa debida
Cumplimiento de obligación de dar 1548, 1572, 1575
Especie o cuerpo cierto 1338 N1, 1526 N2, 1548-1549
Riesgo de pérdida 1547, 1550, 1670-1680 V. Pérdida de la cosa debida
Género 1115, 1338 N2, 1509, 1548
Cumplimiento de obligación de hacer 1553, 1572
Cumplimiento de obligación de no hacer 1555
Mora 1551-1553
Del deudor
Interpelación
Interpelación por plazo 1551, 1947, 1977
Interpelación tácita 1551
Interpelación judicial 1551
En contratos bilaterales 1489, 1552
Del acreedor 1548, 1598-1599, 1605, 1680, 1827

Mora y riesgo de pérdida 1521, 1547-1548, 1550, 1590, 1672, 1680, 1827
Mora de aceptar del tutor 521
Mora de aceptar o repudiar la herencia 1233
Mora de aceptar albaceazgo 1276
Indemnización de perjuicios 1556-1559. V. Perjuicios
Extinción de las obligaciones 1567-1697, 2446-2464, 2492-2497, 2514-2524
Pago 1567-1627
Novación 1628-1651 V. Novación
Remisión 1652-1654 V. Remisión
Compensación 1655-1664 V. Compensación
Confusión 1665-1669 V. Confusión
Pérdida de la cosa debida 1670-1680 V. Pérdida de la cosa debida
Nulidad y rescisión 1681-1697 V. Nulidad
Prueba de las obligaciones 1698-1714

Obligaciones de género 252, 575, 764, 775, 951, 1066, 1111, 1115-1116, 1119, 1338-1339, 1461, 1508-1510, 1656, 2196, 2198, 2300
Definición 1508
Legado de género 951
Como objeto de obligación 1066, 1461
Como elemento del mutuo 2196, 2198
Efectos 1509
En derecho de retención 252
En usufructo 764, 775
En legado 1111, 1115-1116, 1119, 1338-1339
Compensación legal 1656
Pago de lo no debido 2300
Pérdida de la cosa debida 1510

Obligaciones naturales 1447, 1470-1472, 2260, 2296-2297, 2338, 2375
Novación de obligación natural 1630
Fianza de obligación natural 2338, 2375
Prenda, hipoteca y cláusula penal de obligación natural 1472

Ocupación 588, 606-642, 703
Caza 607-610, 617-618-620, 622; L. 4601
Pesca 607, 611-616, 618-619, 622; L. 20657
Invención o hallazgo 624-630
Descubrimiento de un tesoro 625-628; L. 17288
Especie al parecer perdida 629-634; CP448
Naufragio 635-639
Captura bélica 640-642; Convención sobre el Derecho del Mar, 101; CP 434

Oferta: Vid. Formación del consentimiento.

Pago 1567-1627
Definición 1568
Presunción de pago 1570
Gastos del pago 1571
Quién puede pagar 1572-1575
A quién debe pagarse 1576-1586
Lugar de pago 1587-1589, 1602, 1648, 1664
Modo de efectuar el pago 1569, 1590-1594, 1828
Imputación del pago 1594-1597
Pago por consignación 1598-1607; L. 18101, 23
Pago con subrogación 1608-1613 V. Subrogación

Pago por cesión de bienes 1614-1624 V. Cesión de bienes
Pago con beneficio de competencia 1625-1627 V. Beneficio de competencia

Pago de deudas hereditarias y testamentarias 1199, 1245-1247, 1286-1288, 1293, 1336, 1354-1377
Deudas hereditarias 1199, 1245-1247, 1286-1288, 1293, 1336, 1354-1360, 1365-1366-1368, 1371-1372, 1373-1374, 1377, 1523, 1528, 1540, 1938, 2311
Cargas testamentarias 1360-1364, 1366, 1369-1370, 1372, 1374-1376
Beneficio de separación 1378-1385; Reglamento del CBR 52

Pago de lo no debido 1132, 1638, 2285, 2295-2303
Definición 2295
Legado de lo no debido 1132
Pago y obligación natural 2296
Pago y error 2297, 2299
Carga de la prueba 2298-2299
Obligaciones 2300-2302
Tercero de buena fe 2303

Parentesco
Parientes 15 Nº 2, 227, 229, 268, 351-353, 363, 367, 372, 380, 437, 446, 503, 542-543, 992, 1064, 1241
Afinidad 31, 965, 969
Consanguinidad 107, 226, 232, 326, 367, 448, 462, 508, 542, 965, 969, 983, 989, 992, 1061, 1064, 1182
Hermano 41, 321, 323, 332, 367, 412, 448, 462, 986, 990-992, 1061, 1067, 1626
Hijo 33, 37, 110, 111, 124-127, 130, 147, 179-273, 305, 309, 315, 317, 320-321, 324, 348, 354, 356-358, 368, 439-440, 449, 451, 485-486, 504, 514-516, 578, 810, 815, 982-985, 988, 1016, 1075, 1182, 1424, 1437, 1579, 1618, 1740, 1792, 1796, 1969, 2049, 2051, 2320-2321, 2467, 2481-2483; L. Matrimonio Civil 36

Partición 1317-1353; CPC 646-666
Permanecer en la indivisión 751, 1317, 1319
Partición testamentaria 1318
Partición de común acuerdo 1325
Partición del juez paridor 1323; CPC 646-666
Cuestiones previas a resolver en justicia ordinaria 1330-1331; CPC 653-656
Juez partidor 1323-1329, 1332, 1334; CPC 648
Aceptación del cargo 1327-1328
Responsabilidad 1329
Plazo 1332; CPC 647
Adjudicaciones 1334-1343; CPC 649-650, 657-663
Distribución y liquidación 1337-1339; CPC 651
Separación de bienes ajenos 1341
Costas 1333
Coasignatarios especiales en partición 1319-1322
Efectos y evicción 1344-1347
Nulidad y rescisión 1348-1353

Participación en gananciales 135, 140, 158, 165, 261, 503, 1715, 1719, 1722-1723, 1792-1 hasta 1792-27; L. Matrimonio Civil 34, 40, 51
Definición 1792-2

Cuando se pacta 135, 165, 1715, 1723, 1792-1, 1792-11
Administración 1792-3 hasta 1792-5
Determinación y cálculo de gananciales 1792-6 hasta 1792-19
Crédito de participación en gananciales 1792-20 hasta 1792-26
Fin de participación en gananciales 1792-27

Patria Potestad 72, 110, 124, 126, 203, 219, 243-273, 348, 357, 359, 366, 439-440, 449, 486, 497, 511, 514, 810, 1437, 1579, 1796, 2342, 2466, 2481, 2483, 2485; L. Registro Civil 6
Quién la ejerce: 243-247
Derecho legal de goce 250, 252-259, 439, 449, 810, 2466
Representación del hijo 260-266, 439, 440, 449, 1448
Peculio profesional o industrial 250-251, 254, 439
Suspensión patria potestad 267-268
Emancipación 110, 223, 243, 269-273, 366, 435,

Pérdida de la cosa debida 1135, 1486, 1510, 1521, 1547, 1550, 1567, 1590, 1670-1680, 1820, 1827, 2000, 2100-2102, 2153
Regla general 1135, 1486, 1504, 1550, 1590, 1670, 1677
Hecho voluntario 1590, 1678-1679
Caso fortuito 788, 1590, 1672-1674, 1676
Condición 1820
Si perece por culpa 1486, 1504, 1590, 1672
Presunción de culpa 1547, 1671
Si perece durante mora 1550, 1590, 1672, 1674
Mora del acreedor 1548, 1598, 1680, 1827
Obligaciones solidarias 1521
Obligaciones alternativas y facultativas 1502-1504, 1506
Comodato 2178
Compraventa 1820-1821, 1823, 1827
Arrendamiento 1948, 1975, 1983
Usufructo 787-788
Pago de lo no debido 2301
Sociedad 2100-2102
Si reaparece la cosa 1675
Las cosas perecen para sus dueños 1771, 2000, 2153
Pérdida de la materia suministrada 2000
Sociedad conyugal 1771

Perjuicios 98, 130, 141, 197, 213, 267, 377-378, 423, 441, 473, 489, 521, 525, 532-533, 548-4, 551-2, 581, 610, 621, 627-628, 631, 635, 662, 667-669, 779, 796, 802, 809, 843, 847, 856, 897-898, 921, 926-927, 928, 932, 937, 944, 946, 948, 950, 1238, 1287, 1300, 1329, 1336, 1351, 1437, 1450, 1455, 1458, 1486, 1489, 1497, 1502, 1521, 1526, 1533-1534, 1542-1543, 1548, 1553, 1555-1559, 1590, 1661, 1672, 1678, 1748, 1766, 1792-15, 1792-21, 1814, 1822, 1826, 1832, 1853, 1855, 1861, 1865, 1867, 1873, 1925-1926, 1928-1931, 1933-1934, 1938-1939, 1945, 1947, 1949, 1959, 1960, 1963, 1968, 1972, 1999, 2002, 2015, 2018, 2035, 2083, 2085, 2089, 2093, 2119, 2167-2168, 2170, 2177, 2183, 2187-2188, 2192, 2203, 2227, 2234-2235, 2290, 2242-2247, 2253, 2308, 2314-2334, 2370, 2396, 2440, 2468, 2474, 2489
Tipos 1556

Daño emergente 423, 809, 921, 1556, 1590, 1678, 1930, 2331
Lucro cesante 406, 423, 1930, 1933, 2331
Daño moral 378, 2331
Perjuicios moratorios 1559, 1672, 1826, 1926, 2083
En obligaciones de dar dinero 1559, 1873; L. 18010
Previstos 1558
Imprevistos 1558
Época desde que se debe 1557
Requisitos 1437, 1558, 1590, 2244-2247, 2314, 2318-2320, 2329-2330, 2370
Responsabilidad por dolo ajeno 1458, 2187, 2316
Solidaridad (o falta de) en el pago de los perjuicios 130, 328, 927, 946, 1521, 1526, 1533-1534, 2317, 2323, 2328,
Subrogación de acciones 1590, 2325
Responsabilidad por hecho ajeno 802, 1590, 1679, 1925-1926, 1941, 2015, 2018, 2242-2243, 2320-2322, 2325
Responsabilidad por hecho de las cosas 932, 934, 2323, 2326-2327, 2328
Ruina de edificio 932, 934, 2003, 2323
Prescripción 950, 2332
Acción popular 2333-2334

Permuta 675, 850, 903, 1733, 1794, 1897-1900, 1912, 2483
Definición 1897
Título traslaticio 675, 703
Solemnidades 1898
Objeto 1898
Capacidad 1898
Reglas de la compraventa 1900

Persona 15, 25, 27-33, 42-43, 54-564

Persona Jurídica 54, 545-564, 963, 1056, 1087, 1250, 2043, 2053, 2346, 2432
Fundación 545-548-3, 551-1, 556-559, 562-564, 761, 770, 1087, 2047
Corporación 545-547, 548-550, 552-553, 555, 557, 561, 563, 585, 591, 761, 770, 963, 1087, 1250, 1960, 2497
Persona jurídica extranjera 604
Constitución 546, 548-548-4
Nombre 548-3
Juntas ordinarias y extraordinarias 550, 558
Directorio 551-551-3
Giro 545, 548-3, 557-2
Disolución 558-559, 561, 564

Persona Natural 54-55, 74-544
Nacionalidad: chilenos/extranjeros 14-16, 55-57, 444, 482, 997-998, 1012, 1028
Existencia legal y derechos del que está por nacer 74-77, 243, 343, 354, 356, 485-486, 538, 957, 962, 1390; L. Registro Civil 3, 8, 28-33; CPC 849
Concepción: 76, 180-181, 184, 210, 1764, 1792-27
Filiación: vid en parentesco, filiación
Estado Civil 15, 33, 72-73, 201, 218, 304-320, 2450
Muerte: 78-79, 145, 193, 203, 206-207, 216, 235, 241, 262, 270, 272, 305, 334, 336, 548-3, 739, 751, 771, 806, 953, 955-956, 960, 962, 1000, 1010, 1036, 1081-1082, 1084, 1087, 1108-1109, 1112, 1118, 1122-1123, 1137, 1142, 1205, 1209, 1226, 1254, 1265, 1338, 1430, 1463, 1739, 1764, 1792-27, 2005, 2020, 2103, 2105, 2137, 2163, 2168-2169, 2190, 2270; L. Registro Civil 1, 3, 5, 8, 26, 41 ter, 44-50, 54
Muerte natural 78-79, 92, 94

Muerte presunta 47, 80-97, 272, 958, 1010, 1764, 1792-27; L. Matrimonio Civil 42-43
Declaración 81
Posesión provisoria 81, 83-90; Reglamento del CBR 52
Posesión definitiva 82, 90-94; Reglamento del CBR 52
Rescisión decreto muerte presunta 93-94

Playas 594, 598, 599, 602, 604, 613-614, 948-949; DL 1939 de 1977

Plazo 48, 1494
Certidumbre y determinación 1081-1088
Estados
Pendiente 1495
Cumplido 1496
Aceleración del plazo 1496, 1826, 2348, 2427; L. 18092, 105; L. 20720, 264
Renuncia al plazo 1497, 2204
Contabilizar el plazo 48, 50, 51, 206, 520, 739, 741, 768, 804, 977, 1080-1088, 1134, 1416, 1498, 1605, 1691, 1808, 1944, 1951, 1985, 2065, 2099, 2200, 2270
De días 48, 50, 81, 96, 128, 184, 206, 212, 213, 225, 227, 244, 378, 513, 520, 548, 629, 637, 693, 1036, 1044, 1052, 1232, 1240, 1377, 1603, 1716, 1723, 1885, 1914, 1977, 2200, 2270
De meses 48, 81, 83, 630, 634, 642, 928, 1384, 1792-16, 1804, 1866, 1869, 1885, 1956, 2067, 2472,
De años 48, 81-83, 155, 181, 191, 193, 200, 202, 206, 207, 212-218, 312, 319, 407, 425, 484, 518, 548-3, 550-551, 652-653, 739, 770, 845, 882, 885, 887, 918, 920, 924, 950, 963, 970, 975, 977, 1209, 1216, 1269, 1304, 1315, 1317, 1332, 1345, 1427, 1430, 1683, 1691-1692, 1757, 1770, 1782, 1792-4, 1792-24, 1792-26, 1834, 1856, 1866, 1869-1870, 1880, 1885, 1896, 2003, 2042, 2277, 2332, 2369, 2468, 2508, 2510-2512, 2515, 2521-2522
Plazo Extintivo 49, 181, 191, 212-213, 521, 548, 559, 739, 746, 770, 777, 885, 887, 963, 970, 1044, 1080-1088, 1232-1233, 1240, 1276, 1304-1308, 1315, 1332, 1603, 1716, 1804, 1977, 2003, 2065, 2098, 2114, 2369, 2434
Plazo Suspensivo 49, 128, 681, 768, 1080-1088, 1377, 1494-1497, 1512, 1554, 1593, 1600, 1605, 1649-1650, 1656, 1816, 1826, 1914, 2177, 2200, 2373, 2391, 2427, 2494, 2523
Plazo establecido por el juez 147, 227, 234, 378, 523, 777, 904, 1276, 1305, 1494, 1530, 1770, 1792-16, 1792-21, 1977, 2291, 2361
Plazo de prescripción 94, 202, 206, 207, 214, 216-218, 425, 652-653, 845, 882, 918, 920, 928, 950, 975, 977, 1209, 1216, 1269, 1345, 1352, 1384, 1427, 1430-1431, 1683, 1691-1692, 1757, 1782, 1792-4, 1792-24, 1792-26, 1834, 1856, 1866, 1869-1870, 1880, 1885, 1896, 2042, 2277, 2332, 2468, 2508, 2510-2512, 2515, 2521-2522; L. Matrimonio Civil 48, 57

Porción de libre disposición: Véase Legítimas y mejoras

Posesión 410, 579, 700-731, 884, 889, 894, 916-929, 930, 975, 1345, 1576,

1687, 1736, 1792-8, 1817, 1837, 1840-1841, 1846, 1872, 2034, 2499-2513
Posesión provisoria: 81, 84, 89-91, 270, 491, véase muerte presunta
Posesión definitiva: 82, 88, 90, 93-94, 270 véase muerte presunta
Posesión efectiva: 688, 696, 697, 704; L. 16271 4, 25-30 bis, 32, 60; CPC 877-883
Posesión de la herencia: 688, 722
Posesión notoria de estado civil: 200-201, 218, 309-310, 312-313 vid estado civil
Posesión crédito: 1576
Regular 702-707, 894, 2507
Título 675-677, 684, 686-687, 689-690, 696, 699, 701-706, 717, 725, 728-729, 794, 814, 819, 881-884, 923, 1726, 1728-1729, 1732, 1736, 1739, 1792-7-1792-8, 1792-10, 1817, 1901, 1907, 1909, 1912, 1962, 2406, 2428, 2505, 2510; Reglamento del CBR 52
Buena fe 702, 706-707, 913
Irregular 702, 708, 2510
Posesión viciosa 709-713, 729, 920, 928
Violenta 709-712, 729, 920, 928
Clandestina 713, 729, 920, 928
Posesión tranquila 918
Posesión no interrumpida 918, 2501-2504
Posesión turbada 1872
Posesión pacífica: 1736, 1792-8, 1837
Posesión de cosas incorporales 699, 715, 1576
Sucesión de posesiones 717, 2500
Posesión proindiviso 718
Adquisición de la posesión 721-724
Por representante 720-721
De la herencia 722
Por incapaces 723
Por inscripción 724, 728, 730, 924, 2505
Conservación de la posesión 725, 727-728, 730-731, 924-925
Pérdida de la posesión 726-731, 926
Recuperación de la posesión 731, 926
Acciones posesorias: Véase acciones posesorias

Posesión efectiva 688, 696, 697, 704; L. 16271 4, 25-30 bis, 32, 60

Prelación de créditos 2465-2491
Derecho de prenda general 1418-1420, 2465, 2469
Bienes inembargables 1618, 1624, 2469; CPC 445
Derechos de terceros 1661, 2466
Actos posteriores a apertura de concurso 2467; L. 20720, 57, 129-130, 264, 275
Acciones paulianas 2468; L. 20720, 287-294
Preferencia 2470-2491; L. 20720, 28, 57, 58, 61, 72-74, 111, 118, 139, 170, 173-174, 239, 241-246, 293; C. Comercio 212-213

Prenda 376, 517, 577, 714, 725, 1128, 1135, 1264, 1366, 1368, 1380, 1397, 1472, 1526, 1612, 1622, 1642-1644, 1647-1649, 1654, 1660, 1740, 1779, 1803, 1957, 2337, 2357, 2384-2407, 2424, 2445, 2466, 2468, 2474; L. 20190, 14
Definición 577, 2384
Obligación principal 1442, 1472, 1607, 1642, 2385
Perfeccionamiento 1443, 1464, 2386-2387, 2389-2392
Constituyente 1397, 2388, 2392
Indivisibilidad de la prenda 1526, 2405

Pérdida de tenencia de prenda 891, 2393
Obligaciones acreedor prendario
Obligación de custodia 2394
Prohibición de uso 2395, 2396
Derecho a pedir se venda 2397-2399, 2402, 2404
Derecho de retención 2401
Derechos de constituyente 2393, 2396-2397, 2399, 2401, 2403-2404
Extinción 1607, 1642, 1654, 2406, 2516
Prenda sin desplazamiento L. 20190, 14
Prenda pretoria CPC 500-507

Prescripción 48, 94, 181, 195, 202, 336, 409, 425, 588, 588, 683, 689, 703, 766, 806, 845, 882, 886, 888, 893, 917, 920, 928, 937, 950, 957, 967, 1216, 1268, 1382, 1399, 1470, 1529, 1567, 1736, 1782, 1792-8, 1792-24, 1792-26, 1856, 1866-1867, 1869-1870, 2042, 2132, 2277, 2489, 2492-2524
Definición 2492
Necesidad de alegación 2493; CPC 310, 464
Renuncia a la prescripción 2494-2496
Opera *erga onmes* 2497
Adquisitiva 588, 683, 689, 703, 766, 806, 845, 882, 888, 893, 917, 967, 1268-1269, 1736, 1792-8
Bienes susceptibles de adquisición 2498
Derechos reales 2512
Actos de mera facultad 2499
Sucesión de posesión 717, 2500
Interrupción de la posesión 717, 886, 1399, 2501-2504
Posesión inscrita 2505
Prescripción ordinaria 2506-2509
Prescripción extraordinaria 2506, 2510-2511
Sentencia que declara prescripción 2513
Extintiva 94, 181, 195, 202, 336, 425, 920, 928, 937, 950, 1216, 1382, 1470, 1529, 1567, 1782, 1792-8, 1792-24, 1792-26, 1856, 1866-1867, 1869-1870, 1896, 2042, 2277, 2489
Definición 2514
Acciones ordinarias y ejecutivas 2515
Acciones accesorias e hipotecaria 2516
Acciones por las que se reclaman derechos 2517
Interrupción de prescripción 409, 1529, 1399, 2132, 2518-2519
Suspensión de la prescripción 2520
Prescripciones de corto tiempo 2521-2524
Otras prescripciones establecidas en el código 2524
Acción de resción a la renuncia de gananciales 1782
Acciones imprescriptibles 195, 320, 937
Acción de nulidad del reconocimiento 202
Acciones posesorias 920, 928, 937, 950
Acción de evicción 1345, 1856
Acción de lesión enorme 1896
Acción de nulidad de partición 1352
Acción de pupilo contra tutor 425

Acción de reforma del testamento 1216
Acción de petición de herencia 1269
Acción de cobro de gananciales 1792-24
Acción de liquidación de gananciales 1792-26
Acción de vicios redhibitorios 1866-1867, 1869-1870
Acción del pacto comisorio 1880
Acción del censualista 2042
Acciones de los delitos y cuasidelitos 2332
Renta vitalicia 2277
Prescripción de acciones del pupilo 425

Presunción 47, 59, 63, 198, 1166, 1222, 1393, 1459, 1654, 1698, 1712, 1938, 2220, 2299, 2347; CPC 426-427
De hecho 64, 80, 184, 199, 210, 212, 241, 306, 440, 486, 540, 624, 666, 702, 707, 719, 853, 968, 1072, 1110, 1150, 1361, 1483, 1563, 1570, 1595, 1671, 1739, 1745, 1790, 1792-12, 1997, 2048, 2191, 2209, 2221, 2224, 2298, 2299, 2456, 2474, 2510
De derecho 76, 706, 1235, 1805, 2510
Legales y judiciales 1712
Presunción de pago 1570
Presunción de culpa 1547, 1671
Presunción de dolo 143, 706, 1459, 2510
Presunción buena fe 1739, L. Matrimonio Civil 52, 707
Presunción de donación 1393, 1739, 2278, 2299
Presunción paternidad 184, 210, L. Matrimonio Civil 37

Prohibiciones y limitaciones a los plazos 189, 255, 365, 407, 768, 770, 1087, 1192, 1227, 1317, 1403, 1701, 1721, 1723, 1749, 1756, 1789, 1880, 1886, 2339-2340, 2413

Propiedad: Véase dominio o propiedad

Propiedad fiduciaria 91, 410, 732-763, 806, 893, 956, 1079, 1156, 1164, 1229, 1251, 1255, 1297, 1308, 1317, 1319, 1356, 1372, 1410, 1413-1414, 1618, 1958-1959; L.G. Bancos 86 Nº 8
Constitución 734-752, 760, 1401, 1491
Condición 737-741, 748-749
Fideicomisario 737-738, 742-749, 762
Propietario fiduciario 742, 748-752
Facultades 393-395, 751-761, 774-803
Medidas conservativas 761
Extinción 733, 763, 807

Prueba de las obligaciones 1698-1714
Carga de la prueba 1698, 2298
Puntos de prueba CPC 318, 323
Apreciación de la prueba CPC 428-429
Medios de prueba 1698; CPC 341
Instrumentos 1699-1711; CPC 342-355
Públicos 17-18, 1699-1701, 1706-1707; CPC 342-345 bis
Privados 1701-1707; CPC 346
Testigos: 1013, 1708-1711; CPC 356-384
Presunciones 1712; CPC 426-427
V. Presunción

Confesión 1713, 1739; CPC 385-402
Informe de peritos 1714, CPC 409-425
Juramento deferido 1714
Inspección personal del tribunal CPC 403-408

Régimen Patrimonial del Matrimonio 135-178

Reivindicatoria 669, 889-915, 1266, 1268, 1490, 1689, 2187, 2202, 2231, 2303
Cosas reivindicables 890-892
Legitimado activamente 893-894
Legitimado pasivamente 895-900, 903
Secuestro y posesión provisioria 901-902, 904; CPC 290-291
Prestaciones mutuas 904-905, 1847
Restitución de la cosa 904-905
Deterioros 906, 1848
Frutos 907, 913, 1847
Expensas 669, 908-914, 1687, 1847, 1849, 2190
Necesarias 908
Útiles 909-910, 913
Voluptuarias 911-913
Acción contra el que retenga indebidamente cosa ajena 915
Revindicatoria del heredero 1268

Remisión 403, 1129-1130, 1395, 1397, 1513, 1518, 1532, 1567, 1652-1654, 2271, 2274, 2468
Definición 1652
Requisitos 1652
Remisión testamentaria 1129-1130
Remisión y donación 403, 1395, 1397, 1400, 1653
Remisión tácita 1397, 1654
Remisión de obligación indivisible 1532
Efectos 1130, 1513, 1518, 1567, 1652
Remisión y fianza 2374
Limitaciones 1129, 1465, 2271
Acción pauliana 2468

Renta vitalicia 1792-15, 2264-2278, 2369

Renuncia
Renuncia de derecho 12, 150, 153, 195, 334, 336, 403, 628, 763, 803, 806, 885, 1346, 1469, 1487, 1497, 1516-1517, 1719, 1721, 1753, 1767, 1780-1785, 1792-20, 1892, 1934, 2065, 2072-2074, 2108-2112, 2167, 2358, 2360, 2446, 2462, 2464, 2494-2496, 2519; L. Matrimonio Civil 57

Representación 1448
Representación convencional 1448, 2116; C.Com. 233
Representación judicial COT 394-398, 520, 527-529; L. 18120; CPC 4-16
Representación legal 43, 83, 191, 205, 214, 243-244, 260-266, 390, 671, 674, 678, 704, 720-721, 1225, 1295, 1411, 1431, 1448, 1579, 1713, 2105, 2181, 2238, 2432

Responsabilidad extracontractual: Vid. Delitos y cuasidelitos

Revocación del testamento 999, 1001, 1204, 1212-1215

Secuestro: Vid. Depósito y secuestro

Separación parcial de bienes 166, 167, 252, 1720-1721, 1724

Separación total de bienes 135, 140, 152-178, 261, 450, 463, 503, 1287, 1715, 1719-1720, 1722-1723, 1753, 1762, 1764, 1792-1, 1792-27, 2509; L. Matrimonio Civil 34, 40

Servidumbres 393, 395, 565, 577, 698, 732, 757, 782, 802, 820-888, 917, 931, 947, 950, 1120, 1125, 1317, 1337, 1432, 1491, 1524, 1721, 1801, 2499, 2512

- Servidumbre activa y pasiva 565, 577, 782, 821, 825,
- Servidumbre continua y discontinua 822, 882, 885, 917
- Servidumbre positiva y negativa 823
- Servidumbre aparente e inaparente 824, 881-882, 917
- Inseparabilidad servidumbres 825
- División del predio 826-827
- Servidumbre y medios 828-829
- Variaciones del predio 830
- Servidumbre naturales 831, 833; C. Aguas 73-75
- Servidumbres legales 831, 839-879, 1120; C. Aguas 70, 76-107, C. Minería 19, 109, 120-138
  - Servidumbres de uso público 839
  - Servidumbres de utilidad particular 839, 841
    - Demarcación 841-843
    - Cerramiento 841, 844-846, 858
    - Tránsito 841, 847-850
    - Medianería 841, 846, 851-859, 874, 877; CPC 580
    - Acueducto 841, 861, 870; C. Aguas 76-93
    - Luz 841, 873-877; CPC 580
    - Vista 841, 874, 878; CPC 580
    - Aguas lluvias 879
- Servidumbres voluntarias 831, 880-884; C. Aguas 108
  - Servidumbres judiciales 880-881, 1120, 1337
  - Destinación del dueño 881
  - Usucapión servidumbre 881, 884, 2512
  - Título de servidumbre 882-884
    - Solemnidad venta servidumbre 1801
    - Tradición servidumbre 698; C. Minería 92, 103
- Extinción 885-888

Simulación 966, 972

Sociedad 2053-2115; C. Comercio 348-511; L. 3918; L. 18046

- Definición 2053
- Aportes y beneficios 2055, 2066-2070, 2082-2087, 2089-2093, 2101-2102; C. Comercio 375-383; L. 18046, 10-30
  - Socio industrial 2055, 2069, 2083, 2086, 2093; C.Com. 352 Nº 6, 376, 383, 406, 478
  - Prohibición de sociedad a título universal 2056
- Duración 2065, 2098; C. Comercio 350
- Incorporación 2088
- Sociedad de hecho 2057-2058; C.Com. 350, 357
- Sociedad civil y comercial 2059-2060, 2064; C. Comercio 348; L. 3918, 1; L. 18046, 1
- Tipos de sociedad 2061; C. Comercio 348; L. 3918, 1; L. 18046, 1
  - Sociedad en comandita 2061-2063; C. Comercio 470-506
  - Sociedad anónima 2061, 2063; L. 18046
- Administración 2054, 2071-2081; C. Comercio 384-403
- Responsabilidad frente a terceros 2094-2097, 2214; C. Comercio 366, 368, 370-374, 424, 483; L. 3918

Disolución 2098-2115; C. Comercio 407-418

Sociedad Conyugal 84, 135-140, 150-151, 152-158, 230, 261, 449-450, 477, 503, 1287, 1715, 1719-1785; L. Matrimonio Civil 30, 34, 40, 51
- Administración 449, 478, 503, 1225, 1749-1757; L. Matrimonio Civil 30
- Representación de sociedad conyugal y derechos de terceros 1750-1751
  - Donaciones 1735, 1742, 1747
  - Actos para los que requiere autorización de la mujer 1749, 1754-1757
  - Enajenación y cesión por largo tiempo de bienes sociales 1749
  - Enajenación de bienes propios de la mujer y cesión por largo tiempo 1754-1756
  - Forma de la autorización 1749
  - Sanción por falta de autorización 1757
  - Administración extraordinaria 1758-1763
- Haber de la sociedad 1725-1748
  - Presunción 1739, 1745
  - Excepciones 1727
    - Subrogación 1727, 1733, 1741
    - Causa precedente 1736
    - Comunidad entre sociedad y cónyuge 1728-1729
    - Minas 1730
    - Tesoro 1731
    - Legado de bien social 1743
    - Donaciones 1732
      - Donaciones remuneratorias 1738
    - Bienes adquiridos disuelta la sociedad 1737
    - Obligaciones de la sociedad 1740, 1744
- Patrimonio reservado 136-138, 138 bis, 150, 166, 252, 1749, 1759
- Aceptación o renuncia a gananciales 150, 1719, 1753, 1767, 1781-1785
- Disolución 84, 138, 1719, 1723, 1739, 1764-1780; L. Matrimonio Civil 34, 40, 51
  - Causas 1764
  - Inventario y tasación 1222-1224, 1253-1256, 1765-1768; CPC 858-865
  - Recompensas e indemnizaciones 1769, 1771-1773
  - Restitución de bienes propios 1770-1772
  - División de haber social 1774-1776
  - Deudas sociales 1767, 1777-1779
  - Herederos de los cónyuges 1780
- Recompensas 1726, 1732-1734, 1736, 1741-1742, 1744-1748, 1771

Solidaridad 1511-1523
- Definición 1511
  - Obligaciones simplemente conjuntas 549, 1511, 1526, 2095, 2307
  - Fuentes 1511, 1526 N4
    - Contrato 549, 2095, 2307
    - Testamento 1283
    - Ley 130, 328, 413, 419, 421, 549, 551-2, 1281, 1365, 1526 N3, 2189, 2317
  - Identidad de cosa debida 1512
  - Solidaridad e indivisibilidad 1525
  - Límites 1749, 1751, 1759
  - Fianza 2358, 2362, 2367, 2372
- Efectos 1513-1523
  - Solidaridad activa 1513, 2519
  - Solidaridad pasiva 1514-1516, 1518-1523
    - Novación 1519, 1635, 1643, 1645-1648, 1650-1651, 2461
    - Compensación 1520, 1657

Pérdida de la cosa 1521
Subrogación 1522, 1610 N3, 1612
Muerte de deudor 1523
Cesión de bienes 1623
Confusión 1668
Renuncia 1516-1517

Subrogación 1608-1613
Definición 1608
Subrogación legal 1365-1366, 1522, 1573, 1609, 1611, 1677, 2355
Subrogación convencional 1574, 1609-1610, 1632, 2372, 2378, 2381, 2429, 2466, 2470
Efectos 1612, 1613

Sucesión intestada 127, 218, 751, 762, 773, 952, 965, 970, 980-998, 1064, 1100, 1183-1184, 1255, 1330, 2043, 2045-2046
Igualdad de los herederos 981-982
Llamamiento 983
Representación 984-987, 1202, 2048
Primer orden, de los hijos y el cónyuge 988
Segundo orden, del cónyuge y los ascendientes 989, 994
Tercer orden, de los hermanos 990
Cuarto orden, de los colaterales 992
Quinto orden, del fisco 995
Sucesión parte testada, parte intestada 996
Herederos extranjeros 997
Sucesión del extranjero 998

Sucesión parte testada, parte intestada 952, 996

Sucesión por causa de muerte 951-1385; L. 16271 de Impuesto a las Herencias, Asignaciones y Donaciones

Sucesión Testada 992, 999-1221, 1270-1310

Sustitución 1068, 1156-1166, 2046
Fideicomisaria 1156, 1164-1166

Temor reverencial 972

Terceros buena fe 189, 221, 707, 976, 2303, 2461

Testamento 84, 114, 189, 203, 213, 337, 354-356, 358-361, 364, 392, 431, 451, 485-486, 587, 688, 691, 744, 752, 762, 766, 768, 773, 792, 952-953, 959, 965, 968, 996, 999-1221, 1295, 1312, 1318, 1324, 1327, 1330, 1369, 1373, 1470, 1511, 1526, 2023, 2027, 2043, 2045, 2483
Donación y testamento 1000
Revocabilidad 999, 1001, 1204, 1212-1215
Acto individual y disposiciones captatorias 1003-1004, 1059, 1063, 1204, 1463
Inhabilidad para testar 1005-1006
Nulidad del testamento 1006-1007
Apertura y publicación 1009-1010, 1025; CPC 857-888
Solemnidades 1008
Testamento solemne 1008, 1011-1026
Habilidad de testigos 1011-1013
Abierto 1008, 1014-1020
Cerrado 1008, 1021-1025, 1047, 1054
Otorgado en el extranjero 1027-1029
Testamento privilegiado 1008, 1030-1055
Habilidad de testigos 1013, 1031
Forma 1032

Caducidad 1036, 1044, 1052
Testamento verbal 1033-1040, 1053
Testamento militar 1041-1047
Testamento marítimo 1048-1055

Testigos: Véase medios de prueba

Título 159, 382-383, 410, 556, 675-677, 684, 686-687, 689-690, 696, 699, 701-706, 717, 725, 728-729, 794, 814, 819, 881-884, 905, 923, 1106, 1726, 1728-1729, 1732, 1736, 1739, 1792-7-1792-8, 1972-10, 1817, 1901, 1907, 1909, 1912, 1962, 2406, 2428, 2505, 2510; Reglamento del CBR 52

Tradición 588, 670-699, 702, 724, 1140, 1443, 1554, 1575, 1739, 1819, 1824, 1920, 2174, 2197, 2437
Consentimiento 670-674
Mandato y representación 671-674, 678, 720
Ratificación 672-673, 705, 898, 900, 1575
Error 676-678
Título 556, 675-677, 684, 686-687, 689-690, 696, 699, 701-706, 717, 725, 728-729, 794, 814, 819, 881-884, 905, 923, 1726, 1728-1729, 1732, 1736, 1739, 1792-7-1792-8, 1792-10, 1817, 1901, 1907, 1909, 1912, 1962, 2406, 2428, 2505, 2510; Reglamento del CBR 52
Solemnidades 679
Tradición de bienes corporales muebles 684-685
Tradición bienes raíces 686-687, 690, 692-697, 1400; Reglamento del CBR 52, 61
Tradición de servidumbre 698; Reglamento del CBR 53
Tradición de derechos personales 699, 1576, 1901-1908
Tradición de cosa ajena 682-683, 1575
Modalidades 680; Reglamento del CBR 53
Condición 680, 1873-1874; Reglamento del CBR 53
Plazo 681, 1494-1498, 1806, 1826

Transacción 400, 703, 1567, 1736, 1792-8, 2141, 2446-2464; CPC 254, 262, 304, 310, 464, 725
Definición 2446
Facultad de transigir 400, 2141, 2447-2448
Objeto de transacción 2446, 2449-2452, 2454-2455
Vicios del consentimiento 2453, 2456-2459
Error in personam 2456
Error in rem 2457-2459
Efectos 1567, 2460-2461, 2464; CPC 234, 304, 310, 464
Interpretación 2462-2463
Amplitud 2462
Pena 2463

Tutor: Véase guardas

Uso inócuo 612-613

Uso y habitación 142, 147, 577, 687, 697, 714, 732, 811-819, 1076, 1154, 1337, 1618, 1916, 2315, 2466
Constitución 812; véase usufructo
Tradición de los derechos de uso y habitación en inmuebles 687, 697
Ejercicio 813-817
Caución 813
Inventario 813
Responsabilidad 818
Intransmisibilidad 819

Extinción 812; véase usufructo
  Mero tenedor 714

Usucapión: Véase prescripción

Usufructo 91, 147, 252, 535-536, 577, 580, 583, 646, 684, 686-687, 714, 725, 732, 736, 764-810, 812, 922, 1076, 1087-1088, 1140, 1142, 1154, 1205, 1338, 1356, 1368-1371, 1408, 1419, 1736, 1740, 1765, 1792-8, 1913, 1958-1959, 1961, 2082, 2084-2085, 2102, 2315, 2369, 2418, 2423, 2466; L.G. Bancos 86 Nº 9
  Usufructuario es mero tenedor 714
  Usufructo minas 250
  Usufructo legal sobre bienes del hijo: 252, 810: Véase derecho legal de goce
  Usufructo legal sobre los bienes de la mujer casada en sociedad conyugal: 810
  Usufructo, uso y habitación sobre bienes familiares 147
  Nudo propietario 765, 779
  Usufructuario 765, 769,
  Constitución 766-772
    Inmuebles 686-687, 766
      Tradición usufructo sobre bien raíz 686, 687
    Plazo o condición 768-771, 780, 804-806
  Intransmisibilidad usufructo 773
  Administración 774-803; L.G. Bancos 86 Nº 9
    Recepción de la cosa 774-776
      Caución 775-777; CPC 853-857
      Inventario 775-776, 778; CPC 858-865
    Derechos del usufructuario 781-785, 787-794, 797, 800, 801
      Acrecimiento 780
    Deberes del usufructuario 783, 787-789, 791-793, 795-797, 799, 802
    Derechos del propietario 781, 786, 791, 793-794, 796, 797
    Deberes del propietario 779, 791, 796, 797-798, 799
    Acreedores del usufructuario 803
  Extinción 804-809

Valor de afección 393, 659

Venta: Vid. Compraventa

Vinculaciones y mayorazgos 747, 1290, 2044-2046

Vistas: Véase derechos y obligaciones entre padres e hijos

Voluntad tácita 1230, 1635

V. ABREVIATURAS

1. Obras Jurídicas

Bart. In primam dig. novi par. Comm.:	Bartoli a Saxoferrato, In primam digesti novi partem commentaria (Augusta Taurinorum, Nicolau Beuilaquam, 1574)
Bart. In sec. Dig. vet. Comm:	Bartoli a Saxoferrato, In secundam digesti veteris partem commentaria (Augusta Taurinorum, Nicolau Beuilaquam, 1574)
Febrero:	José Febrero y José Marcos Gutiérrez, Febrero Reformado y Anotado o Librería de Escribanos (Madrid, Villalpando, 1802)
Febrero Nov.:	Eugenio de Tapia, Febrero Novísimo o Librería de Jueces, Abogados, Escribanos y Médicos Legistas (París, Rosa y Bouret. 1855) 6 t.
Chabot:	Chabot de l'Allier, Commentaire sur la Lois de Successions (Paris, Cour de Cassation, 1818)
Curia Philippica:	Juan de Henia Volano, Curia Philippica (Valladolid, Juan Godinez, 1612)
Del Castillo:	Johannes del Catillo Sotomayor, Quotidianarum Controversia Juris (Collonia Allobrogum, Perachon & Cramer, 1726)
Delangle:	Claude Alphonse Delangle, Commentaire sur les Sociétés Commerciales in Raymond Théodore Troplong, Commentaire du Contract de Société en Matèrie Civile et Commerciale (Bruxelles, Meline, Cans et Compagnie, 1843) pp. 419-748
Delv.:	Delvincourt, Cours de Code Civil (Dijon, Videcoq, 1834), 3 v
Dodson's Reports:	John Dodson, Reports in the High Court of Admiralty (London, 1815)
Escriche:	Joaquín Escriche, Diccionario Razonado de Legislación y Jurisprudencia (Madrid, Eduardo Cursta, 1875) 4v
Favard de l'Anglade:	Guillaume-Jean Favard de l'Anglade, Repertoire de la legislation du notariat, t. 1 (París, Firmin Didot, 1828)
García Goyena:	Florencio García Goyena, Concordancias, Motivos y Comentarios del Código Civil Español (Madrid, Sociedad Tipográfico Editorial, 1841) 4 vols

Goy., Feb.: Florencio García Goyena, Fenrero o Libería de Jueces, Abogados y Escribanos (Madrid, Roix, 1841)

Gaspar Baeza: Gaspar Baeza, De decima tutori hispanico iure praestanda (Granatae, Mena, 1567)

Gómez, Tauri: Antonio Gómez, Ad leges Tauri Commentarium Absolutissimum (Matriti, Regiae Societatis Typographorum, 1780)

Gómez, Variar: Antonio Gómez, Variae resolutiones juris civilis, communis et regis (Matriti, Petri Marin, 1780)

Gutiérrez, De tutelis: Jonanis Gutiérrez, Tractatus novus de tutelis et curis minorum (Francofurti, Endteri, 1650)

Heineccius, Recitationes: Johann Gottlieb Heineccius, Recitationes in elementa juris civilis secundum ordinem institutionem (Matriti, Typis Regiae Societatis, 1836) T.1

Heineccius Elementa: Johann Gottlieb Heineccius, Elementa iuris civilis secundum ordinem institutionum (Goettingae, Vandenhoek et Ruprecht, 1806)

ID°R: Andrés Bello, Instituciones de Derecho Romano (Santiago, Imprenta Nacional, 1878)

Kent's Comment.: James Kent, Commentaries on American Law (New York, Wendell, 1826) 4 vol

Matienzo: Ioannis Matienzo, Commentaria (Mantuae Carpentanae, Franciscus Sanctius, 1580)

Merlin: Philippe-Antoine Merlin, Recueil alphabétique des questions de droit (Paris, Garnery, 1828)

Molina, De iust.: Lodovico Molina, De justitia et de jure (Moguntiae, Joh. Godofredi Schönwetteri, 1659), t2

Poth. Obl.: Robert Joseph Pothier, Traité des Obligations, in Bugnet, Oeuvres de Pothier Annotées et mises en corrélation avec le code civil et la législation actuelle, T.2 (Paris, Videcoq, 1848)

Poth. Rente: Robert Joseph Pothier, Traité du Contrat de Constitution de Rente, in Oeuvres de Pothier Annotées et mises en corrélation avec le code civil et la législation actuelle, T.3 (Paris, Videcoq, 1847)

Poth. Vente: Robert Joseph Pothier, Traité du Contrat de Vente, in Oeuvres de Pothier Annotées et mises en corrélation avec le code civil et la législation actuelle, T.3 (Paris, Videcoq, 1847)

Poth. De vente: Robert Joseph Pothier, Traité du Contrat de Vente, in Oeuvres de Pothier Annotées et mises en corrélation avec le code civil et la législation actuelle, T.3 (Paris, Videcoq, 1847)

Poth. Bail a Rente: Robert Joseph Pothier, Traité du Contrat de Bail a Rente, in Oeuvres de Pothier Annotées et mises en corrélation avec le code civil et la législation actuelle, T.4 (Paris, Videcoq, 1847)

Poth. Société: Robert Joseph Pothier, Traité du Contrat de Société, in Oeuvres de Pothier Annotées et mises en corrélation avec le code civil et la législation actuelle, T.4 (Paris, Videcoq, 1847)

Poth. Louage: Robert Joseph Pothier, Traité de Louage, in Oeuvres de Pothier Annotées et mises en corrélation avec le code civil et la législation actuelle, T.4 (Paris, Videcoq, 1847)

Poth. Indebiti: Robert Joseph Pothier, Traité du Quasi-Contrat Appelé Promutuum et de l'Action Condictio Indebiti, in Oeuvres de Pothier Annotées et mises en corrélation avec le code civil et la législation actuelle, T.5 (Paris, Videcoq, 1847)

Poth. Nantiss.: Robert Joseph Pothier, Traité du Contrat du Nantissement, in Oeuvres de Pothier Annotées et mises en corrélation avec le code civil et la législation actuelle, T.5 (Paris, Videcoq, 1847)

Poth. Jeu: Robert Joseph Pothier, Traité du Contrat du Jeu, in Oeuvres de Pothier Annotées et mises en corrélation avec le code civil et la législation actuelle, T.5 (Paris, Videcoq, 1847)

Poth. Assurance: Robert Joseph Pothier, Traité du Contrat D'Assurance, in Oeuvres de Pothier Annotées et mises en corrélation avec le code civil et la législation actuelle, T.5 (Paris, Videcoq, 1847)

Poth. Dépot: Robert Joseph Pothier, Traité du Contrat de Dépot, in Oeuvres de Pothier Annotées et mises en corrélation avec le code civil et la législation actuelle, T.5 (Paris, Videcoq, 1847)

Poth. Consomption: Robert Joseph Pothier, Traité du Contrat de Prèt de Consomption, in Oeuvres de Pothier Annotées et mises en corrélation avec le code civil et la législation actuelle, T.5 (Paris, Videcoq, 1847)

Poth. Du Prèt: Robert Joseph Pothier, Traité du Prèt a Usage et du Précaire, in Oeuvres de Pothier Annotées et mises en corrélation avec le code civil et la législation actuelle, T.5 (Paris, Videcoq, 1847)

Poth. Mandat: Robert Joseph Pothier, Traité du Contrat de Mandat, in Oeuvres de Pothier Annotées et mises en corrélation avec le code civil et la législation actuelle, T.5 (Paris, Videcoq, 1847)

Poth. Condict. Indeb.: Robert Joseph Pothier, Traité du Contrat de Prét de Consomption et des Matières qui y ont Rapport, Troisiéme Partie, Traité du Quasi-Contrat Appelé Promutuum et de l'Action Condictio Indebiti, Oeuvres de Pothier Annotées et mises en corrélation avec le code civil et la législation actuelle, T.5 (Paris, Videcoq, 1847)

Poth. Mariage: Robert Joseph Pothier, Traité du Contrat de Mariage in Bugnet, Oeuvres de Pothier Annotées et mises en corrélation avec le code civil et la législation actuelle, T.6 (Paris, Videcoq, 1846)

Poth. Communauté: Robert Joseph Pothier, Traité de la communauté, in Oeuvres de Pothier Annotées et mises en corrélation avec le code civil et la législation actuelle, T.7 (Paris, Videcoq, 1845)

Poth. Donations: Robert Joseph Pothier, Traité des Donations Entre-Vifs, in Oeuvres de Pothier Annotées et mises en corrélation avec le code civil et la législation actuelle, T.8 (Paris, Videcoq, 1845)

Poth. Du Douaire: Robert Joseph Pothier, Traité du Douaire in Bugnet, Oeuvres de Pothier Annotées et mises en corrélation avec le code civil et la législation actuelle, T.8 (Paris, Videcoq, 1847)

Poth. Substit.: Robert Joseph Pothier, Traité des Substitutions in Bugnet, Oeuvres de Pothier Annotées et mises en corrélation avec le code civil et la législation actuelle, T.8 (Paris, Videcoq, 1845)

Pothier, Traité des personnes et des choses: Robert Joseph Pothier, Traité des Personnes et des Choses, in Bugnet, Oeuvres de Pothier Annotées et mises en corrélation avec le code civil et la législation actuelle, T.9 (Paris, Videcoq, 1846)

Poth. Hyp.: Robert Joseph Pothier, Traité de l'Hypothéque in Bugnet, Oeuvres de Pothier Annotées et mises en corrélation avec le code civil et la législation actuelle, T.9 (Paris, Videcoq, 1846)

Poth. Domaine: Robert Joseph Pothier, Traité du Droit de Domaine de Propiété in Bugnet, Oeuvres de Pothier Annotées et mises en corrélation avec le code civil et la législation actuelle, T.9 (Paris, Videcoq, 1846)

Poth. Possess.: Robert Joseph Pothier, Traité Traité de la Possession in Bugnet, Oeuvres de Pothier Annotées et mises en corrélation avec le code civil et la législation actuelle, T.9 (Paris, Videcoq, 1846)

Poth. Prescrip.: Robert Joseph Pothier, Traité Traité de la Prescription qui Résulte de la Possession in Bugnet, Oeuvres de Pothier Annotées et mises en corrélation avec le code civil et la législation actuelle, T.9 (Paris, Videcoq, 1846)

Poth. Procédure: Robert Joseph Pothier, Traité de la Procédure Civile, in Oeuvres de Pothier Annotées et mises en corrélation avec le code civil et la législation actuelle, T.10 (Paris, Videcoq, 1847)

Rogron: J.-A. Rogron, Code Civil Expliqué (Bruxelles, Société Belge de Librairie, 1840)

Salas: Juan Salas, Ilustración del Derecho Real de España, t. 2, 2ª Ed. (Madrid, José Collado, 1820)

Savigny: Karl Friederich von Savigny, Traité de Droit Romain, (Paris, Firmin Didot, 1860) 8v

Troplong Prèt: Raymond Théodore Troplong, Commentaire du Prêt, du Dépot, du Séquestre et des Contrats Aléatoires (Bruxelles, Meline, Cans et Compagnie, 1845)

Troplong Prescription: Raymond Théodore Troplong, Droit Civil Expliqué, Commentaire du Titre XX du Livre III du Code Civil: de la prescription, 3 vols. (Paris, Charles Hingray, 1846)

Troplong Hyp.: Raymond Théodore Troplong, Commentaire du Titre XVIII du Livre III du Code Civil: des Privileges et Hypothéque, 4 vols. (Paris, Charles Hingray, 1846)

Troplong Société: Raymond Théodore Troplong, Commentaire du Contract de Société en Matèrie Civile et Commerciale (Bruxelles, Meline, Cans et Compagnie, 1843)

Troplong Mandat: Raymond Théodore Troplong, Droit Civil Expliqué. Du Mandat (Paris, Charles Hingray, 1846)

Troplong Cautio.: Raymond Théodore Troplong, Droit Civil Expliqué. Du Cautionnement (Paris, Charles Hingray, 1846)

Vinnius Institutionum Commentarius: Arnoldi Vinnii In quatuor libros institutionum commentarius Johanes Heineccius (Ed), T.1-2 (Lugduni, Fratrum Detournes, 1745)

Vinnius, Jurisp.: Arnoldi Vinnius, Jurisprudentiae contractae sive partitionum juris civilis (Florentiae, Celli, 1837)

Voet: Johannes Voet, Commentariu ad Pandectas (Petrus de Hondt, 1726)

2. Leyes Chilenas

C. Aguas: Código de Aguas de la República de Chile de 13 de Agosto de 1981. Vigente

C. Aeronáutico: Código Aeronáutico de 19 de Enero de 1990. Vigente

C. Bustamente: Código de Derecho Internacional Privado, promulgada el 10 de Abril de 1934. Vigente

C.Com.: Código de Comercio de la República de Chile, promulgado el 23 de Noviembre de 1865. Vigente

CJM: Código de Justicia Militar promulgado el 19 de Diciembre de 1944. Vigente

C. Minería: Código de Minería promulgado el 14 de Octubre de 1983. Vigente

COT: Código Orgánico de Tribunales promulgado el 15 de Junio de 1943. Vigente

CP: Código Penal promulgado el 12 de Noviembre de 1874. Vigente

CPC: Código de Procedimiento Civil promulgado el 30 de Agosto de 1902. Vigente

C. Sanitario: Código Sanitario promulgado el 31 de Enero de 1968. Vigente

C. Trabajo: Código del Trabajo promulgado el 16 de Enero de 2003. Vigente

C. Trib.: Código Tributario promulgado el 31 de Diciembre de 1974. Vigente

Convención D. Niño: DS 830 de 1990 MRE que promulga la Convención de Derechos del Niño. Vigente

CPR: Constitución Política de la República de Chile promulgada el 22 de Septiembre de 2005. Vigente

Ley de 8 de Agosto de 1849:	Derogada
Ley de Efecto Retroactivo de la Ley:	Promulgada el 7 de Octubre de 1861. Vigente
L. Prelación Créditos 1845:	Promulgada el 31 de Octubre de 1845. Derogada
L. Prelación Créditos 1854:	Promulgada el 25 de Octubre de 1854. Derogada
L. Matrimonio Civil:	Ley 19947, promulgada el 7 de Mayo de 2004. Vigente
L. Matrimonio Civil 1884:	Promulgada el 10 de Enero de 1884. Derogada
L. Registro Civil:	De Julio de 1884, cuyo texto se fija según el DFL 1 de 30 de Mayo de 2000. Vigente
L.G. Bancos:	DFL 3 de 19 de Diciembre de 1997. Vigente
L. 3918:	Ley 3918 de 14 de Marzo de 1923 sobre Sociedades de Responsabilidad Limitada. Vigente
L. 4601:	Ley 4601 promulgada el 1 de Julio de 1929 sobre la caza. Vigente
L. 5521:	Ley 5521 promulgada el 19 de Diciembre de 1934 que iguala a la mujer ante el Derecho
L. 5750:	Ley 5750 de 2 de Diciembre de 1935 sobre abandono de familia y pago de pensiones alimenticias
L. 6162:	Ley 6162 de 28 de Enero de 1938 que modifica el Código Civil
L. 7612:	Ley 7612 de 21 de Octubre de 1943 que modifica el Código Civil
L. 7760:	Ley 7760 de 5 de Febrero de 1944 que modifica las disposiciones que se indica del Código de Procedimiento Civil
L. 7825:	Ley 7825 de 30 de Agosto de 1944 que modifica al Código Civil en lo referente al pago por consignación
L. 9400:	Ley 9400 de 6 de Octubre de 1949 que sustituye artículos del Código Civil
L. 9909:	Ley 9909 de 28 de Mayo de 1951 que fija el texto refundido del Código de Aguas
L. 10271:	Ley 10271 de 2 de Abril de 1952 que introduce modificaciones al Código Civil

L. 14908: Ley 14908 de 5 de Octubre de 1962 que fija el texto definitivo de la Ley 5750 de Abandono de Familias y Pago de Pensiones Alimenticias

L. 16271: Ley 16271 de 10 de Julio de 1965, Ley de Impuesto a las Herencias, Asignaciones y Donaciones

L. 16282: Ley 16282 de 28 de Julio de 1965 que fija disposiciones para casos de sismos o catástrofes

L. 16640: Ley 16640 de 28 de Julio de 1967, Ley de Reforma Agraria

L. 16952: Ley 16952 de 1 de Octubre de 1968 que modifica artículos del Código Civil

L. 17288: Ley 17288 de 4 de Abril de 1970 que legisla sobre monumentos nacionales

L. 17336: Ley 17336 de 2 de Octubre de 1970 sobre Propiedad Intelectual

L. 17775: Ley 17775 de 17 de Octubre de 1972 que Modifica artículos 81 y 82 del Código Civil

L. 18010: Ley 18010 de 27 de Junio de 1981 que establece normas para las operaciones de crédito y otras obligaciones de dinero que indica

L. 18046: Ley 18046 de 22 de Octubre de 1981, Ley sobre Sociedades Anónimas

L. 18092: Ley 18092 de 14 de Enero de 1982 sobre letras de cambio y pagarés

L. 18097: Ley 18097 de 21 de Enero de 1982, Ley Orgánica sobre Concesiones Mineras

L. 18101: Ley 18101 de 29 de Enero de 1982 que fija normas especiales sobre arrendamiento de predios urbanos

L. 18565: Ley 18565 de 23 de Octubre de 1986 que modifica el Código Civil en materia de espacios marítimos

L. 18575: Ley 18575 de 5 de Diciembre de 1986, Ley Orgánica Constitucional de Bases Generales de la Administración del Estado

L. 18600: Ley 18600 de 19 de Febrero de 1987 que establece normas sobre deficientes mentales

L. 18776: Ley 18776 de 18 de Enero de 1989 que dispone adecuación del Poder Judicial a la regionaliación

L. 18802: Ley 18802 de 9 de junio de 1989, que modifica el Código Civil

L. 19221: Ley 19221 de 1 de Junio de 1993 que establece la mayoría de edad a los 18 años

L. 19335: Ley 19335 de 23 de Septiembre de 1994 que establece el régimen de participación en los gananciales

L. 19422: Ley 19422 de 13 de Noviembre de 1995 que modifica el artículo 132 del Código Civil

L. 19451: Ley 19451 de 10 de Abril de 1996 que establece normas sobre trasplante y donación de órganos

L. 19473: Ley 19473 de 27 de Septiembre de 1996 que sustituye el texto de la Ley 4601 sobre caza y el artículo 609 del Código Civil

L. 19537: Ley 19537 de 16 de Diciembre de 1997 sobre copropiedad inmobiliaria

L. 19585: Ley 19585 de 26 de Octubre de 1998 que modifica el Código Civil en materia de filiación

L. 19712: Ley 19712 de 9 de Febrero de 2001, Ley del Deporte

L. 19733: Ley 19733 de 4 de Junio de 2001, sobre libertades de opinión e información en el ejercicio del periodismo

L. 19741: Ley 19741 de 24 de Julio de 2001 que modifica la Ley 14908 sobre abandono de familia y pago de pensiones alimenticias

L. 19903: Ley 19903 de 10 de Octubre de 2003 sobre procedimiento para el otorgamiento de la posesión efectiva de la herencia

L. 19904: Ley 19904 de 3 de Octubre de 1993 que modifica los artículos 1447 del Código Civil y 4 de la Ley de Matrimonio Civil respecto de las causales de incapacidad que afectan a los sordomudos

L. 19947: Ley 19947 de 7 de Mayo de 2004, Ley de Matrimonio Civil

L. 19968: Ley 19968 de 30 de Agosto de 2004 que crea los Tribunales de Familia

L. 19995: Ley 19995 de 7 de enero de 2005 que establece bases generales para la autorización, funcionamiento y fiscalización de casinos de juego

L. 20030: Ley 20030 de 7 de Julio de 2005 que modifica el Código Civil en lo relativo a la exigencia de presentación de antecedentes para

	dar curso a la demanda de reclamación de maternidad o paternidad
L. 20120:	Ley 20120 de 22 de Septiembre de 2006 sobre la investigación científica en el ser humano. Su genoma y prohíbe la clonación humana
L. 20145:	Ley 20145 de 30 de Diciembre de 2006 que modifica el artículo 174 y 177 del Código Civil respecto del divorcio
L. 20190:	Ley 20190 de 5 de Junio de 2007 que introduce adecuaciones tributarias e institucionales para el fomento de la industria de capital de riesgo y continúa el proceso de modernización de mercado de capitales
L. 20243:	Ley 20243 de 5 de Febrero de 2008 que establece normas sobre los derechos morales y patrimoniales de los intérpretes de las ejecuciones artísticas fijadas en formato audiovisual
L. 20422:	Ley 20422 de 10 de Febrero de 2010 que establece normas sobre igualdad de oportunidades e inclusión social de personas con discapacidad
L. 20430:	Ley 20430 de 15 de Abril de 2010 que establece normas sobre protección de refugiados
L. 20500:	Ley 20500 de 16 de Febrero de 2011 sobre asociaciones y participación ciudadana en la gestión pública
L. 20507:	Ley 20507 de 8 de Abril de 2011 que tipifica los delitos de tráfico ilícito de migrantes y trata de personas
L. 20577:	Ley 20577 de 8 de Febrero de 2012 que modifica los plazos sobre muerte presunta
L. 20657:	Ley 20657 de 9 de Febrero de 2013 que modifica el ámbito de sustentabilidad de recursos hidrobiológicos
L. 20680:	Ley 20680 de 21 de Junio de 2013 que introduce modificaciones al Código Civil con el objeto de proteger la integridad del menor en caso que sus padres vivan separados
L. 20720:	Ley 20720 de 9 de Enero de 2014 que sustituye el régimen concursal vigente por una Ley de Reorganización y Liquidación de Empresas y Personas
L. 20830:	Ley 20830 de 21 de Abril de 2015 que crea el acuerdo de unión civil

L. 21020:	Ley 21020 de 2 de Agosto de 2017 sobre tenencia responsable de mascotas y animales de compañía
L. 21136:	Ley 21136 de 30 de Enero de 2019 que exige que en el decreto promulgatorio de la ley conste el nombre de los autores del proyecto
L. 21264:	Ley 21264 de 11 de Septiembre de 2020 que modifica el Código Civil y la Ley N° 20830, en el sentido de suprimir el impedimento de segundas nupcias
L. 21334:	Ley 21334 de 14 de Mayo de 2021 sobre determinación del orden de los apellidos por acuerdo de los padres
L. 21389:	Ley 21389 de 18 de Noviembre de 2021 que crea el Registro Nacional de Deudores de Pensiones de Alimentos y modifica diversos cuerpos legales para perfeccionar el sistema de pago de las pensiones de alimentos
L. 21400:	Ley 21400 de 10 de Diciembre de 2021 que modifica diversos cuerpos legales para regular, en igualdad de condiciones, el matrimonio entre personas del mismo sexo
L. 21484:	Ley 21484 de 20 de Mayo de 2022 de responsabilidad parental y pago efectivo de deudas de pensiones de alimentos
L. 21515:	Ley 21515 de 28 de Diciembre de 2022 que modifica diversos cuerpos legales para establecer la mayoría de edad como requisito esencial para la celebración del matrimonio
L. 21675:	Ley 21675 de 14 de junio de 2024 que estatuye medidas para prevenir, sancionar y erradicar la violencia en contra de las mujeres, en razón de su género
DL 178 de 1931:	Decreto Ley 178 de 28 de Mayo de 1931 que promulga el Código del Trabajo. Derogado
DL 776 de 1925:	Decreto Ley 776 de 19 de Diciembre de 1925 que modifica la prenda
DL 455 de 1974:	Decreto Ley 455 de 25 de Mayo de 1974 que fija normas respecto de las operaciones de crédito de dinero
DL 825 de 1974:	Decreto Ley 825 de 31 de Diciembre de 1974 que establece Ley sobre impuesto a las ventas y servicios

DL 993 de 1975:	Decreto Ley 993 de 24 de Abril de 1975 que establece disposiciones especiales sobre arrendamiento de predios rústicos, medierías o aparcerías y otras formas de explotación por terceros
DL 1094 de 1975:	Decreto Ley 1094 de 19 de Julio de 1975 que establece normas sobre extranjeros en Chile
DL 1123 de 1975:	Decreto Ley 1123 de 6 de Agosto de 1975 que modifica la ley 16640 sobre reforma agraria
DL 1939 de 1977:	Decreto Ley 1939 de 10 de Noviembre de 1977 que establece normas sobre adquisición, administración y disposición de bienes del Estado
DL 2186 de 1978:	Decreto Ley 2186 de 9 de Junio de 1978 que aprueba ley orgánica de procedimiento de expropiaciones
DS 5142 de 1960:	Decreto Supremo 5142 del MMII de 29 de Octubre de 1960 que fija el texto refundido sobre nacionalización de extranjeros
DS 110 MMJJ de 1979:	Decreto Supremo 110 del MMJJ de 20 de Marzo de 1979 que aprueba reglamento sobre concesión de personalidad jurídica a corporaciones y fundaciones
DS 597 de 1984:	Decreto Supremo 597 de 15 de Junio de 1984 que aprueba nuevo reglamento de extranjería
DS 956 del MOP de 1997:	Decreto Supremo 956 del MOP de 6 de Octubre de 1997 (20 de Marzo de 1999) que reglamenta la ejecución, reparación y conservación de obras públicas
DS 213 de 2013:	Decreto Supremo 213 de 21 de Junio de 2013 del Ministerio de Transportes y Telecomunicaciones que modifica el reglamento del servicio de aficionados a las radiocomunicaciones
Reglamento del CBR:	Reglamento del Conservador de Bienes Raíces de 24 de Junio de 1857. Vigente
Reglamento General de Cementerios:	DS 357 del Ministerio de Salud de 15 de Mayo de 1970, Reglamento General de Cementerios
Reglamento Provisional para el Corso de 1817:	Reglamento provisional para el Corso de 20 de Noviembre de 1817. Derogado

DFL 2 de 2000: Decreto con Fuerza de Ley 2 del MMJJ de 25 de Octubre de 2000 que rectifica texto refundido, coordinado y sistematizado del Código Civil

DFL 252 de 1960: Decreto con Fuerza de Ley 252 de 1960, Ley General de Bancos

DFL 340 de 1960: Decreto con Fuerza de Ley 340 del MMHH de 6 de Abril de 1960 sobre concesiones marítimas

DFL 164 de MOP de 1991: Decreto con Fuerza de Ley 164 del MOP de 22 de Septiembre de 1991, ley de Concesiones de Obras Públicas

DFL 458 de 1976: Decreto con Fuerza de Ley 458 de MVU de 13 de Abril de 1976 sobre Ley General de Urbanismo y Construcciones

C. Berna de Obras Literarias: DS 266 del MMRREE de 5 de Junio de 1975 que promulga el Convenio de Berna para la Protección de las Obras Literarias y Artísticas suscrito en París el 24 de Julio de 1971

CI sobre Artistas e Intérpretes: DS 390 del MMRREE de 26 de Julio de 1974 que promulga la Convención Internacional sobre Protección de los Artistas Intérpretes o Ejecutantes, los Productores de Fonogramas y los Organismos de Radiodifusión suscrito en Roma el 26 de Octubre de 1961

C.I. D. Autor: DS 74 del MMRREE de 21 de Julio de 1955 que promulga la Convención Interamericana sobre el Derecho de Autor en Obras Literarias Científicas y Artísticas

C. del Mar: DS 1393 del MMRREE de 18 de Noviembre de 1997 que promulga la Convención de las Naciones Unidas sobre el Derecho del Mar y sus Anexos

C. Organización Mundial Propiedad Intelectual: DS 270 del MMRREE de 2 de Marzo de 2003 que promulga el Convenio que establece la Organización Mundial de la Propiedad Intelectual (OMPI)

C. Paris: DS 425 de MMRREE de 8 de Abril de 1991 que promulga el Convenio de París para la Protección de la Propiedad Industrial de 1883

C. Universal sobre Derechos de Autor: DS 75 del MMRREE de 26 de Julio de 1955 que promulga la Convención Universal sobre Derecho de Autor

TLC Unión Europea: DS 28 de MMRREE de 28 de Enero 2003 que promulga el Tratado de Libre Comercio entre la Unión Europea y Chile

TLC USA: DS 312 de MMRREE de 30 de Diciembre de 2003 que promulga el Tratado de Libre Comercio entre Chile y Estados Unidos de Norteamérica

3. Leyes Extranjeras

ABGB: Código Civil Austríaco, Allgemeines bürgerliches Gesetzbuch, promulgado en 1811. Vigente

BGB: Código Civil Alemán, Bürgelisches Gesetzbuch, promulgado en 1896. Vigente

C. Bávaro: Código Civil de Bavaria, Codex Maximilianeus bavaricus civilis, promulgado en 1756. Derogado

CN: Code Napoléon, Code Civil Français, promulgado en 1804. Vigente

C.Com. Francés: Código de Comercio de Francia, Code de Comerce Français, promulgado en 1807

C. Napolitano: Código Civil del Reino de las Dos Sicilias, Codice per lo Regno delle Due Sicilie, pormulgado en 1819. Derogado

CL: Código de las Luisianas, Louisiana Civil Code, promulgado en 1825. Vigente

C. Holandés: Código Holandés de 1838, Burgerlijk Wetboek, promulgado en 1838. Derogado

C. Español: Código Civil de España, promulgado en 1889. Vigente

C. Prusiano: Código Civil Prusiano, Allgemeines Landrecht für die Preussischen Staaten, promulgado en 1794. Derogado

CPC Francés: Código de Procedimiento Civil Francés, Code de procédure civile, promulgado en 1806. Derogado

C. Sardo: Código Civil de Cerdeña, Codice civile sabaudo o albertino per il Regno di Sardegna, promulgado en 1838. Derogado

C. Sicilia:	Códgo Civil del Reino de las Dos Sicilias, Codice per lo Regno delle Due Sicilie, pormulgado en 1819. Derogado
C. Vaud:	Código Civil del Catón de Vaud, Code Civil du Vaud, promulgado en 1823. Derogado
L. 17 de mayo de 1826, art. único, Francia:	Loi de 17 mai 1817 sur Circontcription territoriale.
Ordenanzas de la Armada 1748:	Ordenanzas de su Magestad para el Gobierno Militar, Político, y Ecobómico de su Armada Naval (Madrid, Juan de Zúñiga, 1748), 2 t.

4. Fuentes Históricas

Sent. Paul.:	Pauli sententiarum receptarum libri quinque in Rivista di Diritto Romano, 1 (2001).
D:	Digesto de Justiniano, Isutiniani Digesta, Mommsen-Krueger.
C:	Código de Justiniano, Codex Iustinianus, Krueger.
IJ:	Instituciones de Justiniano, Iustiniani Institutiones, Krueger.
Nov.:	Novelas, Iustiniani Novellae, Rudolf Schoell.
P:	Las Siete Partidas de Alfonso X «el Sabio», edición con glosa de Gregorio López (Salamanca, 1555).
Decretal.:	Decreto de Graciano, Decretum Gratiani vel Concordia discordantium canonum.
F.J. o F. Juzgo:	Fuero Juzgo.
F.R. o F. Real:	Fuero Real.
Consil. Trento:	Concilio de Trento, Ignacio López de Ayala, El Sacrosanto y Ecuménico Concilio de Trento (Barcelona, Ramón Martín Indás, 1847)
L. Toro:	Las Leyes de Toro de 1505.
Nov. Rec.:	Novísima Recopilación de Leyes de España de 1805.